顧頡剛等 主編

禹貢半月刊

7

第五卷七至十二期

中華書局

出版者：禹貢學會。
編輯者：顧頡剛，馮家昇。
出版日期：每月一日，十六日。
發行所：北平成府蔣家胡同三號禹貢學會。
印刷者：北平成府引得校印所。

禹貢
半月刊

價目：每期零售洋貳角。豫定半年十二期，洋壹圓伍角，郵費壹角伍分；全年二十四期，洋叁圓，郵費叁角。國外全年郵費貳圓肆角。

The Chinese Historical Geography
Semi-monthly Magazine

Vol. V, No. 7, Total No. 55. June, 1st, 1936.

Address: 3 Chiang-Chia Hutung, Cheng-Fu, Peiping, China

第五卷 第七期
民國二十五年六月一日出版
（總數第五十五期）

東晉僑置州郡釋例　班書閣
唐會要節度使考釋　賀次君
河南葉縣之長沮桀溺古蹟辨　趙貞信
附跋　顧頡剛
明末福建海關情況及其地點變遷考略　薛澄清
介紹「四川郡縣志」　聶崇岐
西遼建國始末及其紀年　日本羽田亨著　馮家昇譯
補「中國古今地名大辭典」（一）　賀次君
隋書地理志汲郡河內風俗質疑　魏青鋩
國內地理界消息（電話，航空）　葛啟揚　趙惠人輯
通訊一束（七六——八五）
本會紀事（十六——十七）

內政部登記證警字第叁肆陸壹號　中華郵政特准掛號認為新聞紙類

贈書誌謝（十一）

自本年五月十一日至二十五日本會收到下列贈書，敬載書名，藉伸謝悃。

上海商務印書館贈（均彼館出版者）：

校補三國疆域志三卷一册　金兆豐著　民國二十四年初版

顧氏讀史方輿紀要京省序詳注一册　疏達注釋　二十二年再版　國學小叢書

中國地方志綜錄三册　朱士嘉著　二十四年初版

方志學一册　李泰棻著　二十四年初版

棲霞新志一册　陳邦賢著　二十三年初版

中國考古小史一册　衛聚賢著　二十二年初版

中國長城沿革考一册　王國良著　二十二年再版

西北之地文與人文一册　王金紱著　二十四年再版　史地小叢書

西北古地研究一册　藤田豐八等著　楊鍊譯　二十四年初版　史地小叢書

長安史蹟考一册　足立喜六著　楊鍊譯　二十四年初版

西行記一册　顧執中著　二十三年再版

嶺表紀蠻一册　劉錫蕃著　二十四年再版

苗荒小紀一册　劉介著　二十三年再版　史地小叢書

車里一册　李拂一著　二十二年初版　史地小叢書

中國西部考古記一册　Victor Segalen 著　馮承鈞譯　二十一年再版　尚志學會叢書

西康疆域溯古錄一册　胡吉廬著　二十三年再版　史地小叢書

到青海去一册　顧執中　陸詒著　二十四年再版

滿蒙古蹟考一册　鳥居龍藏著　陳念本譯　二十二年初版　史地小叢書

東蒙古遼代舊城探考記一册　Jos. Mullie 著　馮承鈞譯　二十二年再版　尚志學會叢書

史地叢考一册　P. Pelliot 等著　馮承鈞譯　二十四年再版　尚志學會叢書

史地叢考續編一册　P. Pelliot 等著　馮承鈞譯　二十二年初版

崑崙及南海古代航行考一册　G. Ferrand 著　馮承鈞譯　十九年初版　尚志學會叢書

西域南海史地考證譯叢一册　P. Pelliot 等著　馮承鈞譯　二十三年初版

西域南海史地考證譯叢續編一册　P. Pelliot 等著　馮承鈞譯　二十三年初版

張鴻翔先生贈：

長城關堡錄四卷一册　張鴻翔輯　地學雜誌單行本

姚從吾先生贈：

說阿保機時代的漢城一册　姚從吾著　國學季刊單行本

吳玉年先生贈：

謝梅莊先生遺集八卷，西北域記一卷，共二册　清謝濟世著　光緒三十四年鉛印本

禹貢第五卷第八期目錄豫告

月氏之史料與研究（附圖）……………………馮家昇

大月氏民族最近之研究……………………張星烺譯

月氏西遷考……………………日本安島彌一郎著　王崇武譯

帕米爾遊記……………………英國楊哈斯班著　丁則良譯

跋「西域聞見錄」……………………吳玉年

「禹貢雍州規制要指」質疑……………………曹詩成

新疆之交通……………………譚惕吾

西北圖籍錄……………………陳鴻舜　顧廷龍　朱士嘉　合輯

本刊總經售處：北平景山東街十七號景山書社　南京太平街新生命書局

本刊代售處

北平北京大學研究院楊向奎先生
北平燕京大學史學系侯仁之先生
北平輔仁大學史學系史念海先生
北平清華大學史學系吳春晗先生
北平北平圖書館王以中先生
北平隆福寺街文奎堂書舖
北平隆福寺街文殿閣書舖
北平琉璃廠寶德堂書舖
北平琉璃廠來薰閣書舖
北平琉璃廠新生命書局
北平琉璃廠人文書店
北平東安市場佩文齋書舖
北平東安市場新智書局
北平東安市場岐山書社
北平東安市場福華書社
北平西四牌樓南丹明慶文具店
北平西單商場知行書局
北平成府競進分社
天津法租界二十六號路世界圖書局
天津南開中學前會友書局
濟南濟南雜誌社
濟南西門大街東方書社
太原樓兒底街覺民書報社
開封新書業街龍文書莊
南京中央大學門前鍾山書局
南京太平路花牌樓書店
南京太平路正中書局
上海四馬路開明書店
上海五馬路亞東圖書館
上海四馬路上海雜誌公司
上海福州路生活書店
蘇州五卅路國學小書堆
安慶安徽大學李貫英先生
廈門思明路生活書店
漢口湖北街良友公司史天行先生
南昌中山路南昌書局
武昌橫街頭新生命書局
武昌察院坡亞新地學社
長沙府正街金城圖書文具公司
重慶售珠市北新書局
重慶天主堂街重慶書店
重慶商業場西二街今日出版合作社
萬縣環城一馬路世界圖書局
成都少城祠堂街開明書店
廣州中山大學董紹良先生
廣州中山大學楊成志先生
廣州東山學海書院譚其驤先生
廣州文德路廣東省立編印局
廣州永漢路上海雜誌公司廣州支店
西安大公報西安分館
綏遠楊家巷十二號綏遠新聞社
日本京都中京區聚文堂書店

東晉僑置州郡釋例

班書閣

1

晉自永嘉之亂，司冀諸州相繼淪沒；元帝南渡，據江左以延晉祚，雖其封疆時有開拓，然多旋得旋失，未能久據；其所恃爲基本版圖者，以較西晉十有九州之疆域，幾損其半焉。然而淪亡諸州，世家鉅族恆有不堪異族之紛擾，相率南遷，散居江表，於是即其所聚，僑置州郡，自玆僑實相雜，名目多重複矣。而晉書地理志又惟詳於太始太康，永嘉以後，僅掇數語；故東晉地理幾等闕如；此洪亮吉東晉疆域志之所以作也。洪氏對於僑置州郡亦極加意，然限於體例或有未備，余擬擴而充之也，亦已久矣。全篇之成，尚稍有待，爰先草爲斯例，以見其時僑置複雜之梗概焉。

一　因流寓僑置州郡例

東晉之所以有僑置州郡者，據晉志宋志所載，除因流寓外無他原因，其原因是否止此姑置不論，要爲原因中之主要原因也。

晉志　晉志述僑置之原因，於司州下云：『遺黎南渡，元帝僑置兗州，寄居京口』。於豫州下云：『因新蔡人於漢九江王黥布舊城置南新蔡郡』。於雍州下云：『秦雍流人，多南出樊沔，孝武始於襄陽僑立雍州』。是爲因流寓而僑置州郡之見於晉志者，此外尚多，不備錄矣。

宋志　宋志所云，於晉志亦多相同，如總序云：『自夷狄亂華，司，冀，雍，涼，青，并，兗，豫，幽，平諸州，一時淪沒，遺民南渡，幷僑置牧司，非舊土也』。於南兗州下云：『中原亂，北州流民多南渡，晉成帝立南兗州，寄治京口』。凡述僑置，類多如此；質之晉志，無以異也。

二　僑置非爲流寓例

東晉僑置州郡之原因，據晉宋二志固如上例，然第就下例以揆之，似非盡爲流寓者。

梁州　晉之梁州，按禹貢爲華陽之地，治漢中。自惠帝永興之後，州境半屬於成。宋志云：『李氏據梁益，江左於襄陽僑立梁州。李氏滅，復舊。譙縱時，又治漢中，刺史治魏興』（宋書三十七）。顧祖禹云：『梁州，太興初寄治襄陽。咸康五年，寄治魏興。建元二年，戍西城。太元二年，復鎮襄陽。義熙初，又移魏興』（方輿紀要卷三）。使東晉之僑置州郡，端爲流寓，而流寓之所以流寓者，爲避異族、之鋒鏑，其在異族未至之區，勢必久居而安之，當不更往復遷徙矣。今梁州之既僑於彼，復移於此，其非因民而移，事理至顯。其移置既非因民，則僑置之始故亦未必盡爲流寓也。不獨梁州，若是者固甚多焉。

冀州　晉之冀州，按禹貢周禮幷爲河內之地，治房子，在今河北高邑之西南。元帝太興二年，歸於石勒。宋志云：『江左立南冀州，後省。義熙中更立，治青州，又省』（宋書卷三十六）。東晉之僑置州郡使皆果爲流寓，則流寓固非時存時亡者，觀冀州之時省時置，知其僑置州郡非盡爲流寓矣。

三　因位置失地刺史而設僑州例

東晉僑置州郡之原因，不盡繫於人民之流寓，已如上述。茲更思之，魏晉之際，其要州皆以都督兼領刺史，及乎東晉，時有州土雖失而刺史之軍權尙在，即其所至，設爲僑州，似亦理所必然者。

兗州　兗州在西晉爲禹貢濟河之地。惠帝之末，淪於石勒。李吉甫云：『晉建武初，兗州寄理山上（按指嶧山）。洛陽傾覆，郗鑒獲歸，鄉人士並宗附之，遂共推鑒爲主，與千餘家避難於嶧山中。宗假鑒龍驤將軍，兗州刺史，鎮鄒山。復爲石勒所侵逼，鑒率文武自嶧山奔下邳』（元和郡縣志卷十）。晉志云：『遺黎南渡，僑置兗州，寄居京口。明帝以郗鑒爲刺史。寄居廣陵』（晉書卷十四）。夫兗州已置於京口矣，又因刺史而改置於廣陵，且郗鑒之爲兗州刺史已久矣，非自明帝始，是兗州之所以僑置，非爲遺黎而爲郗鑒也，固極顯焉。

四　實州僑郡僑州實郡例

洪亮吉之東晉疆域志（卷四）對於此例，考之甚詳，茲將其所考州郡名稱，錄之如左：

實州僑郡　荊州實州，統義陽，新興，東河東，南義陽，東義陽，長寧六僑郡。益州實州，統始康，南陽平，金城三僑郡。揚州實州，統淮南，松滋，義陽三僑郡。

僑州實郡　徐州僑州，統廣陵，山陽，盱眙，鍾離，淮陵，海陽六實郡。秦州僑州，統陰平一實郡。

五　省實郡爲僑郡例

夫所謂僑郡者，非以其舊土已失，借他郡實土以僑置之，而他郡之爲郡仍自若耶？然亦有爲省僑之故，省其僑置處所之實郡，而以僑郡爲主者。

秦郡　宋志云：『惠帝即改扶風國爲秦國』（晉書卷十四）。案秦國在西晉，統於雍州；建興之後，沒於劉聰。其僑置也，據宋志云：『秦郡太守，晉武帝分扶風爲秦國；中原亂，其民南流，寄居堂邑，堂邑本爲縣，前漢屬臨淮，後漢屬廣陵，晉又屬臨淮，晉惠帝永興元年，分臨淮，淮陵立堂邑郡；安帝改堂邑爲秦郡』（宋書卷三十五）。按堂邑爲今江蘇六合縣，秦郡由雍置此，自爲僑置，既曰『改堂邑爲秦郡』，是因僑置秦郡而省堂邑也明矣。

六　僑置改爲實土例

東晉州郡由僑置改爲實土者，所在甚多，徐兗青諸州其最著者。玆舉兗州以爲例証。

兗州　兗州實土之失，於第三例已言之矣。其改僑置爲實土，據晉志云：『是時遺黎南渡，元帝僑置兗州，寄居京口，明帝以郗鑒爲刺史，寄居廣陵，置濮陽，濟陰，高平，泰山等郡，後改爲南兗州（按僑置州俱無南字，見十駕齋養新錄卷六。）。或還江南，或居盱眙，或居山陽，後始割爲境，常居廣陵』（晉書卷十四）。按廣陵在西晉爲徐州屬郡，爲今江蘇江都縣，所謂『始割爲境』，即割爲實土也。劉宋之南兗州，即基於此。

七　數僑州置於一郡例

江左諸州，自經僑置，不惟一州至僑數州，一郡至僑數郡，甚有一郡之中，至僑數州者。即以荊州之襄陽而論，地非過大也，同時至僑下列諸州，亦可見其時州郡複雜之甚矣。

司州　晉之司州爲禹貢豫州之地，治洛陽。永嘉之亂，淪於劉聰。迄成帝咸康五年，『庾亮欲開復中原，表桓宣爲都督沔北前鋒諸軍事，司州刺史，鎮襄陽』（通鑑卷九十六）。此司州之僑置於襄陽也。

雍州　晉之雍州爲禹貢黑水西河之地，治長安。

永嘉五年，劉聰使子粲攻陷長安，雍州遂入於漢。據宋志云：『雍州刺史，晉江左立，胡亡氐亂，秦雍流民多南出樊沔，晉孝武始於襄陽僑立雍州，並立僑郡縣』（宋書卷三十七）。此雍州之僑置於襄陽也。此外秦州，亦曾僑置於襄陽，惟皆爲時甚暫，與司雍二州，雖不同時，而同時襄陽僑司雍二州，更加以二州僑置之郡縣，其僑實叢雜已達極點矣。

八　實土恢復僑置尚存例

州郡之所以僑置者，非以其實土淪沒耶？如實土已獲恢復，則省其僑置，理之宜也。乃竟有實土雖已恢復，而僑置如故，何耶？下列之州爲其著者：

青州　西晉之青州在禹貢爲海岱之地。晉志云：『自永嘉喪亂，青州淪沒』（晉書卷十五）。又云：『慕容超移青州於東萊郡，後爲劉裕所滅，留長史羊穆之爲青州刺史，築東陽城而居之。自元帝渡江，於廣陵僑置青州，至是始置北青州，鎮東陽城，以僑立州爲南青州』（同上）。宋志亦云：『青州刺史，江左僑立，治廣陵。安帝義熙五年，平廣固，北青州刺史治東陽城，而僑立南青州如故』（宋書卷三十六）。是青州之實土已恢復，而僑置尚存之証。雖後省南青州，北青州直曰青州，然其省也在後，非恢復而即省也。

九　僑實並存例

此與前例，似同實異。蓋前例所指爲實土淪沒，僑置他所，及實土恢復而僑置尚存也；此則實土並未悉沒，而亦僑置他所，與實土並存不悖者。

徐州　晉之徐州爲禹貢海岱及淮之地，治彭城，爲今江蘇銅山縣。元帝渡江之後，徐州所得惟半。宋志云：『晉永嘉大亂，幽冀青幷兗州及徐州之淮北，流民相率過淮，亦有過江在晉陵界者。晉成帝咸和四年，司空郗鑒又徙流民之在淮南者於晉陵諸縣，其徙過江及留此江北者，並立僑郡縣以司牧之。徐兗二州或治江北，江北又僑立幽冀青幷四州。安帝義熙七年，始分淮北爲北徐州，淮南猶爲徐州』（宋書卷三十五）。李吉甫亦云：『晉氏南遷，又於淮南僑立徐州，安帝始分淮北爲北徐州』（元和郡縣志卷九）。所謂『北徐州』蓋即實土，所謂『淮南徐州』蓋即僑置之徐州，故知其爲僑實並存者。

十　僑置中復有僑置例

東晉江表各州，不惟實土中多有僑置，即僑置中亦有僑置者。此例以徐州中僑置獨多，茲舉所僑幽州以爲例証。

幽州之僑置於徐　此所謂徐者，即上例所舉僑置江北之徐州。楊守敬東晉疆域圖於徐州之高郵注云：『僑幽州』。是幽州實僑置於高郵，而其時之高郵爲僑置徐州之屬縣，則幽州之僑置於高郵即爲僑置於徐，僑置於徐即爲僑置中之僑置矣。惟幽州是否僑置於高郵，不能以楊圖爲信。更考輿地紀勝高郵軍載：『高郵，東晉有三阿』，王象之自注云：『三阿即今之北阿，苻堅遣將彭超，以兵八萬，圍幽州田洛於三阿』（輿地紀勝卷四十三）。晉書謝玄傳亦云：『超圍幽州刺史於三阿』（晉書卷七十九）。夫田洛以幽州刺史而居高郵，其爲僑置之所自無疑義，而幽州之僑置於徐，爲僑置中之僑置，亦無疑義矣。

十一　僑州遷移無定例

僑置州郡，多有今日僑置於此，明日復移於彼；蓋視軍事爲轉移，非一經僑置即無更易也。

司州　晉之司州爲禹貢豫州之地，治洛陽。永嘉五年，亡入於漢。其僑置也，據晉志云：『永嘉之亂，司州淪沒劉聰，元帝渡江，亦嘗置司州於徐，非本所也』（晉書卷十四）。元帝紀云：『太興四年，以尚書戴若思爲征西將軍，都督司兗豫幷冀雍六州諸軍事，司州刺史鎮合肥』（晉書卷六）。桓宣傳云：『庾亮爲荆州將謀北伐，以宣爲都督沔北前鋒，征討軍事平西將軍，司州刺史，假節鎮襄陽』（晉書卷八十一）。是司州僑置於徐，尋置合肥，末復僑置於襄陽。遷移之頻，於此可見。

襄城郡　襄城郡原屬豫州，治襄城，即今河南襄城縣。元帝永昌元年，入後趙。其僑置也，據晉志云：『永嘉之亂，豫州淪沒石氏，元帝渡江，以春穀縣僑立襄城郡』（晉書卷十四）。又司馬休之傳云：『休之爲襄城太守，鎮歷陽』（晉書卷三十七）。是襄城既僑置於春穀，又嘗僑置於歷陽也。按春穀其時屬揚州之宣城郡，爲今之安徽繁昌縣，歷陽爲揚州屬郡，爲今安徽和縣治，雖同屬揚州，固非一地也。

十二　僑置省而復置例

東晉僑置州郡，不惟遷徙無定，其或置或省，亦因時制宜，非置即不省，省即不置也。

雍州　雍州自永嘉五年，即入於漢。晉志云：『自元帝渡江，所置州亦皆遙領。初以魏該爲雍州刺史，鎭酇城，尋省。其後秦雍流人多南出樊沔，孝武始於襄陽僑立雍州』（晉書卷十四）。是雍州已僑置於酇，既而復省，省而復僑置於襄陽也。

各郡　置而省，省而復置，不惟雍州如此，於郡尤甚。第以宋志所載冀州各郡言之，如河間，魏，頓丘，渤海諸郡國，皆云：『江左屢省置』。按冀州自元帝太興二年入於石勒，終晉之世未獲恢復；所謂『江左屢省置』，自指僑置而言者。

十三　郡沒州存僑郡仍置原州例

晉沒各州，有闔州胥沒者，有僅沒數郡者；其僅沒數郡者，所沒諸郡之僑置仍多不出其原州。

義陽郡　義陽郡原屬荊州，治新野，即今河南之新野縣。成帝『咸和四年，入後趙。六年，陶侃收復。咸康五年，又入後趙』（東晉南北朝輿地表州郡表卷四）。穆帝時『以義陽流人在南郡者，立爲義陽郡』。攷南郡在晉亦屬荊州，是義陽之僑置仍在荊州也。

淮南郡　淮南郡原屬揚州，治壽春，即今安徽之壽縣。『成帝咸和三年，後趙拔壽春』（州郡表卷一），自是淮南遂入於趙。晉志云：『成帝初，蘇峻祖約爲亂於江淮，胡寇大至，百姓南渡者轉多，乃於江南僑立淮南郡及諸縣』（晉書卷十五）。至其僑置之所，據宋志云：『晉末遂割丹陽之于湖縣爲淮南境』（宋書卷三十五）。按于湖在晉屬揚州之丹陽郡，是淮南之僑置亦未出揚州之域。

十四　郡沒州存僑郡置於他州例

凡僑置之郡，如原屬之州地悉淪沒，其僑置非在他州，莫之或可。如原屬之州僅沒數郡，餘固巍然尙存，而其所沒之郡亦僑置於他州，殆亦僑置中之一特例焉。

義成郡　義成原爲揚州淮南郡之屬縣，成帝咸康三年，與郡同入後趙。考晉書桓宣傳云：『宣平襄陽，陶侃使宣鎭之，以其淮南部曲立義成郡』。宋志亦云：『義成太守，晉孝武立，治襄陽』。按襄陽者荆州屬郡也。攷其時淮南與義成雖入後趙，而揚州各郡固多尙在，今義成之僑置不在揚州而在荆州，其亦軍事使然乎？

十五　淪沒一郡析置數僑郡例

在西晉淪沒一郡，及乎東晉時有析置數僑郡者，觀下列之郡可以知矣。

京兆郡　京兆在西晉爲雍州屬郡，治長安，即今陝西長安縣。建興之後，沒於劉聰。其僑置也，據宋志有三：一爲襄陽僑置雍州時所置之僑郡，如云『京兆太守初僑立，寄治襄陽』（宋書卷三十七）是也。一爲漢中僑置秦州時所置之僑郡，如云『西京兆太守，晉末三輔流民出漢中僑立』（宋書卷三十七）是也。一爲在司州所置之僑郡，如云『東京兆郡寄治滎陽』（宋書卷三十六）是也。夫沒一實郡，而襄陽，漢中，滎陽悉有僑置，僑置之多可以見矣。

他如扶風郡，西晉亦屬雍州，與京兆同時入漢。據宋志襄陽有扶風僑郡，漢中亦有扶風僑郡，與京兆殆同一例。

十六　舊國僑置改郡例

西晉有郡國之別，即以冀州而論，若鉅鹿，安平，平原，樂陵，章武，河間，皆爲國而非郡。及乎僑置，固多仍以國名，而改國爲郡者亦所在多有。

鉅鹿　鉅鹿在西晉統于冀州爲王國，治廮陶，爲今河北寧晉縣。元帝太興二年，與冀州同時入於後趙。其僑置據劉道鄰傳云：『義熙元年，索虜寇徐州，攻相縣，執鉅鹿太守賀申』（宋書）。攷彼時定制，國稱內史，郡曰太守，此以『鉅鹿太守』稱，是僑置時已改爲郡矣。

濮陽　濮陽在西晉統于兗州，亦爲王國，治濮陽，即今河北濮陽縣。愍帝建興四年，陷入後趙。晉志云：『元帝僑置兗州，寄居京口，明帝以郗鑒爲刺史，寄居廣陵，置濮陽，濟陰，高平，泰山等郡』（晉書卷十四），是濮陽國當僑置時亦改爲郡也。

十七　舊縣僑置改郡例

考僑置各郡，有在未淪沒之際爲縣，而一經僑置乃改爲郡者，此在僑置中爲例尙不多見也。

廣川　按廣川在西晉爲冀州渤海國之屬縣，爲今河北棗強縣地。元帝太興二年，與冀州同歸後趙。

其僑置也，據安帝紀云：『義熙太守劉鐘，河間內史蒯恩，帥衆追盧循』（晉書卷十）。宋志亦云：『廣川太守，江左以立』（宋書卷三十六）。按廣川舊既爲縣，此曰太守，是僑置時改爲郡，已無疑義。他如松滋在西晉爲豫州安豐郡之屬縣，東晉僑置亦改爲郡，第二十二例可以參証

十八　僑郡改爲僑縣例

淪沒各郡，間有僑置未久，改郡爲縣者，此在東晉爲例甚多。茲舉二郡，以爲例証。

上黨郡　上黨在西晉爲幷州屬郡，治潞，爲今山西潞城縣。建興四年，郡入於漢。宋志於揚州淮南郡襄垣縣云：『至於晉末，立襄垣縣，屬上黨。上黨民南過江立僑郡縣，寄治蕪湖；後省上黨郡爲縣，屬淮南』（宋書卷三十五）。是上黨僑置爲郡，復改爲縣也。

安豐郡　安豐在西晉爲豫州屬郡，治安豐，爲今安徽霍邱縣。宋志南豫州云：『安豐太守，魏文帝分廬江立。江左僑立，晉安帝省爲縣，屬弋陽，宋末復立』（宋書卷三十六）。是安豐僑置爲郡，復省爲縣也。

十九　以僑州領舊有實郡例

所謂以僑州領舊有實郡者，蓋以實州已失，僑置他所，及實州已漸恢復而僑置如故，且遙領恢復舊有之實郡。

兗州　錢大昕云：『晉南渡後，僑置青兗徐諸州郡於江淮間，俱不加「南」字，劉裕滅南燕，收復青徐故土，乃立北徐北青州置之，而僑置之名如故。其時兗境亦收復，不別立北兗州，但以刺史治廣陵，或治淮陰，而遙領淮北實郡』（十駕齋養新錄卷六），是其證也。

二十　僑於舊實州屬他僑州例

考東晉僑置各郡，時有原屬之州實土尙在，而其僑置之所且在原屬州內，然僑置之郡不屬於原屬之州，而屬於其他之僑州者。其例如下：

淮南郡　淮南實土與其僑置之所，於十三例中已言之矣。而其僑置後，被屬之州，據晉志云：『成帝乃僑立豫州於江淮之間，居蕪湖。時淮南入北，乃分丹陽僑立淮南郡，居于湖。又以舊當塗縣流人

渡江，僑立爲縣，并淮南廬江安豐幷屬豫州』（晉書卷十四）。按當塗原爲淮南屬縣，與淮南郡皆舊屬揚州，其郡縣之僑置皆未出揚州之域，而不仍爲揚州所隸屬，乃竟改屬於僑置之豫州，亦云異矣？

二十一　僑郡不屬於原屬之僑州而屬於其他僑州例

又有州郡俱失，且州郡俱有僑置，而其僑郡不屬於原屬之僑州，乃屬於其他之僑州者。

梁郡　梁在西晉爲國，統于豫州，治睢陽，爲今河南商邱縣。元帝永昌元年，入於後趙。其僑置，據宋志云：『南梁太守，晉孝武太元中僑立於淮南，安帝始有淮南故地，屬徐州。武帝永初二年，還南豫』（宋書卷三十六）。按其所謂『南梁』者，即東晉僑置之梁郡；所謂『屬徐州』者，蓋即東晉僑立淮南之徐也。夫其時豫州固已先於成帝咸和四年僑置于蕪湖矣，豫州僑置於淮南，梁亦僑置於淮南，乃不仍屬於原屬之豫州而屬於無關之徐州，是可怪矣。

魏郡　魏在西晉，爲司州屬郡，治鄴，居今河南臨漳縣之西南。愍帝建興元年，爲後趙所取。晉志云：『成帝咸康四年，僑置魏，廣川，高陽，堂邑等諸郡，幷所屬縣，幷寄居京邑』（晉書卷十五）。惟此第云僑置，未詳統屬。考宋志冀州刺史下於魏郡太守云：『江左屢省置』（宋書卷三十六）。是東晉即屬於僑置之冀，而其時原屬之司州固已僑置於荊揚矣。

二十二　僑置於甲州隸屬於乙州例

大凡僑置之郡，其隸屬也，不屬於原屬之僑州，即屬于所僑之實州；然二者之外，又有僑置于甲州，隸屬于乙州者，例如：

松滋郡　松滋原屬豫州之安豐郡，在今安徽之霍丘。自明帝太寧三年，豫部大半入後趙，是以松滋隨之淪沒。據晉志：『成帝初，又於尋陽僑置松滋郡，遙隸揚州』。按尋陽在西晉之初固屬揚州之廬江郡，但自『惠帝元康元年，有司奏荊揚二州疆土廣遠，統理尤難，於是割揚州之豫章，鄱陽，廬陵，臨川，南康，建安，晉安，荊州之武昌，桂陽，安成，合十郡，因江水之名，而置江州。永興元年分廬江之尋陽，武昌之柴桑二縣，置尋陽郡，屬江州』（晉書卷十五）。降至東晉，尋陽久已爲江州屬郡矣，今云『於尋陽僑置松滋郡，隸揚州』，是松滋乃僑置於江州而隸屬於揚州者也。

右原稿共四十例，內有關於僑縣者十八例，因大瑣碎，故刪。附注。

非常時代之邊疆義敎……恆
國民代表大會之邊區代表問題……幼愚
西康目前急待解救的兩個問題……仲馥
雲南夷族之略況及其開化方策……立夫
日暮途窮之川康殘匪（續一）……騰蛟
西康巴安富源之略述及其開發之必要……劉紹禹
西康伊斯蘭兩級小學辦理之經過及其艱困……伊校仝人
論語研究（孔子弟子）……馬裕恆
川邊墾牧公司經營事業計劃……任筱莊
西藏風俗誌……丹珍貢茂森
西康巴安縣概況……王信隆
雲南昆明通訊……昆明來函
瀘定通訊……楊仲華
狂歌代哭……騰蛟
慈母遺愛……政瓊
一月來之康藏……編者輯
藏文增刊
歡迎西藏代表來京……高國桂
我國歷年喪失之土地
編後……編者

國民自救救國之要道……蔣中正
邊疆青年的時代任務……黃舉安
改造邊疆人民的生活……劉宗基
日本「二二六」政變之透視……徐繩祖
國際消息……
國內消息……
邊疆消息……
中國國民黨第五次全國代表大會宣言……
西藏歷代藏王及達賴班禪史要……劉家駒
青海省之山川人物……張其昀
青海省墾務概況……陸亭林
邊疆武職人員敍授官銜暫行條例……
邊疆武職人員敍授官銜暫行條例施行細則……
節錄第三次全國代表大會對於政治報告之議決案……
黃敎聖地塔爾寺略史……調查科述
青海考察記……莊學本
班禪大師古儒古魯法開示……劉家駒譯
西藏耶桑王與雲珠之故事……曾學理譯
時輪灌頂攝受弟子開示……班禪額爾德尼
顯密敎之融通概要……超一
西北各佛敎團體恭請班禪大師爲林護長……
護國宣化廣慧大師西陲宣化使公署佈告……
菩提學會章程……西藏班禪駐京辦事處述
會議紀錄……
文電摘要……
收文報告……
發文報告……
西藏旅行日記（續前）……柯羽操著
三民主義與西藏王道救國方略的綜合理論智識者均樂意信聞……宣傳處
孫中山先生歷史及其歷史爲世界所共仰……宣傳處
孫中山先生讚……宣傳處
青海官民讚班禪大師及今後之希望……馬麟

唐會要節度使考釋

賀次君 1

治史地之學，難矣！時代遼昧，史有闕文，故或窮年累月，而不能證實一地一名。至若歷代郡縣之沿革，山川陵谷之變遷，經史志乘之譌訛，傳寫翻刻之脫誤；更須詳爲攷覈，用祛其疑，稽之前人而不謬，傳之後世而無惑，粲然如日星之明，契然若符節之合，方可以爲法則。若乃憑其臆見，務爲游辭，實滋蘐濫，祇增煩冗；徒使脩學之士，迴遑岐途，沿波討原，未知攸適，雖考據之矣，而於學終無補焉。諸史中兩唐書最爲蕪雜，先儒若吳縝，吳道，趙紹祖，沈炳震之倫，各有記述，咸多匡正。宋王溥撰唐會要，頗載事蹟，堪與新舊兩書相證。四庫提要云：『初唐蘇冕嘗次高祖至德宗九朝之事，爲會要四十卷。宣宗大中七年，又詔楊紹復等次德宗以來事爲續會要四十卷，以崔鉉監脩；段公路北戶錄所稱會要，即冕等之書也。惟宣宗以後，記載尙缺，溥因復採宣宗至唐末事，續之爲新編唐會要一百卷。建隆二年正月奏御，詔藏史館』。是其書淵源有自，足可取信，而鈔刊屢屢，失誤遂多，後之覽者，每用病諸。余閒讀兩唐暨通鑑通典諸書，於唐代軍鎭，尤留意焉！偶有所得，輒劄記之，間有未通，則必反覆參究，歲時積久，略得其概，因而深慨諸書牴牾差池之太甚也。嘗考唐軍鎭建置得三百餘條，以牽涉太廣，攷證難詳，未敢刊布。茲篇所記，專就節度使一類彙輯，故以唐會要節度使考釋名篇，於有唐一代之軍鎭，觕具輪廓，雖曰未善，而猶不失其大也。所論悉就新舊唐書暨諸史乘相互質正，名曰考釋，亦一人之見而已。

二十五年一月十六日。

武德元年因隋舊制呼爲大總管，其年六月七日，諸州總管加號使持節，至七年二月十八日，改大總管爲大都督。

按隋書百官志：『州置總管者列爲上中下三等，總管刺史加使持節』。自魏晉以來有都督諸州諸軍事，後周改都督諸軍州爲總管，則總管爲都督之任。周書杞王康傳：『建德三年出爲總管利始等五州，大小劍二防諸軍事，利州刺史』。尉遲綱傳：『武成元年除涇州總管五州十一防諸軍事，涇州刺史。保定二年爲陝州總管七州十三防諸軍事，陝州刺史』。蓋隋之總管刺史，亦沿前代督軍州之舊也。唐初緣邊鎮守及襟帶之地，沿隋舊制置總管府以統軍戎，至武德七年始改總管爲都督府。新唐書百官志：『大都督府都督一人從二品，中都督府都督一人正三品，下都督府都督一人從三品；掌督諸州兵馬甲械城隍鎮戍糧禀總判州事』。其大都督亦兼刺史而不檢校州事，蓋專以典軍爲職也。

貞觀三年八月，李靖除定襄道行軍大總管，貞觀三年已後行軍即稱總管，本道即稱都督。永徽已後，除都督帶使持節即是節度使，不帶節者不是節度使。景雲二年四月，賀拔延嗣除涼州都督充河西節度使，此始有節度之號，遂至于今不改焉。

按通鑑『景雲元年，以幽州鎮守經略大使薛訥爲左衛大將軍，兼幽州都督，節度之名自訥始』。唐制有節度大使，副大使，節度使；其親王領節度大使而不出鎮，則在鎮知節度者爲副大使，其異姓爲節度使者有節度副使。文宗開成二年七月勅：『本朝親王遙領方鎮，其在鎮者遂云副大使知節度事，但年代已深，相沿未改，今天下侯伯並正節旄，其未落副大使者，祇言節度使』。是大使即節度之名，節度之稱，始薛訥不始賀拔延嗣也。蓋唐分天下州縣，制爲諸道，每道置使，其邊方有寇戎之地，則加以旌節，謂之節度使，是即古之持節都督也。肅宗至德以後諸道皆聚兵，中原刺史，亦每受節度之號，觀察防禦，且多改稱節度者，以節度名官，遂失古持節之意焉。

朔方節度使，開元元年十月六日勅朔方行軍大總管宜准諸道例改爲朔方節度使，其經略，定遠，豐安軍，西，中受降城，單于，豐，勝，靈，夏，鹽，銀，匡，長，安，樂等州並受節度。至十四年七月，除王晙，帶關內支度屯田等使。十五年五月，除蕭嵩，又加鹽池使。二十年四月，除牛仙客，又加押諸蕃部落使。二十九年，除王忠嗣，又加水運使。天寶五載十二月，除張齊邱，又加管內諸軍採訪使；已後遂爲定額。

按通鑑：『玄宗開元九年，置朔方節度使，領單于都護府，夏，鹽等六州，定遠，豐安二軍，東，中，西三受降城』。新書方鎮表：『開元十年，增領魯，麗，契三州。二十二年增領涇，原，寧，慶，隴，鄜，坊，丹，延，會，宥，麟十二州，以匡，長二州隸慶州，安，樂二州隸原州。天寶元年，增領邠州。上元二年，罷領單于大都護，以涇，原，寧，慶，坊，丹，延隸邠寧節度，麟，勝隸振武節度』。其後又析置渭北，振武節度，朔方所領，僅靈，鹽，夏，豐四州，西受降城，定遠，天德二軍矣。舊書地理志云：『朔方節度使捍禦北狄，統經略，豐安，定遠，西受降城，東受降城，安北都護，　武等七軍，治靈州』；與通鑑新表略異。又通鑑：『開元二年閏二月，以鴻臚少卿朔方行軍副大總管王晙，兼安北大都護，朔方道行軍大總管，令豐安，定遠，三受降城，及旁側諸軍皆受晙節度』。是王晙節度朔方早在開元初，非十四年始除也。

豐安軍，在靈州黃河西，去郡一百八十里。

按通典州郡云：『豐安軍在靈武西，黃河外百八十里』。諸書皆不言其建置於何年，考新書地理志：『武德四年，分豐州迴樂置豐安縣』。豐安西介吐蕃、北臨突厥 既置郡縣，應爲宿軍以鎭之，然則豐安軍之置，在武德中也。

定遠軍在靈州東北二百里，先天二年正月郭元振置。

按通典州郡云：『景龍中韓公張仁愿置』。未詳。

河東節度使，開元十一年以前稱天兵軍節度，其年三月四日，改爲太原已北諸軍節度。至十八年十二月宋之悌除河東節度，已後遂爲定額。

按通鑑『玄宗開元五年五月，并州長史張嘉貞上言，「突厥九姓新降者，散居太原以北，請宿重兵以鎭之」。辛酉，置天兵軍於并州，集兵八萬，以張嘉貞爲天兵軍節度』。舊書張說傳：『開元七年，檢校并州大都督長史，兼天兵軍大使』；是除張說又改節度爲大使也。新書方鎭表云：『開元十一年，更天兵軍節度使（表以五年所置爲天兵軍大使，九年除張說更大使爲節度，故此云節度使。）爲太原府以北諸軍州節度，河東道支度營田使，兼北都留守；治太原，領太原，遼，石，嵐，汾，代，忻，朔，雲，蔚九州。十八年，更太原府以北諸軍州節度爲河東節度，自後節度使領大同軍使，副使以代州刺史領之，增領儀，石二州。興元元年賜河東節度號保寧軍節度。貞元三年，保寧軍節度復爲何東節度』。其後屢有增析，而河東之名如故。又舊書棣王琰傳：『開元十五年遙領太原牧，太原巳北諸軍節度大使。二十二年加太子太傅，餘如故』。會要云十八年除宋之悌，未詳。

大同軍置在朔州，本大武軍，調露二年裴行儉改爲神武軍，天授二年改爲平狄軍，開元十二年三月四日改爲大同軍。

按舊書地理志：『大同軍在代州北三百里』。通鑑注引宋白曰：『中受降城西之大同川，乃隋大同城之舊墟，開元五年，分善陽縣東三十里置大同軍以戍邊』。又通鑑：『玄宗開元十一年二月，罷天兵大武等軍，以大同軍爲太原以北節度使』。則大同軍不應在開元十二年始置也。會要云本大武軍恐誤，據通鑑開元十一年以大同大武並稱可知。且大武軍之名開元初尙存，通鑑：『玄宗開元四年，拔曳固，回紇，同羅，霫，僕固五部來降，置於大武軍北』。又云：『時大武軍牙將郝靈荃奉使在突厥』。大武軍既改稱神武，又改爲平狄，何得仍其舊名，然則大武，神武，平狄，大同等軍，同在代州，非一軍之別號也。於會要所云未詳。

橫野軍初置在飛狐，復移于新州。開元六年六月二十三日張嘉貞移于古代郡大安城南，以爲九姓之援。天寶十三載十二月一日改爲大德軍。

按新書地理志：『蔚州東北有橫野軍，乾元元年徙天成軍合之而廢橫野軍』。通鑑云：『橫野授天兵節度』。

岢嵐軍，武德中爲鎭，永淳二年改爲柵，隸平狄軍。長安三年李迥秀改爲景龍中軍，張仁亶移軍朔方，留一千人充守捉，屬大武軍。開元十二年崔隱甫又置軍，十五年李嵩又廢爲鎮，其後又改爲軍。

按舊書地理志云：『岢嵐軍在嵐州北百里』。

天兵軍，聖曆二年四月置，大足元年五月十八日廢，長安元年八月又置，景雲元年又廢，開元五年六月二十日張嘉貞又置，十一年三月四日改爲太原已北諸軍節度使。

按舊書張嘉貞傳：『開元初，突厥九姓新來內附，散居太原以北，嘉貞奏請置軍以鎮之，於是始於并州置天兵軍，以嘉貞爲使』；即會要所云，開元五年六月張嘉貞又置者也。其先興廢，則莫可攷詳。新書方鎮表云：『開元十一年，更天兵軍節度使爲太原以北諸軍州節度，治太原，領太原，遼，石，嵐，汾，代，忻，朔，雲，蔚九州』。通鑑：『玄宗開元十一年，罷天兵大武等軍，以大同軍爲太原以北諸軍節度』，非是。蓋十一年升并州爲太原府，即以并州天兵軍爲節度使，且大同在代州北三百里，何得移治太原？新書方鎮表云『河東節度使領大同軍使』。河東即太原以北節度，是大同軍統於太原以北節度，非大同軍即太原以北節度也。

淸塞軍，貞元十五年四月，以淸塞城爲軍。

按新書地理志云：『蔚州西有淸塞軍，本淸塞守捉城，貞元十五年置』。

開元九年十一月四日，河東河北不須別置支度，並令節度使自領支度。

按新書百官志：『度支員外郎，掌天下租賦物產豐約之宜，水陸道塗之利，歲計所出而支調之』；凡天下轉運徵歛送納，皆統其務焉。軍州又有支度使，唐六典云：『天下邊軍皆有支度之使，以計軍資糧仗之用，每歲所費，皆申度支』。唐代錢穀財賦，其先專屬之戶部，自中葉以後，始以他官判領，河東河北開其例，天寶亂後，權歸軍府，各立使名，分割利權，其戶部本曹浸失其職，而節度之專擅者遂不貢賦稅矣。

隴右節度使，開元元年十二月，鄯州都督陽矩除隴右節度，自此始有節度之號；至十五年十二月，除張志亮又兼經略，支度，營田等使，已後遂爲定額。

按新書方鎮表：『開元五年置隴右節度，亦曰隴西節度，兼隴右道經略大使，治鄯州，領州十二，秦，河，渭，鄯，蘭，臨，（按臨州，新舊書地理志皆云天寶三載始分蘭州置，則隴右所領，當無臨州。）武，洮，岷，廓，疊，宕』。會要謂開元元年除陽矩，始有節度之號。考通鑑：『玄宗開元二年十二月，置隴右節度大使，領鄯，秦，河，渭等十二州』。舊書郭知運傳：『開元二年秋，吐蕃入寇隴右，掠監牧馬而去，詔知運率衆擊之。知運與薛訥王晙等掎角擊敗之，拜知運鄯州都督，隴右諸軍節度大使』。是隴右節度使置於開元二年，會要與新書方鎮表俱誤。其開元元年，乃隴右置羣牧使，舊書王晙傳：『開元元年朔方軍副大總管，兼安西大都護，後轉太僕少卿，隴右羣牧使』。隴右置使，自此始也。上元以後，河西隴右州郡，悉陷吐蕃，至大中，咸通之間，隴州遺黎歸國，又析置節度，及秦州節度，涼州

4

節度，瓜州節度等使，而領州頗不同矣。

臨洮軍，置在狄道縣，開元七年移洮州縣就此軍焉。

按新書地理志：『臨州臨洮軍，久視元年置，寶應元年沒吐蕃』。舊書李元諒傳：『貞元四年，加隴右節度支度，營田，觀察，臨洮軍使』。是臨洮軍武后久視元年置在狄道，歷神龍，景龍，睿宗景雲，太極，至玄宗開元七年，始自狄道移鎮洮州也。舊書地理志謂在鄯州城內，非是。

河源軍，置在鄯州西南。

按舊書地理志：『河源軍在鄯州西百二十里』。通典州郡云：『儀鳳二年，李乙夫置』。

白水軍，開元五年郭知運張懷亮置。

按新書地理志：『武州白水軍，在蔚茹水之西，至德後沒入吐蕃』。又云：『鄯州鄯城內有白水軍』。

安人軍，置在星宿川鄯州西北界，開元七年三月置。

按新書地理志：『鄯州星宿川西有安人軍』。

積石軍，置在廓州達化縣西界，本吐谷渾之地。貞觀三年，吐谷渾叛，置靜邊鎮，儀鳳二年，置軍額焉。

按通典州郡云：『積石軍在寧塞西百八十里，儀鳳二年置』。

莫門軍，置在洮州，儀鳳二年置軍。開元十七年洮州移隸臨洮軍，百姓隸岷州，置臨州，二十七年四月，又改為洮州，今為臨洮軍是也。

按通典州郡：『莫門軍，在臨洮郡城內』。新書地理志云：『洮州臨洮郡，開元十七年州廢，以縣隸岷州，二十七年復故名』。 5

振武軍，置在鄯州鄯城縣西界、吐蕃鐵仞城，亦名石堡城，開元十七年三月二十四日信安王禕拔之置，四月改為振武軍。二十九年十二月六日，蓋嘉運不能守，遂陷吐蕃。天寶八載六月，哥舒翰又拔之，閏六月三日，改為神武軍。

按通鑑：『玄宗開元十七年，朔方節度使信安王禕，攻吐蕃石堡城，拔之，乃分兵據守要害，令虜不得前，自是河隴拓境千餘里。上聞大悅，更命石堡城曰振武軍』。神武軍，新書地理志作天威軍云：『鄯州鄯城有天威軍，軍故石堡城，開元十七年置，初名振武軍，二十九年沒吐蕃，天寶八年克之更名』。豈神武軍又名天威軍耶？又通典：『振武軍在單于都護府城內　天寶中王忠嗣置』。故舊書王忠嗣傳：『天寶五年，充河西隴右節度使，玄宗方事石堡城，詔問以攻取之略。忠嗣奏云：「石堡險固，吐蕃舉國而守之，若頓兵堅城之下，必死者數萬，然後事可圖也，臣恐所得不如所失，請休兵秣馬，觀釁而取之，計之上者」。玄宗因不快。李林甫尤忌忠嗣，日求其過』。其後忠嗣被劾，七年卒　以哥舒翰代為隴右節度使。哥舒翰傳：『天寶七年築神威軍於青海上，吐蕃至，攻破之。又築於青海中龍駒島。八載，以朔方河東羣牧十萬衆委翰總統，攻石堡城，拔之』。是神武軍開元八載哥舒翰置，王忠嗣已死一年矣，通典誤。

威戎軍，置在鄯州界，開元二十六年五月，杜希望收吐蕃新城置此軍。

按通典云：『威戎軍在西平郡西北三百十里，開元二十六年置』。舊書杜希望傳：『希望攻吐蕃新城，拔之　以其地爲威武軍』。『武』字誤，應作『戎』。

鎮西軍，置在河州，開元二十六年八月置。

按通鑑：『玄宗開元二十六年，杜希望將鄯州之衆，奪吐蕃河橋，築鹽泉城於河左，置鎮西軍於鹽泉』。

神策軍，天寶十三載七月十七日，隴右節度哥舒翰以前年收黃河九曲，請分其地置洮陽郡，內置軍焉。以成如璆爲太守，充神策軍使，去臨洮軍二百餘里。

按新書地理志：『臨洮郡西八十里磨禪川有神策軍，天寶十三載置』。新書玄宗本紀：『天寶十三載三月，隴右河西節度使哥舒翰敗吐蕃，復河源九曲』。通鑑：『肅宗上元元年，初，哥舒翰破吐蕃於臨洮西關磨環川，於其地置神策軍。及祿山反，軍使成如璆遣其將衛伯玉將千人赴難，既而地淪入吐蕃，伯玉留屯於陝，八月庚午，以伯玉爲神策軍節度使』。神策之陷入吐蕃，久而不復，此以伯玉爲節度，地當在陝，非故臨洮磨禪川之神策軍矣。

宛秀軍，同前年，分九曲置澆河郡，內置軍焉。

按新書地理志：『廓州西八十里宛秀城有威勝軍，天寶十三年置』；當即宛秀軍也。廓州本西羌地，後入吐谷渾，北周武帝建德五年西逐吐谷渾，又得河南地，置廓州（見太平寰宇記引周地圖記。）隋置澆河郡，唐初因之，後改爲廓州，寧塞郡。

保義軍，元和元年二月，改隴右經略使爲軍。

按新書方鎮表：『上元元年置興鳳隴節度使。建中四年，興鳳隴節度賜號保義軍節度，是年罷保義，以隴右留奉義軍節度使，尋廢。貞元元年，保義軍節度增領臨洮軍使。三年，罷保義軍節度，置都團練觀察防禦使，未幾復置節度，兼右神策軍使，行營節使。元和元年，升隴右經略使爲保義節度，尋罷保義節度復舊名』。隴右節度初屯兵秦州，尋徙岐州　及吐蕃陷隴右，德宗置行秦州，以刺史兼隴右經略使，治普潤。舊書德宗本紀：『貞元十年，二月丙午，以瀛州刺史劉澭爲秦州刺史，隴右軍經略使，理普潤縣，仍以普潤軍爲名』；保義軍即普潤軍也。又新書地理志：『普潤有隴右軍，貞元十年置，十一年　以縣隸隴右經略使，元和元年，更名保義軍』。隴右經略使之外，又有隴右軍，未詳，恐即表所云隴右軍經略使也。

河西節度使，景雲二年四月賀拔延嗣爲涼州都督，充河西節度使，自此始有節度之號。至開元二年四月除陽執一，又兼赤水九姓本道支度，營田等使。十一年四月除張敬忠，又加經略使。十二年十月除王君㚟，又加長行轉運使，自後遂爲定額。

按舊書地理志云：『河西節度斷隔羌胡，統赤水，大斗，建康，寧寇，玉門，墨離，豆盧，新泉等八軍，張掖，交城，白亭三守捉。河西節度使治在涼州』。新書方鎮表云：『景雲元年，

6

置河西諸軍州節度支度營田督察九姓部落赤水軍兵馬大使，領涼，甘，肅，瓜，伊，沙，西七州，治涼州，副使治甘州』。河西節度置於睿宗景雲二年，表云元年，誤。新書兵志云：『景雲二年，以賀拔延嗣爲涼州都督，河西節度使』。自除賀拔延嗣，河西始有節度之名也。又按會要云：『開元元年除楊執一，十一年四月除張敬忠，又加經略使，十二年除王君㚟』均誤。通鑑：『玄宗開元元年七月壬寅，以北庭都護郭虔瓘爲涼州刺史，河西諸軍州節度使』。舊書郭虔瓘傳：『開元初，累遷右騎衞將軍，兼北庭都護，涼州刺史』。是虔瓘於元年除河西，代賀拔延嗣爲節度，非楊執一也。三年，虔瓘遷河東，郭知運拜涼州鎭軍大總管，赤水，建康，河源等軍州皆隸節度。（見通鑑暨新舊唐書合鈔）知運開元九年卒於軍，王君㚟代之。新書王君㚟傳云：『初事郭知運爲別奏，累功至左右衞副率；知運卒，代爲河西隴右節度使，右羽林軍將軍，判涼州都督事』。君㚟除河西在九年十年之間，非十一年，其遷除源源可尋，不見有張敬忠者。自賀拔延嗣始，河西隴右多以涼州大總管兼鎭，如郭虔瓘，郭知運，王君㚟，薛納，賀拔延嗣等是。其後除安思順，哥舒翰等，隴右河西，遂分別異治矣。又河西加經略使，新書方鎭表在開元四年，會要云十一年四月，未詳。

赤水軍置在涼州西城，本赤烏鎭，有泉水赤，因以爲名。武德二年七月安脩仁以其地來降，遂置軍焉。軍之大者莫過於此。

按元和郡縣志云：『赤水軍，本赤烏鎭，有赤泉，因名。軍之大者，莫如赤水，幅員五千一百八十里，前距突厥，北臨吐蕃』，舊書地理志云在涼州城內，清一統志謂：唐赤水軍本在涼州西，開元中改爲大斗，故移赤水入州城也。按大斗軍本是大斗守捉，開元十六年升爲軍　非改赤水置也。詳後。

新泉軍，大足元年郭元振奏置，開元五年改爲守捉。

按通典云：『會寧郡西北三百里，大足元年，郭元振置』。舊書地理志云『在會州西北二百里』。廢軍爲守捉，新書地理志云在開元三年。

大斗軍，本是守捉使，開元十六年改爲大斗軍焉。

按舊書地理志：『大斗軍，在涼州城西二百餘里』。新書地理志云：『涼州有赤水守捉』。又云：『大斗軍本赤水守捉　開元十六年爲軍，因大斗拔谷爲名』。清一統志以大斗軍爲赤水軍改置，非是。

建康軍，置在甘肅二州界，嗣聖元年王孝傑開四鎭回，以兩州界迴遠，置此軍焉。

按胡三省通鑑注『甘州西北九十里祁連山有建康軍』。通典云：『建康軍在張掖郡西二百里，嗣聖初王孝傑置』。

玉門軍，本廢玉門縣，開元六年置軍焉。

按新書地理志：『肅州玉門，開元中設吐蕃，因其地置玉門軍。天寶十四載廢軍爲縣』。舊書地理志：『在肅州西二百里』。杜佑通典謂『玉門軍在酒泉郡西二百里，武德中楊恭義置』。未詳。

寧寇軍，舊同城守捉，天寶二年五月五日遂置焉。

按通典云：『寧寇軍在張掖郡東北千餘里，天寶二年置』。新書地理志謂『甘州刪丹東北行千里，有寧寇軍，故同城守捉也』。

墨離軍，本是月支舊國，武德初置軍焉。

按通典州郡二：『墨離軍在晉昌郡西北千里』。

豆盧軍，置在沙州，神龍元年九月置軍。

按通典云：『在敦煌郡城內』。

白亭軍，天寶十四載正月三日置。

按舊書地理志有白亭守捉，在涼州西北五百里，疑與此同。又舊郭元振傳：『大足元年遷涼州都督，隴右諸軍州大使。先是涼州封界，南北不過四百餘里，既迫突厥吐蕃，二寇頻歲奄至城下，百姓苦之。元振始於南境硤口置和戎城，北界磧中置白亭軍，控其要路，乃拓境一千五百，自是寇不復更至城下』。新書元振傳亦同，則白亭軍之置，早在武后大足長安年間，非天寶十四載也。

安西四鎮節度使，開元六年三月，楊嘉惠除四鎮節度經略使，自此始有節度之號。十二年以後，或稱磧西節度，或稱四鎮節度，至二十一年十二月，王斛斯除安西四鎮節度，遂為定額。又先天元年十一月史獻除伊西節度，兼瀚海軍使，自後不改。至開元十五年三月，又分伊西北庭為兩節度，至二十九年十月二十九日移隸伊西北庭都督四鎮節度使。天寶十二載三月，始以安西四鎮節度封常清兼伊西北庭節度瀚海軍使。

按新唐書方鎮表云：『景雲元年，置安西都護，領四鎮經略大使』。大使即節度之稱，則安西節度置在睿宗景雲元年也。玄宗開元四年安西大都護領西鎮諸蕃落大使。六年，領四鎮節度支度經略使，副大都護領磧西節度支度經略等使，治西州。見方鎮表。舊唐書地理志云：『安西節度撫寧西域，統龜茲，焉耆，于闐，疏勒四國，安西都護府治所在龜茲國城內』。唐會要云：『磧西節度使，其統有安西，疏勒，于闐，焉耆為四鎮經略使，又有伊吾瀚海二軍，西州鎮守使屬焉』。開元十五年，分伊西北庭置二節度，十九年合伊西北庭二節度為安西四鎮北庭經略節度使。

伊吾軍本昆吾國也，置在伊州，景龍四年五月置。

按舊書地理志：『伊吾軍開元中置，在伊州西北五百里』。未詳。

天山軍置在西州，漢車師前王故國，地形高敞，改名高昌，貞觀十四年置。

按舊書西戎傳：『高昌者，漢車師前王之庭，後漢戊巳校尉之故地，在京師西四千三百里。其王麴伯雅，即後魏時高昌王嘉之六世孫也。武德二年伯雅死，子文泰嗣。貞觀四年，文泰來朝，及將歸蕃，賜遺甚厚。時西戎諸國來朝貢者，皆塗經高昌，文泰後殞絕之。伊吾先臣西突厥，至是內屬，文泰又與葉護連結，將擊伊吾。太宗以其反覆，下書切讓。十三年，西域使欲來者，文泰悉拘留之。又云自爲可汗，與漢天子敵也，何須拜謁其使。太宗乃命吏部尙書侯君集爲交河道大總管，率左屯衞大將軍薛萬均及突厥契苾之衆步騎數萬衆以擊之。下其三郡五縣，二十二城，以其地置西州，又置安西都護府，留兵以鎭之』。地理志云：『高昌漢車師前王之庭，以其地形高敞，故名高昌。貞觀十四年討平之，以其地爲西州』。則天山軍之置，在平高昌之後，貞觀十四年是也。新唐書地理志謂『天山軍，開元二年置』，非是。

瀚海軍置在北庭都護府，本烏孫王境也，貞觀十四年置庭州，文明元年廢州置焉。長安二年十二月改爲燭龍軍，三年，郭元振奏置瀚海軍。

按舊書地理志：『貞觀十四年，侯君集討高昌，西突厥屯兵於浮圖城，與高昌相響應。及高昌平，二十年四月，西突厥泥伏沙鉢羅葉護阿史那賀魯率衆內附，乃置庭州，處葉護部落。長安二年，改爲北庭都護府。自永徽至天寶，北庭節度使管瀚海天山伊吾三軍』。新書同。瀚海軍始置，似應在高宗永徽之際，會要云文明元年廢州置軍，未詳。又云：『長安三年，郭元振奏置瀚海軍』。非是。上元時，北庭陷入吐蕃，至開元中始收復，通典州郡云：『翰海軍在北庭都護府城內，開元中置』。舊書地理志亦云：『開元中蓋嘉運置，在北庭都護府內』是也。

范陽節度使，先天二年二月甄道一除幽州節度經略鎭守使，至開元十五年十二月，除李尙隱，又帶河北支度營田使。二十七年十二月除李適之，又加河北海運使。天寶元年十月除裴寬爲范陽節度使，經略河北支度營田河北海運使，已後遂爲定額。

按舊書地理志：『范陽節度使臨制奚契丹，統經略，威武，清夷，靜塞，恒陽，北平，高陽，唐興，橫海等九軍。范陽節度使治理幽州』。新書方鎭表云：『開元元年，幽州置防禦大使。二年，置幽州節度諸軍州管內經略鎭守大使，治幽州，領州六，幽，易，平，檀，嬀，燕』。通鑑玄宗紀云：『開元二年，置幽州節度經略鎭守大使』。幽州節度使，當在玄宗開元二年始置也。方鎭表云：『開元八年，幽州節度兼本軍州經略大使，並節度河北諸軍大使。十五年，兼河北支度營田使。二十年，兼河北採訪處置使，增領衞，相，洺，貝，冀，魏，深，趙，恒，定，邢，德，博，棣，營，鄚，十六州及安東都護府。二十七年，幽州節度增領河北海運使。二十九年，副使領平盧軍節度，治順化州。天寶元年，更幽州節度使爲范陽節度使，增領歸德，歸順二郡』。其後以安祿山兼范陽節度使，祿山反，范陽不復歸朝廷，至肅宗寶應元年史思明將李懷仙降，范陽節度使復爲幽州節度使，而所領州郡，大減於前矣。

經略軍置在范陽城內，延載元年置。

按通典州郡云：『在范陽郡城內，天册萬歲元年置』。

漁陽軍在幽州北盧龍古塞，開元十九年九月十七日改爲靜塞軍。

按通典云：『漁陽軍在漁陽郡城內』。舊書地理志云：『在薊州城內』。新書地理志云：『薊州靜塞軍，本障塞軍，開元十九年更名』。然則漁陽軍又名障塞軍也。

清夷軍，垂拱二年嬀州刺史鄭崇古奏置。

按通典：『清夷軍在嬀州郡城內，垂拱中，刺史鄭崇述置』。

威武軍大足元年置在檀州，開元十九年九月二十七日改爲威武軍。

按通典：『威武軍在密雲郡城內，萬歲通天二年置』。新書地理志云：『檀州威武軍，萬歲通天元年置』。會要云大足元年置，恐誤。又『開元十九年九月二十七日，改爲威武軍』，恐有闕文，豈威武軍改爲威武軍耶？

北平軍，在定州西三里。

按通典云：『北平軍在博陵郡西，開元中置』。舊玄宗紀：『開元十四年，於定，恒，莫，易，滄五州置軍，以備突厥』。定州當爲北平軍，開元十四年置也。

恒陽軍，恒州郭下。

按通鑑玄宗紀：『先天元年（卽睿宗太極元年，八月，玄宗卽位。）八月於恒，定州境置恒陽軍』。舊書玄宗本紀：『開元十四年，於恒，定，莫，易，滄五州置軍以備突厥』。恒州所置當卽恒陽軍也，據通鑑則恒陽軍玄宗初卽位時卽置，不應與北平高陽等軍並開元十四年始置也。通典云：『恒陽軍在常山城東』，常山郡卽恒州，與會要『在恒州郭下』同，而通鑑云在『恒定州境』，或恒陽軍先天元年八月始置在恒，定州境，開元十四年四月自恒，定州境移至恒州郭下與？

高陽軍，本瀛州，開元二十年移在易州。

按瀛州有高陽縣，或卽高陽軍故地。舊書地理志云：『在易州城內』，著其移治也。玄宗紀：『開元十四年，於定，恒，易，莫，滄五州置軍以備突厥』。高陽軍置於開元十四年也。

唐興軍，在莫州。

按舊書地理志云：『唐興軍在漠州城內』，誤。與北平高陽同置於開元十四年。

橫海軍，在滄州。並開元十四年四月十二日置，各以刺史爲使。

按新書地理志云：『滄州橫海軍，開元十四年置，天寶後廢，大曆元年復置』。舊書玄宗本紀：『開元十四年，於定，恒，易，莫，滄五州置軍以備突厥』。滄州橫海軍，開元十四年始置，安史之亂，軍廢。舊書程日華傳云：『朱滔叛兵屯河間，以故滄定道阻不相聞，滔及王武俊皆招日華，不納，卽攻之。日華乘城自固。參軍李宇謀曰：「城久圍，府兵不爲援，今州十縣瀕海，有魚鹽利自給。此軍本號橫海，將軍能絕易定歸天子，自爲一州，繕甲訓兵，利則出，無利則守，可亢盜喉。君能用僕計，請至京師爲天子言之」。日華䂓然，乃遣宇西。帝果大喜，拜御史中丞，滄州刺史，復置橫海軍，卽以爲使，建中三年也』。新書方鎮表亦云：『建中三年，置橫海軍節度使，治滄州，領滄景二州』。是橫海軍以天寶亂廢，至德宗建中三年程日華歸順復置，新書地理志謂大曆元年復置，非也。又橫野軍始置，新書方鎮表誤在開元十三年。

通典：『唐武德元年改郡爲州，改太守爲刺史，加號持節，後加號爲使，持節諸軍事，而實無節，但頒銅魚符而已』。其責在掌宣布德化，撫和齊人，勸課農桑，敦諭五敎。至德以後，州縣凋弊，刺史之任益重，諸州始各有兵鎮者，刺史皆加團練使，且每受節度之號，與唐初都督兼刺史而不檢校州事，刺史持節而不統軍戎者異矣。

懷柔軍在嬀州界，先天元年八月八日置。

按通鑑：『玄宗先天元年八月，嬀蔚州境置柔懷軍』，即此。通鑑『柔懷』二字誤倒。

鎮安軍貞元二年四月二十二日於燕郡守捉置。

按新書地理志云：『營州鎮安軍，本燕郡守捉城，貞元二年爲軍』。

懷遠軍在故遼城，天寶二年二月，安祿山奏置。

按安東都護府天寶二年移置遼西，故遼城也。新書地理志云：『安東都護府有懷遠軍，天寶二載置』。

平盧軍節度使，開元七年閏七月，張敬忠除平盧軍節度使，自此始有節度之號。八年四月除許欽琰，又帶管內諸軍諸蕃及支度營田等使。二十八年二月除王斛斯，又加押兩蕃及渤海黑水等四府經略處置使，遂爲定額。

按通鑑：『玄宗開元二十九年八月，以安祿山爲營州都督，充平盧軍使』；是時平盧節度以幽州副使領之。又云：『玄宗天寶元年春正月，分平盧別爲節度，以安祿山爲節度使』。方鎮表云『天寶二年平盧軍節度使治遼西故城』。平盧軍置在開元初，升爲節度而統於幽州，至天寶元年別置平盧節度使，始有節度之號。會要云云誤也。舊書本紀云：『開元二十九年，以幽州節度副使安祿山爲營州刺史，平盧軍節度副使』；亦誤。舊書地理志：『平盧軍節度使鎮撫室韋靺鞨，統平盧盧龍二軍，榆關守捉，安東都護』。胡三省通鑑注云：『平盧治營州，有州十二，曰鄆，曹，濮，登，青，淄，齊，萊，兗，海，沂，密；至憲宗元和間分爲三道』。方鎮表『開元七年升平盧軍爲平盧軍節度，領安都（東）都護及營，遼，燕，三州』。營州爲其所在，而遼燕二州迄於天寶，未見罷省，合此二州，所領總州十五也。

平盧軍在柳城，本古遼西之地。

按柳城漢縣，淸一統志謂：『故城卽後魏及唐之營州，遼之興中府，今熱河朝陽縣』。按後漢書地理志注云：『故城在今營州南』。則唐之營州治非漢之柳城矣。又李兆洛謂在永平府境，陳芳績歷代地理沿革表云：『今昌黎西五十里靜安社爲古柳城』。今河北昌黎縣西南，卽平盧軍之所在也。新書地理志云：『營州平盧軍，開元初置』。方鎮表云『開元五年，營州置平盧軍使』。通鑑玄宗紀：『開元五年二月，奚契丹旣內附，貝州刺史宋慶禮，建議請復營州，三月制置營州都督於柳城，兼平盧軍使』。又武后萬歲通天元年，營州陷沒，至是乃復，故置軍以鎮之。又新書地理志：『平州有柳城軍，永泰元年置』。未詳。

盧龍軍置在北平郡，古孤竹國，天寶二年置。

按新書地理志：『平州有盧龍軍，天寶二載置』。平盧軍節度使置於天寶元年，統平盧盧龍二軍，盧龍軍似應置於天寶一載也。又按史記索隱『孤竹君，商湯所封』。爾雅釋地云：『孤竹，北戶，西王母，日下，謂之四荒』。注：『孤竹在北』。今河北盧龍縣南有孤竹城，水經注云：『元水西逕孤竹故城北，孤竹國也』，即此。

劍南節度使，開元五年二月，齊景胄除劍南節度使，支度營田兼姚嶲等州處置兵馬使，因此始有節度之號。至八年除李濬，始下兼兵馬使，二十七年章仇兼瓊又兼山南西道採訪使，其後或兼或不兼無定制。至上元二年二月，分爲兩川，廣德二年正月，合爲一道，大曆二年正月二十日又分爲兩川，至今不改。貞元十一年九月，韋皋爲節度，就加統攝近界諸蠻兼西山八國雲南安撫等使。

按舊書地理志：『劍南節度使，西抗吐番，南撫蠻獠，統團結營及松，維，蓬，恭，雅，黎，姚，悉等八州兵馬，天寶，平戎，昆明，寧遠，澄川，南江等六軍鎮』。新書方鎮表云：『開元二年以益州長史領劍南道支度營田松，當，姚，嶲州防禦處置兵馬經略使。七年，升劍南支度營田處置兵馬經略使爲節度使，兼昆明軍使，治益州，領益，彭，蜀，漢，眉，綿，梓，遂，邛，劍，榮，陵，嘉，普，資，嶲，黎，戎，維，茂，簡，龍，雅，瀘，合二十五州』。通鑑與表同。其云節度之年，與會要略異。又云：『二十二年，劍南節度兼山南西道採訪處置使，號山劍西道。增領文扶姚三州。天寶八載增領保寧都護府。至德二年更劍南節度號西川節度使，兼成都尹。增領果州，罷領梓，遂，綿，劍，龍，閬，普，陵，瀘，榮，資，簡十二州。置劍南東川節度使，治梓州，領梓，遂，綿，劍，龍，閬，普，陵，瀘，榮，資，簡十二州』。（按閬州卽天寶八年增領保寧都護府。）分劍南爲兩川，會要云上元二年，表在至德二年，攷通鑑：『肅宗至德二年分劍南爲東西川節度』。新書裴冕傳：『玄宗入蜀，詔皇太子爲天下兵馬元帥，拜冕御史中丞兼左庶子副之。太子卽位，拜尙書左僕射，兩京平，封冀國公，出爲劍南，西川節度使』。高適傳：『上皇東還，分劍南爲兩節度，百姓敝於調度，而西山三城列戍，適上疏諫，帝不納』。肅宗至德二年，收復兩京，上皇東還，據此則分劍南爲東西川節度，應以肅宗至德二年爲是。又方鎮表：『廣德二年，廢東川節度使，以所管十五州隸西川。大曆元年，復置東川節度使，領州如故』。

天保軍置在恭州東南九十里，開元二十九年置。

按舊書地理志：『天寶軍在恭州東南九十里』。通典云：『平戎城東八十里，在維川郡東，開元二十八年章仇兼瓊開置』。通典誤。

洪源軍置在黎州，漢黎郡也。開元三年置軍。

按通典云：『開元三年陸象先置』。

昆明軍置在嶲州，開元十七年十一月置。

12

按通志云：『昆明軍在越巂郡南，開元中移置』。新書方鎮表云：『開元七年，升劍南支度營田處置兵馬經略使爲節度使，兼昆明軍使』。是昆明軍之置，至遲不過開元七年，會要云『十七年』，疑『十』字衍。

嶺南節度使，至德二載正月，賀蘭進明除嶺南五府經略兼節度使，自此始有節度之號，已前但稱五府經略，自此遂爲定額。又云杜佑授嶺南節度使，德宗興元，朝廷故事，執政往往遺忘，舊日嶺南節度常兼五管經略使，佑獨不兼，蓋一時之誤，其後遂不帶五管經略名目。至咸通三年五月，分爲兩節度，以廣州爲嶺南東道，邕州爲嶺南西道。

按新書方鎮表云：『至德元年升五府經略討擊使爲嶺南節度使，領廣，韶，循，潮，康，瀧，端，新，封，春，勤，羅，潘、高，恩，雷，崖，瓊，震，儋，萬安，藤二十二州，治廣州。咸通三年，分嶺南節度爲東西道，改嶺南節度爲嶺南東道節度，升邕管經略，爲嶺南西道節度使』。通鑑肅宗紀『至德元年，升五府經略使爲嶺南節度，領南海等二十二郡』。嶺南節度置在至德元載，會要云二年誤。五府，桂管，容管，安南，邕管，廣州也。嶺南節度雖兼統五管，而廣州所管，自爲巡屬，通鑑卷二百四十一胡三省注引劉昫．『廣州管韶，循，岡，賀，端，新，康，封，瀧，恩，春，高，藤，義，竇，勤等州』。舊書地理志云：『嶺南五府經略使綏靜夷獠，統經略清海二軍，

13

桂管，容管，安南，邕管四經略使』。亦僅四經略使，而無廣州。考舊書宋璟傳：『璟坐事出爲睦州刺史轉廣州都督，仍爲五府經略使』。肅宗本紀『以濮州刺史張方眞爲廣州都督，五府節度使』。是嶺南節度常兼五府經略使之名。

清海軍，天寶元年置在恩州。

按通典：『清海軍在恩平郡城內』。

柔遠軍，貞元七年三月二十三日置。

未詳。

淮南，河南，江東道，乾元元年三月六日置節度使。

按新書方鎮表云：『至德元年，置淮南節度使，治揚州，領揚，楚，滁，和，壽，廬，舒，光，黃，蘄，安，申，沔十二州』。舊書高適傳：『至德二年，以適兼御史大夫，揚州大都督府長史，淮南節度使。詔與江東節度來瑱率本部兵平江淮之亂』。會要云淮南節度使置於乾元元年誤，應從表作至德二年。河南節度使會要謂乾元元年置，亦誤。攷方鎮表云：『至德元年，置河南節度使．治汴州，領郡十三，陳留，睢陽，靈昌，淮陽，汝陰，譙，濟陰，濮陽，淄川，瑯邪，彭城，臨淮，東海』。通鑑肅宗紀．『至德元年二月，以吳王祗爲靈昌太守河南都知兵馬使。戊辰，吳王祗擊謝元同走之，拜陳留太守，河南節度使』。又云：『至德元載正月丁巳，魯炅衆潰，走保南陽，賊就圍之。太常卿張垍薦夷陵太守虢王巨，有勇略，上徵吳王祗爲太僕卿，以巨爲陳留譙郡太守，河南節度使』。是河南至德元年已置節度也。江東道，浙江東道也。通鑑肅宗紀：『乾元元年十二

月庚戌，置浙江東道節度使，領越睦等八州』。方鎭表云：『治越州，領州八，越，睦，衢，台，明，處，温，婺』。大歷中廢。

鎭州節度使，大曆十四年四月，名其軍曰成德，至天祐二年九月改爲武順。

按鎭州卽恒州，舊書地理志云：『鎭州，秦東垣縣，漢高改名眞定，置常山郡。周隋改爲恒州。武德元年陷竇建德，四年賊平，徙治眞定。天寶元年改爲常山郡，乾元元年復爲恒州，興元元年，升爲都督府，元和十五年改爲鎭州』。會要云鎭州節度使未詳。攷通鑑肅宗紀：『寶應元年十一月，以張忠志爲成德軍節度使，統恒，趙，深，易，定五州』。舊書代宗本紀：『肅宗寶應元年十月，僞恒州節度使張忠志以趙、定、深，恒，易五州歸順，以忠志充成德軍節度使，賜姓名曰李寶臣』。新書李寶臣傳亦云：『史思明死，忠志不肯事朝義，挈恒，趙，深，易，定五州以獻，朝義平，擢禮部尙書，封趙國公，名其軍曰成德，卽拜節度使』。以是，成德軍置於肅宗寶應元年，會要誤也。

汴宋潁亳節度使，建中三年二月二日名其軍曰宣武。

按方鎭表云：『建中二年置宋亳潁節度使，治宋州。賜號宣武軍』。時汴滑節度使尙存，表於宣武無汴州是也。會要『汴』字衍。又舊書德宗本紀宋亳潁節度在建中元年。

浙江節度使，建中二年六月，浙江東西節度使，尋改爲鎭海軍，以團練爲節度，從理潤州。元和五年十一月，團練使奏丹陽軍北，因置節度，改爲鎭海，今請依前置鎭海軍，從之。

按新書方鎭表云：『元和二年，升浙江西道都團練觀察使爲鎭海軍節度使。四年，廢浙江西道節度使，復置觀察使，領鎭海軍使』。舊書李錡傳：『德宗於潤州置鎭海軍節度使』。表云元和，傳與會要並言德宗皆非。攷通鑑順宗紀：『永貞元年三月，以浙江西道觀察使李錡爲鎭海軍節度使，解其鹽鐵轉運使』。考異引實錄曰：『永貞元年八月詔曰：「頃年江淮租稅，委在藩服，使其平均，太上君臨之初，務從省使，令使府歸在中朝」』。此則解李錡鹽鐵使詔。先是浙江西道兼鹽鐵轉運使，及除李錡，升觀察爲節度使，遂罷之。是則鎭海軍節度置在永貞元年，會要與表傳俱誤。會要此文，不可卒讀，當有脫落。

滑州節度使，貞元元年五月，罷滑州永平軍，其年四月，名其軍曰義成。

按舊書德宗本紀：『建中二年三月，詔分汴，宋，滑爲三節度』。滑州卽永平軍也。又云：『貞元元年三月，改滑州永平軍名曰義成軍』。通鑑，永平軍代宗大曆七年置。

淮西節度使，貞元二年二月改淮西節度爲淮寧軍。

按舊書德宗本紀：『建中元年九月，以淮西節度爲淮寧軍』。新書方鎭表：『大曆十四年（代宗五月崩，德宗卽位）淮西節度使賜號淮寧軍節度，尋更號申光蔡節度』。舊書李希烈傳：『德宗卽位後月餘，加御史大夫，充淮西節度支度營田觀察使，又改淮西節度淮寧軍以寵之』。淮西節度使改名淮寧軍，自應在德宗

14

建中元年，會要謂貞元二年非。

申光蔡等道節度使，貞元十四年正月，名其軍曰彰義。

按申光蔡節度即淮寧軍節度，建中元年淮甯軍更號申光蔡節度使。

易定節度使，貞元十五年三月，滿城縣置永清軍，建中三年五月，名其軍曰義武。

按易定名義武，舊書德宗本紀同會要，新書地理志誤在建中四年。又新書地理志云：『易州滿城永清軍，貞元十五年置』。

安黃節度使，貞元十九年二月，名其軍曰奉義。

按通鑑德宗紀：『貞元十九年春三月，名安黃軍曰奉義軍』。方鎮表云：『貞元十五年置安黃節度使，治安州。二十年賜號奉義軍。元和元年武昌軍節度增領安黃二州。罷奉義軍節度使』。安黃賜號奉義，應從會要作十九年。

陳許節度使，貞元二十年四月，名其軍曰忠武。

按方鎮表云：『貞元二年置陳許節度使，治許州。十年，賜號忠武軍』。舊書德宗本紀賜名忠武軍在二十年，疑表誤。通鑑昭宗紀云：『天復元年以韓建爲忠武節度使，理陳州。』忠武本治許州，是時天子西幸，韓建自許徙陳，故理陳州。

徐州節度使，貞元二十一年三月，名其軍曰武寧，咸通四年降爲支郡，隸兗州，至十一年十一月改爲感化軍。

按方鎮表：『貞元四年置徐，泗，濠三州節度使，治徐州。永貞元年賜號武寧軍』。通鑑憲宗紀亦云：『永貞元年，徐州軍改稱武甯軍，以張愔爲節度使』。徐泗濠節度，即會要徐州節度使也。永貞元年即德宗貞元二十一年，表不誤。又云：『咸通三年，罷武甯節度使。十年，置徐泗節度使。十一年賜號感化軍』。舊書懿宗本紀咸通九年崔彥曾已稱節度，則節度之置，疑不始於十年。又通鑑昭宗紀：『乾寧四年朱全忠表龐師古爲武甯留後』。昭宗時感化復名武寧也。

劍南節度使，元和二年二月，改天威軍名曰天征軍。

按新書地理志：『劍南道天征軍，乾元二年置，元和三年更名』。

荆南節度使，元和六年八月，勅制荆南是賦稅之地，與關右諸鎮及河南河北有重兵處體例不同，節度使之外，不合更置軍額。因循已久，煩弊實深。嚴綬所請停永安軍額，宜依其合收錢米，委嚴綬於當府州縣蠲除，不支濟人戶均減訖聞奏。

按天寶以來藩鎮屯重兵，租稅所入，皆以自贍，名曰留使留州。厚斂自私，而輸貢有限。憲宗時分天下之賦爲三，一曰上供，二曰送使，三曰留州。裴垍爲相，又令諸道觀察節度調費，取於所治州，不足則取於屬州；於是聚斂不息，人民疲瘵。天下兵戎，皆仰給於縣官，縣官則剝下媚上，百姓難乎其阜蕃矣。憲宗急於用兵，養民之政，不得不重也；而以積習難反，終無所用。

天平軍節度使，元和十四年三月平李師道，以所管十二州分三節度；馬總爲天平軍節度，王遂爲兗海沂密節度，薛戎爲平盧軍節度，仍加押新羅渤海兩蕃使，仍舊爲平盧軍賜兩蕃使印一面。

按通鑑憲宗紀：『元和十四年，淄青等十二州平，上命楊於陵分李師道地，於陵按圖籍視土地遠邇，計士馬衆寡，校倉庫虛實，分爲三道，使之適均。以鄆，曹，濮爲一道，淄，青，齊，登，萊爲一道，兗，海，沂，密爲一道。三月戊子，以華州刺史馬總爲鄆曹濮等州節度使。己丑，以義成節度使薛戎爲平盧節度，淄，青，齊，登，萊等州觀察使。以淄，青四面行營供軍使王遂爲沂，海，兗，密等州觀察使』。方鎭表云鄆，濮，曹節度賜號天平軍在十五年，舊馬總傳同。

河陽節度使，會昌四年十月平劉禎，以河陽三城鎭遏使爲孟州，號河陽軍額懌二州隸焉。

按舊書地理志云：『孟州本河南府之河南縣，本屬懷州。乾元中史思明再陷洛陽，太尉李光弼以重兵守河陽，及雍王平賊，留觀軍容使魚朝恩守河陽，乃以河南府之河，清，濟源，温四縣租税入河陽三城使，河南尹但總領其縣額。會昌三年九月，中書門下奏河陽五縣自艱難已來，割屬河陽三城使，其租税色役，盡歸河陽，河南尹但總管名額而已，使歸一統，便爲定制，昇爲孟州』。新書地理志：『孟州有河陽軍，建中四年置』。孟州置在會昌三四年，同時置軍，豈能早在德宗時，恐誤。又會要『號河陽軍額懌二州隸焉』。此文有誤，唐無額州。『懌』字應作『澤』，地理志謂會昌四年割澤州隸河陽也。『二』字疑衍。

歸義軍節度，大中五年八月，沙州刺史張義潮以瓜，沙，伊，肅等十一州戶口來献，自河隴陷蕃百餘年，至是悉獲故地，乃以沙州爲歸義軍，授義潮節度使。

按舊書地理志：『上元年後，河西隴右州郡陷悉吐蕃，大中咸通之間，隴右遺黎始以地圖歸國，析置節度，秦州節度使，涼州節度使，瓜州節度使』。新書方鎭表云：『大中五年置歸義軍節度使，治沙州，領沙，甘，瓜，肅，鄯，伊，西，河，蘭，岷，廓十一州』。

戎昭軍節度使，天祐二年九月，以金州置軍額，三年四月，復以爲州。

按新書方鎭表云：『天祐三年更昭信軍爲戎昭軍，又改爲武定軍。三年，廢武定軍節度使』。金州先有昭信軍防禦使，光化二年升防禦爲節度，天祐二年昭信軍節度更名戎昭軍，非特以金州置軍額也。

義昌軍節度使，太和五年正月，以滄，景，德州號義昌軍。

按義昌軍節度使之名，舊本紀通鑑同會要，在太和五年，方鎭表在太和三年，恐誤。

山南東道節度使，乾元元年置節度，元和十年十月，分爲兩節度，以戶部侍郎李遜爲襄，復，郢等州節度使，右羽林大將軍高霞寓爲唐鄧等州節度使。景雲二年正月二十九日勅諸節度除緣兵馬外，不得別理百姓訴訟事。

元和六年十月詔曰：『朕於百執事羣有司，方澄源流以責實效，其諸道都團練使，足修武備，以靜一方，而別置軍額，因加吏祿，亦旣虛設，頗爲浮費。思去煩以循本，期省事以便人，潤州鎮海軍，宣州采石軍，越州義勝軍，洪州南昌軍，福州靖海軍等使額並宜停，所收使已下俸料一事，以上各委本道充代，百姓闕額兩稅仍具數聞奏。庶我愛人之心，不至于惜費，立制之意，必在其正名』。

按方鎮表：『至德二載，升襄陽防禦使爲山南東道節度使，治襄州，領襄，鄧，隨，唐，安，均，房，金，商九州』。至德二年山南東道節度使尙未置，舊書魯炅傳：『炅上元二年爲淮西襄陽節度使』。是時仍名襄陽，未置山南東道。又來瑱傳：『魯炅敗於葉縣，退守南陽，乃以瑱爲南陽太守兼御史中丞，充山南東道節度防禦處置等使』。置山南東道節度使，乃乾元以後事，方鎮表誤，會要云乾元元年亦未是。以來瑱傳言魯炅事證之，則當在上元二年。新書地理志謂采石軍，乾元二年置；義勝軍，寶應元年置；南昌軍，乾元二年置。福州靖海軍，新志作甯海軍，云至德二載置，元和六年廢。

二十五年二月稿於馬大人胡同寓廬。

附錄

唐軍鎮建置考序

唐高祖太宗，以雄材偉略經營天下，降服異類，一統中原。貞觀中內以十六衛蓄養武臣，外開折衝果毅五百四十七府以儲兵武，有事則戎臣提兵居外，無事則放兵居內，所部之兵，散諸田野，三時耕稼，一時治武，人人自愛不爲亂，亦使之不可亂耳。故自貞觀迄開元，百三十年間，戎臣兵伍，未嘗有篡逆也。開元之末，罷諸府兵，以天下彊力，敷功四夷，於是邊兵數作，方鎮之變以起。內而牛李之禍，外而安史之亂，致朝廷尾大中乾，成燕偏重，終唐之世，河朔不復。蓋以頡頏者各專其地以自世，因於利害以自謀，故其和也則連橫以叛上，其分也則角力而相併，天下撥然，根萌燼矣。雖中世以後，收功弭亂，或恃鎮兵，而其亡也，亦實以此；吾人思古以鑒今，能勿惕然，蓋今日脆[illegible]之局勢，實未嘗稍遜於唐也。

唐自武德至天寶以前邊兵，凡上鎮二十，中鎮九十，下鎮百三十有五。其軍城鎮守皆有使，而道有大將一人曰大總管，已而又曰大都督，高宗永徽以後，都督帶使持節者謂之節度使，然猶未以之名官。唐會要云：

景雲二年四月，賀拔延嗣爲涼州都督，充河西節度使，自此始有節度之號。

考通鑑睿宗紀：

景雲元年，以幽州鎮守經略大使薛訥爲左衛大將軍，兼幽州都督，節度之名自訥始。

唐制有節度大使，副大使，節度使，其親王領節度大使而不出鎮，則在鎮知節度者爲副大使，其異姓爲節度使者有節度副使。則大使卽節度之名，節度之稱，始薛訥不始賀拔延嗣也。自此洎乎開元天寶之間，朔方隴右河東河西諸鎮皆置節度使，邊緣之地，凡八節度。唐六典云：

天下之節度有八，曰關中朔方節度使，曰河東節度使，曰河北幽州節度使，曰河西節度使，曰隴右節度使，曰劍南節度使，曰磧西節度使，曰嶺南節度使。

外任之重無比焉。至德以後，中原刺史亦循其例，受節度使之號，若諸州郡在節度使內者，皆節度之。舊唐書地理志：

至德之後，刺史皆治軍戎，遂有防禦團練制置之名，要衝大郡，皆有節度之類，或易以觀察之號。東都畿汝州防禦觀察使，河陽三城節度使，宣武軍節度使，義成軍節度使，忠武軍節度使，天平軍節度使，兗海節度使，武寧軍節度使，平盧軍節度使，陝州節度使，潼關防禦鎮國軍使，同州防禦長春宮使，鳳翔隴節度使，邠寧節度使，涇原節度使，朔方節度使，河中節度使，昭義軍節度使，河東節度使，大同軍防禦使，魏博節度使，義昌軍節度使，義武軍節度使，成德軍節度使，幽州節度使，山南西道節度使，劍南西川節度使，東川節度使，武昌軍節度使，淮南節度使，浙江西道節度使，浙江東道節度使，福建觀察使，宣州觀察使，江南西道觀察使，黔中觀察使，嶺南東道節度使，嶺南西道桂管經略觀察使，邕管經略使，容管經略使，安南都護節度使。大中咸通之間，隴右歸國，又析置秦州節度使，涼州節度使，瓜州節度使。

此蓋據唐中葉言之。其後節度觀察，屢有增減，或多賜軍號，而防禦守捉亦改稱節度使。三合爲一，一析爲三，或分或併，弗可備詳矣。

歐陽修踵舊史而爲新書，發揮幽昧，補輯闕亡，克稱良史。於方鎮特爲立表，意厥美矣，而僅及方鎮，不載諸軍，且於方鎮之興廢治地，又多譌誤，殊難以爲治史地者之依據。如云：

建中二年，置河陽三城節度使，以東都畿觀察使兼領之。

考舊書地理志：

乾元中，史思明再陷洛陽，太尉李光弼守河陽，及雍王平賊，留觀軍容使魚朝恩守河陽。

魚朝恩傳云：

大曆五年，詔罷朝恩觀軍容使，朝恩還第自經。

魚朝恩之死在大曆五年，前此皆屬朝恩總兵，故不置使，至朝恩死而其兵仍留河陽，勢必置使以領之。代宗本紀大曆六年書河陽節度使常休明，是大曆六年河陽置使，以常休明拜之也。方鎮表謂建中二年始置河陽三城節度使，與朝恩之死相差已十載，非是；蓋建中二年河陽節度兼領於東都畿，非其始建也。又如鎮海軍節度使，方鎮表云：

元和二年，升浙江西道都團練觀察使爲鎮海軍節度使。四年，廢浙江西道節度使，復置觀察使，領鎮海軍使。

通鑑順宗紀：

永貞元年三月，以浙江西道觀察使李錡爲鎮海軍節度使，解其鹽鐵轉運使。

舊書李錡傳：

德宗於潤州置鎮海軍節度使。

均不言元和事。通鑑考異引實錄云：

永貞元年八月詔曰：頃年江淮租稅，委在藩服，使其平均，太上君臨之初，務從省便，令使府歸在中朝。

此即解李錡鹽鐵使詔。其先浙江西道兼鹽鐵轉運使，及升節度使遂罷之，是則鎮海軍節度使之置，當在永貞元年，表云元和，傳云德宗皆非也。又表謂元和四年廢浙江西道節度使復置觀察使，亦誤。按舊書本紀元和三年二月，以韓皐爲浙江西道觀察使，是時已稱觀察使，則節度之廢，當在李錡既誅，韓皐未拜之時，元和二三年間，非四年事也。若此之類，比比皆是。又有新表不誤，而紀傳差異者，舊書敬宗本紀：

寶曆元年，於鄂州特置武昌軍額，寵僧孺也。

牛僧孺傳：

敬宗立，進封章公，是時政出近倖，僧孺數表去位，帝爲於鄂州置武昌軍，授武昌軍節度使同平章事。

又通鑑亦云：

寶曆元年正月，升鄂岳爲武昌軍，以牛僧孺同平章事，充武昌軍節度使。

俱謂武昌軍寶曆元年始置。按舊書憲宗本紀元和三年二月書：以武昌軍節度使韓皐爲鎮海軍節度使。方鎮表云：

元和元年升鄂岳觀察使爲武昌軍五年罷武昌軍置鄂岳觀察使。

據此則武昌軍節度之置已久，寶應元年，牛僧孺以故相莅鎮，復置軍額以寵異之。史文簡質，牴牾難免，不特此而然也。

茲篇所考，以新書方鎮表爲綱，復據新舊唐書紀傳，通典通鑑諸書旁通參訂。表所不詳，補以備之，疑未能明，姑付闕如。要皆各得其實，非敢遽自臆斷也。於此則有唐藩鎮之割據，軍使之建置，瞭然在紙，綱舉目張，讀史者庶可弗勞鉤稽焉。猶恨膚學淺識，搜研不精，塵擠復生，未敢保其盡善，倘大雅宏達，匡其疏陋，則誠幸矣。

二四，八，十五。

河南葉縣之長沮桀溺古蹟辨

趙貞信

顧頡剛先生云：

上月徐旭生先生同我談起，河南葉縣舊縣之南，澧水之旁，有一塊碑，刻『子路問津處』五字，這當然是從論語微子篇中鈔來的。但論語中沒有指定子路問津之處在哪裏，想來只爲這一章在『楚狂接輿』之後，便定爲楚地，而葉縣屬楚，因揣想孔子曾到此問路而已。走過幾步，又是一塊碑，上面刻『長沮桀溺耦而耕處』，問津與耦耕本在一地，問津之地既定了，耦耕之地當然不成問題了。想不到再走幾步，有一個土墩，前面豎着一塊碑，却是『長沮桀溺之墓』！你想，長沮和桀溺並非夫妻，何能合葬在一個墓裏！他們讀了古書造古蹟，竟造出笑話來了！（禹貢第四卷第六期通訊）

謹案：葉縣之所以有此古蹟，非鈔自論語微子篇及因其在楚狂接輿章之後而定爲楚地，揣想孔子曾到葉縣問津；其根據蓋在史記孔子世家。孔子世家云：

明年（魯哀公六年），孔子自蔡如葉。葉公問政？孔子曰，『政在來遠附邇』。他日，葉公問孔子於子路，子路不對。孔子聞之曰，『由，爾何不對曰，「其爲人也：學道不倦，誨人不厭，發憤忘食，樂以忘憂，不知老之將至云爾」』。去葉，反于蔡。長沮桀溺耦而耕，孔子以爲隱者，使子路問津焉。

云『去葉，反于蔡。長沮桀溺耦而耕，……使子路問津焉』，則問津之地究在葉還是在蔡實不可知。故胡寅云：

沮溺耦耕之地，史謂蔡也。

閻若璩云：

按，史謂孔子去葉反乎蔡，途次經有長沮桀溺事，非謂其地即蔡。（並困學紀聞卷二十注，胡寅語當出論語詳說。）

此古蹟由來已久，水經注及史記正義並載之：

故地理志曰，『南陽葉邑方城西有黃城山；是長沮桀溺耦耕之所。有東流水，則子路問津處』。（水經潕水注）

括地志云，『黃城山俗名菜山，在許州葉縣西南二十五里』。聖賢冢墓記云，『黃城山即長沮桀溺所耕處；下有東流則子路問津處也』。（史記孔子世家正義）

此故事論語雖載於楚狂接輿章之後，孔子世家却先記此事於自葉反蔡之時，後記『楚狂接輿』事於孔子至楚之後。故崔述云：

按，微子以下四章，皆以時代先後爲序，則此三章（楚狂接輿，長沮桀溺耦而耕，子路從而後）之次，亦恐不如世家所列。（洙泗考信錄卷三）

崔氏之意以爲應按論語之次，朱子集註於楚狂接輿章下註『夫子時將適楚』，於長沮桀溺章下註『時孔子自楚反乎蔡』，即不從世家之次。然閻若璩不謂然：

集注『孔子時將適楚，故接輿歌而過其車前』，……按史記世家之文，孔子在楚國都中事也。……下章集註自楚反蔡，問津長沮，意若以事續於上章者，不知亦非。（四書釋地續）

論語集解及皇侃邢昺疏並不言沮溺爲何處人。朱子集注注『時孔子自楚反乎蔡』，當屬據世家而言。元胡炳文之四書通引吳氏之說云：

接輿書『楚』，故沮溺丈人不復書楚，蓋皆楚人。

此大概爲自來讀論語之人之一般觀感。宋王應麟亦云：

楚狂接輿，並耕沮溺，荷蓧丈人，一時在野之賢萃於楚國。聖人晚年眷眷於楚，有以也。（困學紀聞卷二十自注）

由此言之，楚人似已無疑。但『長沮』『桀溺』爲二人之名乎？抑一則姓長名沮，一則姓桀名溺乎？何晏集解朱子集註及皇邢疏均未言及。四書通引馮氏云：

『沮』，沮如也；『溺』，淖溺也。『長』謂久；『桀』謂健。觀二人命名之義，其志於僻世久矣。

則以此爲二人自命之名。金履祥集註考證則云：

『長沮』『桀溺』名皆從水。子路問津，一時何以識其姓名？諒以其物色名之，如『荷蕢』『晨門』『荷蓧丈人』之類。蓋二人耦耕於田，其一人長而沮如，一人桀然高大而塗足，因以名之。

四書本義匯參引說統云：

孔子與子路方奔走窮途，迷其津處，偶見耕者，就而問之，初何知其爲隱士也者。而或謂欲挽二人相與濟世，固不免附會。第計其時津且不告，何欲（疑是『從』字）得其姓名而書之！先儒謂『「沮」者止而不出，「溺」者沈而不返』，豈述魯論者欲記其事而特加其名者耶？

引條辨云：

合上章觀之，迎車者之名卽從車（指接輿），近水者之名卽從水，皆記者以意名之，或亦想當然爾。

李塨亦云：

『長沮』以沮而不出爲長也，『桀溺』以沉而不返爲傑也。疑記者不知其姓名而加之也。（論語傳註卷下）

江聲亦云：

二人姓名亦不著。目之爲『長』爲『桀』者，豈一則頎然而長，一則出言桀黠與？『沮』『溺』則皆水名，何以稱焉也？沮水在楚地，或其家近焉；而傾蓋之頃未必知也。溺水則自張掖删丹西至酒泉合黎，餘波入于流沙（信案：此說文水部『溺』字下語）者，於此無涉，何所取焉？（論語竢質卷下）

兪樾亦云：

莊列之書多寓名，讀者以爲悠謬之談，不可爲典要；不知古立言者自有此體也。雖論語亦有之，『長沮』『桀溺』是也。夫二子者問津且不告，豈復以姓名通於吾徒哉！特以下文各有問答，故爲假設之名以別之。曰『沮』曰『溺』，惜其沉淪而不返也。『桀』之言傑然也。『長』與『桀』，指目其狀也。以爲二人之

2

眞姓名則泥矣。（古書疑義舉例卷三）

依彼等所云，則皆不以『長沮』『桀溺』爲名。

孔子世家云，『孔子以爲隱者，使子路問津焉』。

孔子何以知其爲隱者？殊覺可議。故王充云：

長沮桀溺耦而耕，孔子過之，使子路問津焉。如孔子知津，不當更問！論者曰，『欲觀隱者之操』，則孔子先知當自知之，無爲觀也！如不知而問之，是不能先知也！（論衡知實篇）

此已疑孔子世家之言不合理。

朱子集註云，『時孔子自楚反乎蔡』，孔子世家云，『去葉反乎蔡』，二說不同。吳昌宗爲之注云：

按，是孔子尙未至楚國都，乃自楚邊邑反乎蔡也。（四書經注集證卷九）

此即指明葉爲楚邊邑，以見二說不衝突之意。周柄中更進一步，云：

汪武曹曰：『史記「孔子自葉反乎蔡，長沮桀溺耦而耕」云云，是時孔子尙未至楚國都，集注所謂「自楚反乎蔡」者，自楚之邊邑反乎蔡也』。愚按，此說固然，又須知『反乎蔡』者，乃故蔡，非蔡之國都也。蔡于魯哀公六年（信案：當作二年，左傳及史記年表，蔡世家並同）遷于州來，在今江南鳳陽府壽州北三十里，葉在今河南南陽府葉縣，相去遠矣。故蔡在今河南汝寧府上蔡（蔡叔所封），新蔡（宋忠云：『蔡叔子胡徙居新蔡』，漢地理志：『胡後十八世平侯徙新蔡』。信案：尙書蔡仲之命正義引杜預云：『平侯徙新蔡』，與漢志合。管蔡世家集解引宋衷曰：『胡徙居新蔡』，不足據。蔡叔在上蔡，胡亦當在上蔡，觀蔡世家『復封胡于蔡』之語可知。僞孔傳圻內淮汝之別亦無據），二縣與葉相近。孔子自蔡如葉，去葉反蔡，皆故蔡，非州來也。（四書典故辨正卷十一）

3

如此不但使我知『自楚』之即『自葉』，更知『反蔡』之爲反近楚之故蔡，非遠楚之州來。

孔子世家于孔子自葉反蔡之後，接敍楚使人聘孔子，陳蔡大夫圍孔子，孔子使子貢至楚，昭王興師迎孔子，將封以書社地七百里，爲令尹子西所沮，楚狂接輿歌而過孔子。記孔子至楚之事歷歷如畫，似乎毫無疑問。不幸朱子不信，云：

是時陳蔡臣服於楚（信案：云蔡是時臣服於楚，誤。吳昌宗引左傳哀公元年『楚子圍蔡』事相證，强，不足辨），楚王來聘孔子，陳蔡大夫安敢圍之！且據論語絕糧當在去衞如陳之時。

又云：

書社地七百里，恐無此理！（並論語序說）

又云：

昭王之招無此事，鄒魯間陋儒尊孔子之意如此。（史記志疑引朱子語錄）

全祖望亦云：

當時楚正與陳睦，而蔡則已全屬吳，遷於州來與陳遠，是所謂『如蔡』者，非新遷之蔡，乃故蔡，孔子欲如楚故入其地也。蔡已非國，安得有大夫乎！且陳事楚，蔡事吳，則仇國矣，安得二國之大夫合謀乎！且哀公六年，吳志在滅陳，故楚大興師以救之，卜戰不吉，卜退不吉，楚昭王誓死以救之。陳之仗楚何如？感楚何如？而敢圍其所用之人乎！即如所云陳蔡大夫圍之，使子貢如楚，以兵迎始得免，是時楚昭在陳，何必使子貢如楚！而楚果迎孔子，信宿可至，孔子何以終不得一見楚昭！而其所迎之兵中道而聞子西之沮，又竟棄孔子而去，則皆情理之必無者！且楚昭旋卒於陳，則孔子又嘗入楚乎！……孔安國注以爲陳人被兵絕糧，則於情爲近。乃知陳蔡大夫兵圍之說，蓋史記之妄也。（經史問答）

史記志疑引司馬氏史剡云：

子西，楚之賢令尹也，楚國賴之亡而復存，其言豈容鄙淺如是哉！余合考之，知孔子未嘗入楚，但至葉耳。而子西未嘗沮孔子，昭王未嘗迎孔子欲封之，幷未嘗聘孔子。夫昭王軍于城父，方師旅不遑，何暇脩禮賢之事！子西即嫉娼，何不沮于徵聘之時，而乃沮于議封之日！益足見此段之全虛矣！

經此考辨，孔子無至楚之事已昭然大明（崔述亦有辨，與前引諸說相近，文長從略）。惟史遷何以將論語微子篇楚狂接輿章本在長沮桀溺章之前者，乃必移後記於孔子在楚之時則未辨及。余以爲此不惟因章首之一『楚』字，其根據蓋在莊子人間世。人間世云：

孔子適楚，楚狂接輿遊其門曰『鳳兮，鳳兮，何如德之衰也！來世不可待，往世不可追也！……』

此殆爲史遷不得不移後記於在楚之時之故。

孔子未至楚信矣，史剡謂『孔子未嘗入楚，但至葉耳』，則孔子遇楚狂接輿長沮桀溺等當均在葉，葉縣不但應有沮溺之古蹟，且應增一『楚狂接輿歌處』之古蹟矣（葉本楚境，水經滍水注及御覽卷四十三均引尸子曰，『楚狂接輿耕於方城』）。曰，孔子不但未入楚，亦未至葉。崔述云：

余按左傳哀公二年蔡遷於州來，四年，葉公諸梁致蔡於負函，十六年，楚白公作亂，葉公自蔡入楚攻白公，白公死，葉公兼攝令尹司馬，國寧乃老於葉，則是孔子在陳之時，葉公在蔡不在葉也。蔡既遷於州來，去陳益遠，來往當由楚境，孔子未必遠涉其地！而論語孟子春秋傳中亦俱無孔子與蔡之君大夫相與周旋問答之事，則是孔子所謂『從我於陳蔡者』，乃負函之蔡，非州來之蔡也。葉公本楚卿貳，與聞國政，不當居外，以新得蔡地，故使鎭之。而孔子適在陳蔡之間，因得相與周旋。及其請老，乃歸於葉。史記但見論語孟子有孔子在蔡之文，遂誤以爲州來之蔡；又因葉公有『問政』『問孔子於子路』之事，遂別出『自蔡如葉』之文以合之，而不知其誤分一事爲兩事也。故今考而正之，列葉公之問於在蔡之時，而無孔子如州來及葉之事。（洙泗考信錄卷

4

三）史記孔子世家不但記孔子入楚之事不可信，即至葉之事亦不可信。而其誤記孔子至葉之由，則因見論語載有孔子與葉公問答之事，遂以爲孔子曾經至葉，不知葉公其時乃在蔡也。如使造沮溺古蹟之人知此，將不勝深自憐笑：憐者憐其愚，笑者笑其妄。然猶足以自慰者，曰，史記誠不足信矣，孔子果未至葉矣；雖然，此二人，賢者也，論語既載有與子路問答之事，而不明言其處，姑爲存一形迹於葉，如蘇軾潮州韓文公廟碑所謂『水無乎不在』，史記封禪書所謂葬黃帝之衣冠之意，以與後人之仰慕，其亦較無爲勝之舉歟？曰，否！不惟史記不可信，即史記所根據之論語亦不可信也。崔述云：

余按此三章（楚狂接輿，長沮桀溺耦而耕，子路從而後）其文皆似莊子，與論語他篇之言不倫，以晨門荷蕢兩章較之可見。而此篇雜記古人言行，亦不似出於孔氏門人之手者。後兩章末雖載孔子子路之言，然於聖人憂世之深心無所發明。而分『行義』與『行道』爲二，於理亦似未安。莘野南陽豈得概謂之亂倫乎！恐係後人之所僞託。（洙泗考信錄卷三）

又云：

觀通章之意，皆主避世，與莊子犧牛之喻，抱甕之談略相似，疑皆習楊朱之術者之所託，未必果孔子之事。（仝上，初刻本）

梁啟超云：

因爲孔子剛死時，那些弟子還沒有想到把聽來的話記出來，只是口說相傳，當然不免各有主觀參加。又剛好道家思潮洶湧，孔門弟子自然受了多少的影響，所以不知不覺的寫成『長沮桀溺耦而耕』一類的文章。這些帶了道家色彩的比較的晚出，快到孟子莊子的時代了。（古書眞僞及其年代第六章）

史記本是一淩雜之書，不惟後人之增竄改易異常繁多，即其本身亦自云『疑以傳疑』（三代世表），『厥協六經異傳，整齊百家雜語』（太史公自序），故可信之程度不高自無可言。論語乃一聖經，爲孔門惟一寶典，頗若極可信仰；孰知非其本眞者亦甚多，而末五篇尤甚。崔述云：

蓋其初各記所聞，篇皆別行，其後齊魯諸儒始輯而合之，其識不無高下之殊，則其所採亦不能無純駁之異者，勢也。今按季氏以下五篇，其文多與前十五篇不類。其中或似曲禮，或似莊子，或記古今雜事。……然則其采之也雜矣！其作之也晚矣！是以其義或戾於聖人，其事或悖於經傳。……蓋戰國之士欲自便其私而恐人之譏己，故誣聖人嘗有其事以自解，采書者不知其僞而誤載之也。（洙泗考信錄初刻本）

『蓋戰國之士欲自便其私而恐人之譏己，故誣聖人嘗有其事以自解』，此見至卓！論語中如此者頗多，長沮桀溺章即爲戰國時道家者流所僞託。此不惟讀崔氏梁氏之言已可信，即楚狂接輿章亦見於莊子，而俞樾云：

莊列之書多寓名，讀者以爲悠謬之談，不可爲典要，不知……雖論語之書亦有之，『長沮桀溺』是也。（古書疑義舉例卷三）

此二者亦足證明其確出於道家也（前人皆以此三章爲楚事，道家思想本盛於楚，有無不可知之老子即爲楚人，或即楚地之道家者流所僞也）。讀者尚疑吾言乎？試一閱皇侃論語疏所引諸家之語，即將彌覺吾言可信。

范甯（皇疏作『范升』，馬國翰云，『「升」蓋「甯」字之誤』）曰：『欲顯之，故使問也』。

江熙曰：『「丘不與易」，蓋物之有道。故大湯武亦稱夷齊，美管仲而無譏邵忽。今彼有其道，我有其道，不執我以求彼，不係彼以易我，夫可滯哉！』

沈居士（馬輯作『沈驎士』）曰：『世亂，賢者宜隱而全身，聖人宜出以宏物，故自明我道以救大倫。彼之絕迹隱世，實由世亂；我之蒙塵栖遑，亦以道喪；此即彼與我同患世也。彼實中賢，無道宜隱，不達教者也。我則至德，宜理大倫，不得已者也。我既不失，彼亦無違，無非可相非。且沮溺是規子路，亦不規夫子，謂子路宜從已，不言仲尼也。自我道不可復與鳥獸同群，宜與人徒，本非言彼也。彼居林野，居然不得不群鳥獸。群鳥獸，避世外，以爲高行，初不爲鄙也；但我自得耳。以體大居正，宜宏世也。下云「天下有道，丘不與易也」，言天下人自名有道，我不以我道易彼，亦不使彼道易我，自各處其宜也』。

此數人皆六朝人，在六朝尚淸談，宗玄言之空氣中，其註故彌覺貼切，雖未必即全得作沮溺諸章之人之心，然作沮溺諸章之人之意，其大旨固不外是也。

總上所述：葉縣沮溺古蹟之由來，蓋本於不可信之史記孔子世家，而孔子世家載孔子至葉之說則由於誤讀論語，載問津沮溺之事則由於誤信道家者流所託之僞論語。是沮溺本無其人！孔子本無此事！論語亦初無此文！此一幕熱鬧之事，究其實在，竟是空中樓閣，紙上煙雲。今日猶存而爲徐旭生先生所見之一個土墩，三塊石碑，其價值蓋屬如是而已，眞可長歎！

前面曾言楚狂接輿等三章事實之次第，崔述以爲當從論語，與朱子相合；閻若璩主從孔子世家。此雖經師咬文嚼字，尋行數墨之習，然細觀長沮桀溺章，其本身實無明確之地域及時間可揣。謂必蒙上章『楚狂接輿』之『楚』字定爲楚地，因在上章之後其事亦即在後，實無此必然之例。且『楚狂接輿』之『楚』字，但指明接輿之爲楚人，與『魯孔丘』一例，亦不能因此一字即定此事必在楚地。司馬遷有此聰明，故敢移前作後。但仍記此事於葉蔡之間，則尚有楚地之見存。閻若璩亦有此聰明，故不以司馬氏之移易爲非，而轉議墨守論語者。天下聰明人眞多，不意造古蹟之人亦有此聰明，有從孔子世家之說造沮溺之古蹟於葉矣，又有不從孔子世家之說揣度論語之文而造於魯者。論語正義引山東通志云：

> 魚臺縣桀溺里在縣北三十里，相傳爲子路問津處。其地乃濟水經流之地，有問津亭，碑載夫子適陳蔡。有渡，有橋，有菴，俱以『問津』名。

劉恭冕（論語正義十八卷以下恭冕補撰）云，『考魚臺爲魯棠邑，夫子時非去魯，何緣於此問渡！』造古蹟之人，但見論語有此一章，而此處適濱水，即貿然冒指，初不暇問其適陳蔡時爲去衛去魯。所以在魯地之故，豈因見章中有『魯孔丘』之句歟？實則此章雖不明書地域，而有『魯孔丘』句，正可證其決不在魯。如果因此『魯』字，而遂立碑名里於此，斯人亦殊不善讀論語矣！

廿四年十一月二十五日於北平後門龍頭井

附函

剛師尊鑒：久期對禹貢報效一文，無如若論語中之國名與地名，國策中之國名與地名等文，其材料甚多，動非數萬言不了，躊躇不敢着手。有若干小問題之文，則又因書籍不夠，見解未熟，不能冒昧下筆。一再遲延，辜負盛命，無任歉愧。前讀尊附案語，頗覺有作書告知該古蹟非鈔自論語係根據孔子世家之必要，不意一翻材料，竟非一書所能容，祇得草擬一文，拼湊完畢乃得五六千言，殊非初料所及。不知可否賜登禹貢？如蒙刋載，則薄願稍伸，眞所謂『有意栽花花不發，無心插柳柳成陰』矣。故事最不經剝，大都剝至核心，即僅餘一氣泡。初時藉元始天尊之靈符封貼，非不霞光萬道，殆到將靈符一一撕揭，鏜的一聲，便冲出一股黑氣，向空四散，乃成一無所有！崔東壁先生之『考而後信』之法寶，眞屬一照妖鏡，不論千年老狐，一照終現原形。但執迷之人或戀戀於外面之霞光，不忍揭發，或如唐僧之不信眞妖氣，錯認假霞光，叩頭不止，眞屬無法救度耳。時局陰鬱，使人悶懣達於極度。古人云：『風雨如晦，雞鳴不已』，『知者不惑，勇者不懼』，願吾儕愈益奮勉，不因外界之壓迫而頹喪放廢，共懍匹夫之責，存志士之心，使學業不墜，學術終得燦爛，無任企禱！專此敬叩誨安。 生趙貞信頓上。十一月廿六日。

跋

趙肖甫先生這篇文章，送來已半年了；只因我有一點意見，想寫出一篇跋附在後面，而這數個月中老找不到一天的空閒，遂至壓擱到了今天，這眞是極端抱歉的事。

這篇文章把千餘年前造成的長沮桀溺的古蹟根本打消，斷說道：『沮溺本無其人！孔子本無此事！論語亦初無此文！』這是何等痛快的事？我敢借此提出一個口號：凡是古蹟都是靠不住的！——這當然是充類至盡的話，有些過火；但是憑我的良心說，靠不住的古蹟總要佔到百分之九十以上。這是我敢堅持的一點意見！

記得我幼年在家鄉，游虎丘，見唐貞娘墓，是一個圓頂的大石，我就很奇怪：難道貞娘是葬在石頭裏面的嗎？她的靈柩怎麼抬得進去？回過頭來，又看見一塊石頭，劃然中分，這是吳王的試劍石。後來游常熟的虞山，又見吳王試劍石，就引起了我的疑惑：爲什麼吳王鑄了一把劍，既不在工廠裏試，又不在王宮裏試，卻是這樣不憚煩的跑到名山去砍一下，讓後人來賞鑒呢？

十餘年來治古史之學，看見古人的生地葬地常常錯出，例如舜在山東，山西，浙江，湖南諸地都有他的遺跡，起初也不免像劉知幾所懷疑的，以爲舜崩蒼梧是給禹所趕走，湘竹斑斑乃是二妃生離之痛的遺痕。後來弄了孟姜女的故事，看她既是陝西人，又是江蘇人，又是湖南人，既死在楡關，又死在同官，纔知道故事是會得走路的，走了路是會給各地的民衆留住的；齊國人拉住了舜不放，楚國人又把他的靈魂招去了。所以我們如果瞭解了故事演變的方式，再來看古史古蹟，它們那些錯亂矛盾的癥結就打開了，變得平淡無奇了。

前年，我們游綏遠，一路上看見的和聽得的王昭君墓共有三座，難道她的軀體會分葬在三處嗎？這也無非是這位美人的名望太大了，吸引人們的同情心太強了，所以各地的人樂得拉她去點綴風景了。我們從沒有聽見匈奴單于有墓，爲什麼閼氏倒有墓呢？我們從沒有聽見別的閼氏有墓，爲什麼王昭君墓却多呢？歸化城南這一個，我是去了的，高十餘丈，廣十數畝，頂上方平，實在不像一個墓；我想漢武帝出塞外，曾登單于臺，也許這是單于瞭望臺的遺跡吧？現在蒙古人死了，便給禽獸喫了，叫做『天葬』；就使葬在地裏，也是要給數十百匹馬踏平了的。當時匈奴風俗或者也是如此。成吉思汗死了，他的金棺至今沒有葬，放在伊克昭盟的蒙古包裏。當時匈奴人如對于王昭君的飾終典禮特別隆重，也許如此辦的。所以昭君當年的葬禮如何，我們固然不能知道，但我敢說：現在的昭君墓——所謂『青冢』——乃是後人附會出來的。

說到墳墓，我再舉一個例。六七年來，我游過戰國時的燕都（易縣），齊都（臨淄），趙都（邯鄲），覺得這些故城中有一個一致的現象，便是平地上有不少土阜，有獨峙的，也有叢連的。在燕下都中，稱這土阜爲『臺』，有所謂老母臺，九子臺等等；這種臺名固是後起的，但稱之爲臺，表明這是古建築的遺跡，原沒有錯。可是在齊故城中，就不稱爲臺而稱爲『冢』，於是有齊桓公冢，齊景公冢，管仲冢，晏子冢，還有大的土阜叫黔敖冢，表示他是一個資產階級的人物，還有三個相連的土阜叫三士冢，表示他們同年同月同日死的勇氣和高情。凡是經書子書上的幾個齊國有名人物，完全可以見着他們的墳墓。將來經考古家發掘之後，黔敖冢裏當然會發現當年『爲食于路』的鑊釜盤壺，三士冢裏也會找出當年自刎的三把劍和兩個未爛的桃核來了。這豈不是古人傳下來的幾種書本上的記載已記盡了當時齊國的事實？可惜易縣的人士太樸實了，不然，燕王噲和子之不但可以各分一個冢，而且可以有受禪臺了！——易縣也有一個奇怪的古蹟，便是『荊軻塔』，原來荊軻歌蕭蕭易水的時候已有了七級浮屠了，這眞是佛教東來史上的一件奇蹟！

邯鄲的趙王城中的土阜，那邊的人既沒有題臺名，也沒有分配給誰，他們在古蹟的點綴上不免太寂寞了。（大淸一統志卷三十一引舊志云，『故城……雉堞猶存，中有一臺，疑即殿廷之所』，這是合理的猜測；但不止一臺，這裏說得太少了。）可是明嘉靖間築的新城（在故城東北約八里）中卻有『迴車巷』，令人慨想起當年的廉藺風範，知道他們二人乃是在郊外碰見的，這也可說是一個新發見。我們遊到邯鄲之南的磁縣，那邊有藺相如的故里；遊到定縣之西的曲陽，又見一藺相如的故里；說不定別處還有呢？如果我們要替它作解釋，只有說：『做了趙相，要各處去巡行，所以一處是他的眞正老家，而別處的則都是他的公館。

這種事情，一時也說不了。泰山上有『孔子小天下處』一碑，難道是孔子說了這句話之後就吩咐從人立碑的？倘使不然，後人怎能知道他是恰恰站在這裏說了這句話？嚴州的嚴子陵釣臺是築在臨江的山頂上，不知道他的釣絲有多麼長？嚴州有一種小魚像鯢魚似的，叫做子陵魚，店裏發賣，一個玻璃瓶裏裝幾千條，不知道他釣的是不是這種魚？如其是的，那麼他不但『緣木求魚』，而且是登山釣小魚，這種大本領簡直可以塞住孟子的嘴！

現在就手頭的方便，舉出幾個前人已辨過的古蹟來說一說，見得我們不是存心反對這些。

其一是文王所囚的羑里。按河南湯陰有羑里城，甘肅文縣也有羑里城，這兩城都在山阜之上，四面臨巖，只有一條小徑可以出入，式樣是很相像的。但文王一個人哪會被囚在兩處羑里，所以後人就想出了一種彌縫的說法，說道：『當日紂以文王西夷之人，仍當囚之西夷之遠，故議及陰平，欲投諸遐荒者，初念也；又慮遠則疏虞，不若就近便于禁錮者，轉念也』（見康熙陝西通志藝文類載明蕭籍羑里辨）。這樣一解釋，於是兩個羑里城就都有存在的理由了。他們那裏知道文王囚於羑里這一件事便是根本不可信的，崔東壁先生早已在豐鎬考信錄裏辨得明明白白（卷二，文王下），這是誤用了後世君臣的眼光來分別當時的大邦小國之君，而不知那時紂的力量原達不到周。然則『皮之不存，毛將焉附』，世間紛紛對于羑里城的聚訟，豈不可笑。

其二是王羲之修禊的蘭亭。浙江山陰有蘭亭古蹟，說是王羲之修禊的原址。實際那個蘭亭乃是明永樂二十七年姓沈的知府所建，他看見那塊地的鄰近有兩個池子，便在上面造了一座亭子，築起溝來，引田水灌入，來摹倣『曲水流觴』的典故，於是他的假蘭亭就成了王右軍的眞蘭亭了。到萬曆三年，又有人在另一處造了一個亭子，他說這纔是眞正的古蘭亭，大家也相信了。後來張岱去實地探訪蘭亭古蹟，纔把這兩處西洋鏡拆穿（辨見瑯環文集卷三）。但他自己仍要在荒草叢木之中，選出一個最勝處而定它爲眞蘭亭，活見鬼地在那裏幽賞了許久。我們若問起他所以定此地爲蘭亭的證據，也不過因『此地有崇山峻嶺，茂林修竹，又有清流激湍』，與王羲之所作的那篇序有些相同而已。其實滄海桑田，哪有千餘年不變的竹木清流；至於『崇山峻嶺』則是山中所必見的景象，有什麽證據可言！唉，文人好事，後人上當，這就是一個顯明的例子！

其三是澹臺滅明的墓。春秋土地名中說泰山南武城縣有澹臺滅明墓，陳留風俗傳中又說陳留縣有澹臺滅明墓，而江西南昌的東湖上也有他的墓。他和王昭君一様，葬身之處有三座了。據畢亨說，江西的一座始于宋漕使高述的題碑（九水山房文存卷上），大約他是因史記裏有澹臺滅明南遊至楚的記載而附會上去的。（畢氏以爲這是漢會稽經師澹臺敬伯的墓，也只是一種揣測而已。）陳留與泰山的澹臺墓也至少必有一處是僞的。澹臺既是魯國人，爲什麽要葬在陳國（陳留於春秋屬陳）？但即此泰山的墓也未必可信，或許後人讀論語，見子游爲武城宰，孔子問他所得的人才，子游以澹臺滅明對，從這一段上附會出來的。澹臺滅明在當時並不是一個十分有名的人物，古代墓上又沒有立碑的制度，他的墓址怎能流傳到數百千年之久而不誤呢？

其四是魯仲連的射書臺。史記裏載燕將攻下齊的聊城，畏讒不敢歸燕，把城守住，齊田單反攻歲餘不下；魯仲連寫了一封信，勸他退讓，縛在箭上射進城去，燕將得書便自殺了，田單乘勢攻下聊城。因爲有了這一件故事，後人便在聊城城外指出一座射書臺來。哪知聊城的故城並不在今治，現在的聊城是已經第三次遷徙的了，如何魯仲連會到那邊去射書？現有的魯連射書臺乃是明萬歷三十五年陸夢履所建的，和魯仲連絲毫不生關係。水經注載聊城故城東門有層臺秀出，是魯仲連卻聊城之衆的地方，這個說法雖未必眞確，尙可說是較早的古蹟。自從陸夢履的新射書臺出現，這個水經注的舊射書臺就逼得改稱爲顓頊冢了。（以上考證見畢亨九水山房文存卷下。）僞中出僞，糾葛如此！

上面所舉的四項古蹟，一里，一亭，一墓，一臺，都是後人隨意編造出來的。這種造僞和辨僞的實例，只要多翻幾部地方志，保你滿載而歸。所以我們就使充量地說一切古蹟都不可信，也不爲過。因爲古人的一舉一動，哪能都爲人所注意；等到人家注意的時候，這人和他的同輩早已化爲異物，訊問不出來了。以數十百千年之後的人的猜測，算做數十百千年之前的人的眞蹟，哪會有對的道理！

偽古蹟之外還有偽地名，遠的如漢武帝案古圖書而定黃河所出的山爲崑崙，漢代經師隨意解釋禹貢九河而有具體的九條河可指；近的如湖北通城縣志根據誤說杜造出通城的九宮山和羅公山（說見本刊第四卷第十一期，及第五卷第五期童書業先生通訊）；最近的如根據辭源改岷江爲白龍江（說見本刊第四卷第六期趙貞信先生通訊）。將來我們所記載的如有錯誤，當地人依據了禹貢半月刊而造僞地名，那麼我們就對社會負罪了！所以我們的工作人員千萬要當心，不要害將來的人費掉多少考辨的工夫才好！

這類僞古蹟和僞地名若一一加以辨證，至少可以做出一部數百萬言的大著作。史地學裏未開發的園地尚多，這也是其中的一部分；本刊的讀者中如有高興專作這一件事的，請照趙先生的樣子去作罷！工作的結果，既可爲將來的方志刊芟葛藤，又可爲國立的古蹟古物保存會分出進行的緩急來，即就實用上言也是很好的事，更不須說在史地學上的貢獻了。

廿五年五月二十一日，顧頡剛記。

明末福建海關情況及其地點變遷考畧

薛澄清

元以前海外交通及貿易等情，研究者已大有人在，且有專著，故不必重述。本文之目的，僅欲考述明以後而已。

元亡，明興，洪武間曾罷去泉州等處市舶司，故對外貿易曾因之中輟（詳見續文獻通考卷六十）。但福建濱海，市舶提舉司雖廢，而海通終不能禁，此何以故？明末有漳人張燮者（余已於嶺南學報考其生平及著述），著有東西洋考一書，述明末福建海通情形甚詳。玆節引其卷七原文如下，便可知其原因：

『海濱一帶，田盡斥鹵，耕者無所望歲，只有視淵若陵，久成習慣；富家徵貨，固得稛載歸來，貧者爲傭，亦博升米自給』。

張氏斯言甚是，此種情形，非但當初如是，今閩南人迫於生活，仍必遠涉重洋，往外謀生。此南洋華僑，粵人以外，其所以大部分爲閩南人之故也。

夫以環境之關係，海通既不能禁，故隆慶元年（西一五六七年），乃有福建巡撫都御史塗澤民者，奏請開放海禁，准販東西二洋。福建海關之重設，據東西洋考卷七頁一云，即係肇始於此時。

福建海關重設以後，其地點何在？變遷如何？因少有人注意及此，所言頗不一致，故亦無一是者，此吾人不可不知也。

查福建歷年對外貿易概況（廿四年，閩省府編，共二零二頁，價一元）於「總論」章論及鴉片戰爭以前，福建對外交通，引 S. W. Williams: The Middle Kingdom 云，『厦門即爲外人經商之地』。原文如此，其實不盡可信，蓋隆慶以後，福建海關並非設置於厦門（詳下）。此書以外，又有中華民族拓殖南洋史（商務出版），於頁二七六論及明末海通，亦謂『明代中國與南洋之交通，以厦門爲中心』云云，此亦無根據之言也，仍不可信。

余前曾就東西洋考一書稍加研究，於明末福建海關情況，略知一二。以余討究所得，福建海關于明末重設以後，其初乃設在福建詔安縣之梅嶺，試查康熙詔安縣志卷三，便可見志中所記載之遺蹟。自隆慶六年以後，（西一五七一年）始由詔安梅嶺移至海澄月港，當初所謂「督餉館」(即管理海通之機關)，即設置於該處，今查海澄縣志卷二，即有其記載。月港原稱港口，水深，商舶多自此發，今厦門石碼間往來小火船，途過月港，必暫停該處，以上下海澄縣屬之搭客也。

以上略考明末福建海關設置沿革及其地點變遷，茲再略言其情況於下：

(一)督餉官之沿革——最初設立市舶提舉司，已詳上文，至隆慶六年，改稱督餉官爲「防海大夫」，蓋是時寓徵稅於海防之中，故云。萬曆以後，據漳州府志卷九秩官一云以巡海道司理海禁事宜，任海防官以專其事，事久，主持官循廉者有之，報稅不實，自飽私囊者亦有之，會萬曆二十七年，神宗大事籌款，而舶稅乃由皇帝特派內監委員徵收(詳見東西洋考卷七頁四)，此舉弊害大，蓋當時採礦徵稅二者悉歸一人兼理，作弊自肥，更爲易事也(此中以高寀之貪汚爲最著，食貨半月刊上已有人爲文論及)。至萬曆四十一年，神宗採諸臣議，召高寀還朝，徵餉之事改歸漳州府佐貳官輪流署理，每歲一員，詳情可查海澄縣志卷六及東西洋考卷七。

(二)進出口貨及所謂水陸餉——余就萬曆間國外貿易記載，統計其貨物，得進口貨一百零五種，就中以藥材(如丁香等)爲最多，約居進口貨物全部百分之二十二強。對於各種貨物徵餉，分水陸二種，所謂「水餉」，係今之噸稅，亦名船鈔。明末不以船之噸數計稅，乃以船之大小分別稅之輕重。據東西洋考卷七頁九云：

船闊一丈六尺以上，每尺抽稅銀五兩。

船闊一丈七尺以上，每尺抽稅銀五兩五錢。(以下類推。凡船濶每加一尺，課稅隨之加五錢。)

又所謂「陸餉」，係就貨物所徵之「入口稅」，其中情形，略如下述：

(甲)萬曆四十三年與十七年稅則比較，後較前輕，約輕百分之十三。

(乙)對於同一種貨物，品質分高下，各異其稅，例如燕窠，分上中下三品。

(丙)稅則中無「免稅品」。又鴉片今爲「禁止品」，明末則與其他貨物同樣自由貿易，不受限制。

(丁)計值之法，分「每十斤」，「每百斤」，「每石」，「每個」，「每百枝」，「每千枝」，「每十張」，「每百張」，「每疋」，「每兩」

等十種。例如葯材以每百斤計值，器皿玩具等則以每個計值，因當時尙無所謂「打臣」也。

（戊）明會典卷一〇二詳列各種番貨價值（頁十四至十七），試舉胡椒爲例，據云，每斤值鈔三貫，按明鈔，每鈔一貫，準銀一兩（胡鈞：中國財政史頁二七〇），是胡椒百斤，值銀三百兩也。以値價三百兩之貨物，只抽稅銀二錢五分，明末海關課稅之輕于此可見。

據東西洋考云，萬曆十三年間，此稅年可得二萬餘兩，泉漳二府曾互爭此欵，補助餉額，泉府且有泉漳分販東西洋之議，迨五口通商以後，厦門獨占，泉漳遂不復爲對外貿易中心矣。

3

介紹「四川郡縣志」

聶崇岐

四川郡縣志十二卷，今人井研龔煦春譔，連泗紙精裝五册，定價洋三元，成都白絲街川香遠發行，民國二十五年三月出版。

志爲四川通志之一部，卷一至十一爲川省由兩漢至清末之疆域沿革考，卷十二爲川省歷代疆域沿革表。每考之前皆有短引，略述一代州郡分合廢置之大概，然後方逐州逐郡加以考證。表以現在行政督查專員區爲準，區下分列所屬諸縣，縣下列歷代之變遷因革。全書綱提領挈，條理頗爲清楚；而每條之下，詳列引用書名，將資料之來源，明白揭出，其方法之謹嚴，尤足稱道。據譔者自述，知此志『時閱三年，稿凡四易』，僅乃成書。其用力之勤，視普通官修志書之敷衍了事者，自不能同日而語矣。

顧地理沿革之學，頭緒紛繁，素稱難治，稍一不愼，訛誤即生。此志雖云非率爾操觚者比，但欠翔實之處，似仍未能全免。如卷九葉二述宋代成都府路所領府州下云：『成都府路領府一，成都；州十二，眉，蜀，彭，漢，綿，嘉，邛，簡，雅，黎，茂，威；軍二，永康，石泉；監一，仙井。南渡後府三，成都，崇慶，嘉定；州十，眉，彭，漢，綿，邛，簡，雅，黎，茂，威；軍監同北宋』。考仙井監在孝宗隆興元年已升爲隆州，宋史地理志及輿地紀勝皆有記載，譔者何爲尙云「監同北宋」且遺隆州之名乎？又如同卷葉九威州條下，關於威州改名事，僅引宋志及輿地廣記，他書概未參稽。考維州之改名威州，宋志雖云在景德三年，但文獻通考及輿地紀勝皆云在景祐二年，而元豐九域志及續資治通鑑長編又云在景祐三年。此數種不同記載，雖一時不易斷其孰是孰非，亦應兼收並列，以存疑也。此外可議之點尙多，暇當爲文詳論之。

譔者自序曰：『民國修通志，余……專任地理一門。……爰甄采輿地專書，廣緝職方掌故。興廢必詳其終始，遷徙必溯其淵源。山水爲地方標題，藉資考據；年月爲史家眼目，不憚精詳。……同人等以此志精覈翔實，實爲自來官修志書所未有。……』以上云云，固有足爲吾人所深信者。第「精覈翔實」四字，譔者曾否完全作到，則實未易言也。

1

西遼建國始末及其紀年

羽田亨著 馮家昇譯

1

遼之將亡也，其一族由耶律大石率之西走，遂建國西遼（西史曰 Kara-Khitai），契丹種族之勢力光耀于中亞細亞者幾九十年。關于西遼興亡之次第，收錄於遼史天祚紀之末，惟紀事多錯誤，殊不可據。阿剌伯波斯等史乘所見亦僅零碎之記事，其眞相如何亦不足窺。合二者觀之，史跡雖仍得失互見，要亦不少發明也。以下所論自知謬誤難免，識者進而教之，使有所進步，則幸甚矣。今先抄出遼史天祚紀所附記之建國始末，然後順次批判之。

耶律大石者世號爲西遼……保大二年，金兵日逼，天祚播越，與諸大臣立秦晉王淳爲帝。淳死，立其妻蕭德妃爲太后，以守燕。及金兵至，蕭德妃歸天祚，天祚怒誅德妃，而責大石曰：『我在，汝何敢立淳』？對曰：『……』。上無以答，賜酒食赦其罪。大石不自安，遂殺蕭乙薛披里括，自立爲王。率鐵騎二百宵遁，北行三日，過黑水，見白達達詳穩牀古兒，牀古兒獻馬四百，駝二十，羊若干。西至可敦城，駐北庭都護府，會威武，崇德，會蕃，新，大林，紫河，駞等七州，及大黃室韋，敵剌，王紀剌，茶赤剌，也喜，鼻古德，尼剌，達剌乖，達密里，密兒紀，合主，烏古里，阻卜，普速完，唐古，忽母思，奚的，糺而畢十八部王衆。論曰：……遂得精兵萬餘，置官吏，立排甲，具器仗。明年二月甲午……整旅而西，先遺書回鶻王畢勒哥曰：『昔我太祖皇帝北征，過卜古罕城，即遣使甘州，詔爾祖烏母主曰『……今我將西至大食，假道爾國，其勿致疑』。畢勒哥得書，即迎至邸，大宴三日。臨行，獻馬六百，駝百，羊三千，願質子孫爲附庸，送至境外。所過敵者勝之，降者安之，兵行萬里，歸者數國……軍勢日盛，銳氣日倍。至尋思干，西域諸國舉兵十萬，號忽兒珊來拒戰……忽兒珊大敗，僵死數十里，駐軍尋思干凡九十日，回回國王來降，貢方物。又西至起兒漫，文武百官册立大石爲帝，以甲辰歲二月五日即位，年三十八，號葛兒罕，復上漢尊號曰天祐皇帝，改元延慶。……延慶三年，班師東歸，馬行二十日得善地，遂建都城，號虎思斡兒朵，改延慶爲康國……康國十年沒，在位二十年……

一　大石去遼之年

依本文，大石號葛兒罕(Gurkhan=univeral King)，肇造西遼國在甲辰歲二月，即遼保大四年二月，西紀一一二四年。然此固不足憑信，已爲錢大昕所論（二十二史考異卷八十三天祚帝紀）。考蕭德妃之被殺在保大三年二月，其「明年二月甲午整旅而西」，則從北庭西行時在保大四年二月，即相當於所謂甲辰歲二月也。夫起兒漫即位葛兒罕之年代固有誤，而保大四年二月從北庭向西行之事實，亦不可信。按大石當遼保大三年四月（金天輔七年四月）爲斡魯率領下之金軍所擒，遼史金史均所明記，無可致疑。更檢金史，有同年五月太祖次落藜濼，斡魯以所俘獲之大石來獻之文（太祖本紀）。而大石自金再歸遼，遼史記於同年九月（天祚本紀）。又遼史同紀所載，翌年保大四年七月條，『天祚旣得林牙耶律大石兵歸，又得陰山室韋謨葛失兵，自謂得天助，再謀出兵復收燕雲。大石林牙力諫曰：「……不可輕舉」，不從。大石遂殺蕭乙薛及坡里括，置北南面官屬，自立爲王，率所部西去……八月國舅詳穩蕭撻不也……降金』，是天祚本紀以大石西走爲保大四年（即甲辰歲）七月也。金史太宗本紀天會二年（遼保大四年）十月條，『戊辰，西南西北兩路權都統斡魯言，「遼詳穩撻不野來奔言，耶律大石自稱爲王，置南北官屬，有戰馬萬疋，遼主從者不過四千戶，有步騎萬餘，欲趨天德駐余睹谷」。詔曰，「追襲遼主，必酌事宜，其討大石，則俟後報下」』（金史卷百二十一）。粘割韓奴傳撻不野所言關於大石者亦有同樣之記事，曰『大石稱王於北方』是也。自大石立爲王後，遼主之勢益不振。而是時初爲金人所知，亦由上述紀事可以推知者也。大石去遼主而獨立，由記事之年代不難推知與保大四年十月以前極近之時。此以前則爲遼金兩軍接近之時，故金對於遼人中發生之事件由撻不野之報告始知之。斡魯以撻不野之言致太宗時爲此歲之十月，撻不野降金，遼史所述在八月。則大石去遼自立必與保大四年八月極近，從可知也。故遼史於是歲九月『自立爲王，率所部西去』之記事不誤；而是年二月由北庭西向之語則無何等理由也。

二　駐北庭都護府之經過

依本文，大石去遼北行三日過黑水，會白達達牀古兒，牀古兒贈以馬駝羊，得西至可敦城，駐於北庭都護府。其間無發生何等事件，又時間上亦如此之短。此果確乎？今先就黑水及可敦城之位置考究之。

甲　黑水

薄賴特乃德氏以黑水爲甘肅省之額濟訥河，雖不存何等疑意（Bretschneider, Mediaeval Researches from esatern Asiatic Sources, Vol. I, P. 212, note 543），然此考固無確切之根據也。夫額濟納雖稱爲黑水，然當遼所據之黑水則不得不於以外求之。蓋氏以大石去遼地向北庭都護府所經之河流爲額濟納河，殊與本文北行三日記事之里程不合。本文所示，當時額濟納流域雖爲白達達所據，然事實上，此地實爲西夏所領。白達達即汪古部之別名，元史或書汪古部，或書白達達(元史卷一癸亥歲條及卷百十八阿剌兀思剔吉忽里傳可爲參證)。其住地不在額濟納河，而在雲中，定襄，陰山等地。按元史竺邇傳，『雍古(卽汪古)氏其先居雲中塞上』，馬祖常曾祖月合台神道碑，『雍古部族居淨州之天山』(元史新編卷七十一)。淨州在遼豐州之西(卽黑河或黑水)，由茂明安部流入烏喇特部，西南入黃河者也(卷五烏剌部條)。低莫郭斯奇蒙古旅行記 Timkowski, Travels of the Russian Mission through Mongolia to China附圖，此河發源于北緯四十二度三十分，沿東經約百八度(以巴里爲基點)，南流烏喇特部，於北緯四十度三十分之點，注於黃河。此河從古名爲黑水，其上流爲遼豐州，與白達達所領極近無疑。大石會白達達詳穩牀古兒之黑水即此黑水，亦無疑也。想大石出走之際，由遼史之記載，從天祚帝在夾山。『天祚……再謀出兵復收燕雲，大石林牙力諫曰「……不可輕舉」，不從。大石遂……西去。上遂率諸軍出夾山』(卷二十九)。夾山，金史地理志雲內州柔服縣注云，『夾山在城北六十里』。即隔黃河與鄂爾多斯相對之烏喇特中部。本文『北行三日過黑水』之記事，正示東北行也。

乙　可敦城

以上就黑水之所在，推定爲遙與西方額濟納相對之內蒙古茂明安烏喇特兩部所在之黑水。今述可敦城之位置：薄賴特乃德氏既以額濟納河爲大石出夾山直向西方所經之地，故論可敦城之位置乃在是河與北庭都護府之間尋求，殊爲謬誤。依本文『西至可敦城，駐北庭都護府』，二者不能混而爲一。大金國志天會九年條，『粘罕自雲中，以燕雲漢軍女眞軍一萬人付右都監耶律余覩，北攻耶律大石林牙，耶律佛頂林牙于漠北曷董城。既行，拘余覩妻子于女眞城』，同書釋之曰：『曷董城者契丹之北土也，使余覩北行，以覩乃契丹族類知其巢穴』。又『曷董城自雲中由貓兒莊銀甕口，北去地約三千餘里，盡沙漠無人之境』，則大石所走之可敦城似爲大金國志之曷董城。志十年條，『余覩之軍合董也，失其金牌』，此合董與曷董亦同一地。遼史聖宗紀統和

3

『二十二年，以可敦城爲鎮州，軍曰建安』。又鎮州，『開泰二年春正月，達旦國兵圍鎮州，州軍堅守』。三月耶律化哥以西北路略平，留兵戍鎮守，赴行在』。更檢地理志上京道邊城防條，『遼國西北界防邊城因屯戍而立，務據形勝……』。『鎮州建安軍節度本古可敦城，統和二十二年，皇太妃奏置，選諸部族二萬餘騎充屯軍，專捍禦室韋羽厥等國……東南至上京三千餘里』，則此可敦城亦即金之鎮州。但可敦城不只一地，遼史地理志雲內州條亦有古可敦城，其位置絕不在同一地方甚明。遼史地理志上京道邊城防條，『河董城本回鶻可敦城，語訛爲河董城，久廢，遼人完之，以防邊患。高州界女直常爲盜，刼掠行旅，遷族於此，東南至上京一千七百里』。可敦與河董均爲突厥語之Khatun，即可汗妻之義。兩地以遼之上京，今東蒙古巴林之東波羅城爲標準，東南相距之地也。然則大石所走之可敦城爲其中之何地？按遼史地理志靜邊城下續云，『靜邊城本契丹二十部族水草地，北隣羽厥……東南至上京一千五百里』，同志，『泰州德昌軍節度本契丹二十部族牧放之地』。此城爲遼之泰州，今東蒙古郭爾羅斯部前旗西境，嫩江與松花江合流點之西（蒙古遊牧記卷一，郭爾羅斯部條及滿洲歷史地理第二卷頁八六）。此地東南去上京爲一千五百里，與河董城之距離相近，僅西北（從靜邊城）二百里而已。此河董城不可認爲大金國志所記『在雲中北方約三千餘里，沙漠無人之境』之地。大石所至之可敦城乃金之鎮州，此鎮州今在何處乎？沈垚西遊記釋地以吾悞腦兒正西之地當之，蓋長春眞人西遊記，離克魯連河，西行十日，『漸見大山峭拔，從此以西，漸有山阜，人烟頗衆……又四程西北渡河，乃平野，其旁山川皆秀麗，水草且豐美。東西有故城，基址若新，街衢巷陌可辨，刱作類中州，歲月無碑刻可考，或云契丹所建。旣而地中得古瓦，上有契丹字，蓋遼亡，士馬不降者西行所建城邑也』。張德輝邊堠紀行曰：『自黑山之陽，西南行九驛，復臨一河，北語云渾獨剌，漢言兔兒也。遵河而西行一驛，有契丹所築故城，城方三里，背山面水，自是水北流矣。自故城西北行三驛，過畢兒紇都，乃工匠積養之地，又經一驛，過大澤泊，周廣約六七十里，水極澂徹，北語謂吾悞竭腦兒……泊之正西有小故城，亦契丹所築也』。長春眞人所見東西故城與張德輝所見兩故城均爲契丹所築，二者相同。前者所謂西故城即後者所謂『泊之正西之小故城』，其位置在吾悞腦兒正西也。此故城與遼史地理志鎭州之位置，東南至遼上京三千餘里之道里相合，故此故城實不外遼之鎭州也。

長春眞人於克魯連河以西取何途似難知，出克魯連河與張德輝取同一路程與否亦難定，但所舉契丹兩故城互相類似，則無可議。以此兩故城之一爲鎭州之遺址，則鑑于由河董城之距離，由雲中方面之距離，更由鞏固遼之西北邊爲重要位置之諸點觀之亦無可疑。故氏特以西方故城當之者，以與遼史所記之道里相合也。但余不能首肯，蓋遼史所記三千餘里乃表示漠然之道里，氏用如何方法計之乎？又何以棄東故城，而獨取西故城乎？氏以吾悞謁腦兒爲今之察罕泊（從西南流入阿爾渾河之和林河之池當在今阿爾渾河之西），解釋亦誤。考此湖今名 Ughei nor，在阿爾渾河與達米耳河合流點之東方。夫張德輝所見之此湖正西之西故城，與渾獨剌（即渾土拉）河隔一驛之東故城均在阿爾渾河以東無疑，而氏則誤而求之西方。即使此城之位置與遼史所記鎭州之道里雖相合，要亦根本失其理由矣。丁謙氏西遼立國本末考（古學彙刊第二編下册）未予何等理由，而驟定鎭州即可敦城，並注云其地『在今三音諾顏旗塔米爾河濱』。又『哈屯城即阿敦城』，在吾悞謁腦兒西方之達米耳河西南流入阿爾渾河之濱，今名爲阿敦城，即以爲當時之可敦城。余對於在此河濱之地名不贊同，但張德輝記之契丹故城必在阿爾渾河之東，故對氏說亦有首肯者。要之，長春眞人及張德輝所記之兩故城，其一爲可敦城亦即鎭州，其位置因長春眞人所記不詳，不可知，大約沿土拉河南之地，或在吾悞腦兒正西之地也。

是則大石出走以後，先駐漠北土拉阿爾渾兩河間之地。至於在此地之動靜，僅由金史粘割韓奴傳少有推知。天會『三年都統完顏希尹言，聞夏人與耶律大石約曰，「大金既獲遼主，諸軍皆將歸矣，宜合兵以取山西諸部」。詔答曰，「夏人或與大石合謀爲釁，不可不察，其嚴備之」』。依此記事，當時彼在何地雖難知，然同傳續曰，『七年泰州路都統婆盧火奏「大石既得北部二營，恐後難制，且近群牧，宜列屯戍」，詔答曰，「以二營之故發兵，諸營必擾，當謹斥候而已」』。按泰州當今東蒙古郭爾羅斯前旗之西境，嫩江與松花江合流點西

5

方之附近。大石之動靜既因斯地都統斡魯報告謂得北部二營且近群牧，則此年（即天會七年，一一二九）彼尙駐外蒙古，而圖恢復之計耳。故由完顏希尹報告大石之消息，則知大石所在爲外蒙地方，即駐于可敦城也。翌年金即派遣軍隊討伐之。同傳又曰：『八年遣耶律余睹，石家奴，拔離速追討大石，徵兵諸部，諸部不從，石家奴至兀納水而還。余睹報元帥府曰，「聞大石在和州之域，恐與夏人合，當遣使索之」。夏國報曰，「小國與和州不相接，且不知大石所往也」』。天會七年，大石尙駐漠北，翌年天會八年，已至和州之域矣。和州即高昌地，當時爲回鶻所據，而北庭（元之別失八里今新疆濟木薩北之地）亦爲所屬，則大石所駐之北庭不外此地。故大石去可敦城至此地實在天會七年與八年之交。本文『西至可敦城，駐北庭都護府』之記事，殆爲保大四年（金天會二年）七月出走後六年來行動之約筆耳。

以上由漢史所記及吾人論述所得者如是；今若涉獵西方史籍，則大石之行動亦有一二之傳說。亞拉伊德京記曰，『大石離遼後，至乞兒吉斯之境，抄略其地，乞兒吉斯禦之，遂退葉密河，建一城。此城今尙見其廢址。其後突厥諸部服屬於彼，因得統領四萬之戶』（參多桑蒙古史卷一，頁四四二）。又拉施特云：『女眞主滅契丹後，有契丹王子素負名望者名努石太傅 Nushi Taifu，逃乞兒吉斯國，後遷畏吾兒，最後至突厥斯坦，爲一聰明有爲之人。在諸國集有許多軍隊，遂征服全突厥斯坦，號古兒汗 Gurkhan，猶言大汗也。其事在一一二八年及一一二九年之間』（多桑蒙古史卷一，四四三至四四四）。按努石是大石之誤（阿拉伯字T與N相差僅一個點），而大石即 Tashi 也。於此二家所記令吾人可注意者，大石去遼後先至之地乃伊兒梯什河上流之乞兒吉斯國，但由此地退出後之行動，二者所傳不一。亞拉伊德京氏謂退至葉密河，遂築一城；拉施特則謂遷畏吾兒國。考當時畏吾兒所據之地頗廣，將如次節所述。則遼史本文所見之北庭當即拉施特所記之畏吾兒國，最後至突厥斯坦也。依兩史家所記，後者省略退至葉密之文，而前者記大石至北庭畏吾兒之國，後年奠都吹河畔八剌沙袞，即王位，遣軍取別失八里北庭之地，則二史家於此點大相逕庭。若將亞拉伊德京之記事判斷之，大石由伊兒梯什河西南退至葉密河，建城駐之，其後養精蓄銳，更向西方發展，至吹河而建國，又其後遂取北庭。按遼史所記與拉施特所述一致必非偶然，而大石先入八剌沙袞後出北庭實有可疑，想此點乃亞拉伊德京之誤傳耳。顧大石初逃乞兒吉斯，兩史家所述一致，特別拉施特記其移動之年代爲一一二八至一一二九之間。考大石之脫離遼，漢史是一一二四年，乃爲年次之錯誤。但其至乞兒吉斯，想爲事實，遼史所記或爲粗漏。因思大石去可敦城後，先至乞兒吉斯國，後爲乞兒吉斯所拒，又移南方之北庭。其年即天會七年，西紀一一二九年，與拉施特所記一致。但彼所示之年非由遼逃出之年，實由可敦城移動之年也。

附記：本文有大石會七州十八部王衆於北庭，諭以圖謀興復之紀事。此等諸州及諸部在何地殊難考究，其中烏古里，阻卜，唐古，大黃室韋，敵剌，鼻古得或在內蒙及東蒙，或在外蒙古之東，則其他殆亦不外仵于外蒙古及東蒙橫亘之地乎？故大石會此等部族之王於北庭之紀事殆不足信。果爾，則彼所駐之地尚在漠北耳。余於此點，可引丁謙氏之語：『考遼時西北屬國多在今喀爾喀境，哈屯城即阿敦城，遼稱鎮州，乃其總要處。大石號召各部圖興復，當在此城時，乃書於駐北庭府下，失一』甚表贊同。

三　回鶻王畢勒哥之招致

依本文，大石出走之翌年二月甲午，整旅而發北庭，先遺書回鶻王畢勒哥，而後降服之，西向至尋思干（撒馬爾干）。余曾述大石至北庭在天會七八年之間，則回鶻之招致亦不能不謂在是年之後。今考回鶻王畢勒哥所據何地尚係問題，此部族去外蒙古根據地之後，一部據有高昌，一部涉南方之流沙，據有甘州，沙州，肅州等地。居高昌者更占有輪台龜茲之地與遼，宋，金交通，居南方甘肅者當宋景祐三年（一〇三五，據通鑑之辨）雖爲西夏李元昊所征服，然當金天會五年（一一二七）尙有沙州回鶻活剌散可貢金之事（金史太宗本紀），則當時其勢力並未絕滅也。在九世紀之半時興起，十世紀終時，以吹河畔八剌沙袞 Balasagun 爲根據地，而占有東西甚廣之突厥斯坦。及大石侵入，以其國讓之伊兒汗家 Ilek Khan 近世學者稱爲哈喇汗 Kara Khan，亦回鶻族也。但其果爲回鶻族耶不能無疑。初介紹此王家之 Grigorieff 及 Lerch 等以爲哈剌魯突厥種，Degnignes, Fiähn, Reinaud Bretschneicher 及 Radloff 則以爲回鶻族，余以後者之說爲是。特別金史載；『大定中（一一六〇至一一九〇），回鶻移習覽三人至西南招討司貿易，自言本國回紇鄒括蕃部所居城名骨斯訛魯朶，俗無兵器，以田爲業，所獲之一輸官。耆老相傳，先時契丹至，不能拒，因臣之』（粘割韓奴傳）。而骨斯訛魯朶（即本文虎思斡魯朶）阿剌伯史家名爲八剌沙袞，已爲學者所公認。大石侵入之時，據八剌沙袞者爲回鶻。從諸學者之說，伊兒汗家亦足認爲回鶻族也。然大石由北庭致書之回鶻，果爲回鶻之何部？今可暫假定之乎？曰由大石書中可以見之。蓋大石欲西至大食，故請假道，似非指甘肅地方之回鶻矣。然書中有：『昔我皇帝北征，過卜古罕城，即遣使至甘州，詔爾主烏母主曰』之文。而舊五代史及遼史中，亦記遼太祖天贊三年，遣使諭回鶻烏母主可汗之事，則並不誤。是烏母主乃甘州回鶻之可汗，非高昌或伊兒汗家之祖先也。由上文觀之，大石諭以歸服之回鶻可認爲居於甘州者，薄賴氏亦明指爲甘州回鶻矣（Mediaeval Researches vol. I, p. 119.）。然從北庭西去之大石何以要遺書甘州回鶻假道？豈非此回鶻在北庭與大食之間而據有大石西征之道途，則其勢力能達於該地乎？不然，由書中追述太祖與烏母主之應酬何以以此地之回鶻爲甘州回鶻之後乎，豈二者爲同族，故有爾祖之稱與？要之，兩者因有舊交，故有新之借援，此由文辭中可以見之。今若假定非甘州地方之回鶻，則不外伊兒汗家，蓋基於上述之地理形勢，從北庭西進之大石須先得高昌地方回鶻之援助，殆無容疑。然按金史所載，此地之回鶻當天會九年（一一三一）尚未歸服大石，其年『九月己酉，和州高昌回鶻執耶律大石之黨撒八，迪里，突迭來獻』（太宗本紀），則本文所載之一諭告不能認爲其已歸服也。蓋大石當天會七八年之頃出北庭後，九年與此回鶻繼續相爭；翌年天會十年（一一三二），大石如後所述早入吹河畔之八剌沙袞，代伊兒汗家而確立其主權。故歸服大石之回鶻王畢勒哥或爲此家可汗，亦未可知。因思以天山南路爲根據地之高昌回鶻或不至歸服大石，其由北路西進吹河畔必非無理。今由西方史籍大石代伊兒汗家之事，可以見之。亞拉伊德京（繼上引聚突厥四萬之紀事）云：『於是彼進至八剌沙袞，建築一城，今蒙古人稱爲胡八里 Goubalik 。額弗拉希亞卜王後系之國王既已失勢，而不能制御領內之哈剌魯康里諸部，且蒙其侵略。契丹群迫其境，王不能防

8

禦之，乃遣首領願以國讓之，而招致於首府。於是契丹入八剌沙袞，即王位，奪額弗拉希亞卜後系之汗號，而僅予以伊兒突厥干即突厥首領之號』（多桑蒙古史卷一，頁四四二）。伊兒汗家當有名之克達克卜兒克書編纂時，波古汗拉後分裂其領土，大石西征之際，在位之可汗之名不明。畢勒哥雖可比定爲可汗之名，但此實爲稱號，與回鶻普通用之毗伽 Bilga 相同，義即「賢」也。故與遼史本文之紀事而對比之，則伊兒汗家所以易於降於大石也。又大石入此國之時爲一一三二年（後述），其年九月尚與高昌回鶻對敵，故略從地理的關係上，想非高昌回鶻；不得不謂爲伊兒汗家也。

四　忽兒珊之戰

大石在尋思干與忽兒珊之戰，參以西方史籍所紀，實與呼羅珊之塞爾柱克 Seldjuk sultan of Khorassan 之戰無疑。德幾內氏以爲花剌子模之算灘（Histoire générale des Huns, Tom. II. Livre XIV, P. 235），薄賴氏一方面尊重遼史本文之紀年，一方面與德幾內氏相同，以爲忽兒珊（hu-rh-shan）乃花剌子模沙之音譯。注云：『回教徒之歷史家不記黑契丹與花剌子模沙或與塞兒柱克之戰，然此年後之十五年，塞兒柱克家之算灘桑札兒爲黑契丹大敗，則記之』(Mediveval Researches. I, 245, note 524)。然以忽兒珊爲花剌子模沙，而不從呼羅珊 Khorassan 之音似不適當。蓋因本文紀年實無價值，既至撒馬爾干而有戰爭之發生，卒未可致信也。

西方史家最早記大石與呼羅珊軍之戰是阿剌伯史家伊賓阿梯兒 Ibn el Athir（一一六〇至一二三三），所述云：『回曆五二二年（一一二七至一一二八），有綽號「跛者」，秦國（Sin＝中國）之葛兒汗，率大軍至喀什噶爾，支配喀什噶爾之哈馬德 Ahmed 集軍拒之，敗死。葛兒汗去中國至突厥斯坦時（希爾，阿穆爾二河之間之土耳其斯坦），已有其本國人移來。其人臣屬於突厥斯坦各方之君主，任東境守禦之責。大石既至，彼等皆附之。葛兒汗得其助，乃樹其主權於突厥斯坦之全境。……其後葛兒罕進軍征謨汗馬德子馬莫德治下之馬瓦拉痕那兒，五三一年九月（一一三七年五月）馬莫德從侯戰德進軍拒之，不利遁歸。馬莫德傳檄全國，又請算灘桑札兒（塞爾柱克家）爲之助，懇請招集全境回教徒連合討伐異教徒。於是呼羅珊，馬倉德郎，賽基斯坦，哥疾寧及其他回教諸國皆來援。一一四一年，桑札兒自率其軍，渡阿穆爾河，同時葛兒罕亦集突厥，秦（中國），契丹及其他諸國人而成大軍，與算灘相遇於喀忒灣 Katwan，迫之使退第爾罕 (Dirgham) 山谷。一一四二年，兩軍決戰於是地，算灘敗走，其妃及許多將帥被擒。自此戰後，契丹人及突厥人之勢力遂侵入馬瓦拉痕那兒。葛兒罕卒於一一四三年，而終駐守此地』(Bretschneider Mediaeval Researches I. 231–233)。其次十四世紀之著者亞布爾惠達 Abulfeda 亦記一一四一年算灘戰敗之事 (Deguines, Histoire générale des Huns. Tom, II, Livre X, P. 254.)。十五世紀之著者米爾崑德 Mirkhond. 亦記之。算灘桑札兒征服撒馬爾干，威震於其地。『當時撒馬爾干住之黑契丹人不堪桑札兒之暴虐及恐怖……彼等於是時實爲突厥斯坦諸王中最占勢力者，呼羅珊王年老志薄，國政胥委於一班小兒奴隸之手，葛兒罕於是與算灘挑戰，決心征服呼羅珊及得斯阿其基亞納，並組織大軍攻之。……兩軍相戰，無數之敵軍包圍算灘，結果回教軍殘敗三萬士卒戰歿，算灘幸而以十數人逃於第爾邁德塞……是役也算灘軍中有名之人被殺者達一萬，算灘妃特兒干可敦及二三最有名之大臣均被捕』(Mirkhond Geschichte der Seldjuken, S. 195–161)。此戰即遼史本文所記之尋思干（撒馬爾干）之戰。伊賓阿梯兒提示戰場兩處，即喀忒灣與第爾罕，米爾崑德則不示實際戰場，僅有算灘逃於第爾邁德塞之紀事。然此皆記述同一之戰事無疑，即撒馬爾干附近喀忒灣第爾罕之戰也。關于此戰之年次，幸而回教史家可訂遼史之誤。對於一一四一年，伊賓阿梯兒亞爾惠達相同，惟前者以決戰之時在翌年一一四二年。余未得見原本，僅據薄賴氏之譯文，而氏又錄自俄人格利勾利夫 Grigorieff 之譯文。回曆五三六年是西曆一一四一至一一四二年間，或原本於此戰事附有月名，而格利勾夫氏因而配于兩年亦未可知。觀亞布爾惠達所記之年次爲回曆五三六年，而德幾納氏則易以一一四一年，蓋以二者相一致耳。今伊賓阿梯兒之書既不得見，則于此點亦無法論證；然近時學者若吳木白瑞氏及巴爾透爾得氏據伊賓阿梯兒之書，皆作一一四一年 (Vambery, Borkhara, I, 113. Barthold, Turkestan 2nd part, Page 349.)。余姑從諸氏之說，定爲同年可也。

五　大石即位及西遼紀年

依本文，撒馬爾干戰後，大石駐軍凡九十九日，至西方起兒漫，以甲辰歲二月五日始即位，號葛兒罕，改元延慶。三年班師東歸，馬行二十日，得善地，建都曰虎斡思耳朵，改元康國。十年凡在位二十年沒。此記西遼建國及大石死歿之時雖極重要，但不可據。

夫算灘桑札兒之戰後，大石更事西進，此在信奉回教數國之史籍可以徵之(其一將征花剌子模之事將於後述之)。起兒漫已由德幾納氏布賴氏(Degnignes: ibid. p. 253. note. Bretschneider: ibid, note 555) 考定為撒馬兒干與布哈拉間之克爾馬內 (Kermanch or Carminiah)，而布洛特氏 (Geschichte Ost-Asiens)，以為南方波斯之克爾漫 Kerman，丁謙氏考定為波斯東境之給滿爾。然此戰後，認大石於其地上葛兒罕之位，乃過于重視遼史之紀事，殊不足取。抑此戰如上所述是在一一四一年，亦即大石初入撒馬兒干之時。觀金史天會七八年(一一二九，一一三〇)之交，移于北庭之紀事，則此實經過十一二年矣。蓋大石由北庭至得藍斯阿其基亞納，繼續其行動，最後乃經略突厥斯坦全在是時。徵之於史，伊賓阿梯兒氏記葛兒罕先服突厥斯坦，施稅制，使其部曾帶上銀牌，其後進至馬瓦拉痕那兒。米爾崑德氏亦記此戰之前，葛兒汗在突厥斯坦諸王間最有勢力。亞拉伊德京氏記大石入八剌沙袞，據王位 (se rendit maitre de trone)。又續云：『大抵從 Counkidjik 至 Barserdjan 之間，又從 Taraz 至 Tamidj 之間，凡是官吏彼任命之。其後從葛兒罕，一軍征喀什葛爾及和闐諸國，他軍則為復仇討攻乞兒吉斯取別失八里。又服富伊爾干及得藍斯阿其基亞納諸地，至是算灘阿思釁之祖先臣屬之。此次征伐之後，彼遣將伊兒努子 Ernouz 經略花剌子模，演出種種殘虐之事。亞奇子花剌子模沙 Atsiz Khorazmschah 乞伊兒納子投降，並許年納衣服家畜及三萬丁納爾於葛爾罕，伊兒努子遂退。其後未幾，葛爾罕亦死』(D'Ohsson, Histoire des mongols, I, 442-443)。按西史大石降服突厥斯坦後，始於一一四一年，侵入得藍斯阿其基亞納，然於此次侵略之後，上位葛兒罕及開國之事則無所記；拉施特記其征服突厥斯坦，上號葛兒罕，特於此事不詳記其人物，且暗示皆為以前之事。遼史本文之紀年既不足取已如上所述，然則其即位之事實在征服撒馬爾干歟？抑如本文所記在其後歟？究竟應置於何年不可論述之。此問題之決定非難事，要之，大石即位葛兒罕於延慶三年，其年改元康國，合二者之數正十二年大石死。若從十二年逆算之，即彼即位之年，亦即西遼開國之年也。

伊賓阿梯兒記大石死之年為一一四三，已如所述，亞拉伊德京亦記大石征德藍斯阿其基納，同時其將伊兒努子征花剌子模；伊兒努子與花剌子模和議未久，大石即死。明確之年雖不得知，然推察其時必甚相近。今考漢史所記如金史粘割韓奴傳：『皇統四年(一一四四)，回鶻遣使入貢，言大石與其國相鄰；大石既死，詔遣韓奴與其使俱往，因觀其風俗』。則其死也必在是年以前，一一四一年之戰以後。故伊賓阿梯兒紀於一一四三年者想得其正鵠者也。又大石之死於是年，由西遼滅亡之年，減去大石以後西遼四代君主之在位年數。亦可為證，按西遼滅亡之年乃由甲辰年經八十八年，至宋寧宗嘉定四年(一二一一)而止，已經錢大昕考定(養新錄卷八)。大石以後四代君主之在位凡六十八年，從一二一一年減去六十八年，正為一一四三年。由此可知大石之死年東西記錄互相一致。

彼之死年既定，由是逆算十二年為一一三二年，當金天會十年，即大石即位葛兒罕之年，亦即西遼開國之年。故遼史所謂大石征撒馬爾干後，始即位於起兒漫之記事全誤，而其事不可不認為在九年以前也。因想亞拉伊德京氏記大石代伊兒汗家，入八剌沙袞之事，即大石上葛兒罕，肇造西遼(即喀喇契丹)之事，其時相當于一一三二年。是年即大石從北庭來之第二年，去遼之九年，與一般之形勢毫無所抵觸。依遼史本文，大石即位於起兒漫之後三年東歸，馬行二十日得善地，始建都城，號虎思斡兒朵。按西史載西遼之都城為八剌沙袞，則虎思斡兒朵蓋其別名(Bretschneider, ibid, note 439)。因大石代伊兒汗家，君臨其地時，不得不認為以其地為都也。再者，長春眞人記『移徙十餘年，方至此(虎思斡兒朵所在地)』，而否定大石入此地之一一三二年，不可看為長春之誤聞，更不可看為精確之數，只可看為曾費十年內外之日子，作一種參考而已。若不據此精密之數，而謂大石入虎思斡兒朵在保大四年後十餘年，即一一三四年後數年，則彼即位葛兒罕十二年之數雖相合，其即位之地亦不能謂在北庭，是則遼史以下及西方紀錄均可認為錯誤矣。

12

13

要之，遼史之著者以大石入虎思斡兒朵，上位葛兒罕，爾後十年從事經略其地，始侵入撒馬爾干之事，完全誤解。彼由北庭西行，入撒馬爾干，經略其地，始即位建國，後東歸虎思斡兒朵之記事，亦不得不謂爲完全顚倒。

尚有不可不考者，由大石之年號所見之在位年數是：延慶三年改元康國，其後十年爲十二年之數（延慶三年改元康國，兩者之和非十三年），何以本文記二十年之問題是也。關於此問題從來有種種說法，約而言之，第一種說法以爲在位二十年之數爲誤而不採，單據年號之和（續通鑑，續綱目，萬斯同紀元彙考，齊召南歷代帝王年表）；第二種說法反置重在位二十年之數，而重行分配年號之數。此亦分二種說法：一是錢大昕之說（養新餘錄卷八西遼紀年），謂延慶之號有十一年，合康國十年之數，即在位二十年之數；二是李光廷之說（漢西域圖考卷三西遼始末年月），以本文康國十年之下脫「七」字，若與延慶三年合計之，正二十年之數。由二氏以年號之和與在位年數調和之說觀之，第一種比較近似。然以錢氏之說與本文『延慶三年，班師東歸，馬行二十日得善地，遂建都城號虎思斡兒朵，改延慶爲康國元』對讀之，則延慶有十一年之解釋，其根據仍不免薄弱也。至于李氏之說則無何等根據，故余反對之，蓋所舉之在位之年數與夫所舉之年號皆有可考，不得抹殺也。夫大石之稱王見于金史及遼史，正在背天祚而獨立之時，決非至西方以後之事。遼史雖記大石稱葛兒罕時，改元延慶，然此決非年號之初建；因既稱改元，則以前大石必已有年號，或因遼之保大而改之，亦未可知。究以何種場合爲是？恐以後者爲可能歟？要之無論從何場合，君臨中亞爲葛兒罕而始改元，乃極自然之事。故就此點言之，對本文之記載實無可挾疑之餘地。自此次改元以後十二年間，大石居葛兒罕之位亦無可疑。大石死於一一四三年，以在位之數二十年逆算之，則爲其始即位之一一二四年，即甲辰歲（此點丁謙氏亦有所考）。因是，余主張其在位之年數及年號皆屬正確無誤也。

遼史所載西遼開國之記事至爲曖昧，已如上所述。然其曖昧之點特別關於年代記載之順序上，至其所載之事實則有不少之正確性。因就所見之東西史籍，斟酌而論述之。主旨在按配其年次，闡明其西徙之跡。關於其他諸點，異日當別論之。

家昇按西遼史料傳于今世者最少，而東西學者對於西遼之研究亦是吉光片羽，如德國之Schott英國之Howorth及Parker俄國之Bretschneider及Barthold我國之錢大昕丁謙王國維，日本之羽田亨諸氏雖有所著述，然亦不過瑣碎之考據或疏闊之紀事而已。家昇頗欲將遼金元宋諸時代諸書所載大石者抄下而與西方書籍所引回教人之著述匯爲一編，名爲史料篇；其次將東西學者之論文亦匯爲一編，名爲考證篇，是文即考證篇之一也。羽田亨精於西域史又通畏吾兒文及其他西域方言。是文雖不免可議之處，然其方法之新奇，意見之卓異，足可啓發吾人之茅塞，因取而遂譯之。原文載于大正五年二月史林第一卷第二號內。

補『中國古今地名大辭典』

賀次君

吳城　在今山西平陸縣。史記：『秦昭王伐魏，取吳城』。通鑑秦紀：『昭襄王十三年，摎伐魏，取吳城』。又名虞城，後漢書郡國志河東太陽縣有虞城是也。

襜襤　通鑑秦紀：『始皇三年滅襜襤，破東胡』。漢書作澹林，如淳曰：『胡名，在代地』。吳熙載通鑑地理今釋謂在張家口外。

棘門　在今安徽壽縣。史記春申君列傳：『楚考烈王卒，李園伏死士於棘門之內，春申君入棘門，園死士俠刺春申君，斬其頭投之棘門外』。正義曰『壽州城門』。

肥下　春秋肥子之國，今河北藁城縣西南肥纍城是。通鑑秦紀：『始皇十三年，李牧與桓齮戰於宜安肥下』；胡三省注：『肥下即班志眞定國之肥纍縣』。

虞城　即吳城，在今山西平陸縣。後漢書郡國志河東太陽縣有吳山，山上有虞城；杜預云：『虞國也』。通鑑胡注曰：『帝王世紀曰，舜妃嬪于虞，虞城是也，亦謂吳城』。

樂徐　通鑑秦紀：『始皇十六年，代地震，自樂徐以西至平陰，臺屋牆垣太半壞』。吳熙載謂樂徐在直隸易州廣昌縣。廣昌縣今爲河北淶源縣。

白土縣　漢書地理志：『上郡白土，圜水出西，東入河』。水經河水注：『圁水出白土縣圁谷東，東逕其縣南，又東至長城合神銜水下入西河鴻門』。據此則白土縣應在今陝西神木縣境，地名大辭典謂在今綏遠鄂爾多斯右翼中旗南，恐未妥。

庸城　通鑑漢紀：『高帝十二年，上與英布軍遇於蘄西，英兵精甚，上壁庸城，望布軍』。蘄今安徽宿縣，二世二年陳勝起兵於蘄，即此。布軍在蘄，而庸城可望之，則蘄與庸城相近，當亦在宿縣也。

隋書地理志汲郡河內風俗質疑

魏青鋩

一

隋書地理志述各郡疆域戶口，又傅會古制，分列九州（註一）。每若干郡，即總括爲一州，而述分野及各郡風俗。或一郡獨舉，或數郡連類並書，其文多者二百餘言，少者數言，甚或闕而不著一字，體例蓋不純焉。冀州文內，述汲郡河內風俗曰：

「汲郡河內，得殷之故壤。考之舊說，有紂之餘教，汲又衞地，習仲由之勇。故漢之官人，得以便宜從事，其多行殺戮，本以此焉。今風俗頗移，皆向於禮矣」。

吾人乍讀此文，以隋書係唐初所修，出自魏徵長孫無忌諸人，據劉知幾史通所載，撰紀傳者爲顏師古孔穎達，撰志者爲于志寧李淳風韋安仁李延壽令狐德棻，皆一時雋彥，其十志最爲後人所推，原名五代史志，爲梁陳齊周隋五史而作，後乃專稱隋志。後人稱其地理志詳載山川，以定疆域，能補蕭子顯魏收所未備（註二），亦少有加以指摘校勘者。淸乾隆間，刊行武英殿本時，命儒臣逐卷考證，而對於上述汲郡河內一段，亦未有所疑，幾可認爲信史矣。

二

繼而細讀地理志全文，於所述各郡風俗，加以比較分晰；經嚴密探討之後，頓生疑義。玆就各郡風俗，摘述要領，以作例證，然後始抒吾說。

京兆郡隋都所在也，其風俗曰：「京兆王都所在，俗具五方，人物混淆，華戎雜錯。去農從商，爭朝夕之利；游手爲事，競錐刀之末。貴者崇侈靡，賤者薄仁義，豪彊者縱橫，貧窶者窘蹙。桴鼓屢驚，盜賊不禁，此乃古今之所同焉」。

河南郡洛陽所在，隋人東都也。其風俗曰：「洛陽得土之中，賦貢所均，故周公作洛，此焉攸在。其俗尙商賈，機巧成俗。故漢志云：『周人之失：巧僞趨利，賤義貴財』，此亦自古然矣」。

蜀郡成都所在，蜀漢舊都也。其風俗曰：「蜀郡……其地四塞，山川重阻，水陸所湊，貨殖所萃，蓋一都之會也。……其風俗大抵與漢中不別。其人敏慧輕急，貌多蕞陋，頗慕文學，時有斐然。多溺於逸樂，少從宦之士，或至耆年白首，不離鄉邑。人多工巧，綾錦雕鏤之妙，殆侔於上國。貧家不務儲蓄，富室專於趨利，其處家室，則女勤作業，而士多自閑，聚會宴飲，尤足意錢之戲。小人薄於情禮，父子率多異居。其邊野富人，多規固山澤，以財物雄使夷獠。故輕爲姦藏，權傾州縣，此亦其舊俗乎？」

魏郡鄴下所在，北齊舊都也。其風俗曰：「魏郡鄴都所在，浮巧成俗，彫刻之工，特云精妙。士女被服，咸以奢麗相高，其性所尙習，得京洛之風矣。語曰：『魏郡清河，天公無奈何』，斯皆輕狡所致」。

江都郡江都宮所在，煬帝流連忘返者也。其風俗曰：「江都……人性並躁勁，風氣果決，包藏禍害，視死如歸，戰而貴詐，此則其舊風也。自平陳之後，其俗頗變。尙淳質，好儉約，喪紀婚姻，率漸於禮，其俗之敝者，稍愈於古焉」。

丹陽郡南朝舊都所在，陳亡之後爲隋人平蕩耕墾者也。其風俗曰：「丹陽舊京所在，人物本盛。小人率多商販，君子資於官祿，市廛列肆，埒於二京，人雜五方，故俗頗相類」。

南郡梁元帝舊都，西魏以封建附庸者也。其風俗曰：「南郡……多雜蠻左。其與夏人雜居者，則與諸華不別；其僻處山谷者，則言語不通，嗜好居處全異，頗與巴渝同俗。諸蠻本其所出，承盤瓠之後，故服章多以班布爲飾，其相呼以蠻，則爲深忌。自晉氏南遷之後，南郡襄陽，皆爲重鎮，四方湊會，故益多衣冠之緒，稍尙禮義經籍焉」。

東郡滑臺所在，東晉時河南四鎮之一也。其風俗曰：「兗之爲言端也。言陽精端，端故其氣纖殺也。東郡……等郡，得其地焉。兼得鄒魯齊衞之交，舊傳太公唐叔（註三）之敎，亦有周孔遺風。今此數郡，其人尙多好儒學，性質直懷義，有古之風烈矣。」

其他各郡不具引。試讀以上各郡風俗，固褒貶互見，美刺雜陳。然往往瑕不掩瑜，抑揚相半。獨於汲郡河內，乃言多行殺戮。豈汲郡河內，比戶可誅，故雖草薙禽獮，猶不爲過耶？抑由漢至齊周，歷時多年，均梗王化，及隋始涵濡薰陶於光天化日之下，漸向於禮耶？夫語無徵則不信，隋書地理志之書，究將何徵？此語旣述漢事，則吾人惟有博考漢時河內汲郡之官人，稽其治績，較其隆汚，然後始能下以斷語。

三

汲郡建置，始於晉武帝太康二年。上溯曹魏，曾置朝歌郡（註四），二漢則與河內同爲一郡（註五）。故考漢時官人，就河內一郡推求之，已可得其梗概。漢承秦制，罷侯置守，守得擅生殺，專廢置，秩二千石，權任極重，景帝中二年，更名太守。又有郡尉，掌佐守典武職甲卒，秩比二千石，景帝中二年，更名都尉。縣有令長，掌治其縣。萬戶以上爲令，秩千石至六百石，減萬戶爲長，秩五百石至三百石，亦能作威作福。此外如掌奉詔條察州之部刺史，更名州牧，皆屬後起制度。西京時部刺史周行郡國，東京以後，始有固定之治所，不若守令之爲親民之官也。

二漢時河內太守，據雍正河南通志所考，計文帝時有周亞夫，元帝時有徐朗，成帝時有翟義，哀帝時有劉歆趙昌，光武時有寇恂牟長宋均阮況虞延，和帝時有曹褒黃昌，安帝時有馬棱樊準，順帝時有韓演周舉，桓帝時有周景魏朗耿援徐盛，靈帝時有王匡，獻帝時有張楊二十二人（註六）。據乾隆懷慶府志所考，尚有伏湛任延向栩朱儁繆尙魏种六人，及都尉義縱陳遵二人（註七）。均遺酷吏王溫舒，殆以方志體例，書善而不書惡，去取不盡同於國史，故僅列循良歟？但何以又列義縱黃昌，殊不可解？至通志列虞延，延本傳未言其守河內，當緣任延而誤，徐朗應作徐明。諸人治績，撮述如左，其不可考者闕之（註八）。

周亞夫　「亞夫爲河內守，時許負相之。……文帝後六年，匈奴大入邊。……以河內守亞夫爲將軍，軍細柳以備胡。……月餘，三軍皆罷，迺拜亞夫爲中尉」。（漢書卷四十周勃傳）

義縱　「遷爲河內都尉，至則族滅其豪穰氏之屬，河內道不拾遺。……自河內遷爲南陽太守」。（漢書卷九十酷吏傳）

王溫舒　「遷爲河內太守。素居廣平時，皆知河內豪姦之家，及往，以九月至。令郡具私馬五十疋爲驛，自河內至長安，部吏如居廣平時方略。捕郡中豪猾，相連坐千餘家，上書請：大者至族，小者乃死，家盡沒入償臧。奏行不過二日，得可事論。報至，流血十餘里。河內皆怪其奏，以爲神速。盡十二月，郡中無犬吠之盜。其頗不得，失之旁郡追求。會春，溫舒頓足歎曰：『嗟乎！令冬月益展一月，足吾事矣』。其好殺行威，不愛人如此」。（漢書卷九十酷吏傳）

徐明　「元成世歷五郡太守，有能名」。（漢書卷三十藝文志河內太守徐明賦三篇注）

翟義　「遷河內太守青州牧，所居著名，有父風烈」。（漢書卷八十四翟方進傳）

劉歆　「歆由是忤執政大臣，爲衆儒所訕，懼誅，求出補吏，爲河內太守。以宗室不宜典三河，徙守五原」。（漢書卷三十六劉向傳）

陳遵　「久之，復爲九江及河內都尉」。（漢書卷九十二游俠傳）

寇恂　「乃拜恂河內太守，行大將軍事。光武謂恂曰：『河內完富，吾將因是而起。昔高祖留蕭何鎭關中，吾今委公以河內，堅守轉運，給足軍糧，率厲士馬，防遏它兵，勿令北度而已』。光武於是復北征燕代。恂移書屬縣，講兵肄射。伐淇園之竹，爲矢百餘萬；養馬二千匹；收租肆百萬斛，轉以給軍。……建武二年，恂坐繫考上書者免」。（後漢書卷四十六本傳）

牟長　「稍遷河內太守，坐墾田不實免。長自爲博士，及在河內，諸生講學者，常有千餘人」。（後漢書卷一百九上儒林傳）

宋均　「出爲河內太守，政化大行。均常寢病，百姓耆老爲禱請，旦夕問起居，其爲民愛若此。以疾上書乞免」。（後漢書卷七十一本傳）

任延　「永平二年，徵會辟雍，因以爲河內太守，視事九年病卒」。（後漢書卷一百六循吏傳）

曹褒「出爲河內太守。時春夏大旱，糧穀踊貴，褒到，乃省吏幷職，退去姦殘。澍雨數降，其秋大熟，百姓給足，流冗皆還。後坐上災害不實免」。（後漢書卷六十五本傳）

黃昌「又遷爲河內太守，又再遷潁川太守」。（後漢書卷一百七酷吏傳）

馬棱「轉河內太守，永初中坐事抵罪」。（後漢書卷五十四馬援傳）

樊準「轉河內太守。時羌復屢入郡界，準輒將兵討逐，修理塢壁，威名大行。視事三年，以疾徵」。（後漢書卷六十二樊宏傳）

韓演「在河內，志在無私，舉吏當行，一辭而已，恩亦不及其家。曰：『我舉若可已，豈可令徧積一門也』」。（後漢書卷七十五周榮傳演爲韓棱孫本傳不言其守河內）

周舉「遷河內太守，徵爲大鴻臚」。（後漢書卷九十一本傳）

周景「稍遷豫州刺史，河內太守。好賢愛士，其拔才薦善，常恐不及。每至歲時，延請舉吏，入上後堂，與共宴會，如此數四，乃遣之，贈送雜物，無不充備。既而選其父兄子弟，事相優異。嘗稱曰：『臣子同貫，若之何不厚』」。（後漢書卷七十五周榮傳）

魏朗「出爲河內太守，政稱三河表」。（後漢書卷九十七黨錮傳）

朱儁「於是出儁爲河內太守，將家兵擊却之」。（黑山賊張燕也）（後漢書卷一百一本傳）

其各縣令長可考者：懷令有趙憙董宣虞詡劉丞胡紹張竣，汲令有崔瑗應融桓鸞，朝歌長有虞詡，修武令有宗慈，溫令有王渙許績，野王令有王梁劉梁，軹長有樊曄。

趙憙「拜懷令。大姓李子春，先爲琅邪相，豪猾幷兼，爲人所患。憙下車，聞其二孫殺人，事未發覺，即窮詰其姦，收考子春，二孫自殺。京師爲請者數十，終不聽」。（後漢書卷五十六本傳）

董宣（由北海相左轉懷令遷江夏太守，在縣無治績可考。見後漢書卷一百七酷吏傳）

虞詡「朝歌賊甯季等數千人，攻殺長吏，屯聚連年，州郡不能禁，乃以詡爲朝歌長。故舊皆弔詡曰：『得朝歌何衰？』詡笑曰：『志不求易，事不避難，臣之職也。不遇槃根錯節，何以別利器乎！』始到，謁河內太守馬棱。棱勉之曰：『君儒者，當謀謨廟堂，反在朝歌耶？』詡曰：『初除之日，士大夫皆見弔勉。以詡譸之，知其無能爲也。朝歌者韓魏之郊，背太行，臨黃河，去敖倉百里。而靑冀之人，流亡萬數，賊不知開倉招衆，劫庫兵，守城皐，斷天下右臂，此不足憂也。今其衆新盛，難與爭鋒，兵不厭權，願寬假轡策，勿令有所拘閡而已』。及到官，設令三科，以募求壯士。自掾史以下，各舉所知。其攻劫者爲上，傷人偷盜者次之，帶喪服而不事家業爲下，收得百餘人。詡爲饗會，悉貰其罪，使入賊中，誘令劫掠。乃伏兵以待之，遂殺賊數百人。又潛遣貧人能縫者，傭作賊衣，以采綖縫其裾爲幟，有出市里者，吏輒禽之，賊由是駭散，咸稱神明。遷懷令。」（後漢書卷八十八本傳）

崔瑗　「遷汲令。在事數言便宜，爲人開稻田數百頃。視事七年，百姓歌之」。（後漢書卷八十二崔駰傳）

宗慈　「爲修武令。時太守出自權豪，多取貨賂，慈遂棄官去」。（後漢書卷九十七黨錮傳）

王渙　「除溫令。縣多姦猾，積爲人患，渙以方略討擊，悉誅之。境內清夷，商人露宿於道。其有放牛者，輒云：『以屬稚子』，終無侵犯」。（後漢書卷一百六循吏傳）

王梁　「拜野王令。與河內太守寇恂南拒洛陽，北守天井關，朱鮪等不敢出兵，世祖以爲梁功」。（後漢書卷五十二本傳）

劉梁　（爲野王令未行病卒，見後漢書卷一百十下文苑傳）

樊曄　（以揚州牧坐法，左轉軹長，拜天水太守，在縣無治績可考。見後漢書卷一百七酷吏傳）

試讀以上列傳，除義縱王溫舒之外，其他守尉，均未見多行殺戮。倘以義縱王溫舒爲口實，而視其他諸人，一體好殺。則以偏概全，其理既不可通。而涇渭不分，薰蕕同器，尤乖史法，覘人論世者，當不至如是混淆也。即就義縱王溫舒言之，其多行殺戮，固已彰彰。但義縱自河內遷南陽，南陽吏民，重足一迹。自南陽遷定襄，掩獄中重罪，及賓客昆弟私入相視者，皆報殺之，郡中不寒而慄。自定襄遷右內史，誅殺甚多。王溫舒先爲廣平都尉，擇豪吏爲爪牙？而縱使督盜賊。及由河內遷爲中尉，其治復放河內。足見殘忍暴戾，乃其天性，輦轂之下，尙肆誅夷，其於河內，更何所憚。故史家稱義縱以鷹擊毛摯爲治，稱王溫舒之爪牙吏虎而冠。又有極沈痛之記載曰：

「是時郡守尉諸侯相二千石欲爲治者，大抵盡效王溫舒等。而吏民益輕犯法，盜賊滋起。南陽有梅免百政，楚有段中杜少，齊有徐勃，燕趙之間，有堅盧范主之屬。大羣至數千人，擅自號，攻城邑，取庫兵，釋死罪，縛辱郡守都尉，殺二千石，爲檄告縣，趣具食。小羣以百數，掠鹵鄉里者，不可稱數。於是上始使御史中丞丞相長史使督之，猶弗能禁。乃使光祿大夫范昆，諸部都尉，及故九卿張德等，衣繡衣持節，虎符發兵以興擊。斬首大部或至萬餘級，及以法誅通行飲食坐相連，郡甚者數千人。數歲，迺頗得其渠率。散卒失亡，復聚黨阻山川，往往而羣。無可奈何，於是作沈命法」。（漢書卷九十酷吏傳）

范蔚宗更慨乎其言之曰：

「漢承戰國餘烈，多豪猾之民。其并兼者，則陵橫邦邑，桀健者則雄張閭里。且宰守曠遠，戶口殷大，故臨民之職，專事威斷。族滅姦軌，先行後聞。肆情剛烈，成其不撓之威；違衆用己，表其難測之智。至於重文橫入，爲窮怒之所遷及者，亦何可勝言。故乃積骸滿穽，漂血十里。致溫舒有虎冠之吏，延年受屠伯之名，豈虛也哉！……自中興以後，科網稍密，吏人之嚴害者，方於前世省矣」。（後漢書卷一百七酷吏傳叙）

可見官吏無道，比比皆然，並非河內一隅，獨遭毒螫。且酷吏之興，多在漢武之世。官吏以誅殺立威，人民即起而反抗，馴至上下交困，四海驛騷。漢初反秦之敝，與民休息，凡事簡易，禁網疏闊，破觚爲圜，斲雕爲樸，吏治蒸蒸，黎民乂安之風，澌滅蕩盡。迨宣帝起自民間，習知情僞。知民事之艱難，輒親召問刺史守相。常謂：「庶民所以安其田里，而亡歎息愁恨之聲者，政平訟理也。與我共此者，其唯良二千石乎」！然後始漸趨於郅治，此稽之史記漢書循吏酷吏傳叙，猶可參證者也。

四

漢時官人治績，如上所述，不難窺見一斑，無俟再行繁徵博引。隋書地理志對其他各郡，不言多行殺戮，獨以汲郡河內爲言，非秉筆者有所輕重於其間，即紀載失實，二者必居其一也。隋書地理志常有「舊風」「舊俗」「舊傳」之語，何所依據，在隋書上殊無明文。以隋書以前之正史推之，隋人上承北朝，北朝齊周二史，修自唐初，且無地理志。魏書有地形志，而不載風俗。再上推之，晉書亦修自唐初，三國志無地理志，後漢書有郡國志，亦不載風俗。其載風俗者，惟史記之貨殖傳，漢書之地理志。以隋書地理志洛陽風俗所稱漢志例之，其爲漢書地理志無疑。爰翻檢漢書，而與隋書對照，始恍然知隋書訛誤之所在。

漢書地理志依列國舊疆，而叙分野及風俗，蓋輯劉向朱贛之所論，而宜究其本末者。其論魏地曰：

「魏地……自高陵以東，盡河東河內。……河內本殷之舊都，周既滅殷，分其畿內爲三國，詩風邶鄘衞國是也。……武王崩，三監叛，周公誅之。盡以其地封弟康叔，號曰孟侯，以夾輔周室，遷邶鄘之民于雒邑。……至十六世，懿公亡道，爲狄所滅。齊桓公帥諸侯伐狄，而更封衞於河南曹楚丘，是爲文公。而河內殷虛，更屬於晉，康叔之風俗旣歇，而紂之化猶存。故俗剛彊，多豪桀侵奪，薄恩禮，好生分」。

其論衞地曰：

「衞地……今之東郡，及魏郡黎陽，河內之野王朝歌，皆衞分也。……成公後十餘世，爲韓魏所侵，盡亡其旁邑，獨有濮陽。後秦滅濮陽，置東郡，徙之於野王。……周末，有子路夏育，民人慕之，故其俗剛武，上氣力。漢興，二千石治者，亦以殺戮爲威。宣帝時，韓延壽爲東郡太守，承聖恩，崇禮義，尊諫爭，至今東郡號善爲吏，延壽之化也。」

漢書地理志之辭如此。大抵衞人渡河以後，河內殷虛一帶，初屬於晉，三家分晉，一部屬魏，一部屬韓。韓魏封域糾紛，難以具紀。例如野王曾屬韓（註九），正古人所謂：「疆埸之事，一彼一此」。漢書地理志稱魏地盡河內，亦僅就大體上言之。衛則在河以南，由楚丘而帝丘，以底於亡。末世徙居野王，阻共山以自保。亦秦人遷之，而非衛人之自遷，早與故國舊郡絕緣，此無所疑者。然非本文範圍，不再贅論。漢時濮陽爲東郡治，漢書地理志於「殺戮爲威」一句下，緊接韓延壽治郡，可知殺戮爲威者，指東郡而非指河內。隋書地理志兼取魏衛兩地之風俗，而割裂移置之，遂成爲漢時河內官人多行殺戮。反於東郡言：「舊傳康叔之教」。詎不知康叔時之衛，卽在河內耶？斯亦疏矣！

隋書地理志何以有此記載？意者漢書地理志稱魏郡之黎陽，河內之野王朝歌，皆屬衛分。而隋時黎陽朝歌，屬於汲郡，野王屬於河內，汲郡之臨河本漢時之黎陽縣地（註十）。致忘此數郡之疆域，漢隋異制，列國經界，亦與漢郡異制，遂至參差錯簡，未可知也。

至於漢書地理志言河內有紂之化，吾人亦疑其不盡然。漢書已言邶庸之民，遷於雒邑。邶庸之民者，周人所認爲頑民者也。既已遷於雒邑，則殷墟故土，必遷他處之民以實之，何至於沾染惡化？但此亦與本文範圍無關，姑申其意而已，並從闕焉。

（註一）周大象二年有州二百一十一，郡五百八。隋開皇三年十一月甲午罷天下諸郡，開皇九年廓定江表，尋以戶口滋多，析置州縣。煬帝二年正月遣十使併省州縣，三年四月改州爲郡。地理志稱置司隸校尉分部巡察而煬帝紀無明文。

（註二）見四庫全書總目提要卷四十五正史類一。

（註三）當爲康叔之刊誤。

（註四）洪亮吉補三國疆域志：朝歌郡魏黃初分河內郡置，移屬冀州，領縣六，汲共林慮獲嘉修武朝歌。

（註五）漢河內郡領縣十八，懷汲武德波山陽河陽州共平皋朝歌修武溫野王獲嘉軹沁水隆慮蕩陰。

（註六）見雍正河南通志卷三十職官一。

（註七）見乾隆彰德府志卷十二職官。

（註八）伏湛任後漢屬正見後漢書卷五十六本傳而不言治績，王匡任河內太守見三國志魏志卷一武帝紀，又裴注引英雄記及謝承後漢書均不言治績。耿援附見後漢書卷四十九耿弇傳，傳作河陽太守，注引決錄注云官至河東太守，均不言河內。

（註九）赧王五十一年秦武安君伐韓，拔野王，見史記。

（註十）隋時河內郡統縣十，河內溫濟源河陽安昌王屋獲嘉新鄉修武共城，其河內縣卽野王。汲郡統縣八，衛汲隋興黎陽內黃湯陰臨河澶淵；其衛縣卽朝歌。

商務印書館出版

史地小叢書

歷史之科學與哲學……黎東方譯 一册五角
歷史方法概論……薛澄清譯 一册四角
史學概要……盧紹稷著 一册五角
史學通論……李則綱著 一册四角
文化移動論……李寶瑄譯 一册五角
西南亞細亞文化史 楊鍊譯 一册四角五分
考古發掘方法論 胡肇椿譯 一册三角
西洋文化史……宋桂煌譯 一册五角
史地叢考續編……馮承鈞編譯 一册六角
東亞文明的曙光 楊鍊譯 一册二角五分
中國原始社會之研究 曾松友著 一册三角五分
中國歷代社會研究 楊鍊譯 一册四角
神聖羅馬帝國……胡涵眞譯 一册二角五分
西歐中古近代史要 吳挹青譯 一册三角
西歐近古史要……莫善誠譯 一册三角
德國史……康選宜譯 一册四角
俄國史……張炳心譯 一册二角
俄國革命史……魯學瀛譯 一册三角五分
暹羅古代史……王又申譯 一册四角
暹羅王鄭昭傳……許雲樵譯 一册二角
各國革命小史……羅廷光著 一册三角
中華人民史……曾松葉著 一册六角
西域文明史概論 鄭元芳譯 一册五角

中國阿剌伯海上交通史 馮攸譯 一册六角
匈奴史……向達譯 一册二角
西學東漸記……容閎著 一册四角
歷代求法翻經錄 馮承鈞著 一册四角
外族音樂流傳中國史 孔德著 一册二角五分
東漢宗教史……宋佩韋著 一册二角五分
西漢經濟史……陶希聖著 一册二角五分
張騫西征考……楊鍊譯 一册三角
三國史略……王鍾麒著 一册三角
晉初史略……王鍾麒著 一册三角
宋元經濟史……王志瑞著 一册四角
楊么事迹考證 朱希祖考證 一册二角五分
唐宋貿易港研究 楊鍊譯 一册三角
西遼史……梁園東譯註 一册二角
蒙古史略……馮承鈞譯 一册三角
蒙古史研究……陳捷等譯 一册四角
成吉思汗傳……馮承鈞著 一册三角
元朝制度考……陳捷等譯 一册三角
元代經略東北考 陳捷等譯 一册三角五分
遼金糺軍及金代兵制考 陳捷等譯 一册三角五分
兀良哈及韃靼考 陳捷等譯 一册二角五分
元朝怯薛及斡耳朶考 陳捷等譯 一册四角
元代蒙漢色目待遇考 陳捷等譯 一册三角
明清之際黨社運動考 謝國楨著 一册六角五分
太平天國史事論叢 謝興堯著 一册四角五分
日俄戰爭史……陳功甫著 一册二角五分
中國外交關係略史 王羲孫譯 一册三角
近代地理學……王勤堉譯 一册五角

莫斯科十年記……楊懿熙譯 一册三角五分
兩極探險記……劉虎如譯 一册四角五分
瀛涯勝覽校註……馮承鈞校注 一册二角
印度新志……陳友生編譯 一册七角
菲律賓史……李長傅編譯 一册四角
蘇門答剌古國考 馮承鈞譯 一册三角五分
交廣印度兩道考 馮承鈞譯 一册四角
日本國勢概況……桑鎬著 一册五角
中國沿革地理淺說 劉麟生著 一册三角五分
建康蘭陵六朝陵墓圖考 朱偰著 一册六角
棲霞新志……陳邦賢著 一册四角五分
匡廬紀遊……朱偰著 一册二角
車里……李拂一著 一册六角
西北之地文與人文 王金紱著 一册四角五分
西藏史……宮廷璋譯 一册七角
西北古地研究……楊鍊譯 一册三角
西康疆域溯古錄 胡吉廬著 一册六角
苗荒小記……劉介著 一册二角五分
景教碑考……馮承鈞著 一册三角
元代白話碑……馮承鈞著 一册二角
滿蒙古蹟考……陳念本譯 一册九角
實業計劃水道要論 陳湛楷著 一册五角
中國風俗史……張亮采著 一册四角
中國祕密社會史 平山周著 一册四角
中國體育史……郭希汾著 一册三角五分
東蒙風俗談……吳欽泰譯 一册二角
西藏風俗志……汪今鸞譯 一册四角五分
西藏奇異志……段克興著 一册二角五分

國內地理界消息

葛啟揚　趙惠人　輯

甲　各省長途電話之狀況

九省長途電話聯絡綫全部竣工

蘇境及贛湘段已可通話

交通部籌設之九省長途電話聯絡線工程，業已告竣，蘇省境內之清江鎮江間及贛湘段，現已可通話。京滬總線，定三月中旬舉行試話，成績良好後，四月一日可望正式開放營業。茲探誌各情如次：

【架設經過】交通部於民國二十三年十一月間，分別向中英庚欵董事會及郵政儲金匯業局借妥的欵，成立蘇浙皖贛湘鄂黔閩冀九省長途電話工程處，積極派員分別架設桿線。因線路過長，工程浩大，兼以去年受水災影響，致工程費時年餘，始告完竣。現蘇省境內，如清江至鎮江等段，已於本月十五日起，先後通話，成績極佳，贛湘線亦於十八日通話。

【次第完成】此外湘漢線亦於昨日竣工，京滬沿線各站與徐州間，早已架設就緒。首都至天津，濟南至青島，徐州至鄭州，漢口至長沙，首都至漢口等六線，係於上月十一日同時蕆事，最後竣工者為滬杭閩聯絡線。

【定期試話】九省長途電話，係以南京為中心，其全部工程，除利用九省中原有之長途專線外。並新建京漢，京津，津青，徐鄂，鄂漢，五大長途電話幹線；貫通地為蘇，浙，皖，贛，湘，鄂，黔，閩，冀，九省。接通地為杭州，上海，鎮江，南京，徐州，濟南，青島，天津，北平，鄭州，開封，長沙，漢口，武昌，安慶，南昌，蕪湖。凡本省支線，亦可接通，總計可通數百處。總工程處已定於下月中旬以南京上海為中心，分別與各處進行試話。關於技術方面，各段由各局負責，如進行順利，則四月一日即可開放商用，正式營業。

【設擴音機】此項長途電話，路線之長，電話藉電力之傳遞，故迴遠而電漲愈微弱，聲音亦不易清晰。總工程處為補救是項缺憾起見，已購備擴音機一百數十檯，每一主要局裝接一檯。其傳音線，均經過機放出，供其特別宏大，而達到聽者之耳。其線路雖經過數主要局者，亦用分別擴送辦法，將來無論由南京與北平天津通話，其聲音之調節，均可與市內通話無異。現已安裝是項機件者，計有上海，南京，天津，北平，漢口，鄭州，徐州，等七處，此外濟南，杭州等，亦已開始裝置。

（二五，二，二二，申報。）

蘇北腹地電訊交通

已完成揚泗淮阜等四線

共長五〇〇五·二公里

【鎮江通信】蘇省建設事業，年來頗有長足進展，如水利道路電氣漁業，有已完成者，有尚在進行中者。昨據建廳某君談，蘇省電氣事業之概況甚詳，併誌如下。本省自江北通榆電話幹線完成後，電訊交通，雖較前便利，惟只限於沿海各縣，對蘇北腹地電訊交通，尚付缺如。二十四年內特就本省建設經費酌撥欵項，續建蘇北腹地電話，以應需要。已成各段如後：

【揚泗線】揚泗線於去年初間採購材料，四月七日開工，由長途電話省交換所組織工程隊主持興工。計自江都起經高郵，寶應，淮陰，淮安而泗陽，全線長二百十八公里，建築費為五萬三千五百一十元，於五月二十九日全線完成，逐段設所通話。

【泗宿線】泗陽至宿遷一段話線，原為二十四年度擴充計劃內泗邳線一段。其時因材料及施工便利，於揚泗線完成後，繼續向宿遷展築，去年六月八日完成通話，計長六十公里，建築費為一萬三千一百六十元。

【淮阜線】泗宿段完成後，即繼續敷設淮漣阜線，自淮陰經漣水而達阜甯，於去年六月二十四日完成通話。此線一端與通榆線啣接，一端與揚泗線啣接，為蘇北長途電話兩大幹線之聯絡，計長九十公里，建築費爲二萬四千三百五十元。

〔郵與線〕自興化至高郵，於上年九月二十日開工，十月五日完成通話，計長五十六公里，建築費爲一萬一千零九十九元。此外並敷設鎭江至揚州電話五五·二公里，建築費爲五千三百二十九元，已於去年十二月完成通話。裝設東南交通週覽會公路車站電話，共二十四公里，建築費四千九百八十六元。架設宜興武進等縣城鄉電話，共九十七公里。又裝設防汛及防空等專用電話。總計去年敷設長途路線，共爲五〇〇五·二公里，經費共爲十一萬一千二十三元，刻尙在積極建築中云。

（二五，三，七，大公報。）

蘇北電話

添闢淸伊支線五月一日通話

【淸江浦通信】蘇北電話網，因當局不斷之努力，已日趨完善。除江蘇建設廳主辦各線積極謀啣接通話外，交通部辦理之話線，亦有長足之進展。蘇北大伊山，係交通孔道，地方衝要，惟長途電話，尙未設置。交通部乃令板浦電報局派人架設，現已完工，定名淸伊電話。此線電話均由淸江浦轉線至江南各縣，刻正由工程師分別試話，五月一日起，卽可正式通話。又蘇建設廳之長途電話漣阜等線，時有奸人破壞，影響電政，殊非淺鮮。沈廳長特電飭淮陰·鹽城等區專員轉飭所屬各縣長派探偵獲嚴辦，並請沿線駐軍加意保護，俾免疏虞云。

（二五，四，二五，大公報。）

皖省長途電話

已完成五十餘縣

【中央社蕪湖十九日電】皖長途電話完成五十餘縣，先後開始通話，蕪屯溪線亦架竣，日內試話。

（二五，四，二〇，大公報。）

蕪屯支綫開始通話

【蕪湖】九省長途電話皖境幹線，工程進展甚速。蕪湖至大通，安慶，兩段，正分頭架設，俾與九江聯絡。蕪屯支線，試話結果極佳，定廿四日開始營業。屯溪至京滬話線，亦在調查中，不久將通話。（廿二日中央社電）

（二五，四，二四，申報。）

九省長途電話

蕪屯線開始營業

【蕪湖快信】九省長途電話，其在皖境幹線，除京蕪段已架設完竣，原有電話改用新線外。蕪湖至大通，大通至安慶兩段，現正由交部所派員工會同皖電政管理處長顏甘棠，長途電話工程師曹忍吾等，從事架設，業與贛境之九江線聯接，一度試話。蕪湖至屯溪支線，自經架設以來，已歷時五個月，全長二百六十九公里，已於本月中旬全部竣工。蕪湖電報局今與沿線各局處試行通話，結果聲音淸晰，成績良好。茲爲靈通消息，便利民衆通訊起見，訂明（二十四）日起正式營業。目前通話地點，計爲蕪湖，宣城，寧國，績溪，歙縣，高淳，當塗，水東，廣德，港口，祁門，漁亭等處。刻屯溪電報局復與京滬兩局試驗話音，調整線路，聞最短期內，屯溪方面卽可與京滬通話，從此千里聚話一室，不僅裨益商民已也。

（二五，四，二六，大公報。）

贛省長途電話

已完成千餘公里

【玉山通信】贛省長途電話，積極興建以來，各大幹線大半成功，全省電話網，亦經佈置完竣。茲與湘，鄂，浙，閩，粵，等省籌謀聯絡通話。其主要幹線有五，（一）南潯線，（南昌至九江）完成里數一五二公里，此線早已完成。（二）南萬線，（南昌至萬載）一六八公里，此線與湘省聯絡，直達長沙，最近亦經架設完竣。（三）南大線，（南昌至大庾）二一七公里，現通話至吉安，由吉至大庾一段，現正在架設，並限年內完成，與粵省直達通話。（四）南廣綫，（南昌至廣昌）三五二公里，此線將與閩省聯絡通話。（五）南玉線，（南昌至玉山）現已完成百公里以上，將來循浙贛鐵路直達杭州。其他尙有各縣間長途電話，約各數十公里不等。總計全省長途電話，現共完成千餘公里，各幹線除南玉線外，餘均正式營業，平均每月收入，約在四千元云。

（二五，三，二五，大公報。）

九省長途電話贛省幹線大部完成

南潯線通話桐長線建設中
贛南線未完部份計劃興修

【九江通信】交部籌設之九省長途電話聯絡線工程，業已告竣。本省各屬長途電話網，計有贛東，贛南，贛西，贛北四大幹線：贛東線自南昌至玉山，已架設完成；由玉山至浙省江山一段工程，約本月中旬後可以完竣，並可直接與杭州通話。贛南線由南昌至大庚，其中南昌至吉安一段已完成，吉安至大庾一段，現正計劃建設。贛西線由南昌至萬載，亦架設竣工；此線爲九省電話贛湘段通接線。贛北線由南昌至九江，（又名南潯線）業已正式通話。此外贛湘段由南昌經高安，上高，萬載，瀏陽，達長沙，計長三百餘公里，此段路線工程，現已架至桐木，試話成績尙佳。由桐至長沙，正在建設中，約經兩旬後，可正式營業。通話價目，已規定由南昌至長沙一元二角，高安至長沙一元，上高至長沙八角，萬載至長沙六角，通話時間，以三分鐘爲一次云。

（二五，四，一六，大公報。）

湘長途電話架設近況

一二期計劃完成

【中央三日長沙電】湘省長途電話工程處一二兩期計劃，業已完成，通話路綫，達二七五五里。現該處計劃架設第三期桿綫，計常德至華容三一〇里，衡陽至宜章三八〇里，衡陽至永州三二〇里，衡陽至寶慶三三〇里，醴陵至茶陵三二五里，益陽至沅江六十里，共計長一六二五里。

（二五，四，四，杭州東南日報。）

徐鄭長途電話已全部完成

十一日正式開幕營業

【南京十五日中央社電】徐鄭長途電話，自徐沿隴海路經汴至鄭，係交部九省長途電話網五大幹線之一。茲已全部完成，十一日正式開放營業。

（二五，四，一六，北平晨報。）

九省長途電話鄭漢段四月底完成

鄭徐線已架竣試話清晰
徐鄭兩地將裝設幇電台

【鄭州特訊】交通部主辦之九省長途電話，鄭漢與鄭徐兩段，自開工架設以來，工程進行，異常迅速。現鄭州至徐州一段，業已架設完竣，試話成績異常清晰。但因徐州之幇電台尙未裝設，鄭徐間營業價目表，交部亦未頒發，因此該段營業尙未開辦。至鄭漢段工程，由漢口至花園，及由信陽至鄭州段架線工程，均已完成。惟武勝關一帶，崇山峻嶺，架設工程，頗爲艱難，刻正由該段工程人員加緊架設中。茲據鄭州電報局局長余志明對記者談：鄭徐段長途電話，俟徐州幇電台裝設後，即可通話。雙方談話距離，相隔雖遠，但經幇電台後，聲音異常清晰。鄭漢段武勝關一帶之架線工程，本月下旬，即可完成，大約下月初即可正式營業。現交通部爲求鄭州與他省通話聲音清晰起見，決在鄭裝設幇電台一處，俟該電台裝竣後，無論與何省通話，聲音儼如對面談話云。

（二五，四，一九，北平晨報。）

各省長途電話鄭漢鄭銅線架設完竣

十一日開始營業

【中央九日鄭州電】交通部九省長途電話鄭漢與鄭銅綫已架設完竣，定十一日正式開始營業，通話以三分鐘爲一次，鄭銅每次一元五角，鄭漢每次二元二角，鄭陝綫本月底開始架設。

（二五，五，一〇，杭州東南日報。）

九省長途電話平漢段將完成

徐汴鄭間傳話清晰

漢長線試驗亦甚佳

【南京十日下午十時發專電】交部息，九省長途電話漢口至長沙線上週完工，本週連日試話結果甚佳，惟開放期尚未定。

【中央社徐州十日電】交通部主辦之九省長途電話，徐州至汴鄭間工程業已全部告竣，傳話聲音至爲清晰，已開始營業，商民稱便。平漢段工程最近可架設完成，交部與京徐等處即設帮電站，裝置發音擴大機，今後平漢京滬各地，均可直達通話。（二五，四，一一，大公報。）

巴縣至貴陽長途電話
六月一日開始營業

【重慶】交部架設之巴縣至貴陽長途電話定六月一日開始營業，將來並擬設一增音機，俾成都貴陽間直接通話，（二十二日中央社電）（二五，五，二三，申報。）

交部架設陝豫長途電話

【西安】交部爲發展電訊，決架設陝豫長途電話，由鄭州至陝州，由陝州至西安，全綫分兩段架設，限六月底完成。刻材料已備齊，工程人員日內由京西來。（三日中央社電）（二五，五，四，申報。）

乙　各省航空之狀況

最近我國民用航空概況
三機關航線總長約三萬華里
盲目飛行成功試辦京滬夜航
望與火車輪船成爲同等旅行

歐亞航空公司總經理李景樅氏，昨發表我國民用航空最近概況，俾一般民衆對於利用之情形，及經營者辦理之成績，得能明瞭。玆分誌詳情如下：

〔民用航空〕關於一般民衆利用之情形者，我國近數年來足供民衆利用之航空機關，共有三個，一爲歐亞航空公司，一爲中國航空公司，一爲西南航空公司。此三公司之航線總共約共三萬華里，航站總數約爲三十餘所。內中除中國航空公司及西南航空公司之郵運載客，輸貨之統計數目，因本人一時不能憶及，恕不率告外。玆僅就一般民衆對於利用歐亞航空公司之情形，略述如下：歐亞航空公司之航線總長約一萬五千華里，航站共十七所。現除蘭州至塔城一段計長四千四五百華里，共有航站四所，一時因受新疆政治影響暫告停航外。其餘如上海經

冀察通話先由張津線實施

【張垣通訊】際玆華北多事之秋，所有邊陲各省消息之傳遞，深關切要。張垣電政管理局局長王克用氏有鑒於斯，遂努力擘劃冀察綏直接通話，以利交通。玆擬先將該局附設之長途電話張垣平線，接通天津，使張津間可以直達消息。現經數度試驗，成績殊佳，日內卽可正式通話。至張（垣）保（定），張（垣）綏（遠），張（垣）包（頭）各線，亦正詳爲計劃中云。（實，四，十一，）（二五，四，一三，北平晨報。）

冀察綏三省電話
張津線通話試驗成功
張綏張保等線計劃中

【張垣通信】際玆華北外交蜩螗之際，所有邊陲各省消息之傳遞，關係重要。熱察綏電政管理局長王克用有鑒於此，爰努力擘劃冀綏察三省直接通話，以資聯絡，而利交通。惟因經濟關係，擬逐步實施，先將張平長途電話線接通天津，使張津通話實現。經數度之試驗，成績良好，日內卽可正式通話。至張包（頭）．張綏（遠）．張保（定）各線，亦正詳爲計劃中云。（二五，四，一三，大公報。）

南京、鄭州、西安，至蘭州之航線，共長四千七百餘華里　祇須於清早六時半由上海起飛，下午四時半卽已飛抵蘭州。其由上海經南京、鄭州，西安，漢中至成都之航線，則長三千八百餘華里，亦僅於清早六時由上海起飛，下午五時卽可到達成都。他如由上海至甯夏包頭等處，亦祇隔宿卽可到達。以視由上海至蘭州及由上海至成都之路程，如改用其他交通器具，如火車輪船汽車等，則至少非十餘日不能到達，以此較彼奚啻天壤，此利用航空之客貨郵統計上所示之數字所以日增月益也。

【郵件激增】計歐亞航空公司第一第二年度所載之乘客，爲九四一人，郵件爲五七七公斤，貨物爲四一五一公斤。第三年度所載之乘客爲六五二人，郵件爲二八五七公斤，貨物爲一六三九一公斤。第四年度所載之乘客爲一〇七四人，郵件爲四一六九公斤，貨物爲四三〇九二公斤。第五年度所載之乘客爲二一一〇人，郵件爲八七九六公斤，貨物爲五八八八一公斤。本年度最近四個月所載之乘客爲一〇二五人，郵件爲二八四五公斤，貨物爲二八八七八公斤。且已超過第一，二，三年度全年度及四五年度半年度，載運之成績，於此可見一般民衆利用航空之踴躍。蓋一般民衆遇有緊急之商務函件，或急欲與親屬通訊，如利用航空寄遞，既不較利用電報爲遲慢，且能詳盡，而又廉價。益以郵局人員對於航空信件之處理，更較普通快信爲特別迅速，故最近航空郵件數量之激增，直有蒸蒸日上之勢。卽貨物包裘等亦莫不皆然。至于乘客，則最近數月來除班期已予增加外，爲應需求起見，有時且須屢屢增開特別班飛行，此民衆利用航空之大略情形也。

關於經營者辦理之成績者，亦擬僅就歐亞航空公司之範圍略述如次：

【辦理成績】（一）飛機設備，歐亞航空公司最初係採用榮格賜全金屬低翼之單發動機飛機，因該種飛機，依統計上所得之證明，卽遇有失事，亦絕不易傷及乘客。最近歐亞航空公司求益安全起見，更進一步而採用榮格賜全金屬低翼之三發動機飛機。蓋此三發動機，每個均具有六百五十四馬力，卽使就中之一個發生障礙，對於飛行仍不發生若何影響，而得安全向目的地繼續前進。至於機艙內部，則每一乘客之座位，不特備極舒適，毫不擁擠；且有吸烟室及盥吸室之設。而在飛行之際，於隔窗瀏覽風景之外，並有精美茶點之供給。此外如駕駛室內所備之無線電報收發機，亦可供乘客電約親友，在中途經停之航站候晤，或准到達站迎接之用。（二四，一一，二四，上海晨報。）

歐亞陝蓉線開航順利巨機昨晨飛蓉

華東社云歐亞航空公司新闢之陝蓉線，自上月二十八日正式開航後，營業尙稱發達。第二班機（卽巨型機）已於昨晨六時三十分開出，于下午五時廿分到達成都，定今日返滬。至向德國續借之五十二號式巨型機，原擬上月底左右，卽行起飛來華，旋以裝配不及，故遲遲未到。昨日外傳該機亦已起飛來華云云，華東社記者曾往該公司探詢，適該公司祝查二秘書均已公畢外出，其餘職員均稱未聞有飛來華確息。按該公司每遇新機自德飛華，事前均有書面新聞發表也。此外一百六十號小快機一架，係裝由北德滬公司第三艘快輪運來，昨據北德滬公司消息，該輪將展至後（四日）日方能抵埠云。（二四，一〇，二，申報。）

滬陝蓉航線暫展至昆明

定四月開航

【上海二十六日中央社電】京滇線試飛機，前由昆明試飛貴陽，長沙，南昌，因氣候關係，未實現，現決定將滬陝蓉線，暫行展至昆明。班期每星期二五晨八時離滬，午五時抵成都；翌日晨八時離成都，十一時半抵昆明，翌日十一時離昆明，四時半抵成都；翌晨八時東飛返滬，定四月間開航。（二五，三，二七，北平晨報。）

滬漢線照常開航

電催美機從速運滬

【上海一日中央社電】中航滬漢東下機，過京焚燬後，總經理戴恩基，一日晨返滬，計畫一切。聞滬漢線仍照常開航，道格拉斯巨型機，將調回滬渝線應用。一面電催美方訂購之飛機，從速運滬云。（二五，四，二，北平晨報。）

蓉滇線昨正式開航

【成都一日中央社電】歐亞公司蓉滇線，一日正式開航。三十一日由滬抵蓉之容克巨型機，一日晨八時由蓉起飛赴昆明，作第一次航行，下午四時飛返蓉。一日晨隨機赴昆者　仍爲德記者葛麟甫及中央社記者周培基兩人。葛周在昆留三日，星期六仍隨原機返蓉，將轉灌縣參觀都江堰工程，然後北返京滬。（二五，四，二，北平晨報。）

歐亞公司蓉滇線正式飛航

中德視察記者留滇考察

【中央一日昆明電】歐亞航空公司首次蓉滇飛航正式班次容克號巨型機，一日午十一時由機師克斯特駕駛，由蓉飛達昆明，同來者僅隨習機師電務員及隨機視察記者德國葛蘭甫，中央社周培基共六人。載郵件四磅及行李十餘件，由蓉飛滇，僅三小時四十分。沿途天氣良好，原機在昆明停一時餘，卽飛返蓉，再東行返滬，中德視察記者則留滇考察游覽，俟搭四日下班飛機返京。

【中央一日成都電】歐亞公司蓉滇綫一日正式開航，三十一日由滬抵蓉之容克巨型機，一日晨八時由蓉起飛赴昆明，作第一次航行，下午四時飛返蓉。一日晨隨機赴昆者，仍爲德記者葛蘭甫，及中央社記者周培基兩人，葛周在昆留三日，星期六仍隨原機返蓉，將轉灌縣參觀都江堰工程，然後分返京滬。（二五，四，二，杭州東南日報，）

滬滇線開航後飛行成績良好

中央社記者隨機之視察

【成都五日中央社電】歐亞滬滇幹線一日完成後，已續飛兩次，中央社隨機視察記者，五日由滇飛返蓉，其視察結果，認爲成績良好。該線長二六八零公里，共僅飛行十二小時餘，且配置於此線之飛機，均爲共容克斯巨型機，設備最優，飛行至穩，旅客極爲安全。機上並有盲目飛行設備，雖天氣惡劣，雲霧密漫亦不致迷途。沿站設備亦佳，有旅客休息室及旅客接送車輛等。滬京鄭陝間爲中原地帶，飛行至爲平穩，陝蓉滇間，萬山重疊，因空氣疏密不同，稍現升降之象。但因機身巨大，機師技術優良，振動遂亦減少，此線開航後，於西南交通極有裨益。

【上海五日中央社電】歐亞公司息：該公司現有航線四條，總程四千五百十公里，現在注重西南各省與京滬之交通，將來力謀滬新全線之復航，以促歐亞間五日到達國際航郵之實現云。（二五，四，六，北平晨報。）

中法航權解決歐亞空運月內可復

廣州河內線決歸國人辦理

【上海航訊】中法航綫廣州至河內一段，自月前因航權之誰屬問題停頓後，歐亞兩洲之空運，遂告隔閡。社會人士莫不關心。日前西南民航公司委員某氏晉京，向中央當局、據理力爭，並陳以利害，故該線航權乃歸國人辦理。記者特分赴各方查詢此事，得該航線糾紛之始末，及該西南公司接辦該線今後進行之方針，玆中法航權

籌備經過　係倡議於民國十八年，法國政府當局正計劃闢馬賽西貢線，乃令該國之東方航空公司與我當局接洽議定，遂成中法航空協定。然因種種問題，此議進行又告停頓。後法因遠東航線開航，雙方均感歐亞交通極須聯絡，又重提舊事，于最近接洽完滿正式簽約通航，因交通部交

航線經過　中國航空公司辦理，其航線我國由廣州起飛經廣州灣南路各屬，以達西貢之河內。法則由河內起經法屬各地而達馬賽。粵桂當局以中國公司爲中外人士合辦，機師純爲外人；而南路一帶，又爲本省之門戶；苟任由外人駕機經過，無異予外人以國防建設之秘密。乃據理力爭，一面制止中國機飛行河內，一面派某氏北上交涉。頃據消息，中央當局准廣州河內一線，撥交國人辦理

今後辦法　某氏亦已將開航種種事宜，及補發執照辦理完竣，定期南返，卽着手辦理開航，以利歐亞洲交通。至西南公司接辦該線祇係將廣龍線延長分廣州、梧州，南寧，雲州五站、其飛行時間定爲每週來往一次，以接駁西貢馬賽線。所收票價中國公司前定單位爲大洋三百元，西南爲利便國人計，單程擬酌減由一百五十元至二百元，現尚未決定。然無論如何本月可以復航，至某氏南返期，日間當可就道，並轉贛返省，以便與贛當局商洽廣贛航線通航事宜云。（十七日）

（二五，四，十九，北平晨報。）

6

通訊一束（七六——八五）

七六

頡剛師：不奉教言，兼月於玆矣，甚念甚念。開歲以來，驤奔波萬里，屢承大事，心勞神疲，致久疏箋候，諒我師必不以見責也。惟恨蹤跡交錯，末由面晤，藉得一傾別後積愫耳。驤生性固執，作文最不肯將就，一篇之成動輒耗時一二月，益以課務人事覊絆，故自去秋南來後迄無一稿寄禹貢，實深自惶愧。補陳疆域志攷補上半篇早於去冬寫就，一月中曾携至北平，匆促中未及交與負責人；値倉卒奔喪，竟携以俱南；過申時箱籠寄親戚處，故在里一月，亦未能就近寄沆。上月二十九日重到羊城，始開篋取稿，日來又稍事删改。本擬作一長序，以不敢再事延擱，卽以此寄上；所欲言於序中者，當改於篇終作一跋文爲。滬上大洋二十元，作爲十一月至二月份捐欵，祈督收。院中有一同學川人愓君宗適，史學極有根柢，近擬作洛陽歷代戰事地理一文，稿成介紹刊登禹貢，或再進一步介紹伊入會也。四卷十一期上重印劉掞藜君一文，鄙意甚可不必，此例一開，可翻印者多矣。匆此，敬問撰安。學生譚制其驤稽首。

三月六日。

七七

頡剛吾師：

去年課餘的時間，多用在整理莊子研究稿，少寫其它文字。讀禹貢第四卷第十期的通訊，便擬先把三國時代交阯移民考一題做完；無如拿起筆來，覺得所缺的材料尙多，如安南志略，大越史記，越史記通鑑綱目等書此地均不可得。後擬改作三國志中之交州，仍覺所涉尙廣，一時不能做完，因此便擱下筆。日前李讀由杭寄來手教，命于年內將擬作二文趕完，思之不勝慚愧。老師這樣循循善誘地勉勵我，我若再不努力把文趕好，眞對不起老師了！

來書云唐書中有山越材料，當一查閱。記得羅香林先生的古代越族考和客家研究導言有若干關于山越事，有精警的議論，也有些待補充和商榷的地方。關于越族前前後後的演變的事件似乎很多，可以編爲一本越史。

歷史語言研究所集刊第五本第一分有勞榦先生漢晉閩中建置考一文，中間評及古閩地考，生擬詳細讀一遍，求其異同，至今也未做好。

每一想及未讀的書的多和擬探討而尙未做的問題的多，心便慌，頭便暈，眞不知如何是好呢！

敬此叩請敎安。　　學生葉國慶頓首。廿五，四，九。

七八

頡剛先生：

適才蒙接見，並詳細指示一切，使澤受鼓勵不少，深爲感謝。禹貢學會之有今日，皆由先生經營之苦心也。澤非自暴自棄之青年，敢不追隨先生，加倍努力乎！玆奉上考察計劃一紙，內中一切尙希多多改正。現擬考察之地點，自係暫定，臨時或因匪災有所變更。九月起程者，因暑期尙須至上海閱讀徐家滙所藏之地方志及軍機處之檔案也。

若得因先生之力使經費有着，則九月初卽可動身。未去前關於彼等地方之情形，尙須閱讀何書，向何人接洽，更懇求先生時常賜敎。再此項計劃內容前已得本校政治系主任徐淑希先生之同意矣。

專此，敬頌大安。

生佘貽澤叩上。四月廿日。

西南少數民族之研究計畫

範圍：川，康，滇，黔，桂，靑各省內之少數民族，如苗，果羅，番，猺，夷等。

內容：各小民族之沿革，種族之分佈，過去之歷史；其政治之組織，歷來之變亂原因，當局之對策；現在內在之情形，邊地在國際上之關係，改善之辦法等。

計劃：第一年閱讀有關之文獻，淸季之奏摺，記載，各地之地方志，及其他有關著作。

第二年（一九三六年九月起）實地調查，期以六月。

考察地點：

1.由川邊茂州，天全，雅州，至打箭鑪考察該地等番民之政治情形，改流後之狀況，現在土司之實況。

2.返由敍府經涼山昭通至雲南府，考察沿途果羅苗民之現況，在雲南府閱讀有關之文件。

3.在雲南期間，如屬可能，將至騰越或大理一行，考察夷民及回民或其他民族之近況，土司之情形。

4.由雲南至貴陽視察沿途苗民之近況，在貴陽閱讀有關之文件。

5.由貴陽經古州等至桂省考察苗猺之現況。

6.由桂省經粵漢路返。

以上各地係暫定，屆時或因不測原因而有所改變，總期能至各民族之代表處考察。若時間不許，當延展一二月。

經費：此時不能精確計算，預計須千元左右。

七九

頡剛先生：日前晤包滄先生，談及邇來研究邊疆問題之人日夥，而邊疆之書流傳較少，如能取稿本抄本或刊本而不易得者重爲印行，成一邊疆叢書，以備研究者之取材，亦一佳事，此與鄙意竟不謀而合。因思先生原有研究邊疆計劃，如能將此事列入，亦工作之一種。然刊書經費尙無辦法，擬謀集股之法，每股十元，總數五十股，集五十人可成數。所印之書先從西藏新疆入手，蓋兩地之書最感缺乏也。每書先以十萬字內爲限，大約印費須二百餘元。每印一書，俟發售之欵得有成數，卽可續印第二種。每印一書，每股得贈閱一部；如書不易售出，則尙可按股分書。如此辦法，不諗能否實行？敬希見敎爲感。如荷贊同，當另擬詳細辦法奉上。專此，敬頌著祺。鄉後學吳豐培敬上。五月十日。

按：吳玉年先生此議甚善。在今日本會經費不充裕之際，先由同志自行集欵付印，自爲良圖。凡贊成此項計畫者，請即函告，以便準備。如有可印之書，亦請通知。甚望本會同人能繼王錫祺氏小方壺齋輿地叢鈔之業，爲將來人留得若干研究資料也。

八〇

頡剛先生賜鑒：賢傑傾仰道席已非一日之誠，第以環境維艱，未能在尊前領誨，深爲以憾。茲者承蕭一山先生謬以繪製清代歷史地圖事相屬，久聆先生領導之學會已有是項倡議，想必早有相當準備，因是特將個人工作情形草成報告一文晋呈，敬祈予以指導，勿以學識淺薄不足提携而見棄則幸甚矣。專此敬候鐸安。晚學蔡賢傑，四月二十三日敬上。通訊處開封河南大學西教員院九號。

按：蔡先生繪製清代歷史地圖的報告一文，極有條理，本擬即日發表，嗣因積存稿件甚多，限於篇幅，未能如願；大約本卷九期可以刊登。敬此聲明，並誌歉忱。

八一

頡剛先生：賓四師昨日同蒙王諸先生赴西北旅行，約一週即返。補地名大辭典現已得百餘條，惟限於通鑑一書。若仔細翻閱春秋國策諸書，當尚可得到許多。茲鈔呈十餘條，敬希指教。若能在禹貢每期刊出少許，生甚願續爲收集也。專此敬請教安。生賀次君謹上。四月廿六日。

按，商務印書館所出中國古今地名大辭典，集數十學者，費十餘年之力，乃得成書，自然超邁羣倫。惟以中國歷史之久，疆域之廣，此種包羅萬彙之工作在開創時期必不能絕無闕遺，正賴爲斯學者隨時補綴，數十年後乃有完滿之希望。賀先生精讀通鑑，首任拾補之功。倘海內外同志一時並起，假本刊爲收集與發表之機關，則將來商務印書館重印此書之際，卽可錄入補遺，其裨益於史地學界者非淺鮮矣。賀先生補輯各條，已刊登本期，尚希源源惠下稿件也。

八二

頡剛先生：在未入病院前，得讀禹貢中許君批評十六世紀以前之中國與南洋一函。高臥多暇，因就所憶及者條答，請將此函發表于禹貢，以報許君爲感。

(一)許君以晗文主旨在說明鄭和下西洋之使命爲國營貿易，挽救國內入超及財政上之危機，因以鄭和傳「大寶金幣」一語爲証，以爲一面將金幣流出國外，一面解釋此行使命爲挽救入超爲自相矛盾。關于此點，晗敢請許君多讀明史及明人著作，必能了然於明初之金幣指「織金文綺」之絲織品，正是一種輸出最多之商品，絕不與後來之「銀幣」「金幣」之貨幣相同。（按中期後賞功之典恒用「白金文幣」：白金指銀，文幣指綺帛之類。或稱「銀幣」，銀，幣亦爲二物。至海通以後，墨洋輸入，中國亦自鑄貨幣，于是始稱 Coin Money爲銀幣，金幣。許君習知現在之幣制，或卽以今度古，謂明初之金幣卽爲今龍洋袁頭墨洋或金鎊美圓歟？且銀在明初未爲法定之貨幣，其時之法幣爲鈔，私幣爲錢，以金銀交易俱干禁例也。民間雖有以金銀交易之情形，但未流通，且產量不多，不能成爲商品交換之主要媒介也。）

(二)許君以爲鄭和下西洋之目的爲尋找建文，列舉數証，因譏晗文爲荒謬。按關於建文之傳說，許君所舉數証即鈔自晗文頁二十所引鄭曉皇明四夷攷序，明史鄭和傳胡濙傳。此係舊說，並非新知。所可怪者，許君評晗文而即抄晗所引者相責，此非出於未讀晗文，妄加評斥，即爲故意剿竊，倒戈自炫，二者必居其一。

（三）關於地理攷訂方面，晗文本非爲攷証地理而作，出院後當别爲專文論之，藉以請教於許君。

伏枕書，草草恕不恭。謹頌著安。吳晗於萬壽療養院。五月十七日。

八三

頡剛先生：前拙作大淸河流域的地理考察一文蒙先生主編之禹貢半月刊登載，並贈單行本三十册及半月刊十二期爲酬，多謝。後又接貴會來函，招本人加入貴會，不勝感謝。本人痒心地學，已有多年，也很願意加入學術團體，共同研究，暫時雖因故不能加入，數月後必有參加之一日；所有作品，亦很願在貴刊發表，亦甘願不受報酬。此間尙有劃分中國自然區域地理的芻議一文，長約一萬二三千言，爲本人研究地理最有心得之論文。至於其他存稿，主要者有：中國河湖變位考，中國沙漠的研究，坊間通行一般本國地圖的錯誤，自然環境和民生，大淸河流域地理的二度觀察，北平和南京，無出路的華北，等稿，各長數千言。他日如先生用着本人稿件時，或有機會能和本人介紹他刊登載時，只要來函通知，無不立刻寄去；有無報酬，均無不可。至本人之研究工作，注重自然地理及地質，已成之書有中國九大名都誌略，長約十五六萬言，但以無人介紹，故版權尙未賣出。現在正編著中國自然地理通論一書，非二十餘萬言不能編成。特書略爲報告，伏乞指敎是禱。此請近安。郭敬輝謹言。

八四

頡剛吾師：昨日校閱夏史考稿，偶取讀上期禹貢業所撰天問阻窮西征解文後附函，竟發現一荒謬絕倫之錯誤，應校正如下：

但彼乃述商代王亥事——誤（頁五四上，行十三）

但彼乃述商祖王亥事——正

此錯誤不知係作函時錯覺所致，抑手民植字或校對時所誤？總之非聲明改正不可也。艸此，敬請著安！

書業拜上。五，十一。

八五

本會應進行事項，就鄙見所及，略擧數項，趁開會機會貢獻於諸同志之前，幸垂敎焉。

（一）蒐集關於本會範圍以内之「學術消息」，尤以「出版消息」爲最要；本會宜指定專人負責，另由全體會員供給資料。

（二）「論文索引」宜每月編印一次；最近一期所印者似太舊。

（三）促進會員間之私人關係。禹貢中多列關于討論問題，報告研究狀況及私人起居的通訊，並設法使研究範圍相同之會員發生關係。如禹貢能分化爲二種刊物，一爲論著專刊，如歷史語言研究所集刊，一爲每月報告，如各學術機關之年終報告及各學校刊物之副刊（不完全公開），則較爲整齊。

（四）希望會員能利用本會藏書；如能借出，更爲便利（此爲鄙人所切盼者）。

于鶴年。

按：于先生指示各端，極合實際，亦爲本會所擬辦而未辦者；此後除因經濟所限者外，必勉力促其實現。至於蒐集「學術消息」，編輯「論文索引」，決非一二人之力所能勝，務希會中同人共膺斯任，惠寄材料爲荷。本會藏書，蒙各處惠贈，雖已集有若干，但按之實際，則尙屬寥寥。現正在整理編目，將來必斟酌情形，規定借閱辦法也。

本會紀事（十六）

本會自本年一月起籌募基金，藉謀永久維持之術，已見本刊第四卷第十期中。所有收到捐欵，除存儲銀行生息外，當逐月報告，以徵信實。茲將五月分所收欵項，具列下方，並致感謝：

施荷農先生捐國幣五十元正。（薛澄清先生募）

胡適之先生捐國幣八元正。（賀昌羣先生募）

本會紀事（十七）

本會自呈經北平市政府社會局准予組織後，即定期召集成立大會並選舉職員。惟以本會會員散居各省，多數碍難蒞會，故採用通函選舉辦法，於五月七日發出公函三百一十二件，文曰：『敬啓者：本會于去年十一月中發出選舉票及公決票，截至十二月底止，計收回一百二十九票，已過半數，本可即行開票揭曉，惟以本會曾於九月中向北平市社會局立案，十二月九日奉到批示：「呈件均悉。查該具呈人等組織禹貢學會，既經本市公安局批准，復核立會宗旨亦無不合，應准着手籌備。惟簡章所列條文，間有未合，除派員前往說明應行改正各點另行規擬外，仰即定期召開成立會選舉職員，呈請派員監臨。俟職員選出後，再行繕具簡章，職員表，會員表各三份呈局，以便轉請備案，併仰遵照，爲要」等因。當即派員往社會局接洽修改章程，按照文化團體組織成規，不設會長，而設理事監事兩會，職員數目亦有不同，因之前次選舉結果不合實際，未便發表。嗣後重行呈請立案，至本年四月二十七日奉到批示：「呈件均悉。查該具呈人發起組織之禹貢學會，既已呈經本市公安局核准，復經審核立會宗旨尙屬純正，准予籌備，仰即定期召開成立會，并依照章程草案第七條之規定選舉理監事等職員，先期呈請本局派員出席監視；俟職員選出後，再行繕具章程，職員表，會員表各三份呈局備案，……此批」等因。茲定於五月二十四日（星期日）下午二時半假座燕京大學臨湖軒（即校務長住宅）開成立大會，茲特將修改章程及選舉票送上，如因路遠碍難蒞會，務請將選舉票早日塡就，寄交本會。對於章程草案有何意見，亦請函告爲荷！』截至五月二十四日下午二時止，計共收到一百四十八票，蒞塲會員四十六人，合計一百九十四人，已足法定人數，遂按時開會。茲將當日狀況分誌如下：

成立大會狀況

民國二十五年五月廿四日正午十二時，在北平之會員齊集成府蔣家胡同三號本會，同進午餐。下午二時半，假座燕京大學臨湖軒開成立大會，除會員外，北平市政府社會局代表李樹華，公安局代表戴福，宋廣詳並列席。臨時文書張瑋瑛，開會如儀，推舉李書華先生爲臨時主席。由顧頡剛先生及社會局代表報告畢，卽討論會章，略有修改；又選舉職員。更由新自廣西猺山冒險歸來之費孝通先生演講調查及過險之經過。至六時，進茶點。七時，唱名畢，選出職員十二人，候補職員五人，宣告閉會。茲將開會秩序列下：

一、開會

二、推舉主席

三、報告本會籌備經過（顧頡剛）

四、社會局代表報告

五、選舉職員

六、修改會章

七、演講（猺山調查經過—費孝通）

八、茶點

九、閉會

選舉職員結果

各員所得票數（按照會員錄順序）

姓名	理事票	監事票	姓名	理事票	監事票
丁山	六	一〇	于省吾	二九	七六
毛準	一	九	王庸	五六	一七
王喆		五	王士修		二
王日蔚	六	四	王光瑋	二	一
王育伊	七	四	王振鐸		一
王樹民		二	王輯五		一
王鍾麒	一一	三	史念海	七	一〇
田洪都		四	白壽彝	一	一
朱士嘉	一七	三三	牟傳楷		一
何士驥		二	吳晗	一一	一六
吳文藻	七	六	吳世昌	七	七
吳志順	一	四	吳其玉	二	一
吳其昌	七	二	吳豐培		二
宋雲彬		一	李棪		二
李光信		一	李延增		一

李書春		三	李書華	三六	六五
李泰棻	一	三	李素英	二	一
李維唐	一		汪泰檉	一	
谷冀光	二		周杲		二
周一良	五	四	周明泰	一	
林培志	一		侯堮	一	
侯仁之	六	二	姚從吾	八	七
洪紱	六	二	洪業	四〇	六九
胡汝麟	一一	一	胡鍾萬	一	
茅乃文	一		唐蘭	五八	七
孫海波	九	七	孫媛貞		一
容庚	六〇	七〇	容媛	三	
容肇祖	八	一七	徐文珊	二	三
徐中舒	三	六	徐炳昶	三九	一七
班書閣		二	袁復禮	六	九
馬培棠	一		張天澤	一	四
張公量	一一	六	張全恭	一	
張印堂	六	一	張江裁		一
張其昀	一	一一	張星烺	二七	三二
張國淦	六〇	六五	張瑋瑛		一
張維華	三		張鴻翔	一	一
張樹棻	一	一	張蔭麟	八	一
張遂青		一	張繼先		二
許道齡	一	二	連士升	一	
郭紹虞	六	一七	陳其田	三	一
陳萬里		一	陳鴻舜		一
陳觀勝	一	一	傅成鏞		一
傅振倫		三	景耀月	一	
嵇文甫		六	童書業	六	四
竇孝通	一		賀次君	一	二
馮沅君		一	馮承鈞	一	
馮家昇	一〇六	一四	黃文弼	三三	一〇
楊寔	一		楊向奎	一三	二七
楊德銓		一	葉公超	二	一二
葉紹鈞	二	五	欒景葵	一	二

葛啓揚		六	董璠	二	
董作賓		一	雷潔瓊	一	三
聞宥	一二	三	趙一匡	一	
趙貞信		二	趙泉澄	二	四
齊思和		一	劉咸	二	
劉節	三五	一九	劉盼遂	二	一
潘承厚		七	蔡一諤		一
鄧之誠	五	一七	鄧嗣禹	五	一〇
鄭天挺		二	鄭德坤	九	一二
蕭一山	一	四	錢穆	一三八	一四
錢南揚		四	謝家榮	一〇	
謝國楨	三	二	鍾鳳年	二	四
韓叔信	二		聶崇岐	二一	一〇
鄺平樟		二	魏青鋩		一
羅香林		一	羅莘田		一
羅根澤	一〇	七	譚其驤	六五	一八
顧廷龍	四七	六四	顧頡剛	一九二	九
辛樹幟		一	胡適	一	一
羅家倫		一			

當選理事

顧頡剛	一九二票	錢穆	一三八票
馮家昇	一〇六票	譚其驤	六五票
唐蘭	五八票	王庸	五六票

當選候補理事

徐炳昶	三九票	黃文弼	三三票

當選監事

劉節	三五票		
張星烺	二七票		
于省吾	七六票	容庚	七〇票
洪業	六九票	張國淦	六五票

當選候補監事

李書華	六五票		
顧廷龍	六四票	朱士嘉	三三票

禹貢學會會章

第一條：本會定名爲禹貢學會。

第二條：本會以集合同志研究中國地理沿革史及民族演進史爲宗旨。

第三條：本會會址設于北平北郊成府蔣家胡同三號，各地同志得斟酌當地情形組織分會。

第四條：本會工作範圍爲搜集文書材料，並實地調查，從事編輯中國民族史，地理沿革史，各代疆域圖，各省分縣圖，文化統計表，地名辭典等圖書。

第五條：本會組織採理監事制。

第六條：本會由會員全體大會選舉理事七人，候補理事三人，監事五人，候補監事二人；任期一年，連選得連任。

第七條：本會設理事會爲執行機關，由理事七人組織之；監事會爲監督機關，由監事五人組織之；各該會辦事細則另訂之。

第八條：本會設幹事十四人，組織事務股及研究股，分掌會務；由理事會任免之。

第九條：本會爲工作便利計，設各種委員會處理之。

第十條：本會理監事因故辭職，由得票最多之候補理監事遞補之。

第十一條：理監事有瀆職時，可由全體會員五分之一人數連署提出彈劾，或罷免之。

第十二條：凡贊成本會宗旨，實際參加者，爲普通會員；其捐助資金或物品，而未參加工作者，爲贊助會員。

第十三條：凡與本會性質類似之機關，贊成本會宗旨，願與提携合作者，爲機關會員。

第十四條：凡有左列情事之一者，不得爲本會會員：

甲，有違反三民主義之言論或行動者；

乙，褫奪公權者；

丙，患精神病者；

丁，嗜好賭博及吸食鴉片者。

第十五條：凡本會會員均有選舉，被選舉，複決，罷免等權；並得享受會內其他一切利益。

第十六條：本會會員有絕對遵守會章，按時繳納會費，及撰擬刊物稿件之義務。

第十七條：本會會員全體大會定於每年十月間開會一次；但經全體會員五分之一人數連署提議，得由理事會召集臨時大會。理監事會於每年三九兩月間各開會一次；事務研究兩股每月開會一次；並得於必要時召集臨時會。

第十八條：本會經費之來源如下：

一，資產；

二，基金；

三，會費；

四，特別捐。

第十九條：本會會員每人每年繳納會費六元，會員之在學校修業者，得減付半數。機關會員每年繳納會費一百元。

第二十條：本會每月款項收支，預計算書，由事務股造擬，由理事會核決；並造具全年預計算書及收支表，提交全體會員大會複決。

第二十一條：本章程有未盡事宜，可由全體會員五分之一人數連署，提交全體大會修改之。

第二十二條：本章程自經呈請主管機關核准之日施行。

文學年報（第二期）

答馬伯樂先生……郭沫若
元遺山論詩絕句……郭紹虞
論兩宋學術精神（中國近三百年學術史引論之一）……錢穆
大誥解……劉節
補後漢書張仲景傳……劉盼遂
格律論……董璠
「朋壺簪」釋……李鏡池
文以載道辨……沈心蕪
書經中的代名詞「厥」字……（瑞典高本漢 B. Karlgren）著　陸侃如譯
評郭沫若近著兩種……法國馬伯樂（H. Maspero）著　陸侃如譯
劉子政生卒年月及其著述攷辨……周杲
明代戲曲興盛的原因……張全恭
諺語的探討……薛誠之
論歌謠……李素英
鄭康成著述考……陳家驥
納蘭詞的幾種作風……鄧懿
蔣清容的九種曲……趙曾玖
漢鐃歌十八曲集注……胡芝薪
漢，唐，宋的大曲……由毓森
崑曲中南北曲之腔調與音階的比較研究……許勇三
黃昏……王元美
美的紀念……李素英
譫話……薛誠之

出版者：禹貢學會。
編輯者：顧頡剛，馮家昇。
出版日期：每月一日，十六日。
發行所：北平成府蔣家胡同三號禹貢學會。
印刷者：北平成府引得校印所。

價目：每期零售洋貳角。豫定半年十二期，洋壹圓伍角，郵費壹角伍分；全年二十四期，洋叁圓，郵費叁角。國外全年郵費貳圓肆角。

本期定價大洋五角

The Chinese Historical Geography

Semi-monthly Magazine

Vol. V; Nos. 8-9, Total Nos. 56-57. July, 1st; 1936.

Address: 3 Chiang-Chia Hutung, Cheng-Fu, Peiping, China.

第五卷 第八九合期 西北研究專號

民國二十五年七月一日出版

（總數第五十六 五十七期）

月氏之民族與研究之結論 馮家昇
附漢以前漢北形勢圖
大月氏西遷圖
大月氏極盛時代之版圖
大月氏民族最近之研究 張星烺
態會貞先生逝世啟事
月氏西遷攷 日本安島彌一郎著 王崇武譯
帕米爾遊記 英國楊哈斯班著 丁則良譯
跋「西域聞見錄」 吳玉年
新疆之交通 譚惕吾
附由歸化經寧夏甘肅至迪化路綫圖
由歸化經外蒙古至奇台路綫圖
史漢西域傳記互勘 趙惠人
清代地理沿革表（陝西省，甘肅省，新疆省） 趙泉澄
補「中國古今地名大辭典」（二） 賀次君
新疆圖籍錄 朱士嘉 陳鴻舜
通訊一則（「禹貢雍州規制要指」質疑） 曹詩成
本會紀事（八一——二三）

內政部登記證警字第叁肆陸壹號 中華郵政特准掛號認為新聞紙類

贈書志謝

本會自本年五月二十六日至六月二十五日止，收到下列贈書，敬載書名，藉伸謝悃。計開：

鄭友漁先生贈：
歸綏縣志三冊　鄭裕孚纂，鄭植昌修　民國二十四年印本

顧頡剛先生贈：
寬城隨筆一冊　吳樵著　民國元年印本
日清韓三國大地圖一幅　伊藤政三著　明治三十九年日本博愛館再版本
清露滿韓四疆地圖四幅　伊藤政三著　明治三十七年日本博愛館出版，增訂六版本
滿韓戰要地圖一幅　伊藤政三著　明治三十七年日本博愛館出版，三十八年增訂六版本
最新大清三國交通地圖一幅　河合利喜太郎著　明治三十七年日本博愛館出版，三十九年四版本
亞細亞東部輿地圖一幅　河合利喜太郎著　明治三十一年日本博愛館出版，三十七年增訂四版本
亞細亞歷史地圖一冊　石澤發身著　明治三十六年日本吉川弘文館出版，三十八年訂正十二版本

安徽通志館贈：
安徽通志稿方言攷三卷三冊　方勇撰　民國廿四年安徽通志館排印本
安徽通志稿藝文攷集部卌四卷十六冊　民國廿四年安徽通志館排印本

邵元沖先生贈：
建國之路一冊　邵元沖著　建國週刊社出版　民國十八年三月初版
西北隨軺記一冊　高良佐編著　邵元沖審定　建國月刊社印　民國二十五年二月初版
民族正氣鈔一冊　邵元沖撰輯　建國月刊社印　民國廿五年四月初版　五月三版
興中會革命史要一冊　陳少白著　建國月刊社印　民國廿四年三月初版

王錫昌先生贈：
民族文選（山東省立掖中叢書之二）一冊　田仲僎　王錫昌　周汝源編輯

廣東治河委員會贈：
黃浦港土地登記特刊一冊　黃浦港土地登記處編印　民國廿五年一月出版

南京市工務局贈：
南京市城南區下水道工程計劃草案一冊　宋希尚纂　南京市政府工務局印行　民國廿四年十月初版

方秋葦先生贈：
明日之滇桂問題一冊　方秋葦著　世界書局印　民國廿五年三月初版

山東省政府建設廳贈：
山東省鑛產報告第一號（新泰，萊蕪，蒙陰，泰安，雲陽，汶上）　山東省政府建設廳礦務組編輯，編輯股發行　民國廿五年三月初版

楊成志先生贈：
史學專刊第一卷第二期一冊　國立中山大學研究院文科研究所歷史學部編　民國廿五年二月一日出版
中國西南民族中的羅羅族一冊　楊成志著　地學雜誌民國廿二年第一期抽印本
國立中山大學文史研究所輯刊第一卷第一冊　民國廿年七月出版
雲南民族調查報告（國立中山大學語言歷史學研究所週刊第十一集第一二九至一三二期合刊）　楊成志著　一九三〇年出版

張胥厲先生贈：
重脩平度州志廿七卷八冊　李圖纂　保忠脩　道光廿八（戊申）年重脩　民國廿五年重印本

陳之頤先生贈：
寄安齋選稿六冊　陳澹著　鉛印本

吳志順先生贈：
唐長安城坊圖四幅　宋呂大防鑿定　元豐三年張佑書　李甫安師民武德誠鐫石　石印本

禹貢第五卷第十期目錄豫告

唐代都護府之設置及其變遷……鄺平樟
佳夷攷……陳夢家
有仍國攷……顧頡剛
補陳疆域志校補……譚其驤
清代地理沿革表（湖廣省湖北省湖南省）……趙泉澄
纂修河北通志聞見錄（二）……于鶴年
中國歷史地理研究的變遷……日本青山定男著　魏建猷譯
對於日本青山定男「中國歷史地理研究的變遷」之辨正……張宏叔
禹貢派的人們……日本森鹿三著　周一良譯
「廣西省象縣東南鄉花藍猺社會組織」導言……吳文藻

本刊總經售處：北平景山東街十七號景山書社　南京太平街新生命書局

本刊代售處

北平北京大學研究院楊向奎先生
北平燕京大學史學系侯仁之先生
北平輔仁大學史學系史念海先生
北平清華大學史學系吳春晗先生
北平北平圖書館王以中先生
北平隆福寺街文奎堂書鋪
北平隆福寺街文殿閣書鋪
北平琉璃廠寶德堂書鋪
北平琉璃廠來薰閣書鋪
北平琉璃廠新生命書局
北平東安市場人文書店
北平東安市場佩文齋書鋪
北平東安市場新智書局
北平東安市場岐山書社
北平西四牌樓南[illegible]明慶文具店
北平西單商場知行書局
北平成府競進分社
天津法租界二十六號路世界圖書局
天津南開中學會友書局
濟南[illegible]雜誌社
濟南西門大街東方書社
太原樓兒底街[illegible]
開封[illegible]
南京花牌樓書店
南京中央[illegible]鍾山書局
南京太平路正中書局
上海四馬路開明書店
上海四馬路亞東圖書館
上海五馬路生活書店
上海福州路雜誌公司
蘇州[illegible]
安慶[illegible]
廈門思明北路[illegible]
漢口[illegible]
南昌[illegible]
武昌[illegible]
武昌察院坡亞新地學社
長沙府正街[illegible]
重慶[illegible]
重慶商業場西街今日出版合作社
萬縣環城路[illegible]
成都少城祠堂街開明書店
廣州中山大學[illegible]
廣州中山大學楊成志先生
廣州東山學海書院譚其驤先生
廣州文德路廣東省立編印局
廣州永漢路上海雜誌公司廣州支店
西安[illegible]
綏遠[illegible]綏遠新聞社
日本京都[illegible]文堂書店

大月氏民族及其研究之結論

馮家昇 1

二十一年夏，徐中舒先生鄭德坤先生因「月氏」與「月氏」問題，激起一番辯論，時余方讀漢書西域傳，鄭先生因以文稿見示並囑抒發鄙見。余以凡一問題而集合同志共同討論之，爲最快之事，乃匆匆草一文應之，載見燕京學報第十三期。是篇短文雖未必盡愜吾意，然因此而使余對於月氏民族引起十分之注意。每遇中外學者關於月氏之著述，即欲一讀爲快，數年來，或記於書眉，或書於筆記，或草於片紙，備極零散，每思董理而成一文。本期適有張亮塵先生王崇武先生之譯述，乃爲是文，以結束數年來讀書之積願焉。

中國北方當嬴秦之際，有三大民族分據：一曰東胡在今熱河察哈爾；二曰匈奴在今綏遠；三曰月氏在今甘肅寧夏。東胡月氏最彊而匈奴介於其中，東西臣事之唯謹。史記匈奴列傳云，『當是之時，東胡彊而月氏盛，匈奴單于……乃使冒頓質於月氏』可以想見當日月氏強盛之一般矣。惜史文不備，究竟月氏如何之強，與中國之交涉如何，皆無由得而知之。惟史漢略記月氏爲匈奴冒頓單于所破後，其勢頓挫，其王爲匈奴老上單于所殺後，其民族展轉由甘肅西遷，至中亞西亞而建立一大王國；其未遷者則與青海之氐羌混合而居，史謂之小月氏。小月氏在歷史上無關輕重，大月氏則影響甚大。

兩漢經營西域爲對抗匈奴，而經營西域最初之動機，則在與大月氏聯盟。漢書張騫傳云『張騫……建元中爲郎，時匈奴降者言，匈奴破月氏王，以其頭爲飲器，月氏遁而怨匈奴，無與共擊之。漢方欲事滅胡，聞此言欲通使，道必更匈奴中，迺募能使者。騫以郎應募，使月氏……俱出隴西徑匈奴。匈奴得之，傳詣單于。單于曰「月氏在吾北，漢何以得往使？吾欲使越，漢肯聽我乎？」……騫……因與其屬亡鄉月氏。……至大宛，…問欲何之？騫曰「爲漢使月氏……」…遣騫爲發譯道抵康居，康居傳致大月氏。大月氏王已爲胡所殺，立其夫人爲王，既臣大夏而君之。地肥饒，少寇，志安樂，又自以遠漢，殊無報胡之心。騫從月氏至大夏，竟不能得月氏要領』，由此知張騫之出使西域目的不在大宛，亦不在康居，其必欲達大月氏而後已者，盍漢人最初之心目中，只知有大月氏而不知大月氏外尚有西域三十五國；及張騫既抵西域，始知其他各國。然以啣命來與大月氏聯盟，故須得達其境而後已也。史謂月氏「無報胡之心」，故騫未得要領；然設使月氏「有報胡之心」，而漢得其助力至何許程度，殊爲疑問。蓋月氏新來大夏又兼「遠漢」，未必能踰葱嶺以東諸國而遠擊匈奴。其後張騫返國，建議武帝竭力與伊犂之烏孫聯盟，而不遠結葱嶺以西各國者無非因有此次所得之知識。史稱騫「具爲天子言其地形所有」良有以也。夫月氏固未直接助漢，然間接而使漢之國策促之實現，其影響亦不能不謂之大矣。

顧月氏在世界歷史上之重要，不在政治方面，而在文化方面。其本身固無所謂文化，然其地居中西衝要，負有介紹與輸送東西文化之任務。希臘羅馬文化之得達東亞；中國文化之得傳歐洲；印度伊蘭文化之得播於中國，月氏民族實與有力焉。據 J. Kennedy 之 The Secret of Kanishka (Journal of the Royal Asiatic Society of Great Britain and Ireland. July 及 October, 1912)云，近年由月氏故墟出土之貨幣証明月氏有金銀銅數種。金質貨幣最小值高，目的不在國內行使，而在與東西各國往來貿易。幣銘不用Prākrit文而用希臘字，卽爲目的不在國內行使，而欲流行各地之証。氏文第二章The Coinage of Kanishka爲專門研究性質，在學術上之價值極大。據其研究之結果，謂月氏金價一折合銀十二：

個數	王名	平均
2	Wema Kadphises（卽後漢書之大月氏王閻膏珍）	123.1 Grains
11	Kanishka	123.1 Grains
25	Huvishka	123.4 Grains
21	Vāsudeva	123.3 Grains
59	Coins of the four Kings	123.2 Grains

按漢書大月氏傳謂『所有民俗與安息同』，安息傳云，『亦以銀爲錢，文獨爲王面，幕獨爲夫人面。王死，輒更鑄錢』。不期近年出土之月氏貨幣正與此合。

世傳後漢明帝時，佛教始傳入中國；然據三國志卷三十引魏略有『前漢哀帝元壽元年博士弟子景盧受大月氏王伊存口受浮屠經』之文，無論佛教早於此時，或晚

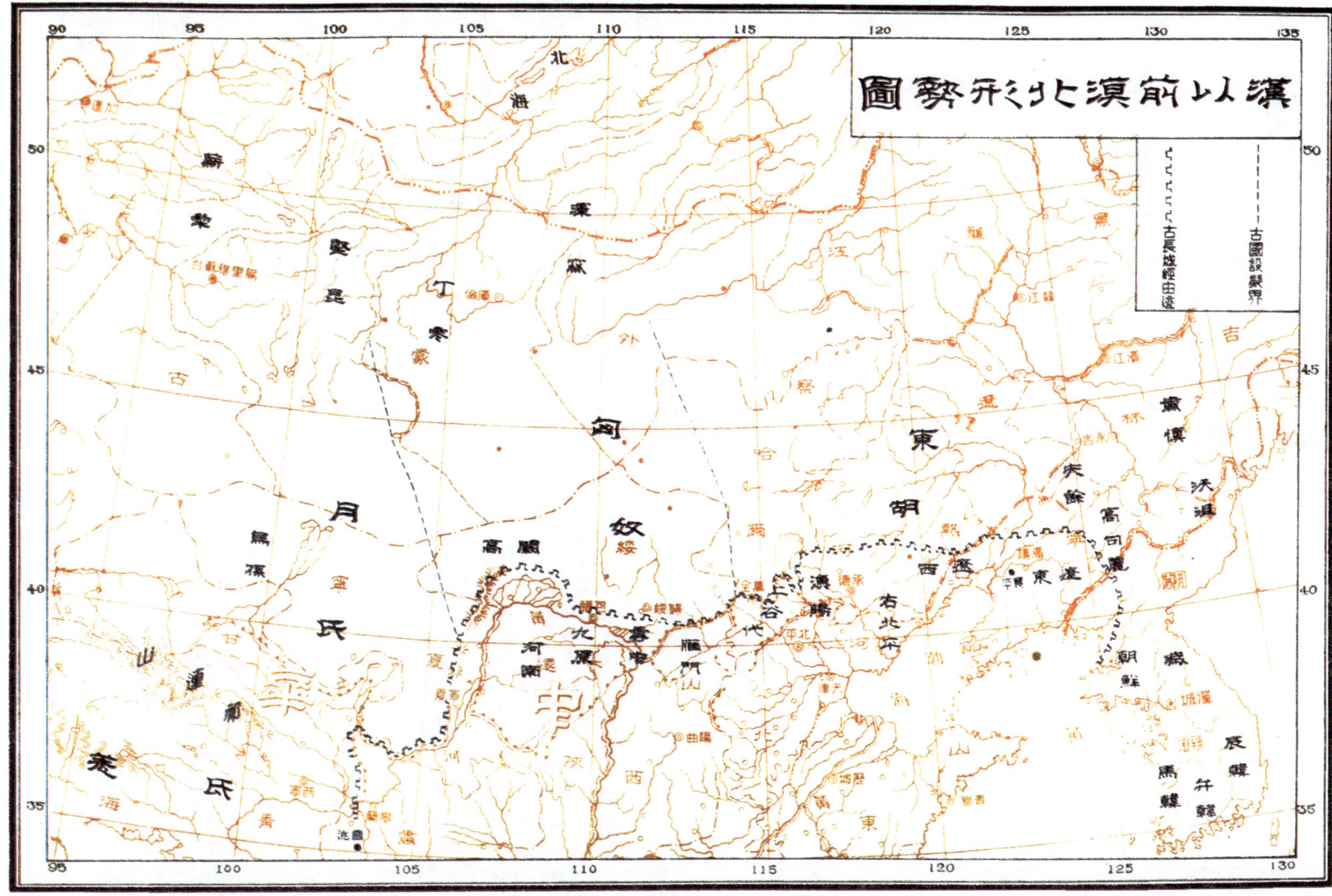
漢以前漢北形勢圖
古國部疆界

於此時傳入中國，要皆由大月氏之介紹而來，此乃晚近東西學者之結論也。貴霜王朝閻膏珍子迦膩色迦 Kanishka 時代，佛教在大月氏國內最盛，除其本人皈依佛法外，又竭力鼓勵人民信佛。一時各地高僧羣集王庭，大有王庭變爲佛堂之概。又以人種複雜，語言各異，乃以西域當日通行之梵文編訂佛典，是爲當代流行東亞各國佛經之原本。據羽田亨西域文明史概論第四章謂印度高僧直接到中國傳教傳經譯經，記錄所見乃較後之事，最初則爲大月氏及其他西域人。月氏及西域諸國既最早傳佛教翻經典，則初傳於中國之佛教必爲諸國所行之餘波。因而中國最古譯經之用語，有非出自印度而出於西域諸國之文者，譬如「沙門」，「外道」，「出家」諸辭是也。又如佛教之十二因緣，梵漢名義不相符合者四五語；但由近來發現之突厥文經中所見，則完全與漢文一致。猝見此現象，或者以爲突厥文經典乃根據漢文所譯；但此突厥文經典乃由吐火羅文經典譯成。故漢譯與突厥譯十二因緣名目之所以一致者，乃因吐火羅文據梵文轉譯之變化。人第知中國佛經譯自梵文，豈知最初有若干經文乃譯自西域文者乎？

大月氏民族在歷史上之地位雖極重要，然尚有若干問題爲東西學者久經聚訟而未解決者，今試舉數事以告世之留意月氏史者。

一 「月氏」之音讀

「月氏」一詞始見于秦漢之交，其原音如何讀法，東西學者議論不一。王靜安先生云即逸周書與管子之禺氏，穆天子傳作禺知（觀堂別集補遺）。Deguingee, Rémusat, Klaproth, Franke 諸氏謂即希羅多特 Herodotus 書中之 Massagetae, 簡稱則爲 Getae; 但 Vivien de St. Martin 及 S. Beal 反對之，謂希羅多特所記之 Massagetae 與月氏方位不合，不能以月氏當之，然「月」之古音當讀如 Get 云 (Journal of the Royal Asiatic Society of Great Britain and Ireland, April, 1884)。J. Marquart 謂「月」之原音作 Get, 或 Gat, 則月氏應作 Get-ti 或 Gat-si, 即 Strabon 之 Πασιανοι 而誤寫作 Τασιανοι 又訛爲 Ασιοι 亦即 Ptolemaeus 書中之 Ιατιοι 也 (Eränsahr P.206 f)。Baron A. von Staël-Holstein 云月氏古音爲 Karshi 或 Gurshi, 或 Kurshi 亦即月氏變化後貴霜 Kushan 之對音 (Kopano und Yüe-shih, Sitzb. d. Kön Preuß. AK. d.

Wiss., Phil-hist. Kl., 1914, P. 643/650)。Sieg 謂近年新疆發現一種吐火羅語，其中有 ārsi 一辭，乃吐火羅人自稱之名；於是更進一步而謂即 Trogus Pompeius 所記之 Asiani(Einheimscher Name für Taxri 1918)。氏又參考安南朝鮮音謂「月」之古音爲 nat, not, nor. 但漢人於譯 ar 音者均爲 ng arsak(=Parthia) 之爲安息，Arsoi 之爲奄蔡是也。於是氏又曲解云 ng 即 uer 音或 uet. 仍維持其說(Der gegenwärtige stand des Tocharerproblems. Festschrift für Friedrich Hirth zu Seinem 75. Geburtstag. Oesterheld & Co. Verlag, Berlin, 1920. S. 74—84.)。吾意關于月氏之原音論說雖多，要皆犯有三種毛病：第一，諸氏強以月氏附會希臘羅馬書中之古名已如 Beal 氏所說；第二，諸氏所據者爲唐音，唐音「月」字固帶G或K音；至於漢音果如諸氏所語否耶，要待古音專家去解決；第三，諸氏有誤會月氏之「氏」爲「氐」音者，故以 Geate 當之，此由「西方曰氐」或由板本之錯誤。史漢以下或作月氏，或作月支，未有作月氐者。朱珔云『案詩殷武「自彼氐羌」，箋云「氐羌夷狄國，在西方者也」。月氏正在西，自是氐羌之一種，氏當作氐。故後漢書竇融傳「小月氏西胡國名也」』(說文假借義証)。按朱說亦誤，月氏之氏未有作丁禮切者，段玉裁說文解字注早已論之。然則「氏」當讀何音，余意仍當作承紙切，試略論之。大戴禮帝繫篇『氏產青陽及昌意』，王引之云：『是，猶寔也，或作氏，言寔生青陽及昌意也』(經傳釋詞卷九)。論衡亂龍篇『休屠王焉提』，錢大昕云『古書氏是通用，提从是，故亦與氏通用』(養新錄卷四)。吳志卷十七有是儀傳言本姓「氏」，孔融嘲儀曰：『氏字民無上，可改爲是』，乃遂改焉。可見秦漢之際「氏」讀爲「是」。又月支之「支」亦讀如「是」，晉語『以鼓子苑支來』，錢大昕云『古讀支如鞮，苑支即左傳之鳶鞮也』(養新錄卷五)。鞮從是，故知支亦讀如是。據古音學家高本漢 B. Karlgren 之 Analytic dictionary of Chinese and Sino-Japanese 將「月」「氏」「支」「是」四字之音錄下以備參証。

	(1)	(2)	(3)	(4)
	Mandarin,	Cantonese,	ancient Chinese,	Sino-Japanese
「月」	üe	üt	ngiĕt	getsu, guatsu
「氏」	$Sï^{1}$	Si^{2}	Ziə	Si(si)

「支」	tsï	ṭ'si	ˏt'siẹ	Śi
「是」	Sï'	Ṣï²	'Ziẹ	Śi (si)Ze.

高本漢並在「氏」字云 There was an ancient reading tsiẹㄥt'-a in「月氏」，所謂 tsiẹㄥt'-a 即支音，承紙切。由是言之，則「氏」「支」「是」三字音讀均同，其爲丁禮切而將「氏」作「氐」者絕不可據。

二 月氏之種屬

研究古代民族而最難決者厥爲種屬問題，尤其古代半開化民族其國既滅亡，其人民亦混合於其他民族中。既無其直接之紀載流傳于今日，而反須借鑑於其他民族之紀載，因而使吾人對彼等種屬問題雖有費若干年而不能探究明白者，月氏民族即此例之一。歐洲學者對月氏種屬之假定不外以下數說：

（一） 斯拉夫種 Slav 是說大抵爲俄人如 Gragoreia 主張斯拉夫民族在昔蔓延甚廣，東至新疆，西至西歐，南至印度，皆有其種，月氏其一也；但未有實據，殊不可信。

（二） 西藏種或唐古特種 Rémusat, Klaproth, Ritter, Vinien de St Martin, Richthofen諸氏主其說。理由有二：（一）月氏之別支小月氏居今日青海以西至葱嶺，正中國歷史上氐羌所居之地；（二）大月氏即大夏，大夏即吐火羅，吐火羅即藏語 Tho-gar, 有冰雪寒冷之義。故就歷史與言語上之參証，定月氏爲藏種。但此說殊不健全，月氏民族雖居氐羌之地，不必即爲藏種，正猶鮮卑別支吐谷渾由熱河西徙青海不爲藏種之理同。吐火羅在藏語中雖可比定其義，但土耳其語族中Cagatai及Kirghiz謂仲張曰 togar, 亦可比定爲吐火羅之對音。大夏雖爲吐火羅，但大月氏並非大夏，史有明証，諸氏殆以其居地相同，遂混而爲一也。

（三） 印度日耳曼種 Indo-german Rémusat Klaproth 初主張月氏爲藏種，後改爲印度日耳曼種； Stübe 亦主是說，謂此族發源於烏滸河 Oxus 北，而分佈于印度波斯，歐洲及新疆，以西史之哥德人 Goth; 當之。但其証據亦極脆弱，殊不足據。

（四） 突厥種 Turks. Wolf, Almásy, Ujfalvy, Kennedy 及 Hirth 諸氏主其說。其最要理由有二：（一）研究古代民族之種屬，莫善於由地下發掘之人骨而比證之，月氏民族之骨骼雖未有所發現，但由其故墟發現之貨幣觀之，其人高額隆鼻，鼻梁鈎曲，唇厚多髯，乃突厥民族之形態無疑。(二)就語言學言之，大月氏之「翕侯」即突厥語之「葉護」jabgu。余意就少量之錢幣上所鐫之人形及少量之言語而斷定其種屬，亦形薄弱。徐松漢書西域傳補注卷上云：『師古曰「翖卽翕字」。補曰「張騫傳有傅父布就翖侯」，李奇曰「翖侯烏孫官名」，匈奴傳「康居與諸翕侯計」，是烏孫康居諸國皆有翖侯。匈奴傳又言「小王趙信爲翕侯」』。檢匈奴傳趙信之翕侯又爲漢所封，即使「翖侯」乃突厥語之 jabgu，亦不能以是而定爲突厥種也。

(五)　伊蘭系　是說大抵已爲一般學者所公認。據云此族自黑海北岸 Dnapier 流域，東至新疆及中亞西亞以南與伊蘭高原，漢書西域傳所謂『塞種分散往往爲數國，自疏勒以西北，休循捐毒之屬皆故塞種也』。塞種即 Strabon 書中之 Sacae 或 Saka，今人均作 Scythia。Lévi 及 Laufer 定月氏爲伊蘭系而，Sten Konow 又細別之爲伊蘭系中之塞種。蓋就語言學及人類學之研究，此問題似已確定。近數十年在西域發現之三種語言：龜茲吐火羅于闐觀之，皆屬 Indo-European 語之東系，與伊蘭語同屬一支。其次由羅布淖爾附近，吐魯蕃附近發現的古人骨而比較之，尤其頭蓋骨合於伊蘭 type，與語言之研究同一結論。

就以上五說觀之，前三說極不可據，第四似稍近理，第五則爲一般學者所公認。然此問題涉及歷史學，人種學，人類學，古生物學·語言學·民俗學，以及諸種科學，居今日而欲求得一果斷之結論，未免失之過早。

三　月氏之原住地

史漢及各家注釋以及通典括地志新舊唐書均以月氏之原住地在祁連燉煌間。姑不論祁連燉煌確在今何地，但亦不出今甘肅西北。顧史漢以下所紀乃月氏在秦漢之交之故地，其以前則不然。據王靜安先生云，月氏在戰國時代當在中國正北，易言之，其地在雁門之西北，黃河之東(觀堂別集補遺)。是說似稍偏東，余意戰國時月氏雖較匈奴強盛，其境域遠不過今賀蘭山脈，或即以是山爲二國之分界亦不爲過。Richthofen 誤月氏爲大夏同族，遂謂月氏原住于新疆大戈壁沙漠間；其後因沙漠之不宜，移而居於沙州，其理由不外大戈壁沙漠原名作 Takla mahan 爲吐火羅(大夏—Dahae)之對音；玄奘西域記卷二十其叙行抵和闐云：『行四百餘里至都貨邏故國，國久空曠，城皆荒蕪。從此東行六百餘里至折摩馱那故國，即沮末地，城郭巋然，人煙斷絕。復東北行千餘里至納縛波故國即樓蘭地也』。氏以爲大夏故城在和闐東四百餘里爲玄奘所目睹必有可據（China I, P. 440）。但氏以不同族之大夏月氏爲一，大前提已錯，追論其結論！Takla mahan 而果爲吐火羅對音，都貨邏而果爲大夏原住地，固亦不能以月氏必居是地也。

其次考究其秦漢之交之住地；據史漢以下各書所載，月氏原住祁連燉煌之間似無問題；但對於祁連之今地及史漢各家注釋之今地，略有辯論。徐松漢書西域傳補注卷上云：『據隋書月氏王姓温，居祁連山北之昭武城，史記正義云「初月氏居敦煌以東祁連山以西」。按張氏蓋以今甘州南山爲祁連也，河西四郡未開時，武威張掖諸郡皆匈奴地，月氏安得居之？故顏君張騫傳注易之曰「祁連以東敦煌以西」』。按徐氏未細讀史漢匈奴傳，以河西四郡未開以前爲匈奴地，而謂月氏不能居其間誤矣。按四郡未開以前誠爲匈奴休屠渾邪王之地，但未爲匈奴佔據以前，則爲月氏故地。按史漢匈奴傳，匈奴與月氏之戰，在頭曼冒頓之世凡三次；一在頭曼欲廢冒頓而立少子，乃使冒頓質于月氏，而頭曼急擊月氏；二在冒頓滅東胡後，西擊走月氏，南幷樓煩白羊河南王，此二事皆在漢高帝以前，大約匈奴西境已拓至今寧夏省境；三在漢文帝卽位之四年，冒頓來書云『今以小吏之敗約，故罰右賢王，使之西求月氏擊之。以天之福，吏卒良，馬彊力，以夷滅月氏，盡斬殺降下之。定樓蘭，烏孫，呼揭及其旁二十六國皆以爲匈奴。諸引弓之民幷爲一家，北州已定』。大抵敦煌以東，月氏地爲匈奴所奪必在是時，因漢書卷四文帝紀前元十一年六月有匈奴寇狄道（今甘肅臨洮）之文也。故敦煌以東爲月氏故地，不惟張守節正義然，而後漢書西羌傳亦有『湟中月氏胡其先大月氏之別支也，舊在張掖（卽甘州）酒泉地』之文也。丁謙云：『攷月氏本居祁連山北之昭武城，即今甘州府高台縣地』，然則此城最初即爲月氏之中心地，其後爲匈奴所奪，逐漸西退，保酒泉以西燉煌之地歟？今據藤田豐八月氏の故地とその西移の年代（東西交涉史の研究頁五四至五五）將史漢以後各書言月氏故地者列于下：

後漢書		張掖（甘肅）	酒泉（肅州）	
隋書		張掖（甘州）		
舊唐書	武威（涼州）		酒泉（肅州）	敦煌（沙州）
括地志	武威（涼州）	張掖（甘州）	酒泉（肅州）	敦煌（沙州）（瓜州）
通典			酒泉（肅州）	敦煌（沙州）（瓜州）
漢書注				敦煌以西
史記正義			酒泉（肅州）	敦煌

因而藤田氏總括謂月氏却以敦煌爲根據，東及今之涼州西及今之天山。

然此間又有一問題，據漢書張騫傳『……烏孫……本與大月氏俱在祁連敦煌間，小國也』，則烏孫亦在敦煌祁連間矣，究竟大月氏與烏孫之位置如何分配？桑原騭藏在其張騫の遠征（續史の研究）另有新說，謂烏孫故地爲匈奴昆邪王地，漢屬張掖郡即今之甘州，引史記大宛列傳漢書西域傳張騫傳『昆莫地空』，『招以益東居故渾邪之地』。『招以東居故地』，『烏孫能東居渾邪地，則漢遺翁主爲昆莫夫人』，『烏孫能居故地……』等條爲證，因而斷論『月氏在西方，烏孫在東方……想爲不可移之鐵案也』。但查史漢匈奴傳，匈奴西接月氏，而未云接烏孫。且史記大宛列傳謂烏孫『匈奴西邊小國也』，因其爲小國，任何地方得爲其住地，不必強以月氏在西，烏孫在東也。白鳥庫吉在所著西域史上の新研究（東洋學報第三卷第二期）引十三州志謂大月氏之根據地爲西平（今西寧）及張掖（今甘州）之地，又引讀史方輿紀要謂大月氏之領土包轄涼州而東達黃河。按月氏盛時，其東境或是如此，但爲冒頓所破後（文帝即位四年以後），其東境必不能如此遠，可斷言也。

要之，月氏在漢以前，其版圖必連跨甘寧二省，屢爲匈奴所逼，棄寧省，蹕居甘肅甘州間。復爲冒頓所破，又西保祁連敦煌間，即史漢所指之『故地』也。蓋月氏本『行國』，逐水草而徙，本無定居，若強插之某地，不免迂滯矣。且據史漢月氏本爲大國，爲匈奴所破，族人分裂爲大小，小月氏保南山，大月氏展轉流落西域戶尚十萬，口尚四十萬，勝兵尚十萬人，加以小月氏，其口數正不知何許也。以如此大量之遊牧民族，其所據地區固不能偏小也。

四　大月氏之西徙路線

文帝即位四年，月氏爲冒頓所破，月氏乃擊其傍之烏孫王難兜靡而滅之，益徙以西。王靜安先生以爲即月氏西徙大夏之年，甚誤。氏見管子（王先生以爲漢文景間所作）禺氏產玉，遂以爲月氏西居且末于闐間。『其餘小衆留保南山，一證也；其踰葱嶺也，不臣大宛康居而臣大夏，二證也；其遷徙之跡與大夏同，三證也』，因謂大月氏西徙由南道，而未遵北道。氏蓋未細閱漢書張騫傳，故有此誤。傳云『臣居匈奴中，聞烏孫王號昆莫，昆莫父難兜靡本與大月氏俱在祁連敦煌間，小國也。大月氏攻死難兜靡，奪其地，人民亡走匈奴，子昆莫……及壯，以其父民衆與昆莫，使將兵，數有功。時月氏已爲匈奴所破，西擊塞王，塞王南走遠徙，月氏居其地。昆莫既健，自請單于報父怨，遂西攻，破大月氏。大月氏復西走，徙大夏地。昆莫略其衆，因留居，兵稍彊』。則昆莫所留居之地，即漢書本傳所載之烏孫根據地，其位望在今日之伊犁已爲定論。又本傳有『故烏孫民有塞種大月氏種云』，然則大月氏未來以前，其地爲塞種；大月氏既來，則有一部份臣服，一部西徙；及烏孫來，又將大月氏擊走，又有一部份月氏人臣服，故史云烏孫有二族之遺人云。

大月氏西徙之路線，今日已經確定：由敦煌至伊犁爲一終點；由伊犁至烏滸河Oxus爲一線，大月氏各在其地停若干年。惟關於西徙之年代，則有異論。由敦煌至伊犁之年，白鳥庫吉定爲西紀前一七四至一五八年間。（見史學雜誌第十二編第一號烏孫に就いて）。由伊犁至烏滸河之年爲西紀前一五八年。Franke 等以爲西紀前一六〇年。桑原騭藏則以爲西紀前一三九至一二九之間（張騫の遠征）。藤田豐八又以爲由敦煌至伊犁之年爲紀元前一七四至一六一之間，由伊犁至烏滸河則爲一六一或一六〇年（東西交涉史の研究頁八五）。又氏在所著西域研究，根據史記匈奴傳孝文四年冒頓來書：『今以小吏之敗約，故罰右賢王，使之西求月氏擊之。以天之福吏卒良，馬彊力，以夷滅月氏，盡斬殺降下之』。謂由敦煌至伊犁之年爲紀元前一七五，六；又以老上單于之晚年爲月氏由伊犁退走Oxus之年，其時當西紀前一六二，一。按藤田斯說甚當，史記大宛列傳云：『及冒頓立，攻破月氏，至匈奴老上單于，殺月氏王以其頭爲飲器。始月氏居敦煌祁連間，及爲匈奴所敗，乃遠去，過宛，西擊大夏而臣之』。前二句一是暗示月氏爲冒頓所破，由敦煌西走伊犂之事實；二是暗示爲老上單于所破，由伊犂再西遷之事實。蓋冒頓之破月氏，其與文帝書中有『盡斬殺降下之，定樓蘭，烏孫，呼揭及其旁二十六國，皆以爲匈奴……北州已定』，月氏必蒙重大的打擊，而由敦煌逃去，同時新疆甘肅西北之國盡降匈奴。老上單于之破月氏，大宛列傳謂『殺其王，以其頭爲飲器』，則月氏亦蒙重大之犧牲，匈奴因以爲紀念，會盟之際每以其頭爲飲器。漢書匈奴傳『昌猛與單于及大臣，俱登匈奴諾水東山，刑白馬。單于以徑路刀金留犂撓酒；以老上單于所破月氏王頭爲飲器者共飲血，盟』是也。

要之，大月氏由敦煌而徙，乃遵北道，非遵南道。由敦煌至伊犂，由伊犂至烏滸河之年，當以藤田之說碻當也。

五　貴霜王朝即大月氏

根據史漢，佛典及貨幣之研究，大月氏即貴霜，貴霜即印度古史中之 Kushana.，又因貴霜王朝第三代王爲 Kanishka 亦作迦膩色迦王朝，此爲西方學者多年來研究之結論。惟日本學者多持異議，如桑原騭藏謂即使 Kushana 爲後漢書之貴霜，但貴霜不能即指爲大月氏，『諸國稱之皆曰貴霜王，漢本其故號言大月氏』乃中國人從來習慣之紀載法，不能以此暗昧之紀載，即斷云貴霜即大月氏云（張騫の遠征）。近年由新疆出土之吐火羅文十業佛譬諭鬘佛經中有 Kuisan. Küsän 二詞，Müller 以爲即貴霜，羽田亨反對之，謂此名爲突厥系民族或蒙古系民族呼龜茲之詞。故元代有「曲先」，回鶻文中有 Ku-san 皆指龜茲也（史學雜誌第四十一編第九號大月氏及び貴霜に就いて）。羽溪了諦據西藏所傳，有 Kanika 王 Gu-zan 王率兵侵印度，陷 So-kid 城，得許多舍利 Çariras,，建般若寺 Phro-nyo, 遂謂 Kanika 與 Gu-zan 並稱，必非一國（藝文第四年第一號于闐の佛教）。藤田豐八又以爲Gu-zan既相當於中國史上之貴霜，則 Kanika 似亦中國史上之康居（中西交涉史の研究西域篇頁三一七至三一九）。余意 Gu-zan 即貴霜信矣，但 Kanika 未必即康居，氏受白鳥庫吉之影響，每以西文比附漢史；但無白鳥語言智識之宏博，每每失之鑿空。

近日東西學者由古泉學上之鑑識，Kuzula Kadphes (Kuzula Kara Kadphises 即 Kadphises I,) 考定爲後漢書

大月氏王丘就卻，Vema (Ooëma) Kadphes 即 Kadphises II 考定為丘就卻子閻膏珍。惟丘就卻之「卻」，伯希和云應作「刧」(Journal Asiatique 1914, II, 401)，閻膏珍之「珍」當作「賓」，因古寫賓為「珤」，遂誤為「珍」云(Journal Asiatique 1914, II, 389; 1920, I, 137)。因是，則丘就 Kuzu(la) 刧 Ka (dphes)，閻膏賓 Ooëma 正相吻合矣。

要之，大月氏即貴霜；貴霜即 Kushana，或作 Guzan。大月氏是古部族名，貴霜是其國號，迦膩色迦乃王朝之名，猶之乎契丹為古部族名（亦為國號），遼是國號，統和乃王朝之年號耳。Kuzula Kadphes 與 Vema Kadphes 即後漢書之丘就卻閻膏珍。『大月氏國……後百餘歲，貴霜翖侯丘就卻攻滅四翖侯，自立為王，國號貴霜王（劉攽曰案文多一王字）侵安息，取高附地，又滅濮達，罽賓，悉有其國。丘就卻年八十餘死，子閻膏珍代為王，復滅天竺，置將一人監領之。月氏自是之後最為富盛，諸國稱之皆曰貴霜王，漢本其故號，言大月氏云』。范蔚宗必有所本，不容吾人今日過事懷疑也。閻膏珍死于後漢章帝建初三年（西紀七十八年）子迦膩色迦代立，版圖廣大，其勢力北達康居，西達于闐疏勒，南達印度，西抑安息。當時佛教分南北兩派，南派以獅子國為中心，北派以貴霜為中心，為大月氏極盛時代。其在位之年，學者議論不一，大體自西紀七十八年至二世紀初為其嗣立之時間。

六　大月氏之版圖

大月氏之版圖尚未見有專著，今略論之。漢書西域傳云：『大月氏國王治監氏城，去長安萬一千六百里，不屬都護　戶十萬口四十萬，勝兵十萬人。東至都護治所四千七百四十里，西至安息四十九日行，南與罽賓接……西擊大夏而臣之，都嬀水北為王庭……有五翖侯：一曰休密翖侯，治和墨城，去都護二千八百四十一里，去陽關七千八百二里；二曰雙靡翖侯，治雙靡城，去都護三千七百四十一里，去陽關七千七百八十二里；三曰貴霜翖侯，治護澡城，去都護五千九百四十里，去陽關七千九百八十二里；四曰肸頓翖侯，治薄茅城，去都護五千九百六十二里，去陽關八千二百二里；五曰高附翖侯，治高附城，去都護六千四十一里，去陽關九千二百八十三里：凡五翖侯皆屬大月氏』。此班書紀載其領域之大略。然其間錯雜矛盾，有不可理喻者，今就上述，試考其(一)王庭(二)面積(三)四境。

大月氏王庭根據本文有三處不得不注意：其一貴霜翎侯治護澡城，其二嬀水北王庭，其三，監氏城。按貴霜翎侯即後日之貴霜王朝，護澡城即為貴霜翎侯中心地之治所，則為貴霜王朝之王庭實有可能，據 Kennedy 之考據，貴霜翎侯在 Gandhara 即今 Kabul 河 Indus 河合流處。徐松補注卷上云『史記大宛傳大夏民多可百餘萬，其都曰藍市城即監氏也。後書作藍氏，後魏書作盧監氏』，檢史記大夏居嬀水南，則監氏亦必在嬀水 Oxus 南矣。因是，監氏不與『嬀水北王庭』為同地甚明。然則監氏果在今之何地？東西學者議論不一。桑原騭藏謂在今 Samarkand 丁謙謂今布哈爾城（漢書西域傳攷證）然史明謂監氏城在嬀水南，今 Samarkand 及布哈爾城則在 Oxus 北，其說之誤甚明。藤田豐八以為藍市與監氏不是一地，藍市是大夏城都，在嬀水南；監氏是大月氏都城，在嬀水北岸。藍市可以今之 Balkh 當之，監氏則今之 Khuttal 也。按藤田氏實未明瞭史漢編纂西域傳之經過，史漢西域傳固明記同出張騫之報告，但漢書較史記增添處甚多，如都城，戶口，里數，史記概未詳記，而漢書則一一詳記之，明其另有所本也。蓋司馬遷僅及見張騫之報告，而班固則得聆漢屢朝經略西域之實況耳。漢書，『乃遠去過大宛西，擊大夏而臣之，都嬀水北為王庭』，乃取自史記，取二書視之自知。大抵大月氏初至嬀水流域未能即滅大夏，故云『臣之』；其疆域實際可達嬀水北岸，故云『居嬀水北，其南則大夏』。明乎大夏是時尚未滅；故大月氏『遂都嬀水為王庭』焉。厥後大月氏滅大夏，故史記另有大夏一段，而漢書則無之。兩漢書一起則曰『大月氏國王治監氏城』，『大月氏國王居藍氏城』，明乎大夏王庭為大月氏所取而為其都焉。至藍市，監氏，藍氏，盧監氏之為一地，徐松已深論之。Lévi 以為即 Puskaravâte 其義為 (la ville) an lotus blue (Journal Asiatque, Janvier-Février 1897)。Lévi 氏就漢字生義，意藍為 blue 遂作此解，殊為附會。Specht 氏以為即 Balkh 之古名，亦著名之 Alexandria 地。要之，監氏或藍氏是否為 Alexandria 地另是問題，但監氏即今之 Balkh 乃一般學者共同之結論。

大月氏中心地之王庭既定，今進而言其幅員。漢書於大月氏謂去長安萬一千六百里，於安息亦謂去長安一萬六百里，但由大月氏西至安息尙四十九日行，不應二地距長安之里數相同。徐松補注謂『當有誤字』，余意不然。蓋大月氏由西域北道行之計算，故下文有『東至都護治四千七百四十里』；至安息，則由西域南道行之計算，故無東至都護之語。據後書，大月氏去洛陽萬六千三百七十里，安息則去洛陽二萬五千里，此則均以南道行計之，故序云『南道西踰葱嶺，則出大月氏安息之國也』。因是，則：

25000—16370=8630里（大月氏距安息之里數）

8630÷49=176.強（由大月氏至安息每日所行之里數）

由大月氏至安息之里數究由二國接境計算乎？抑由二國之極邊計算乎？余意由里數言之，必非二國之接境；依通常言之，亦不能以極邊計之，其或由二國都城而計之歟？一日行一百七十餘里，似不免太多；然或爲行軍時所計，亦未可知。今再據漢書及徐松補注將五翖侯去都護去陽關之里數計之：

		休密	雙靡	貴霜	肸頓	高附
都護	漢書	二八四一	三七四一	五九四〇	五九六二	六〇四一
	補注	三四七四	三九七四	四〇三四	四一三四	四二三四
陽關	漢書	七八〇二	七七八二	七九八二	八二〇二	九二八三
	補注	六二一二	六七一二	六七七二	六八七二	六九七二

今取距都護極近之休密里數，從距都護極遠之里數減去爲七百六十里。五翖侯里數遞減之，則雙靡距休密五百里，貴霜距雙靡六十里，肸頓距貴霜一百里，高附距肸頓二百里。據魏書西域傳休密在極東，次雙靡，次貴霜，次肸頓，高附在肸頓南，大月氏國都盧監氏城則在肸頓西。休密去代一萬三千里，大月氏王庭去代一萬四千五百里，二數相減爲一千五百里。夫五翖侯相去數百里或數十里，而休密去大月氏則去一千五百里，可知五翖侯均偏于大月氏之東南境也。據丁謙云休密所治和墨城在今後阿賴山南大喀喇庫爾附近，雙靡所治雙靡城在今魯善部，貴霜所治護澡城在今卡什東山中雅克巴的地，肸頓所治薄茅城在今阿母河南薩爾達巴地薩達巴，高附所治高附城，在今喀布爾（漢書西域傳考證）。據 J. Kennedy, The secret of Kanishka 則云和墨在 wakhān，雙靡在 Chitrāl，護澡在 Gndhāra，薄茅在 Panjshir 河(Kabul)之 Parwan，高附在 Kabul 河附近(Journal of the

Royal Asiatic Society of Great Britain and Ireland. July, October, 1912)。則休密與雙靡貴霜似皆不出今 Kashmir 北葱嶺山脈阿母爾河上流，肸頓高附則在 Kabul 河上流也。

史記大宛列傳：『大月氏……西則安息，北則康居』，『康居……與大宛鄰國，國小南羈事月氏』。漢書西域傳：『大宛國……西南至大月氏六百九十里，北與康居，南與大月氏接』。『休循國……西至大月氏千六百一十里』，『難兜國……西與大月氏接』，『無雷國……西與大月氏接』。後漢書西域傳，『高附國在大月氏南』，『天竺國……從月氏高附以西南至西海東至磐起國……皆屬月氏，月氏殺其王而置將，令統其人』，『東離國……在天竺東南三千餘里……大月氏伐之，遂臣服焉』。漢書西域傳『罽賓國……西北與大月氏，西南與烏弋山離接』。『烏弋山離國……東與罽賓，北與撲桃，西與犂靬條支接』，『安息國……北與康居，東與烏弋山離，西與條支接……臨媯山……安息東則大月氏』。由上所引史漢各條，大月氏之四境如下：

東　休循國，難兜國，無雷國
北　康居
東北　大宛
南　高附
西南　天竺，烏弋山離
東南　罽賓，東離
西　安息，撲桃

按後書西域傳云『貴霜翎侯丘就郤滅四翎侯，自立爲王，國號貴霜王，侵安息，取高附地，又滅濮達，罽賓，悉有其國。……子閻膏珍代爲王，滅天竺置將一人監領之』。由是言之，則貴霜王朝之版圖又較遼闊，非前漢之舊矣。今參考李光庭漢西域圖考卷首之西域圖及德國伯林大學教授 Albert Hermann 之 Historical and commercial Atlas of China pp: 26–27 繪大月氏地圖於另頁。

總之：月氏之漢代讀法今尚不確，但「氏」不作丁禮切，敢斷言也。月氏之種屬以伊蘭系爲一般學者所承認，但須俟基于各種科學之研究，而始能得最後之結論。其原住地原極廣泛，後爲匈奴所迫始蟄居甘肅西北境，史所謂之敦煌祁連間。其遷移路線由甘肅至伊犂爲一線，時約西紀前 175—6 之間；由伊犂至 Oxus 爲一線，時約西紀前 162-1 之間。貴霜爲大月氏王朝之名，

條支
大月氏
西天竺
北天竺
中天竺
天竺
羌
特開斯馬

亦即 Kushana 或 Guzan。其版圖大致有所確定，關于東南境一向以印度河爲終極；但近年因貴霜古泉之發現，其疆域曾達印度河之南岸，其威力且深入印度諸國也。

七　東西學者關于大月氏之箸述

大月氏建國中亞細亞，爲西域各國之盟主，於政治於文化均有極大之影響，但其本身並無直接紀述之歷史留傳今世，吾人今日可據者惟史漢以下各史及佛典中之隻鱗片爪，此外，則惟輓近由地下發掘之少量資料而已。但以其在歷史上地位之重要，東西學者無不竭力爬羅剔抉，期得此民族陳迹之眞像。自愧見聞淺陋，僅就所知列下，或亦爲研究月氏民族史者所樂聞歟？

(1)王國維月氏未西徙大夏時故地考（觀堂別集補遺）。是文雖短，但啟發吾人之處甚多。

(2)徐松漢書西域傳補注卷上大月氏國及卷下烏孫國於史文有不少之辨正。

(3)李光廷漢西域圖考卷六大月氏紀事雖稍疏濶，但亦可視爲月氏民族之簡史。

(4)丁謙漢書西域傳考証大月氏條，於位望不免有所訾議，但合漢魏二書互証之，亦有不少之發明。

(5)白鳥庫吉烏孫に就いて（史學雜誌第四十三編第一期）。名雖爲烏孫考但關于烏孫與大月氏之交涉有詳細之考証。

(6)白鳥庫吉西域史上の新研究（東洋學報第三卷第二期）。氏是文甚長，於西域諸國有極詳之考証，對大月氏位望及種屬均有考証。

(7)山下寅次玄奘三藏の大唐西域記に見ゆる覩貨邏國（Tu-Ho-ho）之漢書西域傳に見ゆる月氏國（Yueh-chi）之に就きての考（史學界第六卷第二號）。氏說多與 Richthofen 說同，或取自 Richthofen 之“China”歟？

(8)松本文三郎月支王時代に於ける印度佛教彫像の研究（藝文第十一卷第一號至第二號）。據所發現之佛像，多天像人物像，菩薩像，石質多石灰岩種，其藝術大抵以健陀羅爲中心，而參合希臘印度二式。

(9)石濱純太郎ファイス氏（S. Feist）トカァ人問題の現狀（支那學第二卷第五號）。氏就 Feist 書有詳細之介紹，並編及「月氏」之讀法。

(10)桑原騭藏張騫の遠征(續史の研究)。氏讀書極細心，讀此文益確。有獨特之見解，不依西人之說。

(11)羽田亨大月氏及び貴霜に就いて(史學雜誌第四十一編第四號)。氏支持桑原貴霜不必爲大月氏之說，並反對 Sieg, Müller 諸氏之說。

(12)藤田豐八大宛の貴山城と月氏の王庭(東西交涉史の研究西域篇)。是文引証繁博，惟用語言學之智識解釋地名，不免近于附會。

(13)藤田豐八月氏の故地とその西移の年代(見仝上)。關于月氏故地，氏綜合唐以前之說並一一加以解說，定其是非，但謂 Ptolemaeus 書之 Thagura 即敦煌，似覺附會。

(14)藤田豐八西域研究第七月氏烏孫の故地(仝上)。先就烏孫王難兜靡之歷史加以研究，次推論月氏之故地及西徙之年代，其法甚爲可取。

(15)安馬彌一郎月氏西遷考(史學雜誌第四十三編第五號)。本期有王崇武先生譯文。

(16)J. Kennedy, The secret of Kanishkn (Journal of the royal Asiatic society of Great and Ireland, July 及 October, 1912)文分三章，I, Kanishka as an Indian King, II, The Coinage of Kanishka, III, Kanishka and the decadence of Hellenism in the Far East. 第三章爲專門研究，在學術上之價值極大。

(17)S. First, Der Gegenwärtige stand des Tocharerproblems. Festschrift für Friedrich Hirth zu Seinem 75. Geburtstag. Oesterheld & Co. Verlag. Berlin 1920, S. 74–84. 對月氏之讀法及種屬有詳細之研究。

(18)J. Edkins. The Yue-ti or Massagetae (JCBRAS, XXI, N. S 1886. P 227)

(19)J. Edkins, The Gatae (月氏) (China Review XVIII, No.1, P. 60)

(20)E. Specht, Note sur les Yue-tchi (Journal Asiatique VIIIe, sér. XV, Fér., XV, Fév–Mars 1890, p. 180/185).

(21)E. Specht, Les Indo-scythes et l'epoque du règn

de Kanichka-Extrait du Journal Asiatique-Paris, Imperimerie nationale, MD ccc X c VII, in-8, p 82.

(22)F. W. K. Müller, Toxri und Kuisan (Küsän) (SBPAW. 1918. S. 569).

(23)Sieg, Einheimscher Name für Toxri (SBPAW. 1918)

(24)Baron A. Von Staël-Holstein, Kopano und Yüe-shih (Sitzb, d. Kön Preu B. AK. d. wiss., Phil-hist. Kl., 1914, P. 643/650)

(25)Sten Konow, Zwei Handschriften blätter in der alten Arischen Literaturssprache aus Chinesesch-Turkistan (Sitzb. d. Kön Pren B. AK. d. wiss, Phil-hist , Kl.,1912, P. 1127/1139).

(26)Sten Konow, Indo-skytische Beiträge (Sitzb. d. Kön Preu β .AK. d. wiss., 1916. p 787/827)

(27)Sten Konow, Beiträge zur Keantniss der Indo-skythen (Ostasiat. Zeitsch., 8. Jhrg., 1919/1920, p 220/237)。

(28)Sten Konow, Corpus Indcriptionum Indicarum Vol II. 有關于大月氏之論著，張亮塵先生述其意于本期。

(29)B. Laufer. The language of the Yüe-Chi or Indo-scythians (Field museum of natural history, Chicago, RR. Donnelley & Sons Co.. 1917, in-8, P14).

(30)Richthofen, China I, P. 439 以後對于大月氏大夏有詳細之論著，氏對我甘肅西部之研究極有創見，後之西方學者多不能軼其範圍。

(31)S. Lévi, notes sur les Indo-scythes (Journal Asiatique VIII, 1896, 444-484; IX,1897, 1-42; X, 1897 ,526-531) 。氏以爲藍市（即藍氏）即Puskaravâtê. 未免附會。

(32)Ch. Lassen, Indische Allerthumskunde。

(33)Gardner, Coins of the Greek and scythian Kings of Bactria。

(34)P. Pelliot, Neuf notes sur des questions d'Asie Centralé (T'oung Pao.1928)。第一部份即關于

大月氏之著述。

(35)J. Rapson. Indian Coins 有閻膏珍錢幣之圖版可參攷。

(36)Cunningham, Coins of the Indo-scythians.

(37)Cunningham, archaeological survey of India, report. vol II 即關于貴霜王朝之古跡，據云發現之 Takhti-Bahai 石刻及許多古跡是屬于閻膏珍時代。

此外 Cunningham 有 Ancient Geography of India 一書爲研究印度古代地理必參考之書，其中論及大月氏之屬亦多。Camnridge History of India, vol I, Ancient India 叙述古代印度與中亞細亞諸國之關係，特別於大月氏之記載有爲中國史書所不載，亦爲研究月氏民族必參考之書。

廿五年六月十日畢于成府。

大月氏民族最近之研究

那威國斯敦柯諾甫原著　張星烺迻意兼評

『月』字現代官話讀如 üe 。廣東人讀如 üt ，客家人讀如 net 。日本人讀漢音如 getsu 或 guatsu ，安南人讀如 ngcat, ngüet ，高麗人讀如 uöl (ngner) 。唐時讀如 ngiwat ，佛經上常用月字譯 vi, ur, 等音。『氏』字官話讀如 Shi ，廣東人讀如 Shi ，日本人讀如 Si ，唐時讀如 Zie 。唯此字又讀如 tt ，廣東人讀如 tai ，唐時讀如 tiei 。克拉勃羅德因謂月氏即準葛爾及伊犂境內之 Yetes ；其他學者則謂為羅馬著作家之 Getae 及 Massagetae 族；福蘭克 (Frauke) 謂月氏或為黑海裏海以北以東諸民族之總名，猶之西提亞 (Scythian) 及哲梯 (Getae) 兩名也；馬闊脫 (Marquart) 謂即拖雷美地理書之 Iatioi ；鋼和泰 (Baron A. von Staël Holstein) 謂月氏應讀如 Karshi 或 Gurshi，因謂月氏即 Kushi，此即貴霜 (Kushanas) 之簡稱也；赫爾曼 (A. Henmaun) 承認鋼說為是，謂月氏之讀音為 Guat-si 也；柴本提 (Charpentier) 謂月氏乃譯義非譯音，希臘羅馬著作家稱吐火羅人 (To-Charian) 為月族 (Moon clan)，月氏或即吐火羅人；麥樓 (F.w.k. Müller) 謂吐火羅語人稱之為 Arsi，月氏或即其譯音；伯希和則謂所有諸家之說，皆與漢代情形不合；斯敦柯諾甫 (Sten Konow) 謂就中國古音專家高本漢(Karlgren)之研究，西洋古書中之 Arsi 或 a0101, **Asiani** 必即月氏民族，唯其原音不能決定耳。其為說之紛歧，有如此者。

1

大夏人 (Tocharians) 最初或居住庫車 (Kuchi) 及吐魯蕃 ('Tusfan) 諸境；遷至阿母河流域，距月氏人西徙，其時間不能過久。斯脫拉波 (Strabo) 記摧滅拔克脫利亞希臘人所建之國諸民族名單中有大夏人，大夏人西徙當在月氏西走稍前，與伊蘭人相居已有若干時日，變更舊風俗，故中國史記謂其俗土著有城屋，善賈市也。由言語學考之，大夏人（即吐火羅人）為印度歐羅巴 (In do-European) 族，然非阿利安人（Aryaus，即印度人）；而月氏人則為伊蘭族 (Iranian)，以其語言及後代歷史考之，則又伊蘭族中之塞種人也；以前有謂月氏為突厥族者，証据殊不充足。（見 Sten Konow, Inscriptionum Indicarum, pp.

lviii-lxii)

匈奴破月氏年代，在漢文帝即位後第四年，即西紀前一百七十六年，見史記卷一百十匈奴列傳是年單于遺漢書中；其佔据塞種人地，當西紀前一百六十五年也。故向西移徙，及滅大夏，必皆在一百六十年以後也。

其小月氏保守南山未西徙者，與諸羌雜居共婚姻。霍去病破匈奴，取西河地，開湟中；月氏來降，與漢人錯居，雖依附縣官而首施兩端；其從漢兵戰鬥，隨勢強弱。被服，飲食，言語，略與羌同；亦以父名母姓爲種，其大種有七。勝兵合九千餘人，分在湟中及令居；又數百戶在張掖，號曰義從胡。（見後漢書卷一百十七，前漢書卷六十九。趙充國傳謂小月氏種在陽關西南。）三國志引魏略曰：「燉煌西域之南山中，從婼羌西至葱嶺數千里有月氏餘種」。（見三國志卷三十）後至五代石晉天福四年時，尚有小月支之遺種仲雲居沙州西，以勇敢好戰爲瓜沙之人所憚。（見新五代史卷七十四于闐國條。）吾人于此處對于小月氏人之下落，特別注意者，蓋迦膩色迦王（Kani-shka）有起于今新疆省之證据，而貴霜部與小月氏，或有關係也。

關于月氏人種族問題，迄今共有二說。第一說謂爲突厥種（Turki）：主此說者皆引迦膩色迦王以爲討論之中心，後代乾陀羅（Gandhara）之突厥（Turki）王認迦膩色迦王爲其祖先，一証也。喀爾喀那（Kalhann）於其所著 Kajatarangini I/70 稱迦膩色迦王及其朝他帝皆爲突魯胥喀人（Turushkas），猶言突厥人也，此二証也。喀德費賽斯朔（Kadphises）第一代王（丘就卻）之稱號亦爲突厥文，此稱號石刻及錢文上爲 Yavaga, Yaüa, Šaoos。後漢書上此稱號之譯音爲翕侯。夏德（Hirth）謂翕侯爲突厥文 jabgu 之譯音，因謂貴霜爲突厥族。丘就卻（Ku-jula）赫爾樞（Hultzsch）謂爲突厥文強健（güjiü）之義，斯敦柯諾甫謂爲美（Güzel）之義云。雷維（M. Sylvain Fevi）指出黑馬章特拉（Hemachandra）所著之 Abhidhana-chintamani 中有突厥王號爲撒開依（Sakhi），此字即白拉米文（Brahmi）石刻上迦膩色迦王及其後裔之稱號沙黑依（Shahi）之別寫也。此三證也。又有欲依其人之面貌而決定其爲突厥族者，肯內對（Kennedy）在錢面上見迦膩色迦王之像而曰：「其頭蓋尖，其顴骨凸出，其鼻長大而厚，其鬚粗，皆爲突厥民族之標記。衣服寬鬆，足靴甚大，爲土耳其斯坦境內普通衣履。貴霜部人謂爲屬於突厥族，可不致誤」。此四證也。第二說爲斯敦柯諸甫所主張，氏謂所有以上諸說，其理由皆不充足。据各種歷史人種事寔攷之，突厥民族侵入中國新疆省爲期甚遲。即在今代，据覺愛斯(T.A. Joyce)之攷察，「塔克拉馬坎(Taklamakan)沙漠四周居民，有一極普通份子，此普通份子之最純淨形體可于瓦漢(Wakhi)人見之。瓦漢人與格爾察(Galcha)人既有密切關係，則塔克拉馬坎四周居民爲伊蘭(Iranian)人種，可以知矣。下方有各種証据，可証明貴霜部發源地或爲中國新疆省，故謂貴霜人爲突厥族寔無根据也。突厥族以後侵入新疆貴霜舊壤。喀爾哈那及黑馬章特拉二人所記，乃皆根据後代歷史。翕侯及丘就卻兩稱號，在突厥文中並無相當字源。即使其源爲突厥文，而貴霜人此字寔借自塞種人，幷非爲突厥苗裔所留之紀念品。貴霜人在文化上，爲塞種人之承襲者；其他塞種人稱號爲貴霜人所用者尚甚多也。翕侯(Yavuga)稱號，最初或爲伊蘭文爲突厥人所借用者，並非突厥文爲伊蘭人所用也。丘就卻(Knjala)之稱號亦爲塞種人所用，其字源及字義不可得

3

知，路德斯(Lüders)謂或爲家族之名。其所用數種名號，在伊蘭文中可得其解說，中國新疆天山南路古時行用此種伊蘭語也。据此種證据攷之，貴霜人寔伊蘭人也。天山南路所行用之伊蘭語，勞曼(Prof. Leumann)稱爲北阿利安語(North-Aryan)，法國學者如伯希和等皆稱爲東伊蘭語(East-Iranian)，路德斯謂爲塞種語(Saka language)；開斯忒(Kirste)及斯敦柯諸甫二人稱爲于闐語(Khotani)，因耶穌紀元第八世紀時(盛唐時)爲于闐國之官府語也，此語自耶穌紀元初數世紀似即已通行於于闐矣。

自言語學上攷証之，斯敦柯諸甫謂大夏人爲印度歐羅巴種之一枝，唯非阿利安人。月氏人爲伊蘭人，自其語言及其後代歷史觀之，則又爲伊蘭族中之塞種人也。貴霜部爲伊蘭人已毫無可疑，然幷非即大夏人，但與月氏有關係，即與塞種諸部其酋長稱號爲 Asioi, asiani, arsi, Alysanai 者尤爲有關係也。

貴霜國似於月氏人未完全征服大夏國以前，業已存在。貴霜人塞種中，分散各處者似爲甚衆；一部份在紀元前一百六十年時，或曾與塞王同南下至罽賓也。貴霜

部以後大盛，在印度及其邊境諸地建設一大帝國。後漢書月氏傳中之丘就卻及閻膏珍二名，皆可於貴霜錢幣上見之。丘就卻即 Kujala Kapa (Kadphises)，閻膏珍即 Wima Kathphisa，紀元後一百零三年之佉盧虱吒刻文稱之爲 Mima Kavthisa，以前作 Hima 者誤也。

丘就卻年代，据後漢書所記「後百餘歲，攻滅四翕侯，自立爲王」，似指自遷大夏以後百餘歲也。月氏遷於大夏在耶穌紀元前一百六十年；在祁連山爲匈奴所破，在紀元前一百七十六年。後百餘歲，當在紀元前五六十年，即中國漢宣帝時。斯敦柯諾甫謂後漢書所記皆東漢光武即帝位以後之事，光武帝即位於耶穌紀元後二十五年，故依氏之意，丘就卻征服四翕侯之事不能在西曆第二十五年之前。余意不然。後漢書所記者不必皆東漢光武帝建武元年以後之事，以前之事亦可補叙也。斯敦柯諾甫謂丘就卻或可與 Takht-i-Bahi 石刻上之丘就卻同爲一人，此石刻年代爲西曆後十九年。若其所臆測者不誤，丘就卻此時尚未征服四翕侯，即其本人此時或尚未爲翕侯也。斯敦柯諾甫謂丘就卻所侵之安息，并非建都於克泰錫封之帕提亞帝國，乃在高附 (Kabul) 之帕提亞君主也。帕提亞人於耶穌降生前不久征服印度邊境諸地，對於高附希臘人所建之國加以威嚇。後漢書謂征安息取高附地，必指在東方帕提亞人所建之國無疑，有名之古杜甫哈喇 (Guduvhara) 即此朝之王也。近代學者大都承認在高附之希臘勢力，寔爲帕提亞人所摧滅。高附之最後希臘王名赫米斯 (Hermaeus)，据在高附近來所獲得之錢幣面上鐫文，每錢一面有赫米斯之名而他面又有丘就卻之名，故赫米斯與丘就卻似有關係，二人或曾共同治理高附也。斯敦柯諾甫謂丘就卻侵高附之安息朝(即帕提亞)時，赫米斯或曾與丘就卻聯盟，以寔力助之驅逐安息人。唯安息人勢力掃除以後，赫米斯所希望之獨立自主并未能如願久享，高附之統治權仍須與貴霜國主分任之。初時丘就卻尚許錢幣面上赫米斯之像與己共鐫之，稍後乃廢赫米斯而僅許有自己之像矣。各事眞確年代無從推定，唯不能在丘就卻就職翕侯之前，即范曄後漢書光武帝即位之前，亦即耶穌降生後二十五年之前也。(此年代不可恃，已見上方。)

丘就卻以後又滅濮達罽賓，悉有其國。福蘭克及馬脫闊謂在阿拉柯西亞 (Arachosia，阿富汗) 之北，沙萬謂即巴里黑城。（Balkh，此與鄙意相同），各家意見不同。然無論如何，濮達距高附及罽賓兩地必不甚遠。近代在印度斯河上流塔格西拉（Tanila）地方發掘出土之錢幣觀之，丘就卻確曾將貴霜帝國領土擴張至是地，此地在彭甲伯（Panjab），古罽賓國也。

丘就卻一生歷史年代可擬如下：（一）据後漢書攻滅四翕侯，不能早於耶穌降生後二十五年即光武帝建武元年（此不可恃）。耶穌降生後十九年，丘就卻爲其族之少宰（erjhuna），此時安息人（帕提亞人）阿賽斯（Azes）在高附建國已二十六年，阿賽斯之子古杜甫哈喇（Guduv-hara）適在位也。（二）十九年後，即耶穌降生後三十八年（建武二十八年），充貴霜大王（Maharaya Gushana），可於配夏窪（Peshawar）省彭笈塔（Panjtar）地方發現之錢面文見之。所有侵安息，取高附地，滅濮達罽賓，必皆在二十五年至三十八年之間。罽賓尚未被全滅，因紀元後四十四年時安息在塔格西拉尚佔勢力也。後漢書記丘就卻最東所征服之地爲罽賓，故塔格西拉此時必屬罽賓。（三）再閱十四年即紀元後五十二年（建武二十八年）塔格西拉全滅，丘就卻征伐大業完全告成功。以前翕侯至此建號爲王之王（King of kings）矣。丘就卻征服罽賓，可視爲塞種人在是地復興，蓋貴霜人各種行動皆承襲以前印度之塞種人而爲也。此外無復有年代事蹟可尋。倘以「少宰」（erjhuna Kapa）嘗Jakht-i-Bahi 刻文時年二十，再据後漢書「年八十餘死」推測之，丘就卻必崩於紀元後七十九年（漢章帝建初四年）也。 5

閻膏珍爲丘就卻之子，父壽至八十餘始卒，故閻膏珍即位時必已非青年人。後漢書記其滅天竺置將一人監領之，又後漢書天竺傳云：『天竺一名身毒，在月氏之東南數千里，俗與月氏同，……其人弱於月氏。……從月氏高附國以西南至西海，東至磐起國，皆身毒之地，……其時皆屬月氏。月氏殺其王而置將，令統其人。………』由上方記載觀之，閻膏珍所征服之地必在印度斯河流域。此境當西曆第一世紀之下半期時（漢明帝至和帝時）屬帕提亞人治理，故閻膏珍征服其地時，被擊滅者必帕提亞人也。印度斯河流域在甚早時期已曾隸屬塞種人，印度文書Kalakacharya kathanaka記塞種人曾兩次征服印度西部，印度斯河流域之塞種人嘗在維克拉瑪（Vikrama）時代開始前不久，征服蘇拉脊脫拉（Smashtra）及瑪拉瓦

(Malava)兩地，後爲維克拉瑪的梯亞(Vikramaditga)所滅，再閱一百三十五年而塞種人國家再恢復，此與後漢書記閻膏珍復滅天竺似指一事也。閻膏珍滅天竺之年代當在耶穌降生後七十八年左右（漢章帝建初三年）。塞種人以後歷史明瞭，而閻膏珍即此有史時期之創造人也。閻膏珍征服印度西部以後，本人未嘗親蒞印度，僅置一將官治理之而已，此將官即印度史上所謂「西歇脫拉帕」(Western Kshatraphas)也。閻膏珍之疆宇不僅天竺，在西北尚承襲其父之遺產一部，於該處似亦僅派一長官代行職務耳。閻膏珍之錢，出土者甚多，自配夏窪(Peshawar)至瑪士拉(Mathura)一帶地無處無之，足示其威權之大，且在位長久也。閻膏珍屬下最有名之王爲索頭梅迦斯(Soter Megas)

貴霜強盛時，東部土耳其斯坦最強之國爲莎車（今葉爾羌），葱嶺以東諸國皆臣屬之。西曆六十年（永平三年），于闐將休莫覇反莎車自立，爲于闐王；後進兵攻莎車，中流矢死。于闐國人立休莫覇兄子廣德爲王。後雖滅莎車，其國轉盛，從精絕（今尼雅 Niya）西北至疏勒(Kashgar)十三國皆服從。永平十六年，班超說廣德使爲漢，自是于闐常出兵助班超。章帝時，疏勒王忠反，超乃更立成大爲疏勒王，發其不反者攻忠；康居遣精兵救之，超不能下。是時月氏新與康居婚，相親，超乃使使多齎錦帛遺月氏王，令曉示康居王。康居王乃罷兵，執忠以歸。……初，月氏嘗助漢擊車師，有功；是歲貢奉珍寶符拔師子，因求漢公主。超拒還其使，由是怨恨。永元二年（西九〇年）月氏遣其副王謝將兵七萬攻超，超衆少，皆大恐。超譬軍士曰：『月氏兵雖多，然數千里踰葱嶺來，非有運輸，何足憂耶！但當收穀堅守，彼飢窮自降。不過數十日，決矣』。謝遂前攻超不下，又鈔掠無所得。超度其糧將盡，必從龜茲求救，乃遣兵數百於東界要之。謝果遣騎齎金銀珠玉以賂龜茲；超伏兵遮擊盡殺之，持其使首以示謝。謝大驚，即遣使請罪，願得生歸，超縱遣之。月氏由是大震，歲奉貢獻（見後漢書卷七十七班超傳）。超傳中之月氏，必即貴霜國也，斯時月氏王或即閻膏珍也。由超傳觀之，貴霜人此時加入東部土耳其斯坦之政治舞台矣。又後漢書卷一百十八，西域傳疏勒條云，『安帝元初中（西一一四至一一九），疏勒王安國以舅臣磐有罪，徙於月氏，月氏王親愛之。後安國死無子，母持國政，與國人共立臣磐同產弟子遺腹為疏勒王。臣磐聞之，請月氏王曰，「安國無子，種人微弱，若立母氏，我乃遺腹叔父也，我當為王」。月氏遣兵送還疏勒，國人素敬愛臣磐，又畏憚月氏。即共奪遺腹印綬，迎臣磐立為王；更以遺腹為磐槀侯』。月氏人勢力在疏勒因此大盛，佛教即於此時輸入疏勒也。同時于闐亦輸入佛教。据西藏文書Li-yal-gyi中言羅利甲斯(Lo-rgyas-pa)為于闐王喀甲(Ga-hjag)及后維嘉雅新哈(Vijayasimha)之女，於佛教在疏勒(Shu-lik)之傳播甚為有功。吾人自西藏文記載，又得知維嘉雅新哈之子維嘉雅開梯(Vijayakiti)曾與貴霜王(Guzan)及迦膩迦王(Kanika)遠征印度，克沙開德(Soked Saketa)城。西藏文此節記載指明于闐與貴霜有關係。當月氏強盛，佛教輸入于闐時，印度文化亦隨之而流入。斯坦因在中央亞細亞携歸佉盧虱吒書(驢脣書)記載甚多，皆為印度柏拉克里忒文(Prakirt)；在龜茲西明郢(Ming-öi)地方發現之伯拉米書(Brahmi)皆梵文也。

前已言有甚多記載，言中國新疆省通行之語為伊蘭語，月氏人亦為伊蘭族。中國古史又記小月氏人與西藏族雜居新疆南部。月氏古語與西藏古語皆得保存，所覓得之公牘可表示此兩種語在官府中勢力也。塞文(Sak-ish)以後在于闐變為行政上通用之語。當耶穌紀元初數世紀時，月氏人在東部土耳其斯坦勢力甚盛，有甚多新發現之公牘可以証明之也。

迦膩色迦王(Kanishka)之名不見中國正史。西曆一百二十五年(漢安帝延光四年)以前，中國人對於西域政治變遷甚為留意，故有記載傳後；唯過此以後，則不詳矣。迦膩色迦王似即迦膩迦王，苟若是，則彼乃起自于闐國也。中國佛書中似亦有言其起自于闐者。楞伽經(Kumaralata's Kalpanamandtika or Asoghosha, Sutralamkara)之著成在迦膩色迦王稍後，中國文譯本中有云，『丘沙族有王曰真旦嘉膩伽，征服東天竺，綏服之，四方畏其威，克善其終。歸回自國。所經皆寬曠平地』。据達斯(Saratchandra Das)之意，真旦即長丹那(Chandana)，西藏文于闐國之稱謂也。真旦嘉膩伽者，猶云于闐王迦膩色迦也。至此吾不得不疑吐火羅突厥(Tukhara-Turushkas)威力發源地在于闐附近。据梵書 Kalpanamanditika 謂迦膩色迦為貴霜人，來自東天竺以外之國。再梵書 Maharajakanikalekha 謂迦膩色迦王(Kanika) 爲貴霜種(Kusa)，來自北方，斯敦柯諾甫謂或即于闐也。福里忒 (Fleet) 謂迦膩色迦王爲貴霜部王族之別枝，初由于闐遷移至克什彌爾，再次而至印度。

上方引用之西藏文書中所記之迦膩迦王(Kanika)或即迦膩色迦王曾與貴霜王及于闐王維嘉雅開梯 (Vijayakriti) 同引兵遠征印度。由此記載觀之，在印度之貴霜人似於閻膏珍死後不久，爲欲鞏固其地位起見，不得不與帕米爾以北之同族聯盟。其結果，貴霜勢力強大，新時代由之而起。士耳其斯坦及印度兩地皆稱此爲迦膩色迦時代。鋼和泰男爵 (Baron A. de Staël Holstein) 謂迦膩色迦既來自于闐，則彼似爲小月氏人而非大月氏人也。馬鳴菩薩 (Asvagosha) 傳在西曆紀元後四百十二年(晉安帝義熙八年)以前已譯成漢文。傳中特別言馬鳴之保護人迦膩色迦爲小月氏王。魏書記魏時小月氏都城名富樓沙城 (Purushapura, Peshawar)；西徙後，令其子守此城，因號小月氏焉。鋼和泰謂魏書此節甚奇：配夏窪 (Peshawar) 古代爲小月氏之都城，故後代他族建都此城者亦襲小月氏之名號焉；否則魏書所記無可解說。吾人今已確知迦膩色迦王爲月氏帝國最初之人，建都於配夏窪者；魏書此節所記，寔使迦膩色迦王爲小月氏人之說更可信也。由上方各種記載觀之，迦膩色迦王實爲貴霜人第二次南伐中人物，其侵印度之年代約在耶穌降生後一百二十五年(漢安帝延光四年)之後也。自地下發掘物考之，迦膩色迦在閻膏珍之後已無可疑；謂爲維克拉瑪 (Vikrama) 時期者亦已不成問題。若謂爲西紀後七十八九年(漢章帝建初三四年)塞種人創造人者，則不確寔，蓋閻膏珍在位時期尚遠在此年之後也。迦膩色迦及其嗣位諸王必尚在後，中國後漢書不記其名，尤可証其在位不能早於西紀後一百二十五年(延光四年)也。

楞伽經 (Kalpanamanditika, Sutralamkara) 之著成，在迦膩色迦崩後不久。此書譯成漢文至爲重要，經中記迦膩色迦王征東天竺已見上文。其事似爲王即位初年之事。西藏文記迦膩色迦王之事，與此相同。迦膩色迦王似由中央亞細亞經配夏窪而入印度者，各方記載皆相合。征服東天竺以後，迦膩色迦經由馬士拉 (Mathura) 平原而歸于闐，似崩于西紀後一百五十一年夏(漢桓帝元嘉二年，桓帝永興元年)至一百五十二年夏之間。据後漢書西域傳于闐條，桓帝元嘉時，于闐王名建。「建」字古音如Kian，斯敦柯諾甫謂「建」之還元原音或爲Kana，而Kana則又或爲迦膩色迦(Kanishka)之簡略寫法也。至此使吾人憶得玄奘西域記卷一云，『迦膩色迦王威被鄰國，化洽遠方，治兵廣地，至葱嶺東』。玄奘所言若確寔，則迦膩色迦王在位時，鞏固印度及士耳其斯坦境內之貴霜勢力；歸回于闐以後，彼及其子孫皆被認爲全國之王也。柯諾甫之說，吾甚懷疑。于闐王建果爲迦膩色迦王，其征東天竺建都配夏窪一段英武史事，後漢書必爲記出，何至一字未提；其兵威如此強盛，中國使者王敬未必即敢斬之；斬後，月氏勢力尙強，豈能怡然無事耶？當王在位時及以後，各種學術及文學皆極發達，迦膩色迦亦同以前月氏諸王，如丘就郤閻膏珍等，其入印度也，幷非帶來新文明，乃吸取被征服者之文明而保護之；印度宗教美術及學問皆受其扶助，王及其朝代寔開路使印度文明傳入中央及東部亞細亞也。宣傳之最重要媒介物，即佛教與梵文也；丘就郤似已優待佛教，在中國中屢見月氏人宣傳佛教。迦膩色迦王即位後，情形大不同矣。王親征東印度，接觸婆羅門之學術文明，而著名高僧馬鳴與之爲友，則尤爲要事也。獲交馬鳴，大約在王征東印度之時，馬鳴以後感化王使信佛教也。据佛家傳說，迦膩色迦王在札蘭特拉(Jalandhara)附近庫瓦那(Kuvana)地方，及在迦濕彌邏國孔達拉瓦那(Kundalavana)召集佛教大會議，目的爲搜集佛書，或注解佛書。著名高僧蒞會者有脇尊者(Parsva)世友(Vasumitra)，（又曰和須蜜多）等。以前印度西北各寺宇中所用之文，似爲舊帕拉克里忒文(Prakrit)；此時規定所有佛經皆用梵文著成。以前驢唇書(Khawshthi)通行之地，由是梵文盛行，大有代興之勢。如在中國新疆所覓得之驢唇書公牘，同時亦有梵文及白拉米文(Brahmi)字母代替驢唇書也。在驢唇書中所覓得迦膩色迦王之後嗣王僅瓦錫胥喀(Vasishka)及呼維胥喀(Huvihko)二人，此二人似皆治理克什彌爾（見Sten Konow, Corpus Inscriptionum Indicarum, vol, II, Part I, pp xlvii-lxxix.）。

9

熊會貞先生逝世

宜都楊惺吾先生畢生研究地理沿革之學，成歷代輿地圖四十五種，水經注圖八冊，及漢書地理志補校，隋書地理志考證等書（詳見本刊四卷一期朱士嘉先生所作楊守敬地理著述考），奠定此學之基礎，實爲本會同人工作之先導。其水經注疏八十卷，未成書而卒，僅于生前刋出其要刪。熊固之先生（會貞）爲先生入室弟子，凡所撰述，無不勷助。秉承師志，續草水經注疏，獨任其事者二十年，卒潰于成。本會同人久極嚮往。頃接其哲嗣小固先生（心赤）啟事，駭悉先生已於上月去世。哲人遽逝，吾黨何依，爲之傷痛不止。爰將啟事轉載於下，以告海內外之服膺先生之學者。甚望將來有詳盡之傳記揭登本刋，爲先生長留遺念於宇宙間也。原文如左：

先父熊公固之平生致力著述，不慕榮利，民國四年以前，侍從已故楊惺吾老先生，合成隋書地理志，歷代輿地沿革地圖，歷代疆域戰爭地圖，水經注圖，水經注疏要刪，要刪補遺，要刪續補；此等書圖已早付梓行世。自楊公作古，先父獨力擔任水經注疏，二十餘年來無間寒暑晝夜；去年秋已寫成稿本四十卷，計八十餘萬言。歷年辱承海內知音馳函詢問，未遑作答。現謄正本已付楊府收存，不久即付剞劂。又先父在日，深慮兵燹水火，書稿恐遭散失，已由徐君行可另錄副本。迨年底，先父因心血耗損過度，突患失眠症。今春漸致神經衰弱，醫藥無效，延至五月二十五日申時，在武昌西捲棚十一號本宅溘然長逝，享年七十有七歲。玆擇於六月十五日暫厝長春觀。不孝謹遵遺命，不出訃告。凡屬知音舊好，諒蒙矜恤，恕未訃聞。

月氏西遷考

安馬彌一郎著　王崇武譯

敘目

一　月氏之故地
二　月氏西遷之年代
三　月氏之侵入撒各但（Sogdiana）

一　月氏之故地

月氏之故地，見於史記大宛傳者，爲：

（月氏）故時彊，輕匈奴，及冒頓立，攻破月氏；至匈奴老上單于，殺月氏王，以其頭爲飲器。始月氏居敦煌祁連之間，及爲匈奴所敗，乃遠去，過宛西擊大夏而臣之。

又漢書張騫傳敘騫說武帝之言曰：

臣居匈奴中，聞烏孫王號昆莫，昆莫父難兜靡，本與大月氏俱在祁連敦煌間小國也。

此記月氏故地，在敦煌祁連之間甚明。祁連山名，顏師古漢書注謂祁連爲匈奴語「天」意，當係指天山。然日本藤田博士則謂指酒泉張掖以南之山地[1]。

此處所應注意者，爲烏孫之故地，據上所引漢書之文，知烏孫與月氏共居於敦煌祁連之間，但據史記所載，僅謂月氏居於敦煌祁連之間，而敘烏孫則曰：「烏孫昆莫之父，匈奴西邊小國也」。與漢書所記，微有異殊。從來於此二族之配置關係，有兩種推測，其一爲桑原博士之說[2]，博士引史記大宛傳張騫對武帝之言：

臣居匈奴中，聞烏孫王號昆莫。昆莫之父，匈奴西邊小國也，匈奴攻殺其父，而昆莫生棄於野，烏嗛肉蜚其上，狼往乳之，單于怪以爲神，而收長之。及壯，使將兵，數有功，單于復以其父之民予昆莫，令長守於西城。昆莫收養其民，攻旁小邑，控弦數萬，習攻戰。單于死，昆莫乃率其衆，遠徙中立，不肯朝會匈奴，匈奴遣奇兵擊不勝，以爲神而遠之，因羈屬之，不大攻。今單于新困於漢，而故渾邪地空無人，蠻夷俗貪漢財物，今誠以此時，而厚幣賂烏孫，招以益東居故渾邪之地，與漢結昆弟，其勢宜聽！……

又敘張騫說昆莫云：

烏孫能東居渾邪地，則漢遣翁主爲昆莫夫人……

漢書張騫傳亦記有張騫對武帝之言，謂昆莫之父難兜靡，本與大月氏同在敦煌祁連之間，又云：

今單于新困於漢，而昆莫地空，蠻夷戀故地，又貪漢物，誠以此時厚賂烏孫，招以東居故地。

漢書西域傳亦謂「招令烏孫東居故地」，敍張騫說昆莫云：「烏孫能東居故地，則漢遣公主爲夫人」。史記與漢書記載同一之事，然史記則謂：「故渾邪地空無人」，「招以東居渾邪之地」，又云：「烏孫能東居渾邪地」。漢書則謂「昆莫地空」，「居故地」。自此以後，烏孫之故地，即渾邪之故地。渾邪故地，漢書地理志下云，「張掖郡故匈奴渾邪地」。故烏孫之故地，亦當爲漢張掖郡，即今之甘州是也。

其一爲藤田博士之說，曾發表論文於日本史學雜誌[3]。博士持論，與桑原相反，以甘州爲月氏之故地，以敦煌爲烏孫之本邦。惟此說並非始於藤田，前白鳥博士，早已發表之說也[4]。博士謂漢書敍「昆莫地空」，而以史記渾邪故地，爲昆莫故地；但漢書謂昆莫之父初居敦煌祁連之間，昆莫之故地，與難兜靡之故地相同，可知烏孫故地，決非甘州，可斷言也。

後漢書西羌傳云：「湟中月氏胡，其先大月氏之別也，舊在張掖酒泉地」。又漢書霍去病傳云：「遂至月氏攻祁連山」。是月氏居今甘州之地甚明，故烏孫之居於敦煌，亦可證也。

至於藤田博士亦信漢書昆莫之父，與月氏同在敦煌祁連之間，因定月氏之故地爲甘州，然於烏孫之故地爲敦煌，則無充分之佐證。

月氏故地，即使如藤田博士所說者，在今甘州，然烏孫之故地，依博士之說，則確難可信。

史記大宛傳載張騫說武帝之言甚詳，先敍西域之概觀，次述烏孫，康居，奄蔡，大月氏，安息諸國。於月氏有：「始月氏居敦煌祁連間」之語，於烏孫之位置，風俗，記載與他國同，並云烏孫，「控弦者數萬，敢戰，故服匈奴。及盛，取其羈屬，不肯往朝焉」。只於他處稱：「昆莫之父，匈奴西邊小國也」。

時匈奴之中心在朔方（Ordos）之北，故烏孫在西方，或爲今之伊犂，絕非張掖也。藤田博士引孝文帝前元四年，冒頓單于致漢之公文，中有：

> 今以小吏之敗約，故罰右賢王，使之西求月氏擊之。以天之福，吏卒良，馬彊力，以夷滅月氏，盡斬殺降下之，定樓蘭，烏孫，呼揭，及其旁二十六國，皆以爲匈奴……

此文蓋以烏孫列於西域，故昆莫率父之衆歸之，遂謂之在西域也[5]。而博士指此西域，爲渾邪故地，在今甘州，殊無充分之證據。不然，何以史記乃認爲在今之伊犁乎？

然則月氏烏孫究在今之何地？易言之，史記與漢書所載，何者可信？史記大宛傳，記張騫對武帝之言甚詳，司馬遷爲漢廷史臣，且與張騫同時，關於此項之記載，馬遷較班固可靠，故史記亦較漢書爲優。

二　月氏西遷之年代

月氏西遷之年代，史記漢書皆無記載明文，且從各說考之，關於年代之記事，史記漢書，亦略有差異。

史記大宛傳記月氏西遷之事蹟云：

> 及冒頓立，攻破月氏，至匈奴老上單于，殺月氏王，以其頭爲飲器。始月氏居敦煌祁連間，及爲匈奴所破，乃遠去，過宛西擊大夏而臣之。

漢書西域傳，所記與史記略同，只無「始月氏居敦煌祁連間」一句而已。而張騫傳則更詳記其事，文云：

> 大月氏攻殺難兜靡，奪其地，人民亡走匈奴，子昆莫新生，傅父布就翎侯，抱亡置草中，爲求食，還見狼乳之，又烏啣肉翔其旁。以爲神，遂持歸匈奴，單于愛養之。及壯，以其父民衆，與昆莫，使將兵，數有功。時月氏爲匈奴所破，西擊塞王，塞王南走遠徙，月氏居其地。昆莫既健，自請單于報父怨，遂西攻破大月氏。大月氏復西走徙大夏地，昆莫略其衆，因留居，兵稍彊，會單于死，不肯復朝匈奴……

從來史乘上之記載，皆稍有出入，但均以月氏從甘州移居西方，係肇自老上單于時[6]。漢書記月氏之遷移非僅一次：月氏初爲匈奴所破，後討塞王，而移其地；更破昆莫，逐之南走，而移於撒各但（Sogdiana）。至於從塞王故地，更向西移，肇自何時？桑原博士謂：（一）張騫爲匈奴所捕，時月氏在匈奴之北，若月氏既移於撒各但，則不得謂在匈奴之北矣。（二）若月氏既移於撒各但，則漢與之同盟，以討匈奴，爲不可能。而且張騫出使，大月氏尚未得居伊犁，騫從天山南路北道，經大宛康居而抵月氏，必知其時月氏已經西徙。故月氏之遷徙，當在張騫居於匈奴時前後也[7]。

然藤田博士，曾創一新說，以月氏之老上單于時，爲第二次西徙；第一次西徙，在孝文帝前元三，四年，此問題曾引起許多人之注意[8]。

漢書張騫傳謂昆莫及壯，率父之衆居張掖，及強，逐大月氏於伊犁而據其地，會單于死，遂獨立。博士以此「會單于死」之單于，爲老上單于，其言曰：

> 此所稱之單于，果何人歟？據史記漢書之匈奴傳及徐廣所修正

處，可作一表：

冒頓	秦二世元年（二〇九）立	漢文帝前元六年（一七四）死
老上	漢文帝前元六年（一七四）立	漢文帝後元三年（一六一）死
軍臣	漢文帝後元三年（一六一）立	漢武帝元朔三年（一二六）死

史記大宛傳及漢書張騫傳皆於昆莫之生長，獨立，有所敍述。張騫西使，被捕於匈奴，幸乘軍臣單于死後之亂，始得逃免。史記大宛傳及漢書張騫傳於「單于死」後之記事，有「會單于死，不肯朝事匈奴，遣兵擊之不勝，益以爲神而遠之」一段，「會單于死」之單于，必非軍臣單于，而爲以前之領袖。漢書西域傳謂武帝元封中（西紀前一一〇——一〇五）以江都王建之女細君，作爲公主，下嫁於昆莫，當時昆莫年老云云。夫昆莫自請將兵以逐月氏，當係壯年，血氣已盛，若以單于爲軍臣，其死時去武帝元封中，僅二十餘年耳。如以昆莫逐月氏時，年在三十左右，至此始五十歲左右，不得謂之年老。故此單于，或係指老上單于，老上單于死於文帝後元三年，（西紀前一六一年）迄元封中，已五十餘年，若昆莫平月氏時，年三十左右，則此時應八十餘歲矣，恰可稱之爲年老也。

史記匈奴傳及漢書西域傳謂：「老上單于殺月氏（王），以其頭爲飲器」。博士謂此時予月氏以重大打擊，遂從伊犂徙居奧斯（Oxus）河流域，此爲第二次之遷徙。但月氏從敦煌祁連之間，何時始徙於伊犂乎？博士曾細心考之，而定爲孝文帝前元時。前元四年（西紀前一七六）冒頓單于上文帝表中有：「今以小吏之敗約，故罰右賢王，使之西求月氏擊之。以天之福，吏卒良，馬彊力，以夷滅月氏，盡斬殺降下之」。藤田博士考昆莫之事蹟不詳，故其結論，亦難使人滿意。

如前所言，史記與漢書之記事，略有不同。史記謂昆莫之父，爲匈奴所殺。漢書則謂：「烏孫王號昆莫難兜靡……大月氏攻殺難兜靡。奪其地人民亡走匈奴」。實則二者均正確。又昆莫之父被殺，在何時代乎？史記漢書於此答案，皆無明白記載。但史記及漢書之匈奴傳中，皆載文帝前元四年，冒頓上漢書云：「夷滅月氏，盡斬殺降下之，定樓蘭，烏孫，呼揭，及其旁二十六國，皆以爲匈奴」。難兜靡之被殺，或係此時也。時昆莫被捕，爲匈奴所養，史記大宛傳謂：

昆莫生棄於野，烏嗛肉蜚其上，狼往乳之，單于怪以爲神。

昆莫新生，傅父布就翕侯抱之置草中，爲求食。還見狼乳之，又烏銜肉翔其旁，以爲神。

又漢書西域傳亦謂：

此突厥民族之共祠傳說，徜徉迷離，殊不可信！史記大宛傳謂昆莫之父，爲匈奴所殺，昆莫爲單于所養。旣壯，守西城，乘單于之死，而遠去。元鼎二年，（一一五）

張騫至烏孫，謂「烏孫國分王老，而遠漢，……其大臣皆畏胡，不欲移徙，王不能專制」。後元封中，（一一〇—一〇五）以江都王建之女細君嫁昆莫。當時昆莫年老，以其孫岑娶爲太子，不久，昆莫遂死。元鼎二年，昆莫如七十歲，其喪父之年，當爲七，八歲。如依史記漢書所述，昆莫喪父之年，爲一，二歲。則元鼎二年爲六十三，四歲，元封中七十三，四歲，大致可云年老矣。以昆莫之父被殺，在孝文帝前元三，四年，則史記之說，較可信也。

昆莫既壯，守西城，所謂西城，即前所述月氏之故地，月氏既去，而昆莫被封於其土。

然則何時月氏始去故地，而西移乎？藤田博士：以移動之年代，爲漢文帝前元三，四年，（一七七、六年）謂此爲第二次遷徙，從伊犁遷至粤斯河，(Oxus)時老上單于當國。並指月氏之西遷，係受一重大之打擊。惟月氏受打擊後，果西遷與否，則殊爲疑問。此點余以爲桑原博士解釋較好。[9]，博士引賈誼新書匈奴第二十六：

將必以匈奴之衆，爲漢臣民制之，令千家而爲一國，列處之塞外，自隴西延安至遼東，各有分地，以衛邊，使備月氏灌窳之變。

賈誼上對匈奴策時，月氏已據張掖地，勢力極大。惜賈誼上表之年代，史記漢書皆未記載。資治通鑑以爲上表在文帝前元六年，（一七四年）荀悅前漢紀以爲在前元八年，漢紀所稱，或較可信，惟無論如何月氏尚可見之於張掖，自此向西移動。照通常所說，以爲在前元八年，或賈誼死年即前元十二年（一六八）以後，迄老上單于之死（後元三年，一六一），始見其西遷之跡，史記漢書所謂：「至老上單于殺月氏王，以其頭爲飲器」者，即此時也。

月氏離去故土，移於何地歟？史記大宛傳謂：「始月氏居敦煌祁連之間，及爲匈奴所破，乃遠去，過宛，西擊大夏而臣之」。而直徙於奧斯河(Oxus)流域矣。

漢書記月氏之遷徙，先移於伊犁，更向西遷，與史記所述者不同。此亦如藤田博士所述者，史記中亦總括記載兩次移動也。但如桑原博士所述，張騫第一次出使，月氏似尚在伊犁地方，故大月氏不得不向伊犁移居。

大月氏之第二次西遷，桑原博士引漢書張騫傳云：

昆莫既健，自請單于報父仇，遂西攻破大月氏，復西走大夏地，昆莫略其地，因留。

殺昆莫之父者，非月氏，故昆莫亦不能怨月氏。然此事出於漢書，無其他史料可證，不能斷言其爲子虛。

就昆莫之事跡考之，前所引之漢書謂「及壯以其父衆與昆莫。……昆莫既健，自請單于報父怨」。「及壯」，「及健」二者本分而言之，而藤田博士以壯健二字，混爲一談，以漢書之「自請單于報父怨」爲三十歲時所爲，細讀班書，則知此等解釋，極不洽當。如藤田博士之說，老上單于之死，昆莫三十歲，孝文前元四年，甫十五歲耳，不得謂之旣壯也。昆莫守西城，在月氏西遷之後，常常立功，苟如博士所說守西城時已三十歲，在老上單于之死，即四十歲左右矣，至元封中，年已九十五，六歲，殊不近情理。

文帝前元四年，昆莫若爲一，兩歲，則月氏移動後，景帝之中元中，昆莫適爲三十左右，其時守西城，武帝建元中，張騫爲匈奴所捕，時年四十歲左右，與漢書所記之文相合。然則「會單于死」之單于，不得不釋作軍臣單于矣。但亦有如藤田博士所注意者，史記漢書之記事，乃依據張騫第一次西使歸國時之報告，單于死後之事，亦應傳來：故有謂單于乃非軍臣單于者。然此昆莫獨立之事，史記與漢書多有差異，史記謂：會單于死而獨立。漢書謂：爲征伐月氏而移動，後單于死而獨立。兩者均謂此爲單于死時之事，故張騫在匈奴時，得聞知之也。

今將月氏向西遷移之年表，略記如次：

漢文帝前元三——四年，（西紀前一七八——七）昆莫之父被殺。

漢文帝前元一二——後元三年，（西紀前一六八——一六一）月氏從故地移居伊犁。

漢景帝中元元年，（西紀一四九）時，昆莫守西城。

漢武帝建元三——元光五年，（西紀一三八——一三〇）大月氏侵入撒各但（Sogdiana）

三　大月氏之侵入撒各但（Sogdiana）

大月氏從伊犁移居於 Fergana，再移於撒各但，(Sogdiana)漢書所謂「西破大月氏，大月氏復徙大夏地」者，是也。

Strabo之地理書，其時代與漢書略同，中稱 Skythia

內，Hyrcama 部族之北，從 Caspian Sea 至 Oxus 之間，有 Däe 族，中分 Aparnü, Xanthü, Pisuri。其東有 Massagetae 及 Sacae。此外通稱之曰 Skythia，其中著名之族部，有 Assü, Pasiani, Tachari, Sacalanli, 此等種族居於 Yaxartes 之北。從 Yaxartes 至 Sacae 及 Sogdiana，又爲 Sacae 族所居。希臘之 Bactria 王國，實爲此等四民族 Asü, Pasiani, Tochari, Sacaranli, 所滅[10]。比來許多學者，皆欲參照 Strabo 書及漢書，加以調和，成一新說，就中尤以 Richthofen 及 Marquart 二人之說，最爲有力[11]，然亦不爲許多學者所贊同。最近西人探險所得之史料尤多，於此等史料中，亦可以考見一梗概，大都爲德人所整理發表者也。此種學說，既已傳入日本[12]，故不必詳述。至西人之如斯主張之根據，乃在由張掖地方移入之月氏，可得一近眞之實相後漸繁榮之概念下而成立者。然此並無若何證據之事，此亦爲桑原羽田二博士所主張者也[13]。

大月氏移居 Bactria 之說，同見於史記之藍市城，漢書之監市城。或有以爲 Balk 者，然與漢書所謂大宛與月氏相去六百里者不合。漢書明記月氏都嬀水之北。如信漢書所記之里數，漢書之監氏城亦在嬀水之北，史記則謂在嬀水之南。桑原博士主漢書之說以大月氏都監氏城，謂漢書乃記事之書，以整理之結果，記於大月氏之下[14]。惟今於前漢紀中，枚舉罽賓，安息諸國之都城，而不及大月氏。史記之藍市城，與漢書之監市城當分別觀之。藍氏城在嬀水之南，監氏城在嬀水之北，漢書之都監氏城一句，疑有誤。大月氏在班固著書之時，張騫遠征之日，皆不能在嬀水之北。

從來人皆謂大月氏係從張掖移居西域，實則大謬不然。史記所述之「臣畜大夏」，爲張騫所親見親聞。漢書謂大月氏與匈奴等同爲遊牧民族，文化程度較低，史記敘大夏之無君長，月氏之無國都，正以其爲遊牧民族故也。月氏西遷時，勢力極盛，武力征服大夏。然所謂征服，非統治大夏之謂也，遊牧未開化之民族，常索被征服者以歲幣，當時月氏之於大夏，或亦係此種情景。

史記漢書敘大夏爲城郭之民族，與嬀水以北之大月氏，風俗迥異。中國之所謂大夏，恐即西人所謂 Marquart 之 Tachari 也。Strabo 之前，亦記有 Tachari 侵入 Bactria 四民族之一，侵入 Bactria 而滅其國，其侵入之年代，Strabo 無記載，恐在西紀前一三八，七之左右也。時 Caspian Sea 北方之 Hun 壓迫 Germania 族，侵入羅馬，Fergana 地方之大月氏南下，壓迫居於 Sogdiana 之四民族，此四民族南下而侵入 Bactria，滅其王國。此四民族之中，其一即爲大月氏，故月氏之西遷，亦非偶然之事也。

史記僅載大夏即 Tachari，而其他民族之名之所以泯而弗見者，蓋張騫西征時，其他民族，遠處西方，Tachari 因在 Balk 地方，其勢力強，而部族亦大故也。

中華民國二十三年四月，譯自昭和七年史學雜誌第四十三編，第五號，凡三日而畢。

崇武自記於北京大學東齋廿三年四月五日

附注：

1 爲支與祁連　內藤博士六十歲慶祝論文集。（見支那論叢）。

2 張騫之遠征　蠻史的研究，四十六頁。

3 西域研究　史學雜誌第三十八編第四號。

4 烏孫考　史學雜誌第十二編第二號。

5 西域研究　第四回三五〇頁。

6 例如東洋史講座第三卷。

7 張騫之遠征五二——五四頁。

8 西域研究　第四回月氏西移之年代，以下引藤田博士之說，多見此論文。

9 張騫之遠征　其詳可參看此文三八——四三頁。

10 Strabo: Geography tr. by H. L. Jones Vol. 5. 260.261

11 Richthofen. China Vol. 1.439—441P. Marquart. Eranshr 211—212 P.

12 東洋學報第十一編，第四號，石田氏論文。支那學第二卷第五號，石濱氏論文。史學雜誌第四十四編第九號，羽田博士大月氏及貴霜考等。

13 張騫之遠征七〇——七四頁。羽田博士大月氏貴霜考，史學雜誌第四十四編，第九號。

14 張騫之遠征及大宛國之貴山城考，大正四年九月藝文。

帕米爾遊記

英國楊哈斯班著
丁則良譯

譯者按：淸季自咸豐元年（西元1851）中俄愛琿條約後，中國北邊乃屢生問題。俄國在沙皇亞力山大二世（Alexander II），尼古拉二世（Nicholas II）等治下，屢次東向發展，我國邊疆前後失地約一千四百餘萬方里，尤以西北一帶爲甚。淸光緒十年（西元一八八四年），淸廷大臣沙克都林札布與俄人立喀什噶爾（Kashgar）西北界約（當時簡稱喀約）于新瑪爾喀拉城，約定兩國邊界至烏茲別里山谿（或作烏孜別里，與烏亦別里爲兩地）爲止。烏茲別里南面的帕米爾（The Pamirs）則未顧及，遂致形成甌脫（No-man's-Land），隸屬不明。英俄兩大環伺西，南，皆欲據爲己有，甚至干戈相見，衝突屢起。中國受英指示，亦向俄交涉，一時成爲中亞一大問題。引起各國注意，或由專家遊歷，或由團體調査，並均各本見聞，書之史册，而我國反以途路窵遠，交通阻隔，注意之者甚少，僅由許景澄竹筼先生所輯帕米爾圖說及歸安錢恂所撰分界私議二書得知崖略，又有薛福成先生函電奏稿及許使（即景澄先生）公牘，亦可窺當時藉交涉原委，然或因蕪雜，或嫌簡略，于後人參考研究諸多未便，且未詳及帕米爾地方之沿革，地勢，民族，氣候等問題，爲今日致力中俄，中英外交史及西北邊疆問題者一大困難。此篇爲英人楊哈思班所著大陸之中心（The Heart of a Continent）書中之第八章（p.p. 292-305），遊帕紀實（To The Pamirs 1890）。楊氏爲克來武（Clive）喜士定（Hasting）後經略亞洲第一大人物，以軍人兼探險家，外交家，尤爲侵略西藏之策動者，一八六三生于印度，入伍後先後駐紮西藏，克什米爾（Kashmir）等地，一八八七年旅行東三省，中央亞細亞帕米爾高原後，又陸續赴帕三次，一八九〇之行則其第三次也。文中所誌帕地形勢，地質，沿革，實況均極親切明白，文筆亦復流利曉暢。我國邊疆史料固屬不少，而有關帕米爾者則寥若晨星，用敢大胆試譯。不當之點，唯明達有以正之。

一八八九年，我們的探險就伸展到帕米爾的邊界上來。第二年，我更被派游歷帕米爾全境。那時候，雖然俄國組織的團體已經屢次先後來游，而英國則自戈登大佐(Colonel T. E. Gorden)統領之福塞斯遠征團(Forsyth's Mission)穿行小帕米爾(The Little Pamir)，更由大帕米爾(The Great Pamir)歸還以後，只有一個伊理亞斯先生(Mr. Ney Elias)穿行過這裏。阿古柏(Yakoob Beg〔或作Yakoob Bey〕)那時正在得勢(註一)，前此，中國人在新疆的勢力還沒有重新建設起來，後此，事態的狀況也有劇烈的改變。帕米爾就成為南界英屬，北連俄疆，東面中國，西毗阿富汗(Afghanistan)的緩衝地帶(No-Man's-Land)，瀰漫四周佔領的聲浪還沒有消沈下去，于是這個亞洲三大帝國的交會點的實況，也就非常引人興趣而重要起來。

一八九〇年六月底，我從錫姆拉(Simla)動身來到這個遠的地方，還和前次的旅行一樣，沒有一個侍衛隨護着我。可是我後來很幸運能夠得到中國駐英使館名秘書哈利德馬可特尼(Halliday Macartney)勳爵的令郎喬治馬可特尼先生(Mr. George Macartney)和我同行。馬先生說得一口流利而正確的中國話，所以他的譒譯工作很是得力；我們一齊到了列(Leh)，又得到了兩個旅行家：就是畢起(Beech)先生和楞納(Lennard)先生。他們為着漫游的目的，也打算到帕米爾和新疆去，為穿過我前面描寫過的喀喇崑崙山脈(Karakoram Mts)，我只得過一個沈長苦悶的行程。我們幾幾乎不能想像出比這些荒原冷阜更荒涼寥落的地方來。所以我們走過六百哩的行程，從印度平原(Plains of India)穿山越嶺以下至土耳其斯坦(Turkestan)平原以後，我們的心情纔感覺到無限的慰安。八月三十日我們到了葉爾羌(Yorkand.)那裏，不必說，並沒有表現出和我三年前來的時候有什麼改變的地方，誠然這些中亞城市曾否改變過是一件可疑的事，那些隘窄的泥牆，泥房子，泥廟看起來好像永遠是那樣子。在另外他種氣候之下牠們一定會被雨沖沒了；但是在中亞很難得雨，于是他們也就多少年來維持下去。這裏僅僅有極少數的甎築回教堂(Mosque)和些好的房子。漢人全在他們的城鎮上，各有其堅固的建築物；但是本地的城郭所留給我們的印象只是一片瓦房，昏沈死悶是沒有一點改變的。『自來如此，現在如此，將來還如此』，可說是特別適合于中亞城市附近地方的格言。

我們到了葉爾羌幾天之後，去年我遇到的康穆才甫斯基大佐（Captain Grombtchevsky）（註二）也到這裏來。在他那邊傳出消息要先來拜我之前，我去候問他。一會兒，他穿了軍服，全身勳綬，出來迎見。我當時很愉快能夠遇見他，聽他暢敘一年來棍雜（Hunza）界上別後的遊踪。從那時候起，他就受夠了辛苦艱難。因爲他在十二月中旬冒險穿行喀喇崑崙山道，深冬歲盡，纔達到西藏臺地（Tibet Tableland）的邊沿。當我想念到他和他同伴的宿營設備是何等的欠豐，他們遊歷的精神是何等的勇率，我不禁對這俄國探險家冒險工作的勇敢沉毅，表示無限的佩服。

康大佐宴請我們，我們也還敬他。最後我們同赴當地一個富商的讌會。這最後的一餐，可以算是在葉爾羌一大紀念。並且一個俄國官和一個英國官同一個土耳其商人在俄印二帝國間之中央亞細亞的中心共饍，想來也自不凡。那一個大餐舉行在本城的一個人家裏，非常地講究；一道一道的蒸食，婆羅飯（註三）上個不停，烤肉準備得非常豐盛，老商人招待得極其奢華博大。

康大佐在葉爾羌住了一些時，就離城西去取新路返俄。九月十五日，馬克特尼和我也離開葉爾羌到帕米爾去，可是我們的同伴畢起和楞納還留在這裏，打算東行到葉爾羌河（Yarkand R.）林原裏去射獵。

現今的帕米爾是一個有名的地方，近來關于牠的事也很多，不過在我們遊歷的時候那裏還帶有一種神祕的遺跡；所以我們出發時滿心熱望着看一看世界的屋頂。我們先要到塔什庫爾干（Tashkurgan），薩雷闊勒（Sarikol）的首要地方，爲的達到那裏，我們越過了多少山頭，這裏山脈分出的分支，就形成了帕米爾的擎柱。許多地方，我們都經過個小村，可是多半沒有人住，山阜也都童禿寡情。九月底，我們到了塔什庫爾干，這裏已是帕米爾的邊上了。塔什庫爾干看起來好像是一個重要的地方，因爲地圖多用大字標出；可是實際上不過是塔克敦巴什帕米爾（Tagh-Dum-Bash Pamir）入口的一個小鎮而已。附近也有幾個小村，不過因爲高出海面一萬呎的緣故，自然農產是很有限的，所以該地只住着極少數的居民。

在塔什庫爾干之上，可以看見寬廣的塔克敦巴什帕米爾之下，就是我去年騎馬到過的地方，西面凸聳着一條崢嶸積雪的山脈，那就是亞洲的分水嶺。向西之水流入阿母河(Amu Daria)分開了兩大帝國的勢力範圍，向東的流入葉爾羌河(Yarkand R.)注於羅布泊(Lob Nor.)。這條山脈的後面便是大部諸帕(The Pamirs)所在——小帕米爾(Little Pamir)，大帕米爾(Great Pamir)，阿爾楚爾帕米爾(Ali Chur Pamir)——這正是我們遊歷特定的目標。

十月三日，我們離開塔什庫爾干爬上危崖，通到尼薩塔什山口(Neza Tash Pass)，路上崎嶇磬确，最後一段則更爲巉嶮，不過我們縱馬上去，倒也沒有什麼很大的困難。從山口的另一端，可以俯瞰全景，都是些走向小帕米爾的童禿，圓形，無味的山支和荒瘠不毛的空谷，爬上其中之一，我們就到了一處可以說是平原的地方。地面平坦，寬約四五哩，每邊又各伸出許多哩，直到山脈的邊際，把牠遮隱起來爲止。這裏就是小帕米爾了。在我們走進來的那一邊有崇高積雪的山脈環繞着，但是對着我們却是些低圓的山支，牠們的高度實在不配當個山脈的寵稱，更不會長遠地被雪遮蓋着。

我們去到的另外幾個帕米爾和這裏幾乎沒有什麼分別，所以關於這裏有些細膩的描寫，也就可以概其餘了。這裏平地居中，四圍環着高度不同的山脈，求知最切近牠的真像的觀念，或者可從牠的岩層結構的描寫得來。西藏便是一個大的帕米爾，因爲那裏也沒有充量的水分冲流到山谷的底部。喜馬拉亞山脈(Himalaya Mts.)喀啦崑崙山脈，與都庫什山脈(Hindakush Mts)中都有許多地方情形和這裏相同，那也是標準的帕米爾。這時候讀者應該明白帕米爾一字只是這種特殊山谷的特別名稱，所以通到棍雜(Hunza)的士穆沙勒山口(Shimshal Pass)，雖然離我們地圖上標出的帕米爾還很遠很遠，而當地人把牠稱作士穆沙勒帕米爾(Shimshal Pamir)了。

這是帕米爾地質上的岩層結構，關于牠的外形，我們可以看見許多互相矛盾的描述。有一個旅行家秋末到了帕米爾，生物都爲霜威所摧，于是他說帕米爾是個完全不毛之區；另外又有夏天走到帕米爾的人，就說這裏滋生着茂密的小草。我自己的經驗是美好茂密的草類固然可以在些地方尋到，這谷底的大部地方還不過有着成叢野生的苦艾而已。到處雖然可以發現牧畜的場地，可是誰也想像不到帕米爾的童瘠不毛之區。我從前也認爲牧草豐美，並且我預想我們旅行隊的馬可以充分地取食；但是後來發現只有一些肥美之區才有，而且一大半路程上還要在灌木叢裏檢食，使我心裏感覺到非常的失望。

自然樹是不曾看見的，甚至灌木，短林也只有一兩處才有，以致於燃料缺乏，居旅都要拿苦艾根來燒火。

氣候，可以想像到的，自然是很寒酷，我只是夏末秋初在那裏，但是八月天水盆在蓬帳裏已經凍冰，九月末寒暑表已經降到零度，十一月裏鄧摩爵士（Lord Dunmore）(註四)發現帳蓬裏的寒暑表降到零下五度，狂風是很常有的，由于寒冷而致的不適因而增劇，再加登山後的疲倦和無力，更使不適加甚，所以寒冷，狂風，和爬山造成帕米爾山谷裏沒有着一點兒樂趣。

不過天氣雖然寒酷，帕米爾的人終年還是住在那裏。他們差不多全是吉爾吉思人，還有少數從瓦罕（Wakhan）逃來的難民，他們因環境的需要，差不多都是野蠻堅勁的民族。但是他們沒有一點骨氣，不好戰爭，他們都貪婪，怠惰，沒有一點驚人之處。他們也住在帳蓬裏，和我在從北京動身後所記得一樣。

在阿克塔什（Aktash），我們尋到了三四個帳蓬和一位中國委任的頭目(或b"eg")(栢)(註五)，他對我們很有禮貌，那時候帕米爾還認爲是中國的領土而他對于我們沒有一點留難；我們于是離向正西，越過小帕米爾西境的山脈，到伊什提克河流域（Istigh R.）去。在帕米爾東部，全境山勢低平，容易越過沒有一個帶雪的峯巔，像在維多利亞湖或小帕米爾湖（Victoria Lake, or the Lake of the Little Pamir）所見似的。牠們似乎全被洗禿而冲圓了，所以沒有一點困難。我們先穿過伊什提克河流域，再由那裏到阿爾楚爾帕米爾境上的察提爾塔什(Chadir-Tash)，路上在一個地方叫做阿克察克塔什（Ak-Chak-Tash)，我們發現了許多溫泉，熱度超過我寒暑表的最高點在一百四十度以上。這裏附近發現溫泉，並不是什麼稀有的事。

在赤特拉耳(Chitral)的阿什庫曼（Ash-kuman），葉爾棍（Yarkhun）和剌特古（Lutku）等流域也有同樣的溫泉，人們常常用牠，而且相信其中有貴重葯品的原質。

在未達到阿爾楚爾帕米爾以前，有一處，我在一夸特（四分之一哩）之內數到了七十個薩溪泥羊（Ovis Poli）（註六）。自然這不是一個常見的大數目字，但是帕米爾各地却是滿谷滿邱可以看到這些，帕米爾也就以此著名，是產薩溪泥羊的地方。那種羊大得和狗一般，普通角長六十吋，有一次很異常，連彎長到七十三吋，站起來有十二掌幅（約四吋），只一個頭的重量即令剝去了皮，也多過四十磅。

我們發現阿爾楚爾帕米爾是個曠谷，寬度約有四五哩，兩邊都有荒涼櫻色的山環繞着。當我們走到的時候，谷上的草已是很稀少了，但是下去到雅什里庫里湖（Yeshikul）水草就豐美起來，並且有一些吉爾吉思人在那裏營宿。現在我們要到一個簡直已經是歷史上的地方去，雖然牠的名字還沒有被歐洲人知道過，這就是蘇滿塔什（Somatash）。伊理亞斯先生，像他走過其他亞洲的地方一樣，雖然他的遊記還沒有出版，也曾到過那裏。他曾聽到一個傳說，雅什里庫里湖邊（本應稱Lake yeshil, Kul 本義就是湖）有一個碑文上面刻着各種文字。我的吉爾吉斯的朋友証實了這個傳說，于是馬可特尼和我從巴什塔巴什（Bash Gumbaz）騎馬去看一看這石碑。我們騎了一整天的馬，經過許多古代氷河堆石的窪地裏的小湖，直到夜裏，我們正好停止在阿爾楚爾河（Alichur River），入雅什里庫里之處。我們的行李包有我們的行床和煮具，來得更遲，我們只得凍餓在送來的棚包裏過了一夜。不過我們心裏很痛快能夠第二天尋撫碑文。碑是一個殘斑的大石頭，一二百碼前，流着河水，碑就在河右高出河面一百餘呎的岸上。碑上刻着滿，漢，回文，清清楚楚地提到1759霍集占（Khojas）的擊退（註七）和中國兵追到巴達克山（Badakshan）界上的事蹟。在這古碑的高頭，河的左岸還立着一個中國建築多年的廢壘。

這個地方是有歷史的意義的，因為這裏是1892俄國和阿富汗衝突之場，鄧摩爵士曾在事變後一兩個禮拜裏來到此地，親眼看見阿富汗人的尸體，隨而記錄下來。阿富汗好像曾派了一小隊前哨十五個人到這裏，俄國約諾夫大佐（Colonel Yonoff）統領一隊來到帕米爾舉行一年一度的遊歷，于是相遇而衝突，實行槍擊，把十五個人一一殺死了。

我們摩撫碑文以後（此碑已被俄人移去，放在塔什干[Tashkent(註八)]博物院裏），就騎馬回到部西拉才(Buzilla Jai)。第二天，又爬上阿爾楚爾帕米爾，關于這個帕米爾沒有什麼特別的可記，正和其他幾處相同，通到這裏的大路有：

1. 自阿克蘇河(Aksu R.)到錫格南(Shignan)
2. 從西邊沙來士(Sarez)經模乍奈山口(Manjunai)。此路不大好走，可是已經屢次有俄國軍隊穿過。
3. 經巴什塔巴什和哈科斯(Khargosh P.)可以騎馬到大帕米爾。
4. 從科克拜(Kok-bai)到沙克達爾雅(Shakh Dara)

這些山口，俄國軍隊已屢次通過，大部高度在一萬四千呎至一萬五千呎之間，高出谷底約二千呎。

我們東去阿克蘇河流域所經的尼薩塔什山口，高約一萬二千四百呎，從西邊上來是很容易的，下去崎嶇多石較不好走，可以通到喀喇蘇河(Karasu R.)再通到阿克蘇河，正在這裏之前石土雜入，河道為泱。在我打通河道之處，山谷是很平坦的，寬約一哩有餘，地上生滿青草陪着我的吉爾吉思人就告訴我這裏叫做沙來士。這個沙來士和往下一點的沙來士不同，但是許多地圖裏就都指為沙來士帕米爾地方了。沙來士可以說從喀喇蘇河口附近伸展到阿克拜塔耳(Ak-baital)河和阿克蘇河交接之點。

阿克蘇東岸就是穆爾塔阿比(Murghabi)。當我們來到的時候，那裏除去河邊穀塲裏幾個吉爾吉思人的蓬帳和上面高地裏幾個古墳而外，什麼東西都沒有了。不過現在還有一個俄國永設的崗哨。這裏是一個荒涼慘澹的地方，高出海面一萬二千四百呎，河畔有一些草地，和不多的小樹。四圍環繞着荒涼的邱阜，天氣非常寒冷，俄國兵怎樣在這裏過活是一件可怪的事。但是他們在這裏不能沒有一點安慰，我很容易想像到他們想回到比較繁華的地方。你可以猜料出他們多們願意前進到他們前面較有生氣的處所。一個被迫困守于這個冷落地帶的官吏設有事情可作——一星期一星期地，一月一月地過着單調無聊的生活，只有唯一的荒山可以寄目，只有唯一的壘堡可以徘徊，——一定是希望前進的。『在這裏有什麽好處？』你可以想像到他的話頭：『爲什麽政府不送我們到一個合宜的地方，値得一到的地方？』這是人類的常情，使他來這樣想；並且當他有這種心理的時候，顯然地他只需要一些很小的刺激，就可以推進，而同時有一根很緊的韁繩，從後邊把他拉住。

不過當我們到了穆爾塔阿比的時候，並沒有一個俄國兵在這裏戍守着，我們只發現一些吉爾吉思人。在這裏住了一夜之後，我們循阿克拜塔爾河（白馬之意）道前進到郎庫里（Rang-kul）。這時候九月底，阿克拜塔爾河裏沒有水，河域廣約二，三哩，可是很荒瘠，沒有比到郎庫里取水更近的地方，所以我們不得不老遠地跑到那裏。我們沿着湖岸走了好幾哩，在路上經過一塊石頭叫做七喇格塔什（Chiragh-Tash），或者叫做燈光石（Lamp Rock）樹立于湖上之山尾。山支嶺頂上有一個洞！那裏土人以爲有一個永遠灼耀的光輝。關於這條光線的來源，說法很多，有的說是龍睛，有的說是龍額上的寶玉。我們走上石頭看看這道光線，那裏果然有一個洞，洞頂上有一道微弱的白光，看起來似由一些燐質而致。我打聽有沒有人曾經上洞來看一看裏面有什麽東西，但是這個吉爾吉思人回答說：『沒有人敢這樣做』。我想他們沒有爬上洞來的原因只是懶惰和不關心，因爲東方人很少是有發現事實眞理的好奇心的。于是我心裏更是奇怪，所以同着我的百通（Pathan）（註九）族的僕人爬上了山支，等走近了石頭，因爲牠是筆直的，我們竟脫去了靴子像貓一般用脚趾手指匍匐爬移了二十步。我們走進洞口，我急切地向四圍張望！尋找光綫的來源。到了我們可以放開正常的脚步的時候，我纔看出來這個洞正是穿透石頭的窟窿，光線從那一邊射了進來；在下面，這種情形自然看不見，因爲只有洞頂可入眼簾，而這塊石頭受了些個白色積存物的遮蓋，那邊射來的光線就因而反映出來，這就是歷史上幾百年來傳說的永光洞（The Cave of Perpetual Light）的內幕。

那一夜，我們就在通到郎庫里東面的一片廣闊草原上一些吉爾吉思人的帳蓬旁邊營宿。在這平原的涯角可以看見雄偉積雪，二萬五千呎高的穆斯塔喀阿塔山（Mustagh-ata），衆山之王。

我們現在向喀什喀爾（Kasbgar）出發，普通通到那裏的路是由郎庫里向東過阿克布爾提（Ak-berdi）山口，下格什河(Gez R.)。但是我急於到大喀喇庫里湖(Great Kra kul) 去，所以我北向穿經環繞郎庫里湖的荒涼的丘阜，第一夜宿在給吉爾傑克 (Kizil-Jek)山口的脚下，直到了這時候，我們很幸運在每個停站地方都有營帳可住。普通皮製的帳蓬，裏面有火確是一個溫暖舒適的地方，無論如何只要一有火就可以痛快地取煖，當你需要的時候。但是一個薄帆布帳蓬裏面不能升火却是很有不同，所以我們在裏面感受到刺人的冷氣。郎庫里與喀喇庫里間所有的地方都是極荒凉的，冷風時時吹下山谷，在我們越過給吉爾傑克山口，那一夜華氏寒暑表降到零下十八度，正是氷點下五十度。

給吉爾傑克是一個很容易過的山口，只有一次陡峻地爬上一個山谷，穿過山脊，又到另一個山谷。山南山北全沒有人住，穿過山口的後一天我們就在大喀喇庫里湖旁一片荒瘠平原上過夜。這個湖長度不止十二哩；我們到的那一天，正是一個美麗的景緻，狂暴的風在吼着，吹動了水波，激成許多泡沫，濃雲飛掠過天空，湖外又可以看見許多黯黝的叢石，上面高高地聳着高達二萬三千呎的考甫曼山峯(Kaufmanm Peak)

我小心地煮沸了我的寒暑表來確定郎庫里和這個湖間的水平的差度，然後我們轉向正東到和暖的喀什噶爾去。冬天很快的來到，我們並不需多少激刺就自然地向平地前進。我們經過一萬五千八百呎高的喀喇雅爾山口(Kara-art Pass.) 穿過喀喇庫里盆地。這個湖沒有出口已是人所共知，水不能流出來，沒有多少水流進去，牠只有靠著蒸發來保持現存的水面。不過現在湖周還有很明顯的証明，可知從前確曾達到比現在更高的高度。同時喀喇雅爾山口或許還更低一點，因爲山口的土壓含有舊日的堆石和積屑，大概是湖陷後纔堆成，所以有一種可能，就是從前湖水或許流出，直到現在喀喇雅爾山口的地方。

穿過荒涼凸凹的山峯，在山口北邊沿着喀喇雅爾河床下去，我們到了瑪爾戛蘇河(Markhan-su R.)，我們又沿着走一程，再東轉經過帕米爾主山北面的斜坡，就到了烏帕爾，(Opal)這時候我們算離開高地了，天氣漸見溫暖，在瑪爾戛蘇河流域和些山支，我們全已可以看到叢林的所在和坡上的短松。

到了烏帕爾，我們算是又到了土耳其斯坦平原了。

十一月一日，到了喀什噶爾。在那裏，我要在這一冬天完成我正式的工作。

我們拿喀什噶爾當做過多的地方，在這座古城的北部得到了一所土房，位置在一個高地上，北面可以看見喀城附近開墾的林田和峯巒積雪的天山，這些帶雪的山峯，由東邊環到北邊又回到東邊，我們在房頂，可以看見瓌偉雄奇高出平地二萬五千呎的穆斯塔喀阿塔峯。房子四周有一個花園，可以隱甜，在那裏我紮立了一個從帕米爾買來的吉爾吉思的帳蓬。在帕米爾有一天夜裏，我們找到一個非常大而且佈置優雅的帳蓬過宿。這帳蓬很新，徑長二十呎，中心高十四呎，四周高六呎，但是使我們最驚奇的是牠的精美的裝飾，蓬幕是一個很美的屏風，並且環繞裏面穹底的是許多毡質琇花的護壁。我非常愛牠，請求原主出賣，用一雙駱駝帶到喀什噶爾來，這一冬就住在那裏。地下舖着好的毯子，並有取煖的火爐，確是一個很舒服的地方，我個人以為此房子還好呢！

我到了喀城就發現這個帳蓬已經紮在那裏，使我心裏感到愉快，能在長途跋涉之餘很舒適的住在這裏，那也是一件妙事。觀察荒山和城市的異點，帕米爾夜裏所有的一切都安靜得和死一般，但是我們極易感覺到，是在城裏整夜裏中國戍兵按鐘點敲着銅鑼，九點鐘一排鎗放了，于是號音吹動起來，中國人永遠是有着很好的結果，無論他們的方法是怎樣的壞，因為一個像土耳其斯坦的地方，許多事只求結果，所以我想戍兵喧囂地巡行一定給予人們的印像不小。深夜裏萬籟俱寂，聽到沉沉的鐘聲，吼哮的胡笳，和隆隆的大炮，讓這些土耳其斯坦城市的居民想到屢屢退到這裏的戰勝者還在警戒着。

我們達到的第二天，就去拜會 1887 我在北京印度途中在這裏遇見的俄國領事勞妥夫斯基 (M. Petrosky)，他和他的夫人，孩子，參贊魯誌 (M. Lutsch) 和一個哥薩克衛兵官造成了喀城一個很好的俄國居留處所。並且那也是一件快慰的事情，去想像那種好處在一個冬天不完全把自己藏在自己的園地裏而去和其他歐州國家的人們交接。

註一、譯者按：阿古柏之亂始于1865（清同治四年）、1878（光緒四年）始平。

註二、譯者按：『康穆才甫斯基』係根據許景澄先生許文肅公

遺稿帕米爾紀略譯名，此下專名多係根據該書及該書所附之帕米爾圖，非不得已，概不杜撰，

註三、譯者按：原文作、Pillaos，此字遍查各大字典，均未檢得，僅有 Pilau 或 Pilau 一字大致可通，因移注焉。此後如有所遇，當即校正。

註四、英探險家，于中亞諸地，旅行殆遍。

註五、"beg"一作"bey"土耳其族稱地方長官曰beys

註六、爲一種野羊，生于山地。

註七、乾隆二十四年平霍集占回亂。

註八、「塔什干」，在中亞蘇俄烏茲別克共和國(UzbekRepublic)境內。

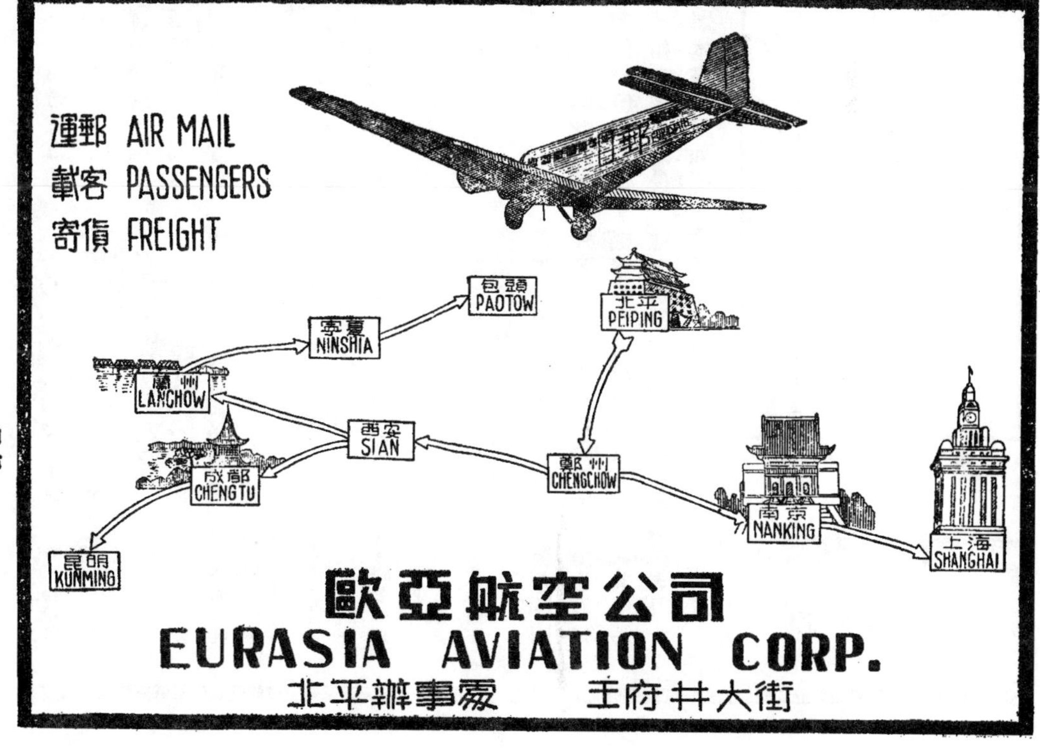

倫敦中國藝術國際展覽會籌備委員會編輯

藝術精品　集於一編

派別源流　釐然有序

Illustrated Catalogue of Chinese Government Exhibits for the International Exhibition of Chinese Art in London

倫敦中國藝術國際展覽會，以我國參加出品爲中心，展覽十四星期，參觀者四十二萬餘人，各國輿論無不盛加贊美。我國參加出品，曾於出國前在滬舉行預展，現已全部運回，復將於六月初在京展覽，全部出品數逾千件，本書爲其總目圖說，計分四册，（一）銅器，（二）瓷器，（三）書畫，（四）其他。每一出品均攝影製圖，附加中英文說明，全部用銅版紙精印。出品機關爲故宮博物院、古物陳列所、中央研究院、北平圖書館、河南博物館、安徽省立圖書館等，而選自兩院一所者爲多。國立主要文化機關所藏精品，爲外間不易見到者，粗備於此。我國藝術之偉美，及其作品之眞相，不難於茲編見其梗概。考我國藝術出版物，雖不乏宏編巨著，但就包羅完整、系統分明、記錄精確諸點言，如本書備衆長於一體者，實不可多得。略舉本書特點如次：

（甲）包羅完整　凡甲骨、石器、骨器、銅器、陶器、玉器、銀器、瓷器、景泰藍、剔紅、書畫、織繡以至摺扇、像具文具等，無不賅備，且一一攝影存眞，讀者於此，可以認識中國藝術之整體。

（乙）系統分明　每類出品，力求各時代各派別或各式樣之具備，如瓷器，如書畫，如銅器，均各自組成系統，以示藝術嬗變之動態，且各附專家所撰長篇概說，故此書卽視作有組織有圖例之中國藝術史，亦無不可。

（丙）記錄精確　每一出品至少有照片一幅，立體之器，一圖不足以明其全形者，有時多至五六圖，瓷器之底文，銅器之拓文，均另附圖片，說明中詳記每器原物之面積體積重量，長度之單位取公分，重量之單位取市秤，時代紀元，則中西並列，書畫作家，下並附小傳，記錄精確，可備考據。

茲於全書出版之初，特訂廉價發售，國內外文化學術機關，藝術考古學者，以及曾經參觀藝展諸君，自宜各置一編，其受時地之限制，以未能參與藝展爲憾者，得此亦可稍慰矣。

全書四册

三開大本綢面精裝

銅版紙精印

分册總目	定價	特價	國內掛號郵費
第一册 銅器	三元	二元一角	一角五分半
第二册 瓷器	五元	三元五角	二角三分
第三册 書畫	五元	三元五角	二角三分
第四册 其他	五元	三元五角	二角三分
全部			六角九分

特價於七月底截止

商務印書館精印發行

D187-25:5

跋西域聞見錄

吳玉年 1

此書爲清七十一撰，八旗文經作者考云：「七十一字椿園，滿洲正藍旗人，乾隆十九年進士；著有西域聞見錄八卷；蓋官糧員時所作……」。新疆圖志藝文志作「椿園氏撰」，並加注云：「自署如此。朔方備乘謂七十一著，乃誤以其年爲名，說見元史譯文證補」。此以號代名實誤：滿洲人以數字作名者尙有七十五（見淸史稿）、七十八（見耆獻類徵）等甚多，焉得皆作爲年歲而擅以其號代之哉？況是書首署爲「長白七十一椿園著」，亦未見有以年歲冠於名姓之上者。由此觀之，則七十一爲其名無疑也。

書之內容：阮燦輝跋云：「椿園先生居西域有年，建置沿革風土人情，皆考据精確，紀載詳明，誠有功邊陲之書也」。姚椿跋（見晚學齋集卷三）亦云：「……或云阮吾山侍郎蓋爲潤色，書中多垂誡之辭，不妄夸耀，自是紀述佳手」。惟新疆圖志藝文志謂：「所記回疆風土，得諸目覩，多資考證。雖以羅卜淖爾爲星宿海，蘇勒河爲疏勒國，偶而疏譌，不爲詬病。其屬藩列傳，耳目較近，記載亦詳。至述葱嶺以西各國，妄聽傳聞，十譌七八：如控噶爾之荒唐，退木爾沙之謬妄，愛烏罕譌爲敖罕，波斯譌爲塞克；謂鄂羅斯一姓相傳，不知閱幾千年，屢敗於控噶爾，稽首稱臣之類。烏有之事，孟浪之談，蓋糾不勝糾云」。是此書瑕瑜互見；而當是時交通不便，邊地荒遠，文獻無徵，記載罕見，能成此作，亦覺非易，似不宜苛責之也。

此書流傳甚廣，刋本亦多，致名稱不一。就余所知者，已得八名：爲西域聞見錄，西域總志，新疆志略，新疆外藩紀略，西域記，西域瑣談，異域瑣談，遐域瑣談；除西域總志爲周宅仁改纂而易名之外，餘皆內容盡同，目次略異。如西域聞見錄分卷爲八，列門凡五：曰新疆紀略，曰外藩列傳，曰西域紀事本末，曰回疆風土記，曰軍台道里表；西域記盡同。惟新疆外藩記略則分爲二卷，首列外藩列傳，即以爲名。其餘諸書之序次，互有先後易置，核其內容，俱無大易，世人不察，往往謂七十一著述甚多，其亦因書名不同之故歟？

開發西北協會通告

敬啟者本會第三屆年會業經決議在西安舉行茲將應注意事項分列於後並希將表格於限期內填就寄還本會以便辦理各種手續爲荷

(甲)到會須知

一、本屆年會定於本年八月二十日在西安舉行

二、凡赴會會員務須攜帶會員證

三、會員赴會乘搭火車時請持證明書購票來回照對折計算單程照七五折計算(有效時間自八月五日起至九月五日止)其他規定請詳閱證明書背面之注意條項

四、會員赴會如須經過數路綫者每一路綫應需用乘車證明書一紙

五、赴會會員須乘輪船者請持優待乘船證至招商局購票特艙位七折其他艙位八折(有效期間自八月五日起至九月五日止)

六、除年會期間在西安之宿舍由本會供給外其他旅費膳食雜用等項均由會員自理

七、凡赴會會員必須攜帶棉被衲衣體弱者並須攜帶棉衣及其他日常用品行李衣箱等亦由會員自行料理

八、大會日程

八月二十日上午開幕　下午預備會

八月二十一日上午第一次大會　下午審查會

八月二十二日上午第二次大會　下午閉幕

(遊覽日程臨時決定)

(乙)報到手續

一、凡赴會會員應按照鐵道部及招商總局規定表式(表式附後)詳細塡明寄交本會以便彙報鐵道部及招商總局轉飭查對

二、外埠會員務須於六月底以前將所塡乘車船表式裁下寄到本會本京會員於兩星期內送交否則逾限未便補行轉送

三、本會尅會員姓名表册彙報鐵道部及招商總局照准後即塡發會員證及乘車船證明書

附表如左

姓名	服務機關及現職	年齡	籍貫	起訖地點	乘車船等級	有效期間
						自八月五日起至九月五日止

1. 乘車即將船字塗去
2. 乘船即將車字塗去
3. 請註明最近通信處

(丙)大會提案

一、外埠會員提案請於七月二十日以前寄會

二、本京會員提案請於六月底以前送會

又　查

先生尚欠繳二十　年度常年費共　元並希於六月底以前繳下以利進行爲荷

開發西北協會啓　月　日

新疆之交通

譚惕吾

1

目錄

一，道路
1.省外道路
（一）由歸化經甯夏甘肅至迪化（附圖）
（二）由歸化經外蒙古至奇台（附圖）
（三）由包頭經安西至迪化
（四）由包頭經阿拉善旗至哈密
（五）由新疆塔城至愛古斯
2.省內道路
（一）由迪化至鎮西至哈密
（二）由迪化至伊犁
（三）由迪化至塔城
（四）由迪化至阿爾泰
（五）由迪化至科布多
（六）由阿克蘇至迪化至吐魯番至哈密
（七）由阿克蘇至伊犁
（八）由阿克蘇至婼羌
（九）由阿克蘇至烏什
（十）由阿克蘇至喀什噶爾
（十一）由莎車至巴楚
（十二）由莎車至喀什噶爾
（十三）由莎車至蒲犂
（十四）由莎車至且末
附清時及清前所設之驛站，軍台，營塘表
二，航路
三，郵政
1.通郵地點
2.郵寄情形（附表）
四，電報
1.通電地點
2.拍電情形
五，航空（附表）

新疆僻處西陲，交通阻塞。以言行旅，則火車輪船之便俱無。最近西土鐵道雖成，然權屬俄國，有如長蛇繞腹，對我害多而利少。昔日由內地入新，動須五六十日或二三月不等。近來汽車雖通行，然道路未修，覆車，損機之事常所不免；由綏遠入新（至迪化）亦須十數日，且因費用較昂，資產在中人以下者，多不能借徑於此。普通交通工具仍多用馬，駝，車三種（車又分台車，大車，轎車三種）；艱苦耗時，不可名狀。故新疆雖爲我國至富之地，而國人多裹足不前。以言郵電，則名雖有之而實幾於無。每遇變故，即告停頓。其在平時，亦傳遞艱難；由首都與新疆通訊，一函之達，動經月餘；電報之速率有時較郵遞且遲。且多數之地皆不通郵電，公家消息猶有驛站可傳，至於民間則睽離兩地者即如同隔世矣！自今以往，國人對於新疆建設如有決心，必當首自開闢交通與整理交通始。

至於現有交通，大別之約可分爲道路，航路，郵政，電報，及航空五種，茲分述如次：

一 道路

新疆道路可別爲省外，省內兩種，省外道路，即指由內地入新及由新赴俄所走之路而言；省內道路即指省會至各縣及各縣相互通行之路而言。茲依次敘述於左：

1 省外道路

由內地入新，昔日多出嘉峪關，經哈密以赴迪化。其由哈密至迪化也，又分爲南，北兩路：由哈密踰天山山嶺經鎮西前進以達迪化，是爲「北路」；凡赴奇台，烏蘇，塔城，伊犂者咸取道於此。由哈密至瞭墩至七克騰木台經吐魯番前進以達迪化，謂之「南路」；凡赴焉耆，庫車，烏什，阿克蘇，葉爾羌，喀什噶爾，和闐者咸取道於此。惟北路初冬即冰雪封山，陷沒車轍，行者戒途，南路出瞭墩經十三間房（古稱黑風川），妖風時作，沙鳴石走，車馬皆可飛騰，行者懼畏。清末曾闢小南路一道，其道係由哈密西南二百八十里之瞭墩分途往北，既可避北路之雪，又可避南路之風，故行者咸喜取道於此。

民國以來，迭經中外人士之探索，入新之途大闢，已不限於嘉峪關一隅矣。最近綏新汽車公司試行之結果，已知由內地入新並不限於羊腸小道，倘有廣原曠野可以駛行汽車也。茲將各路列舉於次：

一 由歸化經甯夏，甘肅至迪化。

此路由歸化至鏡兒泉分爲兩線，一線西北行經鎮西至奇台，阜康，迪化；一線西行經哈

2

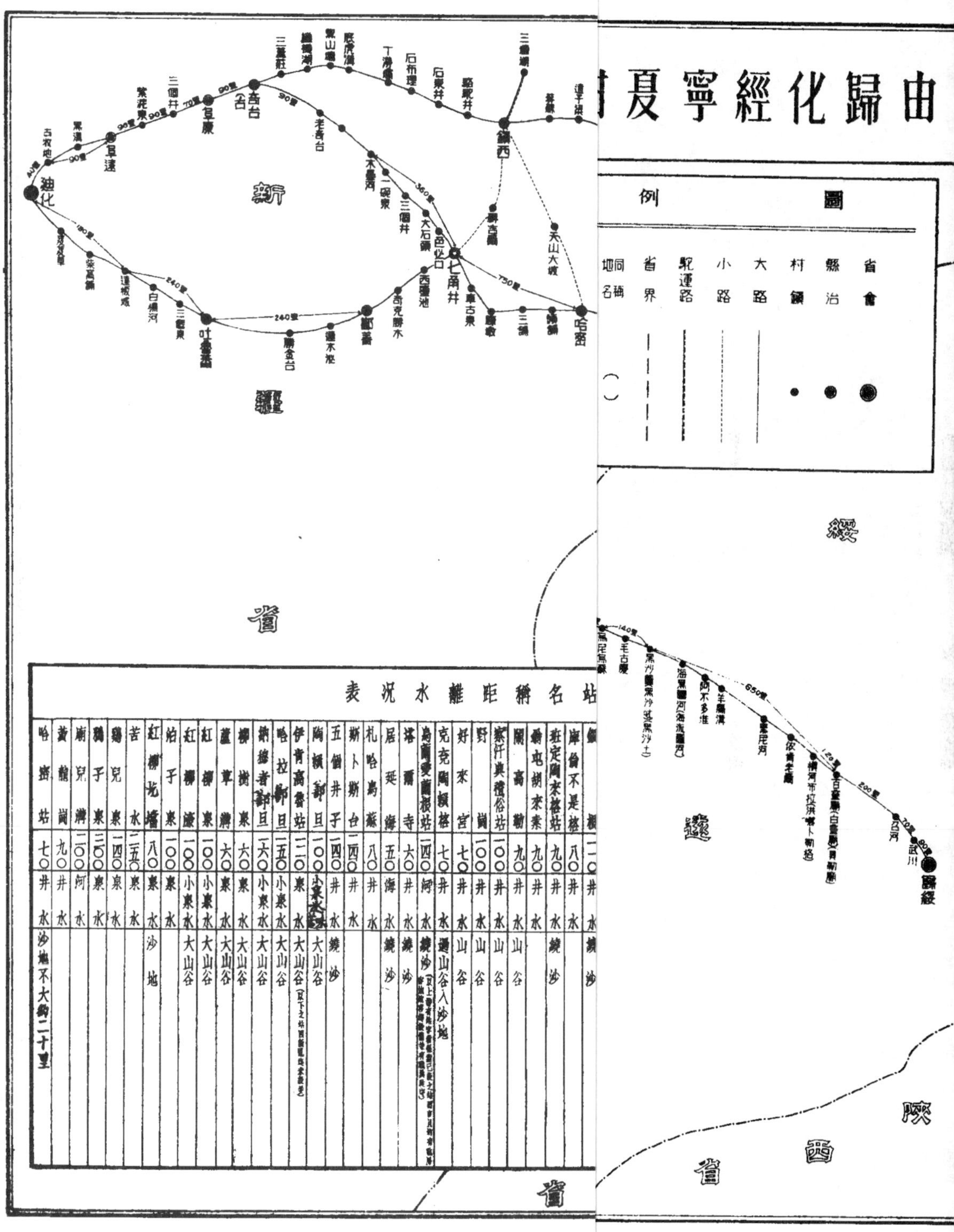

站名稱距離水況表

站名	距離	水	況
[illegible]根	一一〇	井水	饒沙
庫倫不是格	八〇	井水	
班定陶來格站	九〇	井水	饒沙
鄂屯胡來素	九〇	井水	
闊高勒	九〇	井水	山谷
察汗興禮谷站	一〇〇	井水	山谷
野崗	一〇〇	井水	山谷
好來宮	七〇	井水	山谷
克克陶賴格	七〇	井水	過山谷入沙地
烏蘭愛蘭根站	一四〇	河水	饒沙（以上[illegible]）
塔爾寺	六〇	井水	饒沙
居延海	五〇	海水	饒沙
札哈烏蘇	八〇	井水	
斯卜斯台	一四〇	井水	
五個井子	一四〇	井水	饒沙
陶賴郭旦	一〇〇	小泉水[illegible]	大山谷
伊青高魯站	一二〇	泉水	大山谷（以下之站[illegible]）
哈拉郭旦	一五〇	小泉水	大山谷
納隆者郭旦	一六〇	小泉水	大山谷
柳樹泉	六〇	泉水	大山谷
蘆草溝	六〇	泉水	大山谷
紅柳泉	一〇〇	小泉水	大山谷
紅柳灘	一〇〇	小泉水	大山谷
柏子泉	一〇〇	泉水	
紅柳坑墻	八〇	泉水	沙地
苦水	一二五	泉水	
鷄兒泉	一四〇	泉水	
鷄子泉	二〇〇	泉水	
廟兒溝	一〇〇	河水	
黄蘆崗	九〇	井水	
哈密站	七〇	井水	沙地不大約二十里

密，七角井至吐魯番，迪化。前者爲北路，後者爲南路。北路長約七千餘里，南路長約八千餘里。沿途水源不缺，惟間須繞沙行，且人烟稀絕，取給多有不便耳。在哈密有一小路直通鎮西，約長二百九十里。在七角井有一大道直通奇台，約長五百里左右；尚有一小路直通鎮西，約長二百里左右。其全路各站路線，距離及概況略如下圖及附表：

二　由歸化經外蒙古至奇台（奇台至迪化路線見前述）

此路分爲二線，一由歸化經外蒙古草地繞天生圈東南至鎮西，經鍋底山北至芨芨湖以達奇台。一由歸化經外蒙古草地至三塘湖越天生圈及鍋底山至奇台。前線約長四千七百四十九里，後線約長四千六百四十四里。其路線及概況如下：

甲　沿途各站里程

站名	里數
歸化——武川	九〇
武川——錫拉毛利招	六〇
錫拉毛利招——百靈廟	一四五
百靈廟——混混布拉克	五五
混混布拉克——蘇機	七五
蘇機——甲兒罕籠頭	五二
甲兒罕籠頭——鳴燥	六八
鳴燥——固爾烏蘇	七三·五
固爾烏蘇——錫拉哈達	四八
錫拉哈達——老爺鄂博	四九·五
老爺鄂博——貝耶和碩	五六
貝耶和碩——太布拉	九〇
太布拉——納林布敦	五二
納林布敦——依克布拉	三〇
依克布拉——章毛可保爾	八三
章毛可保爾——松多爾	六五
松多爾——札拉孟	七〇
札拉孟——底伯爾湖	五〇
底伯爾湖——錫伯吉爾孟	一二三
錫伯吉爾孟——哈沙圖	九〇
哈沙圖——嘛咪庫倫兒	一一二
嘛咪庫倫兒——哈達兒	一三五

哈潄兒	丁該忽洞	四八
丁該忽洞	閃單	六四
閃單	甲兒罕龕頭	六二
甲兒罕龕頭	雪海	六〇
雪海	噶札烏蘇	九五
噶札烏蘇	乾站小鄂博	九〇
乾站小鄂博	哈喇牛墩	七五
哈喇牛墩	蘇機	六八
蘇機	噶燥	七二
噶燥	巴彥康保爾	七五
巴彥康保爾	黑沙闊	八八
黑沙闊	索紅闊	八〇
索紅闊	大駝類	八五
大駝類	小駝類	三六
小駝類	甲兒罕莫多	五六
甲兒罕莫多	夾拉孟	一二〇
夾拉孟	貝那	九五
貝那	甲會	二〇
甲會	老龍鄂博	九〇
老龍鄂博	錫拉胡爾素	四五
錫拉胡爾素	哈拉迭令	六三

哈拉迭令	札木善丹	六五
札木善丹	巴彥鄂博	八五
巴彥鄂博	鄂博爾井	六三·餘
鄂博爾井	老爺廟	一一〇
老爺廟	木炭窰子	一〇八
木炭窰子	湖尾	六三
湖尾	三塘湖	二〇
三塘湖	大有莊	一七〇
大有莊	鎮西縣	四〇
鎮西縣	五戶	五〇
五戶	下白墩子	八〇
下白墩子	專金	六三·餘
專金	鍋底山	五六
鍋底山	紅柳峽	七一
紅柳峽	紅沙泉	八四
紅沙泉	黑山頭	八六·餘
黑山頭	芨芨湖	六七
芨芨湖	紅柳井	三三
紅柳井	東成渠	六〇
東成渠	三馬廠	四三·餘
三馬廠	奇台	三七

多布秋通路此
至溝
西地
奇臺(古城)　軍三十里啟
三嶌厰
頭工
東成渠
木壘拜申
紅柳井
大泒鎮
菱荄湖
此通路木壘分縣
山壘照
山
脈

多布秋通路此

胡桐窩
沙門子
獨山子
黑山頭
紅沙泉
抓子山
小黑山頭
卧龍居
(木壘河分縣境)

紙坊
紅柳莊峽
拐磨泉
地窨舖
菜子地
梭梭廒

叚家地
(西鎮縣境)
鍋底山
盛柳紅
黃草舖
甲金山

天山山脈
脈

鄂音巴
黑沙圖
素紅圖
此特瑪山
西

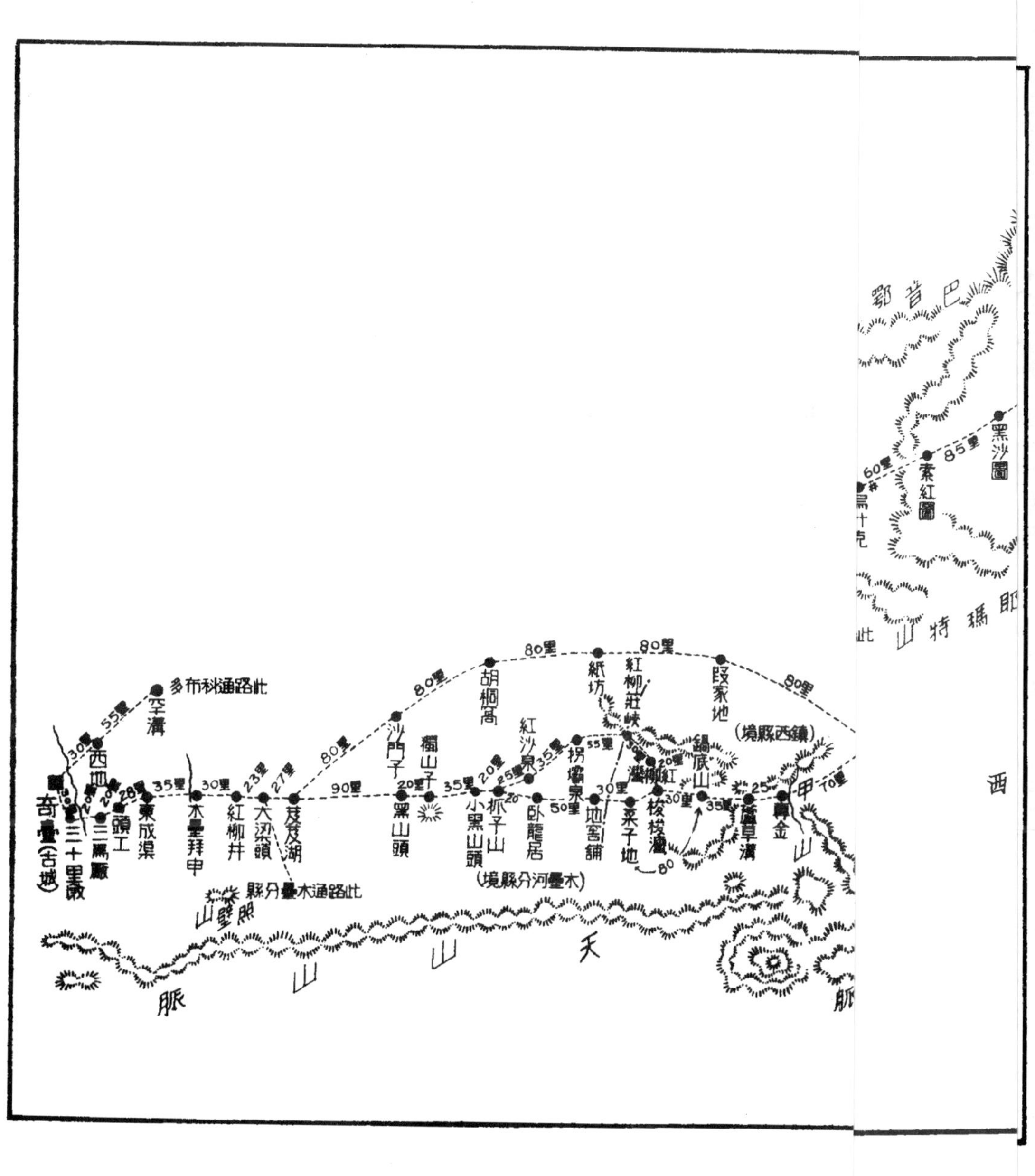

合　計　四六一三•餘

乙　沿途各站概況

(1)由歸化至武川縣，西北行：

里程　土里九十里。

道路　坡陀雜行，且須越山嶺，偶不慣，即有覆車之虞。

山脈　大青山。

(2)由武川縣至錫拉毛利招，西北行：

里程　土里六十里，實測六十里。

地勢　高四千五百呎。

道路　平坦。

山脈　大青山。

水道　有二河環縣城，水淺，底爲流沙。

(3)由錫拉毛利招至百靈廟，西北行：

里程　土里一百一十五里，實測一百四十五里。

地勢　地爲波狀形，高約四千八百呎。

道路　平坦，間有拳石礙車。

山脈　僅有小崗。

水道　西北三十里有烏蘭淖爾，前有小河一道，名招河。

附記　沿途墾地頗多。

(4)由百靈廟至混混布拉克，西北行：

里程　土里五十五里，實測五十五里。

地勢　高約五千呎，中間爲低隰地。

道路　上下坡陀，中有頑石礙車，不易行。

山脈　四圍山環，中間崗巒起伏，形勢險。

水道　前有河繞廟，名愛莫哥。

附記　廟附近草甚佳，水流不息，宜農墾。

5

(5)由混混布拉克至蘇機，西北行：

里程　土里七十五里，實測七十五里。

地勢　高約六千呎。

道路　坡陀升降，多沙河。

山脈　山勢緊。

水道　沙河一道，底有泉長流。

附記　沿途略有水草，僅駱駝牧。

(6)由蘇機至甲兒罕龍頭，西北行：

里程　土里五十二里，實測五十二里。

地勢　形成台，多山，高約五千五百呎。

道路　多芨芨，礙車。

山脈　有遠山。

水道　庫倫底兒蘇有水。

附記　草優美，宜牧畜。

(7)由甲兒罕龍頭至噶燥，西北行：

里程　土里六十八里，實測六十八里。

地勢　高約四千八百呎。
道路　多起伏。
山脈　南北有大山。
水道　無。
附記　沿途可牧畜。

(8)由噶燥至固爾烏蘇：

里程　土里七十三里半，實測七十三里半。
地勢　高約四千二百呎。
道路　平坦，小石礙車，坡崗起伏。
山脈　僅有小山起伏。
水道　有沙河一道。
附記　水草佳，蒙人數家。

(9)由固爾班烏蘇至錫拉哈達，西北行：

里程　土里四十八里，實測四十八里。
地勢　中如仰釜，四圍高，地高三千五百呎。
道路　芨芨礙車，可繞道行。
山脈　羣山環繞，不高。
水道　無。
附記　多水草，宜牧畜。

(10)由錫拉哈達至老甕鄂博，西微偏北行：

里程　土里四十九里半，實測四十九里半。
地勢　高約三千八百呎，低山夾帶，中成窩。
道路　芨芨草叢，阻車。
山脈　僅有小山。
水道　無河，衆水滙歸如湖。
附記　沿途多芨芨，可牧馬；又產紅柳，可供燃料。

(11)由老甕鄂博至貝耶和碩，西行：

里程　土里五十六里，實測五十六里。
地勢　高約四千二百呎，南北低，中長嶺。
道路　沿途平坦，有鹻地五里，土堆二十里。
山脈　北山近道，南山遠。
水道　沙河數道。
附記　沿途羣草，宜牧不宜墾；多棗榆樹。

(12)由貝耶和碩至太布拉，西微偏北行：

里程　土里九十里，實測九十里。
地勢　高四千二百呎。
道路　途多碎石土堆，均礙車，餘平坦。
山脈　有山，不高。
水道　沙河無水。
附記　沿途戈壁，短草叢，多棗榆樹。

(13)由太布拉至納林布敦，西偏北行：

里程　土里五十二里，實測五十二里。

地勢　大平原，高四千尺。

道路　平坦。

山脈　石山迫緊。

水道　無河。

附記　沿途多樹，草富。

(14)由納林布敦至依克布拉，西偏北行：

里程　土里三十里，實測三十里。

地勢　高約四千六百呎。

道路　盡頑石，車行難。

山脈　石山。

水道　僅有溝。

附記　沿途徧棗榆樹。

(15)由依克布拉至章毛可保爾，西偏北行：

里程　土里八十三里，實測八十三里。

地勢　地形長隘，高五千呎。

道路　盡頑石，車顚難行。

山脈　道兩傍，皆亂山。

水道　乾河。

附記　青草茂，宜牧畜。

(16)由章毛可保爾至松多爾，西微北行：

里程　土里六十五里，實測六十五里。

地勢　高約六千七百呎。

道路　平坦。

山脈　小山蜿伏。

水道　沙河一道。

附記　多駝草，無馬草。

(17)由松多爾至札拉孟，西微北行：

里程　土里七十里，實測七十里。

地勢　高六千八百呎。

道路　平坦，中有小石當道。

山脈　大山數處。

水道　乾河一，雨時見水。

附記　有駝草。

(18)由札拉孟至底伯爾湖，西微北行：

里程　土里五十里，實測五十里。

地勢　平衍，高約六千九百呎。

道路　平坦。

山脈　百里外有一山，不知名。

水道　無。

附記　沿途戈壁　無水草人烟。

(19)由底伯爾湖至錫伯吉爾孟，西行：

里程　土里一百二十三里，實測一百二十三里。

7

地勢 高約七千一百呎。

道路 平坦，中有小山細沙及草。

山脈 北有大山，名七七山，再東為邏圖山。

水道 錫伯北有泉，名吉爾孟。

附記 牧場廣茂，蒙人多。

(20)由錫伯吉爾孟至哈沙圖，西行：

里程 土里九十里，實測九十里。

地勢 為波狀地，高約七千呎。

道路 平坦。

山脈 有烏龜山，為三吏達賴山，低巒起伏。

水道 有泉頗大。

附記 附近水草均佳。

(21)由哈沙圖至嘛咪庫倫兒，西北行：

里程 土里一百十二里，實測一百十二里。

地勢 高約七千二百呎。

道路 約三十里，土堆及鹻地泥濘，餘平坦。

山脈 南面為固爾班賽罕，北面為俄博閃丹，蘇機諸山，縱列南北。

水道 小布滕係一草湖，皆泉水。塔布庚報爾有泉五。

附記 水草均佳，牧畜相望。

(22)由嘛咪庫倫兒至哈達兔，西北行：

里程 土里一百四十里，實測一百三十五里。

地勢 南北皆山，中平原，高七千尺。

道路 平坦，多鹻地，草叢礙車。

山脈 東北蘇機山，北為俄博閃單，西北烏呢格庙山，西為舍拉帕雜爾山，東南哈烏龜山，山勢背不峻，多赤色。

水道 沿途井泉，無河流。

附記 沿途戈壁盛產白草，臭草，鐵思蒿等草，宜牧畜。

(23)由哈達兔至丁該忽洞，西行：

里程 土里四十八里，實測四十八里。

地勢 台地形，高六千七百呎。

道路 芨芨叢生，車行甚難。

山脈 西北塔布楚克大山，南為巴朗賽罕山。

水道 哈達兎水。

附記 水草佳，農牧咸宜。

(24)由丁該忽洞至閃單，西行：

里程 土里七十五里，實測六十四里。

地勢 平坦，高六千六百八十呎。

道路 平原坦途。

山脈 西北領爾次大山，東為杭愛山。

水道 有閃單乾河。

附記 一片平原，草叢如球。

(25)由閃單至甲兒罕龍頭，西偏南行：

里程 土里六十五里，實測六十二里。

地勢 高六千七百五十呎。

道路 山坡起伏，拳石當道。

山脈 小山縱橫，南北有大山。

水道 有沙河，掘之可取水。

附近 閃單水草均佳。

(26)由甲兒罕龍頭至雪海，西偏南行：

里程 土里六十里，實測六十里。

地勢 中爲長溢低原，高六千五百呎。

道路 多拳石礙車。

山脈 小山數處，東西橫列。

水道 甲兒罕龍頭水。

附記 水草佳，可牧。

(27)由雪海至噶札烏蘇，西北行：

里程 土里一百二十里，實測九十五里。

地勢 高六千三百呎。

道路 平坦。

山脈 有南山峰巒起伏，有流沙，多行西路。

水道 雪海有水北流。

附記 遍生紅柳，水草均佳，好牧場。

(28)由噶札烏蘇至乾站小鄂博，西北行：

里程 土里三十里，實測九十里。

地勢 爲波狀形，高五千六百呎。

道路 平坦，間有小坡。

山脈 南面有大山一道。

水道 有乾河一道。

附記 多節蒿，大如樹。

(29)由乾站小鄂博至哈喇牛墩，西偏北行：

里程 上里八十里，實測七十五里。

地勢 平衍，高五千九百五十呎。

道路 平坦。

山脈 有一沙漠，名帳房山。

水道 無河流。

附記 沿途無水草，農牧皆不宜。

(30)由哈喇牛墩至蘇機，西行：

里程 土里七十五里，實測六十八里。

地勢 平原，高六千二百呎。

道路 草叢當路，車難行。

山脈 南北有山相對。

水道 有泉長流不息。

附記 牧場佳，宜牛，馬，羊，不宜駱駝。

9

(31)由蘇機至噶燥，西行：

里程 土里八十五里，實測七十二里。

地勢 平原，高六千六百五十呎。

道路 平坦。

山脈 有博克達雪山，白石山數道縱列。

水道 察拉布拉水，蘇機水，味佳。

附記 節蒿高及丈，可供燃料。

(32)由噶燥至巴彥康保爾，西行：

里程 土里九十里，實測七十五里。

地勢 地形波狀，高六千九百呎。

道路 平坦，白石如豆。

山脈 南有山一道，東北有博克達山。

水道 噶燥水，味苦鹹。

附記 沿途遍産駱駝刺。

(33)由巴彥康保爾至黑沙圖，西偏南行：

里程 土里一百里，實測八十八里。

地勢 高七千呎。

道路 平坦。

山脈 低山一道，又札罕覺博爾達山產煤。

水道 無河。

附記 沿途戈壁，少牧場。

(34)由黑沙圖至索紅圖，西偏南行：

里程 土里八十五里，實測八十里。

地勢 高七千二百呎。

道路 有溝，多崎嶇。

山脈 南為耶瑪特山，北為巴音鄂博諸山。

水道 係索紅圖沙溝。

附記 水草豐美，大好牧場。

(35)由索紅圖至大駝頪，西偏南行：

里程 土里一百里，實測八十五里。

地勢 高六千八百二十呎。

道路 戈壁，多礫及淺沙。

山脈 北面巴音鄂博山，烏什可有小山。

水道 無河。

附記 水草不多，農牧不宜。

(36)由大駝頪至小駝頪，西偏南行：

里程 土里四十里，實測三十六里。

地勢 有小山坡，高六千五百呎。

道路 多鹻地，易陷車轍。

山脈 北山即貝也風鄂爾。

水道 南有二泉，東有井二。

附記 水草佳，節蒿多，馬蘭草味苦。

(37)由小駝類至甲兒罕莫多，西北行：

里程　土里五十里　實測五十六里。

地勢　高七千呎。

道路　平坦。

山脈　南北有山。

水道　小駝類有水。

附記　沿途惟生梭梭。小駝糧水草佳，宜牧。

(38)由甲兒罕莫多至夾拉孟，西北行：

里程　土里一百二十里，實測一百二十里。

地勢　波狀形，高八千一百二十呎。

道路　平坦，間有小石，行車少礙。

山脈　北面哈喇太爾罕山，東有霍倫竈的克山，南有永泰山，名戈壁山。

水道　有山泉。

附記　沿途戈壁，乏水草無樹，甲爾罕莫多有井，四圍多沙蔥白草。

(39)由夾拉孟至貝那，西偏南繼偏北行：

里程　土里一百二十里，實測九十五里。

地勢　高七千四百二十呎。

道路　平坦，貝那有鹻地，蘇吉多沙滑輪，夾拉孟四圍草叢。

山脈　夾拉孟南永泰山、北紅色山一道，山崗平衍。

水道　夾拉孟小水。

附記　水草佳，馬羊多。

(40)由貝那至甲會，西行：

里程　土里二十里，實測二十里。

地勢　高六千五百呎。

道路　沿途係鹻地，多水濕，不良行，大道行駝，小道行車；因大道泥濘，須蒙民引路。

山脈　無山。

水道　水道交汊，源于北山。

附記　四圍皆水草，青棵盈野。

(41)由甲會至老龍鄂博，西偏南行：

里程　土里九十五里，實測九十里。

地勢　高六千一百呎。

道路　平坦，四圍皆鹻地，雨後泥濘。

山脈　哈台哈爾罕山，即鹽山，西北青爾克山。

水道　扣克水。

附記　甲會周圍百里，水草豐，多紅柳。

(42)由老龍鄂博至錫拉胡爾素，西南行：

里程　土里四十里，實測四十五里。

地勢　平原曠闊，高七千五百呎。

道路　拳石當道，行汽車稍有礙。

11

山脈　有鹽山，南有小山一道，形如裙帶。

水道　無河流。

附記　沿途戈壁節蒿，可爲薪。

(43)由錫拉胡爾素至哈拉迭令，西微南行：

里程　土里七十里，實測六十三里。

地勢　自錫拉胡爾素出，至哈拉迭令，降至七千呎。

道路　戈壁曠闊，無阻礙。

山脈　有阿濟博克達山，東有鹽山，狀如鱉背，色微紅，北距百里，大山橫繞。

水道　無河。

附記　戈壁水草均稀。

(44)由哈拉迭令至札木善丹，西微南行：

里程　土里七十里，實測六十五里。

地勢　傾斜甚，高八千五百呎。

道路　盡頑石，車搖甚，多曲折。

山脈　小山蜒蜿。

水道　札木善丹東有大河灘，哈拉迭令有沙灘，雨有水，平時乾。

附記　略有水草，不美。

(45)由札木善丹至巴彥鄂博，西微南行：

里程　土里九十一里，實測八十五里。

地勢　平原，高七千五百呎。

道路　拳石犄犖，坡陀起伏，亦多曲折。

山脈　杭愛山。

水道　無河流。

附記　沿途草場戈壁相間。

(46)由巴彥鄂博至鄂博爾井，西微南行：

里程　土里六十五里，實測六十三里餘。

地勢　高六千二百餘呎。

道路　平坦，惟拳石阻車。

山脈　西北有大道，即杭愛山。

水道　無。

附記　沿途有壁，有泉，有草。

(47)由鄂博爾井至老爺廟，西行：

里程　土里一百十里，實測一百十里。

地勢　高六千零五十呎。

道路　平坦戈壁，小山羅列。

山脈　白塔山。

水道　無。

附記　沿途戈壁，有草及胡桐樹。

(48)由老爺廟至木炭窰子，西南行：

里程　土里一百十里，實測一百零八里。

地勢　波狀形，高四千八百九十呎。
道路　沿途戈壁平坦，惟亂石子及小山。
山脈　西北玉岱山，東北杭愛山。
水道　無。
附記　途中戈壁無草。老爺廟有草有泉，可飲千人，四圍胡桐樹及鹻地。

(49)由木炭窰子至湖尾，西南行：
里程　土里六十三里，實測六十三里。
地勢　高四千二百二十呎。
道路　平坦，盡是小石沙土。
山脈　達拉貝子山，俗名北山。
水道　無。
附記　沿途戈壁，水草均稀。

(50)由湖尾至三塘湖，西南行：
里程　土里二十里，實測二十里。
地勢　高五千四百二十呎。
道路　平坦。
山脈　小山迴抱。
水道　無。
附記

(51)由三塘湖至大有莊，南偏西行：
里程　土里百七十里，實測百七十里。
地勢　出沙溝口至三塘湖，，降爲六千一百五十呎。
道路　小坡升降，然路平坦，多曲折。
山脈　莊北有山，即北山脈。
水道　三塘湖之泉有二，西泉東北流，東泉西北流，至廟灘流合爲一。
附記　三塘湖西，有煙窰 出枳炭，土壤肥沃。沿途戈壁，不可耕，宜牧。

(52)由大有莊至鎮西縣，沿南行：
里程　土里四十里，實測四十里。
地勢　平衍，高七千八百五十呎。
道路　多草地，俗名草湖。地多鹻，遇雨雪，即泥濘不堪。
山脈　北山繞東北，西山繞西南西北兩面，紅柳峽鍋底山一帶山脈。
水道　有頭道河，大河，水磨河，諸河均于夏令秋初見水。
附記　水草美，居民農七牧三，北山森林，盛產紅松，大合抱。

(53)由鎮西縣至五戶，北偏西行：
里程　土里五十里，實測五十里。
地勢　四面皆山，中窪，高七千八百呎。
險要　巴里坤爲新疆東北之咽喉，進可戰，有居高臨下之勢，退可守，有山谷牧場之利，較哈密奇台均優勝。

13

道路　沿途宜馬不宜車，支路繁多。

山脈　有南山天山，山脈分布。

水道　昭木多河在城東百餘里。

附記　鎮西天山，東北五度溝有金礦，小柳溝有金礦，有煙煤。

(54)由五戶至下白墩子，西北行：

里程　土里九十里，實測八十里。

地勢　高七千九百二十呎。

道路　平坦，中有數里遍仄。

山脈　低岑起伏，四山迴抱，源于天山。

水道　東南有泉水。

附記　沿途戈壁，宜牧不宜農。

(55)由下白墩子至專金，西行：

里程　土里七十里，實測六十三里餘。

地勢　始高坡，後漸低，高七千六百五十呎。

道路　平坦，微斜長坡。

山脈　僅有石峽，橫亘東西。

礦產　白墩子北有煤窰二，係東窰西窰，產煙煤。

附記　沿途戈壁，農牧少。

(56)由專金至鍋底山，西行：

里程　土里六十里，實測五十六里。

地勢　高七千四百七十七呎。

道路　頗惡，坡陀上下，峯迴路轉，多頑石。

山脈　亂山圍抱，係哈布塔克山脈。

水道　專金東有小河。

附記　水草佳，宜牧畜。

(57)由鍋底山至紅柳峽，北又西行：

里程　土里八十里，實測七十一里。

地勢　紅柳峽三十里　高七千二百二十呎。

道路　中有石塊當路，頗礙車。

山脈　兩旁石山。

附記　沿途多野苜蓿草，及芨芨草，宜牧。中有一草，土人名闆草，牲畜食之病。

(58)由紅柳峽至紅沙泉，西南又西行：

里程　土里九十里，實測八十四里。

地勢　低阜起伏，波狀形，高六千三百二十呎。

險要　紅柳峽長十餘里，爲鎮西木壘河交界，形勢惡。

道路　平坦，低坡起伏。

山脈　北爲拜克達山，東哈拉腮斯克山餘脈，南爲天山，東爲鍋底山，東南爲臥龍諸山。

水道　紅柳峽泉水，灌溉田畝數十頃。

附記　多沙礫地，惟生蔥，駱駝刺。

(59)由紅沙泉至黑山頭，西微南行：

里程　土里百里，實測八十六里餘。

地勢　高六千一百九十呎。

道路　栗子地有壩甚高，少許石頭當道。

山脈　拜克達山鍋底山。

附記　紅沙泉有泉，四圍草佳，宜牧畜。

(60)由黑山頭至芨芨湖，西行：

里程　土里九十里，實測六十七里。

地勢　高五千四百六十呎。

道路　平坦，多沙礫。

山脈　天山在南，拜克達山在北，縱列南北。

附記　沿途惟生駱駝刺，墾牧均不宜。

(61)由芨芨湖至紅柳井，南微西行：

里程　土里五十里，實測三十三里。

地勢　高五千零五十呎。

道路　平坦。

山脈　天山在南，白塔山在北。

附記　沿途多斥滷，芨芨草，宜牧。

(62)紅柳井至東成渠，西行：

里程　土里七十里，實測六十里。

地勢　高五千二百七十呎。

道路　平坦，中間有小石戈壁數里。

山脈　距天山百餘里。

水道　木壘河之下流。

附記　沿途駱駝刺遍野，舊有墾，今已廢。

(63)由東成渠至三馬廠，西南行：

里程　土里四十八里，實測四十三里餘。

地勢　平坦，高四千五百二十呎。

山脈　天山仍在南，與大道並趨。

礦產　北面百餘里有煤礦，周圍數百里盡煤苗。

附記　沿途草茂，大好牧場。

(64)由三馬廠至奇台，西偏北行：

里程　土里五十里，實測三十七里。

地勢　平坦，高四千四百呎。

道路　平坦。

山脈　天山在南，與巴里坤天山相連。

水道　東門外有水磨河，係泉水，灌溉田畝甚多，居民取飲。

附記　沿途草場肥美，三十里墩猶有農地，後係牧畜，駱駝甚多。

三　由包頭經安西至迪化。

此路係經平羅，甯夏，中衞，蘭州，平番，涼州，永昌，東樂，張掖，高台，酒泉，嘉峪關，玉門，安西等縣而至哈密，七角井，木壘河，奇台，孚遠，阜康，迪化。全路長六千四百七十三土里（約較實測里大），爲入新要道。由包頭至平羅縣約長一千一百四十二里，除由廣慶遠至石嘴子三百五十里係沙地，頗碍車行外，餘均道路平坦。沿途水源尚多，人烟不甚稀少，草料樹木亦時有。由平羅縣至甯夏縣長約一百零八里，道路平坦，人烟不稀少。由甯夏縣至中衛縣長三百九十三里，除由揚合堡至石空數站，或因溝渠過多，或因越墕過嶺，或因沿途戈壁，車行稍覺困難外，餘均道路平坦，而人烟亦較稠密，水草均有。由中衛至蘭州長約六百三十七里，始行沙地，繼走坡道，雖車行不甚便利，然尚無大碍；沿途居民不少，水草尚佳。由蘭州至平番縣長約一百二十五里，沿途多山徑，頑石碍車，頗不良於行。由平番縣至涼州長約三百三十九里，始行平原，繼走石路，車行尚可。由涼州至永昌長約一百六十里，道路平坦，行車甚便。由永昌至東樂長約二百三十二里，始行坡上，繼走平路。由東樂縣至張掖縣（卽甘州）長約七十二里，道路平坦，樹木繁茂。由張掖縣至高台縣長約二百四十二里，其中由張掖縣至沙河堡，須渡河，遇水漲時，車馬難渡。由高台縣至酒泉縣（卽肅州）長約二百七十五里，除由高台縣至鹽池堡百三十餘里流沙碍車，不易行駛外，餘均平坦。由酒泉縣至嘉峪關長約六十里，始行戈壁，繼入坦途。由嘉峪關至玉門縣長約三百四十五里，其中由赤金峽至玉門縣九十里，須行戈壁（約四十里），草木不生，炎氣炙人，無水，不得飲。由玉門縣至安西縣長約二百八十五里，初行戈壁沙灘，繼走平原。由安西縣至星星峽，卽出甘肅境而入新疆邊界。是路長約三百六十五里，其中由安西縣至白墩子九十里（實測七十六里），多沙漠，乾燥異常，白晝不可行，因人馬易渴，而水又不易得也；行旅宜於晚間。由星星峽至哈密縣長約四百四十二里，經石道及沙土地，車行路顛簸，中由格子烟墩至長流水一站多鹻地，夏秋經雨，便成泥漿，車行不易。由哈密至七角井長約四百三十三里，除由三道嶺至瞭墩及由一碗泉至七角井二站多戈壁外，餘均道路平坦。由七角井至木壘河長約二百九十里，其中除由七角井至頭水六十里，道路逼狹，車不易行外，餘均平坦。由木壘河至奇台長約一百八十里，道路平坦，人烟稠密，水草均佳。由奇台縣至孚遠長一百二十里，路平坦，農村相望，水草均佳。由孚遠至阜康，行平原，水清樹茂，佳境也。由阜康至迪化長約一百二十八里，道路平坦，樹木繁多。

總觀全路，水草尚佳，人烟亦不甚稀少，較之行於蒙古大小草地均佳，此無怪乎昔日由內地入新者均假道於此也。

茲將沿途各站站名及詳細里程與概況，分別略述於下：

甲　沿途各站里程

站名	里數
包頭——哈拉補達	七〇
哈拉補達——各加爾氣	八〇
各加爾氣——姜白店	八〇
姜白店——拍士補隆	九〇
拍士補隆——隆興長	八〇
隆興長——熊萬庫	九〇
熊萬盧——何家欄	六二
何家欄——中國堂	九〇
中國堂——廣慶遠	五〇
廣慶遠——常家	八〇
常家——磴口	六〇
磴口——何拐子	一二〇
何拐子——二池子	五〇
二池子——石嘴子	四〇
石嘴子——平羅縣	一〇〇
合計	一一四二
平羅縣——寧夏縣	一〇八
寧夏縣——楊合堡	四〇
楊合堡——大壩	六〇
大壩——渠口堡	六五
渠口堡——石空	七〇
石空——中衛縣	五〇

合計 三九三
中衛縣——沙壩頭 四〇
沙壩頭——長流水 三五
長流水——乾塘子 六六
乾塘子——營盤水 六〇
營盤水——一條山 一〇〇
一條山——達拉拜 五七
達拉拜——六墩 一〇八
六墩——水阜河 九一
水阜河——蘭州城 八〇

合計 六三七
蘭州城——朱家井 四〇
朱家井——鹹水河 七〇
鹹水河——平番縣 一〇五

合計 二一五
平番縣——岔口驛 七〇
岔口驛——龍溝堡 九五
龍溝堡——雙塔堡 七二
雙塔堡——涼州（即武威縣） 一〇二

合計 三三九
涼州（即武威縣）——四十里舖 四〇
四十里舖——永昌縣 一二〇

合計 一六〇
永昌縣——水泉驛 六〇
水泉驛——新河堡 九〇
新河堡——東樂縣 八二

合計 二三二
東樂縣——張掖縣 七二
張掖縣——沙河堡 八〇
沙河堡——高台縣 九〇

合計 二四二
高台縣——花牆堡 七〇
花牆堡——鹽池堡 六三
鹽池堡——臨水驛 一〇〇
臨水驛——酒泉縣 四二

合計 二七五
酒泉縣——嘉峪關 六〇
嘉峪關——惠回堡 八五
惠回堡——赤金峽 一一〇

起	訖	里數
赤金峽	玉門縣	九〇
合計		三四五
玉門縣	三道溝	五〇
三道溝	布隆吉水	九〇
布隆吉水	小宛驛	八五
小宛驛	安西縣	六〇
合計		二八五
安西縣	白墩子	九〇
白墩子	紅柳園	七〇
紅柳園	大泉	七〇
大泉	馬蓮井	六五
馬蓮井	星星峽	七〇
合計		三六五
星星峽	沙泉驛	九〇
沙泉驛	苦水驛	七五
苦水驛	格子烟墩	一〇五
格子烟墩	長流水	六〇
長流水	黄蘆岡	五〇
黄蘆岡	哈密縣	六二
合計		四四二

19

起	訖	里數
哈密縣	頭堡	六〇
頭堡	三堡	六〇
三堡	三道嶺	六〇
三道嶺	瞭墩	八〇
瞭墩	一碗泉	七〇
一碗泉	七角井	一〇三
合計		四三三
七角井	頭水	六〇
頭水	大石頭	六〇
大石頭	三箇泉	八〇
三箇泉	木壘河	九〇
合計		二九〇
木壘河	舊奇台	九〇
舊奇台	奇台縣	九〇
合計		一八〇
奇台縣	孚遠縣	七〇
孚遠縣	三台	一二〇
三台	阜康	一八〇
合計		三七〇
阜康	古牧地	九〇

古牧地——迪化　三八

合　計　一二八

總　計　六四七三

乙　沿途各站概況

(1)由包頭至哈拉補達：

里程　土里七十里，實測五十里。

地勢　高二千六百呎。

道路　平坦。

山脈　前山後山，前山平，後山崎嶇。

水道　南有亂水泉。

附記　沿途人烟甚少。

(2)由哈拉補達至各加爾氣：

里程　土里八十里，實測六十里。

地勢　高三千四百呎。

道路　平坦。

山脈　烏拉山。

水道　南有三虎河，黃河汊道。

附記　沿途荒涼，無處打尖，土肥，多牧場。

(3)由各加爾氣至姜白店：

里程　土里八十里。

地勢　高三千五百四十呎。

道路　平坦。

山脈　廟後遍山皆小杉樹。

水道　三十里至三虎河。

附記　有廟一所，小店一家，東有營盤一座。

(4)由姜白店至拍士補隆：

里程　土里九十里，實測八十里。

地勢　高三千五百二十呎。

道路　坦平，曾繞遠道，人馬得休息。

山脈　西循烏拉山。

水道　登山坡，南見黃河。

附記　中間有莊，芨芨草盛。拍士補隆有耶穌教堂。

(5)由拍士補隆至隆興長（係五原縣一市鎮）：

里程　土里八十里。

地勢　高三千五百呎。

道路　坦平。

山脈　烏拉山至此止。

水道　東有大河，渠流交錯。

附記　沿途居民頗多，芨芨紅柳均盛。

(6)由隆興長至熊萬庫（即隆興社）：

里程　土里九十里。

地勢　高三千五百呎。

道路　平原。

水道　東黃河。

附記　有稅局一，小店二。

(7)由熊萬庫至何家柵：

里程　土里六十二里，實測七十里。

道路　平原，中有沙窩。

水道　南二十里黃河。

附記　有墾務局，長樂社，洋行。

(8)由何家柵至中國堂：

里程　土里九十里。

地勢　高三千四百零五呎。

道路　平坦。

山脈　北至狼山。

水道　大渠一，即金渠。

附記　墾地多，有天主教堂一所，小學一所。

(9)由中國堂至廣慶遠：

里程　土里五十里。

地勢　高三千二百零八呎。

道路　平坦，間有輕沙滯輪，車不能進。

山脈　西北有筆架山。

水道　烏拉河在西，長百餘里。

附記　有天主教堂一所，建設頗久，有田地三十餘頃，神父英人，甚有威權，行西北者均知河套有秘密王國。居民數十家。筆架山一帶均產甘草。

(10)由廣慶遠至常家：

里程　土里八十里。

地勢　高二千五百六十呎。

道路　流沙如浪，車行難，沙盡，路逼窄不能容足，覓路不得。

山脈　東南有抓子山，即格爾格登山。

水道　東南黃河，西南沈家河。

附記　有教堂總會，小學一所，居民三十餘家。途有沙窩，有羊廠紅柳。

(11)由常家至磴口：

里程　土里六十里。

地勢　高三千七百呎。

道路　途經沙窩，底有砂土。

水道　經黃河，有二紅湖，產鹽。

附記　居民百六十餘家，皆貿易，磴口要口。

(12)由磴口至河拐子：

里程　土里一百二十里。

21

地勢　高三千九百六十呎。

道路　流沙數十里，餘平坦。

水道　左流沙　右黃河。

附記　土性輕鬆，紅柳成林，芨芨丈高。河拐子無居民，無店，羊廠一家，駐兵一棚。

(13)由河拐子至二子地：

里程　土里五十里。

道路　經砂阜，沙窩；餘平原。

水道　左距河五里。

附記　有小店，喇嘛廟一座。

(14)由二子地至石嘴子：

里程　土里四十里。

道路　沿途皆砂地，升降陂陀，多沙溝。

山脈　賀蘭山在西，又棹子山。

水道　黃河縱橫南北，有船七百餘隻。

附記　居民七百餘家，多嗜鴉片。洋行三家。有煤礦，鹽湖。小學一，學生七十餘。

(15)由石嘴子至平羅縣：

里程　土里百里。

地勢　高三千六百五十呎。

道路　平坦，灰土大。

水道　右臨皇渠，渠長二百餘里。渠旁楊柳鬱老，村莊稠密，田疇整齊。

附記　居民千戶，小學二。

(16)由平羅縣至甯夏縣：

里程　土里一百零八里。

地勢　高四千一百五十呎。

道路　平坦。

山脈　賀蘭山在城西八十里。

附記　途有李剛堡，居民八十餘家，小學一。

(17)由甯夏縣至楊合堡：

里程　土里四十里。

地勢　高四千二百呎。

道路　坦平。

水道　漢渠高地面數尺。

附記　沿途人烟稠密，村樹迷離。路旁多葦湖，春秋不易行，須繞唐渠，別趨小道，祇遠數里。

(18)由楊合堡至大壩：

里程　土里六十里。

道路　沿途多渠溝，車行不穩。

水道　左有皇渠，水淺。

附記　人烟稠密，有官鹽局一所。

(19)由大墒至渠口堡：

里程　土里六十五里。

地勢　高四千三百六十呎。

道路　大墒及嶺，上下砂坡。

山脈　賀蘭山，分守嶺。

水道　西南唐渠，工程偉大。

附記　自墒至嶺下坡，二十里無人烟，草木不生；餘背朕，樹木稠密。

(20)由渠口堡至石空：

里程　土里七十里。

地勢　高四千三百五十呎。

道路　沿途戈壁，沙土。

水道　東南十里至老鼠嘴。

附記　途有棗園堡，駐稅局一，棗樹萬株。石空，小商店數家，有木捐局，徵收局各一。

(21)由石空至中衛縣：

里程　土里五十里。

地勢　高四千四百五十呎。

道路　平坦。

水道　對岸黃河。

山脈　途有砂山。

附記　有甯安堡居民千餘家，產枸杞多且佳。于定渠左沙山，棗樹多。西北三十里前溝山產煤。

(22)由中衛縣至沙墒頭：

里程　土里四十里。

地勢　高四千六百呎。

道路　途多沙窩，砂石，車行難。

水道　南有美利渠，黃河。

附記　途中老軍台，產陶器。上河沿產煤；土人以羊皮筏運煤，筏輕迅速。

(23)由沙墒頭至長流水：

里程　土里三十五里。

地勢　高五千一百呎。

道路　多流沙。

山脈　沙山。

水道　長流水，水勢大，寬且深，有渡船一。

附記　途經茶房廟，流沙深數十丈。沙輕細如煙，步履無蹤，最易迷途；遇風沙揚，人畜往往有性命之虞。

(24)由長流水至乾塘子：

里程　土里六十六里，實測五十二里。

地勢　高六千一百呎。

道路　盡大沙坡，人車行均難。

23

山脈 途經蛇腰山。

水道 東南二十里外有周家水。

附記 經茶房廟，死窩子坑，往往有行人至此，作沙迷之鬼，苦哉！

(25)由乾塘子至營盤水：

里程 土里六十里。

地勢 高六千呎。

道路 半沙半硬土。

水道 路南有水，味鹹。

附記 途經白墩子，產鹽，以含鹻土融入水中，晒爲晶鹽。

(26)由營盤水至一條山：

里程 土里一百里。

地勢 高六千四百九十呎。

道路 始多橫石碍車，後爲荒原。

山脈 西爲壽祿山，一條山。

附記 居民三十餘家。車店三，寬且潔，飲水佳。小學校一所。

(27)由一條山至達拉拜：

里程 土里五十七里。

地勢 高六千六百呎。

道路 多山溝，寬平，兩傍石山狀惡。

山脈 北壽祿山，東南永南山。

水道 東有黃草渠，西即四子水，葫蘆水。

附記 道傍多墾土，平岡起伏。途經鎖罕堡，堡有居民百餘家，商店八九家，車店五家，小學校一。

(28)由達拉拜至六墩：

里程 土里一百零八里。

地勢 高七千一百呎。

道路 途中多土坎，拳石，車頓甚。

山脈 道左六里至山頂。

水道 鎮羅堡三里有沙河井。

附記 途經興隆店，有煤窰數處，產煤渣。餘亂山叅錯，難行。居民多牧畜。

(29)由六墩至水阜河：

里程 土里九十一里。

地勢 高五千九百九十呎。

道路 平坦。

山脈 羣山環列，形如甕。

水道 東有井，四十五里水阜河。

附記 沿途土多黏性，兩則泥淖，晒則堅硬。

(30)由水阜河至蘭州城：

里程 土里八十里。

地勢 高五千七百呎。

道路　沿途坡坎。
山脈　崗巒重折。
水道　遙對黃河岸。
附記　蘭州產水菸，往來旅商多集於此。

(31)由蘭州城至朱家井：

里程　土里四十里。
地勢　高五千九百呎。
道路　始多山徑，後多頑石，均不良於行。
山脈　西爲北塔山，南有隴山支脈。
水道　黃河貫其中；北有苦水驛，莊浪河。
附記　途中多梨棗柿諸樹，朱家井水鹹。

(32)由朱家井至鹹水河：

里程　土里七十里。
地勢　高六千呎。
道路　沿途坡坂。
水道　鹹水河，西爲黃河。
附記　途經哈家嘴，產鹽及石膏。

(33)由鹹水河至平番縣：

里程　土里一百零五里。
地勢　高七千一百呎。
道路　山峽坡陡。
山脈　西爲泉溝嶺。
水道　莊浪河橫流其間。
附記　途經莊浪河岸，居民千餘家，產大宗蔴。村莊稠密，尖站宿站小店頗多。

(34)由平番縣至岔口驛：

里程　土里七十五里。
地勢　高八千一百呎。
道路　平原。
山脈　兩傍石山逼仄。
水道　西北過金羌河，水流急。
附記　沿途灘石散亂，凄凉殊甚。

(35)由岔口驛至龍溝堡：

里程　土里九十五里。
地勢　高八千四百呎。
道路　石路崎嶇，車行搖擺。
山脈　祁連山分脈，烏稍嶺有韓湘子廟。
水道　北渡金羌河。
附記　沿途見有五葉松樹，居民百餘家。

(36)由龍溝堡至雙塔堡：

里程　土里七十二里。
地勢　高六千一百呎。

道路　始行溝中，繼入峽，出峽坦途。

山脈　經古浪峽，雷峯山。

水道　古浪峽，亂流奔放，營盤水繞蘭州。

附記　峽有白石，孕婦服之可催生。途經古浪縣，城內居民不及五百家，民窮商微，有一小學。南四里產煤末。東古浪，西武威，居民二百餘家。是地產水磨馬鐙著名。

(37)由雙塔堡至涼州：

里程　土里一百零二里。

地勢　高五千四百五十呎。

道路　坦平，河道甚多。

水道　頭道河，二壩河，三壩河，四壩河，小河，小渠數條。

附記　途經河東堡，居民數十家，小學校一所。大河驛，居民百餘家，小學一所。自河東堡以東，多土，西多沙石，不利行車。

(38)由涼州至四十里舖：

里程　土里四十里。

地勢　高六千九百呎。

道路　始平坦，後多頑石。

附記　途經大雲寺，海藏禪寺，規模宏大。

(39)由四十里舖至永昌縣：

里程　土里一百二十里。

地勢　高六千九百呎。

道路　小水結冰、滑礶難行。

水道　途有小水數道，城北金川水，水磨一百二十座。

附記　城內外居民千餘家。

(40)由永昌縣至水泉驛：

里程　土里六十里。

地勢　高七千七百呎。

道路　頑石當途，坡坂上下，車行擺。

山脈　爲大黃山，黃梁山。

水道　過水磨河，水暴發。北有泉。

附記　北門外有四奇：泥匾額，鐵寶塔，香草湖，鈴鐺水。

(41)由水泉驛至新河堡：

里程　土里九十里。

道路　平坦。

山脈　南北兩山脈，十五里，閃單峽。

水道　西有新河驛。

附記　東南大山有石一種，剖之，石心如蚌形，謂可配製眼藥；又產硝與鹽。峽口驛兩傍大草場。

(42)由新河堡至東樂縣：

里程　土里八十二里。

道路　左右皆砂磧。

山脈 經大黃山，雪山，金山。

水道．堡西渠水盈盈，間有弱水，大馬營水，永固營水，洪水，
清泉河、閃單河。

附記 堡西往北五里，有煤窰，遠近多取之。

(43)由東樂縣至張掖縣(即甘州)：

里程 土里七十二里。

道路 平坦。

山脈 南九十里金山。

水道 過九龍江，洪水營。

附記 沿途樹木叢茂。

(44)由張掖縣至沙河堡：

里程 土里八十里。

道路 西十五里小石礙車，繼渡河過橋；過漲時，車馬難渡。

山脈 經雪山，乾糧山。

水道 途過黑水河，兩岸田地；東閃單河、西張披河、羌谷水，
響山河。

附記 馬江堡在張掖縣西二十里，產米最佳。

(45)由沙河堡至高台縣：

里程 土里九十里。

道路 沿途流沙及鹼地，間沮洳，車馬難行。

水道 經沙河。

附記 高台縣產米鹽為大宗。

(46)由高台縣至花牆堡：

里程 土里七十里。

道路 流沙隔阻，車不易行。

山脈 北遍合黎山峽，俗名石山口。

水道 過淚子河、北入黑水。

附記 花牆堡產蚊子著名，夏秋行旅苦之。經毛目縣，氣燥，產
棉花。

(47)由花牆堡至鹽池堡：

里程 土里六十三里。

道路 沙土參半，軟澀滯輪。

山脈 北望合黎山下。

水道 黑水在北。

附記 途有居民小店，售有米飯。

(48)由鹽池堡至臨水驛：

里程 土里一百里。

道路 平坦。

山脈 乾糧山。

水道 北有討來河。

附記 臨水居民百餘家。

(49)由臨水驛至酒泉縣(即肅州)：

里程　土里四十二里。

道路　平坦。

附記　沿途人烟稠密，農事發達。

(50)由酒泉縣至嘉峪關：

里程　土里六十里。

地勢　高五千九百呎。

道路　始行戈壁，繼入坦途。

山脈　關北璧玉山，南爲仁壽風山諸脈。

水道　過討來河，沙河。

附記　南有石油溢出如泉。地爲沙漠，不能耕畜，居民百餘家。

(51)由嘉峪關至惠回堡：

里程　土里八十五里。

地勢　高七千三百四十呎。

道路　先經戈壁，後坦途。

山脈　出關道傍大山，色黑如墨，紅如朱。

水道　東有河，名白揚，流水清澈。

(52)由惠回堡至赤金峽：

里程　土里一百十里。

地勢　高二千六百三十呎。

道路　前多小坡，後則沙阜。

山脈　南祁連山。

水道　赤金河。

附記　途經赤金堡，其地產金，名柳溝。

(53)由赤金峽至玉門縣：

里程　土里九十里。

地勢　高六千零七十呎。

道路　始行沙坡，車輪澀滯；繼行戈壁四十里，草木不生，經日曬，可炙死人，長途行旅，渴不得飲。

山脈　南爲昌馬牛尾諸山。

水道　過蘇瀨霍昌二水分流處，又五里東渠。

附記　縣南大壩，產煤及石油。

(54)由玉門縣至三道溝：

里程　土里五十里。

地勢　高五千八百十呎。

道路　經戈壁沙灘。

水道　北三十里有西井子。

附記　出北門良田茂樹，觸目皆是。

(55)由三道溝至布隆吉爾：

里程　土里九十里。

地勢　高五千五百二十呎。

道路　一片青原。

水道　西北蘇瀨河。

附記　低柳叢密。

(56)由布隆吉爾至小宛驛：

里程　土里八十五里。

地勢　高五千一百八十呎。

道路　平原。

山脈　途經雙塔堡，堡北有苜蓿峯。

水道　過窟窿河。

附記　沿途脊原，無水，牧畜適宜。

(57)由小宛驛至安西縣：

里程　土里六十里。

地勢　高五千零三十呎。

道路　平坦，間有輕沙及鹼地滯輪，車行緩。

水道　過皇渠一道。

附記　沿途村樹稠密。

(58)由安西縣至白墩子：

里程　土里九十里，實測七十六里。

地勢　高五千八百呎。

道路　多沙漠，乾燥異常，白晝不可行，因人馬易渴，宜於晚間。

山脈　經五個山。

水道　過蘇瀨河，上下東渠。

附記　白墩子附近，闢地百餘畝，藉泉水灌溉；又沙邱起伏，多鹼地。

(59)由白墩子至紅柳園：

里程　土里七十里，實測六十二里。

地勢　高六千九百呎。

道路　坎坷不平。

山脈　峯巒出沒，巖岡環繞。

水道　渡蘇瀨河。

附記　沿途水草可汲。經乾隆溝有鉛礦，產鉛。又三十里，上山子，產金。

(60)由紅柳園至大泉：

里程　土里七十里，實測五十八里。

地勢　高六千九百五十呎。

道路　鑿石成路。

水道　大泉，泉水微鹹。

附記　僅車店四家。

(61)由大泉至馬蓮井：

里程　土里六十五里，實測五十六里。

地勢　高五千九百呎。

道路　沿途沙土參半。

山脈　西有白石山，全山白石，晶潔如玉。

附記　馬蓮井稅局一所。道傍有馬蘭，葉似萱草，夏有藍花。

(62)由馬蓮井至星星峽：

里程　土里七十里，實測六十四里。

地勢　高七千一百呎。

道路　初行坦，繼經峽，車微顛。

山脈　小山峽。

附記　星星峽，僅一店。

(63)由星星峽至沙泉驛：

里程　土里九十里，實測七十九里。

地勢　高五千八百五十呎。

道路　多石脈，車行擺甚。

山脈　經紅頭山，出金鑛。

附記　途有廟宇，煤苗露。

(64)由沙泉驛至苦水驛：

里程　土里七十五里　實測六十四里。

地勢　高四千七百六十呎。

道路　始行沙地低岡，繼入平坦。

山脈　亂石山。

水道　苦水驛，沙泉，水苦鹻。

附記　途經關岳合祀廟，驛有車店三。

(65)由苦水驛至格子烟墩：

里程　土里一百十五里，實測一百零八里。

地勢　高三千三百五十呎。

道路　沙土參半。

山脈　右顧天山。

附記　道傍土窰子，形如帳幕、為備冬寒用。墩有店五。

(66)由格子烟墩至長流水：

里程　土里六十里，實測五十三里半。

地勢　高三千一百呎。

道路　沿途多鹻地，夏秋經雨，便成泥漿，車不易行。

山脈　北有山岡。

水道　岡下有泉，匯而為池，環池皆楊柳，杏花數株，紅葩怒放，綠葉青青。

附記　途經果子溝，駐兵一排，農民百四十家，商家數處。

(67)由長流水至黃蘆岡：

里程　土里五十里。

道路　平坦，略有鹻地。

山脈　小天山，即巴里坤天山之南幹。

水道　大泉灣。

附記　農民用木製筧，汲水田中，甚費力。

(68)由黃蘆岡至哈密：

里程　土里六十二里。

道路 多沙地 細沙滯蹄。

水道 東北榆樹溝。

附記 沿途樹木叢茂，溝渠盈盈，田舍稠密。

(69)由哈密至頭堡：

里程 土里六十里。

道路 平坦。

水道 經五屯河壩。

附記 哈密有三城，舊城，新城，回城。沿途泉水橫流，雜樹環繞。

(70)由頭堡至三堡：

里程 土里六十里。

道路 平原百里。

山脈 道北天山，沙岡重疊。

附記 沿途樹杈枒 居民頗多。

(71)由三堡至三道嶺：

里程 土里六十里。

道路 平坦。

水道 沿途多坎井。

附記 途經沙棗園，有煤窰，產煤甚旺，爲回王私產。

(72)由三道嶺至瞭墩：

里程 土里八十里。

道路 途多戈壁。

水道 經鴨子泉，梯子泉。

附記 瞭墩有車店四家，東有營盤，卡兵三人，稅局一所。

(73)由瞭墩至一碗泉：

里程 土里七十里。

道路 碎石鋪地，車馬陟降，極爲勞頓。

山脈 正北天山，古名白山。

水道 水自戈壁出，味尚佳。

附記 破店一，郵差一家。

(74)由一碗泉至七箇井：

里程 土里一百零三里。

地勢 高四千呎。

道路 經石峽，戈壁。

山脈 四圍山勢緊抱，北面天山正幹。

水道 途中多井。

附記 天山南，氣候溫和，行者多取道。

(75)由七箇井至頭水：

里程 土里六十里。

道路 逼狹，車不易行。

山脈 途經山岡。

水道 見有木壘河。

附記　出頭水分兩路，一西行往吐魯番，一西北行往古城；古城道較險。

(76)由頭水至大石頭：

里程　土里六十里。

道路　由色必口東行平坦，西行多頑石。

山脈　石山環繞。

水道　北有山溝多泉。

附記　道傍有店一，溝有農民數家。

(77)由大石頭至三箇泉：

里程　土里八十五里。

道路　小石當道，顛搖異常。

山脈　大石頭，南見天山，北望白塔山。

水道　途有沙河，三箇泉，木壘河。

附記　山谷中有莊戶，牛馬成羣，周圍皆牧地。

(78)由三箇泉至木壘河：

里程　土里九十里。

道路　平坦。

山脈　南有照壁山。

水道　途經木壘河，一碗泉。

附記　木壘河分縣居民五十餘家，設有中日學校一所。

(79)由木壘河分縣至舊奇台：

里程　土里九十里。

道路　多頑石　車行甚艱。

水道　經咬牙溝。

附記　傍有小廟，供一石塊；車過之，用油澆石，免車折軸。冬遇雪，溝填沒，車行最險。

(80)由舊奇台至奇台縣(俗稱古城)：

里程　土里九十里。

道路　平坦。

水道　西見木壘河。

附記　沿途人烟稠密，農田墾闢，彷彿中原。

(81)由奇台縣至孚遠縣：

里程　土里七十里。

地勢　高四千呎。

道路　波狀形，大道平坦。

山脈　博克達山。

水道　途經峪毗廠，大泉。

附記　沿途農村相望，一望無邊。

(82)由孚遠縣至三台：

里程　土里一百二十里。

地勢　高三千九百五十呎。

道路　平原。

山脈　東南兩山相對。

水道　有水西溝、柳樹泉、流水澄清。

附記　途經水西溝、榆樹叢密。北山有老君廟，產鐵與煤。三台有商五十餘家，郵政代辦所一，兵一哨，小學一。

(83)由三台至阜康縣：

里程　土里一百八十里。

地勢　高三千七百九十呎。

道路　平坦。

水道　經過四十里井、頭道河、二道河，紫泥泉，水色不佳。

附記　頭道河有莊　有煤炭礦。

(84)由阜康縣至古牧地：

里程　土里九十里。

道路　始田畦，繼戈壁。

水道　經甘泉堡。

附記　商戶五十餘家，居民三百餘家。

(85)由古牧地至迪化：

里程　土里三十八里。

地勢　高四千七百八十呎。

道路　平坦。

水道　經水磨溝。

附記　沿途農地，樹木成林，渠水交溢，傍有煤炭窰，蓋環迪化，不僅此也。

四　由包頭經阿拉善旗（一名蒙古小草地）至哈密。 33

此路共長三千八百里，沿途人烟稀少，水草艱難，祇宜駝行不宜車輛，爲天津商人往來新疆要道。茲將沿途站名及里程略記於下：

站名	里數
包頭——紫泥泉	八〇
紫泥泉——河拐	七〇
河拐——西山嘴	七〇
西山嘴——塔布河	七〇
塔布河——阿山	七〇
阿山——阿耆期	六〇
阿耆期——天德元	八〇
天德元——紫井河	七〇
紫井河——黃牙胡墩	八〇
黃牙胡墩——大商號	九〇
大商號——迭水	八〇
迭水——大苦海墩	一〇〇
大苦海墩——吐海木隆	四〇

起	訖	里
吐海木隆	西林湖墩	六〇
西林湖墩	青山頭	七〇
青山頭	永裕隆	八〇
永裕隆	紅山井	八〇
紅山井	三個	九〇
三個	紫湖墩	八〇
紫湖墩	石那呼路蘇	八〇
石那呼路蘇	烏可烏蘇	七〇
烏可烏蘇	艾憑	六〇
艾憑	草湖	八〇
草湖	打來苦墩	九〇
打來苦墩	砲爾叢及	一二〇
砲爾叢及	胡桐井	七〇
胡桐井	芨芨湖	九〇
芨芨湖	鄂勒斯河	一〇〇
鄂勒斯河	腴東子廠	一〇〇
腴東子廠	五道明水	一三〇
五道明水	半盪井	一二〇
半盪井	梭梭井	一一〇
梭梭井	胡桐井	四〇
胡桐井	苦水河	三〇
苦水河	石夾子	八〇
石夾子	峽坡井	七〇
峽坡井	白疙疸	四〇
白疙疸	沙泉子	三〇
沙泉子	條湖	一〇〇
條湖	蘆岡子	五〇
蘆岡子	草地	七〇
草地	明水	八〇
明水	胡桐大泉	一〇〇
胡桐大泉	雅字泉	八〇
雅字泉	胡桐窩子	一二〇
胡桐窩子	河尾	七〇
河尾	鹹泉子	八〇
鹹泉子	黃蘆岡	六〇
黃蘆岡	哈密城	六〇
總	計	三八〇〇

五、由新疆塔城至愛古茲。

全路共長五百三十九里，為新疆至俄要道。

由愛古茲乘西土火車，可以北赴諸夫西比斯克，然後東入滿洲里海參威，又可西入莫斯

34

科，或西南赴安集延以達葱嶺各國。乘汽車至愛古茲數小時即達。茲將沿站站名及里數略述於下，並附載假道西伯利亞鐵道應行注意之事項及章程於後。

站名		里數	附記
塔城	巴克圖卡	三〇	入俄境
巴克圖卡	葦塘子	一五	
葦塘子	阿塔増	五四	
阿塔増	瑪嵌青	六〇	
瑪嵌青	武兒準	一一〇	
武兒準	忒斯把干	一一〇	
忒斯把干	青個甲	九五	
青個甲	愛古茲	六五	
總計		五三九	

附一　借道西伯利亞鐵路應行注意之事項：

凡借道西伯利亞者，須先領得護照，近邊時，即當將國幣或省票兌爲俄幣處布，數不能逾其規定，行李簡單，金貨照相機等物不宜帶，蓋易被沒收也。西伯利亞幹道普適須於伊爾庫次克換車，若乘國際通車則否，然行期有定，非每日均有也。途次各站均有食物可購，又有自來熱開水可取，尙爲方便。惟車中須遵守秩序　不可凌亂，否則受罰事小，有損國體則大。又俄律甚嚴，其所頒布過境之規則，必須熟記。 35

附二　假道蘇聯境內過境章程：

1. 凡持有假道蘇聯境內道路護照者，不得任意在沿途逗留。

2. 途中如遇有意外不幸，以碍鐵路輪船行動，或在路綫交接處，等待蘇聯船車，或因病不能前進，經醫生認爲再前進於病人性命有危險者，均准暫住，其親屬及隨從人亦准暫住。

3. 如因以上原因，停住二十四小時以上者，在省城時，應呈明省會行政機關，在車站時，應呈明國政局局長，或國政局所派分局理事人（即國家行政聯合轉運機關），在邊界時應呈明卡長。

4. 凡有暫居者，僅准在城池車站或發生危險地點各境內。

5. 由暫居處起程時，外國人仍應告知當初允許暫住之機關。

6. 假道護照內所限期限，如未逾限，照內亦未註有特別情形，應仍准以原定期限爲標準。

7. 假道護照因沿途居住已逾限期，外國人應于最近之省會行政機關，要求展限准予出境。

8. 外國人凡有違背此項假道章程者，應按照平素行政命令規定罰辦。

自西士鐵路成，凡內地人士入新及新疆人士有事於內地者，多借道於此。由愛古茲乘火車，十三日可至北平。

2　省內道路

新疆省內現爲商賈旅客通行之路線計僅有五：即迪塔，迪伊，迪哈，迪阿及迪化至喀什噶爾，和闐，于闐等五線是。其他路線則或與國防攸關，或爲山南山北交通孔道，其性質雖甚重要，惟人跡鮮少，地勢險仄，僅爲仕宦軍旅所經，普通人民則多視爲畏途也。玆將省內旅行情形約述於左：

(一)旅行工具

新疆省內普通旅行工具純恃馬，駝，車三種，其中尤以車爲旅行者所必需。其種類有三：

甲，四輪馬車　一名台車，身低而輕，面積長約六尺，寬約四尺。上有氈篷，下有四輪。輪高尺半，駟馬拽之，行駛極速，每日平均可行一百五十里。其式樣係仿俄國馬車製成。惟不能載重，又難逾險嶺危崖。各地有車行可以雇用。

乙，轎車　轎車祗用一騾拽行，輪高二尺餘，面積甚小，不堪容膝，式如北方之騾車，速度亦快，惟不能載重行遠。各地均可雇用。

丙，大車　面積與台車相若，左右各有一大輪。普通五套牲口，一馬架轅，四騾拉車，上亦有篷。有門二，可以安臥，雖行戈壁，亦無風入，惟笨拙不堪，是其所短。

普通旅客，如行裝不多，恒騎馬行，一轡在手，數百里之地，竟日即達，最爲爽快。駱駝則宜於載重行遠，使用者亦多。

(二)住宿情形

旅行新省或晝行夜宿，或夜行晝宿，均無一定，要以地方氣候，與時間而定。途次就餐，稱爲打尖，至站投宿，名曰進店。店門多宏敞，院落又廣大，可以備車輛之出入與停止。室內無几案，僅土坑，有水井，有廚房隨客自用，或聽客吩咐。出店時給以一二百文，稱曰店錢。

(三)途中情形

南疆較北疆繁盛，城郭如珠，樹木蒼翠，景色宜人，時或高山峻嶺，雄偉可喜，時或曲水一線，疾流而去。至於北路人烟較少，水草亦稀，尤以自哈密至迪化中之窮八站最著。而自伊犁至阿克蘇中之冰山，險仄更屬聞所未聞，多有風雪載途之苦，夏有山洪傾發之虞，旅行者須預爲之計，始得萬全。

省內旅行情形，略如上述，兹將各路縷列於次：

（一）由迪化至鎮西至哈密　由迪化至鎮西全路約長一千二百三十五里，由迪化至哈密約長　千六百四十五里。其中由迪化至木壘河長六百二十五里，沿途地沃烟稠，稱爲富八站。由木壘河至鎮西六百十里，均沿天山北行，氣候嚴寒，又多戈壁。由鎮西至哈密四百十里，原爲淸時用兵西域最重要之道路，惟因氣候甚寒，山徑難行，嗣後行旅多改行小南路（行小南路則此路全長一千四百七十五里），因之日見荒涼。小南路，係自色必口東南行，三十里至頭水驛，越天山，九十里至七角井，再一百二十里至一碗泉，再七十里至瞭墩，再九十里至三道嶺，再七十里至三堡，再四十里至二堡，再八十里至哈密。此路路程較短，氣候亦較温和，惟行經戈壁，水草全無，其苦殊甚，故有窮八站之名。兹將本路沿站站名及里程列舉於次：

站名	里數	附記
迪化——奇台	四五五	東北行
奇台——老奇台	八〇	東南行
老奇台——木壘河	九〇	
合計	六二五	
木壘河——三箇泉	九〇	東行
三箇泉——大石頭	一三〇	
大石頭——色必口	四〇	
色必口——芨芨台	六〇	
芨芨台——務塗水	六〇	
務塗水——下肋巴泉	七〇	
下肋巴泉——蘇吉爾	七〇	
蘇吉爾——鎮西	九〇	
合計	六一〇	
鎮西——奎蘇	九〇	東南行，此道原爲淸時用兵西域要

奎蘇——松樹塘　九〇　道，氣候嚴寒，現行旅多改行小南路，不經此道，

松樹塘——天山關廟　五五

天山關廟——黑帳房　九五

黑帳房——哈密　八〇

合計　四一〇

總計一六四五

(二)迪化至伊犁　全路約長一千六百八十三里，乘四輪車約十二日可達。由迪化至烏蘇沿途低樹幽適，田野膏沃，無異江南，為北疆不可多得之官道。過烏蘇人烟漸少，水草均艱，其沿站里程如下：

站名	里數	附記
迪化城——大地窩鋪	三〇	西北行
大地窩鋪——小地窩鋪	一五	
小地窩鋪——頭屯河	三〇	
頭屯河——昌吉縣	一五	
合計	九〇	
昌吉縣——蘆草溝	三〇	以下西行
蘆草溝——榆樹溝	一五	
榆樹溝——三十里墩	一五	
三十里墩——呼圖壁	三〇	
合計	九〇	
呼圖壁——呼圖壁河	八	以下西北行
呼圖壁河——亂山子	二二	
亂山子——大土古里	三〇	
大土古里——樂土堡	三〇	
樂土堡——塔西河堡	二五	
塔西河堡——包家店	二〇	
包家店——綏來	二五	
合計	一六〇	
綏來——馬納斯河	一〇	
馬納斯河——石沿子	三〇	
石沿子——頭埠	三五	
頭埠——烏闌烏蘇	二〇	
合計	九五	
烏闌烏蘇——五顆樹	二〇	
五顆樹——五道河	三五	
五道河——安集海	三五	

合計　九〇

起	訖	里數	附註
安集海	雙石井子	二五	
雙石井子	石壘	二〇	
石壘	奎屯驛	四五	
奎屯驛	奎屯河東	三〇	
奎屯河東	奎屯河西	一〇	
奎屯河西	烏蘇奎屯河	三〇	

合計　一六〇

起	訖	里數	附註
烏蘇奎屯河	乾河子	三〇	
乾河子	普爾塔	四〇	
普爾塔	渚爾噶耶河	一五	
渚爾噶耶河	四顆樹	五	
四顆樹	敦木達	四〇	
敦木達	古爾圖	三〇	
古爾圖	古爾圖河	五	
古爾圖河	華樹林	五〇	
華樹林	四季卡子	五〇	
四季卡子	龍王廟	二〇	
龍王廟	砂泉驛	四〇	
砂泉驛	黑山頭	三〇	
黑山頭	精河	二〇	

合計　三七五

起	訖	里數	附註
精河	精河渡	五	
精河渡	永集湖	三五	
永集湖	黃土梁	三〇	
黃土梁	大河沿	五〇	
大河沿	五台	三〇	
五台	腰站子	四〇	
腰站子	四台	四〇	
四台	三台	八〇	
三台	松樹頭	四〇	
松樹頭	一台	二〇	松樹頭一帶山勢險要，俗稱果子溝。
一台	頭台	三五	
頭台	山口卡子	二〇	
山口卡子	廣仁	二〇	

合計　四四五

起	訖	里數	附註
廣仁	地窩鋪	五〇	以下東南行
地窩鋪	綏定	二〇	
綏定	惠遠	一五	近綏定處多砂磧之苦，

惠遠——板橋	三〇	蓋其地為固爾班通沙漠之西盡頭也。
板橋——八音台	四〇	
八音台——城盤子	一〇	
城盤子——伊寧	一〇	
合　計	一七五	
總　計	一六八〇	

(三)迪化至塔城　全路長約一千六百六十五里，乘四輪車約十二日可達。中經老風口數站，水艱人乏，戈壁甚苦。額敏以北漸入佳境。總計烏蘇以南平坦繁盛，過烏蘇人烟頓少，且盤旋山澗深谷中。茲將其沿站里程表列於下：

站名	里數	附記
迪化——烏蘇	六八五	西北行，詳見迪伊線。
烏蘇——頭台	六〇	由烏蘇改北行。
頭台——二台	九〇	
二台——小草湖	七〇	
小草湖——三台	六〇	三台即鄂倫布拉克。
合　計	九六五	
三台——什納驛	七〇	沿途人跡甚少，非迪化至烏蘇可比
什納驛——廟兒驛	七〇	
廟兒驛——崐都驛	七〇	
崐都驛——雅瑪驛	七五	
合　計	二八五	
雅瑪驛——托里驛	七五	
托里驛——老風口	九〇	
老風口——額敏河	九〇	由此以下，水艱人乏，戈壁甚苦。
額敏河——官店	九〇	
合　計	三四五	
官店——(渡)阿布達爾莫多河	二〇	
阿布達爾莫多河——塔城	五〇	
合　計	七〇	
總　計	一六六五	

(四)迪化至阿爾泰　路線有二：

甲，北行　全線長約二千零九十里，此路宜騎行，春夏行人甚鮮，秋冬較多。由迪化至奇台四百五十五里。沿途均頗富庶，旅行甚適。由奇台至煤窰二百三十里，村落不多，頗荒涼。由煤窰至烏什克台三百九十里，沿途砂磧，水苦。由烏什克台至薩拉把失特五百三十里，戈壁荒山，途次艱苦。由薩拉把失特至札布蘇魯胡圖克三百九十五里，羣山紛列，河川交叉，村落漸多，但沙磧未減。由札布蘇魯胡圖克至阿爾泰九十里。茲將沿路各站里程列舉於次：

站名	里數	附記
迪化—古牧地	四〇	
古牧地—阜康	九〇	
阜康—紫泥泉	九〇	
紫泥泉—三台	七五	
合計	二九五	
三台—孚遠	七〇	
孚遠—奇台	九〇	
合計	一六〇	
奇台—孚溝	八五	以下東北行
孚溝—芨芨湖	六〇	
芨芨湖—煤窰	八五	
合計	二三〇	
煤窰—四十里井子	八〇	
四十里井子—元湖	八五	
元湖—科布溝	七〇	
科布溝—那木圖	七五	
那木圖—烏什克台	八〇	
合計	三九〇	
烏什克台—乾站	八〇	
乾站—哈茨	九〇	以下西行
哈茨—雅林台	六〇	
雅林台—蒙次克山	三五	
蒙次克山—伯失爾	一〇五	
伯失爾—哈喇木墩	三〇	
哈喇木墩—青格里河口	三七	
青格里河口—薩拉把特什	九三	
合計	五三〇	
薩拉把什特—哈喇通古	七〇	
哈喇通古—二次子河渡口	七五	

41

站 名	里 數	附 記
二次子河渡口——固爾圖水	七〇	
固爾圖水——上扣克布拉克水	九〇	
上扣克布拉克水——札布蘇魯胡圖克	九〇	
札布蘇魯胡圖克——罕達蓋圖水	二五	
合　　計	三九五	
罕達蓋圖水——紅峒莊	二〇	
紅峒莊——將軍山麓	三〇	
將軍山麓——阿爾泰承化寺	一五	
合　　計	九〇	
總　　計	二〇九〇	

乙，西北行　全線長約一千八百四十里。可以通車，郵電均有，縣邑漸具，途中亦較便利。由迪化至沙灣縣六百七十里俗稱小拐，沿途尚適。由沙灣縣至黃羊泉二百九十里，沿途砂磧枯寂，穿古爾班通戈壁而行，旅行稍覺艱苦。茲將沿路各站里程列舉於次：

站 名	里 數	附 記
迪化——昌吉	九〇	西北行
昌吉——呼圖壁	九〇	
呼圖壁——樂土	九〇	
樂土——綏來	七〇	東北行
綏來——撞田	八〇	
撞田——沙門	八〇	
沙門——新渠	八〇	
新渠——沙灣縣	九〇	
合　　計	六七〇	
沙灣縣——三岔口	九〇	折西北行
三岔口——唐朝渠	一〇〇	東北行
唐朝渠——黃羊泉	一〇〇	西北行
合　　計	二九〇	
黃羊泉——烏拉穆河	一〇〇	
烏拉穆河——庫克申昌	九〇	
庫克申昌——(渡)和博克河	二〇	
和博克河——和什托羅蓋	六〇	
合　　計	二七〇	
和什托羅蓋——布林	八〇	
布林——烏圖布拉克	八〇	
烏圖布拉克——喀喇托羅蓋	七〇	
喀喇托羅蓋——木呼爾岱	一〇〇	
木呼爾岱——(渡)額爾齊斯水	一〇	
額爾齊斯水——沙拉呼遜	八〇	

站名	里數	附記
沙拉呼遜——巴里巴盞	七〇	
巴里巴盞——喀喇通古	三〇	
喀喇通古——圖勒塔	八〇	
圖勒塔——阿爾泰承化寺	一〇	
合計	六一〇	
總計	一八四〇	

(五)由迪化至科布多　全路長約一千九百十五里，沿途戈壁，水草艱困。每年惟八九月後可行。餘時自奇台至元湖一段，概由罕溝煤窰行走。此路由迪化至元湖共長八百五十五里，沿途皆沙。由元湖七百里至達布素圖，山勢環繞，人烟極尠。其各站里程如下：

站名	里數	附記
迪化——阜康	一三〇	東北行
阜康——紫泥泉	九〇	
紫泥泉——孚遠	一四五	
孚遠——奇台	九〇	
合計	四五五	
奇台——北道橋	四〇	
北道橋——黃草湖	一二〇	
黃草湖——將軍戈壁	八〇	
將軍戈壁——蘇吉	八〇	
蘇吉——元湖	八〇	
合計	四〇〇	
元湖——科布溝	六〇	折北行
科布溝——鄂倫布拉克	四〇	
鄂倫布拉克——錫伯圖	五〇	
錫伯圖——布敦哈喇	九〇	
布敦哈喇——察罕通古台	一六〇	
合計	四〇〇	
察罕通古台——河札蓋台	一〇〇	
河札蓋台——玉音齊	一二〇	
玉音齊——達布素圖	八〇	
合計	三〇〇	
達布素圖——博多渾	一二〇	北行
博多渾——蘇濟	一二〇	
蘇濟——科布多	一二〇	
合計	三六〇	
總計	一九一五	

(六)由阿克蘇至迪化至吐魯番至哈密　自阿克蘇至迪化約長二千七百二十里，至吐魯番約長二千

四百五十五里，至哈密約長三千四百七十一里。其中由阿克蘇至拜城四百六十里，途有戈壁，惟樹木不絕。由拜城至庫車二百八十里，河道交叉，石子震車，飲料多鹹。由庫車至輪台三百二十里。由輪台至庫勒爾四百九十里，四野多沙，沙厚處不宜車行。由輪台一百四十五里至焉耆，沿途山川雄偉。由焉耆三百八十里至庫木什荒涼殊甚，山道亦險。由庫木什二百五十里至托克遜，山環路曲，艱險逾恆。由托克遜北行三百九十五里至迪化（赴迪化路一）。由托克遜東北行一百三十里至吐魯蕃，再折向西北行四百零五里至迪化（赴迪化路二）。塵飛迷目，砂石震車。由吐魯蕃東行二百零五里至鄯善，再八百里至哈密。地盡戈壁，窮苦萬狀，為新疆東部行程最困難地方之一。茲將沿站站名及里程列舉於左：

站　名	里　數	附　記
阿克蘇——溫宿舊城	三〇	北行
溫宿舊城——闊干爾村（渡）亦列克河	六五	東行
亦列克河——玉爾滾	七五	
玉爾滾——察爾齊	一六〇	
察爾齊——銅廠河	二五	
銅廠河——沙哈爾	五〇	
沙哈爾——拜城	五五	
合　計	四六〇	
拜城——賽里木	七〇	
賽里木——和色爾	四〇	
和色爾——鹽水溝	一〇〇	
鹽水溝——庫車	七〇	
合　計	二八〇	
庫車（渡龍口河）——托和奈	八〇	
托和奈——哈爾巴	七〇	
哈爾巴——阿爾巴特	七〇	
阿爾巴特——輪台	一〇〇	
合　計	三二〇	
輪台——可圖莊	五〇	東行
可圖莊——陽薩爾	五〇	
陽薩爾——策大雅爾	六〇	
策大雅爾——野雲溝	七〇	
野雲溝——庫爾楚	九〇	

庫爾楚——大石頭　五〇
大石頭——七十里井子　三〇
七十里井子——上戶地　三〇
上戶地——庫爾勒　六〇
合　計　四九〇
庫爾勒——紫泥泉　七〇
紫泥泉——焉耆　七五
合　計　一四五
焉耆——清水河驛　七〇
清水河驛——曲惠莊　五〇
曲惠莊——疙瘩　七〇
疙瘩——新井子　四五
新井子——榆樹溝　六五
榆樹溝——庫木什　八〇
合　計　三八〇
庫木什——桑樹園　七〇
桑樹園——阿哈拉布　六〇
阿哈拉布——蘇巴什　六五
蘇巴什——托克遜　五五
合　計　二五〇
托克遜——小草湖　一一〇
小草湖——後溝　六五
後溝——乾德城　三五
乾德城——鹽海子　四〇
鹽海子——鹽池墩　八〇
鹽池墩——迪化　六〇
合　計　三九五
托克遜——布干台　六〇　東北行
布干台——吐魯番　七〇
合　計　一三〇
吐魯番——頭道河　一〇〇　折向西北行
頭道河——後溝　九〇
後溝——乾德城　三五
乾德城——鹽海子　四〇
鹽海子——鹽池墩　八〇
鹽池墩——迪化　六〇
合　計　四〇五
吐魯番——金勝口　七〇　東行
金勝口——連水沁　七〇
連水沁——鄯善　六五

合計　二〇五

鄯善——七克騰木　九〇

七克騰木——西鹽池　一四〇

西鹽池——惠井子驛　四五

惠井子驛——七角井　八〇

七角井——車箍轆泉　六〇

車箍轆泉——一碗泉　五六

一碗泉——瞭墩　七〇

瞭墩——三道嶺　九〇

三道嶺——三堡　六〇

三堡——頭堡　六〇

頭堡——哈密　六〇

合計　八一〇

（七）由阿克蘇至伊犂　全路約長一千三百四十里。其中由阿克蘇至塔木哈塔什四百四十里，兩山夾道，山中多石子，路頗荒寂。由塔木哈塔什西北行三百里至沙圖阿滿台，中經冰山（即穆素爾達坂），冰雪載途，滑不可言。再六百里至綏定，地勢平坦而傾斜，間有樹木，惟人烟不多。茲將沿路站名及里程縷列於次：

站名	里數	附記
阿克蘇——札木台	六〇	東北行
札木台——阿爾巴特	一〇〇	
阿爾巴特（渡河）——和約火羅	八〇	向北行
和約火羅——圖巴拉特	六〇	
圖巴拉特——塔木哈塔什	一四〇	
合計	四四〇	
塔木哈塔什——黃草湖（蔦克寮台驛）	一八〇	
黃草湖——阿仁撒（阿奇格爾台）	六〇	
阿仁撒——杓桶（沙圖阿滿台）	六〇	
合計	三〇〇	
沙圖阿滿台——特克斯台	八〇	
特克斯台（渡河）——霍洛海台	一二〇	
霍洛海台（渡溫都布拉克河）——博爾台	一〇〇	
博爾台——索果爾	八〇	
索果爾——海努克台	九〇	
海努克台——巴圖蒙柯台	九〇	
巴圖蒙柯台（渡伊犂河）——綏定（伊犂）	四〇	
合計	六〇〇	
總計	一三四〇	

（八）由阿克蘇至婼羌　此路約長二千六百七十里，

其中由阿克蘇至庫爾勒一千五百五十里，沿途情形見阿哈線。由庫爾勒至羅布九百九十五里，村落不絕，河道甚多，路亦平坦，但多塵沙，夏有蚊蚋。由羅布至婼羌約一百二十五里。沿路站名及里數如次：

站名	里數	附記
阿克蘇——庫爾勒	一五五〇	東北行
庫爾勒——克泥爾	六〇	
克泥爾——尉犂	七〇	
尉犂——（渡）孔雀河	二五	
孔雀河——沁庫爾	三五	
沁庫爾——楷拉	一二五	東南行
楷拉——烏魯庫爾	六五	
烏魯庫爾——古斯拉克	五五	
古斯拉克——鐵干里克	九五	
鐵干里克——阿拉罕	二二五	
阿拉罕——托和莽	七五	
托和莽——破城	一〇〇	
破城——羅布	六五	
羅布（渡）——羅布淖爾水	二〇	
合計	二五四五	
羅布淖爾水——婼羌	一〇五	
合計	一二五	
總計	二六七〇	

47

（九）由阿克蘇至烏什　約長二百四十里。由阿克蘇西北行一百二十里至雖雅克，再一百二十里至烏什。

（十）由阿克蘇至喀什噶爾　約長一千二百六十五里。其沿路站名及里數如次：

站名	里數	附記
阿克蘇——（渡）阿克蘇河	二〇	南行
阿克蘇河——渾巴什	三〇	
渾巴什——薩伊里克	七〇	
薩伊里克——齊蘭台	一四五	
齊蘭台——雅爾庫圖	一一〇	
雅爾庫圖——車底庫勒莊	五〇	
車底庫勒莊——圖木舒克	六五	
圖木舒克——察巴克	八〇	
察巴克——巴楚	七〇	
合計	六四〇	以上沿途有沙漠沙道
巴楚——屈爾蓋	七五	

站	名	里數	附記
風爾蓋——玉代里克		一二〇	
玉代里克——龍口橋		一三〇	
龍口橋——伽師		一二〇	
合	計	四四五	
伽師——雅滿雅爾		九〇	
雅滿雅爾——疏勒（即喀什噶爾）		九〇	
合	計	一八〇	
總	計	一二六五	

（十一）由莎車至巴楚　全路約長五百六十里，其中由莎車至澤普四百二十里，河川奔流，土地肥沃，樹木頗多，故尙愉適，其沿路站名及里數如次：

站	名	里數	附記
莎車——愛吉特虎（頭台）		八〇	東北行
愛吉特虎——頼利克（二台）		九〇	
頼利克——邁那特（三台）		八五	
邁那特——阿吉格爾（四台）		九五	
阿吉格爾——澤普縣		七〇	
合	計	四二〇	
澤普——沙瑪利克（六台）		八〇	
沙瑪利克——巴楚		六〇	
合	計	一四〇	
總	計	五六〇	

（十二）由莎車至喀什噶爾（即疏勒）　長約四百八十里。其沿路站名及里數如下：

站	名	里數	附記
莎車——科科熱瓦（巴什欄干）		九〇	西北行
巴什欄干——和色爾		六〇	和色爾亦稱阿吉爾瓦特
和色爾——黑子爾		六〇	
黑子爾——托和布拉		五〇	
托和布拉——英吉沙		七〇	
合	計	三三〇	
英吉沙——雅布藏		八五	
雅布藏——疏勒		六五	
合	計	一五〇	
總	計	四八〇	

（十三）由莎車至蒲犂　長約七百九十里，途中山嶺蜿蜒，地亦荒涼，遠非八城盛況可比。

站	名	里數	附記

站名	里數	附記
莎車——牙爾孜勒克	八〇	西南行
牙爾孜勒克——協怛歟山口	六〇	
協怛歟山口——托平拉克	四〇	
托平拉克——阿滿里克	六〇	
阿滿里克——開子	六〇	
開子——八海	六〇	西北行
八海——塔希代克	七〇	
塔希代克——赤里拱拜	七〇	西行
赤里拱拜——托魯布倫	六〇	西南行
托魯布倫——塔爾巴什	五〇	
塔爾巴什——齊恰克	六〇	
齊恰克——申底	五〇	
申底——蒲犂	七〇	
總計	七九〇	

(十四)由莎車至且末　約長二千四百八十五里。其中由莎車至葉城縣一百八十五里，由葉城至皮山縣二百二十里，由皮山至和闐縣四百四十里。自葉城以東，漸入戈壁，間遇苦水。四百五十里至于闐縣仍不脫沙漠風味，惟道途平坦，河流紛列，不甚乾燥。六百四十五里至安得悅，人烟稀少，間有沙漠，惟河川時見，尚不甚苦。五百四十里至且末，沿途飲料困難，氣候酷烈，旅次又無站可宿，殊與西部不同。

站名	里數	附記
莎車——(渡)澤普勒善河	五五	東南行
澤普勒善河——波斯坎	三〇	
波斯坎——肯蘇	五〇	
肯蘇——葉城	五〇	
合計	一八五	
葉城——亦克莊	六〇	
亦克莊——綽洛克	九〇	
綽洛克——皮山	七〇	
合計	二二〇	
皮山——木吉	九〇	
木吉——裝桂雅	六〇	
裝桂雅——腰站	七五	
腰站——鴿子塘	一〇五	
鴿子塘——和闐	一一〇	
合計	四四〇	
和闐——洛浦	七五	
洛浦——白石	七〇	

白石——策勒村（渠勒驛）　八〇
策勒村——罕闐干　一一〇
罕闐干——牙合闌干　六〇
牙合闌干——于闐　六〇
合計　四五〇
于闐——威托拉克莊　七〇
威托拉克莊——乙斯玉洛瀼闌干　六五
乙斯玉洛瀼闌干——坎色勒卜　一三五
坎色勒卜——別列克里克　一一五
別列克里克——雅可托和拉克　一四〇
雅可托和拉克——（渡）安得悅河　一一〇
安得悅河——安得悅　一〇
合計　六四五
安得悅——卡瑪哈斯　六〇
卡瑪哈斯——叔且　六〇
叔且——青格里克　九〇
青格里克——阿哈巴依　一四五
阿哈巴依——克提莾　一〇〇
克提莾——且末　九〇
合計　五四五
總計二四八五

除上述省外省內道路，尙有淸時所設之驛站，軍台，營塘等，其道寬敞，多數可駛汽車，新省現有之汽車道均由驛站修整而成，且此等道路均因便利軍事而闢，其交通及水草情形較佳，頗多可借鏡之處，並錄於後：

由嘉峪關經哈密至木壘河舊有驛站軍台營塘名稱距離表

縣廳別			
驛站名	軍台名	營塘名	備考
	嘉峪關四十里至	嘉峪關四十里至	關門外有石碣，題曰天下第一雄關。
	黑山湖台五十里至	黑山湖塘五十里至	黑山湖塘在關外東北四十里入肅州界，今行者不必經此。
	惠回堡台三十里至	惠回堡塘三十里至	
嘉峪關九十里至	火燒溝台四十里至	火燒溝塘四十里至	自火燒溝入關多坡陀，俗呼爲九溝十八坡，沙石皆黑若野燒。

惠回堡一百一十里至	赤金湖台四十里至	赤金湖塘四十里至	惠回堡雍正五年建，舊時軍塘距今驛約一里許。五代高居誨使于闐記：肅州渡金河西百里，又西百里出玉門關，今湖當即古之金河，河上游產金沙，道光三年封禁。湖東十五里地名脖膝蓋子，其南曰妖魔山，為舊時黑番出沒之所。
赤金峽驛	赤金峽台八十里至	赤金峽塘八十里至	赤金亦作赤斤，元設赤斤站，明為赤斤蒙古地。峽東十四里為赤金河，折東北流入白海，即阿拉克鄂謨，土人呼為花海子。
靖逆驛九十里至	大東渠台六十里至	大東渠塘六十里至	玉門縣舊為靖逆城，康熙五十七年建，乾隆二十四年改設玉門縣。大東渠塘距縣城東南十里，今廢。
三道溝驛九十里至	三道溝台九十里至	三道溝塘九十里至	安西至玉門縣，中經十二道溝，為兩屬交界處，四五道溝之間有小堡曰柳溝驛，舊設柳溝衞，雍正六年徙於布隆吉爾，今廢。
布隆吉爾驛八十里至	布隆吉台八十里至	布隆吉塘八十里至	布隆吉爾城雍正二年建，東北歧路由北套爾濟山通札薩沙克外蒙古。
小灣驛七十里至	渠口台八十里至	渠口塘八十里至	小灣即永安堡，北十里至蘇賴河，渠口塘在小灣之東十三里，又東行四十里為雙塔堡，其東為窟窿河，唐玉關故址在焉。
安西底驛九十里至	安西台九十里至	安西塘九十里至	州城東南有歧路，通青海，西行二百七十里至敦煌縣。
白墩子驛七十里至	白墩子台八十里至	白墩子塘八十里至	自此至安西城九十里，實有百二十七里，近州城五里許，渡蘇賴河，夏令水潦漲盛沙鬆，常陷沒車馬，河之北有得勝墩，乾隆時敕建龍神廟有御碑。
紅柳園驛七十里至	紅柳園台七十里至	紅柳園塘七十里至	西南八十里青墩峽，又八十里渡蘇賴河南岸折南入敦煌縣，乾隆二十二年曾移驛道於此，路轉迂遠，三十二年旋改歸白墩子舊道。
大泉驛六十里至	大泉塘台六十里至	大泉塘六十里至	大泉三十里為小泉，由此西南出戈壁至敦煌境三百餘里。
馬連井子驛七十里至	馬連井子台七十里至	馬連井子塘八十里至	自此東北歧路過氣丙達坂，八十里至鴨子泉，又東北過紅土峽，八十里坡子泉，六十里馬綜山，按宋王延德使高昌記，歷阿墩族馬綜山望鄉嶺為漢李陵題字處即其地也。
星星峽驛九十里至	星星峽台七十里至	星星峽塘七十里至	又名猩猩峽，新疆東界盡此，過此入甘肅安西州境，峽東北路曰專金，折北曰白石頭曰野馬泉曰胡桐窩，其東南曰坂子泉。

哈密廳　鄯善縣

沙泉子驛八十里至	沙泉子台七十里至	沙泉子塘七十里至	自沙泉東行四十里爲小紅柳園，又十里爲咬牙溝，即紅柳河，今堙廢。
苦水驛一百四十里至	苦水台七十里至	苦水塘一百四十里至	苦水東四十五里舊名疙瘩井，今堙廢，天生墩亦名紅山墩，遙望紅土屹立高三丈餘爲古烽。
	天生墩腰台七十里至		
格子煙墩驛七十里至	格子煙墩台七十里至	格子煙墩塘七十里至	自此至苦水，官牘作百四十里，今丈量實止八十三里。按以下三驛，水皆澀苦，不可飲。
長流水驛七十里至	長流水台七十里至	長流水塘七十里至	
黃蘆岡驛七十里至	黃蘆岡台七十里至	黃蘆岡塘七十里至	由此分道，北行九十里入南山口驛，爲巴里坤之路。
哈密驪底驛七十里至	哈密底台	哈密底塘	
頭堡驛七十里至			
三堡驛七十里至			
三道嶺驛一百里至			舊鴨子泉台改設。
瞭墩驛九十里至			
一碗泉驛七十里至			舊陶賴台改設，東距芨芨槽四十里。
車轂轆驛七十里至			光緒五年由惠井子驛移此。
七角井驛六十里至			自此西北行六十里爲黑山子，又三十里爲白山子，距噶順廢台三十里，合於北路巴里坤大道。
頭水驛七十里至			西三十里爲色必口，舊有色必廢台，光緒廿九年移駐於此，土人呼爲頭水溝。
烏涙烏蘇驛一百里至			即大石頭，舊時烏涙烏蘇軍台在戈壁頭，距今大石頭七十里，光緒九年移駐，仍沿舊名。
三泉驛九十里至			由木壘河東行四十里有一碗泉，疑與下列之一碗泉驛同名異地，歷校荷戈紀程河海崑崙錄皆一名分見兩地，三泉驛即三箇泉舊阿克他思台移設於此。

奇台縣	木壘河驛			此表即舊時小南路，自光緒九年畫移南北台塘改設於此始暢行，今稱爲中大道，由此至哈密，舊設之軍台營塘或有或無，且名同地異者甚多，故不具錄。

53

由哈密經土魯番北至迪化城舊有驛站軍台營塘名稱距離表

縣廳別	驛站名	軍台名	營塘名	備考
哈密廳	瞭墩驛九十里至	瞭墩台三十里至		
	一碗泉驛九十里至	肋巴泉台六十里至		一碗泉驛係舊時廢陶賴台移設於此。
	車轂轤驛七十里至	陶賴台八十里至		圖誌作洮賚台，其南白山子有歧路，通噶順色必二台。
	七角井驛四十里至	托賴井子六十里至		七角井西行入天山峽，有間道通古城，即今通行之小北路也。
	胡桐窩驛七十里至	胡桐窩台七十里至		
	惠井子驛五十里至	惠井子台五十里至		書地志納職縣西三百九十里，至羅護守捉；又北上乏驢嶺百二十里，至赤谷，又經長泉，龍泉百八十里，至獨山守捉，西經蒲類爲至北庭之路，蓋唐時風戈壁亦有間道，能通北庭，即今由惠井子，踰烏克塔克山之路。一名東鹽池南向正對烏克塔克山。
	西鹽池驛至一百四十里	鹽池台一百八十里至		自西鹽池，至車轂轤驛五站，舊歸鎮西廳屬，光緒三十二年，改隸鄯善縣管理，按鹽池爲唐赤谷地。
	土墩子驛六十里至			
	齊克騰木驛九十里至	齊克騰木台五十里至		舊由齊克騰木，至胡桐窩，中經三間房，十二間房兩驛，爲古黑風川，今移置西鹽池，一路故道封塞，少人行。宋史王延德，自納職城鬼魅磧三日行，至鬼谷口避風驛，殆即今十三間房及齊克騰木一帶地。

驛站名	軍台名	營塘名	備考
	蘇魯圖台六十里至		
闢展驛（鄯善縣底驛）七十里至	闢展台六十里至		闢展巡檢治，新築土城周二里，城南皆戈壁，其北九十里柯柯雅爾，又北入山，經夾皮溝，回回溝，通木壘河可騎行。
連木沁驛六十里至	連木沁台六十里至		圖志作連木齊木台，其地有溫泉。
勝金驛九十里至	勝金台九十里至		圖志作森泥木台，其地有勝金台山，今驛站距舊日軍台約二十餘里，非同地也。
陽和驛（吐魯番底驛）六十里至	吐魯番底台八十里至		由省城至此驛站共五百里，軍台共五百三十里。
布幹台驛六十里至	根特克台一百一十里至		根特克，即今硜硜溝地，舊設蘆溝驛，今廢。
托克遜驛一百里至	哈必爾罕五十五里至		由托克遜分路，向西南九十里，至蘇巴什驛，爲赴南八城之路，按距山陽驛八十里，舊設通津驛。
小草湖驛一百里至	白楊河台五十五里至		距達坂腰站六十里，舊設山陽驛。
達坂驛八十五里至	喀喇巴爾噶遜台一百一十里至	噶遜底塘一百一十里至	達坂驛，舊名達巴罕腰站，乾隆四十七年，建嘉德城，又名喀喇巴爾噶遜城蒙語謂黑虎城也。
柴俄驛北九十里至	昂吉爾圖淖爾台北一百二十里至	柴窩鋪塘北一百二十里至	距省九十里，舊設鹽池驛，又一百二十里，舊設望敦驛，今俱廢，按距柴俄驛四十里有大鹽海，往來皆遵海畔行。
鞏寧驛	鄂倫拜星底台	迪化底塘	距省南約三十里，有羊腸溝，頑石犖确，最難行。

由哈密經巴里坤西南至迪化城舊有驛站軍台營塘名稱距離表

縣廳別			
驛站名	軍台名	營塘名	備考
哈密廳底驛七十里至	哈密底台六十里至		

54

廳	驛	台	塘	附記
哈密廳	頭堡驛七十里至	頭堡台六十里至		頭堡，回語稱為蘇木哈喇灰。
	三堡驛七十里至	三堡台七十里至		四十里至二堡，按三堡、回語稱為托克齊唐納職縣地。
	三道嶺驛一百里至	鴨子泉台八十里至		鴨子泉距三道嶺十二里，由鴨子泉東行，二十里至泉棗泉 土人呼為沙泉子，有店可止宿。
	瞭墩驛七十里至	瞭墩台八十里至		瞭墩分路西行九十里，至一碗泉驛。
	橙槽溝驛東北三十里至	橙槽溝台三十里至		
	上肋巴泉驛七十里至	肋巴泉台七十里至		
鎮西廳	蘇吉驛	庚濟台		以上由哈密東北至巴里坤。
		哈密底台六十里至	哈密底塘五十里至	
		黑帳房台六十里至	黑帳房塘四十里至	
		南山口台三十里至	南山口塘四十里至	南山口五里曰煥彩溝 有永和五年，沙南侯獲碑。
			羊圈溝塘三十里至	
		達巴頂台四十里至	松樹塘八十里至	舊由松樹塘四十里入山，至柵門，過招摩多河 上至山頂關帝廟，所謂達巴頂也，廟中有侯君集紀功碑。
		松樹塘台八十里至	奎素塘九十里至	其地有奎素河。
	坤底驛九十里至	巴爾庫勒底台九十里至	巴里坤底塘九十里至	自坤底驛再東行九十里，為奎蘇驛；九十里為松樹塘驛；八十里為南山口驛，至哈密為北路，光緒二十八年將三驛裁撤此路遂廢，按鎮西廳舊治會寧城；又名會寧驛。
	蘇吉驛南九十里至	庚濟台七十里至	蘇吉塘九十里至	舊距肋巴泉驛九十里，為望山驛，庚濟即蘇吉之對音，又名素吉，按圖考云，距廳城五十里。舊設王山子卡倫，北行至骨拐泉分道，又南至庚集塘，過瞭墩合哈密往闢展路。
	下肋巴泉驛九十里至	肋巴泉台九十里至	肋巴泉塘七十里至	自此赴哈密分二道，東北由蘇吉經巴里坤城，西南由上肋巴泉經瞭墩，皆至哈密之路。

縣廳別	驛站名	軍台名	營塘名	備考
鎮西廳	烏兎水驛九十里至	烏爾圖台九十里至	務圖水塘九十里至	舊距巨滿驛九十里，爲湧泉驛。
	芨芨台驛七十里至	鳴順台八十里至	鳴順塘八十里至	亦稱鳴順溝其地入山多過港，又名巨滿驛。
	頭水驛七十里至	色必台六十里至	色必塘六十里至	舊時距三泉腰站四十里，爲盤安驛，又六十里爲盤安腰站，即色必溝地。
	烏浿烏蘇驛一百三十里至	烏蘭烏蘇台九十里至	烏蘭烏蘇塘九十里至	烏蘭故烏浿以別於綏來屬之烏蘭烏蘇驛也，此驛今移至大石頭，而名沿其舊。
	阿克他斯驛九十里至	阿克他斯台九十里至	阿克他斯塘九十里至	即三泉驛，又名三箇泉，由此東九十里，舊設三泉腰台，按即唐時獨山守捉地。
奇台縣	木壘河驛九十里至	木壘河台九十里至	木壘河塘九十里至	由此四十里，舊設一碗泉腰站。
	屏營驛九十里至	奇台底驛九十里至	奇台塘九十里至	屏營驛駐舊奇台縣，靖寧城東七十里，舊設白水驛今廢。
	孚遠驛（奇台縣底驛）九十里至	地窩鋪台三十里至	古城塘六十里至	舊古城巡檢治孚遠城，奇台縣治靖寧城，今移孚遠治濟木薩，移奇台治古城巡檢治靖寧，而驛名猶沿舊稱。
孚遠縣	保會驛七十里至	大泉塘台一百三十里至	濟木薩塘九十里至	保會即孚遠驛底驛，舊時濟木薩縣丞治愷安城，今改設孚遠縣，按三台齊木薩之間，舊有雙岔河一站今廢。
	三台驛九十里至	三台塘台九十里至	清水塘七十里至	三台舊名惠來堡。
阜康縣	柏楊驛九十里至	滋泥泉驛九十里至	大泉塘五十里至	柏楊驛，即今滋泥泉，俗名柳樹溝，又名時和堡阜康縣屬。
	康樂驛七十里至	阜康底台七十里至	阜康塘七十里至	康樂即阜康縣底驛。
	黑溝驛西四十里至	轄懷城台西四十里至	黑溝塘西六十里至	黑溝驛泉舊時距省本六十里，今移駐古牧地，按古牧地舊治曰轄懷城，乾隆三十七年建。
	鞏寧驛	鄂倫拜星底台	迪化底塘	

自奇台縣城孚遠縣驛北至科布多城舊有驛站軍台營塘名稱距離表

縣廳別	驛站名	軍台名	營塘名	備考

奇臺縣

孚遠驛（奇台縣底驛）北四十里至		自此至元湖驛四站，均奇臺縣屬。
北道橋驛一百二十里至		
黃草湖驛二百四十里至		
元湖驛九十里入科布多界下接軍台		
	鄂倫布拉克台五十里至	上接元湖驛自此以下均科布多屬，按此臺與庫爾喀喇烏蘇廳之鄂倫布拉克驛同名。
	希伯圖台九十里至	
	布惇哈喇台一百六十里至	
	察哈通古台一百里至	
	沙斬海台一百二十里至	
	玉音齊台八十里至	
	達布蘇台一百二十里至	
	博羅渾台一百里至	
	蘇濟台一百二十里至	
	科布多城	

57

二　航路

新疆航路有三：一爲伊犂河航路，一爲額爾齊斯河航路，一爲塔里木河航路。玆分述於下：

（一）伊犂河航路

伊犂河自伊寧向西北，經綏定，霍爾果斯入俄境，注巴爾喀什湖。在新疆境內長九百一十里。河幅在固爾札附近約五六百尺，在伊犂碼頭附近約七百尺。河之深淺不一，淺者三四尺，深者二十餘尺。上游流行於山脈之間，兩岸夾山，水流湍激，舟行不便，土人恒用木筏轉運貨物。中流可通民船，新疆之土產多恃此河輸送俄領各地，蘇俄聯邦土貨亦恃以輸入。下游河幅漸寬，水量亦大，可行汽船。

(二)額爾齊斯河航路　額爾齊斯河自承化寺而西，經布爾津，哈巴河至阿拉克列克河而西入蘇俄聯邦境，轉西北注齋桑泊，又由西北岸流出爲俄比河，經斜米，湼木斯克入北氷洋。此河航運極發達，全河航路約二千餘里。每年自四月至十一月爲航行期，其下游可通載重五百噸以下之汽船。由阿爾泰至齋桑泊僅一日程，由齋桑泊至斜米上水三日，下水二日；由斜米至湼木斯克下水二日，上水四日，爲全疆最優之河道。惟上游水較激，河幅亦狹，僅通木筏及民船。

(三)塔里木河航路　塔里木河流經新疆中部，其水量深達十二尺以至二十尺。中游下游則兩岸多砂磧，土人引水灌田，水量減少，舟行不易。

三　郵政

新疆之有郵政始於清末，其郵路仍沿用昔日驛站，總局設於迪化，各縣或有分局或設代辦所，規模尚具。惟因交通不便，由新省至內地，如不經西比利亞鐵路，則傳遞即較困難矣。

新疆貨幣紊亂異常，紙幣充斥，價格低落；求現銀幾僅南疆可見。一兩紙幣實値尚不及二三角，郵局發售郵票，如收紙幣，則百分郵票實得僅二角餘。而每信之郵資，又經國家規定，不能隨意變更，未免受損失。日常開支，均賴省府津貼維持。郵務本爲獲利之事業，今反成爲分利之機關，故新省郵務與他省略殊，茲將通郵地點及郵寄情形分述於左：

1. 通郵地點

地名	局所種類	附註
迪化	總局	
疏附(喀什爾噶)	一等局	
奇台	二等局	
綏來	仝前	
焉耆	仝前	
庫爾勒	仝前	
巴楚	仝前	
莎車	仝前	
阿克蘇	仝前	
庫車	仝前	
和闐	仝前	
于闐	仝前	

烏蘇	仝前	
吐魯番	仝前	
哈密	仝前	
綏定	仝前	
惠遠	仝前	
伊甯	仝前	
塔城	仝前	
烏魯木河	仝前	
承化寺	仝前	
布爾河津	仝前	
依爾克斯塘	三等局	
霍爾果斯	仝前	
吉木乃	仝前	
疏勒	仝前	
七角井	代辦所	以下均在天山北路
古牧地	仝前	
達坂城	仝前	
呼圖壁	仝前	
老奇台	仝前	
木壘河	仝前	
昌吉	仝前	
阜康	仝前	
紫泥泉	仝前	
孚遠	仝前	
三台	仝前	
沙灣	仝前	
沙灣市	仝前	
鎮西	仝前	
星星峽	仝前	
蘆草溝	仝前	
精河	仝前	
大河沿	仝前	
額敏	仝前	
和什托羅蓋	仝前	
哈河	仝前	
蒲犂	仝前	以下均在天山南路
英吉沙	仝前	
托克遜	仝前	
烏什	仝前	
洛浦	仝前	
策勒村	仝前	
哈什哈拉	仝前	

59

沙雅　仝前
托克蘇　仝前
拜城　仝前
溫宿　仝前
阿瓦提　仝前
皮山　仝前
葉城　仝前
澤普　仝前
伽師　仝前
烏魯克恰提　仝前
阿坪　仝前
鄯善　仝前
輪台　仝前
婼羌　仝前
新平　仝前

2. 郵寄情形

新省向省外郵寄包裹及匯兌等，非隨時均可辦理。尤以包裹一項，在時局不靖，郵運困難時，便須停止。故每當包裹停止時期，雖願出包價，亦無可爲力。即使通時，又往往延遲。如不幸中途遺失，郵局且亦不能負責賠償。

匯票尚稱便利，北路以省票折合，比普通商肆稍高，如省票一兩，僅值銀二，三角，則一兩即作二三角算，其餘則認作匯費，其實匯費並不昂也。

普通函件，由內地寄至新疆，或由新疆寄至內地，有二路可經。一由隴海路，一經西伯利亞鐵路。由隴海路來往迪化，每次須四十日至四十五日。經西伯利亞則僅十五日至二十日左右。故常人函件多改由西伯利亞，經東三省以寄新疆。茲將各種郵資及匯兌情形列表於次，以供參考：

匯兌情形

本省	外省
在新疆本省內互匯，通阻與匯費多寡概無一定。	均能向他省開發匯票，他省僅能向新省迪化疏附二處開發，匯費多寡不等。

新疆信件郵資

類別／地點	平信 每起重二十公分	平信 每續加二十公分	明信片 單	明信片 雙	掛號 單	掛號 雙
本省	6分	6分	3分	6分	8分	16分
外省	9分	6分	4分	8分	10分	20分
經西比利亞鐵道	25分	15分	15分	30分	25分	50分

包裹郵資

重量	本省	外省	經西比利亞鐵道（貨樣類）	經西比利亞鐵道（書籍印刷貿易契等類）
重100公分	4分	30分	自一公分至一百公分以一角起算過此每重五十公分遞加五分	自一公分至二百五十公分以二角五分起算過此每重五十公分遞加五分
逾100至250公分	10分	30分		
逾250至350公分	20分	60分		
逾350至500公分	30分	90分		

四　電報

新疆電報之建設亦始於清末，然因交通修阻，天障頻多，其成績未免較遜。原設之有線電，因地方遼遠，沙漠荒涼，巡視不易周密，每遇電桿折斷，修理困難，常有阻電之虞，速率亦因之而減。以此之故，新人對於電報之信用亦遂薄弱。省府每年補助電局之款，頗不爲少，其結果僅堪維持電政現狀而已。

國民政府成立後，屢思架無線電台於新疆，奈均爲新省內亂所阻，未能實現，現惟迪化有無線電一架，可直接拍電至天津，約一日可到。玆就原有電政情形分述於下：

1. 通電地點

地名	局所類	附注
迪化	總局	
伊犂	二等局	
承化寺	仝前	
哈密	仝前	
烏蘇	仝前	
吐魯番	仝前	
疏附	仝前	
阿克蘇	仝前	
塔城	仝前	
元湖	三等局	
古城	仝前	
沁城	仝前	
庫車	仝前	
焉耆	仝前	
綏來	仝前	
伊甯	仝前	
巴楚	仝前	
精河	仝前	
庫克申倉	仝前	
疏勒	仝前	
輪台	報房	
霍爾果斯	仝前	

朝乞溝	仝前
伊爾克斯塘	仝前
七角井	仝前
星星峽	仝前

2 拍電情形

新省電報速率，較他省為低，偶遇種種障礙發生時，由迪化拍往伊犂，疏附，有時遲至三，五日始達。由迪化拍往津平，最速二，三日，最遲則間有一，二週者，蓋路愈遠則情形愈劣也。

電報收費，在南疆則用現銀，在北疆則多用省票。依省府規定每元以七錢二分計，每字一角，省票一兩可拍十四字。然究其實，省票一兩，僅值二三角不等，因是電局亦頗受損失。新省電費雖如是之低，而普通使用電報者仍少，即因此種種情形有以致之也。

五 航空

航空事業曾經歐亞航空公司試辦，第一次飛行結果尚佳。嗣因新省內戰紛起，乃停止飛航。

由上海至哈密之航空線長三千零二十五英里，約合七千八百六十七華里(舊制里)，二十小時即達。由哈密至迪化長五百英里，約合一千四百華里，四小時即達。由迪化至塔城長四百二十五英里，約合一千一百九十華里，三時三十分即達。由上海至塔城全線四千零五十英里，約合一萬一千三百四十華里，約二十八時即達。其速率殊可驚人。發展新疆交通，如能從擴張航空事業始，則收效尤速。惟需費孔多，實非我國財力所可及耳。茲將歐亞航空公司所定之客票價，航線里程及航行時刻列表於左，以備參攷。

航空客票價目

(以元為單位)

	迪化	哈密	肅州	蘭州	西安	洛陽	南京北平
洛陽							100
西安						75	175
蘭州					230	305	405
肅州				300	530	605	705
哈密			275	575	805	880	980
迪化		250	525	825	1.055	1.130	1.230
塔城	275	525	800	1.100	1.330	1.405	1.505

航空里程

(以哩為單位)

	南京	洛陽	西安	蘭州	肅州	哈密	迪化	塔城
上海	270	960	1.280	1.850	2.475	3.025	3.525	4.050

歐亞航空公司飛行時刻表

站別	上行航 日期	上行航 時間	下行航 日期	下行航 時間
上海	星期二	上午七時開	星期五	下午二時到
南京	星期二	上午九時到 上午九時半開	星期五	上午十二時開 上午十一時半到
洛陽	星期二	下午二時到 下午二時半開	星期五 星期四	上午七時開 下午一時三刻到（休息）
西安	星期二 星期三	下午四時半到（休息） 上午七時開	星期四	上午十一時三刻開 上午十時三刻到
蘭州	星期三	上午十時三刻到 上午十一時三刻開	星期四 星期三	上午七時開 下午四時到（休息）
肅州	星期三 星期四	下午四時到（休息） 上午七時開	星期三	上午十一時三刻開 上午十時三刻到
哈密	星期四	上午十時三刻到 上午十一時三刻開	星期三 星期二	上午七時開 下午二時三刻到（休息）
迪化	星期四 星期五	下午三時到（休息） 上午七時開	星期二	上午十一時半開 上午十時半到
塔城	星期五	上午十時半到	星期二	上午七時開

新青海月刊

第四卷　第三期

中央補助青海軍費……介
請命於張代總司令者……民
西北大學與西北教育……飛
對於粵漢線路接軌的感言……民
國民大會代表之重要性……張得善
建設西北與鄉教運動……宋積璉
陝西棉業合作檢討……李自發
非常時期中邊疆青年之修養與責任……岳永泰
青海各縣之賦稅（大通、循化、共和、湟源、貴德、互助）
軍校三年來生活之回顧……王克勱
北平師範大學學生生活素描……子厚
北平蒙藏學校的學生生活……潤之
青海女師學生的生活……浮萍
春來雜拾……少公
在拉薩……楊賀夫
青海省土地局廿四年度土地施政計劃
青海省土地局整理土地表
青海省衛生實驗處廿五年一二月份工作報告

第四卷　第四期

勿忘兒童的地位……特

第四卷　第五期

青海管理財政問題……民
今年的西北……宇
西北教育問題的檢討……宋積璉
非常時期學校應有準備……志育
中國的氣象事業與我實習觀測之經過……丑進頭
青海畜牧的縱橫剖視……張建基
從禮義廉恥說到復興民族……柔明正
清華大學學生生活剪影……王正海
寄給塞上永別了的母親……寒沙
我所望於新青海社者……胡明春
青海省西寧縣教育局二十四年全縣教育計劃
青海省西寧教育局沿革略
編輯後記
哀悼胡主席……羊
目前畜牧之重要性……健
家畜常發的傳染病是那幾種？
發展邊疆衛生事業與畜牧事業聲中之獸疫防治問題……張繼先
改良西北畜牧業應注意之首着……尊卣
配合家畜飼料應注意的幾點……李醒農
家畜防疫之六禁

改良西北畜牧事業之探討……常杲平
西北畜牧事業之檢討……喬玉琇
驅除牛疫新藥
研究畜牧應先具備之基本學識與態度……談香言
發展畜牧產與國計民生……王生海
改良養猪業之研究……王偉
從畜牧業的觀點來談開發西北……喬奮生
青海養猪事業之現在與將來……荀學武
青海畜產種數及分佈概況
青海各縣每年輸出皮毛概況
青海貴德縣畜牧概況
曉莊蒙藏學校牧場參觀記……記者
清潔消毒方法
編輯後記……編者
本刊畜牧論文索引

定價：預定全年十二册大洋一元半年六册六角零售每册二角
編輯：新青海社編輯部
社址：南京和平門外曉莊
代售：國內各大書局

邊事研究

第三卷　第六期

◀民國二十五年五月十五日出版▶

憲法的收穫究竟是什麼
憲草中疑點與　總理民族政策之應實現
日偽劫持下之熱都—唐山……邱懷瑾
外蒙古現況概觀……余漢華
日蘇格鬥最前線之呼倫貝爾……江鐸
俄蒙互助議定書之史的討探……張公隆
喇嘛與喇嘛廟……李復同
熱河（續）……林定平
法帝國主義侵略下的雲南經濟概況……彭瑞
西藏問題之癥結及今後之根本解決方策……王潔卿
新疆鹽業概況……胡餘暄
香港之自由港制度的檢討……泗濱
四川目前的危機及其救濟方法……杜豈磷
邊疆各處之通訊……通訊部
一月邊事輯要……編者
編後記……記者

第四卷　第一期

◀民國二十五年六月十五日出版▶

對外犧牲與對內犧牲
日本對外蒙侵略之史的發展……翦伯贊
西藏現政權與英國之關係……郎德沛
新疆回哈滿蒙各族官職及游牧地點概述……宮碧澄
西藏經濟之概觀……邱懷瑾
英國之西藏軍事强化……陶仲
日本在偽滿之經濟勢力……林定平
平綏鐵路在西北邊陲之重要與價值……李英標
統制移民政策芻議……陳里特
滿洲農家負債的深度原因與結果（續前）……張毅人
列强之軍擴熱及其軍事預算……江鐸
英國對華政策與日美之關係……余漢華
途窮帝國主義之部落克經濟非資本主義的出路……秦瑋
華僑危機在于何處……陳昭大
邊疆各處之通訊……通訊部
一月來邊事輯要……編者
編輯後記……記者

發行處：南京成賢街六十九號
邊事研究月刊社編輯部
代售處：全國各大書局
訂閱連郵全年二元八角

史漢西域記傳互勘

趙惠人錄 1

西北史蹟之見於載紀者，以史紀之大宛列傳爲最早。所敘事迹亦以漢武以來爲較詳。嗣後班固因之而著西域傳，張騫傳。遂爲今日研究西北史者之所祖述。惟以其中敘事多嫌簡略，雖或亦有散見於其他帝紀列傳中者，而翻檢攷訂，殊覺不便。茲特以大宛傳爲主，以張騫西域傳對照之，其中敘事簡略，而能以其他紀傳補証者，即取而附入文內，其有記載不同之處，則附記於下方作爲校記。非言著述，聊以省研究者翻檢之勞耳。

史紀大宛列傳

大宛之跡，見自張騫；張騫漢中人，建元中（西紀前一四〇——一三五）爲郎。是時天子問匈奴降者，皆言匈奴破月氏王以其頭爲飲器，月氏遁逃而常怨仇匈奴，無與共擊之。

史記匈奴列傳

……遂東襲擊東胡，東胡初輕冒頓，不爲備，及冒頓以兵至，擊大破滅東胡王，……西擊走月氏，南幷樓煩白羊河南王，……遂侵燕代。是時漢兵與項羽相距，中國罷於兵革，（約當漢高帝四年西紀前二〇三年）以故冒頓得自彊。……諸左方王將居東方，直上谷以往者，東接穢貉朝鮮；右方王將居西方，直上郡以西，接月氏氐羌，而單于之庭直代雲中。

其（孝文帝）三年（西紀前一七七）五月，匈奴右賢王入居

前漢張騫傳

張騫漢中人也，建元中爲郎。時匈奴降者言匈奴破月氏王，以其頭爲飲器，月氏遁而怨匈奴，無與共擊之。

前漢匈奴傳

……遂東襲擊東胡，東胡初輕冒頓，不爲備，及冒頓以兵至，大破滅東胡王，……西擊走月氏，南幷樓煩白羊河南王，……遂侵燕代。是時漢方與項羽相距，中國罷於兵革，以故冒頓得自彊。……諸左王將居東方，直上谷以東，接穢貉朝鮮，右王將居西方直上郡以西，接氐羌，而單于庭直代雲中。

其（孝文帝）三年夏，匈奴右賢王入居河南地爲寇，……

校記

史紀：接月氏氐羌

河南地，……其明年（四年，西紀前一七六）單于遺漢書曰，……故罰右賢王，使之西求月氏擊之，以天之福，吏卒良，馬彊力，以夷滅月氏，盡斬殺降下之，定樓蘭烏孫呼揭及其旁二十六國，皆以爲匈奴。……

孝文皇帝前六年（西紀前一七四）漢遺匈奴書，……使中大夫意謁者令肩遺單于，後頃之冒頓死，子稽粥立，號曰老上單于。

後四歲（孝文後四年西紀前一六〇）老上稽粥單于死，子軍臣立爲單于。

漢方欲事滅胡，聞此言，因欲通使，道必更匈奴中，乃募能使者。騫以郎應募，使月氏，與堂邑氏故胡奴甘父，俱出隴西，經匈奴，匈奴得之，傳詣單于。單于留之曰：『月氏在吾北，漢何以得往使，吾欲使越，漢肯聽我乎？』留騫十餘歲，與妻，有子，然騫持漢節不失，居匈奴中益寬，騫因與其屬亡鄉月氏。西走數十日，至大宛。大宛聞漢之饒財，欲通，不得，見騫喜，問曰：『若欲何之？』騫曰：『爲漢使月氏，而爲匈奴所閉道，今亡，唯王使人導送我，誠得至，反漢，漢之賂遺王財物，不可勝言』。大宛以爲

其明年，單于遺漢書曰，…故罰右賢王，使至西方求月氏擊之，以天之福，吏卒良，馬彊力，以滅夷月氏，盡斬殺降下定之，樓蘭烏孫呼揭及其旁二十六國，皆巳爲匈奴。

……

孝文前六年遺匈奴書……使中大夫意謁者令肩遺單于，後頃之，冒頓死，子稽粥立，號曰老上單于。

後四年老上單于死，子軍臣單于立。

漢方欲事滅胡，聞此言，欲通使，道必更匈奴中，乃募能使者。騫以郎應募，使月氏，與堂邑氏奴甘父，俱出隴西，徑匈奴，匈奴得之，傳詣單于。單于曰：『月氏在吾北，漢何以得往使，吾欲使越，漢肯聽我乎？』留騫十餘歲，予妻，有子，然騫持漢節不失，居匈奴西，騫因與其屬亡鄉月氏。西走數十日，至大宛。大宛聞漢之饒財，欲通，不得，見騫喜，問欲何之？騫曰：『爲漢使月氏，而爲匈奴所閉道，今亡，唯王使人道送我，誠得至，反漢，漢之賂遺王財物，不可勝言』。大宛以爲然，遣騫爲發譯道，抵康居，

文帝崩於後元七年，而史漢均云，文帝後二年遣匈奴書，後四歲軍臣單于立，立四歲，絕和親，後歲餘文帝崩，時日不合。今假定軍臣立于文帝後元四年，立歲餘絕和親，又歲餘文帝

然，遣騫，爲發導驛抵康居，康居傳致大月氏。

大月氏王已爲胡所殺，立其太子爲王，既臣大夏而居地肥饒，少寇，志安樂，又自以遠漢，殊無報胡之心。

騫從月氏至大夏，竟不能得月氏要領，留歲餘，還，並南山，欲從羌中歸，復爲匈奴所得。留歲餘，單于死，左谷蠡王攻其太子自立，國內亂。騫與胡妻及堂邑父俱亡歸漢，漢拜騫爲太中大夫，堂邑父爲奉使君。

匈奴列傳

是歲漢之元朔二年（西紀前一二七）也，其後冬，匈奴軍臣單于死，軍臣單于弟左谷蠡王伊稚斜自立爲單于，攻破軍臣單于太子於單，於單亡降漢，漢封於單爲涉安侯，數月而死。

騫爲人彊力，寬大信人，蠻夷愛之。堂邑父故胡人，善射，窮急，射禽獸給食。初騫行時百餘人，去十三歲，唯二人得還。騫身所至者：大宛大月氏大夏康居，而傳聞其旁大國五六，具爲天子言之。曰：

康居傳致大月氏。

大月氏王已爲胡所殺，立其夫人爲王，既臣大夏而君之，地肥饒，少寇，志安樂，又自以遠，遠漢，殊無報胡之心。 3

騫從月氏至大夏，竟不能得月氏要領，留歲餘，還，並南山，欲從羌中歸，復爲匈奴所得。留歲餘，單于死，國內亂，騫與胡妻及堂邑父俱亡歸漢，拜騫太中大夫，堂邑父爲奉使君。

匈奴傳

是歲元朔二年也，其後冬，軍臣單于死，其弟左谷蠡王伊稺斜自立爲單于，攻敗軍臣單于太子於單，於單亡降漢，漢封於單爲陟安侯，數月死。

騫爲人彊力，寬大信人，蠻夷愛之。堂邑父胡人，善射，窮急，射禽獸給食。初騫行時百餘人，去十三歲，唯二人得還。騫身所至者：大宛大月氏大夏康居，而傳聞其旁大國五六，具爲天子言其地形所有，語皆在西域傳。

崩。

史紀立其太子爲王

漢書立其夫人爲王

史紀漢封單于，常是於單之誤。

騫還時爲元朔三年，逆數十三歲爲建元二年

大宛在匈奴西南，在漢正西，去漢可萬里。

其俗土著耕田，田稻麥，有蒲陶酒；多善馬，馬汗血，其先天馬子也。

有城郭屋室，其屬邑大小七十餘城，衆可數十萬，其兵弓矛騎射。

其北則康居，西則大月氏，西南則大夏，東北則烏孫，東則扜罙于窴，

于窴之西，則水皆西流注西海。其東水東流注鹽澤，鹽澤潛行地下，其南則河源出焉。于窴多玉石，河注中國，而樓蘭姑師邑有城郭臨鹽澤，鹽

前漢西域傳

大宛國王治貴山城，去長安萬二千二百五十里；戶六萬，口三十萬，勝兵六萬人；副王，輔國王各一人；東至都護治所四千三十一里

土地風氣物類民俗與大月氏安息同。大宛左右以蒲陶爲酒，富人藏酒至萬餘石，久者至數十歲，不敗，俗耆酒，馬耆目宿。

宛別邑七十餘城，多善馬，馬汗血，言其先天馬子也。張騫始爲武帝言之，上遣使者持千金及金馬以請宛善馬。宛王以漢絕遠，大兵不能至，愛其寶馬，不肯與。漢使妄言，宛遂攻殺漢使，取其財物，於是天子遣貳師將軍李廣利將兵前後十餘萬人伐宛，連四年，宛人斬其王毋寡首，獻馬三十四，漢軍乃還，語在張騫傳。

北至康居卑闐城千五百一十里，西南至大月氏六百九十里，北與康居南與大月氏接。

于闐在南山下，其河北流，與葱嶺河合，東注蒲昌海。蒲昌海一名鹽澤者也，去玉門陽關三百餘里，廣袤三百里。其水亭居，冬夏不增減，皆以

西域傳所記各國較大宛傳多至四，五倍，所記先後序次，亦多不同。今惟擇取與大宛傳所記相同之國，就大宛傳之序次排列。以便比其同異。

澤去長安可五千里，匈奴右方居鹽澤以東，至隴西長城，南接羌，鬲漢道焉。

烏孫在大宛東北，可二千里。行國，隨畜，與匈奴同俗。控弦者數萬，敢戰，故服匈奴，及盛，取其羈屬，不肯往朝會焉。

康居在大宛西北，可二千里。

爲潛行地下，南出於積石，爲中國河云。

烏孫國大昆彌治赤谷城，去長安八千九百里。戶十二萬，口六十三萬，勝兵十八萬八千八百人。相大祿左右大將二人，侯三人，大將都尉各一人，大監二人，大吏一人，舍中大吏二人，騎君一人。東至都護治所千七百二十一里，西至康居蕃內地五千里。地莽平，多雨，寒山多松樠。不田作種樹，隨畜，逐水草，與匈奴同俗。國多馬，富人至四五千匹。民剛惡貪很，無信多寇盜，最爲彊國。故服匈奴，後盛大取羈屬，不肯往朝會。東與匈奴，西北與康居，西與大宛，南與城郭諸國相接，本塞地也。大月氏西破走塞王，塞王南越縣度，大月氏居其地。後烏孫昆莫擊破大月氏，大月氏徙西臣大夏，而烏孫昆莫居之，故烏孫民有塞種大月氏種云。 5

康居國王冬治樂越匿地到卑闐城，去長安萬二千

史紀未言此事

行國，月氏與大同俗。控弦者八九萬人，與大宛鄰國，國小，南羈事月氏，東羈事匈奴。

奄蔡在康居西北，可二千里。行國，與康居大同俗。

三百里，不屬都護，至越匿地馬行七日至，王夏所居。蕃內九千一百四里，戶十二萬，口六十萬，勝兵十二萬人，東至都護治所五千五百五十里。

與大月氏同俗，東羈事匈奴。

康居有小王五

一曰蘇䪥王治蘇䪥城，去都護五千七百七十六里，去陽關八千二十五里。

二曰附墨王治附墨城，去都護五千七百六十七里，去陽關八千二十五里。

三曰窳匿王治窳匿城，去都護五千二百六十六里，去陽關七千五百二十五里。

四曰罽王治罽城，去都護六千二百九十六里，去陽關八千五百五十五里。

五曰奧鞬王治奧鞬城，去都護六千九百六里，去陽關八千三百五十五里。

凡五王屬康居。

其康居西北可二千里有奄蔡國。

大與康居同俗。

控弦者十餘萬，

臨大澤，無崖，蓋乃北海云。

大月氏在大宛西可二三千里。

居嬀水北，其南則大夏，西則安息，北則康居。

行國也，隨畜移徙，與匈奴同俗。

控弦者可一二十萬，故時彊，輕匈奴。及冒頓立，攻破月氏。至匈奴老上單于殺月氏王，以其頭爲飲器。

始月氏居敦煌祁連閒，及爲匈奴所敗，乃遠去，過宛，西擊大夏而臣之。

遂都嬀水北爲王庭，其餘小衆不能去者，保南山羌，號小月氏。

控弦者十餘萬，

臨大澤，無崖，蓋北海云。

大月氏國治監氏城，去長安萬一千六百里，不屬都護，戶十萬，口四十萬，勝兵十萬人。

東至都護治所四千七百四十里，西至安息四十九日行，南與罽賓接。

大月氏本行國也，隨畜移徙，與匈奴同俗。土地風氣物類所有民俗錢貨，與安息同。出一封橐駝。

控弦十餘萬，故彊輕匈奴。

本居敦煌祁連閒，至冒頓單于攻破月氏，而老上單于殺月氏以其頭爲飲器，月氏乃遠去，過大宛，西擊大夏而臣之。

都嬀水北爲王庭，其餘小衆不能去者，保南山羌號小月氏。

大夏本無大君長，城邑往往置小長。民弱畏戰，故月氏徙來皆臣畜之。其亶漢使者有五翖侯：

老上單于在位十四年，當文帝前六至後四年，史漢匈奴傳均不言其擊月氏事。

7

安息在大月氏西，可數千里。

其俗土着耕田，田稻麥，蒲陶酒。

城邑如大宛。

其屬小大數百城，地方數千里，最爲大國。

臨嬀水，有市民商賈，用車及船行旁國，或數千里。

以銀爲錢，錢如其王面，王死，輒更錢，效王面

一曰休密翖侯治和墨城，去都護二千八百四十一里，去陽關七千八百二里。

二曰雙靡翖侯治雙靡城，去都護三千七百四十一里，去陽關七千七百八十二里。

三曰貴霜翖侯治護澡城，去都護五千九百四十里，去陽關七千九百八十二里。

四曰肹頓翖侯治薄茅城，去都護五千九百六十二里，去陽關八千二百二里。

五曰高附翖侯治高附城，去都護六千四十一里，去陽關九千二百八十三里。

凡五翖侯，皆屬大月氏。

安息國王治番兜城，去長安萬一千六百里，不屬都護。

土地風氣物類所有民俗，與烏弋闞賓同。

其屬小大數百城，地方數千里，最大國也。

臨嬀水，商賈車船，行旁國。

亦以銀爲錢，文獨爲王面，幕爲夫人面，王死輒

8

此一節可與大宛傳所記大夏之文相對照。

焉。

書革旁行，以爲書記。

其西則條枝，北則奄蔡黎軒。

條枝在安息西數千里，臨西海，暑濕，耕田，田稻。有大鳥，卵如甕。人衆甚多，往往有小君長，而安息役屬之，以爲外國。國善眩，安息長老傳聞條枝有弱水西王母而未嘗見。

更鑄錢。

有大馬爵。

書革旁行爲書記。

北與康居，東與烏弋山離，西與條支接。

安息東則大月氏

烏弋山離國王去長安萬二千二百里，不屬都護，戶口勝兵大國也，東北至都護治所六十日行。東與罽賓，北與撲桃，西與犂靬條支接。

行可百餘日乃至條支國，臨西海，暑濕，田稻。有大鳥，卵如甕。人衆甚多，往往有小君長。安息役屬之，以爲外國，安息長老傳聞條支有弱水西王母亦未嘗見也。

自條支乘水西行，可百餘日，近日所入，云烏弋。地暑熱，莽平，其草木，畜產，五穀，果菜，食飲，宮室，市列，錢貨，兵器，金珠之屬，皆與罽賓同，而有桃拔，師子，犀牛。俗重妄殺。其錢獨文，爲人頭，幕爲騎馬，以金銀飾杖，絕遠，漢使希至，自玉門陽關出南道，歷鄯

9

大夏在大宛西南二千餘里。嬀水南。其俗土着有城屋，與大宛同俗，無大王長，往往城邑置小長。其兵弱，畏戰，善賈市。及大月氏西徙，攻敗之，皆臣畜大夏。大夏民多，可百餘萬。其都曰藍市城，有市販，賈諸物，其東南有身毒國。

騫曰：『臣在大夏時，見邛竹杖，蜀布，問曰：「安得此？」大夏國人曰：「吾賈人往市之身毒。身毒在大夏東南可數千里，其俗土著大與大夏同，而卑濕暑熱云，其人民乘象以戰，其國臨大水焉」。以騫度之，大夏去漢萬二千里，居漢西南，今身毒國又居大夏東南數千里，有蜀物，此其去蜀不遠矣！今使大夏從羌中險，羌人惡之，少北則爲匈奴所得，從蜀宜徑，又無寇』。

天子旣聞大宛及大夏安息之屬皆大國，多奇物，

善而南行，至烏弋山離南道極矣，轉北而東得安息。

前漢張騫傳

騫曰：『臣在大夏時，見邛竹杖，蜀布，問安得此？大夏國人曰：「吾賈人往市之身毒國。身毒國在大夏東南可數千里，其俗土著與大夏同，而卑溼暑熱，其民乘象以戰，其國臨大水焉」。以騫度之，大夏去漢萬二千里，居西南；今身毒又居大夏東南數千里，有蜀物，此其去蜀不遠矣！今使大夏從羌中險，羌人惡之；少北則爲匈奴所得，從蜀宜徑，又無寇』。

天子旣聞大宛及大夏安息之屬皆大國，多奇物，

西域傳不記大夏，惟於大月氏條內，記有五翕侯，即大夏故地而臣屬於大月氏者也。

土着頗與中國同業而兵弱，貴漢財物。其北有大月氏康居之屬，兵彊可以賂遺設利朝也，且誠得而以義屬之，則廣地萬里，重九譯，致殊俗，威德徧於四海。天子欣然以騫言爲然，乃令騫因蜀犍爲發間使四道竝出：出駹，出冉，出徙，出邛僰，皆各行一二千里，其北方閉氐筰，南方閉巂昆明。昆明之屬無君長，善寇盜，輒殺略漢使，終莫能通。然聞其西可千餘里，有乘象國，名曰滇越，而蜀賈姦出物者或至焉，於是漢以求大夏道，始通滇國。

史紀西南夷列傳

及元狩元年（西紀前一二二）博望侯張騫使大夏來，言居大夏時，見蜀布邛竹杖，使問所從來，曰，從東南身毒國，可數千里，得蜀賈人市，或聞邛西可二千里，有身毒國。騫因盛言大夏在漢西南，慕中國，患匈奴隔其道，誠通蜀身毒國，道便近，有利無害。於是天子乃令王然于柏始昌呂越人等使間出西夷，西指求身毒國，至滇，滇王嘗羌乃留，爲求道西十餘輩。歲餘，皆閉昆明，莫能通身毒國。

初漢欲通西南夷，費多，道不通，罷之；及張騫

土著頗與中國同俗，而兵弱，貴漢財物。其北則大月氏康居之屬，兵彊可以賂遺設利朝也，誠得而以義屬之，則廣地萬里，重九譯，致殊俗，威德徧於四海，天子欣欣以騫言爲然。乃令因蜀犍爲發間使四道並出，出駹，出莋，出徙邛，出僰，皆各行一二千里，其北方閉氐莋，南方閉巂昆明。昆明之屬無君長，善寇盜，輒殺略漢使，終莫得通。然聞其西可千餘里，有乘象國名滇越，而蜀賈間出物者或至焉。於是漢以求大夏道始通滇國。

前漢西南夷傳

及元狩元年博望侯張騫言使大夏時，見蜀布邛竹杖，問所從來，曰從東南身毒國。可數千里，得蜀賈人市。或聞邛西可二千里有身毒國，騫因盛言大夏在漢西南，慕中國，患匈奴隔其道，誠通蜀身毒國，道便近，又亡害。天子乃令王然于柏始昌呂越人等十餘輩，間出西南夷，指求身毒國，至滇，滇王當羌乃留爲求道。四歲餘，皆閉昆明莫能通。

初漢欲通西南夷，費多，罷之，及騫言可以通大

漢書：四歲餘宋祁曰：據遷史當云「爲求道西」

言可以通大夏，乃復事西南夷。

史紀西南夷列傳

及弘爲御史大夫，是時方築朔方，以據河逐胡，弘因數言西南夷害，可且罷，專力事匈奴，上罷西夷，獨置南夷夜郎兩縣一都尉，稍令犍爲自葆就。

騫以校尉從大將軍擊匈奴，知水草處，軍得以不乏，乃封騫爲博望侯，是歲元朔六年也。

史紀匈奴列傳

其明年（元朔六年西紀前一二三）春，漢復遣大將軍衛青將六將軍，兵十餘萬騎，乃再出定襄數百里擊胡。

史紀衛將軍驃騎列傳

張騫從大將軍，以嘗使大夏，留匈奴中久，導軍知善水草處，軍得以無饑渴，因前使絕國功，封騫博望侯。

其明年騫爲衛尉與李將軍俱出右北平擊匈奴，匈奴圍李將軍，軍失亡多，而騫後期，當斬，贖爲庶人。

是歲漢遣驃騎破匈奴西城數萬人，至祁連山。

夏，乃復事西南夷。

前漢武帝紀

元朔三年秋、罷西南夷，城朔方城。

前漢西南夷傳

及弘爲御史大夫，時（元朔三年西紀前一二六）方築朔方據河逐胡，弘等因言西南夷爲害，可且罷，專力事匈奴。上許之，罷西夷，獨置南夷兩縣一都尉，稍令犍爲自保就。

騫以校尉從大將軍擊匈奴，知水草處，軍得以不乏，乃封騫爲博望侯，是歲元朔六年也。

前漢匈奴傳

其明年春，漢復遣大將軍衛青將六將軍，十餘萬騎，仍再出定襄數百里擊匈奴。

前漢衛青霍去病傳

校尉張騫從大將軍，以嘗使大夏，留匈奴中久，道軍知善水草處，軍得以無飢渴，因前使絕國功，封騫爲博望侯。

後二年騫爲衛尉與李廣俱出右北平擊匈奴，匈奴圍李將軍，軍失亡多，而騫後期，當斬，贖爲庶人。

是歲票騎將軍破匈奴西邊殺數萬人，至祁連山。

12

此四字當屬上句作西。

史記作「其明年」當是元朔六年之明年，即元

史紀匈奴列傳

其明年（元狩二年西紀前一二一）春，漢使驃騎將軍去病將萬騎，出隴西，過焉支山千餘里，擊匈奴。……其夏，驃騎將軍復與合騎侯數萬騎，出隴西北地二千里，擊匈奴，過居延攻祁連山。……

是時……漢使博望侯及李將軍廣出右北平，擊匈奴左賢王。左賢王圍李將軍卒可四千人，且盡，殺虜亦過當，會博望侯軍救至，李將軍得脫，漢失亡數千人。合騎侯後驃騎將軍期，及與博望侯皆當死，贖爲庶人。

史紀李將軍（廣）列傳

元朔六年，廣復爲後將軍，從大將軍軍出定襄擊匈奴。……後三歲，廣以郎中令將四千騎出右北平……廣軍幾沒罷歸。漢法博望侯留遲後期當死，贖爲庶人。

史紀衞將軍驃騎列傳

驃騎將軍出北地，已遂深入，與合騎侯失道，不相得。驃騎將軍踰居延，至祁連山，捕首虜甚多。天子曰：驃騎將

前漢武帝紀

元狩二年春三月……遣票騎將軍霍去病出隴西至臯蘭……夏……將軍去病公孫敖出北地二千餘里過居延……遣衞尉張騫郎中令李廣皆出右北平，廣殺匈奴三千餘人，盡亡其軍四千人，獨身脫還。及公孫敖張騫皆後期當斬，贖爲庶人。

前漢匈奴傳

明年春，漢使票騎將軍去病將萬騎，出隴西，過焉耆山千餘里。……其夏，票騎將軍復與合騎侯數萬騎，出隴西北地二千里，過居延攻祁連山。……

是時……漢使博望侯及李將軍廣出右北平擊匈奴左賢王，左賢王圍李廣，廣軍四千人，死者過半，殺虜亦過當，會博望侯軍救至，李將軍得脫，盡亡其軍。合騎侯後票騎將軍期，及博望侯皆當死，贖爲庶人。

前漢李廣傳

元朔六年，廣復爲將軍，從大將軍出定襄，……後三歲，廣以郎中令將四千騎出右北平，……是時廣軍幾沒罷歸，漢法博望侯後期當死，贖爲庶人。

前漢衞青霍去病傳

去病出北地，遂深入，合騎侯失道不相得。去病至祁連山捕首虜甚多。上曰：票騎將軍涉鈞耆，濟居延，遂臻小

13 狩元年也，與其他各傳均不合，當以漢書之「後二年」爲是。

後三歲似應作後二歲。

史記	漢書	附記
軍踰居延遂過小月氏攻祁連山得酋涂王。	月氏，攻祁連山，揚武乎鱳得，得單于單桓酋涂王。	
其明年，渾邪王率其民降漢，而金城河西西竝南山至鹽澤，空無匈奴，匈奴時有候者到而希矣。 史記匈奴傳 其秋，單于怒渾邪王休屠王居西方爲漢所殺虜數萬人，欲召誅之。……渾邪王殺休屠王并將其衆降漢。……於是漢已得渾邪王，則隴西北地河西益少胡寇。	其秋，渾邪王率衆降漢，而金城河西，西竝南山，至鹽澤，空無匈奴，匈奴時有候者到而希矣。 前漢武帝紀 元狩二年秋，匈奴昆邪王殺休屠王幷將其衆，合四萬餘人，來降，置五屬國以處之，以其地爲武威，酒泉郡。 前漢匈奴傳 其秋，單于怒昆邪王休屠王居西方爲漢所殺虜數萬人，欲召誅之。……昆邪王殺休屠王并將其衆降漢。……於是漢已得昆邪，則隴西北地河西益少胡寇。	史記作「其明年」，漢書作「其秋」，據上文皆爲元狩二年。
其後二年，漢擊走單于於幕北。 史記匈奴傳 其明年（元狩四年西紀前一一九）春，漢……發十萬騎：…令大將軍青，驃騎將軍去病中分軍，……咸約絕幕擊匈奴。匈奴單于聞之，遠者輜重，以精兵待於幕北。與漢大將軍接戰，……單于遂獨身與壯騎數百潰漢圍西北遁走，漢兵夜追不得行，斬捕匈奴首虜萬九千級，北至闐顏山趙信城而還。 漢驃騎將軍之出代二千餘里，與左賢王接戰，漢兵得胡首	後二年，漢擊走單于於幕北。 前漢匈奴傳 其年春，漢……發十萬騎，令大將軍靑驃騎將軍去病中分軍，……絕幕擊匈奴，單于聞之遠其輜重，以精兵待於幕北。與漢大將軍接戰，一日會暮，大風起，漢兵縱左右翼圍單于，單于自度戰不能與漢兵，遂獨與壯騎數百潰漢圍西北遁走。漢兵夜追之，……北至寘顏山趙信城而還。 票騎之出代二千餘里，與左王接戰，漢兵得胡首虜凡七萬	漢書「其年春」當脫明字。

虜凡七萬餘級，左賢王將皆遁走，驃騎封於狼居胥山，禪姑衍，臨翰海而還。

是後匈奴遠遁，而幕南無王庭。

是後天子數問騫大夏之屬，騫既失侯，曰：『臣居匈奴中，聞烏孫王號昆莫，昆莫之父，匈奴西邊小國也，匈奴攻殺其父，而昆莫生棄於野，烏嗛肉蜚其上，狼往乳之。單于怪以爲神，而收長之。及壯，使將兵，數有功，單于復以其父之民予昆莫，令長守於西城。昆莫收養其民，旁攻小邑，控弦數萬，習攻戰。單于死，昆莫乃率其衆遠徙，中立，不肯朝會匈奴。匈奴遣奇兵擊不勝，以爲神而遠之，因羈屬之不大攻。

今單于新困于漢，而故渾邪地空無人，蠻夷俗貪漢財物，今誠以此時而厚幣賂烏孫，招以益東居故渾邪之地，與漢結昆弟，其勢宜聽，聽，則是

餘人，左王將皆遁走，票騎封於狼居胥山，禪姑衍，臨翰海而還。

是後匈奴遠遁，而幕南無王庭。

天子數問騫大夏之屬，騫既失侯，因曰：『臣居匈奴中，聞烏孫王號昆莫，昆莫父難兜靡本與大月氏俱在祁連焞煌間，小國也。大月氏攻殺難兜靡，奪其地，人民亡走匈奴。子昆莫新生，傅父布就翎侯抱亡置草中，爲求食。還，見狼乳之，又烏銜肉翔其旁，以爲神，遂持歸匈奴。單于愛養之，及壯，以其父民衆與昆莫，使將兵，數有功。時月氏已爲匈奴所破，西擊塞王，塞王南走遠徙，月氏居其地。昆莫既健，自請單于報父怨，遂西攻破大月氏，大月氏復西走徙大夏地。昆莫略其衆，因留居，兵稍彊，會單于死，不肯復朝事匈奴，匈奴遣兵擊之，不勝，益以爲神而遠之。

今單于新困於漢，而昆莫地空，蠻夷戀故地，又貪漢物，誠以此時厚賂烏孫，招以東居故地，漢遺公主爲夫人，結昆弟，其勢宜聽，則是斷匈奴

史紀以殺昆莫之父者爲匈奴，漢書則以爲大月氏。

月氏初次西遷居塞，二次西遷居大夏而烏孫留居塞。

史紀稱渾邪地空，漢書稱昆莫地

斷匈奴右臂也，旣連烏孫，自其西大夏之屬皆可招來，而爲外臣』。

天子以爲然，拜騫爲中郎將，將三百人，馬各二匹，牛羊以萬數，齎金幣帛直數千巨萬。多持節副使，道可使，使遺之他旁國。

騫旣至烏孫，烏孫王昆莫見漢使如單于禮。騫大慙，知蠻夷貪，乃曰：『天子致賜，王不拜，則還賜』。昆莫起拜賜，其他如故。騫諭使指曰：『烏孫能東居渾邪地，則漢遣翁主爲昆莫夫人』。烏孫國分王老，而遠漢，未知其大小，素服屬匈奴日久矣，且又近之，其大臣皆畏胡，不欲移徙，王不能專制，騫不得其要領。昆莫有十餘子，其中子曰大祿，彊，善將衆，將衆別居萬餘騎。大祿兄爲太子，太子有子曰岑娶，而太子蚤死，臨死謂其父昆莫曰：『必以岑娶爲太子，無令他人代之』，昆莫哀而許之，卒以岑娶爲太子。大祿怒其不得代太子也，乃收其諸昆弟，將其衆畔，謀攻岑娶及昆莫。昆莫老，常恐大祿殺岑娶，予岑娶萬餘騎別居，而昆莫有萬餘

右臂也。旣連烏孫，自其西大夏之屬皆可招來，而爲外臣』。

天子以爲然。拜騫爲中郎將，將三百人，馬各二匹，牛羊以萬數，齎金幣帛直數千鉅萬，多持節副使，道可便遣之旁國。

騫旣至烏孫，致賜諭指，未能得其決，語在西域傳。

西域傳烏孫條

〔武帝即位，令騫齎金幣往，昆莫見騫如單于禮，騫大慚，謂曰：『天子致賜，王不拜則還賜』。昆莫起拜，其它如故。初昆莫有十餘子，中子大祿彊善將，將衆萬餘騎別居，大祿兄太子，太子有子曰岑陬，太子蚤死，謂昆莫曰，『必以岑陬爲太子』，昆莫哀許之。大祿怒，乃收其昆弟，將衆畔，謀攻岑陬，昆莫與岑陬萬餘騎令別居，昆莫亦自有萬餘騎以自備，國分爲三，大總羈屬昆莫。騫旣致賜諭指曰：『烏孫能東居故地，則漢遣公主爲夫人，結爲昆弟共距匈奴不足破也，烏孫遠漢，未知其大小，又近匈奴，服屬日久，其

空，疑爲昆邪之誤，蓋即昆邪王之故地。

騎自備。國衆分爲三，而其大總取羈屬昆莫，昆莫亦以此不敢專約於騫。

騫因分遣副使使大宛康居大月氏大夏安息身毒于窴扜罙及諸旁國。烏孫發導譯送騫還，騫與烏孫遣使數十人，馬數十匹，報謝，因令窺漢，知其廣大。騫還到，拜爲大行列於九卿，歲餘卒。

烏孫使旣見漢人衆富厚，歸報其國，其國乃益重漢。

其後歲餘，騫所遣使通大夏之屬者，皆頗與其人俱來，於是西北國始通於漢矣！然張騫鑿空，其後使往者皆稱博望侯，以爲質於外國，外國由此信之。

自博望侯騫死後，匈奴聞漢通烏孫，怒，欲擊之，及漢使烏孫，若出其南，抵大宛大月氏相屬，烏孫乃恐，使使獻馬，願得尙漢女翁主爲昆弟。天子問羣臣議計，皆曰必先納聘，然後乃遣女。初天子發書易云，神馬當從西北來，得烏孫馬好，名曰天馬。及得大宛汗血馬，益壯，更名烏孫馬曰西極，名大宛馬曰天馬云。

大臣皆不欲徙，昆莫年老國分不能專制。乃發使送騫因獻馬數十匹，報謝。」 17

騫即分遣副使使大宛康居月氏大夏；烏孫發譯道送騫，與烏孫使數十人，馬數十匹，報謝，因令窺漢知其廣大。騫還，拜爲大行，歲餘，騫卒。

後歲餘，其所遣副使通大夏之屬者，皆頗與其人俱來，於是西北國始通於漢矣。然騫鑿空，諸後使往者，皆稱博望侯，以爲質於外國，外國由是信之，

其後烏孫竟與漢結婚。

初天子發書易曰：『神馬當從西北來』，得烏孫馬好，名曰天馬；及得宛汗血馬，益壯，更名烏孫馬曰西極馬，宛馬曰天馬云。

而漢始築令居以西，初置酒泉郡，以通西北國。
因益發使抵安息奄蔡黎軒條枝身毒國。
而天子好宛馬，使者相望於道。諸使外國一輩大
者數百，少者百餘人，人所齎操大放博望侯時，
其後益習而衰少焉。
漢率一歲中，使多者十餘，少者五六輩，遠者八
九歲，近者數歲而反。
是時，漢旣滅越，而蜀西南夷皆震，請吏入朝。
於是置益州越巂牂牁沈黎汶山郡，欲地接以前通
大夏。乃遣柏始昌呂越人等歲十餘輩出此初郡，
抵大夏，皆復閉昆明，爲所殺奪幣財，終莫能通
至大夏焉。
於是漢發三輔罪人，因巴蜀士數萬人，遣兩將軍
郭昌衛廣等往擊昆明之遮漢使者，斬首虜數萬人
而去。
其後遣使，昆明復爲寇，竟莫能得通，而北道酒
泉抵大夏，使者旣多，而外國益厭漢幣不貴其
物。

而漢始築令居以西，初置酒泉郡以通西北國，因
益發使抵安息奄蔡犛靬條支身毒國。
而天子好宛馬，使者相望於道：一輩大者數百，
少者百餘人，所齎操大放博望侯時，其後益習而
衰少焉。
漢律一歲中，使者多者十餘，少者五六輩，遠者
八九歲，近者數歲而反。
是時漢旣滅越，蜀所通西南夷皆震，請吏置牂
柯，越巂益州沈黎文山郡，欲地接以前通大夏，
乃遣使歲十數輩出此初郡，皆復閉昆明，爲所殺
奪幣物。
於是漢發兵擊昆明，斬首數萬。
後復遣使，竟不得通，語在西南夷傳

前漢武帝紀

史紀西南夷列傳

會越已破（元鼎六年西紀前一一一）漢八校尉不下即引兵還，行誅頭蘭、頭蘭常隔滇道者也，已平頭蘭，遂平南夷爲牂牁郡……南越破後，及漢誅且蘭邛君并殺筰侯，冉駹皆振恐請臣置吏，乃以邛都爲越巂郡　筰都爲沈黎郡，冉駹爲汶山郡，廣漢西白馬爲武都郡。

上使王然于以越破及誅南夷兵威風喻滇王入朝，滇王者其衆數萬人，其旁東北有勞浸靡莫，皆同姓相扶未肯聽，勞浸靡莫數侵使者吏卒，元封二年，天子發巴蜀兵擊滅勞浸靡莫，以兵臨滇，滇王始首善，以故弗誅　滇王離難西南夷舉國降，請置吏入朝，於是以爲益州郡。

自博望侯開外國道以尊貴，其後從吏卒皆爭上書，言外國奇怪利害求使。天子爲其絕遠，非人所樂往，聽其言予節，募吏民毋問所從來，爲具備人衆遣之，以廣其道。來還不能毋侵盜幣物，及使失指，天子爲其習之，輒覆案致重罪，以激怒令贖，復求使，使端無窮而輕犯法。其吏卒亦

19

元鼎六年（西紀前一一一）馳義侯遣兵未及下，上便令征西南夷，平之，遂定越地以爲南海蒼梧鬱林合浦交阯九眞日南珠厓儋耳郡，定西南夷以爲武都牂牁越巂沈黎文山郡。

前漢西南夷傳

會越已破、漢八校尉不下，中郞將郭昌衞廣引兵還，行誅隔滇道者且蘭斬首數萬，遂平南夷爲牂牁郡，……南粵破後，及漢誅且蘭邛君并殺筰侯，冉駹皆震恐請臣置吏，以邛都爲粵巂郡　筰都爲沈黎郡，冉駹爲文山郡　廣漢西白馬爲武都郡。

使王然于以粵破及誅南夷兵威風諭滇王入朝，滇王者其衆數萬人，其旁東北勞深靡莫皆同姓相杖，未肯聽。勞莫數侵犯使者吏卒，元封二年天子發巴蜀兵滅勞深靡莫，以兵臨滇，滇王始首善，以故弗誅，滇王離西夷，滇舉國降，請置吏入朝，於是以爲益州郡。

自騫開外國道，以尊貴，其吏士爭上書，言外國奇怪利害求使。天子爲其絕遠，非人所樂，聽其言予節，募吏民無問所從來，爲具備人衆遣之，以廣其道。來還，不能無侵盜幣物，及使失指，天子爲其習之，輒覆按致重罪，以激怒令贖，復求使，使端無窮，而輕犯法。其吏卒亦輒復盛推

輒復盛推外國所有，言大者予節，言小者爲副，故妄言無行之徒皆爭效之。其使皆貧人子，私縣官齎物，欲賤市以私其利外國。外國亦厭漢使人人有言輕重，度漢兵遠不能至，而禁其食物以苦漢使，漢使乏絕積怨，至相攻擊。而樓蘭姑師小國耳，當空道，攻劫漢使王恢等尤甚，而匈奴奇兵時時遮擊使西國者。使者爭徧言外國災害，皆有城邑，兵弱易擊。於是天子以故遣從驃侯破奴將屬國騎及郡兵數萬至匈河水欲以擊胡，胡皆去。

史紀武帝紀

其年既滅南越……其來年冬，上議曰：古者先振兵澤旅，然後封禪，乃遂北巡朔方，勒兵十餘萬。

史紀匈奴列傳

烏維單于立三年，(元鼎六年西紀前一一一)漢已滅南越，遣故太僕賀將萬五千騎，出九原二千餘里，至浮苴井而還，不見匈奴一人。漢又遣故從驃侯趙破奴萬餘騎出令居數千里，至匈奴河水而還，亦不見匈奴一人。是時天子巡

外國所有，言大者予節，言小者爲副，故妄言無行之徒，皆爭相效。其使皆私縣官齎物，欲賤市以私其利，外國亦厭漢使，人人有言輕重，度漢兵遠不能至，而禁其食物，以苦漢使。漢使乏絕責怨，至相攻擊。樓蘭姑師小國，當空道，攻劫漢使王恢等尤甚，而匈奴奇兵又時時遮擊之。使者爭言外國利害，皆有城邑，兵弱易擊，於是天子遣從票侯破奴將屬國騎，及郡兵數萬以擊胡，胡皆去。

前漢武帝紀

元鼎六年，又遣浮沮將軍公孫賀出九原，匈河將軍趙破奴出令居，皆二千餘里，不見虜而還。乃分武威酒泉地，置張掖敦煌郡。

元封元年……至朔方臨北河，勒兵十八萬騎。

前漢匈奴傳

烏維單于立三年，漢已滅兩越，遣故太僕公孫賀將萬五千騎，出九原二千餘里，至浮苴井。從票侯趙破奴萬餘騎出令居數千里，至匈奴河水，皆不見匈奴一人而還。是時天子巡邊，親至朔方，勒兵十八萬騎，以見武節。

武帝巡邊臨朔方，本紀言在元封元年，匈奴傳則在元鼎六年。

邊，至朔方，勒兵十八萬騎以見武節。

其明年，擊姑師，破奴與輕騎七百餘先至，虜樓蘭王，遂破姑師，因舉兵威以困烏孫大宛之屬，還，封破奴爲浞野侯。

王恢數使爲樓蘭所苦，言天子，天子發兵令恢佐破奴擊破之，封恢爲浩侯。

於是酒泉列亭鄣至玉門矣。

烏孫以千匹馬聘漢女，漢遣宗室女江都翁主往妻烏孫。烏孫王昆莫以爲右夫人，匈奴亦遣女妻昆莫，昆莫以爲左夫人。昆莫曰我老，乃令其孫岑娶妻翁主。

烏孫多馬，其富人至有四五千匹馬。

史紀匈奴列傳

是時（元封三年西紀前一〇八）漢東拔穢貉朝鮮以爲郡，而西至酒泉郡，以鬲絕胡與羌通之路。漢又西通月氏大夏，又以公主妻烏孫王，以分匈奴西方援國。又北益廣田至胘靁爲塞，而匈奴終不敢以爲言。

烏維單于立十歲而死，子烏師廬立爲單于，年少，號爲兒單于，是歲元封六年（西紀前一〇五）也。自此之後，單于益西北，左方兵直雲中，右方直酒泉燉煌郡。

明年，擊破姑師，虜樓蘭王。

酒泉列亭鄣，至玉門矣。

前漢西域傳烏孫條

〔烏孫以馬千匹聘，漢元封中遣江都王建女細君爲公主以妻焉。……烏孫昆莫以爲右夫人，匈奴亦遣女妻昆莫，昆莫以爲左夫人，……昆莫年老，欲使其孫岑陬尚公主，公主不聽，上書言狀。天子報曰，從其國俗，欲與烏孫共滅胡，岑陬遂妻公主。〕

匈奴傳

是時（元封三年西紀前一〇八）漢東拔穢貉朝鮮以爲郡，而西置酒泉郡，以隔絕胡與羌通之路。又西通月氏大夏，以翁主妻烏孫王，以分匈奴西方之援國。又北益廣田，至眩雷爲塞，而匈奴終不敢以爲言。

烏維單于立十歲死，子詹師廬立，年少號爲兒單于，是歲，元封六年也。自是後單于益西北，左方兵直雲中，右方兵直酒泉敦煌。

初漢使至安息，安息王令將二萬騎迎於東界。東界去王都數千里，行比至，過數十城，人民相屬甚多。漢使還，而後發使隨漢使來觀漢廣大。以大鳥卵及黎軒善眩人獻於漢，及宛西小國驩潛大益宛東姑師扜罙蘇薤之屬皆隨漢使獻見天子，天子大悅。而漢使窮河源，河源出于窴，其山多玉石，采來。天子案古圖書名河所出山曰崑崙云。

是時上方數巡狩海上，乃悉從外國客，大都多人則過之，散財帛以賞賜，厚具以饒給之，以覽示漢富厚焉。於是大觳抵，出奇戲諸怪物，多聚觀者，行賞賜，酒池肉林。令外國客徧觀名倉庫府藏之積，見漢之廣大，傾駭之。及加其眩者之工，而觳抵奇戲歲增變甚盛益興自此始。

史紀武帝紀

三月（元封元年）遂東幸緱氏……上遂東巡海上

四月還至奉高，乙卯……封泰山下東方，丙辰禪泰山下阯東北肅然山……乃復東至海上，望冀遇蓬萊焉……並海

前漢西域傳

〔武帝始遣使至安息，王令將二萬騎迎於東界，東界去王都數千里，行比至，過數十城，人民相屬。因發使隨漢使者來觀漢地，以大鳥卵及犂靬眩人獻於漢，天子大說。〕

而大宛諸國發使隨漢使，來觀漢廣大，以大鳥卵及犛靬眩人，獻於漢，天子大說。而漢使窮河源，其山多玉石，采來，天子案古圖書名河所出山曰昆侖云。

是時上方數巡狩海上，乃悉從外國客，大都多人過之，則散財帛賞賜，厚具饒給之，以覽視漢富厚焉。大角氐，出奇戲諸怪物，多聚觀者。行賞賜酒池肉林。令外國客徧觀各倉庫府藏之積，欲以見漢廣大，傾駭之，及加其眩者之工，而角氐奇戲，歲增變其益興自此始。

前漢武帝紀

元封元年春正月行幸緱氏……行，遂東巡海上。

夏四月癸卯上還，遂登封泰山……行，自泰山復東巡海上，至碣石。

22

上 北至碣石，

其春（二年）公孫卿言見神人東萊山，若云見天子，天子於是幸緱氏城。

其明年（三年）伐朝鮮，

其明年（四年）上郊雍

其明年（五年）冬，上巡南郡……北至琅邪并海上。

西北外國使更來更去，宛以西皆自以遠，尙驕恣，晏然未可詘以禮羈縻而使也。自烏孫以西至安息，以近匈奴，匈奴困月氏也，匈奴使持單于一信，則國國傳送食不敢留苦。及至漢使，非出幣帛不得食，不市畜不得騎用，所以然者，遠漢，而漢多財物，故必市乃得所願，然以畏匈奴於漢使焉。

宛左右以蒲陶爲酒，富人藏酒至萬餘石，久者數十歲不敗，俗嗜酒，馬嗜苜蓿。漢使取其實來，於是天子始種苜蓿蒲陶肥饒地，及天馬多，外國使來衆，則離宮別觀旁，盡種蒲陶苜蓿極望。

自大宛以西至安息國，雖頗異言，然大同俗，相知言。

其人皆深眼，多鬚頿，善市賈，爭分銖，俗貴女

二年春，幸緱氏遂至東萊。

三年春，作角抵戲，三百里內皆來觀。

五年冬，行，南巡狩，至于盛唐，……遂北至琅邪，並海，

六年夏，京師民觀角抵于上林平樂館。 23

而外國使更來更出，大宛以西皆自恃遠尙驕恣，未可詘以禮羈縻而使也。

子，女子所言而丈夫乃決正。其地皆無絲漆，不知鑄錢器。及漢使亡卒降，教鑄作他兵器，得漢黃白金，輒以爲器，不用爲幣。

而漢使往既多，其少從率多進熟於天子，言曰：『宛有善馬在貳師城，匿不肯與漢使』。天子既好宛馬，聞之甘心，使壯士車令等持千金及金馬以請宛王貳師城善馬。宛國饒漢物，相與謀曰：『漢去我遠，而鹽水中數敗，出其北有胡寇，出其南乏水草，又且往往而絕邑，乏食者多。漢使數百人爲輩來，而常乏食，死者過半，是安能致大軍乎？無奈我何。且貳師馬，宛寶馬也』。遂不肯與漢使。漢使怒，妄言椎金馬而去。宛貴人怒曰：『漢使至輕我』，遣漢使去，令其東邊郁成遮攻殺漢使，取其財物。於是天子大怒，諸嘗使宛姚定漢等言：『宛兵弱，誠以漢兵不過三千人，彊弩射之，即盡虜破宛矣』。天子已嘗使浞野侯攻樓蘭，以七百騎先至虜其王，以定漢等言爲然，而欲侯寵姬李氏拜李廣利爲貳師將軍，發屬國六千騎，及郡國惡少年數萬人以往伐宛，期至

漢使往既多，其少從率進孰於天子，言『大宛有善馬在貳師城，匿不肯示漢使』。天子既好宛馬，聞之甘心，使壯士車令等持千金及金馬，以請宛王貳師城善馬。宛國饒漢物，相與謀曰：『漢去我遠，而鹽水中數有敗，出其北有胡寇，出其南乏水草，又且往往而絕邑，乏食者多。漢使數百人爲輩來，常乏食，死者過半，是安能致大軍乎？且貳師馬，宛寶馬也』，遂不肯與漢使。漢使怒，妄言椎金馬而去。宛中貴人怒曰：『漢使至輕我』，遣漢使去，令其東邊郁成王遮攻殺漢使，取其財物。天子大怒，諸嘗使宛姚定漢等言：『宛兵弱，誠以漢兵不過三千人，強弩射之，即破宛矣』。天子以嘗使浞野侯攻樓蘭，以七百騎先至，虜其王，以定漢等言爲然，而欲侯寵姬李氏，乃以李廣利爲將軍伐宛。

貳師城取善馬，故號貳師將軍。趙始成爲軍正，
故浩侯王恢使導軍，而李哆爲校尉，制軍事。

史紀武帝紀

漢改曆以正月爲歲首……因爲太初元年，是歲西伐大宛，
蝗大起，丁夫人雒陽虞永等以方詞詛匈奴大宛焉。

史紀匈奴列傳

是歲（太初元年西紀前一〇四）漢使貳師將軍廣利西伐大
宛，而令因杅將軍敖築受降城。
其冬，匈奴大雨雪……左大都尉欲殺單于，使人閒告漢
曰：「我欲殺單于，降漢，漢遠，卽兵來近我，我卽發」。
初漢聞此言，故築受降城，猶以爲遠。

史紀大宛傳

是歲太初元年也。而關東蝗大起蜚西至敦煌。貳
師將軍軍既西，過鹽水，當道小國恐，各堅城
守，不肯給食。攻之不能下，下者得食，不下
者數日則去。比至郁成，士至者不過數千，皆飢
罷。攻郁成，郁成大破之，所殺傷甚衆。貳師將
軍與哆始成等計，至郁成尚不能舉，況至其王都

繇孫猛，字子游，有俊才，元帝時爲光祿大夫，
使匈奴給事中爲石顯所譖，自殺。

前漢武帝紀

太初元年秋八月，巡幸安定，遣貳師將軍李廣利發天下讁
民西征大宛，蝗從東方飛至敦煌。

前漢匈奴傳

是歲，漢使貳師將軍西伐大宛，而令因杅將軍築受降城。
其冬，匈奴大雨雪，……左大都尉欲殺單于，使人間告漢
曰：「我欲殺單于，降漢，漢遠，漢卽來兵近我，我卽
發」。初漢聞此言，故築爲受降城，猶以爲遠。

漢書李廣利傳

李廣利女弟李夫人有寵於上，產昌邑哀王。太初
元年，以廣利爲貳師將軍，發屬國六千騎，及郡
國惡少年數萬人，以往，期至貳師城取善馬，
故號貳師將軍，故浩侯王恢使道軍。既西過鹽
水，當道小國各堅城守，不肯給食，攻之不能
下，下者得食，不下者數日則去。比至郁成，士

25

乎？引兵而還，往來二歲，還至敦煌，士不過什一二。使使上書言『道遠多乏食，且士卒不患戰，患饑，人少不足以拔宛，願且罷兵，益發而復往』。天子聞之大怒，而使使遮玉門曰：『軍有敢入者，輒斬之』。貳師恐，因留敦煌。其夏，漢亡浞野之兵二萬餘於匈奴，公卿及議者，皆願罷擊宛軍，專力攻胡，

史紀匈奴列傳

其明年（太初二年）春，漢使浞野侯破奴將二萬餘騎，出朔方西北二千餘里，期至浚稽山而還。……未至受降城四百里，匈奴八萬騎圍之，浞野侯夜自出求水，匈奴間捕，生得浞野侯。……軍遂沒於匈奴。

天子已業誅宛，宛小國而不能下，則大夏之屬輕漢，而宛善馬絕不來，烏孫侖頭易苦漢使矣！為外國笑。乃案言發宛尤不便者鄧光等，赦囚徒材官，益發惡少年及邊騎，歲餘而出敦煌者六萬人，

財有數千，皆飢罷，攻郁成城，郁城距之，所殺傷甚衆。貳師將軍與左右計，至郁成尙不能舉，況至其王都乎？引而還，往來二歲，至敦煌士不過什一二。使使上書言，『道遠多乏食，且士卒不患戰而患飢，人少不足以拔宛，願且罷兵：益發而復往』。天子聞之大怒，使使遮玉門關曰：『軍有敢入，斬之』。貳師恐，因留屯敦煌。其夏，漢亡浞野之兵二萬餘於匈奴，公卿議者皆願罷宛軍，專力攻胡。

前漢武帝記

太初二年秋，蝗。遣浚稽將軍趙破奴二萬騎出朔方，擊匈奴，不還。

前漢匈奴傳

其明年春，漢使浞野侯破奴將二萬騎出朔方北二千餘里，期至浚稽山而還。……未至受降城四百里，匈奴八萬騎圍之，浞野侯夜出自求水，匈奴生得浞野侯，……軍遂沒於匈奴。

天子業出兵誅宛，宛小國不能下，則大夏之屬漸輕漢，而宛善馬絕不來，烏孫輪臺易苦漢使，為外國笑。迺案言伐宛尤不便者鄧光等，赦囚徒扞寇盜，發惡少年及邊騎，歲餘而出敦煌六萬人，

負私從者不與，牛十萬，馬三萬餘匹，驢騾橐它以萬數多齎糧，兵弩甚設，天下騷動，傳奉伐相宛，凡五十餘校尉。宛王城中無井，皆汲城外流水，於是乃遣水工，徙其城下水空以空其城。益發戍甲卒十八萬，酒泉張掖北，置居延休屠以衛酒泉，而發天下七科適，及載精給貳師，轉車人徒相連屬至敦煌，而拜習馬者二人爲執驅校尉，備破宛，擇取其善馬云。於是貳師後復行，兵多而所至小國莫不迎，出食給軍。至侖頭，侖頭不下，攻數日，屠之。自此而西，平行至宛城，漢兵到者三萬人，宛兵迎擊漢兵，漢兵射敗之，宛走入葆乘其城，貳師兵欲行攻郁成，恐留行而令宛益生詐，乃先至宛，決其水源移之，則宛固已憂困，圍其城，攻之四十餘日，其外城壞，虜宛貴人勇將煎靡，宛大恐走入中城，宛貴人相與謀曰：『漢所爲攻宛以王毋寡，匿善馬，而殺漢使，今殺王毋寡而出善馬，漢兵宜解，即不解，乃力戰而死未晚也』。宛貴人皆以爲然，共殺其王毋寡，持其頭，遣貴人使貳師。約曰：『漢毋

27 負私從者不與。牛十萬，馬三萬匹，驢橐駝以萬數齎糧，兵弩甚設，天下騷動，轉相奉伐宛，五十餘校尉。宛城中無井，汲城外流水，於是遣水工徙其城下水空，以穴其城。益發戍甲卒十八萬，酒泉張掖，北置居延休屠以衛酒泉，而發天下七科適，及載糒給貳師。轉車人徒相連屬至敦煌，而拜習馬者二人爲執驅馬校尉，備破宛擇取其善馬云。於是貳師後復行，兵多，所至小國莫不迎，出食給軍。至輪臺，輪臺不下，攻數日，屠之。自此而西，平行至宛城，兵到者三萬，宛兵迎擊漢兵，漢兵射敗之，宛兵走入保其城。貳師欲攻郁成城，恐留行而令宛益生詐，乃先至宛決其水原移之，則宛固已憂困，圍其城攻之四十餘日，宛貴人謀曰：『王毋寡匿善馬，殺漢使，今殺王而出善馬，漢兵宜解，即不，迺力戰而死未晚也』。宛貴人皆以爲然，共殺王，其外城壞，虜宛貴人勇將煎靡，宛大恐走入中城，相與謀曰：『漢所爲攻宛以王毋寡』，持其頭遣人使貳師約曰：『漢無攻我，我盡出善馬，恣所取，而

王先謙曰：兵字應下屬與多字連文爲句，明小國畏服之由。宋誤讀史紀作兵多而所至小國莫不迎，知多字單文不成句。

攻我，我盡出善馬，恣所取，而給漢軍食。即不聽，我盡殺善馬，而康居之救且至，至我居內，康居居外，與漢軍戰，漢軍孰計之，何從』？是時康居候視漢兵，漢兵尙盛，不敢進。貳師與趙始成李哆等計，聞宛城中新得秦人，知穿井，而其內食尙多，所爲來誅首惡者毋寡，毋寡頭已至，如此而不許解兵，則堅守，而康居候漢罷而來救宛，破漢軍必矣。軍吏皆以爲然，許宛之約。宛乃出其善馬，令漢自擇之，而多出食，食給漢軍，漢軍取其善馬數十匹，中馬以下牡牝三千餘匹，而立宛貴人之故待遇漢使善者名昧蔡以爲宛王，與盟而罷兵，終不得入中城，乃罷而引歸。

史紀匈奴列傳

其明年，單于欲自攻受降城，未至，病卒。兒單于立三歲而死，……呴犂湖爲單于，是歲太初三年也。……其秋，匈奴大入定襄雲中……會任文擊救，盡復失其所得而去。是歲，貳師將軍破大宛，斬其王而還，匈奴欲遮之，不能至。其冬。欲攻受降城，會單于病死，呴犂湖單于立

給漢軍食，即不聽我，我盡殺善馬，康居之救又且至，至，我居內，康居居外，與漢軍戰，孰計之，何從？』是時康居候視漢兵尙盛，不敢進。貳師聞宛城中新得漢人，知穿井，而其內食尙多。計以爲來誅首惡者毋寡，毋寡頭已至，如此不許，則堅守，而康居候漢兵罷來救宛，破漢軍必矣。軍吏皆以爲然，許宛之約。宛乃出其馬，令漢自擇之，而多出食食漢軍。漢軍取其善馬數十匹，中馬以下牝牡三千餘匹，而立宛貴人之故時遇漢善者名昧蔡爲宛王，與盟而罷兵，終不得入中城，罷而引歸。

前漢武帝紀

太初四年，春，貳師將軍廣利斬大宛王首，獲汗血馬來，作西極天馬之歌。

前漢匈奴傳

其明年，單于欲自攻受降城，未至，病死，兒單于立三歲而死，……句黎湖爲單于，是歲太初三年也。……其秋，匈奴大入雲中定襄五原朔方……會任文擊救，盡復失其所得而去。聞貳師將軍破大宛斬其王還，單于欲遮之，不敢。其冬，病死，句黎湖單于立一歲死，其弟左大都尉且

28

一歲死，匈奴乃立其弟左大都尉且鞮侯爲單于。

初貳師起燉煌西以爲人多，道上國不能食，乃分爲數軍，從南北道。校尉王申生，故鴻臚壺充國等千餘人，別到郁成，郁成城守，不肯給食其軍，王申生去大軍二百里，偵而輕之，責郁成，郁成食不肯出，窺知申生軍日少，晨用三千人攻戮殺申生等，軍破數人脫亡走貳師，貳師令搜粟都尉上官桀，往攻破郁成，郁成王亡走康居，桀追至康居，康居聞漢已破宛，乃出郁成王予桀，桀令四騎士縛守詣大將軍。四人相謂曰：『郁成王漢國所毒，今生將去卒失大事，欲殺，莫敢先擊。上邽騎士趙弟最少，拔劍擊之，斬郁成王，齎頭，弟桀等逐及大將軍。初貳師後行，天子使使告烏孫大發兵并力擊宛，烏孫發二千騎往，持兩端不肯前，貳師將軍之東，諸所過小國聞宛破，皆使其子弟從軍入獻見天子，因以爲質焉。貳師之伐宛也，而軍正趙始成力戰，功最多，及上官桀敢深入，李哆爲謀計，軍入玉門者萬餘人，軍馬千餘匹，貳師後行，軍非乏食，戰死不能多，而將吏貪多，不愛士卒，侵牟之，以此物故衆，

29 鞮侯立爲單于。

初貳師起敦煌西，爲人多，道上國，不能食，分爲數軍，從南北道，校尉王申生故鴻臚壺充國等千餘人別至郁成，城守不肯給食。申生去大兵二百里，負而輕之，攻郁成急。郁成窺知申生軍少，晨用三千人攻殺申生等，數人脫亡，走貳師。貳師令搜粟都尉上官桀往，攻破郁成，郁成降，其王亡走康居。桀追至康居，康居聞漢已破宛，出郁成王與桀，桀令四騎士縛守詣大將軍。四人相謂郁成漢所毒，今生將，卒失大事，欲殺莫適先擊，上邽騎士趙弟拔劍擊斬郁成王。桀等遂追及大將軍。初貳師後行，天子使使告烏孫大發兵擊宛，烏孫發二千騎往，持兩端不肯前。貳師將軍之東，諸所過小國聞宛破，皆使其子弟從入貢，獻見天子因爲質焉。軍還入玉門者萬餘人，馬千餘匹，後行非乏食，戰死不甚多，而將吏貪不愛卒，侵牟之，以此物故者衆，天子爲萬里而伐，不錄其過，迺下詔曰：『匈奴爲害久矣，今雖徙幕北，與旁國謀，共要絕大月氏使，遮殺中郎將江，故鴈門守攘，危須以西及大

天子爲萬里而伐宛不錄過，封廣利爲海西侯，又封身斬郁成王者騎士趙弟爲新時侯，軍正趙始成爲光祿大夫，上官桀爲少府，李哆爲上黨太守，軍官吏爲九卿者三人，諸侯相郡守二千石者百餘人，千石以下千餘人，奮行者官過其望，以適過行者皆絀其勞，士卒賜直四萬金。伐宛再反，凡四歲而得罷焉。漢已伐宛，立昧蔡爲宛王而去，歲餘宛貴人以爲昧蔡善諛，使我國遇屠，乃相與殺昧蔡，立毋寡昆弟曰蟬封爲宛王，而遣其子入質於漢，漢因使使賂賜以鎮撫之，而漢發十餘輩，至宛西諸外國求奇物，因風覽以伐宛之威德，而燉煌置酒泉都尉，西至鹽水，往往有亭，而侖頭有田卒數百人，因置使者護田積粟以給使外國者。

太史公曰：禹本紀言：『河出崑崙，崑崙其高二千五百餘里，日月所相避隱爲光明也，其上有醴泉瑤池』，今自張騫使大夏之後也，窮河源惡睹本紀所謂崑崙者乎？故言九州山川，尚書近之矣，至禹本紀山海經所有怪物，余不敢言之也。

宛，皆合約，殺期門車令，中郎將朝，及身毒國使，隔東西道。貳師將軍廣利征討厥罪，伐勝大宛，賴天之靈，從泝河山，涉流沙，通西海，山雪不積，士大夫徑度，獲王首虜，珍怪之物畢陳於闕。其封廣利爲海西侯，食邑八千戶』。又封斬郁成王者趙弟爲新時侯，軍正趙始成功最多，爲光祿大夫，上官桀敢深入爲少府，李哆有計謀爲上黨太守，軍官吏爲九卿者三人，諸侯相郡守二千石百餘人，千石以下千餘人。奮行者官過其望，以適過行者皆黜其勞，士卒賜直四萬錢。伐宛再反，凡四歲而得罷焉。後十一歲征和三年，貳師復將七萬騎，出五原擊匈奴度郅居水，兵敗降匈奴爲單于所殺，語在匈奴傳。

贊曰：禹本紀言：『河出昆侖，昆侖高二千五百里餘，日月所相避隱爲光明也』。自張騫使大夏之後，窮河原，惡睹所謂昆侖者乎？故言九州山川，尚書近之矣，至禹本紀山經所有，放哉！

清代地理沿革表（續，陝西省，甘肅省，新疆省）

趙泉澄

陝西省一部分陝西省：

陝西省順治初年仍，康熙六年，陝西省分設甘肅省。

西安府——順治初年仍，領州六：商，同，華，耀，乾，邠；縣三十一：長安，咸寧，咸陽，興平，臨潼，高陵，鄠，藍田，涇陽，三原，盩厔，渭南，富平，醴泉，鎮安，洛南，山陽，商南，朝邑，郃陽，澄城，白水，韓城，華陰，蒲城，同官，武功，永壽，三水，淳化，長武。

雍正三年，商州升為直隸州，鎮安，洛南，山陽，商南四縣往屬；同州升為直隸州，朝邑，郃陽，澄城，韓城四縣往屬；華州升為直隸州，華陰，蒲城二縣往屬；耀州升為直隸州，同官，白水二縣往屬；乾州升為直隸州，武功，永壽二縣往屬；邠州升為直隸州，三水，淳化，長武三縣往屬。十三年，耀州直隸州降為州，暨所屬同官一縣還府屬：領州一縣十五。

乾隆四十七年，析咸甯，藍田，鎮安三縣地置孝義廳隸府屬：領州一廳一縣十五。

嘉慶五年，析長安，盩厔二縣，並商州直隸州之鎮安縣，漢中府之洋縣，興安府之石泉縣地，置甯陝廳隸府屬：領州一廳二縣十五。

道光五年，析盩厔縣地往屬漢中府之佛坪廳：仍領州一廳二縣十五。

延安府——順治初年仍，領州三：鄜，綏德，葭；縣十六：膚施，安塞，甘泉，安定，保安，宜川，延川，延長，清澗，洛川，中部，宜君，米脂，吳堡，神木，府谷。

雍正三年，鄜州升為直隸州，洛川，中部，宜君三縣往屬；綏德州升為直隸州，米脂，清澗二縣往屬；葭州升為直隸州，吳堡，神木，府谷三縣往屬；領縣八。乾隆元年，榆林府屬之定邊，靖邊二縣來屬：領縣十。

鳳翔府——順治初年仍，領州一：隴；縣七：鳳翔，岐山，寶雞，扶風，郿，麟遊，汧陽。

漢中府——順治初年仍，領州一：寧羌；縣八：南鄭，褒城，城固，洋，西鄉，鳳，沔，略陽。

乾隆十五年，改留壩驛爲留壩廳，移府通判駐紮：領州一廳一縣八。

嘉慶五年，析洋縣地往屬西安府之甯陝廳。七年，於西甯縣地，析置定遠廳隸府屬：領州一廳二縣八。

道光四年，析洋縣及西安府之盩厔縣地置佛坪廳，隸府屬：領州一廳三縣八。

興安州，興安府——順治初年仍，興安州領縣六：平利，洵陽，白河，紫陽，石泉，漢陰。

乾隆四十八年，興安州升爲興安府，裁漢陰縣改設安康縣爲府治；五十五年，復於舊漢陰縣地置漢陰廳隸府屬，移府通判駐紮：領廳一縣六。

嘉慶十五年，安康縣分設甎坪廳隸府屬：領廳二縣六。

商州——雍正三年，西安府之商州升爲商州直隸州，西安府之鎮安，洛南，山陽，商南四縣來屬：領縣四。

乾隆四十七年，析鎮安縣地往屬西安府之孝義廳：仍領縣四。

嘉慶五年，復析鎮安縣地往屬西安府之甯陝廳：仍領縣四。

同州，同州府——雍正三年西安府之同州升爲同州直隸州，西安府之朝邑，郃陽，澄城，韓城四縣來屬：領縣四。十三年，同州直隸州升爲同州府，於所屬四縣外，以州地設大荔縣爲府治；降華州直隸州爲州，暨所屬華陰，蒲城，潼關三縣來屬；又改耀州直隸州之白水縣來屬：領州一縣九。

乾隆十二年，改潼關縣爲潼關廳，移府同知駐紮：領州一廳一縣八。

華州——雍正三年，西安府之華州升爲直隸州，西安府之華陰，蒲城二縣來屬；四年，改潼關衛爲潼關縣隸州屬：領縣三。十三年，華州直隸州降爲州，暨所屬華陰，蒲城，潼關三縣，俱往屬同州府。

耀州——雍正三年，西安府之耀州升爲耀州直隸州，西安府之同官，白水二縣來屬：領縣二。十三年，耀州直隸州降爲州，暨所屬同官縣還屬西安府；所屬白水縣往屬同州府。

乾州——雍正三年，西安府之乾州升爲乾州直隸州，西安府之武功，永壽二縣來屬：領縣二。

邠州——雍正三年，西安府之邠州升爲邠州直隸州，西安府之三水，淳化，長武三縣來屬：領縣三。

鄜州——雍正三年，延州府之鄜州升爲鄜州直隸州，延安府之洛川，中部，宜君三縣來屬：領縣三。

綏德州——雍正三年，延安府之綏德州升爲綏德直隸州，延安府之米脂，清澗二縣來屬；九年，析州之西北地往屬楡林府，仍領縣二。

乾隆元年，葭州直隸州之吳堡縣來屬：領縣三。

葭州——雍正三年，延安府之葭州升爲葭州直隸州，延安府之吳堡，神木，府谷三縣來屬：領縣三。

乾隆元年，葭州直隸州降爲州，暨所屬神木，府谷二縣往屬楡林府，所屬吳堡縣往屬綏德州。

楡林府——雍正九年，於綏德州地置楡林府，改綏德州所屬舊楡林衛地置楡林縣爲府治，又改綏德州所屬舊楡林衛之懷遠堡爲懷遠縣，改定邊協鎭爲定邊縣，改靖邊所爲靖邊縣，隸府屬：領縣四。

乾隆元年，葭州直隸州降爲州，暨所屬府谷，神木二縣來屬；又割定邊，靖邊二縣地，並往屬延安府：領州一縣四。

陝西省一部分甘肅省一部分：

順治初年仍，屬陝西省；康熙六年陝西省分設甘肅省；光緒九年，甘肅省復分設新疆省。

臨洮府，蘭州府——順治初年仍，臨洮府領州二：蘭，河；縣三：狄道，渭源，金。

乾隆三年，臨洮府移治蘭州，改爲蘭州府，以州地設皋蘭縣爲府治，升狄道縣爲狄道州，又改鞏昌府之靖遠縣來屬：領州二縣四。

平涼府——順治初年仍，領州三：固原，涇，靜寧；縣七：平涼，崇信，華亭，鎭原，靈臺，莊浪，隆德。

乾隆四十二年，涇州升爲涇州直隸州，崇信，鎭原，靈臺三縣往屬。四十三年，裁莊浪縣歸併隆德縣：領州二縣三。

同治十年，於華亭縣之化平川地方分設化平川直隸廳；十二年，固原州升爲直隸州：領州一縣三。

鞏昌府——順治初年仍，領州三：秦，階，徽；縣十四：隴西，安定，會寧，通渭，漳，寧遠，伏羌，西和，成，秦安，清水，禮，文，兩當。

雍正七年，秦州升爲秦州直隸州，秦安，清水，禮，兩當四縣往屬；階州升爲階州直隸州，文，成二縣往屬；又改徽州爲徽縣往屬。八年，改岷州衛地爲岷州，改靖遠衛地爲靖遠縣併隸府屬：領州一縣九。

乾隆三年，靖遠縣往屬蘭州府；又改府通判駐地往屬西甯府；十五年，改西固同知爲洮州廳，隸府屬：領州一廳一縣八。

道光九年，裁漳縣歸併隴西縣：領州一廳一縣七。

慶陽府——順治初年仍，領州一：甯；縣四：安化，合利，環，眞甯。

雍正元年，眞甯縣改爲正甯縣，仍領州一縣四。

甯夏府——雍正二年，於甯夏衛地設甯夏府，裁甯夏左屯衛設寧夏縣，裁寧夏右屯衛設寧朔縣，並爲府治。又裁靈州所改設靈州，裁平羅所改設平羅縣，裁寧夏中屯衛改設中衛縣隸府屬：五年，平羅縣分設新渠縣，七年於平羅縣丞地，改置寶豐縣隸府屬：領州一縣六。

乾隆三年，裁新渠，寶豐二縣歸併平羅縣：領州一縣四。

同治十一年，裁寧夏水利同知設寧靈廳撫民同知，隸府屬：領州一廳一縣四。

西寧府——雍正二年，於西寧衛地設西甯府，以衛地置西甯縣爲府治，又裁碾伯所改設碾伯縣隸府屬；領縣二。

乾隆三年，於府東南鞏昌府之通判駐地改置巴燕戎格廳隸府屬；二十六年，裁大通衛改設大通縣隸府屬；五十七年，改貴德縣丞地設貴德廳撫番同知，改府西南之丹噶爾城地，設丹噶爾廳並隸府屬，六十年，又於府東南之循化營地設循化廳隸府屬：領廳四縣三。

涼州府——雍正二年，於涼州衛地設涼州府，以衛地置武威縣爲府治，又裁鎮番衛改設鎮番縣，裁永昌衛改設永昌縣，裁古浪所改設古浪縣，裁莊浪所改設平番縣併隸府屬：領縣五。

甘州府——雍正二年，於甘州衛地設甘州廳，以衛地置張掖縣爲府治，又裁山丹衛改設山丹縣，裁高臺衛改設高臺縣隸府屬。七年，高臺縣往屬肅州直隸州：領縣二。

乾隆十九年，於舊甘州後衛地，置撫彝廳通判隸府屬；領廳一縣二。

5

秦州——雍正七年，鞏昌府之秦州升爲秦州直隸州，鞏昌府之秦安，清水，禮，兩當四縣來屬；又改鞏昌府之徽州爲徽縣來屬：領縣五。

階州——雍正七年，鞏昌府之階州升爲直隸州，鞏昌府之文，成二縣來屬：領縣二。

肅州——雍正七年，裁肅州衛改設肅州直隸州；以甘州府之高臺縣來屬：領縣一。

光緒七年，中俄改訂條約，以肅州暨所屬嘉谷關，爲俄國開爲商埠：仍領縣一。

安西府，安西州——乾隆二十四年，於安西衛地改設安西府，以衛地置淵泉縣爲府治，併裁赤金衛，改設玉門縣，裁沙州衛改設敦煌縣隸府屬：領縣三。三十八年，安西府降爲安西直隸州，裁淵泉縣歸併玉門縣：領縣二。

涇州——乾隆四十二年，平凉府之涇州升爲涇州直隸州，平凉府之崇信，鎮原，靈臺三縣來屬：領縣三。

化平川廳——同治十年，平凉府屬華亭縣之化平川地方分設化平川直隸廳通判，無屬領。

固原州——同治十二年，平凉府之固原州升爲固原直隸州，於舊平遠所地置平遠縣，又改鹽茶同知地爲海城縣隸州屬；領縣二。

甘肅省一部分新疆省：

康熙六年，陝西省分設甘肅省，光緒十一年，甘肅省復分設新疆省。

安西廳，鎮西府，鎮西廳——雍正九年，於巴里坤城地設安西廳同知：無屬領。

乾隆三十八年，於安西廳同知地改設鎮西府，併於其地設宜禾縣爲府治；四十一年，又於奇臺堡地，改設奇臺縣隸府屬：領縣二。

咸豐三年，改奇臺縣往屬迪化直隸州，五年，裁宜禾縣，降鎮西府爲鎮西直隸廳：無屬領。

哈密廳——乾隆二十四年，於哈密地設哈密廳，以撫民通判駐紮；無屬領。

光緒七年，中俄伊犂條約，哈密爲俄國開爲商埠。

伊犂廳，伊犂府——乾隆三十年，於伊犂地設伊犂直隸廳，以鎮西府之伊犂撫民同知駐紮：無屬領。

咸豐元年，中俄伊犂塔爾巴哈台商約，伊犂爲俄國開爲商埠。

光緒十四年，伊犂直隸廳升爲伊犂府，於綏定城巡檢地置綏定縣爲府治，又改寧遠城同知爲寧遠縣隸府屬，領縣二。

迪化州，迪化府——乾隆三十八年，於迪化城地方，設迪化直隸州，三十九年，於昌吉河之寧邊城地設昌吉縣；四十一年，於阜康堡地設阜康縣；四十四年，於綏寧，康吉二城地設綏來縣，並隸州屬：領縣三。

咸豐三年，鎮西府之奇臺縣來屬：領縣四。

同治三年，中俄塔城條約俄國割州之西北地，仍領縣三。

光緒七年，中俄伊犂條約，割州東霍爾果斯河以西之地於俄國；又爲俄國開奇臺烏魯木齊爲商埠；八年，中俄喀什噶爾界約，俄國割州西天山以南地；九年，中俄科布多界約，俄國又割州之西北額爾齊斯河之南北地；十年，中俄續喀什噶爾界約，俄國又割州西天山以南地：仍領縣三。十二年，升迪化直隸州爲迪化府，於所屬三縣外，以州地置迪化縣爲府治，二十八年，又改濟木薩爾縣丞地，設孚遠縣隸府屬：領縣六。

吐魯番廳——乾隆四十四年，以鎮西府之吐魯番管糧同知地設吐魯番直隸廳，無屬領。

光緒七年，中俄伊犂條約吐魯番爲俄國開爲商埠；二十八年，析廳東闢展巡檢地設鄯善縣隸廳屬：領縣一。

喀喇沙爾廳，焉耆府——光緒八年，於喀喇沙爾城設喀喇沙爾直隸廳；二十四年，裁喀喇沙爾直隸廳，改設焉耆府，以羅布淖爾地置新平縣隸府屬；二十八年，又於布吉爾置輪臺縣，改卡克里克縣丞地爲婼羌縣併隸府屬：領縣三。

和闐州——光緒九年，於伊里齊地改設和闐直隸州，以哈拉哈什地設于闐縣隸州屬；二十八年，又析州東于闐縣西境地設洛浦縣隸州屬；領縣二。

沙車州，沙車府——光緒九年，於葉爾羌地改設沙車直隸州，於哈哈里克地，設葉城縣隸州屬；領縣一。二十八年，沙車直隸州升爲沙車府，於所屬一縣外，又於舊色勒車爾地，設蒲犂廳隸府屬；二十九年，復於舊嗰瑪地，設皮山縣隸府屬；又改疏勒府之巴楚州來屬；領州一廳一縣二。

疏勒州，疏勒府——光緒九年，於哈喇哈依城地，設疏勒直隸州，於烏蘭烏蘇河地，設疏附縣隸州屬；領縣一。二十八年，疏勒直隸州升爲疏勒府，以所屬疏附縣爲府治，又於牌素巴特地設伽師縣，改瑪喇巴什直隸廳爲巴楚州來屬：領州一縣二。二十九年，巴楚州往屬沙車府，領縣二。

英吉沙爾廳——光緒九年，於英吉沙爾城地改設英吉沙爾直隸廳，以撫夷同知駐紮：無屬領。

烏什廳——光緒九年，於烏什城地改設烏什直隸廳，以撫夷同知駐紮：無屬領。

温宿州，温宿府——光緒九年，於阿克蘇城地設温宿直隸州，以阿奇木伯克治地析置拜城縣隸府屬，領縣一。二十八年，温宿直隸州升爲温宿府，於所屬一縣外，又以州地置温宿縣爲府治：領縣二。

7

瑪喇巴什廳——光緒九年，於阿奇木伯克治地置瑪喇巴什直隸廳，以水利撫民通判駐紮；二十八年，移治於巴爾楚克，改爲巴楚州，併往屬疏勒府。

庫車廳，庫車州——光緒十年，於庫車城改設庫車直隸廳，二十八年，庫車直隸廳升爲庫車直隸州，於沙雅爾城地設沙雅縣，隸州屬：領縣一。

精河廳——光緒十年，於精河地設精河直隸廳，以撫民同知駐紮：無屬領。

庫爾喀喇烏蘇廳——光緒十二年，於庫爾喀喇烏蘇城地改設庫爾喀喇烏蘇直隸廳，以撫民同知駐紮：無屬領。

塔爾巴哈臺廳——光緒十四年，於塔爾巴哈臺城地，改設塔爾巴哈臺直隸廳，以撫民同知駐紮；無屬領。

補『中國古今地名大辭典』(二)

賀次君

茲鄉　通鑑漢紀：『番陽人殺英布於茲鄉民田舍』。胡注：『茲鄉在番陽縣界』。今江西鄱陽縣。顏師古漢書注：『茲鄉，鄱陽縣之鄉也』。地理志豫章郡有鄱陽縣，與史漢言追斬布於番陽辭不合，當以胡注爲是。

鴻臺　通鑑漢紀：『惠帝七年，鴻臺災』。三輔黃圖：『鴻臺在長樂宮中，秦始皇二十七年築』。長安圖云：『長樂宮在未央宮東』，在今陝西長安縣西北。

駱　史記南越王趙佗傳：『趙佗以兵威財物，賂遺閩越西甌駱役屬焉』。通鑑胡氏注：『駱越也，唐貴州鬱平縣古西甌駱所居，漢爲鬱林廣鬱縣地』。今廣東鬱林縣。

中渭橋　在今陝西長安縣西，故長安城北。通鑑胡氏注曰：『渭橋有三所，一所在城西咸陽路，曰西渭橋。一所在城東北高陵路，曰東渭橋。其中渭橋在長安故城之北』。又元和郡縣志云：『中渭橋本名橫橋，架渭水。始皇都咸陽，渭水南有長樂宮，渭水北有咸陽宮，欲通二宮之間，故造此橋。漢末董卓燒之，魏文帝更造，劉裕入關又燬之，後魏重造，貞觀十年移於今所』。

呼揭　漢書：『匈奴北服丁零呼揭之國』。通鑑：『樓蘭烏孫呼揭及其旁二十六國，皆已爲匈奴』。史記正義云：『呼揭國在瓜州西北』。胡三省曰：『西域傳呼揭不在三十六國之數，而烏孫與匈奴接，則呼揭蓋在烏孫之東，匈奴西北也』。依此則呼揭國當在今新疆塔城縣境，蓋沿塔爾巴哈臺山麓，漢匈奴右地也。

棫陽宮　在今陝西扶風縣東北。三輔黃圖：『棫陽宮秦昭王所起』。括地志：『棫陽宮在岐州扶風縣東北』。

長門亭　通鑑：『文帝於長門道北立五帝壇』，胡注：『如淳曰，長門亭名，在長安城東南』。括地志：『長門故亭，在雍州萬年縣東北苑中』。在今陝西長安縣。

長門宮　在今陝西咸寧縣。漢書東方朔傳：『竇太主獻長門園，上以爲宮』。通鑑：『收其璽綬，罷退居長門宮』。如淳曰：『在長安城東南』。又名竇主園。

丁零　亦作丁靈，狄種，匈奴屬國。其地在今西伯利亞葉尼塞河上游。

金馬門　漢書公孫弘傳：『拜爲博士，待詔金馬門』。東方朔傳：『因使待詔金馬門』。張瑩南漢紀：『武帝時善相馬者鑄作銅馬獻之，有詔立於魯班門外，更名曰金馬門』。在今陝西咸甯縣。

桐師　通鑑漢紀：『西至桐師』，胡注：『桐師西南夷種，其地在夜郎之西，葉榆之西南』。按當在今雲南太和縣地。

郪丘　春秋魏地，在今安徽太和縣北七十里。魏世家：『秦伐魏，取郪丘』。應劭曰：『漢爲新郪縣』。按魏策『蘇秦說魏南有新郪』，則郪丘故名新郪，非自漢始。一統志云故城在太和縣北七十里。

西北圖籍錄—新疆

朱士嘉 陳鴻舜 1

中文之部

新疆舊稱西域，漢武帝時始通中國，歷兩晉南北朝隋唐以迄宋元明，使節往還，無或間隔，惟羈縻而已，終未正式認為行政區劃之一也。迨清初回回據天山南北路作亂，乾隆間次第平定之，留西征之軍以為駐防，號新疆，新疆之名，始聞於世。光緒初葉，俄人藉故佔據伊犂，我國起而與之交涉，于七年訂立條約，于是經界纔定，糾紛平息。乃于十年改設行省，派遣大員，主持一切行政。而國內有識之士，無不以振興新疆為當務之急，研究地理之學者亦繼是而注其力于西北問題之探討，或披檢往籍以求歷史上之根據，或親歷其境以作實地之調查，至今已歷有年所，其成績當有為國人所急欲知者，爰就聞見所及，錄為一目，以資攻錯之助焉。士嘉記

西域設行省議一卷　清朱逢甲著　小方壺齋輿地叢鈔本

西域置行省議一卷　清龔自珍著　小方壺齋輿地叢鈔本

西域釋地一卷　清祁韻士輯　道光十六年壽陽祁氏刊本　粵雅堂叢書本　小方壺齋輿地叢鈔本

西域地名　馮承鈞編　西北科學考查團叢書本

西域求經記地理考證　清丁謙撰　蓬萊軒地理叢書本

佛國記　晉釋法顯撰　學津討原本

西域南八城紀要一卷　清王文錦著　小方壺齋輿地叢鈔再補編本

大唐西域記十二卷　唐釋玄奘譯　辯機撰　守山閣叢書本　墨海金壺本　日本明治四十四年圖書株式會社翻印本　四庫全書本　四部叢刊本

大唐西域記地理考證　清丁謙撰　蓬萊軒地理叢書本

長春眞人西遊記二卷　元邱處機撰　李志常述　皇朝藩屬輿地叢書本　道藏輯要本　指海本　連筠簃叢書本　榕園叢書本

長春眞人西遊記地理考證　清丁謙撰　蓬萊軒地理叢書本

西遊錄一卷　元耶律楚材撰　民國十六年上虞羅氏鉛印本

西遊錄注一卷　元耶律楚材撰　盛如梓刪略　李文田注　玉簡齋叢書本

西遊記二卷　元邱處士撰

西使記一卷　明劉郁撰　碎錦叢編本　榕園叢書本　畿輔叢書本　續百川學海本　古今說海本　學津討原本

使西域記一卷　明陳誠撰　學海類編本

西域聞見錄八卷附輿圖　清七十一著　乾隆四十二年刊本　嘉慶十九年刊本

西域舊聞　清七十一撰　舟車所至本

西域風土記一卷　清金人瑞撰　昭代叢書本

西行日記　陳萬里著　民國十五年北平樸社鉛印本

西域水道記五卷　清徐松著　西域三種本　皇朝藩屬輿地叢書本

西北水利議　清許承宣撰　學海類編本　昭代叢書本

西域水道記校補一卷　清徐松校補　晨風閣叢書本

西域同文志二十四卷　清傅恆等奉勅撰　乾隆殿本

西域考古錄十八卷　清俞浩編　道光廿七年朱錦琮刊本

西域考古圖譜　日本香川默識輯　日本大正四年東京國華社印本

西域文明史概論　日本羽田亨著　錢稻孫譯　民國廿一年鉛印本

元西域人華化考　陳垣撰　燕京學報社刊本

西域發見の繪畫に見元に百服飾の研究　日本原田淑人著　日本大正十四年東洋文庫刊本

西域雜述詩四卷　清蕭雄著　靈鶼閣叢書本

中國西北全圖　中國參謀部製圖局中國陸軍測量局編　民國十四年出版

西北大問題　清徐敬熙著　光緒卅四年日本東京中國新報總經理處印本

西北　戴季陶等編　鉛印本

西北最近十年來史料　康天國編　民國廿年上海西北學會鉛印本

西北叢編　林競著　民國廿年上海神州國光社鉛印本

西北的剖面　楊鍾健著　民國二十一年鉛印本

西北地理　王金紱編　民國廿一年北平立達書局鉛印本

西北古地研究　日本藤田豐八等著　楊鍊譯　民國廿四年上海商務印書館鉛印本

西北域記　清謝濟世撰　謝梅花雜著本　皇朝藩屬輿地叢書本

西北邊域攷一卷　清魏源著　小方壺齋輿地叢鈔本

西北邊界圖地名譯漢考證二卷　清許景澄撰　光緒廿八年上海漱文書局石印本

西北之地文與人文　王金紱編　民國二十四年上海商務印書館鉛印本

西北勝蹟　鄭振鐸等著　平綏鐵路沿線旅行讀物之一

西北視察日記　薛桂輪著　上海申報館叢書本

西北諸水編一卷　清齊召南著　小方壺齋輿地叢鈔本

中國西北部之經濟狀況　俄國克拉米息夫著　王正旺譯　民國廿三年商務印書館鉛印本

開發西北實業計劃　張人鑑著　民國廿三年北平著者書店印本

西北墾殖計劃六卷　南運河工程局編　民國十九年香山慈幼院鉛印本

經行記地理考證　清丁謙撰　蓬萊軒地理叢書本

西遊錄地理考證　清丁謙撰　蓬萊軒地理叢書本

異域錄地理考證　清丁謙撰　蓬萊軒地理叢書本

西北地圖

西北全圖

漢文滿文西北全圖

漢文滿文俄文西北邊初次定界圖大幅一卷

摹本西北邊初次定界圖
漢文俄文西北邊二次定界圖（光緒五年）
西陲要略三卷　清范正傳撰
西陲今略　清梁玢撰
新疆紀略　不著撰人
回疆誌四卷　蘇爾德撰　乾隆三十七年刊本
西域圖志四十八卷首四卷　清傅恒英廉撰　鈔本　四庫本　活字排印
乾隆四十七年增補本　光緒十九年石印本
回疆通志十二卷　清和寧撰　舊鈔嘉慶九年本　民國十四年外交部鉛印
本
回回通考錄要一卷　清王景生撰　鈔本
西陲要略四卷　清祁韻士撰　道光十七年刊本　光緒四年同文館聚珍本
光緒八年同文館聚珍本　粵雅堂叢書本　小方壺齋輿地叢鈔本
西陲總統事畧十二卷　清汪廷楷祁韻士撰　嘉慶十六年刊本　道光十九
年重印本
西陲聞見錄一卷　清黎士宏撰　學海類編本
新疆識略十二卷卷首一卷　清松筠撰　道光元年刊本
新疆志略　不分卷　舊鈔本
新疆省輿圖説二卷　鈔本
新疆大記六卷卷首一卷　清闞鳳樓撰　光緒三十三年鉛印本
新疆圖志一百十六卷　袁大化修　王樹枏纂　宣統三年活字印本　民國
十二年東方學會重校增補鉛印本
新疆志稿三卷　鍾廣生著　湖濱補讀廬叢刻本
新疆小志一卷
新疆問題　外交叢書社編　民國十七年上海中華書局鉛印本
西陲紀略　不著撰人
新疆設行省議一卷　小方壺齋輿地叢鈔本
新疆備乘三卷　鍾廣生　民國三年鉛印本
新疆條例説略二卷　清吳翼先編　乾隆刊本
新疆芻議　楊纘緒著　民國四年鉛印本
喀什噶爾略論一卷　美國林樂知撰　小方壺齋輿地叢鈔本
回疆事宜　清和瑛撰
帕米爾分界私議一卷　清錢恂撰　小方壺齋輿地叢鈔本
新疆疆域總敘一卷　清松筠撰　小方壺齋輿地叢鈔續編本
新疆建置志四卷　清宋伯魯撰　民國三年鉛印本
新疆國界圖志八卷山脈圖志六卷　王樹枏撰　宣統元年刊本　陶廬叢刻
本
中俄交界圖　清洪鈞編
嘉峪關外鎮迪伊犂合圖一幅　清湖北官書局製　同治三年刻本
新疆分縣新圖一幅增西北舊界變遷圖伊犂附近圖帕米爾詳圖　亞新地學
社製　民國鉛印本
新疆全省輿圖六十幅附阿爾泰山圖　東方學會製　清宣統元年印本　民

國十三年石印本

新疆國界圖　陶廬編製

外藩列傳一卷　清七十一撰　小方壺齋輿地叢鈔本

新疆概觀　吳紹璘撰　民國二十二年鉛印本

新疆輿圖四十五幅　參謀本部製圖局製　民國七年印本

新疆戰圖十六幅

新疆圖一幅　清湖北崇文書局製　刻本

新疆圖一幅　上海新學會社製　印本

校定新疆輿地全圖一幅　清刻本

新疆實業礦產郵政電線道里圖一册

新疆輿圖風土攷一册　清七十一製　光緒八年上海點石齋石印本

新疆史地大綱　洪滌塵撰　民國二十四年南京正中書局鉛印本

新疆要略四卷　清祁韻士撰　皇朝藩屬輿地叢書本

新疆地略一卷　清馬冠羣撰　小方壺齋輿地叢鈔再補本

新疆紀略一卷　清七十一撰　小方壺齋輿地叢鈔本

哈薩克述略一卷　清何秋濤撰　小方壺齋輿地叢鈔本

庫爾喀喇烏蘇沿革考一卷　清李光庭撰　小方壺齋輿地叢鈔續編本

塔爾巴哈台沿革考一卷　清李光庭撰　小方壺齋輿地叢鈔續編本

廓爾喀不丹合考一卷　清龔柴撰　小方壺齋輿地叢鈔本

軍台道里表一卷　清七十一撰　小方壺齋輿地叢鈔本

西域帕米爾輿地考一卷　清葉瀚撰　小方壺齋輿地叢鈔再補本

西域帕米爾輿地考一卷　清許克勤撰　小方壺齋輿地叢鈔再補本

坎巨提帕米爾疏片略一卷　清王錫祺錄　小方壺齋輿地叢鈔再補本

帕米爾屬中國考一卷　小方壺齋輿地叢鈔再補本

外藩疆理攷一卷　清魏源撰　小方壺齋輿地叢鈔本

邊馬紀略一卷　清王錫祺撰　小方壺齋輿地叢鈔續編本

興復哈密國王記一卷　明馬文升撰　紀錄彙編本　學海類編本

平番始末一卷　明許進撰　紀錄彙編本

西征厄魯特記一卷　清魏源撰　小方壺齋輿地叢鈔本

蕩平準部記一卷　清魏源撰　小方壺齋輿地叢鈔本

平定準葛爾方略前編五十四卷正編八十五卷續編三十三卷　清傅恒撰

征準噶爾記一卷　清魏源撰　小方壺齋輿地叢鈔本

使準噶爾行程記一卷　不著撰人

從軍雜記一卷　清方觀承撰　小方壺齋輿地叢鈔本

征廓爾喀記一卷　清魏源撰　小方壺齋輿地叢鈔本

勘定回疆記一卷　清魏源撰　小方壺齋輿地叢鈔本

平定陝甘新疆回匪方略三百廿卷　清奕訢撰　光緒三十三年活字印本

平回紀略　清倭仁撰　荊駝逸史本

綏服西屬國記一卷　清魏源撰　小方壺齋輿地叢鈔本

皇朝藩部要略十八卷皇朝藩部世系表四卷　清祁韻士撰　光緒十年浙江官書局刊本

中俄交涉記四卷　清曾紀澤撰　光緒廿六年石印本

4

天方典禮擇要解二十卷　清劉智撰　康熙四十九年刊本
西征錄六卷　清王元樞撰
中俄英關于蒙古西藏約章合編　蒙藏委員會編　民國十八年印本
新疆禮俗志一卷　王樹枏撰　陶廬叢刻本
新疆回部志四卷　清蘇爾德撰　鈔本
回部政俗論一卷　小方壺齋輿地叢鈔本
回疆見聞小錄　清喬重禧撰　栽陔南池館集中
回疆風土記一卷　清七十一撰　小方壺齋輿地叢鈔本
新疆之民族與宗教
西域考古錄　清俞浩撰
西陲石刻錄一卷後錄一卷　羅振玉撰　雪窗叢刻本
新疆訪古錄一卷　王樹枏撰　陶廬叢刻本
河朔訪古記二卷　元郭囉洛納新撰　粵雅堂叢書本
高昌壁畫菁華一卷　羅振玉輯　影印本
高昌第一分本　黃文弼撰　民國二十年西北科學考察團鉛印本
高昌專集第二分本　黃文弼撰　民國二十年西北科學考察團鉛印本
高昌陶集　黃文弼撰　民國二十年西北科學考察團鉛印本
高昌專錄一卷　羅振玉撰　遼居雜著本
增訂高昌麴氏年表一卷　羅振玉撰　遼居雜著本
瓜沙曹氏年表　羅振玉撰　雪堂叢刻本
新疆之文化寶庫　德國勒庫克著　鄭寶善譯　民國二十三年南京蒙藏委員會鉛印本
帕米爾輯略一卷　皇朝藩屬輿地叢書本
帕米爾圖說一卷　清許景澄撰　皇朝藩屬輿地叢書本
天山客話一卷　清洪亮吉撰　小方壺齋輿地叢鈔本
天山南北路考略一卷　清龔柴撰　小方壺齋輿地叢本鈔
崑崙釋　清黃懋裁撰　靈鶼閣叢書本
岡底斯山考　小方壺齋輿叢鈔本
葱嶺三幹考一卷　清魏源撰　小方壺齋輿地叢鈔本
河海崑崙錄　清裴景福撰　宣統元年排印本
崑崙河源考一卷　清萬斯同撰　指海本
河源志一卷　元潘昂霄撰　說郛本
西域水道記八卷　清徐松撰　西域三種本　皇朝藩屬輿地叢書本
河源紀略三十六卷　清紀昀撰　民國故宮博物院影印本
西番事蹟一卷　明王瓊撰
新疆水利會報告書第二期十卷　新疆水利委員會編　民國七年北京華國書局石印本
哈密事蹟一卷
哈密行記一卷　明武振撰
新疆後事記一卷　清魏源撰　小方壺齋輿地叢鈔本
西域土地人物略一卷　不著撰人　附載秦邊紀略後
哈薩克述略一卷　清何秋濤著　小方壺齋輿地叢鈔本

5

烏魯木齊雜記一卷　清紀昀著　小方壺齋輿地叢鈔本
塞外錄一卷　清洪亮吉撰　載曉讀書齋三錄中
回疆雜記一卷　清王曾翼著　小方壺齋輿地叢鈔本
伊江別錄　清吳熊光撰　廣雅書局刊本
伊犂日記一卷　清洪亮吉撰　小方壺齋輿地叢鈔本　洪北江遺集本
東歸日記一卷　清方士淦撰　小方壺齋輿地叢鈔本
荷戈紀程一卷　清林則徐撰　小方壺齋輿地叢鈔本
冰嶺紀程二卷　清景廉撰　稿本
莎車行紀一卷　清倭仁撰　小方壺齋輿地叢鈔本
從西紀略一卷　清范昭逖撰　小方壺齋輿地叢鈔本
萬里行程記一卷　清祁韻士撰　祁氏校刊本
西征紀程　清鄒代鈞撰　光緒十七年鉛印本
徐旭生西游日記　徐炳昶撰　民國十九年鉛印本
新疆遊記　謝彬撰　民國二十年中華書局重印本
亞洲腹地旅行記　瑞典斯文赫定撰　李述禮譯　民國廿二年上海開明書店鉛印本
長征記　瑞典斯文赫定撰　李述禮譯　民國上海商務印書館鉛印本
我的探險生涯　瑞典斯文赫定著　孫仲寬譯　民國二十二年鉛印本
新疆紀遊　吳藹宸著　民國二十四年上海商務印書館鉛印本
西北隨軺記　高良佐著　民國二十五年建國月刊社鉛印本
烏魯木齊雜詩一卷　清紀昀撰　舟車所至本
烏魯木齊賦一卷　清紀昀撰
新疆賦一卷　清徐松撰　皇朝藩屬輿地叢書本
西陲櫂唱一卷　清王芑孫撰　載淵雅堂集中　有單行本
回疆三十韻拓本一軸　拓本
回疆雜詠　清王曾翼撰　昭代叢書癸集本
荷戈詩草一卷　清李鑾宣撰　光緒九年抱秀山房刊本
荷戈集一卷　清張蔭桓著　光緒二十三年刊本
萬里荷戈集詩一卷百日賜環集詩一卷　清洪亮吉撰
天山賦一卷　清歐陽鎰撰
新疆紀事詩塞上竹枝詞一卷　清曹麟閣撰
伊犂總統事略十二卷　清松筠撰　鈔本　嘉慶十四年刊本
三州輯略九卷　清和英撰　舊鈔本　嘉慶十年刊本
烏魯木齊政略　舊抄本
孚遠縣鄉土志　清刊本
吐魯番直隸廳鄉土志　清刊本
烏蘇縣志二卷　鄧纘先撰　民國十年鉛印本
綏定縣鄉土志　清刊本
溫宿府志　清刊本
新平縣鄉土志　清刊本
庫車州鄉土志　清刊本
西陲戰略

新疆省全圖
新疆省西南輿地圖
新疆東部圖
新疆總圖
新疆中段界地輿圖
新疆地圖（滿洲文）一幅　刻本
新疆地輿全圖一帖（直隸山西陝西甘肅）　清富克製　同治九年
新疆地輿圖
光緒勘定西北邊界俄文譯漢圖　清許景澄譯　光緒廿年石印本
新疆甘肅地輿圖
新疆甘肅地圖
甘肅新疆圖（自肅州至伊犂）一幅
伊犂界牌全圖一幅
伊犂喀什噶地圖一幅
伊犂東南境輿圖
伊犂克里蘇回城全圖
伊犂圖
伊犂七城圖
伊犂府圖
伊犂輿圖
回疆八城輿圖一幅
喀什噶爾全圖一幅
惠遠城全圖
科布多邊疆地圖
西北邊界譯圖
又（與前同惟譯名小異）
滿文俄文科塔定界圖（光緒九年）
摹本科塔定界圖
進呈塔城定界圖（光緒九年）
摹本伊犂定界圖
俄文科塔伊議界圖四幅貼說（清光緒六年）石印本　摹本
科塔議界分圖附說
伊犂議界分圖附說
塔伊地圖（光緒元年）
收回伊犂圖（光緒五年）
呈進伊犂定界圖貼說
喀拉沙爾通伊城驛圖（光緒十年）
回巴爾魯克山定界圖（光緒十九年）

巴爾魯克山勘界圖貼說（光緒十八年）
伊犁額魯特游牧圖貼說（光緒廿年）
伊犁營地圖四幅貼說（光緒十年）
滿文俄文喀什東北定界譯俄文圖（光緒八年）
滿文俄文喀什噶爾定界譯俄文圖（光緒十年）
進呈喀什噶爾定界圖　清金順製
又　摹本
喀什噶爾地圖（光緒十六年）
喀什噶爾迭次議界圖十幅（光緒九年）
喀什噶爾西定界圖
漢文回文俄文喀什噶爾西定界圖
喀什噶爾西南界圖（光緒十九年）
烏仔別里山川形勢圖（光緒十九年）
摹本喇斯庫穆等處圖（光緒卅一年）
摹本新疆西南隅交界圖（光緒卅一年）
漢文俄文廸化城內關外貿易圈界圖（光緒卅一年）
額魯特伊犁游牧圖貼說（光緒廿年）
石印帕米爾圖（光緒十九年）
帕米爾山水形勢圖（光緒十九年）

蘇滿分圖
帕米爾山水形勢圖附說（光緒十六年）
帕米爾各圖界異同圖附英各國政要圖英文譯圖各三幅（光緒十八年）
摹薛使帕米爾圖（光緒十八年）
英文帕米爾譯圖
坎巨提四至圖
石印帕米爾圖五十幅
科布多地輿圖
拱宸城全圖
廣仁城付轄全圖一幅
庫爾哈喇烏蘇廳圖
西域城等輿圖
塔爾巴哈喀圖金廠圖
寧遠縣圖
巴彥岱城及寧遠城圖
哈密廳圖
霍爾果斯城圖
平回得勝圖　十張　道光銅版印本

西文之部

近數年來研究西北問題者，如邊疆雜誌之發行，考察團之組織，文物之展覽，先後踵接，頗有長足之進步，良以西北有關國家未來之重要，不容漠視也。惟西北交通，尚未發達，欲求寔地研究，殊不易易。而外人以動機之不同，及資財之雄厚，其所發表刊物，每多經歷之談。披閱之餘，亟擬廣爲搜錄，盡量公佈，以資吾人參攷，輙以事務殷繁，未能如願。玆僅就燕京大學圖書館入藏之書籍雜誌有關新疆者，隨抄一目。搜集範圍，旣囿于一隅；而史地學識又極膚淺，則斯目之簡陋錯謬，必所不免，惟冀有以引起同好者之研究，或亦可爲開發西北之一助。區區悃衷，幸閱者諒之。

備註：

(1) 此目編製得燕京大學圖書館西文編目主任王美桂女士(Miss M. Weller)之助最多。

(2) 此目編製倉卒，脫漏良多；如種族，宗教，史地，交通，外交關係，及政治現狀等等，皆嫌太簡，擬于日後再行補充。

(3) 目中引用雜誌之原名及簡稱如左。

Journal of the Royal Asiatic Society of Great Britian & Ireland 簡稱 JRAS

Journal of the North China Branch of the Royal Asiatic Society 簡稱 JNCBRAS

Journal of the Royal Central Asian Society 簡稱 JRCAS

廿五年六月一日記

GENERAL

Woodhead, H. G. W.: The China year book (in every issue beginning with 1921–2 there is a section on Chinese Turkestan)

Cordier, Henri: Turkestan – I Chinese Turkestan (in the Catholic Encyclopedia, Vol. 15, pp95–96)

Bealby, John Thomas and Kropotkin Peter A.: II East Turkestan (In Encyclopedia Britannica, 11th ed. Vol. 27, pp422–426)

Lattimore, Owen: Chinese Turkestan or Sinkiang (Hsinchiang) (In The China Year Book 1934 pp80–88) ed. by H. G. W. Woodhead.

Couling, Samuel: Article on Turkestan, (in Encyclopedia Sinica, 1917 pp 578–9)

ANTIQUITIES

Chavannes, Edouard: Les documents Chinois. Oxford, Imprimerie de l'Univ., 1913.

Franck, A. H.: Notes on Sir Aurel Stein's collection of Tibetan Documents from Chinese Turkestan. (in JRAS 1914, pp 37–59.)

Grunwedel, Albert: Alt-Kutscha; archäologische und religionsgeschichtliche forschungen an temperagemälden aus Buddhistischen höhlen der ersten acht jahrhunderte nach Christi geburt von Professor Dr. Albert Grunwedel. Berlin, Elsner, 1920.

Hami or Kumul (in JRACS 1929, Vol. XVI, pp90–93. part 1)

Herrmann, Albert von: Lou-lan. Leipzig, Brockhaus, 1931.

Le Coq, Albert von: Buried treasures of Chinese Turkestan. Lond., Allen (1928).

Le Coq, Albert von: Von land und leuten in Ostturkistan. Leipzig, Hinrichs, 1928.

Stein, Sir M. A: Innermost Asia. Oxford, Clarendon press, 1928.

Stein, Sir M. A: Ruins of desert Cathay. London, Macm., 1922.

Stein, Sir M. A: Sand-buried ruins of Khotan; personal narrative of a journey of archaeolcgical & geographical exploration in Chinese Turkestan. London, Unwin, 1903.

Voisins, G. de, Lartigue, J., and Segalen, V.: Premier exposé des resultats archéologiques obtenus dans la Chine occidentale. (In Journal Asiatique, II ser. V 1915: 467-486, VI 1915: 281-306, VII 1916: 369-424.).

Wachsberger, A. V.: Stilkritische Studien zur Kunst Chinesisch-Turkestans, Ostasiatischen Zeitschrift, I 1912-13; 28-55.

AGRICULTURE

Schomberg, R. C. F.: Habitability of Chinese Turkistan. (in Geographical Journal, Dec. 1932, Vol. 80, pp505–11)

BIBLIOGRAPHY – BOOKS

Allison, W. H. and others: A guide to historical literature. 1931. pp 862–864.

Bealby, John Thomas and Kropotkin, Peter A: Articles in the 11th ed. of the Encyclopedia Britannica on Turkestan, Tian-Shan, Lop-nor, Gobi, Kuen-lun containing bibliographies.

College of Chinese studies, Peiping: Library of North China Union language school-Books on China. 1931. pp 308–309 et seq. Supplement 1 (1934) p74 et seq.

Cordier, Henri; Bibliotheca Sinica, 2. ed., Vol. 4 col. 2803–2878. Supplement 1922–24 col. 4299–4360.

Essex institute, Salem, Mass.: Catalog of books on China in the Essex institute. 1926. p p118–119. et seq.

Langer, Wm. L.: Central Asia and India (In his Foreign affairs bibliography, 1919–1932 (c1933) pp443–444.

Lattimore, Owen: Chinese Turkestan or Sinkiang (in The China Year Book 1934 edited by Woodhead, H. G. W. page 80 with bibliography)

Le Coq, Albert von: Buried treasures of Chinese Turkestan. 1928. pp174–177.

A London Bibliography of the Social Sciences. Vol. IV pp848–849; and first supplement (1929–1931) pp352–353.

Mollendorff, P. J. von; Manual of Chinese bibbiography. 1876. pp322–332. et seq.

National Library of Peiping, Reference section: Bibliographies on Manchuria, Tibet, East Turkestan and Szechuan, Yunnan, etc., comp. by Teng Yen-lin. Peiping, 1934.

Probsthain, Arthur: Encyclopedia of books on China. 1927. pp88–98. et seq.

Richards, L.: Comprehensive Geography of the Chinese empire, 1908. pp. 535–537.

Sonnenschein, W. S.: The Best books. 1910–1935, pp. 942, 976; 1605–1606, 1995 & 2310.

BIBLIOGRAPHY-PERIODICAL LITERATURE

International Index to periodicals. Vol. V Jan. 1928–Jun. 1931 p2916 et seq; Vol. VI July 1931–June 1934. p2353 et seq. Vol. VII, July 1934 –June 1935, pp967 et seq.

Poole, W. F.: Index to Periodical Literature. 3rd ed. 1882, page 1333.

Readers' guide to periodical literature. Vol. VII, 1925–1928, p2571 et seq; Vol. VIII Jan 1929–1932, pp 2584–85, et seq; Vol. IX, July 1932–June, 1935 June p2279 et seq.

The Subject Index to Periodicals: London. 1929, p590 et seq; 1930, p554 et seq; 1931, p491 et seq; 1932, p498, et seq; 1933, p502, et seq; 1934, p522, et seq

BOTANY

Bretschneider, Emil: History of European botanical discoveries in China. London, Low. 1898.

Laufer, Berthold: Sino–Iranica; Chinese contributions to the history of civilization in ancient Iran, Chicago, 1919.

CITIES - HAMI

Hami (Description) (in JRCAS, 1929, Vol. 6, pp90-93.)

CITIES-ILI

Hanisch, E.: Der chinesische Feldzug Ili im Jahre 1755. (in Ostasiatische Zeitschrift, 1918-9, Vol. VII, pp57-86)

The Ili district. (in JRCAS. 1929, Vol. XVI, part IV, pp 455-457)

CITIES - KHOTAN

Francke, A. H.: Konigsnamen von Khotan (A. MA. CA.) auf Tibetischen Dokumenten der Turkistansammlungen von London und Berlin. Berlin, De Gruyter, 1928.

Konow, Sten.: Khotan studies. JRAS. 1914, p. 339-353.

Stein, Sir Mark Aurel: Sand-buried ruins of Khotan. Lond., Unwin, 1903.

Thomas, F. W.: Tibetan documents concerning Chinese Turkestrn. 4. Khotan region. JRAS Jan. Apr. 1930, pp47-94 251-300

Wathen, W. H.: Notices of Chinese Tartary and Khotan (from the Journal of Asiatic society for December, 1835) (in Chinese Repository, May, 1843, Vol. XII, No. 5.)

CITIES - TURFAN

Fuchs, W.: Das Turfangebiet. Seine ausseren Geschichte bis in die T'angzeit. Ostasiatische Zeitschrift, N. F. III 1926: 124-160.

Franke, O., ed.: Eine Chinesische tempelinschrift aus Idikutsahri bei Turfan (Turkistan). Berlin, Reimer, 1907.

Francke, A. H.: Tibetische handschriftenfunde aus Turfan. [Berlin] De Gruyter, 1924.

Francke, A. H.: Weitere Tibetische handschriftenfunde von Turfan. [Berlin] De Gruyter, 1924.

Haneda, Toru: A propos d'un texte fragmentaire de prière manichéenne en ouigour provenant de Turfan. (In Tokyo Oriental library. (Toyo Bunko) Research dept. Memoirs no. 6. 1932, p. [1]-21)

Le Coq, A. V.: A short account of the origin, journey, and results of the first royal

Prussian (second German) expedition to Turfan in Chinese Turkestan. JRAS. 1900, p. 229–322.

Schomberg, R.: The Turfan depression. JRCAS. 1928, Vol. XV, part III, pp 301–304.

Stein, A.: Note on map of the Turfan Basin. (in Geographical Journal Sept. 1933. Vol. 82, pp236–246)

CITIES – URUMCHI

Urumchi. JRCAS Vol. 17, pp337–339, 1930.

CLIMATE

Schomberg, R. C. F. Climate conditions of the Tarim basin: with discussion. Geographical Journal 75: 313–23 1930

Schomberg, R. C. F. Alleged changes in the climate of southern Turkistan: with discussion. Geographical Journal 80: 132–44, 1932.

COMMERCE

Connolly, Violat: Soviet economic policy in the East; Turkey, Persia, Afghanistan, Mongolia and Tana Tuva, Sin Kiang. Lond. Oxford. 1933.

Connolly, Violet: Soviet trade from the Pacific to the Levant. Lond. Oxf. 1935.

Secret Soviet-Sinkiang Agreement discovered. (in China Weekly Review, Sept. 23, 1933 Vol. 66, pp144)

DESERT

Ridley's note: A journey through the oases of the Fringe of the Taklamakan desert. (in JRCAS, April 1931, pp251–258)

Trinkler, Emil: Geographical and archaeological explorations in the Takla-Makan desert of Chinese Turkestan. (in JRCAS, Jan., 1930, pp5–18)

Schomberg, R. C. F.: Oasis of Kelpin in Sinkiang. (in Geographic Journal, Apr. 1928, Vol. 71, pp381–2)

DESCRIPTION AND TRAVEL

see also "voyages and travel"

De l'Association internationale pour l'Exploration historique, Bulletin. St. Petersburg, 1903–7. Nos. 1–7.

Bellew, H. W.: Kashmir and Kashghar. London Trübner. 1875.

Bonvalot, P. G.: Across Tibet. Paris. 1891.

Bonvalot, P. G.: Through the heart of Asia. 1889.

Bonvalot, P. G.: Voyages, les chercheurs de routes Marco Polo. 1924.

Bretschneider, E.: Chinese intercourse with the Countries of Central and Western Asia during the Fifteenth Century. (In China Review, Vol. IV, 1875–76: pp312–317, 385–393; V. 1876–77, pp13–40, 109–132, 165–182, 227–24.)

Central Asia from within. (in JRCAS. Jan. 1935. p. 106–110.)

Chinese Turkestan. (in JRCAS. July, 1935. pp 468–470.)

Curtis, W. E: Turkestan: "The heart of Asia". Lond., Hodder, 1911.

Deasy, H. H. Poter.: In Tibet and Chinese Turkestan, London Unwin, 1901.

Filchner, W.: My central Asian Expedition of 1925–28. (in JRCAS, 1929, v. XVI, pt. III, p. 298–307)

Fleming, Peter: From Peking to Kashgar, With special record of the road from Tangar to Cherchen. (in JRCAS. Jan., 1936, p. 62–74.)

Fraser, M. F. A.: A Journey to the upper waters of the Orkhon and the ruins of Karakorum. (in JNCRASA XXVI. pp190–206)

Hedin, Sven.: Central Asia and Tibet. 2 v. Lond. 1903.

Hedin, Sven : Riddles of the Gobi desert, London Routledge, 1933.

Hedin, Sven–: Through Asia. Lond. Methuen, 1898.

Imbavlt-Huart, Camille Clement: Le pays de 'Hami ou Khami.' Paris, Leroux, 1892.

Keane, A. H.: Asia. London, Stanford, 1896.

Kingsmill, T. W.: The Intercourse of China with Central and Western Asia. (Eastern Turkestan and adjacent countries. (in JNCRASA Vol. XIV p1)

Lansdell, Henry: Through Central Asia. Lond., Low, 1887.

Lattimore, Owen: High Tartary. Boston, Little, 1930.

14 Le Coq, Albert von: Buried treasures of Chinese Turkestan, London, Allen, (1928)

Lyde, Lionel W.: The continent of Asia. London, Macmillan. 1933.

Legendre, A. F.: Far West Chinois. (In T'ung Pao, 2d, serie X 1909; pp340–380; 399–444, 603–665.)

Little, A. J.: The Far East. Oxford, Clarendon press, 1905.

Macartney, C. T. (Borland): An English lady in Chinese Turkestan, London, Benn (1931).

Paskevicius, A. With the calipers on the roof of the world. (in JRCAS. Jan., 1936, pp75-84)

Roosevlt, Theodore & Roosevelt, Kermit.: East of the sun and west of the moon. N. Y. Scribner, 1927.

Skrine, C. P: Chinese Central Asia. London Methuen, 1926.

Skrine, C. P.: The roads to Kashgar. (in JRCAS. 1925, Vol. XII, pt. III, pp 226-250)

Stein, Sir M. A: Central-Asian Relics of China's Ancient Silk Trade. (in Asia Major, Hav 1922, pp367-374)

Stein, Sir M. A.: A Chinese Expedition across the Pamirs and Hindukush A. D. 747. (In New China Review, 1922, Vol. IV, pp161-183).

Stein, Sir M. A.: Innermost Asia. Oxford, Clarendon press, 1928.

Stein, Sir M. A.: Memoir on Maps of Chinese Turkistan and Kansu from the surveys made during Sir Aurel Stein's explorations, 1900-1. Dehra Dun, Trigonometrical survey office, 1923.

Stein, Sir M. A.: On ancient Central-Asian tracks. London, Macm., 1933.

Stein, Sir M. A.: Ruins of desert Cathay. London Macm., 1912.

Stein, Sir M. A.: Sand buried ruins of Khotan. London, Unwin, 1903.

Strong, A. L.: The road to the grey Pamir, Boston, Little, 1931.

Sykes, E. C.: Seven months in High Asia. (in JRCAS, 1916, Vol. III, pt. 1, pp 16-24)

Sykes, E. C.: Through deserts and oases of Central Asia. London, Macm, 1920.

Walser, A. A.: Flying on the North-West frontier of India. (in JRCAS. 1929, Vol. XVI, pp 289-297)

Yadrintseff, M. N.: A Journey to the upper waters of the Orkhon and the ruins of Karakorum. (in JNCBRAS. Vol. XXVI. 190-206)

Younghusband, Sir F. E.: Among the celestials. London, J. Murry, 1898.

Younghusband, Sir Francis Edward: The heart of a continent. London J. Murray, 1896.

EDUCATION

Wingate, R. O.: Education in Chinese Turkestan. (in JRCAS, 1929, Vol. XVI, pt. III, pp 319-327)

ETHNOLOGY

Howorth, H. H.: The Northern Frontagers of China. pt. VII. The Shato Turks. (in JRAS, 1883, pp 293-338)

Howorth, H. H.: The Northern Frantagers of China. pt. X. The Uighurs of Kao-chang and Bishbaligh. (in JRAS. 1898. pp809-839)

Levi, S.: Notes sur les Indo-Scythes. (in Journal Asiatique, 1896 9 Sér, Vol. VIII, pp444-484, 1897, Vol. IX pp1-42, 1897, Vol. X pp526-531)

Pelliot, P: Sur la legende d'Ughuz-Khan en ecriture ouigoure. (in T'oung Pao, 1930 Vol. XXVII pp247-258)

FOREIGN RELATIONS see also politics and government

Atkinson, T. W.: Oriental and western Siberia: London, Hurst, 1858.

Beveridge, A. J: The Russian Advance. 1904. N. Y. Harper.

Chez les soviet en Asie centrale. (in JRCAS, 1929, Vol. XVI, part. 1, pp99-102)

Colquhoun, A. R.: Russia against India. N. Y. Harper, 1901.

Dudgeon, John: Historical sketch of the ecclesiastical, political, and commercial relations of Russia with China; Peking, 1872.

Hoo, Chi-Tsai: Les bases conventionnelles des relations modernes entre la Chine et la Russie, Paris, Jouve, 1918.

Kemp, E. G.: The face of Manchuria, Korea, and Russian Turkestan, London, Chatto, 1910.

Krausse, A. S.: Russia in Asia; N. Y. Holt, 1899.

Marvin, C. T.: The Russian advance towards India, ..London, Low, 1882.

Pasvolsky, Leo: Russia in the Far East, N. Y. Macm., 1922.

Russian missions into the interior of Asia: London, Phillips, 1823.

Reason for Moscow's anti-Vickers trial disclosed in Anglo-Soviet Squabble in Sinkiang. (in China Weekly Review, May 6, 1933. Vol. 64, pp. 363-365)

Triangle entanglement in Sinkiang, Chinese Turkestan, C. Y. W. Meng. (in China Weekly Review, November 18, 1933, Vol. 66 pp486-487)

Russians not sovietizing Sinkiang declares Molotov. (in China Weekly Review, Feb. 2, 1935 Vol. 71, pp 326)

Some facts about Soviet economic influence in Sinkiang province. (in China Weekly Review, Feb. 2, 1935, Vol. 71, p327)

Russia has secured domination over the province of Sinkiang by P. Fleming. (in China Weekly Review, Feb. 1, 1936, Vol. 75, p320)

Three-sided war. (in New Republic, Apr. 18, 1934, Vol. 78, p255)

Where three empires meet: Chinese Turkistan, or Sinkiang by owen Lattimore. (in Asia, Aug. 1934, Vol. 34, pp457-461)

Tug-of-war in Central Asia; Sinkiang, center of intrigue by W. Burton. (in Asia. Sept. 1935, Vol. 35, pp516-20)

GEOGRAPHY see also "mountains, deserts, and rivers"

Amoit, M., tr.: Notices of countries on the west of China Proper. (in Chinese repository. 1840, Vol. IX, pp 113-132)

Appendix to the alphabetical list of provinces, departments, etc., in China, containing the names of the divisions, towns, tribes, etc., in the empire beyond the eighteen provinces. (In Chinese repository. 1844, Vol. XIII, pp561-578)

Bretschneider, E.: Chinese Intercourse with the Countries of Central and Western Asia in Fifteen th century (in The China Review, 1876, pp13-40, 109-132, 165-182, & 227-241)

Bretschneider, E.: Notices of the mediaeval geography and history of Central and Western Asia. (in JNCRAS, 1874, Vol. IX, pp173-182)

Cressey, George Babcock: China's geographic foundations. 1st ed. N. Y., McGraw-Hill, 1934.

Grenard, Fernand: Le Turkestan Chinois (Sin-Kiang) (In ridal de la Blache, P. M. J. ed. Geographie universelle, 1929, Vol. 8 p. 287-333.)

Grenard, Fernand: Haute Asie (In Vidal de La Blache Geographie universelle, 1929, Vol. 8, p 235-379.)

Herbertson, F. D.: Asia; descriptive geography from original sources. Lond., Adam., 1913.

Moyer, Raymond T.: The Aridity of North China. (in JNCBRAS 1932, p. 65-80)

Richards, L.: Comprehensive geography of the Chinese empire. Shanghai. 1908.

Topography of the Chinese Empire beyond the provinces. (in Chinese repository. 1851. Vol. XX, No. 2, p. 57-77)

Wilton, E. C.: The boundary provinces of Western China. (in Journal of the Royal Central Asian society. 1917. Vol. IV, part II, p. 27-39)

GEOGRAPHY – ANCIENT

Berthelot, André: L'Asie ancienne, centrale et sud-orientale, d'après Ptolémée. Paris, Payot, 1930.

Moses of Chorene: Eransahr nach der geographie des Ps Moses Xorenac'i. Berlin, Weidmann, 1901.

HISTORY

Barthold, W.: Turkestan down to the Mongol invasion. 2nd ed., tr. from the original Russian and rev. by the author with the assistance of H. A. R. Gibb. Lond., Luzac, 1928.

Boulger, D. C. de K.: The history of China. 1898.

Cordier, Henri,: Mélanges d'histoire et de géographie orientales. 1914–20.

Czaplicka, M. A. C.: The Turks of central Asia in history and at the present day. Oxford, Clarendon press, 1918.

Davis, Sir J. F.: China: a general description of that empire and its inhabitants. 1857.

Fitzgerald, C. P.: China; a short cultural history. 1935

Groot, J. J. M. de: Chineseische Urkunden zur geschichte Asiens. Berlin, Walter de Gruyter, 1921–26.

Grousset, René. Histoire de l'Extrême-Orient. Paris, Geuthner, 1929.

Gützlaff, K. F. A.: A sketch of Chinese history. 1834.

Latourette, K. S.: The Chinese, their history and culture. 1934.

Li, Ung Bing.: Outlines of Chinese history. 1914.

Macgowan, John.: The imperial history of China. 1906.

Parker, E. H.: China, her history, diplomacy, and commerce. 1901.

Parker, E. H.: A thousand years of the Tartars. 1924.

Pauthier, J. P. G.: Chine; ou, Description historique, géographique et littéraire de ce vaste empire, d'après des documents chinois. 1837.

Pott, F. L. H. A sketch of Chinese history. 1936.

Soulié. C. G.: Histoire de la Chine de l'antiquité jusqu'en 1929. 1929.

Vinacke, H. M.: A history of the Far East in modern times. 1931.

Wilhelm, Richard.: A short history of Chinese civilization. 1929.

Williams, S. W.: The Middle Kingdom. 1901.

LANGUAGES

Auronseau. L.: Compte rendeu de Levi, S: Le "Tokharien B," Langue de Koutcha, (in T'oung Pao 1914, Vol. XV pp391-404)

Cowley, A.: Another unknown language from Eastern Turkestan. (in JRAS. 1911, pp159-166)

Hoernle, R. A. F.: The "Unknown Languages" of Eastern Turkestan. (in JRAS. 1910, pp 834-838, 1283-1300, 1911, pp 201-203, 447-477)

Levi, S.: Documents de l'Asie Centrale (Mission Pelliot). Le "Tokharien B," Langue de Koutcha. (in Journal Asiatique, 1913, II ser. Vol. II pp311-380).

Morrison, M. A.: The Geographical Distribution of the Modern Turki Languages. (in JRAS. 1886, p. 177-195.)

MAPS

Stein, Sir M. A.: Maps of Chinese Turkestan and Kansu. (Dehra Dun, India, Survey of India Office. 1922?)

Stein, Sir M. A.: Innermost Aisa.

Herrmann, A. Historical and Commercial Atlas of China. 1935.

Dingle, E. J.: New Atlas and Commercial gazeteer of China. Shanghai. 1917.

D'Anville, J. B. B.: Nouvel atlas de le Chine. La Haye. 1737.

Three journeys in the Tien Shan, 1928-1929. R. C. F. Schomberg. (in Geographical Journal, 1930, Vol. 76 pp25-37)

Fourth journey in the Tien Shan; with discussion. R. C. F. Schomberg. (in Geographical Journal, 1932, Vol. 79, pp368-382)

Kuruk Tagh or Dry mountains of Chinese Turkestan, R. C. F. Schomberg. (in Geographical Journal, May, 1933. Vol. 49, pp154-161,)

MOUNTAINS - TIEN - SHAN

Bury, C. H.: Six months in the Tian Shan Mountains. (in JRCAS. 1914. Vol. 1 pt. II, pp 12-27.)

Licent, Emile: La montagne boisée dans le nord-est de la Chine. Tientsin, 1916.

Merzbacher, Gottfried: The central Tian-Shan Mountains 1902-1903. London, Murray, 1905.

MOUNTAINS – KARAKORAM

Defence of the existing nomenclature. Burrad, Sir Sidney. (in Geographical Journal. 1929, pp277–84)

Duke of Spoleto's expedition by Mason, Kenneth. (in Geographical Journal, December 1929, pp576–577)

MOUNTAINS – KUEN – LUN

Trinkler, Emil: Explorations in the Eastern K. and in the Western Kunlun. (in Geographical Journal, June 1930, pp505–517)

MOUNTAINS – PAMIRS.

Rickmers, W. Rickmer: Alai-Pamirs in 1913 and 1928. (in Geographic Journal Sept., 1929, pp209–231)

MINES AND MINERAL RESOURCES

Soviets and the minerals of Chinese Turkestan. tr. by M. Burr. P. S. Nazaroff. (Eng.) (in Review of Reviews, April 1933, Vol. 56, pp396–405)

POLITICS AND GOVERNMENT

Barnes, Joseph.: Empire in the East. N. Y. 1934.

Bosshard? W.: Politics and trade in Central Asia. Jrcas. 1929. V. XVI, pt. IV, p. 433–454.

Institute of Pacific relations, American Council.: Memoir on Chinese Eastern Turkestan (In its I. P. R. Memoranda, 1933 v. 2 no. 8)

Macartney, Catherina Theodora (Borland) lady: An English lady in Chinese Turkestan, London, Benn (1931).

Parker, E. H.: Manchu relations with Turkestan, (In The China Review. Vol. 16, pp321–336).

20 The rebellion in Chinese Turkestan. (in JRCAS, Jan. 1935. p. 100–105)

The Russo-Chinese Frontier. (in JRCAS. 1929, Vol. XVI, pt. 1, 94–98)

Servet, Claude. Le Turkestan soviétique. Paris. 1931.

Thomas, F. W.: Tibetan Documents concerning Chinese Tuekestan. I: the Ha-za. (in JRAS 1927, p. 51–85)

Thomas, F. W.: Tibetan Documents concerning Chinese Turkestan. II: the Sa-cu Region. (in JRAS 1927, pp807–844, 1928, pp63–98)

Thomas, F. W.: Tibetan Documents from Chinese Turkestan. III: The Nob Region. (in JRAS. 1928, pp555–595)

Thomas, F. W.: Tibetan Documents concerning Chinese Turkestan. V: (in JRAS. 1931, pp807–836)

Thomas, F. W.: Tibetan Documents concerning Chinese Turkestan. VI: (in JRAS. 1933, pp379–400)

Thomas, F. W.: Tibetan Documents concerning Chinese Turkestan. VI: The Tibetan Army. (in JRAS 1933, pp537–578)

Thomas, F. W.: Tibetan Documents concerning Chinese Turkestan. VII: Government and Social Conditions. (in JRAS. 1934, pp 85–112. & pp 249–282, pp457–504)

Willoughby, W. W.: Mongolia, Tibet and Chinese Turkestan. (In his Foreign rights and interests in China. 1927. Vol. 1, pp451–465)

Yang-Tsen-Hsing: His exellency Yang-Tsen-Hsing. The Late Governor-General of Sinkiang. (in JRCAS. 1929, Vol. XVI, p. 87–89. pt. 1.)

POPULATION

Buxton, L. H. D.: The people of Asia. N. Y. Knoff. 1925.

Czyaplicka, M. A.: The Turks of Central Asia in History and at the Present Day. 1918.

Hunter, C. W.: The Chinese Moslems of Turkestan (in the Moslem World. Vol. P. 168)

Li Chi: Formation of the Chinese people-an anthropolcgical inquiry. Cambridge (Mass.) 1928.

Broomhall, Marshall; Islam in China. (Chapter XII, The Mohammedan population)

Lattimore, Owen: High Tartary. 1930 (Chapter V T'ung-Kan; XI Nomads of the Western Marches; XXIII Qazaqs of the High Pastures; XXV Qazaq and Qirghiz)

People of Sinkiang. (In JRCAS 1930 Vol. 17 pp232–236)

RELIGION

Legge, F.: Western Manichaeism and the Turfan Discoveries. (In JRAS 1913, pp69–94)

Chavannes, Ed.: Le nestorianisme et l'inscription de Kara-Balgassoun. (in Journal Asiatique, 1897, 9 Ser. Vol. IX, pp43–85)

Haneda, Toru. A propos d'un texte fragmentaire de prière manichéenne en ouigour provenant de Turfan. 1932.

Catrice, Paul; Islam in Central Asia. (in Moslem World 1934 pp35)

De Thiersant, P. Dabry: Le Mahometisme en Chine et dans le Turkestan Oriental. Paris, Leroux, 1878.

Hoberg, L. E: Missions in Chinese Turketan (in Moslem world Vol. 1 p. 131)

The work of Swedish Missions at Kashgar and Yarkand. (in Moslem world Vol. 5 p. 202)

RIVER - TARIM

Schomberg, R. C. F.: River changes in the eastern Tra'm basin. (in Geographical Journal, Dec. 1929, pp574-576)

E. Norin; Quaternary climatic changes within the Traim basin. (in Geographical Review October 1932 pp591-8)

RIVER - YARKAND

Gregson, M.; Notes on the head waters of the Yarkand river. (in Geographical Journal, Vol. 72, pp345-347)

VOYAGES AND TRAVELS

Andrews, R. C.: Camps and trails in China. N. Y., Appleton, 1919.

Andrews, R. C: On the trail of ancient man. N. Y., Putnam [1927]

Filchner, W. Wissenschaftliche Ergebnisse der Expedition Filchner.

Bell, John: Travels from St. Petersburgh in Russia to various parts of Asia. Edinburgh, Creech, 1788. 2 v.

Benjamin, Rabbi: Travels of Rabbi Benjamin, son of Jonah, of Tudela. Lond., Printed for the translater, 1783.

Bernard, Henri: Le frère Bento de Goes chez les Musulmans de la Haute Asie (1603-1607). Tientsin, Hautes études, 1934.

Bonvalot, Gabriel: Voyages, les chercheurs de routes Marco Polo. Paris, Cres, 1924.

Bruce, C. D.: In the footsteps of Marco Polo. Edinburgh, Blackwood, 1907.

Budge, E. A. T. W.: The monks of Kublai Khan, emperor of China; or, The history of the life and travels of Rabban Sawma. Lond., Religious tract society [1928]

Charignon, A. J. H.: A propos des voyages aventureux de Fernand Mendex Pinto. Pekin, Imprimerie de la Politique de Pekin, 1934.

Desgodins, Auguste: La mission du Thibet de 1855 a 1870, comprenant l'exposé des affaires religieuses. Verdun, Laurent, 1872.

Drake, F. S: China's north-west passage: a chapter in its opening. (in JNCBRAS. 1935, Vol. LXVI. pp42-29.)

Komroff, Manuel, ed.: Contemporaries of Marco Polo. Lond., Cape [1929]

Pelliot, P.: Note sur les anciens itineraries chinois dans l'orient romain. (in Journal Asiatique, 1921, 11 ser. XVII pp139-145)

Polo, Marco: The book of Ser Marco Polo, the Venetian, concerning the kingdoms and marvels of the East. N. Y., The book league of America, 1930. (Ed. by George B. Parks)

Polo, Marco: The book of Ser Marco Polo, the Venetian, concerning the kingdoms and marvels of the East. 3d ed. Lond., Murray, 1903. (Ed. by Henry Yule)

Polo, Marco: Marco Polo, il milione. Prima edizione integrale. A cura di Luigi Foscolo Benedetto, sotto il patronato della citta di Venezia. Firenze, Olschki, 1928.

Polo, Marco: The travels of Marco Polo, the Venetian. Lond., Dent [1922]

Polo, Marco: Les recits de Marco Polo, citoyen de Venise. Paris, Dreyfous [n. d.]

Pumpelly, Raphael, ed.: Explorations in Turkestan; expedition of 1904. Wash., Carnegie institution of Washington, 1908.

Sherwood, Merriam: The road to Cathay. N. Y., Macm., 1928.

Sinica Franciscana ..... Firenze, Ad. claras aquas, 1929.

Sowerby, A. De C.: Travels abroad of early Chinese. The China journal, Vol 34, No. 3, Mar. 1936, pp. 157-161

Staunton, G. L.: An authentic account of an embassy from the King of Great Britain to the Emperor of China. Lond., Nicol, 1797.

Staunton, G. L.: An authentic account of an embassy from the King of Great Britain to the Emperor of China. 2d ed., cor. London, Nicol, 1798.

Sykes, Percy: In the footsteps of Marco Polo. (in JRCAS. Oct. 1935. pp525-534.)

Taylor, Mary Geraldine (Guiness) "Mrs. Howard Taylor": In the Far East. Lond., Morgan, 1901.

Ward, F. Kingdon: The overland route from China to India. (in JRCAS. 1927, Vol. XIV, part III, p. 213–226)

Wessels, C.: Early Jesuit travellers in Central Asia. 1603–1 The Haye. 1924.

Wu, Lien-teh: Early Chinese travellers and their successors. Jncbras. 1933, p. 1–23.

VOYAGES AND TRAVELS – I-TSING

Bose, P. N.: Age of Hiouen-Tsang and I-Tsing. (In his The Indian teachers in China. 1923. p. 112–117)

I-Tsing: A record of the Buddhist religion as practised in Inda and the Malay Archipelago. Tr. by J. Tadadusu. Oxford, Clarendon press. 1896.

VOYAGES AND TRAVELS–RUYSBROEK

Ruysbroek, Willem van: Itinerarium Willelme de Rubruc. (In Sinica Franciscana. 1929. Vol. 1, p. [164]–332)

Ruysbroek, Willem van: The journal of Friar William of Rubruck, 1253–1255. (In Komroff, Manuel, ed. – Contemporaries of Marco Polo. [1929] p. [73]–217)

Sherwood, Merriam: The road to Cathay. N. Y., Macm., 1928.

VOYAGES AND TRAVELS – CH'IU CH'ANG CH'UN

Ch'iu Ch'ang Ch'un: The travels of an alchemist. Lond., Routledge [1931]

Ch'iu Chang Ch'un: A mission to heaven; a great Chinese epic and allegory, by Ch'iu Ch'ang Ch'un, tr. by Timothy Richard. Shanghai, Christian literature society's depot, 1913.

Ch'iu Chang Ch'un: Si U Tszi. (In Trudy Tchl nov Rossiiskoi dukhovnoi missii v Pekin. 1866. v. 4, p. 261–434)

24

VOYAGES AND TRAVELS – EMPEROR MU

Cheng, Te-k'un, tr.: The travels of Emperor Mu. (in JNCBRAS. 1933, pp124–142; 1934, pp128–149)

Saussure, L. de: La relation des voyages du roi Mou. (in Journal Asiatique, 1921, 11 ser. XVII, pp247–280)

Saussure, L. de: Le voyage de Mou Wang et l'Hypothese d'Ed. Chavannes. (in T'oung Pao, 1921, XX pp19–31)

VOYAGES AND TRAVELS – HSUAN TSANG

Edgar, J. H.: Did Hsuan Tsang visit the west of China after his return from India? Journal of the West China border research society, Vol. 3, 1926–29, pp. 106–161

Staël–Holstein, A. von: Hsuan–tsang and modern research. Ijncbras LIV, 16.

Yuan Chwang: On Yuan Chwang's travels in India, 629–645 A. D., by Thomas Watters. Ed., by T. W. R. Davids & S. W. Bushell. Lond., Royal Asiatic society, 1904–5.

VOYAGES AND TRAVELS – FA HSIEN

Beal, S.: Some remarks on the narrative of Fa-hsien. (in JRAS. 1887, pp192, 206)

Vost, W.: The lineal measures of Fa-hsien and Yuan Chwang. (in JRAS. 1903. pp65–106)

Fa–Heen: The travels of Fa–hsien (339–414 A. D.) or, Record of the Buddhistic Kingdoms, re–translated by H. A. Giles. Camb., The University press, 1923.

Allan, C. W.: The makers of Cathay, Shanghai. 1909.

Watters, T.: Fa Hsien and his English translators. (in The China Review, Vol. 8, pp107–116)

VOYAGES AND TRAVELS–WANG HIUEN–TS'E

Levi, S.: Les missions de Wang Hiuen–Ts'e dans l'Inde. (in Journal Asiatique, 1900, 9 ser., Vol. XV, pp297–341; 401–468)

VOYAGES AND TRAVELS–OU–K'ONG

Voyages des Pelerins boudhistes–l'intineraire d'Ou–K'oung (751–790), traduit et annote par MM. S, Levi et Ed. Chavannes. (In Journal Asiatique, 1895, Oct., IXe Ser., Vol. VI, No. 2, pp341–384)

VOYAGES AND TRAVELS–CARPINI

Giovanni de Plano Carpini. Viaggio a' Tartari. Milano, Ed. "Alpes," 1929.

商務印書館發售

預約特價書

書名	冊數	定價	預約價或特價	國內及日本郵費	起迄期	出書期
一九三五年世界槪況叢書（社會動態 國際政治 世界經濟 世界科學 世界藝術 世界文學）	六種每種一冊	三元五角	預約二元五角	四角	六月一日起七月底止	預約時已出二冊七月八月各出二冊
各國社會經濟史叢書（意・英・中・德・日・法・美・俄）	八種每種一冊	五元六角	預約四元	八角	六月一日起八月底止	六月底出書二冊七月至十二月每月出書一冊
中學生自然研究叢書	廿五種三十冊	十六元	預約一次交十一元五角 另定分期交款辦法	一元	六月一日起八月底止	預約時已出五冊七月至十一月每月底各出五冊
歐美名劇選	十二種十二冊	五元七角	預約四元	五角	六月一日起八月底止	預約時已出三冊七八九月各出三冊
續古逸叢書：水經注／春秋公羊疏／乖崖先生文集／謝幼槃文集／中庸說	八冊／二冊／四冊／二冊／一冊	夾貢卌四元 料半廿五元 夾貢四十六元 料半三十五元	特價 夾貢廿五元 料半十八元 夾貢卅五元 料半廿六元	夾貢六角 料半五角 夾貢一元 料半八角 以上爲一單純資	六月一日起八月底止	
中華民國統計提要（廿四年輯）	一冊	十八元	特價十三元	三角一分	六月一日起八月底止	
內政年鑑	四冊	十六元	特價十二元	九角二分	五月廿日起七月底止	
參加倫敦中國藝術國際展覽會出品圖說（一）銅器（二）瓷器（三）書畫（四）其他	四冊	（一）三元（二）五元（三）五元（四）五元	特價 第一冊二元一角 二三四冊各三元五角	（一）一角五分半（二）—（四）各二角三分 全部六角九分	五月廿日起七月底止	
新生活掛圖	一套	甲種九角 乙種三角半	特價 六角五分 二角五分	五分 二分半	六月一日起八月底止	

分別另印傳單樣張及目錄贈閱

通訊一則（八六）

「禹貢雍州規制要指」質疑　曹詩成

頡剛老師：

久違教澤，馳念殊深。生近年來大部光陰，消沒于中學教台之上，學問一道，毫無進益，備員禹貢，實屬愧對師友。頃閱姚君禹貢雍州規制要指一文，頗喜其立說之新穎。然証據脆弱，令人難于相信，故擬就質疑一文，以就正于姚君及諸師友。語句之間，如有欠妥，編者筆削，尤所歡迎。

學生曹詩成上。

「禹貢雍州規制要指」質疑

頃讀禹貢半月刊載姚大榮先生禹貢雍州規制要指一文，以米梭波大米亞為禹貢雍州之西疆，余頗驚為古代地理之一大發現，然于卒讀之後，復覺其証據脆弱，難于徵信。及讀齊思和君「讀禹貢雍州規制要指」一文，尤覺齊君之是，姚君之非。姚君以禹貢文字之今音今義與西文之英譯彼此對照，互為佐證，實難成立，齊文已言及之。其于禹貢原文亦多斷章取義，牽強割裂，可議之處甚多；茲將愚見所及，分述于下，以就正于讀者諸君。

姚君釋『弱水既西』，謂『明弱水在黑水之西也』，說甚欠妥。按『既西』，史記集解作『導之西流，至于合黎』，其說甚是。原文中此

1 種筆法甚多，如『大野既豬』，『三江既入』，『沱潛既道』，『滎波既豬』，『岷嶓既藝』，『漆沮既從』，『九河既道』是也。此皆紀禹之功，言河山被治後之結果。『弱水既西』亦以弱水被禹導之使西為近理；若云，西者，在黑水之西也，原文既未明言，何以知之？上文只言『黑水西河惟雍州』，然則弱水不許在西河之西乎？且『黑水西河惟雍州』，明言黑西二水為雍州之兩界；再言『弱水既西』，『涇屬渭汭』，『漆沮既從』，『灃水攸同』，弱涇諸水自應均在黑河二水之間，豈容于黑水之外更有弱水乎？果爾，則『弱水西河惟雍州』豈非較為切當？

姚君謂叙過黑水再叙弱水者，『以補黑水流域北廣南狹之不及』也，此尤畫蛇添足。蓋九州之界，皆言其大概而已，余觀九州之界，未有整齊如幼發拉底河者也（以幼發拉底河為黑水乃從姚君之說），何以他州界限無此補筆？如『淮海惟揚州』，淮在北，海在東南，不應于西及西南再補一筆乎？總之，以弱水為一向西流入沙漠之內陸河流，自極通順，求之我國西北一帶，其例正多，如甘肅張掖以西之弱水，玉門關外之布隆吉河，青海之柴達木河，新疆北路之烏倫古河皆是也。姚君舍近求遠，其難也有如緣木求魚。

姚君謂鳥鼠，豬野，九江，衡山，岷山，彭蠡，黑水，皆在西亞幼發拉底河一帶；而于『西傾朱圉鳥鼠至于太華』，『導渭自鳥鼠同穴』

之鳥鼠，『大野既豬』之大野，『九江甚中』，『九江入賜大龜』，『過九江至于東陵』之九江，『荊及衡陽惟荊州』之衡山，『岷嶓既藝』，『岷山導江，東別爲沱』之岷山，『彭蠡既豬陽鳥攸居』，『南入于江，東匯澤爲彭蠡』之彭蠡，『華陽黑水惟梁州』之黑水，則又不能使之盡入西亞，故必曰『非導山導水之鳥鼠』也，『非吳楚兩地之彭蠡』也，『異地同名者甚多』也，是姚君承認禹貢一文中卽有如此多數之異地同名之名詞。余甚惑之，異地同名容或有之，若一篇之中，卽有若是之多，而不加以詮釋，使後之學者如入五里霧中，東乎？西乎？莫衷一是，此豈上聖神禹超神入化（此數字見姚君原文）之筆乎？試通觀全文，亦實不如斯，如以冀西黃河一段爲『西河』，長江下游爲『北江』『中江』，復有『九江』『九川』『九河』之名，均可看出作者故爲區別之意，獨于鳥鼠等名不能注意及之乎？且追踪蹤跡，各名詞實互相關聯，後當論之；姚君強使之分家，神禹有神，亦當頻頻呼冤也。

姚君以『雍』爲『雍塞』，謂『其西疆在萬里之外，中隔無數蕃國，故名曰雍州』。且以蕃國在九州牧治以外，故山川形勢，未被敍入。按『黑水西河惟雍州』，其餘各州首句行文皆然，其意皆以二者之間爲本州之地，雍州何得例外？且二者之間，相隔萬里，幷爲一州，實有風馬牛之勢。況姚君此論僅從一『雍』字看出，亦嫌武斷，以中隔萬里爲雍，未免雍之過甚。我國地勢，西北高，東南低，西北氣候寒冷，交通不便，亘古如斯，迄今國人猶以開發西北爲當務之急，名之曰雍，孰曰不宜？

姚君于雍州之地，亦覺其相隔太遠，故又曰，『「織皮昆侖析支渠搜西戎既叙」，皆荒服以外蕃國。他州不叙蕃國，獨此叙之者，雍州西疆窵遠，中隔無數蕃國，多係戎族，歷數難悉，其往來交際各循矩度，故以「西戎既敍」概括之。茲觀紀述，與他州逈異；他州地狹，遞相聯屬，粗叙自明，雍州東西間阻，聯異爲同，非化而裁之，不能盡其變，即不能簡而賅也』。是姚君以爲雍州『東西阻隔』，『聯異爲同』，其中間之無數蕃國，必『化而裁之』，使之『往來交際，各循矩度』，然後雍州之大，方可『簡而賅之』也。此『蕃』雖名曰『蕃』，其受禹化之深，不能與他蕃同日而語矣。然禹何故不再進而化之，疏而導之，使『昆侖既宅』，『析支不叙』，『錫爾既從』，『阿姆攸同』（錫爾河阿姆河皆在中亞），使之雍而不雍乎？若以非我族類，不欲爲之，於阿剌伯叙利亞反認爲同體共命之親，爲之疏之導之，種族之見何其深也？此豈聖人之用心哉？

姚君謂『他州不叙蕃國，此獨叙之』，尤難苟同。按冀州有『島夷皮服』；青州有『嵎夷既略』，『萊夷作牧』；徐州有『淮夷蠙珠暨魚』；揚州有『島夷卉服』；梁州有『和夷底績』。以上諸夷有謂係地名，非番夷之名，薦紳先生難言之，然與『西戎既叙』，有何分別？烏得謂爲他州不叙番國而本州特叙者哉？

禹貢自天子之國而外，五百里爲一服，共第五服二千五百里以外，已成荒服，不知與中國同種同族而處于萬里之外之米梭波大米亞應屬何服？其矛盾可見。

『厥土惟黃壤』，『厥貢惟球琳琅玕』，『厥貢』與『厥土』同屬一地文理甚明，黃河上游爲黃土地帶，當無異議，黃河之得名，尤盡人皆知，然姚君以『球琳琅玕出自極西』，『關中隴右無此珍物』，而又以幼發拉底河爲黑水，故『厥貢』『厥土』不得不一在極東一在極西而實行分居矣。按幼發拉底河流域，西方學者稱之爲肥沃月灣，爲西亞民族角逐之場，一切文明皆由之而生，其重要遠過黃河上游一帶，其記土也，不應詳此而略彼，姚君之說，實屬牽強。幼發拉底河流域是否以產玉得名？余讀西史，未有所聞，不敢妄議；然姚君亦僅以穆天子傳爲證，以中國古代傳說而證西方史地，其力甚微。至關中隴右，自古產玉，記載多多：史記貨殖列傳謂：『山西饒材竹穀纑旄玉石，山東多魚鹽漆絲聲色，江南出柟梓薑桂金錫連丹沙犀瑇瑁珠璣齒革，龍門碣石北多馬牛羊旃裘筋角，銅鐵則千里往往山出棊置，此其大較也』。職方言周制曰：『正西曰雍州，其山曰嶽，藪曰弦蒲，川曰涇汭，浸曰渭洛，其利玉石』。按漢書郡國志言京兆曰，『藍田出美玉』。今新疆之阿克蘇于闐一帶猶以產水晶美玉著稱，更無須向巴比倫求之也。

姚君釋『岷山之陽，至于衡山，過九江至于敷淺原』一段，謂衡山卽高加索山，敷淺原卽布什爾，亦極爲可疑。姚君云『岷山在南，衡山在北』，又云『南以敷淺原爲極』，準此而論，則禹貢叙岷山系蜿蜒之情形，乃爲『由岷山向北至于衡山，再返而南仍經岷山（因姚君謂多山介于衡山與敷淺原之間），過九江至于敷淺原』，豈有若是筆法乎？按原文『岷山之陽，至于衡山，過九江至于敷淺原』，自以衡山在岷山之南，順而易讀。且上文『嶓冢至于荊山』，『內方至于大別』，皆自北而南，尤可互爲佐證。姚君欲以衡山爲高加索山，故必以之在岷山之北，惜已不能自圓其說矣。然余欲言者，猶不只此，蓋余根本否認『岷山之陽』一段爲叙西亞山川之文。試以下列兩段禹貢文字彼此對校，其理自明：

其言山曰：

『導嶓冢至于荊山，內方至于大別；岷山之陽，至于衡山，過九江，至于敷淺原。』

其言水曰：

『嶓冢導漾，東流爲漢，又東爲滄浪之水，過三澨至于大別，南入于江，東匯澤爲彭蠡，東爲北江入于海；岷山導江，東別爲沱，又東至于澧，過九江至于東陵，東迤北會于匯，東爲中江入于海。』

此二段文字，釋爲描寫漢水長江水系及其周圍之山脈，最爲合理，考之圖籍，歷歷可尋；雖少有出入，亦當于此範圍內輾轉求之，萬難將『岷山之陽』一段劃入米梭不達米亞也。嶓冢荊山大別與瀁水漢水滄浪之木相並蜿蜒，岷山衡山敷淺原與沱江澧江及過九江至于東陵之水相並蜿蜒，其關係頗爲密切。若將此兩段文字依其山水關係，作以下之排列，尤爲了然：

『嶓冢至于荊山，內方至于大別。』

『嶓冢導瀁，東流爲漢，又東爲滄浪之水，過三澨至于大別，南入于江，東匯澤爲彭蠡，東爲北江入于海。』

『岷山之陽，至于衡山，過九江，至于敷淺原。』

『岷山導江，東別爲沱，又東至于澧，過九江至于東陵，東迤北會于匯，東爲中江入于海。』

若以『岷山之陽』一段爲敘西亞之文，然則禹貢作者，言水則瀁漢滄浪，言山則嶓荊大別，獨于言江言沱言澧則將其有關之岷山衡山缺而不言乎？既缺矣，何又將異地同名之衡山岷山九山九江敘入，故作此疑人之筆乎？抑連此『岷山導江』一段一並搬入西亞？不知西亞亦有此自西而東之大川乎？

此外姚君望文生義之處尚多，難于一一舉列，茲將其舉犖者，摭拾一二以作此文之結束。姚君以『夏海』爲『冰川』爲『淺海』。冰川之說，齊文已辨之；『淺海』之說，亦覺牽强。姚君謂『冬則固陰沍寒，夏則爲不通舟楫之淺海』，是以今日歐洲之氣候解釋冰川時代之氣候也。冰川時代是否有冬夏之分，頗成問題，歐洲學者對于冰川時代大氣之變化，尚無澈底之解決。今人以『夏屋』爲『大屋』，『夏海』非『大海』歟？禹北窮夏海，非蒙古之瀚海歟？非敢意斷也。姚君以『山地多豕謂之豬野』，然則『大野既豬』，『彭蠡既豬』，又作何講？豈禹治水之外尚兼遊牧乎？抑作『動詞』即爲『瀦水之瀦』，作『形容詞』即爲豬豕之豬乎？有待于文字學者考訂。然姚君又云『東方之原隰底績，則西極之豬野亦底績可知；三危既宅，則豬野亦既宅可知；言水退宜耕牧也』。是以豬野爲低地爲平原爲曠野而非山地多豕矣，以姚君之矛可攻姚君之盾。姚君云『華胥之民與重黎之民本屬同族，居地相近，更可聯合爲一，故曰合黎』，亦似是而非之說。古代語言龐雜，輾轉互譯，『合黎』二字是否原來音義，殆成問題。如姚君以『三危』爲米梭不達米亞(Mesopotamia)之譯音，如釋爲新疆之天山，因三峯危立故曰三危（按張其昀云：「博克達山在迪化縣之南，拔海一四•〇〇〇尺，三峯孤峭，冰雪晶瑩，山嵐與天光一色，昔人稱爲天山」，見張其昀本國地理，商務印書館發行），豈不爲姚君所斥乎？

本會紀事（十八）

本會籌募基金，曾經規定，將所得捐款，以十分之一購買圖書，藉作捐款人及經募人之紀念。本年收到于思泊先生等捐款，除已於本刊陸續報告外，茲將爲各先生所購紀念圖籍分列於下。計開：

爲于思泊先生紀念者：

運泇捕上下泉六廳光緒十八年搶修工程報銷圖一幅　寫本

運泇捕上下泉六廳光緒十九年搶修工程報銷圖一册（彩繪）

運泇捕上下泉六廳光緒廿四年搶修工程報銷圖一幅　寫本

運泇捕上下廳廳光緒八年冬挑河工程題估圖一幅　寫本

運泇捕上下五廳光緒八年冬挑河工程報銷圖一册（彩繪）

爲孫媛貞女士等紀念者：

安徽江隄圖共七十九幅（縮尺一萬分之一，晒藍）

和州　七幅　無爲州　十一幅　桐城縣　七幅

懷寧縣　三幅　望江縣　七幅　當塗縣　十三幅

蕪湖縣　四幅　繁昌縣　十二幅　銅陵縣　四幅

貴池縣　四幅　東流縣　五幅

銅陵貴池東流三縣調查一覽表二幅

爲薛澄清先生紀念者：

鎮番縣輿圖一幅（彩繪）

署安西直隸州造賞光緒三十三年分修理瓜州等處渠道工段丈尺圖一幅（彩繪）

爲施鶴農先生紀念者：

毛雙二屯渠道圖說一幅（彩繪）

肅州直隸州高臺縣轉賣典史估修柔平二屯渠道圖說一幅（彩繪）

會勘鎮夷堡黑河水漲沖趺莊房地畝圖說一幅（彩繪，堡屬肅州高臺縣）

平羅縣實熟地成災地圖說一幅（彩繪）

爲賀昌羣先生紀念者：

捕河廳光緒二十三年帑築東平壽光陽穀等汎殘缺堤工題銷圖一册（彩繪）

爲胡適之先生紀念者：

運捕二廳光緒三十二年歲修工程報銷圖一册（彩繪）

會同辦理孟縣黃河險要民工築做土石垻埽各工咨銷圖一册（彩繪）

本會紀事（十九）

本會收到張公權先生捐助國幣三百元正，潘景桓先生捐助國幣壹百元正，除按照會章推爲贊助會員外，特提出欵項一部分代爲購買書籍，存儲本會，永作紀念。計開：

爲張先生紀念者：

歷代河防統纂二十八卷四册　陳璜輯　光緒戊子鴻寶齋石印本

甘棠小志四卷四册　董醇著　咸豐五年刊本

淮陽水利圖說一卷一册　馮道立著　光緒丙子淮南書局重刊本

峽江灘險志二卷一册　劉聲元著　民國九年印本

峽江救生船志一册附行川必要一册　羅縉紳著　光緒四年刊本

汴城籌防備覽四卷二册　傅壽彤等編　咸豐十年刊本

豫乘識小錄二卷二册　朱雲錦著　同治癸酉重刊本

黃運河口古今圖說二册　麟慶著　道光辛丑刊本

畿輔河道水利叢書十册　吳邦慶編　道光四年刊本

　直隸河渠志　陳儀著

　陳學士文鈔　陳儀撰

　潞水客談　徐貞明撰

　怡賢親王疏鈔

　水利營田圖說　陳儀撰　吳邦慶補圖

　畿輔水利輯覽　吳邦慶輯

　澤農要錄　吳邦慶撰

　畿輔水道管見　吳邦慶撰

　畿輔水利私議　吳邦慶撰

京畿除水害興水利芻議一册　武桓著　民國十五年印本

順直河道改善建議案一册　熊希齡著　民國十八年印本

灤陽河上記四編二册　徐世光著　民國九年印本

鴆陽新河紀略一卷一册　朱洪章著　光緒壬辰刊本

爲潘先生紀念者：

清芬閣集十二卷八册　朱㮾著　光緒三十四年鉛印本

李忠節公奏議十六卷八册　李秉衡著　民國十九年鉛印本

禹貢四考一册　金錫著　寫本

西域水道記五卷四册　徐松著　原刻本

荊州萬城隄志十卷卷首一卷卷末一卷共六册　倪文蔚纂　光緒二年刻本

荊州萬城隄續志十卷卷首一卷卷末一卷共二册　舒惠纂　光緒二十年刻本

本會紀事（二〇）

本會收到引得校印所捐助壹百元史念海先生捐助拾元，楊賓女士捐助五元謹此鳴謝。並爲代購圖籍存儲學會，永作紀念。計開：

爲引得校印所紀念者：

上河廳光緒廿一年咨辦工程咨銷圖一幅　寫本

上河廳光緒廿一年加幫聊堂二汛殘缺堤工題估圖一幅　寫本

中河廳光緒三十三年分做過歲修埽土石各工河圖一幅（彩繪）

中河廳宣統二年分歲修埽土石各工河圖一幅（彩繪）

鄭中河廳屬宣統二年分歲修埽土石各工河圖一幅（彩繪）

上南河廳宣統二年分歲修埽土石各工河圖一幅（彩繪）

下北河廳屬宣統二年分歲修埽土石各工河圖一幅（彩繪）

泉河廳光緒貳拾肆年咨辦工程咨估圖一幅　寫本

湖北武昌金口上游長隄工程圖一幅　寫本

爲史念海先生紀念者：

運河廳光緒拾九年拆修鉅嘉汛蜀山湖裡石堤工題估圖一幅　寫本

運河廳光緒十九年拆修鉅嘉汛蜀山湖裡石堤工題銷圖一幅　寫本

爲楊賓女士紀念者：

運河廳光緒貳拾壹年歲修魚臺縣汛運河兩岸缺口進塡墊坑塘等工題估圖一幅　寫本

本會紀事（二一）

本會接到福開森先生來信，幷捐五十元擊請入會，除照章扣除六元爲本年會費外，餘四十四元作福先生捐款，謹此鳴謝。並代購圖籍存儲學會，永作紀念。計開：

會勘孟縣秋禾被災受傷全圖一幅　寫本

安陽縣秋禾被災村莊圖一幅　寫本

夏邑縣被蝗水災勘圖一幅又洪憲元年查災委員張璸具結一張　寫本

太康縣秋禾受傷勘圖一幅又民國四年委員吳昌虎知事陳守謙具結各一張　寫本

輝縣被蝗被雹被旱村莊圖一幅又民國四年委員馬也良知事鄒嘉穀具結各一張　寫本

登封縣會勘水災地輿圖一幅　寫本

署淇縣呈送境內秋禾被災歉收各村莊圖一幅　寫本

項城縣秋收被災歉薄各村莊會勘圖一幅又民國四年開封道尹葉濟委員吳昌虎知事朱名炤具結各一張　寫本

汲縣呈送閤境本年麥秋均行歉薄情形各村莊圖一幅又民國四年委員賈償邦知事樊庶具結各一張　寫本

滎澤縣本年秋禾因旱潦受傷歉收各村莊分別輕重勘圖一幅又民國四年開封道尹葉濟委員曾綬麟具結各一張　寫本

滑縣秋禾被淹各村莊圖一幅又民國四年委員周士森知事李盛謨具結各一張　寫本

署理臨漳縣呈會勘本年秋禾雨暘不時受傷各村莊圖一幅又民國四年知事邱緝具結一張　寫本

鹿邑縣被災勘圖一幅又民國四年開封道尹葉濟委員孫廣譽知事王光第具結各一張　寫本

河北道溫縣繪呈本年秋禾被淹成災收成歉薄勘圖一幅　寫本

會勘杞縣本年秋禾被災輕重情形圖一幅又民國四年開封道尹葉濟委員李本龢知事劉國楨具結各一張　寫本

2

本會紀事(二二)

本會收到何樂夫先生捐助基金五元，李旭先生代募李東白先生張德培先生各捐基金一元，敬此鳴謝，並提取捐欵一部分，代購圖籍、存儲學會，永作紀念。計開：

爲何樂夫先生紀念者：

署開封道西華縣呈秋禾先旱後澇地方村莊圖一幅又民國四年開封道尹棄濟委員孫廣馨知事汪繼祖具結各一張　寫本

開封縣黄河兩岸各村莊圖一幅又民國四年開封道尹棄濟委員吳昌虎知事張嘉淦具結各一張　寫本

武陟縣會勘縣境各里麥秋被旱歉收情形圖一幅又民國四年知事王溥澤具結一張　寫本

爲李旭先生等紀念者：

原武縣秋禾被災村莊圖一幅又民國四年原武知事徐仲貞具結一張　寫本

河南省沁陽縣被災圖一幅又民國四年委員馬也良知事呂桐曾具結各一張　寫本

本會紀事(二三)

本會自開成立大會，選出第一屆職員以後，遂於五月二十七日具文呈請北平市政府社會局備案，其文曰：

吳爲遵批召開成立會選出職員仰祈鑒核備案并懇頒發圖記以備應用事：竊頡剛等爲研究古代地理起見，組織禹貢學會，曾于本年四月二十日備文呈請立案。于四月二十七日奉到鈞局五零三號批：『呈件均悉。查該具呈人發起組織之禹貢學會，既已呈經本市公安局核准，復經審核立會宗旨尚屬純正，准予籌備，仰卽定期召開成立會，并依照章程草案第七條之規定選舉理監事等職員、先期呈請本局派員出席監視，俟職員選出後，再行繕具章程，職員表、會員表各三份呈局備案……』等因。奉此、遵于本年五月二十四日下午二時半，假座北平北郊燕京大學臨湖軒，召開成立大會，當經鈞局指派李樹華先生，公安局指派戴福先生，宋廣祥先生蒞場監視。出席人數一百九十四人，公推李書華爲臨時主席，通過章程，選舉職員。謹將當選理監事名單，修正章程，並會員錄繕錄三份呈報外，理合備文呈請鑒核備案，并懇早日頒給圖記式樣，以便刊刻備用，實爲公便。謹呈

等語。嗣於六月四日奉到社會局廿五年發字第四六九九號指令內開：

呈件均悉，准予備案，除分呈府部外，檢發圖記式樣一紙，仰即自行刊製啓用具報：爲要。此令。

又於六月廿四日復奉社會局廿五年發字第五二六三號訓令內開：

案查前據該會呈送章表等件請予備案一案當經令准並據情轉呈府部各在案：茲奉

市政府甲字第一二二八〇號指令內開：

「呈件均悉。准予備案。仰即轉飭知照，此令，件存，」

等因：奉此，合亟令仰知照。此令。

又於六月三十日奉到社會局廿五年發字第五四四四號訓令內開：

案查前據該會呈送章表等件請予備案一案，當經令准並轉呈府部各在案，茲奉

教育部二十五年發園壹3第八五〇九號指令內開：

「呈件均悉。准予備案，仰即轉飭知照。此令。」

等因；奉此。合亟令仰知照。此令。

各等因在案，本會即遵式刊就圖章於六月十八日正式啓用，并備文呈報社會局備案以資信守。其文曰：

呈爲呈報啓用圖記事：敝會接奉

鈞局發字四六九九號指令內開：『呈件均悉。准予備案，除分呈府部外，檢發圖記式樣一紙，仰即自行刊製啓用具報，爲要。此令』等因。奉此、遵即刊刻木質圖記，文曰「北平市禹貢學會圖記」，謹于六月十八日啓用。理合檢同圖記式樣備文呈報，謹呈

等語，此本會正式成立呈報備案之經過也，特爲撮紀如右。

禹貢學會地圖底本丙種第二號

全中國及中亞細亞地圖出版了

顧頡剛　鄭德坤編纂　吳志順　趙　琁繪製

這『全中國及中亞細亞地圖』，是特地爲我們研究地理沿革的人們竭纂的。因爲我們打算研究民國以前各朝各代的疆域史，或其他關於地理的沿革考證，因於各朝各代所轄的疆域不同，設用現代中國地圖來作底本，有許多朝代，就以疆域擴展較廣，不敷應用了。設或再找比較中國疆域廣闊一點的地圖，祇好就用亞洲圖了。這種亞洲地圖，爲着使用方便者用小幅的，必然嫌其太簡，設用大幅的，固可較詳，但是有許多地帶，本不須要用它，未免又嫌其太累。求其合乎我們理想範圍——研究地理沿革散用的地圖，恐怕現在市面都還找不到。

好了！現在我們參酌各朝代的形勢需要，已編纂一種：『**全中國及中亞細亞地圖**』，**洋宣紙對開爲一幅；內容包括全中國及中亞細亞全部；東至日本九洲及琉球羣島等等。西至裏海及波斯灣，南至印度半島及安南半島等**俱皆繪入。凡是研究我國以前各朝代疆域沿革的，皆可足用了。並且這次我們把圖內的國名，省名，地方名，及國都，省會，大市邑的名稱，俱各註寫明晰，不但**專門家應用方便，就是普通中小學校裏，也可以利用這種地圖，隨便繪畫我們已前各代的疆域，看一看我們前朝拓土的精神。或者用了這種地圖，考證或練習添繪交通，物產，礦物，農產，氣候……種種圖誌**，皆甚方便。

所以我們敢說：這種新創的地圖底本，實在是現代很需要的。本次印數較少，務望購者從速，庶免向隅！

定價：套色版四角　一色版三角

航空消息

一、本公司除已辦有滬蓉滬平滬粵渝昆各綫外現又籌辦粵河綫每星期五自廣州經廣州灣至河內東西各開一班上與滬粵綫相接下與法國航空綫相接自滬至歐十日可達

二、自三月一日起凡寄國內各地航空信每重二十公分（除普通郵資外）一律收費二角五分

中國航空公司　上海廣東路五十一號　電話一二九五五

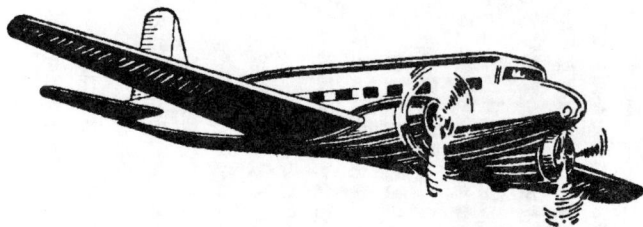

出版者：禹貢學會。
編輯者：顧頡剛，馮家昇。
出版日期：每月一日 十六日。
發行所：北平成府蔣家胡同三號禹貢學會。
印刷者：北平成府引得校印所。

禹貢
半月刊

價目：每期零售洋貳角。預定半年十二期，洋壹圓伍角，郵費壹角伍分；全年二十四期，洋叁圓，郵費叁角。國外全年郵費貳圓肆角。

The Chinese Historical Geography
Semi-monthly Magazine

Vol. V, No. 10, Total No. 58. July, 16th 1936.

Address: 3 Chiang-Chia Hutung, Cheng-Fu, Peiping, China

第五卷 第十期
民國二十五年七月十六日出版
（總數第五十八期）

唐代都護府之設置及其變遷　鄺平樟
隹夷考　陳夢家
有仍國考（附圖）　顧頡剛
補陳疆域志校補（續完）　譚其驤
跋「開發西北計畫書」　趙惠人
清代地理沿革表（湖廣省，湖北省，湖南省）　趙泉澄
纂修河北通志聞見錄（二）　于鶴年
中國歷史地理研究的變遷　日本青山定男著　魏建猷譯
對於日本青山定男「中國歷史地理研究的變遷」之辨正　張宏叔
禹貢派的人們　日本森鹿三著　周一良譯
「廣西省象縣東南鄉花籃猺社會組織」導言　吳文藻
通訊一束（八七——九五）
本會紀事（二四——二五）

內政部登記證警字第叁肆陸壹號　中華郵政特准掛號認爲新聞紙類

本會紀事（二四）

本會前蒙王樂愚先生邀作河套之遊，曾載本刊五卷五期通訊欄中。現屆暑期休假，業由李榮芳，張維華，侯仁之，張瑋瑛，蒙思明等組織河套水利調查團，於六日起程，豫計調查期間三星期，深望諸先生攜有充分之資料歸來，以備西北研究之嚮導也。

本會紀事（二五）

本會收到蔣夢麟先生捐助及鄭德坤先生代募吳家鎮先生等捐助基金，除按章提取款項之一部購買圖籍存儲學會永作紀念餘款存儲銀行生息外，敬此鳴謝。捐款數目及紀念圖籍分誌如下：

蔣夢麟先生捐基金五元紀念圖籍：

黃運兩河擬定成規二冊　刻本

鄭德坤先生代募基金：

吳家鎮先生　四元　　陳世驤先生　五元
虞愚先生　一元　　林文慶先生　五元
黃啓頻先生　五元　　林惠祥先生　五元
俞爽還先生　五元　　毛夷庚先生　五元
吳世棟先生　五元　　茅樂楠先生　三元
孫貴定先生　五元　　鄭承銓先生　二元

代購紀念圖籍：

石門子至古北口長城附近調查圖說一冊　京畿衞戍總司令部軍務處編　鉛印本
古北口至石門子長城附近調查一覽圖一幅　京畿衞戍總司令部軍務處製　石印本
古北口附近調查圖一幅　仝上　仝上
西坨峪附近調查圖一幅　仝上　仝上
高莊子附近調查圖一幅　仝上　仝上
鹿皮關附近調查圖一幅　仝上　仝上
琉璃廟子附近調查圖一幅　仝上　仝上
大水峪附近調查圖一幅　仝上　仝上
懷柔縣附近調查圖一幅　仝上　仝上
渤海所附近調查圖一幅　仝上　仝上
駝嶺關附近調查圖一幅　仝上　仝上
高麗營子附近調查圖一幅　仝上　仝上
永甯鎮附近調查圖一幅　仝上　仝上
二道關附近調查圖一幅　仝上　仝上
黃花城附近調查圖一幅　仝上　仝上
太平莊附近調查圖一幅　仝上　仝上
延慶縣附近調查圖一幅　仝上　仝上
八達嶺附近調查圖一幅　仝上　仝上
居庸關附近調查圖一幅　仝上　仝上
南口鎮附近調查圖一幅　仝上　仝上
獨石口附近調查圖一幅　仝上　仝上
三山堡附近調查圖一幅　仝上　仝上
雲州堡附近調查圖一幅　仝上　仝上
赤城縣附近調查圖一幅　仝上　仝上
滸門岑附近調查圖一幅　仝上　仝上
鵰窩堡附近調查圖一幅　仝上　仝上
閻家坪附近調查圖一幅　仝上　仝上
懷來縣附近調查圖一幅　仝上　仝上
石匣附近調查圖一幅　仝上　仝上
長洋城附近調查圖一幅　仝上　仝上
長安岑附近調查圖一幅　仝上　仝上
土木附近調查圖一幅　仝上　仝上
小齊營附近調查圖一幅　仝上　仝上
化莊附近調查圖一幅　仝上　仝上

禹貢第五卷第十一期豫告「回教與回族專號」要目

插圖　阿拉伯文碑（四幅）
　　　創建清眞寺碑（一幅）

中國回教與成達師範學校……馬松亭阿衡
中國回教近三十年之發展……趙振武
回族回教辨……王日蔚
說陝甘「回亂」初起時之地理關係……單化普
創建清眞寺碑（日本桑原隲藏原著）……牟潤孫
從怛邏斯戰役說到伊斯蘭教義之東傳……白壽彝
十二三世紀中國海上阿拉伯商人之活動（德國夏德等原著）……安文倬
陝甘刼餘錄……單化普

本刊總經售處：北平景山東街十七號景山書社　南京太平街新生命書局

本刊代售處

北平北京大學研究院王重武先生
北平燕京大學史學系侯仁之先生
北平輔仁大學史學系史念海先生
北平清華大學史學系吳春晗先生
北平北平圖書館王以中先生
北平隆福寺街文奎堂書舖
北平隆福寺街文殿閣書舖
北平琉璃廠寶德堂書舖
北平琉璃廠來薰閣書舖
北平琉璃廠新生命書局
北平琉璃廠人文書店
北平東安市場佩文齋書舖
北平東安市場新智書局
北平東安市場岐山書社
北平東安市場福華書社
北平西四牌樓南丹明慶文具店
北平西單商場知行書局
北平成府競進分社
天津法租界二十六號路世界圖書局
天津南開中學前會友書局
濟南濟南雜誌社
濟南西門大街東方書社
太原樓兒底疊民書報社
開封新書業街龍文書莊
南京中央大學門前鍾山書局
南京太平路花牌樓書店
南京太平路正中書局
上海四馬路開明書店
上海五馬路亞東圖書館
上海四馬路上海雜誌公司
上海福州路生活書店
蘇州五卅路國學小書堆
安慶安徽大學李貫英先生
廈門思明路生活書店
漢口湖北街良友公司
南昌中山路南昌書局
武昌橫街頭新生命書局
武昌察院坡亞新地學社
長沙府正街金城圖書文具公司
重慶售珠市北新書局
重慶天主堂街重慶書店
重慶商業場西二街今日出版合作社
萬縣環城一馬路世界書局
成都少城祠堂街開明書店
廣州中山大學董紹良先生
廣州中山大學楊成志先生
廣州東山學海書院譚其驤先生
廣州文德路廣東省立編印局
廣州永漢路上海雜誌公司廣州支店
西安大公報西安分館
綏遠楊家巷十二號綏遠新聞社
日本京都中京區葉文堂書店

唐代都護府之設置及其變遷

鄺平樟

都護之設置，肇始於漢。班書宣帝紀云：『神爵二年，……秋，匈奴日逐王先賢撣將人衆萬餘來降，使都護西域騎都尉鄭吉迎日逐，破車師，皆封列侯』。又鄭吉傳云：『吉既破車師，降日逐，威震西域；遂並護車師以西北道，故號都護。都護之置，自吉始焉』。漢代經營邊疆之功，以西域爲最。都護之設置，捨西域無他聞也。然漢代都護統治西域，僅以監視之態度，統督西域土人諸職官。至唐，則四方設都護，直接管轄民政。凡內屬之蕃蠻，即其部落列置州縣；其大者爲都督府，以其首領爲都督刺史，皆得世襲。雖貢賦版籍多不上戶部；然聲教所暨，皆建州都督所領，著于令式(註一)。是故中國文化光被四夷，唐猶盛於漢也。新舊唐書中所記載之都護府，每多淆混。或誤爲增省，或語焉不詳。若非前後左右鈎稽其事蹟，頗難明其眞象。年來讀唐史，輒病之。間有疑議處，則記錄於卡片上。惟材料散在各傳，且甚疏尠。茲就所得，考述其設置及變遷。所謂設置者，首即都護府數目之問題也。數目既明，乃敘述其重要者之沿革。故本文分爲二段，寫成如左。

一、都護府之數目

都護府之數目，新舊唐書地志所記各不同。檢舊志所記者凡九，新志所記者凡十一，試列表以明之。

新志		舊志	
單于大都護府	關內道	單于大都護府	河東道
安北大都護府	關內道	安北大都護府	關內道
鎮北大都護府	關內道		
安東上都護府	河北道	安東都護府	河北道
北庭大都護府	隴右道	北庭都護府	河西道（即概括在隴右道內）
安西大都護府	隴右道	安西大都護府	河西道（即概括在隴右道內）
濛池都護府	隴右道	濛池都護府	河西道（即概括在隴右道內）
崑陵都護府	隴右道	崑陵都護府	河西道（即概括在隴右道內）
保寧都護府	劍南道		
安南中都護府	嶺南道	安南都護府	嶺南道
峯州都護府	嶺南道		

以上新舊兩地志相比，舊志所無而爲新志所有者，

則爲鎭北，保寧，峯州三府。此三府是否可據，尚待証之。按新志關內道序云：『都護府二』，而下文所記，單于安北之外，列有鎭北，前後旣不符，而鎭北下不載建置年月，亦屬可疑。舊書代宗紀云：『康德二年春正月，……司徒兼中書令郭子儀充河東副元帥河中等處觀察兼雲州大都督單于鎭北大都護。……五月，……制太保並中書令靈州大都督府長史單于鎭北副大都護充朔方節度關內度支營田鹽池押諸蕃部落副大使知節度事六城水運使河北副元帥上柱國大寧郡王僕固懷恩，先任靈州大都督府長史單于鎭北副元帥朔方節度使宜並停，其太保兼尚書令大寧郡王如故』。『單于鎭北』史書中屢連稱，似爲一名。及檢唐書方鎭表朔方節度欄，得乾元元年之下云：『置振武節度押蕃落使，領鎭北大都護府麟勝二州』。又於上元二年下云：『廢關內節度使，罷領單于大都護。以涇原寧慶〔鄜〕坊丹延隸邠寧節度，麟勝隸振武節度〔註二〕』。則『單于，鎭北』，顯係各自爲府，非共一地。然『鎭北』之名，始聞於肅宗乾元間（七五八—七五九），代宗以後，則未知其消息。按其所屬大同長寧二縣，與單于府頗鄰近。單于與安北二府，時合時分。而安北府遷徙之跡，開元後已不詳。審其方位，大抵由北漸而南。玄宗之時，總輾轉於河套外附近單于府。若其時漠南設鎭北單于安北三府，勢無必要。疑所謂遷徙不定之安北府，至中唐時遂改爲鎭北矣。夫安西可改爲鎭西，安南可改爲鎭南；只安北改作鎭北，孰云其不然哉！新志或未嘗察是，竟不續記於安北都護府之下而別題之，誤矣。

次則保寧都護府。會要云：『天寶八載（七四九）六月，劍南奏索磨川許新置都護，宜以「保寧」爲名』。新書地志亦云：『保寧都護府，以劍南之索磨川置，領牂柯吐蕃』。通鑑亦載此事，惟舊書地志不記，當係缺漏。至於新志所列羈縻州中，有蜀爨蠻州十八隸屬於峯州都護府一項。檢本志：前嶺南道中僅有峯州都督府，治承化郡。又新書驃古國傳云：『貞元七年（七九一），始以驩峯二州爲都督府。驩在安南，限重海與文單占婆接；峯統羈縻州十八，與蜀爨蠻接』。則新志所云峯州都護府，確爲峯州都督府之誤，明矣。

自通典而後，人皆稱唐代之都護府有六：曰單于，曰北庭，曰安東，曰安南，曰安西，曰安北。近人有增峯州而爲七者，有增保寧峯州崑陵濛池而爲十者。各主其是，實皆未當。夫杜佑所云六，蓋本其都護以漢人充任或遙領者計之。如郭子儀忠王俊曾爲單于都護，劉渙蓋嘉運程千里曾爲北庭都護，薛仁貴許欽湊曾都護安東，王方翼郭昕郭孝恪曾都護安西，張舟馬植高駢曾都護安南，李素立相王旦曾都護安北。其濛池崑陵保寧三都護，即其土酋而任之者，故擯而不計也。間嘗亦以降附之蕃酋充任此六府中之都護：如僕固懷恩族本回紇，都護單于；麴智諶世居西域，都護安西(註三)。然皆漢化既久，故委任之一如漢吏職責。新書西突厥傳云：『賀魯已滅，裂其地爲州縣，以處諸部。……又置崑陵濛池二都護府以統之。以所屬諸國皆置州，西盡波斯，並隸安西都護府。以阿史那彌射爲興昔亡可汗，兼驃騎大將軍「崑陵」都護，領五咄陸部；阿史那步眞爲繼往絕可汗，兼驃騎大將軍濛池都護，領五弩失畢部。各賜帛十萬，以光祿卿盧承慶持册命之(註四)』。通鑑亦云：『顯慶二年(六五七)……十二月……乙丑，分西突厥地，置濛池崑陵二都護府。以阿史那彌射爲左衛大將軍，崑陵都護，興昔亡可汗，押五咄陸部落；阿史那步眞爲右衛大將軍，濛池都護，繼往絕可汗，押五弩失畢部落。遣光祿卿盧承慶持節册命。仍命彌射步眞與承慶據諸姓降者，準其部落大小，位望高下，授刺史以下官』。此即蕃酋任都護之証。詳讀新舊書中之西突厥傳，知崑陵濛池二都護，幾爲阿史那氏世襲之職。保寧府之都護，史未云其爲蕃酋抑漢吏。惟視其設置之位置，已深入蕃境；而檢新舊書傳紀，亦未聞有漢人曾爲保寧都護者。疑其必以土酋充任，至屬可能。然則唐代之都護府，可據信者共有九；若捨崑陵濛池保寧三府不直隸於漢吏者言之，則仍如通典所云六。此六府既足以表彰我漢化之及於四夷，宜詳述之也。

二、六都護府

六都護之建置廢棄年月，各不相同。時因遷移改名，書中頗多淆混。今依其建置先後，攷述如左。

(1)安西　統天山南路及中央亞細亞。貞觀十四年置(六四〇)，治西州(高昌)。顯慶二年(六五七)，移理所於高昌故地。次年(六五八)徙治龜茲(庫車)(註五)。新書龜茲傳云：『社爾執訶黎布失畢那利羯獵顛獻太廟，帝責誚，群臣皆頓首伏，詔赦罪，改館鴻臚寺，拜布失畢左武衛中郎將；始徙安西都護於其都，統于闐碎葉疏勒，號四鎭。高宗復封訶黎布失畢爲龜茲王，與那利羯獵顚還國。久之，王來朝，那利烝其妻。……帝幷召至京師，囚那利，護遣王還。羯獵顚拒不內，遣使降賀魯。王不敢進，悒悒死。詔左屯衛大將軍楊冑發兵禽羯獵顚，窮誅部黨，以其地爲龜茲都督府，更立子素稽爲王，授右驍衛大將軍爲都督。是歲，徙安西都護府於其國，以故安西爲西州都督府』。檢通鑑：知徙安西都護府於龜茲國，事在顯慶三年（六五八）五月間。又前此於貞觀二十二年（六四八）十二月，阿史那社爾進軍逼走龜茲王布失畢時，曾使安西都護郭孝恪守其城，此即新書所謂『徙安西都護於其都』也。而舊書龜茲傳曰：『先是太宗旣破龜茲，移置安西都護府於其國城，以郭孝恪爲都護，兼統于闐疏勒碎葉，謂之四鎭。高宗嗣位，不欲廣地勞人，復命有司棄龜茲等四鎭，移安西依舊於西州。其後吐蕃大入，焉耆已西鎭城堡並爲賊所陷。則天臨朝，武威軍總管王孝傑阿史那忠節大破吐蕃，克復龜茲于闐等四鎭。自此復於龜茲置安西都護府，用漢兵三萬人以鎭之』。以爲太宗時即已遷安西府於龜茲，顯係舊書之誤；而云高宗時曾一度遷回西州，可補新書之缺。又因此段舊傳之言，可知高宗時吐蕃陷安西四鎭，都護仍住於西州，所失者乃故都護府之龜茲耳。自則天命王孝傑等收復四鎭後，府址仍在龜茲。肅宗至德元載（七五六），更名鎭西，後復爲安西。時中原多事，吐蕃侵擾河隴甚烈，幸舊將李元忠守北庭，郭昕守安西，與沙陀迴鶻相依，吐蕃攻之不下。德宗而後（七八〇—七八六），吐蕃急攻沙陀迴鶻，北庭安西無援。貞元三年（七八七），竟陷吐蕃。穆宗以後，迴鶻趨吐蕃而據其地，唐廷屢欲復之，竟不果（註六）。

（2）安北　統漠北鐵勒諸部之地。通鑑云：『貞觀二十一年（六四七），……三月，……丙寅，置燕然都護府，統瀚海等六都督皐蘭等七州』。會要云：『龍朔三年（六六三）二月十五日，移燕然都護府於迴紇部落，仍改名瀚海都護府。其舊瀚海都督府移置雲中古城，改名雲中都護府，仍以磧爲界。磧北諸蕃州悉隸瀚海，磧南並隸雲中』。又云：『總章二年（六七〇），八月二十八日，改瀚海都護府爲安北都護府』。則安北府之前身，即燕然府瀚海府也』。按燕然府初治地即故單于台（註七），旋移於回紇部落，即據舊瀚海都督府故址而有之。所謂仍改名爲瀚海者，以永徽元年（六五〇）平突厥後，於漠北置有瀚海都護府也。會要云：『會昌五年（八四五）七月，中書門下奏……臣謹詳國史：武德四年（六二一）平突厥後，於振武置雲中都督。麟德元年（六六四），改爲單于都護。聖曆元年（六九八），改爲安北都護。開元八年（七二〇），復爲單于都護。其安北都護舊在天德，自貞觀二十一年（六五九）在甘州，遷徙不定。今請改單于都護爲安北都護，敕旨從之』。則單于都護府曾亦改名安北。惟檢唐書方鎮表朔方欄，此事繫於會昌三年（八四三），疑會要以『三』作『五』，乃手民之誤也。舊書地志云：『開元十年（七二二），分豐勝二州界，置蒲海都護府。總章中，改爲安北大都護府。北至陰山七十里，至迴紇界七百里。舊領縣一，戶二千六，口七千四百九十八。去京師二千七百里，至東都二千九百里，在黃河之北』。新書地志云：『安北大都護府，本燕然都護府。龍朔三年，曰瀚海都督府。總章二年（六六九），更名。開元二年（七一四），治中受降城。十年（七二二），徙治豐勝二州之境。十二年（七二四），徙治天德軍。土貢：野馬，胯革。戶二千六，口七千四百九十八。縣二：陰山，通濟』。舊志敘事顛倒，誤以徙治豐勝二州之安北都護府爲龍朔三年所置之瀚海都督府，且誤以『瀚』作『蒲』，以『督』作『護』。按中受降城即豐州，今綏遠境內內蒙鄂爾多斯右翼之地。豐勝二州之境，即今綏遠五原及東勝一帶地也。天德軍當今河套以北中段。自中宗而後，安北都護府之位置，大抵不出磧南。其不得復治於磧北者，豈非唐廷威勢內縮之徵耶！

（3）安東　統高麗百濟故地，即今東三省及朝鮮之西北境。太宗時，設東夷都護。高宗命李勣平高麗，始置安東都護府於平壤城。會要云：『貞觀二十三年（六四九），於營州兼置東夷都護，以統松漠饒樂之地，罷置護東夷校尉官』。新書地志云：『總章元年（六六八），李勣平高麗國，得城百七十六；分其地爲都督府九，州四十二，縣一百；置安東都護府於平壤城以統之，用其酋渠爲都督刺史縣令。上元三年（六七六），徙遼東郡故城。儀鳳二年（六七七），又徙新城。聖曆元年（六九八），更名安東都督府。神龍元年（七〇五），復故名。開元二年（七一四），徙於平州。天寶二年（七四三），又徙于遼西故郡城』。舊書地志，與此略同。惟通鑑考異云：『實錄：咸亨元年（六七〇），楊昉高偘討安愛，始拔安東都護府，自平壤城移於遼東州。儀鳳元年（六七六）二月甲戌，以高麗餘衆反叛，移安東都護府於遼東城。蓋咸亨元年移府者，終言之也；儀鳳元年言高麗反者，本其所以移也』（註八）。則徙遼東，實在咸亨元年（六七〇）。按平壤城即朝鮮平安道平壤。遼東郡故城，即高句麗時之遼東城，疑即今之遼陽也。所謂新城者，大抵在今遼寧之東（註九）。則天執政時，國家頻歲出師，所費滋廣，遂改都護府爲都督府，以土人高德武爲都督。然自後高麗舊戶分散，多投突厥及靺鞨諸蕃。故神龍元年，復設都護以統之。此時府治爲何地，史未明言。檢舊書唐休璟及薛訥傳，知休璟時爲幽營等州都督兼安東都護，訥亦曾拜幽州都督兼安東都護。其時之都護，既以幽營等州都督兼任，疑府之治所，亦未另設也。其後移府治于平州，或與薛訥計劃復置營州有關（註十）。天寶二載（七四三），遷之遼西故郡，隸屬於平盧節度。天寶末（七五四—七五六），安祿山倡亂於遼東，平盧節度使控制屬土之權旣重，都護實權亦漸衰微矣。至德而後，遂廢絕焉。

（4）單于　統陰山之陽，黃河之北，即突厥諸部之地。會要云：『永徽元年（六五〇）九月八日，右驍衛中郎將高偘執車鼻可汗獻於武德殿，處其餘衆於鬱督軍山，分其地置單于瀚海二都護府。單于領狼山雲中桑乾三都督府蘇農等十四州，瀚海領金微新黎七都督府仙蕚賀蘭等八州，各以首領爲都督刺史』。通鑑亦云：『永徽元年之九月庚子，高偘執車鼻可汗至京師，釋之，拜左武衛將軍；處其餘衆於鬱督軍山，置狼山都督府以統之，以高偘爲衛將軍：於是突厥盡爲封內之臣，分置單于瀚海二都護府。單于領狼山雲中桑乾三都督蘇農等一十四州，瀚海領瀚海金微新黎等七都督仙蕚等八州，各以其酋長爲刺史都督』。則二書皆未言府之治所爲何地；惟建置之始，同爲永徽元年。而舊書地志云：『唐龍朔三年（六六三），置雲中都督府。麟德元年（六六四），改爲單于大都護府。東北至朔州五百五十七里，振武軍在城內』。新書地志亦云：『單于大都護府本雲中都護府，龍朔三年置，麟德元年更名』。新舊兩志，皆以爲麟德元年始有單于府之名，與會要通鑑異；府之故址爲雲中都護府，可較前所引二書爲詳。按舊本紀云：『龍朔三年，……改燕然都護府爲瀚海都護府，瀚海都護府爲雲中都護府』。通鑑亦云：『龍朔三年二月，徙燕然都護府於回紇，更名瀚海都護府；徙故瀚海都護府於雲中古城，更名雲中都護府；以磧爲境，磧北州府皆隸瀚海，磧南隸雲中』。則舊志所云之『雲中都督府』當爲『雲中都護府』。而龍朔三年以前，所謂之雲中都護府者乃磧北移南之瀚海都護府也。新舊地志既云麟德元年更雲中爲單于府，則會要通鑑所云永徽元年所置之單于府，似已于龍朔或麟德間撤廢。前安北都護府中所引會要云：『會昌五年七月，中書門下奏：塞北諸蕃，皆云振武是單于故地，不可存其名號，以啟戎心。臣謹詳國史：武德四年平突厥後，於振武置雲中都督。麟德元年，改爲單于都護。聖曆元年，改爲安北都護。開元八年，復爲單于都護。其安北都護舊在天德，自貞觀二十一年在甘州，遷徙不定。今請改單于都護爲安北都護，敕旨從之』。可知單于府之位置，總在磧南；惟時存時廢，或與安北對立，或合併於安北而不自存。武宗以後，不知其消息。良由北蕃侵據，唐廷竟未有恢復之機矣！

（5）安南　統領南海諸國，高宗時置。舊書地志云：『調露元年（六七九）八月，改交州都督府爲安南都護府』。新書地志亦云：『安南中都護府本交趾郡，武德五年（六二二）曰交州，治交趾。調露元年曰安南都護府』。會要略同。皆以改交州都督府爲安南都護府繫于調露元年。獨舊本紀云：『永隆二年（六八〇），……八月，……辛卯，改交州爲安南都護府』。是則舊書紀志自相矛盾，而舊紀誤後列入二年甚明。新志又云：『至德二載（七五七）曰鎮南都護府，大曆三年（七六八）復爲安南，寶曆元年（八二五），徙治宋平』。按舊紀以鎮南復爲安南繫于永泰二年（七六六），與新志所記相差二年。檢元和郡縣志云：『至德二年，改爲鎮南都護府，兼置節度。大曆三年，罷節度，置經略使，仍改鎮南爲安南都護府』。疑此復爲舊紀之誤也。會要云：『寶曆元年（七六二）五月，安南都護李元善奏移都護府於江北岸』。所謂『江北岸』者，即宋平縣也；以其位於富良江之北，故曰『江北』。李元善，舊紀作李元喜，或作李元素，皆誤。穆敬二宗之際（八二一—八二六），環王國及黃蠻屢寇安南，都護府遷於江北，諒因避其侵擾故也。懿宗即位後，蠻軍屢陷安南。會要云：『咸通六年（八六五）

十二月，安南都護高駢自海門進軍破蠻軍，收復安南府。自李琢失政，交趾陷沒十年，蠻軍北寇邕客界，人不聊生，至是方復故地』。按通鑑：交趾失陷，初當咸通元年（八六〇）十二月。咸通二至四年間（八六一—八六三），南詔兩陷交趾，所殺虜且十五萬人，都護李鄠曾因殺蠻酋杜守澄而流崖州，旋而蔡襲以徒步力戰不支溺海死，其威勢可知也！及咸通五年（八六四）高駢爲安南都護本管經略招討使，官軍稍振。次年（八六五），破峯州蠻。又次年（八六六），收復交趾。（註十二）會要所謂交趾陷沒十年，乃自李琢失守後概言之，其間短期之恢復不計也。府治所在，似于寶曆後復已由宋平遷還交趾。通鑑云：『大中十二年（八五八），……秋七月，……容管奏都虞侯來正謀叛，經略使宋涯捕斬之。初，忠武軍精兵皆以黃冒首，號「黃頭軍」。李承勛以百人定嶺南。宋涯使麾下效其服裝，亦定容州。安南有惡民，屢爲亂，聞之驚曰：「黃頭軍度海來襲我矣。相與夜圍交趾城，鼓譟願送都護北歸，我須此城禦黃頭軍」。王式方食，或勸出避之。式曰：「吾足一動，則城潰矣」。徐食畢，擐甲率左右登城，建大將旗，坐而責之，亂者反走。明日，悉捕誅之』。可見其時都護仍住交趾城，所謂『送都護北歸』者，意即歸江北歟？咸通年間，蠻軍數陷交趾，史不缺記。若非復交趾爲府治之地，要亦當時安南重心之所在也。僖宗時，南蠻之勢雖微，而國中流寇蠭起。黃巢進陷廣州，安南亦受其擾。都護之名不存，大抵已由安南節度直屬諸蕃矣。

（6）北庭　統天山北路諸蕃，與安西都護府相輔治理西域諸國。本爲庭州，長安二年（七〇二），改都護府。舊書地志云：『貞觀十四年（六四〇），侯君集討高昌西突厥，屯兵於浮圖城，與高昌相響應。及高昌平，二十年（六四六）四月，西突厥泥伏沙鉢羅葉護阿史那賀魯率衆內附，乃置庭州，處葉護部落。長安二年，改爲北庭都護府』。新書地志亦云：『北庭大都護府本庭州，貞觀十四年平高昌，以西突厥泥伏沙鉢羅葉護阿史那賀魯部落置；並置蒲昌縣，尋廢。顯慶三年（六五八），復置。長安二年，爲北庭都護府。……戶二千二百三十六，口九千九百六十四，縣四：金滿，輪台，後庭，西海』。北庭都護府所治地即庭州，觀上所引二志已明。惟舊志敘記北庭安西二府後，復有『北庭都護府，本龜茲國。顯慶中，自西川移府於此……』一段。疑爲參雜安西移府事之誤。非然者，一府事蹟，何須前後割裂！且顯慶二年(六五七)以後，安西都護府已由西州遷於龜茲。若北庭都護府同時移此，事實顯無可能。然若謂安西此時改名北庭，固有追討之必要。觀前所言崑陵濛池二都護府，會要舊志及新志隴右道皆云隸屬於安西；惟新志所列羈縻州，又以此二都護府歸隸於北庭。同書前後不相符，得勿即以安西曾改名爲北庭乎？然北庭之爲都護，實在顯慶以後，本庭州而名爲北庭，決不於遷龜茲後仍其舊稱。所謂疑安西曾改名北庭，當無其事。乃由舊志重複記載一段之誤，遂使後人淆混不明也。按北庭都護府所治地，徐松攷証已詳。西域水道記云：『莫賀城又東五十里爲濟木薩，西突厥之可汗浮圖城。唐爲庭州金滿縣，又改後庭縣，北庭都護府也。元於別失八里立北庭都元帥府，亦治於斯。故城在今保惠城北二十餘里，地曰護堡子破城，有唐金滿縣殘碑』。金滿縣即今新疆孚遠縣，濟木薩乃其治所。西域圖志謂北庭都護府在今迪化，誤也。(註十二)自代宗初年，吐蕃陷河隴，伊西北庭隔絕者十餘年。建中二年(七八一)，李元忠郭昕等遣使間道歷諸胡自回鶻中來奏，唐廷始知北庭伊西將士尙閉境拒守。穆宗時，唐與回鶻和親，欲借助其力以拒吐蕃，於是回鶻據安西北庭。會昌中(八四一—八四六)，回鶻諸部離散，黠戛斯崛強於西北，唐廷頗欲恢復二都護府，未果。(註十三)通鑑云：『會昌三年(八四三)……二月……辛未，黠戛斯遣使者注吾合索獻名馬二，詔太僕卿趙蕃飮勞之。甲戌，上引對，班在渤海使之上。上欲令趙蕃就黠戛斯求安西北庭。李德裕等上言：「安西去京師七千餘里，北庭五千餘里。借使得之，當復置都護，以唐兵萬人戍之。不知此兵於何處追發，饋運從何道得通！此乃用實費以易虛名，非計也」』。又云：『咸通四年(八六三)……八月，黠戛斯遣其臣合伊難支表求經籍，及每年遣使走馬請曆；又欲討回鶻，使安西以東歸唐。……咸通七年(八六六)……二月，歸義節度使張義潮奏北庭回鶻〔僕〕固俊，克西州北庭輪台清鎮等城』。(註十四)由此可知黠戛斯雖欲助唐復得安西北庭，而回鶻殘部盤據其地，似有死灰復燃之勢。唐廷亦以國中多亂，不暇顧及，是以終廢棄矣！

六都護府中，傳達中外文化之最力者，則爲安西北庭安南。安西北庭統治西域諸民族，由今東西洋人所發現之文獻，可以推知當日都護之政績，及其與中外交通之關係。安南便於水運，時海外民族每載珍異物品就其地市易。船舶輻輳，誠爲古代之繁盛商埠。他日若能獲得相當之史料，必另成文以述之。

註一　新書地志羈縻州序

註二　書中奪『鄘』字。

註三　新舊書中皆有僕固懷恩傳。麴姓爲高昌王族，可參攷新舊書高昌傳。智湛乃高昌末代王麴智盛之弟，貞觀中拜爲右武衛中郎將，兼安西都護　事見新書龜茲傳。

註四　新書西突厥傳誤書『崑陵』爲『濛地』，玆據舊書西突厥傳及通鑑會要改正之。

註五　以上本舊紀及新舊地志。西州，法人沙畹著西突厥史料，謂在今吐魯番(Tourfan)西二十里之雅爾(Yar-khato)。高昌故地，沙畹謂即今吐魯番縣屬之哈剌和卓城(Karakhaja)。

註六　以上參據通鑑會要及兩唐書地志。

註七　據舊書迴紇傳，單于台在今大同與朔平之間。

註八　通鑑卷二〇二儀鳳元年。

註九　參看滿鮮歷史地理研究報告第一，津田左吉右氏所撰之安東都護府考。

註十　參看通鑑卷二一一。平州，今河北盧龍縣。

註十一　以上據通鑑卷二四九至二五二。

註十二　可參看沙畹西突厥史料路程攷

註十三　以上據通鑑及會要。

註十四　原奪『僕』字。

附各都護府設置，更名，及遷移之年代表

貞觀十四年(六四〇)	置安西都護府於西州交河城
二一年(六四七)	置燕然都護府於故單于台
二三年(六四九)	設東夷都護於營州
永徽元年(六五〇)	置單于瀚海二都護府於鬱督軍山
顯慶二年(六五七)	置崑陵濛池二都護府於西突厥
三年(六五八)	徙安西都護府治龜茲都督府
龍朔三年(六六三)	置雲中都護府於雲中都督府
	改燕然都護府爲瀚海都護府
麟德元年(六六四)	更雲中都護府爲單于都護府
總章元年(六六八)	置安東都護府於平壤城
二年(六六九)	改瀚海都護府爲安北都護府

上元三年（六七六）	徙安東都護府於遼東郡故城
儀鳳二年（六七七）	又徙安東都護府於新城
調露元年（六七九）	置安南都護府於交趾郡
聖曆元年（六九八）	改單于都護府爲安北都護府
	安東都護府更名爲安東都督府
長安二年（七〇二）	置北庭都護府於庭州
神龍元年（七〇五）	復以安東都督府爲安東都護府
開元二年（七一四）	徙安北都護府治中受降城
	安東都護府徙于平州
八年（七二〇）	復改安北都護府爲單于都護府
十年（七二二）	安北都護府徙治豐勝二州之境
十二年（七二四）	安北都護府徙治天德軍
天寶二載（七四三）	安東都護府徙于遼西故郡城
八載（七四九）	置保寧都護府于劍南索磨川
至德元年（七五六）	安西都護府更名鎮西
二年（七五七）	安南都護府更名鎮南
大歷三年（七六八）	鎮南都護府復名安南
寶歷元年（八二五）	安南都護府徙治宋平
會昌三年（八四三）	改單于都護府爲安北

隹夷考

——夢甲室商代地理小記之一

陳夢家

後漢書東夷傳有九夷之名，而無「隹夷」；「隹夷」之名不見于經典，余最近始于甲骨上發現之。殷虛書契後編卷下三十六頁第六，有如下數辭：

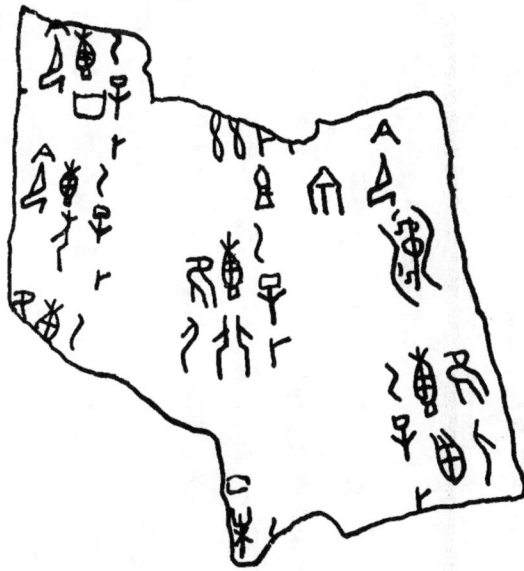

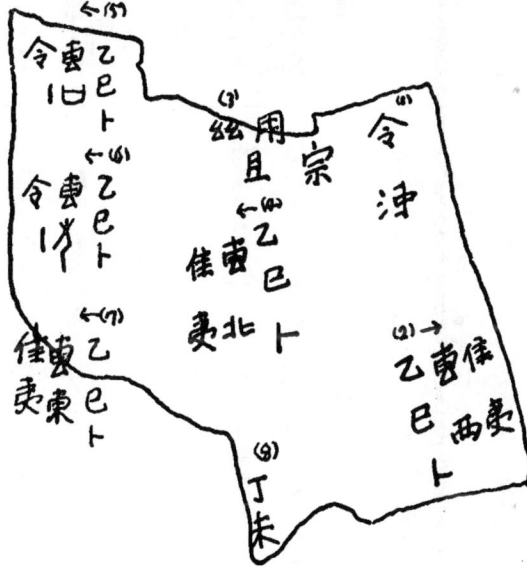

此數辭者，皆于同一日卜，而所卜者皆同一類事。

此片所卜，可分二系：(5)(6)兩辭卜「叀某令」；(2)(4)(7)三辭卜「叀某隹夷」；而(1)(3)(8)諸辭殘闕不全置勿論。卜法通例，于同一龜上，左右對貞一事（其文在左左行，在右右行），或左正右負，或左負右正（見董作賓大龜四板考釋），或卜某事用物之數，或卜風雨之方向；如卜辭通纂三七五片「其自西來雨？右上其自東來雨？右下其自北來雨？左上其自南來雨？左下」東與西，南與北上下對貞；以此例之，則本辭(1)(2)為右行，(4)(5)(6)(7)為左行，(2)(7)對貞，故

(7)辭當補足爲「乙巳卜叀東隹夷」，(2)之右上當缺一辭，故擬爲(9)「乙巳卜叀南隹夷」；如此則「叀西隹夷」與「叀東隹夷」左右對貞，「叀北隹夷」與「叀南隹夷」左右對貞。

以上就卜法通例，于(2)辭右上補一(9)辭，以符常例；但商代南方尚未開化，是否有南隹夷之存在，未敢論定。卜辭通纂五四九片「貞亡來婋自南」，郭沫若曰：『卜辭凡言「來婋」大抵乃開疆之事，(夢家案郭說是也)言「自西」「自北」者多見，「自東」次之，「自南」者僅此一例而已。而此仍是消極之一例，足見殷人南方無勁敵，與周人之屢與「南夷」搆兵者適相反；蓋世與周爲寇讎之「南夷」，在殷則殷之同盟也，殷亡以後，淮徐均相繼叛亂，即其證』。

叀與金文専所从之甫同，故釋作甫；于卜辭爲用甚繁，或叚爲膊，乃披牲五藏以祭之用牲法：或叚作搏伐之搏；詳拙作古文字中之商周祭祀補錄(一)(燕京學報十九期，頁一五二—一五三)此言「甫某令」，其例習見于卜辭：

(10)貞甫得令。(前五，二九，四)

(11)貞甫競令。八月。(前五，四一，五)

(12)貞甫轝令。(庫方一一二六)

(13)貞甫㠯令。(鐵六八，一)

(14)甫多子。甫多业卿。(新一九七)

(15)庚申卜貞甫㕚夷令，省在南鄙。(前四，十一，五)

轝㠯皆卜辭習見之地名族名；多子亦族名。卜辭曰「貞令多子族從犬眔亯葍克王事」(前六，五一，七)又曰「甫多子族令從亯葍克王事」(後下三八，一)某令某卿之「令」若「卿」皆官名，謂某地某族之「令」若「卿」也。卜辭又有「㕚尹」(前七　二三，一)即(15)㕚夷之尹。甫某地某族之令若卿者，疑叚甫爲醽爲撫，謂醽飲或安撫之，金文眾卣曰「王姜令眔安夷白，夷白賓眔貝布」；貉鼎曰「叔氏使貧安曩白，賓貧馬車乘」；孟爵曰「王令孟寧登白，賓貝」，曰安曰寧亦皆安撫之意，史記五帝本紀所謂「南撫交阯」是也。

「甫某令」之某皆地名族名，(6)辭之𢀛尤習見，如曰「其伐𢀛利」；(前二，三，一)「壬申卜貞：隹弗其戈𢀛？」(前七，五，四)「己卯卜王，咸戈𢀛……」(後下一五，五)諸例皆是。故「北隹夷」「西隹夷」之「隹夷」必爲族名，乃無可疑。

隹夷者，鳥夷也。古文隹鳥有分：「隹」爲一切鳥之通稱，其形僅具一切鳥之通性而已；「鳥」爲長尾豐羽若鷄鳳之類者，其特性爲（甲）有尖啄，（乙）長尾豐羽，（丙）有冠。然許愼說文雖分隹鳥爲二部，而二部之間互相混用，如隹部雞雛雖雕雅雁雒諸字籀文皆從鳥，翟堆二字下曰「或從鳥」，鳥部鷽鷙鶪鵃鴿諸字下皆曰「或從隹」：故「隹夷」遂變爲「鳥夷」。

鳥夷見于禹貢「鳥夷皮服」，僞傳曰「海曲謂之島，居島之夷還服其皮，明水害除」。今本尚書誤作「島」，疏引鄭玄云「鳥夷，東方之民，搏食鳥獸者也」；王肅云「鳥夷，東北夷國名也」；釋文引馬云「鳥夷，北夷國」。漢書地理志「鳥夷皮服」，師古曰「此東北之夷，搏取鳥獸食其肉而衣其皮也；一說居在海曲被服容止皆象鳥也」。又「鳥夷卉服」，師古曰「鳥夷，東南之夷善捕鳥者也」。尚書注疏校勘記據鄭王之注「知鄭王本皆作鳥夷，孔傳雖讀鳥爲島，然未改經字，故正義本亦作鳥也。史記夏本紀冀州作鳥夷，揚州作鳥夷，蓋因集解采孔傳，後人遂私改；漢書地理志冀州揚州皆作鳥夷」。鳥夷又見于大戴禮五帝德「東長鳥夷羽民」（四部叢刊本）史記五帝本紀作「東長鳥夷」，索隱曰「長字下少一夷字，長夷也鳥夷也，其意宜然，今案大戴禮亦云長夷，則長是夷號」。

今本史記于冀州作鳥夷，于揚州作島夷者，蓋一則惑于僞傳之讀鳥爲島，再則惑于鳥夷二出，遂疑二者有別。顏師古注漢書于冀揚二州不一其訓，亦由于不敢遽定二者必爲一也。考所謂夷者，乃東方之民族，禮記王制云「東方曰夷」。大戴禮千乘「東辟之民曰夷」，鄭王顏注皆以夷爲東方或東北之夷（史記集解引鄭云「鳥夷，東北之民」。）其民最初在東北濱海之地，晚殷之世，沿海而北，故卜辭金文征人方之事，多在武乙前後。後漢書東夷傳曰「昔堯命羲仲宅嵎夷曰暘谷，蓋日之所出也。夏后氏太康失德，夷人始畔。自少康以後，世服王化，遂賓于王門，獻其樂舞。桀爲暴虐，諸夷內侵，湯武革命，伐而定之。至于仲丁，藍夷作寇。自是或服或畔，三百餘年。武乙衰敝，東夷寖盛，遂分遷淮岱，漸居中土。及武王滅紂，肅愼來献石砮楛矢。管蔡畔周，乃招誘夷狄，周公征之，遂定東夷。康王之時，肅愼復至，後徐夷潛號，乃率九夷，以伐宗周……。夷王無道，淮夷入寇，王命虢仲征之，不克，宣王復命召公伐而平之。及幽王淫亂，四夷交侵；至齊桓修霸，讓而却焉」。其叙東夷遷移入寇之事甚詳甚確，多與銅銘所記相合，由是知鳥夷初居東北，及後浮海入淮，故僞傳于揚州鳥夷誤以爲南海島夷也。

隹夷之名稱地望，既約略可知矣，更從「夷」字字源，試推考其本義。夷字不見于卜辭金文，二者皆叚人字爲之；卜辭有字作□雉者，或作雉，孫海波甲骨文編從羅振玉「从隹从矢，蓋象以繩繫之而射，所謂矰繳者也」，并釋爲雉字。案此亦鵜字，而□□實即夷字也。說文曰「夷，東方之人也，从大从弓」。弓者己之譌變，大則矢之譌變也。

在訓詁上字形上及音系上，夷字與弟字爲一字叔字與弔字爲一字，而夷弟與叔弔又各息息相通，玆詳論之：

一，夷弟爲一字　說文鵜胡之鵜或从弟；說文「洟，鼻液也」與涕音義皆同；說文「荑，草也」，小徐本作蕛而無苐字，大徐本作苐而無荑字，故集韻并荑苐爲一字；孟子告子上「不如荑稗」，莊子知北遊謂道「在苐稗，（本亦作梯）；詩節南山「君子如夷」，天作「有夷之行」，有客「降福孔夷」毛傳皆訓夷爲易，爾雅釋詁「平，均，夷，弟，易也」。說文「弟，韋束之次弟也，從古文之象。□，古文弟从古文韋省，丿聲」。案說文弗字亦曰從韋省，甲文弗从己金文弟作□，从己从弋，弋即隿射之隿，己者郭沫若謂卽隿之繳是也。（甲骨文字研究釋干支）

弟从己从弋，猶夷之从己从矢，矢弋類同，皆所以助隿射也。故夷若弟者，乃上古射隿之具（己，矢，弋）也。夷與弋聲亦近，皆喻母四等字，从弋之代式等字皆舌尖發聲，與从夷之稊洟略同。

二，叔弔爲一字　古文獻中不弔不淑互用，而叔弔疑本一字。詩檜匪風「中心弔兮」傳「弔，傷也」，陳奐疏云「今吳郡人有弔心之語，弔心即傷心也」，而說文惄一訓憂。詩小雅天保「神之弔矣」傳「弔，至也」，說文「迅，至也」，而說文「蝦，至也」。詩大雅瞻印「不弔不祥」，不弔即不善（詳見陳奐節南山疏，說文段注弔字下引王引之說），與俶叔之訓善者同。說文「盄，器也」，盄即今人煎茶曰弔子者，金文卯𣪘「不盄」，叚作不叔，盄即說文之盄字。金文叔作□□（魏三體石經君奭不弔之

4

弔、篆文古文同此作），羅振玉曰「此字从?象弓形，个象矢，己象隿射之繳，其本意全爲隿射之隿，或即隿之本字而借爲伯叔與」?案金文叔字从人（非從弓）从己（其上有矢形），與弔同，說文云「弔，問終也，从人弓」，弓即己之誤，（與夷同例）。从人从己者謂隿射之人也。羅氏疑叔爲隿之本字，非也，甲骨文弋戈不分，故戈字實即弋字，卜辭云「丁丑卜今日戈㝵」（庫方一〇一四）戈即弋，㝵即羅之初文，古代隿射亦用網，故金文林氏壺云「恩獵毋後」，弋字從網。許愼于弔字訓問終之義，又云「古之葬者厚衣之以薪，故人持弓會敺禽也」，其說本于吳越春秋陳音謂越王曰「弩生于弓，弓生於彈，彈起于古之孝子。古者人民樸質，飢食鳥獸，渴飲霧露，死則裹以白茅，役于中野，孝子不忍見父母爲禽獸所食，故作彈以守之，故歌曰：斷竹續竹，飛土逐肉」。此臆說也，余疑弔問之弔叚作迣，至也，卜辭王賓之賓象人止宗廟下，賓即祭也（見攷古四期令彝新釋），弔之訓弔問謂至喪所而問也，亦猶卜辭告（卽誥，造）㞢諸祭，皆訓至，謂至廟致祭也。

三，夷叔相通　說文「徥，行平易也」，「跠，行平易也」；白虎通「叔者少也」，而草之初生者曰荑（郭璞遊仙詩註，詩七月傳「荑桑」疏），說文「俶，善也」，而東夷傳引風俗通曰「夷者柢也，言仁而好生萬物柢地而出」；爾雅釋親「父之晜弟後生爲叔父」，而說文「妻之女弟同出爲姨」。又叔與弟義亦相當，詩蘀兮「叔兮伯兮」，箋云「兄弟之稱」。

綜上所述，夷弟與叔弔四字音相近（皆舌尖音），義相通，而結形亦略相似，皆以己爲主要部分，而己者隿射之繳也，故四字皆關隿射之事，夷弟爲隿射之具，叔弔爲隿射之人。古代器物創制之說，皆以創造弓矢者屬之夷，說文矢下云「古者牟夷作矢」（說本世本），又世本云「夷羿作弓」（呂氏春秋勿躬同），而后羿之事載于史籍者，（論語憲問，帝王世紀，左昭二八，襄四，離騷，山海經海外南經）皆謂其善射，故許氏謂羿爲射師，（羽部）是夷羿者古代之射祖也。（五帝德「鳥夷羽民」，羽民疑卽羿氏），由夷字之構形，及弓矢制作傳說，知夷爲東方隿射之民族，或者以夷隿射鳥禽爲生，故號隹夷，顏師古所謂善捕鳥者也。

夷民族發源于東北，是爲隹夷；沿海南下，止于青州之嵎若萊者爲嵎夷萊夷，止于梁州之和者爲和夷（禹貢），止于徐州者爲徐夷，止于淮泗者爲淮夷，（或名淮泗夷，東夷傳），閟宮曰「至于海邦，淮夷來同」，淮夷固海邦也。金文淮夷侵伐之事最多，或稱南淮夷，南夷；在海岱者或稱東夷；敔毁南淮夷內伐陽洛等地，追兵及于上洛，至伊而班，所謂漸居中士是也。

商民族者，其初似亦由東北渤海南遷，由山東半島以入豫陝中原，商頌曰「相士烈烈，海外有截」正謂相時疆土及于海外也。商族與夷族似出一源，故周人稱殷商爲夷，（見古文字中之商周祭祀緒論）而殷亡以後，殷遺箕子，乃去朝鮮；東夷南夷，迭爲大亂，交侵中國，此皆可見其關係。傅斯年著夷夏東西說（蔡元培紀念論文集）謂玄鳥生商之故事普遍的流行于東北民族及淮夷，以是証商爲東北民族，其說是也。余意夷族本在東北，東夷南夷淮夷皆其南遷後之別名，故玄鳥降生之故事，行于東北民族，亦行于淮夷。商與夷爲一系，故其傳說亦同。東北及東方民族與鳥有種種之關係：一玄鳥故事；二，少皡氏以鳥名官，見左昭十八；秦以鳥爲氏，秦本紀「大費生子二人，一曰大廉，實鳥俗氏；二曰若木，實費氏」。（案若木卽扶桑，亦東方之標幟也，鳥俗者殆顏注所謂鳥夷被服容止皆象鳥與）。秦爲嬴姓，與淮夷之徐皆少皡之族。又太皡之族，以風爲姓，卜辭風鳳一字，風姓卽鳳姓。三，創制弓矢，世傳牟夷作矢，夷羿作弓，海內經曰「少皡生般，般是姓爲弓矢，帝俊賜羿彤弓素矰，以扶下國。四，善射，羿最善射，顏註謂鳥夷善捕鳥者，見上述；東北民族有玄鳥故事者同時亦謂其始祖善射，論衡吉驗篇北夷夫餘國之東明善射，魏書高句麗傳謂其先祖朱蒙善射，（朱蒙卽東明）而朱蒙者扶餘俗語善射之謂也。（三國史記高句麗紀，朝鮮舊三國史東明王本紀。）蓋弓矢者其初本非戰器，乃弋射鳥獸所以求生之具也，夷人最先用弓矢，亦最善射弋，此二者固相附而不可分也。四，食鳥，鄭云鳥夷爲搏食鳥獸者，山海經大荒東經「有人曰王亥，兩手操鳥，方食其頭」。又卜辭中有以鳥爲献祭之物者，商人以生人之道事先王，是有食鳥之俗矣。

要之，夷者爲應用弓矢繒繳以事弋射之東方民族，而隹夷之名稱疑因于捕鳥而有。此「隹夷」稱名之略可考者也。

中華民國二十五年六月，北平佟府

關于商代之「諸夷」，以後擬另文論之，此不詳述。玄鳥故事見于東北民族之史籍者，可參考傅文第一章所引；又關于太皡之族少皡之族諸夷姓之討論，亦見該文第四章，頗爲詳盡。

有仍國考

顧頡剛

1

左氏哀公元年傳云：

> 昔有過澆……滅夏后相，后緡方娠，逃出自竇，歸于有仍，生少康焉，爲仍牧正。

讀此文，知有仍爲夏后相妃后緡之母家，夏時諸侯之國。此國地望，舊說不詳。賈逵云，『緡，有仍之姓也。有仍，國名；后緡之家』（史記吳世家集解引）。杜預云，『后緡，有仍氏女』。皆因仍左氏之文而不著其國所在。又昭公四年傳云：

> 夏桀爲仍之會，有緡叛之。

十一年傳云：

> 桀克有緡以喪其身。

讀此文，又知有緡與仍爲二國，緡乃國名。賈逵云，『仍，緡，國名也』（史記楚世家集解引），與哀元年注以緡爲有仍之姓者不同。杜預因之云，『仍，緡，皆國名』。然則仍與緡是一是二？此吾人當考之問題也。

緡者，僖公二十三年傳云：

> 齊侯伐宋，圍緡。

則春秋時宋地。漢書地理志山陽郡有東緡縣，師古曰，『春秋僖二十三年齊侯伐宋圍緡，即謂此』。杜預注左傳亦云，『高平昌邑縣東南有東緡城』。則其地盖在今山東兗州以西一帶。緡之地望既知，仍之所在亦可求矣。韓非子十過篇云：

> 桀爲有戎之會，而有緡叛之。

知有仍又作有戎。有戎當即春秋時魯西之戎；左傳隱公二年：

> 春，公會戎于潛，修惠公之好也；戎請盟，公辭。……司空無駭入極，費庈父勝之。戎請盟；秋，盟于唐，復修戎好也。

潛，唐，皆魯西之地。極，賈逵云，『戎邑也』（左傳正義引）。盖魯於會戎後又以兵力侵戎，戎乃再請盟以固好。此戎之所在地，杜預云，『陳留濟陽縣東南有戎城』，則在今山東曹縣，固與緡地相近矣。有戎盖又即有娀也；故史記殷本紀云：

> 桀敗於有娀之虛。

與左傳韓非說類同，知有娀之地固與桀之滅亡有關。

按有娀之國亦以女顯，詩商頌云：

> 有娀方將，帝立子生商。

又云：

天命玄鳥，降而生商。

鄭箋云：

降，下也；天使鳦下而生商者，謂鳦遺卵，娀氏之女簡狄吞之而生契。

是有娀者，商始祖妣之母家也。商國在東方，有娀之國當亦在東方，猶姜嫄之姜與周並在西方然。有娀女及『天命玄鳥』之故事亦見於離騷及呂氏春秋，離騷云：

望瑤臺之偃蹇兮，見有娀之佚女。

呂氏春秋音初篇云：

有娀氏有二佚女，爲之九成之臺，……帝令燕往視之。

蓋至是而一女化身爲二女矣。夫彼何以化耶？曰：請少待，會將論之。

仍，當即任。左氏僖公二十一年傳云：

任，宿，須句，顓臾，風姓也；實司太皞與有濟之祀。

『任』『仍』古通，左傳桓公五年，『天王使仍叔之子來聘』，穀梁傳作『任叔』，可證。故路史國名紀載『太昊後任國，或曰仍也』。任者，杜預云：

今任城縣也。

則在今山東濟寧縣，固又與戎地及緡地相近；蓋戎，

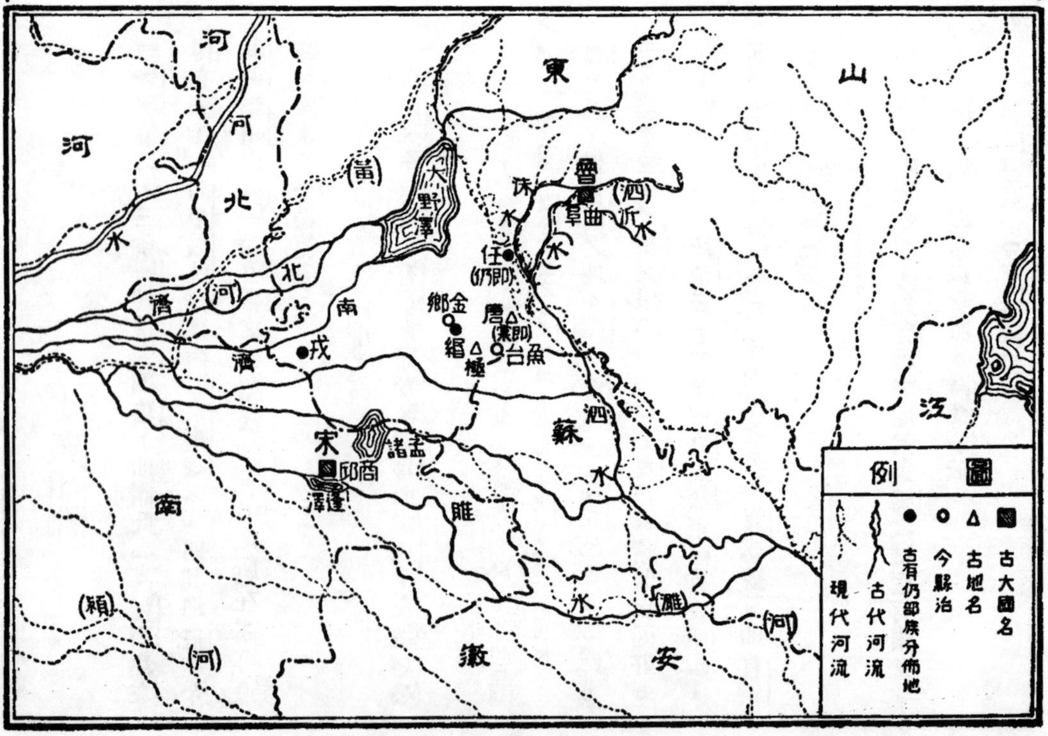

緡，仍，皆一族之國也。

關於后緡故事之來源，吾人應參看天問等書。天問云：

桀伐蒙山，何所得焉？

古本竹書紀年云：

后桀伐岷山，進女于桀二人，曰琬，曰琰。桀受二女而棄其元妃于洛，曰末喜氏；末喜氏以與伊尹交，遂以間夏。（太平御覽一百三十五引）

岷山蓋即蒙山，亦即有緡（舊以此蒙山，岷山為蜀地，蓋非）。桀伐岷山取二女以致亡國，故曰『桀克有緡以喪其身』；然則后緡者桀之妻也。淮南子等書並云『桀為琁臺』，則岷山之二女，亦即有娀二佚女之張本也。揚雄宗正卿箴云：

昔在夏時，少康不恭，有仍二女，五子家降。（初學記，古文苑）

王引之讀『降』為『閧』（讀書雜志餘編下），謂家亂也。少康取有仍二女致五子家閧（少康即啓之分化，說詳顧剛與童書業先生同作之夏史考），與桀取有緡二女致亡國之事正相類。又少康取有仍二女故事，後世不經見，必是較早之傳說，而離騷及左氏哀元年傳少康取有虞二女故事或即

3

由取有仍二女之故事分化而出也。張超誚青衣賦云：

有夏取仍，覆宗絕祀。

偽古文尚書五子之歌襲其下一句，則『覆宗絕祀』遂謂『五子家閧』之事。自桀之事轉移于少康之身，夏代中絕說由此興矣！左氏昭公二十八年傳又云：

昔有仍氏生女，黰黑而甚美，光可以鑑，名曰玄妻。樂正后夔取之，生伯封，……謂之封豕。有窮后羿滅之，夔是以不祀。

樂正后夔之不祀亦由於取有仍氏女，有仍氏女真可謂不祥之物哉！羿滅有仍氏女之子，澆滅有仍氏女之夫，羿澆亦有仍氏女之敵讎哉！

仍，緡，本二國名也，而哀元年左傳則以緡為有仍之姓。后緡，桀之妻也；有仍氏女，少康之妻也；而哀元年左傳則以為相之妻，少康之母。甚至賈逵一人之說亦以隨順傳文，前後矛盾；李貽德以為賈注或繕寫有誤（春秋左氏傳賈服注輯述）。吾人以為不如直斷哀元年左傳之文為偽造之為宜。何則？昭四年左傳明以仍緡為二國，而少康中興之事固非東漢初年以前人所得知者也（說詳夏史考，見本年將出版之燕京大學史學年報）。

附有仍女故事演變略表

女名	所見書	時代	故事
有娀（有戎）二女	詩商頌，離騷，呂氏春秋	夏以前（?）	天命玄鳥下地遺卵，娀氏之女吞而生契。
岷山（有緡）二女	天問，竹書紀年	夏末	后桀伐岷山，得女二人，棄其元妃末喜氏于洛，末喜氏與伊尹交間夏。
有仍氏女玄妻	昭公二十八年左傳	夏代（?）	樂正后夔取有仍氏女玄妻，生伯封，爲有窮后羿所滅。
有仍（有戎）二女	揚雄宗正卿箴	夏中葉	少康取有仍二女，致五子家降（閧）之亂。
有虞二女	離騷，哀公元年左傳	夏中葉	少康逃奔有虞，虞思妻之以二女而邑諸綸，遂復興夏室（據班固云淮南王安作離騷傳說羿澆二姚與左氏不合）。
有仍氏女后緡（有緡）	哀公元年左傳	夏中葉	過澆滅夏后相，相妃后緡逃歸有仍，生少康致中興。

4

補陳疆域志校補（續）

譚其驤 1

江州，宋志晉太康元年置。通鑑梁敬帝太平元年，分江州巴山臨川安成豫章（汪梅村曰章當作寧）四郡立高州。梁書敬帝紀太平二年，以潯陽南太原高塘齊昌南新蔡爲西江州。陳書世祖紀天嘉四年，罷高州隸入江州。宣帝紀天嘉初省西江州入江州；太建五年罷齊昌。

〔校〕江州，殿本宋志作晉惠帝太康元年立；太康係武帝年號，據晉書紀志則知太爲元之字誤。此志逕作晉太康元年，非也。

周迪傳，梁元帝授迪高州刺史，是高州不始於太平也。

按通鑑原文，太平元年十一月詔分江州四郡置高州，胡注：「四郡蓋臨川安成豫寧巴山」。是本未有誤，特汪所據者係誤本耳。作者未窺原書，但轉錄汪說，遂致無中生有。

查宣帝紀並無省西江州入江州之文。周迪傳：「高祖受禪，王琳東下，迪時爲江州刺史，欲自據南川，乃總召所部八郡守宰結盟，聲言入赴」。按其時高州已立，吳州未罷，西江州當已併入江州，故江州得領有八郡。（八郡爲豫章廬陵南康尋陽太原齊昌高唐新蔡。）然則西江州以太平二年正月創置，同年十月（入陳爲永定元年）已罷，先後不過數月而已。

迪所部八郡，通鑑注作南康宜春安成廬陵臨川巴山豫章豫寧，按宜春隋煬帝始置，安成等四郡時屬高州，臨川雖爲迪之巢穴，實非江州之轄境，至巴山豫寧則有黃法𣰰余孝頃熊曇朗輩，於名於實，皆非迪之所部也。

宣帝紀太建五年罷南齊昌郡，六年詔曰，江州之齊昌新蔡高唐前後矛盾不可解。

州治，齊志鎮尋陽，一統志梁太平二年移治豫章。

〔校〕梁太平二年以尋陽新置西江州，故移江州治於豫章；陳初西江州既罷，江州當即還治尋陽。華皎傳，「天嘉元年琳平，鎮湓城，知江州事；三年，督尋陽等五郡軍事尋陽太守，監江州如故」。孔奐傳，「光大二年爲尋陽太守，行江州事」。陸瓊傳，「太建中授長沙王長史，行江州府國事，帶尋陽太守」。蔡景歷傳，「高宗時遷尋陽太守，行江州府事」，皆陳世江州治尋陽之明證也。

豫章郡〔補〕高祖紀，永定二年追封皇子立爲豫章王，謚曰猷。

建城〔補〕世祖沈皇后傳，世祖即位，追贈后父封建成縣侯，子欽襲爵。

康樂〔補〕侯瑱傳，梁末封康樂縣公，陳初因之。陳寶應傳，天嘉五年有康樂縣侯林馮。

鍾陵，陳書陳擬傳，高祖踐阼，封從子褒鍾陵縣侯。

〔校〕褒，宗元饒傳作裒。

高昌，陳書任忠傳，天嘉二年封高昌縣侯。又樊毅傳，天嘉二年封高昌縣侯。

〔校〕查任忠傳並無此文，樊毅傳封高昌縣侯事在太建初。

遂興〔補〕叔愼傳，禎明三年，湘州助防遂興侯正理助叔愼舉兵赴難。

南康，陳書高祖紀，永定元年追贈皇弟休先封南康郡王。

〔補〕高祖紀，永定元年弟子曇朗襲封南康王。曇朗傳，天嘉元年聞曇朗薨，以長男方泰襲爵。

贛〔補〕有灨水蕭引傳，太建末自番禺還至灨水，而高宗崩。

南野〔補〕有大庾嶺王勱傳，蕭勃平，授衡州刺史。王琳據有上流，衡廣攜貳，勱不得之鎭，留於大庾嶺。

豐城〔補〕長沙王叔堅傳，天嘉中封豐城侯。

新建，陳書黃法𣰋傳封新建縣侯。

〔校〕按法𣰋受封在梁敬帝世，陳因之。

新吳，一統志，陳置南江州於此，尋廢。

〔校〕高祖紀，梁簡文帝大寶元年，授豫州刺史，領豫章內史；旋改授都督六郡軍事南江州刺史。按高祖時屯南康，據有江州南部豫章等郡，此所謂南江州，蓋即豫州之更名也，與其後新吳之南江州無涉。梁書敬帝紀，太平二年二月，蕭勃反，南江州刺史余孝頃以兵會之。通鑑注，孝頃據新吳，蓋就置南江州，命爲刺史。是南江州不始於陳。陳永定二年，余孝頃舉兵應琳，爲周廸所擒：罷廢當即在是年。

建昌，陳書劉仲舉傳，改封建昌縣侯。又徐陵傳，封建昌縣侯。

〔補〕按仲舉改封，事在天嘉三年；陵受封事在高宗纂歷之初。陵子儉，後主初襲封。並見本傳。

東興〔補〕沈恪傳，梁世封東興縣侯，陳因之。

西豐，陳書周廸傳，天嘉二年封西豐縣侯。

〔校〕查廸傳無此文。周敷傳，「梁元帝世封爲西豐縣侯，陳因之，天嘉中增邑五百戶」。殆「廸」爲「敷」之訛，又誤以增邑爲受封歟？

安復，有龍川寗朔隄 通鑑，陳臨海王光大二年，章昭達決龍川寗朔隄引水灌江陵。又名龍陂。水經注南城西南有赤坡岡，岡下有瀆水，東北流入城，又東北出城 西南注於龍陂，……

〔校〕查通鑑原文，事在宣帝太建二年，「南城」上脫紀字。按江水注，紀南城在江陵西北；史文亦明言引水灌江陵：是隄在梁境南郡江陵界也。志誤列在此、(安復在今江西境)匪夷所思。

廬山〔補〕一曰匡嶺 徐伯陽傳，鄱陽王爲江州刺史，伯陽奉使造府，王率府僚與伯陽登匡嶺置宴。

郢州州治，梁鎭江夏，陳當因之。

〔補〕魯廣達傳，都督郢州以上十州諸軍事，頓江夏。

竟陵郡，梁末王琳并湘郢，據以拒陳，後陳平王琳，遂復焉。太建中沒於周。

3

〔校〕按世祖紀，討平王琳事在天嘉元年：其明年，以武昌國川爲竟陵郡，以安流民。據此可知陳所收郢州地蓋祇限於大江以南 惟魯山一城在江北，至江北漢右之竟陵郡，則當琳之東下，已爲宇文所乘，其後陳實未嘗得克復之，故天嘉二年以其流民南渡者，立僑郡於武昌國川也。孫瑒傳，「王琳東下，瑒留鎭郢州，周遣將奄至，瑒助防張世貴舉外城以應之」；足證其時周已得郢州江北地。故通鑑注曰，周得魯山則全有漢沔，陳因其所欲而餌之。志作平琳復，太建中始沒於周，不知所據。又於郢州末別列竟陵郡一條，下引世祖紀天嘉二年立郡之文，遂致郢州領有二竟陵郡，何不考之甚耶？

霄城，有樊浦 陳書淳于量傳，光大元年，華皎構逆，量自郢州樊浦拒之。

〔校〕寰宇記，武昌縣有樊山，又有樊港。樊浦疑即樊港。

西陵〔補〕周炅傳，梁承聖中封西陵縣侯，陳初因之。

沙陽，有夏口 南浦 陳書後主紀，禎明二年，郢州南浦水黑如墨。

〔校〕宋志，「汝南本沙羨土，晉末汝南郡民流寓夏口，因立」。又曰，「晉武太康元年，復立沙羨，治夏口；孝武太元三年省併沙陽，後以其地爲汝南實土」。是夏口乃汝南治所，非沙陽屬地也。汝南爲江夏郡治，江夏爲郢州治，則紀所謂郢州南浦，亦當在汝南縣境；寰宇記，南浦在江夏縣南三里是也。隋改汝南爲江夏。

上雋郡，寰宇記，陳改上雋郡爲雋州，天嘉元年還復本名。

〔校〕按此節見寰宇記蒲圻縣下引盛宏之荊州記。又崇陽縣下有云，梁承聖三年，改上雋郡爲雋州，陳天嘉四年，州廢。先後二說不相合，盛說疑非。

下雋〔補〕叔陵傳，馬客陳仲華以誅叔陵功，爲下雋太守。疑下雋郡即上雋郡之誤，寰宇記，梁於下雋縣置上雋郡。

灄陽，有沌陽鎮　魯山城陳書世祖紀，天嘉元年，齊軍守魯山城，戊午，棄城走。宣帝紀，太建十二年，周司馬消難以沌陽魯山等鎮內附。

〔校〕二鎮既本非陳土，因消難而內屬，則不當隸江夏也。灄陽，江夏屬縣。按消難率以歸陳者，凡九州八鎮，此二鎮疑當是九州中之沔州境。魯山，天嘉元年曾得之於齊，明年，即舉以賂周，因周人許歸安成王頊故也。周書杜杲傳。同時賂周者，又有黔中數州之地。

長沙郡〔補〕高祖紀，永定二年，追封皇子權爲長沙王，謚曰思。

臨湘〔補〕有射堂叔愼傳，禎明三年，詐降，擒隋將龐暉斬之，叔愼坐於射堂招合士衆。

〔補〕有鵝羊山叔愼傳，隋將薛胄兵次鵝羊山，拒戰，大敗，胄乘勝入城。

南江，陳於新吳立。陳書周敷傳，南江酋帥並顧戀巢窟，私署令長，不受召，唯敷獨先入朝。

〔校〕「南江」統指贛水所經諸郡，時屬江州，猶言「南州」「南川」「南中」耳，非縣名。敷傳原文，琳平，授豫章太守，是時南江酋帥云云。文義甚明。此志不特誤以爲縣，且以爲長沙郡之屬縣，誠匪夷所思。華皎傳，「天嘉初知江州事，時南州守宰多鄉里酋豪，不遵朝憲，文帝令皎以法馭之」。正可爲敷傳此段作注解。熊曇朗傳，「王琳東下，世祖徵南川兵。江州刺史周迪，高州刺史黃法𣰰，欲沿流應赴。曇朗據新淦縣應琳，帶江爲城，列艦斷遏迪等，迪與法𣰰因帥

4

南中兵築城圍之」。按其時江州分置高州，此所謂「南川」「南中」者，統指江高二州而言也。志謂南江縣陳於新吳立；按梁末曾於新吳置南江州，作者豈因是而致誤歟？

衡陽郡，陳書衡陽王昌傳，天嘉元年封衡陽王。

〔補〕昌以二月受封，三月薨。世祖紀，四月，立皇子伯信爲衡陽王。

新康〔補〕橫橋江　新康口　叔愼傳，禎明三年，武州刺史鄔居業率其衆自武州來赴（湘州）。出橫橋江，聞叔愼敗績，乃屯於新康口。

重安，陳書程靈洗傳，改封重安縣公。

〔補〕按本傳，靈洗改封事在光大元年；子文季，太建二年襲封。

邵陵郡，陳書章昭達傳，天嘉元年，改封邵陵郡公。

〔校〕按本傳，昭達受封，事在廢帝即位之初。天康元年。

〔補〕邵陵王兢傳，禎明元年，立爲邵陵王。

邵陵，吳明徹傳，至德元年，追封邵陵縣侯。

〔補〕本傳，以其息惠覺爲嗣。

謝沐〔補〕淳于量傳，梁承聖元年，封謝沐縣侯，陳初因

5

之。

沅州，陳書世祖紀，天嘉元年分荆州之天門義陽南平，郢州之武陵四郡，置武州；其刺史督沅州，領武陵太守，治武陵郡。宣帝紀，太建七年，改武州爲沅州。

沅陵郡，陳書世祖紀，天嘉元年，以都尉所部六縣爲沅州，別置通寧郡，以刺史領太守，治都尉城。一統志，陳天嘉元年，分置沅州及通寧郡；太建七年，州廢，改置沅陵郡。

〔校〕按孫瑒傳，及吳明徹軍敗呂梁，太建十年尋授都督荆郢巴武湘五州諸軍事，郢州刺史。宣帝紀，太建十一年，樊毅都督荆郢巴武四州軍事。宗元饒傳，太建中爲荆雍湘巴武五州大中正。叔文傳，至德二年，都督湘衡武桂四州諸軍事，湘州刺史。方泰傳，至德二年爲武州刺史。叔愼傳，禎明元年出爲都督湘衡武桂四州諸軍事，湘州刺史。同傳，禎明三年，武州刺史鄔居業請赴難。荀法尙傳，禎明中都督郢巴武三州。王勇傳，及隋軍臨江，詔授總督衡廣交桂武等二十四州諸軍事。據上引紀傳，是太建七年後仍有武州之稱。蓋太建七年罷通寧之沅州，改武陵之武州爲沅州，旋

復以武陵爲武州，而史闕其文也。天嘉元年分武陵郡爲二：一曰武陵，治舊郡治；一曰通寧，治舊都尉城，領都尉所部六縣。志天嘉元年以都尉云云，都尉上當增「武陵」二字。

公安〔補〕有馬頭 陳慧紀傳，楊素下自巴峽，慧紀遣將拒之，戰敗，素進據馬頭。寰宇記，馬頭戍在縣西北。

永安〔補〕錢道戢傳，以預平張彪功封永安縣侯。

〔補〕南郡，後主紀，至德元年立皇弟叔澄爲南郡王。建置沿革治所領縣不可考。按陳世未見有虛封之例，故有王當必有其郡也。

〔補〕雍州，宗元饒傳，太建中爲荊雍湘巴武五州大中正；是陳有雍州。其建置沿革治所領郡不可考。

河東郡〔補〕河東王叔獻傳，至德元年子孝寬襲爵。

夷陵〔補〕有岐亭 通鑑開皇九年，陳南康內史呂忠肅屯岐亭。注，楊素傳忠肅屯岐亭，正據江峽，則岐亭在西陵峽口也。

有安蜀城 陳書章昭達傳，周兵又於峽下南岸築壘，名曰安蜀城。

〔校〕注下當增「昭達攻降之」五字，不然則周人築之，與陳何干？按本傳，事在太建二年。

祐州，通典，梁武帝天監中置宜州，後魏改爲拓州，陳嘗得之，以爲重鎮。方輿紀要，陳光大二年沈恪爲荊州刺史，都督武祐二州諸軍事，「祐」即「拓」之譌也。陳書宣帝紀，太建十二年淳于陵克祐州城。南史作祏州城，「祏」與「祐」「拓」字均形似。蓋光大後沒於周至此又克也。

郡縣無考。梁宜州有宜都郡，陳以宜都屬南荊州，則祐州之郡縣無考矣。

〔校〕忱恪傳陸子隆傳宣帝紀疊見祐州，而「拓州」則曾不一見，作「祐州」是也。通典之說殊不足信，紀要又從而附會之。又世祖紀，天嘉二年分荊州宜都河東等四郡置南荊州，嗣後不聞。按祐州境與荊信武等州接界，因疑祐州蓋即以南荊州改置者也。

人復，隋志，舊曰魚復，西魏改。

〔校補〕徐世譜傳，梁末封魚復縣侯，天嘉元年增戶五百戶。據此則西魏改人復，陳世復曰魚復也。

樂鄉，有巫峽 馬鞍山 磨刀澗 南史陳宜黃侯慧紀傳，禎明三年，隋師濟江，慧紀欲趣臺城，遣南康太守呂肅將兵據巫峽，以五條鐵鎖橫江，隋將楊素擊之，爭馬鞍山及磨刀澗。 延洲 同上，隋軍屢捷，呂肅遁保延洲。

〔校〕通鑑注曰，按水經江水出巫峽，過秭歸夷陵，逕流頭狼尾灘，而後東巡西陵峽。去年冬楊素破戚昕，其舟師已過狼尾而東，呂忠肅所據者，蓋西陵峽也。當從楊素傳作「江峽」爲通。據此，則「巫峽」係訛文，峽實在建平郡巫縣界，馬鞍山磨刀澗當並在夷陵縣界西陵峽附近。三國吳志陸遜傳，黃武元年，劉備從巫峽建平連圍至夷陵界，遜破其四十餘營，備升馬鞍山，陳兵自繞：是夷陵有馬鞍山之確證也。通鑑，忠肅弃柵而遁，復據荊門之延洲：則延洲當在宜都縣界也。

番禺【補】有孤園寺 徐陵傳，子儉，太建初歐陽紇反，儉持節喻旨，紇懼儉沮其衆，不許入城，閉儉於孤園寺。

新豐【補】蔡景歷傳，子徵，太建中襲封。

東陽郡，本齊樂昌郡。汪士鐸南北史補志，陳以爲東陽郡。陳書東陽王恮傳，禎明二年，立爲東陽王。

【校】按隋志，四會舊置綏建郡，又有樂昌郡，平陳二郡並廢。方輿紀要，樂昌郡隋廢。是陳世樂昌郡實未改名爲東陽。汪說無據，不足信。恮之封國東陽郡當屬東揚州，即此志誤作金華郡者也。

新州，陳書沈恪傳都督十八州，南康王曇朗傳都督十九州，內均有新州。

【校補】「南康王曇朗傳」，下當增「子方泰」三字，或改作「南康嗣王方泰傳」，因都督十九州者，是方泰非曇朗也。歐陽頠傳，都督廣交越成定明新高合羅愛建德宜黃利安石雙十九州。志既引用沈恪方泰二傳，不應獨遺此，理當補入，在沈恪傳上。下皆類此。

高涼郡【補】王勇傳，禎明末高梁女子洗氏舉兵應隋軍。

「高梁」當即高涼。

南合州，梁書武帝紀，普通四年，分廣州置合州。太淸元年，以合州爲南合。

【補】歐陽頠傳沈恪傳方泰傳均作「合州」，蓋簡稱也。又王沖傳，梁元帝授沖都督衡桂成合四州，是梁末亦然。

始安郡【補】後主紀，至德元年，立皇子深爲始安王。

東衡州，陳書世祖紀，天嘉元年，改桂陽之汝成縣爲盧陽郡，分衡州之始興安遠二郡置東衡州。

【校】歐陽頠傳，梁元帝承制以始興郡爲東衡州，以頠爲都督刺史：是東衡州梁末曾置，不始於陳天嘉。錢道戢傳，留異平，拜都督東西二衡州諸軍事，衡州刺史，領始興內史，據世祖紀則知始興郡係東衡州之治所。周迪傳，天嘉三年有衡州刺史侯曉，據安都傳則知曉乃東衡州刺史。是東衡州有時亦得簡稱爲「衡州」也。

始興郡，陳書世祖紀，即位，封皇子伯茂爲始興王。

〔補〕高祖紀，永定元年，追贈皇兄道譚封始興郡王，兄子頊襲封。世祖紀，永定三年，徙頊爲安成王封皇子伯茂爲始興王。宣帝紀，太建元年，以叔陵爲始興王。後主紀，太建十四年，立弟叔重爲始興王。

始興〔補〕歐陽頠傳，梁太平二年，高祖封頠始興縣侯，受禪因之。

西衡州，梁書武帝紀，天監六年，分湘廣二州置衡州。隋志，含洭，梁置衡州。陳書宣帝紀，太建十三年，分衡州始興郡爲東衡州，衡州爲西衡州，按宣帝紀，太建五年，西衡州獻馬生角，是太建十三年之前已名西衡州；蓋天嘉時置東衡州，即改衡州爲西衡州耳。且以始興郡爲東衡州，亦在天嘉時，非太建十三年始分也。

〔校〕沈君理傳，天康元年，都督東衡衡二州諸軍事，東衡州刺史，領始興內史。沈恪傳，光大二年，都督十八州，有衡及東衡。是太建以前皆稱衡州，不稱西衡州也。特其時以有東衡州，故俗稱治含洭之舊衡州爲「西衡州」耳。太建五年後蓋併二衡爲一，至十三年復分，始定以衡州稱西衡州。衡陽王伯信傳，禎明元年，出爲西衡州刺史，是其證。太建後仍有稱西衡州爲衡州者，仍舊稱也。伯信傳，禎明三年，有西衡州刺史王勇；方慶傳作衡州刺史王勇。

梁信郡〔補〕任忠傳，後主嗣位，改封「梁信郡郡公」。郡字疑衍。

南定州，隋志，鬱林郡，梁置定州，後改爲南定州。

〔補〕歐陽頠傳沈恪傳方泰傳均作定州，蓋簡稱也。又淳于量傳，梁末都督桂定東西寧四州，是梁世已然。

〔補〕宜州，歐陽頠傳都督十九州，沈恪傳都督十八州，方泰傳都督十九州，內均有宜州。建置沿革治所領郡無考。

減書體制有未盡善者，篇中不及一一細校；茲歸納之約有七端，縷述如左：

一、引證史文，未能擇其最切當最關緊要者。如建康有宮城，又名臺城，下引南康嗣王方泰傳，「方泰所部將士離散，乃棄船走；及臺城陷，與後主俱入關」。應以改用任忠傳「禎明三年，降隋，引韓擒虎軍共入南掖門，臺城陷」，爲當。

二、引用史料，時或捨原料而用次料。如建康有陶家後渚，下引南史，應改用陳書高祖紀。南豫州州治下引通鑑，應改用陳書後主紀。巴陵郡巴丘下引方輿紀要，應改用陳書世祖紀。宜都有荆門城，下引通典，應改用陳書叔愼傳。此病最繁，不勝枚舉。

三、同一性質之史事，其記載方式，及引用史料，未能一律。如封建侯王，或紀年或不紀年，或用紀或用傳。私意凡有年月可考者，皆當詳載；凡紀傳並見者，當用紀。

四、凡作志引證史事，或全錄，或選錄。若選錄則必須有例，或用首見，或用末一次見。此志如石頭城下引禎明二年九月一條，則是用後見者。但太極前殿下引永定元年事，則又係用最先見者。是無一定之例也。且有非首見，亦非最後見者。如白下下引太建十一年一條，按宣帝紀，太建五年，北討都督吳明徹統衆十萬發自白下，在十一年前；方泰傳，禎明三年，領水軍於白下往來，斷遏水路，在太建十一年後。

五、引證史事，遇全書紀傳或二傳以上並載者，未能審度情宜，擇其最相當者。如北掖門下引袁憲傳一條，應改用後主紀「禎明三年，賀若弼進攻宮城，燒北掖門」。臨海郡下引宣帝紀一條，應改用廢帝紀「光大二年，太后特降帝爲臨海王」。

六、志以陳爲名，故凡兩國交兵，事互見於齊周隋書者，自應以引用陳書爲合理，殊不必好奇立異，採錄他史。而此志則時犯是病。如京口下引隋書開皇九年賀若弼濟江一條，按事蹟具見於陳書宣帝紀及蕭摩訶傳，則不應採及隋書也。

七、陳初受梁禪，境宇彌蹙：江北入於高齊；郢湘諸州，則或爲王琳所有，或爲北周所據。天嘉光大以來，中流漸復。太建北伐，始克定淮南。凡此既非開國時舊土，自宜詳記其隸入版圖之歲月。此志於太建所得淮南地皆能一一記注，甚合史法，然於中流諸州則概不及一字，遂使讀志者幾疑永定中即有郢湘巴荆，豈非惑乎!?

9

跋「開發西北計畫書」

趙惠人

開發西北計畫書，排印本，不著撰人，發行處所，似非賣品。全書分四章，共七十四面，雖是一種小册子，而內容頗多精到之語。首載緒言，中云：

……欲謀全國平均發達，宣洩內地過剩人口，鞏固邊防，消弭內亂，要無不以經營西北爲根本之圖。爰集同人，籌擬開發西北十年計畫，分作準備，進行，完成三期。內中以交通爲各項事業進行之途徑，故於交通一項，規畫較詳，擬辦亦最先。又以鐵路之敷設需時，用款過鉅，擬先於準備期中提前完成汽車路，以爲入手之第一着。其目的在先移殖內地過剩人口，繁孳於西北荒漠之地，協助西北人民，開闢西北利源，共同改善其生活，以增進其物質享用之幸福，並以謀全民經濟之平均發展。……

末署「民國二十年三月鞏縣劉鎮華識於新鄉防次」，則此書之著作，當即出於劉鎮華將軍也。按民國二十年，正當南北統一之後，開發邊疆之聲調，高唱入雲；斯時劉將軍方自陝移鎮河南，或有率部西下之意，故文內有「爰集同人，籌擬開發西北十年計畫」之語。將軍治陝有年，與甘，寧，青，新密邇爲隣，對於各地情形，當然諳熟。故其所有計畫，多屬斟酌實際情形，可以漸次實現之計畫，逈非「奢談改革不著邊際」者可比。且於每種計畫之進行，均先顧慮到困難之點，知其癥結之所在，而豫先設法消弭之，尤見深謀碩畫，如第一章第四節論開發西北應採之根本政策曰：

……如欲經營，則非先由內地供給相當之資力不可，值茲大戰方告結束，生民未事將息，公私財力，俱感竭蹶，此其困難一也。

……今經營西北而僅移無產階級與資本家前往，淺見者但知勞力與資力相合，即可以改造天然，謀經濟之長足進步。而不知由此以造成兩大階級對峙之社會，實不啻爲蘇聯造成宜於宣傳之最好環境。則是吾不經營西北，尚可苟保旦夕，吾經營之，轉使之危在眉睫也，此其困難二也。

此所論困難之第一點，固人人之所易知，其第二點則固人人以爲開發西北之最上根本政策，又孰計其有如斯之流弊乎，是則謀國諸公之所宜深儆者也。此外如第二，三章中之規畫鐵路線，而能以生產，國防並重，建築工程而必設法就地取材，均爲切於實際之辦法。邇來國事日非，開發西北更不容緩，深願各種計畫均能早日見諸事實也。

清代地理沿革表（續）

趙泉澄 1

九　湖廣省，湖北省，湖南省。

湖廣省一部分湖北省：

湖北省。

順治初年仍，屬湖廣省；康熙六年，裁湖廣省，分屬湖北省。

武昌府——順治初年仍，領州一：興國；縣九：江夏，武昌，嘉魚，蒲圻，咸寧，崇陽，通城，大冶，通山。

光緒二十六年，武昌自行開放爲商埠，仍領州一縣九。

漢陽府——順治初年仍，領縣二：漢陽，漢川。

雍正七年，德安府屬之孝感縣，黃州府屬之黃陂縣來屬：領縣四。

乾隆二十八年，安陸府之沔陽州來屬，並於州地分設文泉縣隸府屬；三十年，裁文泉縣入沔陽州：領州一縣四。

咸豐八年，天津條約，漢陽縣之漢口鎮爲英國開爲商埠：仍領州一縣四。

同治元年，於漢陽縣之漢口鎮地，俄國設俄租界，英國設英租界，法國設法租界，德國設德租界，日本設日租界：仍領州一縣四。

光緒二十五年，漢陽縣之漢口鎮改爲漢口廳亦即夏口廳：領州一廳一縣四。

承天府，安陸府——順治初年仍，承天府領州二：沔陽，荊門，縣五：鍾祥，京山，潛江，景陵，當陽。

三年，改承天府爲安陸府：仍領州二縣五。

雍正四年，景陵縣改爲天門縣：仍領州二縣五。

乾隆二十八年，沔陽州往屬漢陽府；五十六年，荊門州升爲直隸州，當陽一縣往屬：領縣四。

襄陽府——順治初年仍，領州一：均；縣六：襄陽，宜城，南漳，棗陽，穀城，光化。

鄖陽府——順治初年仍，領縣七：鄖，房，竹山，竹溪，上津，保康，鄖西。十六年，裁上津縣歸併鄖西縣：領縣六。

德安府——順治初年仍，領州一：隨；縣五：安陸，雲夢，應城，孝感，應山。

雍正七年，孝感縣往屬漢陽府：領州一縣四。

黃州府——順治初年仍，領州一：蘄；縣八：黃岡，黃安，蘄水，羅田，麻城，黃陂，廣濟，黃梅。

雍正七年，黃陂縣往屬漢陽府：領州一縣七。

荆州府——順治初年仍，領州二：夷陵，歸；縣十一：江陵，公安，石首，監利，松滋，枝江，長陽，宜都，遠安，興山，巴東。

雍正七年，歸州升爲直隸州，長陽，興山，巴東三縣往屬；十三年，夷陵州升爲宜昌府：領縣八。

乾隆五十六年，遠安縣往屬荆門直隸州：領縣七。

光緒二十一年，馬關條約，於府附郭縣屬沙市地，爲日本開爲商埠：仍領縣七。

歸州——雍正七年，荆州府之歸州升爲直隸州，荆州府之長陽，興山，巴東三縣來屬；又改施州衛爲恩施縣隸州屬：領縣四。十三年，歸州直隸州降爲州，暨所屬長陽，興山，巴東三縣，並往屬宜昌府，所屬恩施縣升爲施南府府治。

宜昌府——雍正十三年，升荆州府之夷陵州爲宜昌府，以州地置東湖縣爲府治；改容美土司爲鶴峰州，改舊慶五峯石寶土司爲長樂縣，並隸府屬；又降歸州直隸州爲州，暨所屬長陽，興山，巴東三縣來屬：領州二縣五。

光緒二年，煙台條約，宜昌爲英國開爲商埠；三十年，鶴峯州升爲鶴峯直隸廳：領州一縣五。

施南府——雍正十三年，設施南府，以歸州直隸州之恩施縣爲府治，並於舊施南土司地置宣恩縣，於舊散毛土司地置來鳳縣，於大田所地置咸豐縣，於官渡壩麤石地置利川縣，並隸府屬：領縣五。

乾隆元年，改四川省夔州府屬之建始縣來屬：領縣六。

荆門州——乾隆五十六年，安陸府之荆門州升爲直隸州，以荆州府屬之遠安縣，安陸府屬之當陽縣來屬：領縣二。

鶴峯廳——光緒三十年，宜昌府屬之鶴峯州升爲鶴峰直隸廳：無屬領。

湖廣省一部分湖南省：

順治初年仍，屬湖廣省；康熙六年，裁湖廣省，分屬湖南省。

長沙府——順治初年仍，領州一：茶陵；縣十一：長沙，善化，湘潭，湘陰，寧鄉，瀏陽，醴陵，益陽，湘鄉，攸，安化。

光緒二十八年，中英續議通商行船條約，長沙爲英國開爲商埠；二十九年，中日通商行船條約，又爲日本開爲商埠；三十年，復自行開放爲商埠，而各國仍於其地設共同之租界；三十一年，湘潭復自行開放爲商埠：仍領州一縣十一。

岳州府——順治初年仍，領州一：澧；縣七：巴陵，臨湘，華容，平江，石門，慈利，安鄉。

雍正五年，於桑植土司地，設桑植廳隸府屬；七年，改桑植廳爲桑植縣，並升爲永順府府治：又升澧州爲直隸州，石門，安鄉，慈利三縣往屬：領縣四。

光緒十七年，華容縣分設南州直隸廳：二十四年岳州自行開放爲商埠：仍領縣四。

寶慶府——順治初年仍，領州一：武岡；縣四：邵陽，城步，新化，新寧。

乾隆三年，城步縣往屬靖州直隸州；七年，靖州直縣州之城步縣還府屬：仍領州一縣四。

衡州府——順治初年仍，領州一：桂陽；縣九：衡陽，衡山，耒陽，常寧，安仁，酃，嘉禾，臨武，藍山。

雍正十年，桂陽州升爲直隸州，嘉禾，臨武，藍山三縣往屬：領縣六。

乾隆二十一年，衡陽縣分設清泉縣隸府屬：領縣七。

常德府——順治初年仍，領縣四：武陵，桃原，龍陽，沅江。

光緒三十一年，常德自行開放爲商埠：仍領縣四。

辰州府——順治初年仍，領州一：沅；縣六：沅陵，盧溪，辰溪，溆浦，黔陽，麻陽。

康熙四十三年，於府屬鎮溪所地，置乾州廳隸府屬；四十八年，又於所屬鎮筸鎮地，置鳳凰廳隸府屬：領州一廳二縣六。

雍正四年，於永順宣慰使司地，置永順廳；於保靖軍民宣慰使司地，置保靖廳並隸府屬。七年，永順廳改爲永順縣，保靖廳改爲保靖縣，並往屬永順府。八年，沅州升爲直隸州，黔陽，麻陽二縣往屬；又於舊崇山衛地，設永綏廳隸府屬：領廳三縣四。

嘉慶二年，乾州廳升爲乾州直隸廳；鳳凰廳升爲鳳凰直隸廳；永綏廳升爲永綏直隸廳：領縣四。

永州府——順治初年仍，領州一：道；縣七：零陵，祁陽，東安，寧遠，文明，江華，新田。

靖州——順治初年仍，領縣四：天柱，會同，通道，綏寧。

雍正四年，天柱縣往屬貴州省之黎平府：領縣三。

乾隆三年，寶慶府之城步縣來屬；七年，城步縣還屬寶慶府：仍領縣三。

郴州——順治初年仍，領縣五：永興，宜章，興寧，桂陽，桂東。

永順府——雍正七年，設永順府，辰州府屬之永順廳改爲永順縣爲府治，又改辰州府屬之保靖廳爲保靖縣，岳州府屬之桑植廳爲桑植縣來屬，又改舊白崖洞長官司爲龍山縣隸府屬：領縣四。

澧州——雍正七年，岳州府之澧州升爲直隸州；岳州府之石門，安鄉，慈利三縣來屬：又改舊九溪，永定二衛地，置永定縣隸州屬，八年，永定縣分設安福縣隸州屬：領縣五。

沅州，沅州府——雍正八年，辰州府之沅州升爲直隸州；辰州府之黔陽，麻陽二縣來屬：領縣二。

乾隆元年，沅州直隸州升爲沅州府：於所屬二縣外，以州地置芷江縣爲府治：領縣三。

嘉慶二十一年，芷江縣分設晃州直隸廳：仍領縣三。

桂陽州——雍正十年，衡州府之桂陽州升爲直隸州，衡州府之嘉禾，臨武，藍山三縣來屬：領縣三。

乾州廳——嘉慶二年，辰州府屬之乾州廳升爲乾州直隸廳：無屬領。

鳳凰廳——嘉慶二年，辰州府屬之鳳凰廳升爲鳳凰直隸廳：無屬領。

永綏廳——嘉慶二年，辰州府屬之永綏廳升爲永綏直隸廳：無屬領。

晃州廳——嘉慶二十一年，沅州府屬之芷江縣分設晃州直隸廳：無屬領。

南州廳——光緒十七年，析岳州府屬之華容縣地，設南州直隸廳：無屬領。

1—18 順治朝 1644—1661	湖廣省	武昌府 1.9	漢陽府 0.2	承天府 2.5 3 安陸府 2.5	襄陽府 1.6	16 鄖陽府 0.6									
1—61 康熙朝 1662—1722	6 湖北省	武昌府	漢陽府	安陸府	襄陽府	鄖陽府									
1—13 雍正朝 1723—1735	湖北省	武昌府	A 7+ 漢陽府 0.4	4 安陸府 2.5	襄陽府	鄖陽府	A C 7 7+ +7 永順府 0.4	A 7 +7 +8 澧州 0.5	D 8 沅州 0.2	B 10 桂陽州 0.3					
1—60 乾隆朝 1736—1795	D 四川1+ 湖北省	武昌府	A 28+ +28 -30 漢陽府 1.4	A 28- B 56- 安陸府 0.4	襄陽府	鄖陽府	永順府	澧州	+1 1 沅州府 0.3	桂陽州					
1—25 嘉慶朝 1796—1820	湖北省	武昌府	漢陽府	安陸府	襄陽府	鄖陽府	永順府	澧州	B 21- 沅州府 0.3	桂陽州	A 2 乾州廳	A 2 鳳凰廳	A 2 永綏廳	D 21 晃州廳	
1—30 道光朝 1821—1850	湖北省	武昌府	漢陽府	安陸府	襄陽府	鄖陽府	永順府	澧州	沅州府	桂陽州	乾州廳	鳳凰廳	永綏廳	晃州廳	
1—11 咸豐朝 1851—1861	湖北省	武昌府	8 漢陽府 1.4	安陸府	襄陽府	鄖陽府	永順府	澧州	沅州府	桂陽州	乾州廳	鳳凰廳	永綏廳	晃州廳	
1—13 同治朝 1862—1874	A 俄國1- A 英國1- A 法國1- A 德國1- A 日本1- 湖北省	武昌府	A 1- 漢陽府 1.4	安陸府	襄陽府	鄖陽府	永順府	澧州	沅州府	桂陽州	乾州廳	鳳凰廳	永綏廳	晃州廳	
1—34 光緒朝 1875—1908	湖北省	26 武昌府 1.9	+25 漢陽府 1.1.4	安陸府	襄陽府	鄖陽府	永順府	澧州	沅州府	桂陽州	乾州廳	鳳凰廳	永綏廳	晃州廳	B 17 南州廳
1—3 宣統朝 1909—1911	湖北省	武昌府	漢陽府	安陸府	襄陽府	鄖陽府	永順府	澧州	沅州府	桂陽州	乾州廳	鳳凰廳	永綏廳	晃州廳	南州廳

纂修河北通志聞見錄（二）

于鶴年

條例目錄之討論

修訂方志之第一難決問題，即爲條例目錄應如何規定是也。歷來修志者罔不集中其精力於此。方志名家如章實齋之所論述，外乎此者僅占一小部分，亦足見其關係之重要。當民國二十年夏，河北省政府決議設立通志館籌備處之後，承辦修志事務之秘書處職員陳鐵卿君曾紓其所見，撰成重修河北省志事例之商榷一文，以供主其事者之參考，是爲關於此次討論之第一篇文字。玆錄其全文於下（注一）：

重修河北省志事例之商榷

陳鐵卿

本省之有志書，始於淸康熙年間。明代以畿內之地，直隸六部，與各省州縣統於布政司者不同，故各省皆有通志，而直隸獨闕。淸初置直隸巡撫以專統轄，始與各省同修志書。成於康熙年者，四庫提要譏其數月成書，討論未爲詳確。雍正七年，與各省同修志書，成畿輔通志。同治十年重修，於光緒十二年告成。此本省志書之概略也。現省府以舊志不適，通令各縣，徵集志料，并設立通志館籌備處，準備重修。當玆訓政伊始，從事建設之時，對於各地情況，非澈底周知，無由措手，則此次修志，豈僅成徵文考獻之專書，抑亦爲利國福民之利器矣。其書之體例內容，所關至鉅，非一人一時所能斟酌盡善，玆僅就前志所當革益增補者，略陳管見，以作商榷。

通志之名，始於明代，然其時非省志專有或固定之名稱也。淸雍正年間，詔各省重修通志，上諸史館，備大淸一統志之採擇，以後省志始皆定名爲通志。民國修志，尙沿其名（如貴州通志是）。今中央規定修志機關爲通志館，則斯志自當仍以通志爲名，應定名爲「河北通志」。

志書所載，應以適時實用爲主，前志之詔諭宸章，不適於時者也；鹽法漕運，現已無用者也；分野之說，荒渺無憑者也：均宜删去。首舉此例，以爲去取之標準。

科舉昔所重視，故志書皆有選舉一門，蓋所以示榮異而資獎勸也。惟其人本無事蹟可言，徒列姓名，已屬無謂，且人數太多，連篇不盡，又絕無參考價值。其制度關係一代典章，應仍錄存，而人名則宜概從芟削。至近代修志，有以畢業學生列入選舉者，則通都大邑，畢業者車載斗量，志中大半充滿此輩姓名，更有何種價值乎？斯則更無取矣。

前志於封建職官皆有表，十九祗有人名，並無事蹟，以選舉例之，似亦在删除之列；但封爵顯官，多與史事有關，存之可資考證。惟職官明代所収稍繁，清代幷知府守城亦均列入，未免過濫矣，宜稍加删節；其後未備者，應爲補入，幷擬不用表式，以時代分列即可，庶省篇幅。

前志輿圖，簡陋不足觀，新志中不特省縣應有詳圖，即山脈，河流，沿海港灣，郵電，交通，地勢，物產，均宜分別繪圖，以資參攷。

舊志沿革，有表無圖，變遷之迹，苦不能明。今擬每代各繪沿革圖，以黑色印今省縣界及地名，而以古地界名稱用朱色複印其上，與表對照，則因革之迹瞭如指掌矣。

物產實業，關係民生，紀載應極詳備，舉凡物產之種類，名稱，品質，效用，以及布種之時期，採集之方法，數量，價值，銷售，運輸，幷工業製作程序，出品情形，贏蝕之程，總計之數，均宜調查紀載，更列表影繪，以期詳明。若前志於物產祗就見於古書者雜錄成篇，不切實際，自無待言，實業則更未道及矣。

今之爲政，對於民衆，咸以解除痛苦，增進幸福，爲最大目標，則民衆之禮俗，習尚，生活狀況，固應備知，所謂建設事業，乃有標準。舊志於風俗一門，祗節錄古書，羌無故實，於民間狀況，絲毫未經涉及，有實等於無也。本屆志書，對此應特別注意。各縣所送材料，倘仍有摭拾陳言者，即宜發還另編，務期民隱周知，羣情畢現，近來中央規定纂修新志，須聘富有時代思想者主編，所注重者盖即在此也。（鄙意各縣縱能實事求是，亦未必能深入民間，似宜向社會徵求此種材料，以平民而述其經歷見聞，必能親切有味，再發由各縣審核，彙印爲省志附編，或較完備，是否可行，則仍待商討也）。

人物毋庸分類，凡有事蹟可述，於社會，歷史，及學術上有關係者（不分性別），均應收入。名宦，流寓，亦可附錄，不必別闢門類，以免繁瑣。惟武術一門，於今特重，應照部例另闢專欄，列於人物之後，不僅紀其事蹟，應並述其宗派源流，傳習心得，詳爲解說，更附圖影，庶此絕技可期光大。至仙釋之流，事涉怪異者，應入軼聞。

部例規定天時人事，發現異狀，確有事實可徵者，應調查明確，據實編入等語。古代災祥之說，多涉迷信，事已過去，無法證實，應併屏去，以示闕疑。最近發現事實，果有確實證明者可酌爲採錄，以供研究。（水旱蝗災，絕非怪異。情形重大者，入大事記即可）。

現在以黨治國，關係綦重，應立專欄，紀載近來各地黨務進行之經過，及入黨之人數，工作之成績等項。其遠年革命事蹟，則入大事記。

省府成立以後，對於訓政工作已有相當進行，所有各種施政計畫，辦理情形，及已往成績，如河患之防護，省路之修治，電話之設計，財政之理整，自治之進行，匪患之平息，吏治之整飭，司法之改良，以及提倡實業，厲行禁烟等，均應由各廳就主管事項，分著專篇；其有關重要之單行法規，亦宜附錄，以資參攷焉。

司法亦應特闢一欄，載全省司法情形。關於詞訟種類，數目，應列統計表。

部定修志事例概要規定應多列統計表，今宜遵之，凡調查所及，應儘量列入。又規定名勝，古蹟，金石拓片，以及古物，特產，均宜攝製影片等語。現省府已從事徵集，除部定各項外，兼及民間禮俗生活狀況等，將來刊入書中，則各地情形活現紙上，亦周知四國之一助也。

前志以門類爲綱，而下以各縣分隸，新志若仍依此種編法，厥有數難。各縣志稿，未必全數如期送齊，一縣未到，即無法付印，一也。所送志稿，疏陋不適用者，自屬難免，勢須發還另編，或令飭補纂，因一部之遷延，必牽及全體，二也。彙齊付印，需時既久，校對亦難，三也。需費太鉅，籌集維艱，四也。今擬凡事關全省者，列爲總卷，餘則按縣爲編，分集印行（每十縣爲一集），事輕易舉，難點悉除。且本省縣界，相沿既久，觀念最深，按縣區分，極易明曉。又縣爲自治單位，與民關係甚深，分縣爲編，能使人得整個觀念，與一門而分系各縣者，其得失蓋有辨矣（按大清一統志即是如此分法）。

全書印就以後，宜按照門類，分製索引詳表，依字畫多少列爲先後，註見某卷某頁，以便檢查。

總之，此次修志，其責任不重於繼往，而在於開來，思想宜新顓，眼光宜遠大，前志內容之無用者，刪去之，不適者，改易之，缺漏者，增補之，務使成爲完整實用之書，手此一編，則全省風光，恍焉在目，四方利病，朗若列眉，是乃將來編纂諸公所應同負之責，而全省數千萬民衆所常拭目以俟者也。鐵卿不敏，竊嘗參與創始（注二），聊抒所見，論其大凡，以備高明之採擇。至門類名稱，卷帙格式，分合之目，刪補之文，則應通籌全局，另行規定，茲不具論焉。

修志之事，固極繁重，惟茍能迅速從事，亦未嘗不可計日觀成。此次修志，照前定計畫，每十縣印爲一集，事關全省者，則另編總集一卷，共爲十四集。預計一集之成，需時三月，共三年有半。若能加緊工作，省去三分一之時間，則爲二年餘，折中以三年爲期可矣。部例須將成書年限，預爲擬定，報部備案，特附及之。

同年秋季，河北省通志館成立，開始討論條例目錄如何規定，陳君又根據以前所發表之意見，擬定河北通志目錄如下：

河北通志目錄

（甲）總集

省圖　附載本省位置，面積，戶口。

山脈總圖

河流總圖

物產總圖

沿革圖

統計表　按照黨務，司法，民政，財政，教育，建設，實業，各項調查所得儘量列入。

職官表　民國以來軍政長官姓名，籍貫，任卸年月等項。

沿革表　省縣沿革總表。

黨務

黨政機關　本省及中央直轄各機關名稱，地點及組織。

政務　詳述近年政務設施，計畫，及成績，並錄重要法規。

大事記　事關全省或不僅一縣者。

軼聞　記瑣事異聞。

掌故　前代典章，文物，雖成過去，但制度所關，應爲保存，以資後人考證，特闢此欄，以便收錄。（封建及民國以前職官宜併入此欄內。）

（乙）分集　每縣一編

縣圖　附載本縣位置，面積，人口。

沿革　各縣沿革總表已列入總集，分集中祇爲文詳述本縣沿革，不列表。

區域　縣治之所在，城廂概況，全縣分區，村鎭名稱等。

山脈

河流

交通

關隘

名勝

古蹟

氣候

物產

實業

黨務

黨政機關

財政

治安

自治

教育

金融

民生

禮俗

歌謠

方言

宗教

人物

藝術

著述

金石

大事記

軼聞

外僑

附說一　前志分紀表略錄傳五大類，是以體裁而統門類（表略等祇是書中體裁，并非門類名稱，其下子目，乃眞門類也。）蓋嚴景定建康志例，而略加變通者也。此種分類法，人多稱其簡括，而不知實嫌籠統含混不切實用也。且新志體例更新，有非舊例所能概括者，故不沿用。

附說二　總集中各項地圖祇舉其最要而確能繪製者。部例規定地質，雨計分配，雨量變差，氣候變差等，均應有圖。此種調查稍難，應俟諸將來，暫不列入目錄。

附說三　地圖張幅須大，始能詳明，訂入書中，勢須折疊，頗易損傷，似應將圖另裝一册。

按省志分為總集分集為陳君特見，此有二優點。(一)眉目清楚：事關全省者歸入總集，僅關係一地者則歸入分集。例如政務一門即應統括敘之，不能入於分集；然而人物，方言，著述，古蹟各門則與地方之關係特深，宜入分集；又如山脈，河流，沿革，物產，可分可合，則於總集分集並著之。(二)編印便捷：通志資料須待各縣之搜集，而各縣未必能準期將志稿送到，送到者又未必適用，一髮牽動全局，難以責效。如分總集分集，總集僅為大綱，著手較易，而分集偏於瑣碎，牽掣較少。如是，則除總集外，分集每縣自成一編，整理付梓，均極易舉，而省志又兼有縣志之用，眞一舉兩得也。同時通志館總纂曹樹殷君亦撰志例意見書供衆討論：

志例意見書

曹樹殷

一、本志遵照國民政府令頒修志館事例概要纂修。

一、本志纂修意義，以不背黨義為原則。總理規定海港，河道等類，凡於本省有關者，敬謹列入。

一、本志定名曰「民國二十年河北省通志」，用宋乾道咸淳景定等志例，以紀實也。

一、本志共分「輿地，經政，食貨，風土，文獻，志餘」六門，下分子目若干類，共「大事記」附文獻門。

一、本志多製圖表，用資徵實。圖先表後，散歸各卷，並附說明。

一、自來政書，至纖至悉，凡於民生國故有關者，搜羅不厭其詳。明清志書，往往記述瑣聞軼事，或當時公牘，今日視之，悉為珍聞史料。本志於各縣册報志材，博徵廣引，以期詳贍，備他日修史資料。

一、輿地門以晷度代星野，用乾隆熱河志例。

一、引用人名不用別號或謚法，統用某人姓名。

一、案牘文字關係現代政治，法令，本志於省政各機

6

關，如民政，財政，建設，實業，教育各廳，及高等地方法院，所有章程規則等要件，又各縣呈報之有關係公牘，擇要列入。

一、人物，金石，古器物，及特殊物產等類，附加攝片拓片，以存其蹟，而資考証。民族一類，或附譜牒，以著族姓之變遷盛衰。

一、近日古籍，古器物，及金石之新發現，新出土，未經前人箸錄者，及其他不經見之書籍，碑帖等物，本志據采訪所得，翔實記載，附加考釋，如潛研堂金石文跋尾，積古齋鐘鼎款識式，金石並註明現存拓本存目，用光緒順天志例。

一、藝文一類，書目仿照四庫全書提要例，編列提要，並註明已刊未刊及存佚。

一、河渠水利，關係本省民生最鉅，且爲建設行政之最要工作，本志重在實用，不重在考古，凡考據河道變遷各書，及畿輔通志，順天志所已詳者不重錄。兩志於山川外，又列河渠一類，略嫌重複。玆將河渠水利入輿地門山川類，不別出。

一、租界通商傳教，外僑游歷本省，歷史已久，詳考條約，及事實變遷經過情形，分別記載。

一、北平一隅，昔爲京師，今爲特別市，昔人日下舊聞，帝京景物之書，均有特別記載，近日擬修北平市志，專志北平，本志於北平一隅，擬暫從略。

一、畿輔通志，光緒順天志，成書距今已五十年。此五十年中，增續修補，最關重要，其人物等門，已詳於兩志，及最近取出畿輔先哲傳者，不重錄。其三書所未及載，不論時代先後，采訪所得，苟有事實証明，詳爲補編。

一、人物分目，昔人已議其非，本志人物，統稱先賢，不分細目。

一、人物褒貶抑揚，須愼重從事，總以事實爲標準，公允爲原則，以免涉恩怨。

一、人物以已故者爲限，生存人概不列入，以杜標榜。

一、人物一門，賢者固必稱，不肖者亦不可略，即如大奸巨猾，歷史上有重要事實者，更不可缺而不錄，所以昭炯戒也。玆用順天志例，附雜人鑒誡等類，亦班氏古今人表賢愚互見之意。

館中討論結果，決定暫定通志目錄如下：

暫定河北通志目錄

卷首

總叙　凡例　目錄　圖別見專册　大事記上中下　黨務記

輿地

晷度　星象附各縣北極出地表　節氣附各縣表　食交　經緯度附表　溫度表附說　雨量表附說　地質　山脈　水系　沿革附表說　疆域附里至　城池附市鎮圖，別見。現存古城入古城類　古蹟附祠墓，名勝，園宅圖，別見　附記

民政

土地統計及行政　戶口　行政區域圖別見　團防附保甲　選舉附徵辟科目表　議會附議員表　自治附公產公款　衛生　警務　救郵　倉儲　禁烟

交涉

條約　租界　領事館　商埠　僑民　教案　遊歷

財政

田賦　關榷　鹽法　稅捐　徭役　錢幣　公債　官產　歲計附表歷年收入支出，及國家地方稅別，或列表，或另叙

司法

法制　法官附律師，吏役　監獄　刑案附赦宥　其他附表歷年民刑案件比較表，犯罪人數比較表

教育

學制　學校附表　書院義學　遊學附表　社會教育　文化事業

軍備

兵制附軍械，餉需，馬政，兵工廠，測量局；陸軍，軍官，武備，馬醫各種學堂　防務

水工

港務　河務附閘壩　水道工程　溝渠附鑿井

交通

陸路國省縣圖，別見　鐵路附高綫路圖，別見　汽車路圖別見　航路　郵政圖別見　電政　關津　橋梁　航空

職官

官制　官署　職官附沿革表，姓氏表　職官傳清及民國　銓叙

物產

植物　動物　礦物附鹽硝礦鹼　其他特產

農業

農政農作，農時，附農具表　土壤　墾植　森林　畜牧　畋

漁　昆蟲　其他副業副產　田制，蠶桑，養蜂試驗場，農會

工業

工廠　棉織　毛織附皮革，皮毛貨　絲織　陶器　冶業

釀造　其他工業柳條包，葦席，麻繩，草帽辮等

商業

商埠　市場附集鎮　公司銀行附錢莊　度量衡　其他商業

附物價輸出輸入，錢幣兌換價目等表

社會

民族附宗祠　禮俗　方言附謠諺　公園娛樂場游藝場　報館

生活狀況

宗教

佛教附寺院　道教附宮觀　耶教附教堂，教民　回教附回民，禮拜寺　其他異教

人物

人物表一歷史，一方志，一采訪，一補遺，附列女　列傳　革命先烈補史志之遺，及近代重要人物　列女

藝文

書目河北人著述之書　書目記述河北事之書

金石

金石目表附帖類　古器物目表附各拓片照片　雜識

藝術

書畫　音樂附戲劇　彫刻　刺繡　埴𡒄　建築

武術

宗派　著述　技勇附傳、器械

卷末

雜記　物異　軼聞　辨證　補遺　敘錄

當討論時，對於人物列表問題，較有爭執，主張者爲總纂曹君，反對者則爲陳君。迄通過之後，陳君猶就事實方面，比較利害，撰成對於新志人物列表之意見一文，茲全錄於下，以見當時爭論之眞象

對於新志人物列表之意見

陳鐵卿

日前本館各編分纂開會討論編修通志體例，議定人物一門，凡見於正史，畿輔通志，畿輔先哲傳，及順天府志者，不錄全傳，僅撮要列表，下附補遺考異二欄一案，竊對此稍有意見，願貢陳之。

右案係採用山東通志館籌備委員劉復之意見。此項辦法，在通志中猶爲創見，各省尚未有實行者。其適當

9

與否，有待於商榷，非可貿然採用。以愚見所及，其辦法之利，蓋無可言，而其弊則有左列三端：

一，不能盡保存文獻之責也。夫志書最大之責任在於保存文獻，其體例之適當與否，須視其能盡此種責任與否以爲斷。若依日前議案，人物之見於畿輔通志，順天府志等書者，不錄全傳，僅撮要列表，則此種志書絕板以後，（此種志書並無再板機會，必至絕板，乃事實無可避免者，與正史不能相提並論。雍正年所修畿輔通志，現已無存，即其例也）。原傳必隨之湮沒無傳，僅留不完整之表，尚何保存之足云。

二，不便稽考也。志書之功用，「保存」與「徵考」應並重，修志者於此亦不可忽也。使有人而欲檢一人平生詳細事蹟，翻閱新志，僅註明原傳見於某書，勢必捨此而他求。若在正史，人多購備，檢查尚不甚感困難，不幸而見於順天府志等書，則既非習見，收藏者百無一人，輾轉搜尋，或竟終不能得（外省爲尤甚），必致廢然掩卷，至此僅覺新志作表之徒勞，其利未見而其弊害則顯然也。

三，多費時日也。就人物之傳，提要鉤玄，列爲簡表，非易事也。更益以補遺考異，其工作之繁，較另撰一傳者，其所費精神時日殆相去無幾。吾省人物之見於正史及畿輔通志等書者，何慮數千人，今姑以六千人計算。按畿輔通志列傳九十四卷，雜傳十一卷，每卷以五十人計，（其實並不止此數）凡有五千餘人，更益以見於畿輔先哲傳等書者，最少當有六七千人矣。以一人之力，而刪傳列表，平均一日僅可成一人。本館文獻組中，原有五人，更益以經政組二人，風土組二人，志餘組二人，爲十一人，而除去担任大事記者二人，担任金石古器者二人，担任藝文藝術者一人，則所餘僅有六人。以六人之力，而任六千人傳記提要之事，每人平均千人，即須千日始能完成，計需時二年零九個月。如不足六人，則費時當更久。僅列表即需時如此之久，更益以別項工作，最少非五六年不能蕆事，豈此次修志之本意乎？且費精神耗時日而爲此，尚有莫大利益，非如此不能達其目的，猶可言也；而計其結果，於「保存」「徵考」兩種志書最大原則，背道而馳，果何有取於此？

吾於此種辦法，細思亦得一利焉，則減少篇幅是也。然試將所省印刷之費，與列表期間所需之費，兩相

10

比較，而覺其得不償失也。人物錄全傳與列表相較，印刷時每人不過多費銀一元，六千人則六千元耳，印刷字體大小，紙張之種類，份數之多寡，均有關係，非可一言而決，此不過言其大較，並非精確計算，然相去當不甚遠。然於出售時，猶可收回若干工本費。若能收回三之二，則所費僅二千元。苟一列表，則二年零九個月館中所用經費，約在十萬元以上，其相去不亦遠乎。

夫志書對於人物傳記之見於別書者，自來皆係全錄，其辦法之妥適，早為世所公認，雖章實齋修湖北通志曾創見於正史者列表之議，然猶別錄原傳於文徵，蓋亦不願屏棄原文，予後人以不便。劉復之議，不過聊備一說，非有若何重大理由。將來山東纂修通志，前次山東修志，因軍事停頓，僅稍事籌備，未實行也。果採用其意見與否，尚不可知也，更觀夫「鄭氏通志」，其列傳何一非採自史書，然多錄全文，鮮有刪節，亦不因其已見史書，謹為註明出處而不全錄，不特便於檢查，抑亦編修文史之正軌。譬之行路，此為坦途捷徑也。今捨此不由，而欲紆迴於崎嶇之僻路，非僅徒勞，實多流弊。此不可不於編修之始，深思熟計者也。語云：智者千慮，必有一失，愚者千慮，必有一得。願本此義，陳其管見，維高明採擇焉。二十年十月十八日擬

11

自民國二十二年二月瞿宣穎君兼任河北省通志館館長之後，河北通志之條例目錄曾經改定，大體出於瞿君之手，參與討論者有王重民，孫楷第，傅振倫諸君。其詳見於河北月刊第一卷第四期，河北省通志館近況紀，又本刊第三卷第六期瞿君所撰讀李氏方志學一文中亦曾撮叙其端緒。同年六月瞿君既辭去館長職務，至七月高凌霨君繼任館長，總裁賈恩紱君復撰擬叙例目錄草案及體裁標準，提出總裁會議，公同討論，參酌各方意見，另行議定河北通志目錄，詳見河北月刊第一卷第十二期河北省通志館近況續紀。茲並不贅。

注一　此下所錄各文均關係重要，可資他日參考故全錄之。

注二　指徵集志料籌備各事而言。

補正：—第四卷第十期纂修河北通志謅見錄（一）第四六頁下欄第一行任字下應加（注十二），又篇末加注一條如下：

注十二　館中編纂及分纂分為六組，每組担任一類。第一組輿地。（沿革　圖表　晷度　區域總分圖　山脈圖　土地　河流　河渠　水利　灣港圖　氣候雨量　地質　交通郵電　鐵路　汽車路　航線　名勝古蹟　建置城池　津梁　市鎮　廨署

祠廟）　第二組經政。（黨務　戶口附表　行政　司法　軍警　教育　實業　建設　財政　租稅　公產　雜捐　救卹　賑災　倉儲　衛生　醫藥　自治　外僑　租界）　第三組食貨。（農工商業附各統計表　社會經濟　人民生活　勞資調劑　行會　交易習慣　貨幣　價格附表　金融　漁業　鹽務）　第四組風土。（禮俗　宗教　歌謠　戲劇　方言）　第五組文獻。（人物革命　先烈先賢　列女　封爵　宦蹟流寓　仕進褒揚　兵事　大事記　藝文　藝術　武術　金石　古器物　古建築附圖片）　第六組志餘。（軼聞　祥異　叙狀　雜人雜事　塋識）

學術界之巨擘　交通界之權威

交通雜誌

第四卷第六期

插畫　交通

1 郵政公會紀念碑……一幅
2 國際電信公會紀念碑……一幅
3 瑞士郵電博物院……一幅
4 馬尼拉郵路鱗爪……四幅
5 中華煤汽車公司製造之煤汽車……二幅

建設西南交通中心計劃之管見……勒君
最近竣工之蕪嘉鐵路……江波
鐵路直接運輸成本之計算與運用……沈昌廷
郵政與一般國營事業屬行成本會計之商榷……徐奏成
招徠小件包裹芻議……梁在平
美國之廣播無線電事業……王洸
航空運輸成本概算……周鐵鳴
從學理上及安全上研究行事速度……尤光九

◎專載◎

民用空港建設問題之研究……黃宗瑜
蘇俄鐵路之現狀……劉三
我國之郵務人員……戴瑜
各種眞空管及其功用……管延鐵

交通記述

我國交通事業狀況……俞飛鵬
一月來之路政……方毅
一月來之公路……成希顒
一月來之電政……劉駿祥
一月來之航政……張律仙
一月來之郵政……施復昌
一月來之交通研聞……王洸

定價　月出一冊，每冊三角；兩期合刊，每冊六角；預定半年，連郵一元六角；全年連郵三元。

總發行所　南京新街口燕慶坊一號　交通雜誌社

伊斯蘭青年

第二卷　第十二期

紀念聖誕專號

短評：

共匪攻擾寧夏……仲和
蔭回移駐河西問題……
過上梁山……

論文：

民族復興之路（續五，六期）馬述堯
至聖穆罕默德簡史……方乃秀
中國回教與回族考（續二）…丁正熙

宗教座壇：

伊斯蘭教的宗旨……蘇盛華

文藝：

兵棚裏……韓玉鈜

主編者　伊斯蘭青年社

發行者　西安大學習巷　伊斯蘭派報社

印刷者　和記印書館　北院門八一號　電話二六七號

代售處　全國各大書店

定價　每冊實售洋四分。預定半年十二期，連郵費四角伍分；全年八角。國外全年加郵費洋六角。郵票十足代洋。

民國二十五年六月十六日出版

月華

第八卷　第十六期

本期目錄

關於國民代表大會……吉堂
國民大會的回民代表問題……克行
由整理周口回教之經驗而談到改進中國……
回教現狀方策實行之可能……巴國英
怎樣避免教案……馬天慈
金吉堂呈國府文……
振育小學募捐……
北平牛街振育小學校添蓋教室募捐宣言……
桂林蘇橋清眞小學成立經過……
回教世界——巴力士登事件近聞……
英埃談判繼續進行……
教聞五則……

民國二十五年五月十六日出版

12

中國歷史地理研究的變遷

日本青山定男著　魏建猷譯

1

一

近時中國人本國歷史的研究，各方面都很進步。而這種傾向，於歷史地理研究的分野，也能看得很清楚。那麼，其經過及徑路究竟是怎樣的呢？這個問題對於我們研究東洋史，特別是研究中國史的人，是很重要的。但是，要正確的理解和把握這個問題，首先要考察在中國的歷史地理研究的變遷沿革；換句話說，就是必須要知道他們的先人是怎樣研究，後人是怎樣繼承先人的研究。

回顧中國自古以來的歷史地理研究的經過，大體可以把牠分爲下列三個時期：

(1)南北朝以前受訓詁主義影響的時代；

(2)以兩宋爲中心的合理說勃興時代；

(3)清朝的考證學發達時代。

這樣的時代區分，不待言是極概括的；其中不屬於這個範疇的也有。但是從大體上說，多少總帶有各時代的特色，却是事實；並且這在古地理研究方面，最易窺見。舉一個例子來說，若就尚書禹貢一篇概觀其研究的經過，則舊孔安國傳重訓詁，爲禹貢經文忠實的繼承者，甚或把「九江」解作九分派江，全然是照文字解釋，殆未嘗顧及其是否合於實際的地理。這種傾向，自後漢應劭的漢書地理志開始，不但在唐孔穎達的尚書正義中可以看出，就是在後魏酈道元的水經注中也可以窺見。酈道元是南北朝時代有數的地理學者，其所記述，後世足以憑信者頗多。可是，如關于黃河的記載，照舊引用山海經的經文，僅增補了一些後世地理的知識，關於其中不合理之點，則緘口不言。這也是因爲過於尊信山海經的經文的緣故。

這樣的照着記載的解釋法，合於實際地理的場合倒是好的，不然的時候，究竟是有很大的缺點，難於承服；努力掃除這些缺點，尋求新的解釋，即是以兩宋爲中心的合理說。

宋學及宋學一流的合理說，在極盛時期，一般是不因於古典，以自由的立場討論學問。這種風氣，在歷史地理的研究上也反映出來。程大昌於其所著禹貢論上下二卷論「九江」，否定古來的九分派說，斷定是在尋陽（江西省九江縣附近）附近的大江之稱。他說：稱這個大江爲九江，恰如稱太湖爲五湖一樣。與禹貢論同時有毛晃的禹貢指南四卷，傅寅的禹貢說斷四卷等等禹貢專門研究的著作；並且不限於禹貢，在其他方面，各種歷史地理的研究，也是有相當的進展。其間的見解雖未必一致，但是若以之與前代比較，則其務必基於實際的地理，加以合理的解釋，概是其共同之點。

這種研究法，獲得幾多新的見解，對於當時的歷史地理研究的進步，特別是地理研究的進步，多所貢獻，這是毋待贅言。祇是當時的人們，急於脫去舊套，加以合理的新解釋，其所論列概屬簡略；其所根據，恒缺乏詳密的考証。因此，其所說雖屬卓見，可是要確切的決定然否，有許多場合，還不得不有點躊躇。所以其必然的結果，是一方面參攷右兩期所說，一方面要求廣博的涉獵文獻而加以考證。

這便是清朝考證學發達的原因，而其先驅在明末已可窺見。明茅瑞徵撰禹貢匯疏二〇卷圖二卷，參攷前代的禹貢注釋書及爾雅，兩漢書地理志，風俗通等等多數的文獻，這個便是很好的例子。以上是極簡略的敘述了到清朝時代考證學發達之歷史的沿革，其次我想少微詳細一點說明自清朝至現代的經過。

二

清朝時代考證學盛行，這是周知的事實，當時的歷史地理研究，若察其實際，可以分爲自清初至康熙乾隆時代，道光咸豐時代，清末光緒時代三期。康熙乾隆之世，是清朝國運最隆盛的時代，又是豐富的輸入西洋的學問，自天文地理至數學醫學諸方面，都有顯著的進步的時期。歷史地理的研究也是清朝一代最燦爛的時代，當時的史地著作，不少爲今日所可準據的傑作。

其先自清初至康熙年間，有朱鶴齡的禹貢長箋一二卷，胡渭的禹貢錐指二〇卷圖一卷，吳任臣的山海經廣注一八卷圖六卷，閻若璩的四書釋地四卷，以及顧炎武的營平二州地名記（1），萬斯同的崑崙河源考等論著。

相繼經雍正至乾隆時代，勅撰書有阿桂的滿洲源流考二〇卷，紀昀陸錫熊的河源紀略三五卷；私家著述可注目的，有江永的春秋地名考實四卷，畢沅的新校正山

2

海經一八卷，錢坫的爾雅釋地四篇注一卷，新斠注漢書地理志一六卷，全祖望的漢書地理志稽疑六卷，吳卓臣(2)的漢書地理志補注一〇三卷，趙一清的水經注釋四〇卷。

其次，嘉慶道光之世，是繼承康熙乾隆的遺風而呈現相當盛况的時期，可數的著述，有程瑤田的禹貢三江考三卷(3)，阮元的禹貢東陵考(4)，浙江圖考三卷，焦循的禹貢鄭注釋一卷(5)，丁晏的禹貢集釋三卷(6)，魏源的禹貢說上下二卷，郝懿行的山海經箋疏一八卷，洪亮吉的補三國疆域志二卷，十六國疆域志一六卷，東晉疆域志四卷(7)，陳澧的漢書地理志水道圖說七卷，水經注西南諸水考三卷(8)，沈欽韓的春秋左氏傳地名補注一二卷，水經注疏證，朱右曾的詩地理徵七卷，春秋左傳地理徵(9)，震鈞的天咫偶聞所載的遼金元明都城考。

上述的都是歷史地理考證的專著，但此外顧祖禹的讀史方輿紀要一三〇卷及勅撰的熱河志以下多數的一統志，地方志，不待言是很重要的著作，即如沈欽韓的兩漢書疏證七四卷，王先謙的前漢書補注一〇〇卷，後漢書集解一二〇卷，這些正史以下的注釋書，以及王鳴盛的十七史商榷一〇〇卷，錢大昕的二十一史考異一〇〇卷，趙翼的二十二史劄記三六卷，這些總論的著述，也有很多可取的解說。特別是地誌乃記載史地的沿革，更不能忽視。這裏因爲無暇詳述，且省略了也可以窺見歷史地理研究的大勢，所以祇得割愛。

我們觀察一下前面所列舉的那些專著，可以知道是研究古代典籍或續補古代典籍的佔其大半，其中特別是關於禹貢，山海經，漢書地理志及水經注的著作多，換句話說，就是關於古代地理研究的著作多，此爲清代考證學可注意的一個特徵。同時在另一方面，當時的歷史地理研究者，一般對于經典都有很深的關心，常常努力於這方面的研究，若由這一點看起來，則偏重古代地理研究也是極當然的事。但其結果，範圍比較的爲經典所限定，研究也走向絕境。茲就禹貢的研究觀之，以示一例。朱鶴齡的禹貢長箋一二卷，做明末茅瑞徵的禹貢匯疏而加以考證，既如四庫提要所指摘，於河工及其他各點頗費苦心，而於禹貢經文的解釋却多無定見及不充分之嫌。於是胡渭著禹貢錐指二〇卷，斷定孔安國以下的古說常常是不合於實際的地理的，排比宋蘇軾程大昌蔡沈以下合理的見解，同時給與以史料的根據，於此始集前代禹貢研究的大成。實際上唯有禹貢錐指纔是清朝考證學產生的禹貢研究書的最高峯，其後如徐文靖的禹貢會箋一二卷及楊懋建的禹貢新圖說上下二卷，都不過是簡略或訂補胡書而已。又如焦循的禹貢鄭注釋一卷，丁晏的禹貢集釋三卷，及魏源的禹貢說上下二卷，則是變更立場，別立異說。前者的價值遠遜於禹貢錐指，自不待言；後者雖多貶宋人合理的見解爲俗說，採用鄭玄及其他的訓詁說，然而這個與其說是進步，毋寧說是暗示清朝考證學的末路。

山海經畢沅的新校正山海經及吳承志的山海經地理今釋，成績大有可觀；水經注趙一清的水經注釋等，把考證學的長處充分的發揮竟盡。

於是在清末光緒年間，考證學的反應顯露出來，雖然在當時如楊守敬的水經注疏要刪四〇卷，水經注疏要刪補遺四〇卷，及隋書地理志考證九卷，亦屬傑作；但一般底考證學已趨末路而日益衰微，祇能說是重刻前二期燦爛的研究成果而已。

清朝的考證學也是因時代而有盛衰的，這種學風對於歷史地理的研究有很大貢獻，這是不可動搖的事實。謂中國歷史地理方面的研究，至此時始有很大的進步，實非過言。

但觀當時的考證學，一般於史料之科學的批判是幼稚的，特別是在最要玩索的山海經及其他古文獻上，更深的感覺到。其次，如前所述歷史地理方面的專著，多數是古代的，關於後世或邊疆，概編爲地誌的一部，因此在考證上難免不充分。留心於這一點，開闢新境地者，是民國初年的碩學丁謙王國維兩氏，就中尤以王氏的貢獻爲最大。

三

丁謙生於清末，卒於民國八年，他生平主要的是從事塞外的研究，作正史外國傳及其他的考證，企補前代之不備。今日刊爲浙江圖書館叢書第一，二兩集的，全部都是他的作品。第一集收漢書匈奴傳地理考證二卷，漢書西南夷兩粵朝鮮傳地理考證一卷以下至明史西域傳地理考證一卷多數的外國傳考證；第二集收穆天子傳地理考證六卷，附中國人種所從來考，穆天子傳紀日干支表，晉釋法顯佛國記地理考證一卷，後魏宋雲西域求經記地理考證一卷，大唐西域記地理考證一卷，唐杜環經行記地理考證一卷，元耶律楚材西遊錄地理考證一卷，元秘史地理考證十五卷，元經世大典圖地理考證三卷，附元史地理志西北地附錄元劉郁西使記地理考證一卷。

王國維生於清光緒三年，民國十六年投水自盡於北平郊外萬壽山昆明湖。他在光緒二十四年入日本東文學社，受該校教師藤田豐八羅振玉兩氏的薰陶；卒業之次年（光緒二十七年），入東京物理學校，因脚氣病修業一年而返國。宣統元年出版靜安詩文集，其時尚未從事史學的研究。辛亥革命時，與羅振玉氏同避難於日本京都，逗留約三年，在這個期間，得受教於日本中國史學大家狩野直喜博士，內藤湖南博士，藤田豐八博士等，依其指導埋頭於史學的研究；其後與本國的沈乙庵柯蓼園兩氏及西人伯希和氏等結交。羅振玉氏述王氏轉向於史學研究時決心如次：

（光緒二十八年歸）爲歐人某主持學報，並徧覩烏程蔣氏藏書，爲編書目，並取平生造述，擷其精粹、爲觀堂集林二十卷：三十五以前所作，棄之如土苴，即所爲詩詞，亦删薙不存一字，蓋公居東後爲學之旨、與前此夐殊也。（10）

5 他俟三年之後秩序漸漸回復始行返國，返國後益加努力鑽研，發表了許多名篇。單就歷史地理方面看，有周葊京考[1]，秦都邑考[2]，秦郡考上下[3]，浙江考[4]，漢會稽東部都尉治所考[5]，後漢會稽郡東部候官考[6]，鬼方昆夷玁狁考[7]，西胡考上下[8]，西胡續考[9]，西域井渠考[10]，黑車子室韋考[11]，西遼都城虎思斡耳朵考[12]，韃靼考[13]，遼金時蒙古考[14]，金界壕考[15]等偉大作品（11）。他在一方面努力研究，同時又擔當清華大學的史學導師，其學風給與中國史學界以顯著的影響。前年在清華大學校園內建立的王靜安先生紀念碑，其碑文云：

海寧王先生自沈後二年，清華研究院同人咸懷思不能自已，其弟子受先生陶冶煦育者有年，尤思有以係其念，僉曰宜銘之貞珉，以昭示於無竟，因以刻石之辭命寅恪。數辭不獲已，謹舉先生之志事，以普告天下後世、其詞曰：士之讀書治學，蓋將以脫心知於俗諦之桎梏眞理，因得以發揚思想，而不自由毋寧死耳。斯古今仁聖所同殉之精義，夫豈庸鄙之敢望？先生以一死見其獨立自由之意志，非所論於一人之恩怨，一姓之興亡。嗚呼，樹玆石於講舍，繫其哀思而不忘，表哲人之奇節，訴眞宰之茫茫。來世不可知者也，先生之著述或有時而不章，先生之學說或有時而可商，惟此獨立之精神，自由之思想，歷千萬祀，與天壤而同久，共三光而永光。

中華民國十八年六月三日，二週年忌日，國立清華大學研究院師生敬立(12)。

這是慕其德，銘記其沈死昆明湖的悲劇，由此可見他的感化影響之所及。在燕京大學史學的研究，現在比較的發達，也可以說大半是他之所賜。誠然，唯有他纔是在中國近時歷史學的研究，以及歷史地理的研究上，畫一新機軸的人物。而他的偉大貢獻，是由日本史學培養成功的。想到這一件事，痛感兩國學界因緣不淺。

王國維以後，雖也有人依然不脫前代考證學的領域，但自大體上看，中國史學界是從此入了新階段以及於今日。並且這個期間進步雖很緩慢，但對外則翻譯及參考日本和先進諸國關於東洋的著作(13)，對內則採用科學批判研究法，其結果成績頗有可觀。

在先秦時代的歷史地理研究方面，顧頡剛氏民國十五年以來出版古史辨四册，刊佈自禹貢山海經以下諸古典的研究。一方面顧氏發表州與嶽的變遷(14)一文，謂九州的名稱，在春秋時代是指自陝西東南至河南西部的地域，在戰國時代是表示天下。又錢穆氏撰周初地理考(15)，古三苗疆域考，楚辭地名考等(16)，或以會稽山爲禹會諸侯之地)爲山西省安邑縣東北之方山，以岐山(傳爲周之先祖所居之地)爲陝西省涇陽縣北之峨山；或推定古三苗之地爲今之河南南部湖北北部；或求楚辭所載之洞庭湖，沅水，澧水等地名於揚子江以北河南南部湖北北部的地方，樹立種種新的見解。

以上所論，都是古代的事情，得當與否，遽難決定。關於顧頡剛氏的研究的一面，張蔭麟氏已指摘其缺點，謂如氏認爲不見於某書，即是當時沒有這種觀念的證據，這是誤用了默證法(17)。又錢穆氏所論，是檢索漢書地理志水經注等所載的同名或有關連的地名，依據這個來試行比定古書的地名，大體是在黃河流域，即是在中原方面；謂從來的考定地，多半是依地理知識的發展而移轉的同名異地，這些未免過於重視地名轉移的說明法，且有濫用之嫌。兩氏的見解尚有不充分之處，但其在古代歷史地理的研究再吟味上，大有參考的價值，却是無待贅言的。

此外，在先秦的部類，有顧實氏的穆天子傳西征今地考(18)，何觀洲氏的山海經在科學上的批判及作者之時代考，牂牁考二論文，鄭德坤氏的層化的河水流域地名及其解釋(19)，董作賓氏的殷虛沿革，丁山氏的叙夷考(20)，何定生氏的山海經成書年代，衛聚賢氏的禹貢考，余永梁氏的金文地名考，余祖康氏的古代五服之地理觀，聞宥氏的甲骨文地名考(21)等研究；自何觀洲鄭德坤兩氏的作品以下，可注意的很多。

其次，在秦漢以後，雖沒有如先秦之盛，但亦有張星烺氏的中世泉州狀況，徐琚淸氏的北邊長城考(22)，奉寬氏的燕京故城考(23)，陳寅恪氏的靈州寧夏榆林三城譯名考(24)，翁文灝氏的中俄國界史地考，白眉初氏的諸葛亮出師六次路線考略，邊疆失地史略，譚其驤氏的漢百三郡國建置之始考(25)，孟森氏的建州衛地址變遷考(26)，楊宗震氏的史記地名考(27)等論著。此等論著中，有與日本及其他國人的研究發表相重複或相交錯者，在這樣的場合，中國人的著作大概多半有點遜色。這是時日尙淺的中國史學界當然的現象。總之，據此是可以察知中國人對于歷史地理的研究有深切的關心，漸次獲得成果了。

這種歷史地理研究的努力，最近反映於大學講座，是在燕京北京兩大學顧頡剛氏的中國古代地理沿革史，及在輔仁大學譚其驤氏的中國地理沿革史的開講。又論文從來是揭載於燕京學報地學雜志以下各種雜志，至民國二十三年，由右兩氏的計劃，創地理專門的機關雜志——禹貢。在創刊號發刊詞中，滔滔敘述該誌出版的動機，並述其將來的抱負，希望作成中國地理沿革史，地理沿革圖，中國歷史地名辭典三大巨著。應當是公正妥當的科學研究，若徒逞政治的議論，是我們所不能贊成的。又對於歷史地理的研究經過，謂近十數年地理沿革的研究衰落達於其極，未免稍有認識不足之譏。又不但是歷史地理的研究，就是在一般地理方面的研究，實地調查與文獻的研究是同樣重要，這是不待言的。居於能作實地調查的最有利的地位，尙且不論及此，豈是全無這種意圖嗎？此等地方，我甚引爲遺憾，且切望反省考慮，如前揭的抱負，也恐怕要從這裏着手纔能達到完成呢！總之，他們努力於這一方面的研究進步，這種意圖，是大有所期待的。到現在該誌發表的論文，都是二三頁的短篇，其內容，率直的說也是有空虛之感。顧頡剛氏自己說過：

7

我們自己覺得，這是一班入門的同志的練習作品，說不到成績和貢獻、決沒有受人稱贊的資格；同樣我們正在開始工作，只要路走不錯……在我們的團體中，大多數是大學生，我希望大家能有這樣的認識，捉住這個機會一步一步的往前走。(28)

這確是實際的情形。因爲我們要共同担當這種研究，所以我希望將來能向健全的發展着着前進。

註1 顧氏全集所載。

2 粵雅堂叢書。

3 皇清經解，通藝錄。

4 揅經至第一集。

5 皇清經解續編。

6 頤志齋叢書。

7 授經堂遺集。

8 東塾遺書。

9 沈欽韓的水經注疏證與春秋左傳地理徵宗見，詩地理徵收入皇清經解續編。

10 王國維著觀堂集林所載羅振玉序；本文所序王氏經歷，亦據此序。

11 觀堂集林卷一二，一三，一四。

12 去夏遊燕時所筆錄。

13 近來在翻譯方面可注目者，是馮承鈞氏；氏於民國十六年譯Gabriel Ferr 的 Ancient Voyages to Condor Island and the china Sea 揭載於尙志學會叢書。至最近還是努力於這一方面，民國二十一年出版西域南海史地考證譯叢，又陸續出版史地叢考，史地叢考續編，主要的是翻譯南海方面西人的論文。

14 史學年報第五期，民國二十二年。

15 燕京學報第十期，民國二十年。

16 清華學報第九之三，民國二十三年。

17 顧頡剛氏著古史辨所載。

18 中國地學雜誌六期——十期，民國十年。

19 燕京學報第七期，第十一期，第十二期。

20 國立中央研究院歷史語言研究所集刊第二本二分，第二本四分，民國二十一年。

21 國立中山大學語言歷史研究所周刊二集第二十期，四集第三十八期，五集第五十三期，七集第八十期，九集第一〇四期，第一〇五期。

22 史學年報第一期，民國十八年。

23 燕京學報第五期，民國十八年。

24 國立中央研究院歷史語言研究所集刊第一本第二分，民國十九年。

25 地學雜誌民國十七年第一期，十九年第四期，二十二年第二期。

26 國學季刊三卷四號，民國二十一年。

27 北平師範大學月刊六期，民國二十二年。

28 禹貢半月刊第一卷第二期所載。

本文載在歷史學研究第三卷第五號，作者靑山定男氏係東方文化學院東京研究所助手，專治中國歷史地理，著有讀史方紀要索引中國地名要覽及唐宋汴河考。　譯者。

8

對於日本青山定男『中國歷史地理研究的變遷』之辨正

1

張宏叔

禹貢半月刊創刊不久，日本的同道東方文化學院青山定男先生即發表中國歷史地理研究的變遷一文，而以禹貢學會爲論述之終結。該文將中國歷史地理的研究，劃分爲三個時期，即南北朝以前受訓詁主義影響時代，以兩宋爲中心的合理說勃興時代，與清代考證學發達時代。前二期爲概括的敘述，而清代以迄最近，則有詳細的論斷，似爲該文重心所在。

青山先生編有方輿紀要索引，是日本的中國歷史地理學的專家，該文顯現他對於中國歷史地理學的把握的深度。其全部理論體系之正確性如何，讀過該文的人自會明白，這裏不必加以批評；但其近代部分的源流的考索，則顯與事實相反，我們是要加以辨正的。

一、王國維與藤田，內藤，狩野諸博士的關係何在

青山先生以爲清代歷史地理學之能及於邊疆而獨闢新境地者，惟民初丁謙王國維二人，而以王氏的貢獻爲最大。這種片段的觀察，我們不能贊同。姑退一步承認其論王氏部分，而指出其謬誤之所在。

王氏之死，國內外學術界均出紀念號以追悼之[1]。其生平行跡，其友朋及其門弟子，記載甚詳；其在學術上的貢獻及其地位，亦已蓋棺論定。尸骨甫寒，其友朋及其門弟子猶未忘懷。但是今天讀到青山先生的論文，對於王氏不惜顛倒事實，造成一種假系統，這非但使我們覺得遺憾，也實使王氏所不能瞑目於地下的。

青山先生的話道：

> 王國維……他在光緒二十四年入日本東文學社，受該校教師藤田豐八羅振玉兩氏的薰陶；宣統元年出版靜安詩文集[2]，其時尙未從事史學的研究。辛亥革命時，與羅振玉氏同避難於日本京都，逗留三年。在這個期間，得受教於日本中國史學大家狩野直喜博士，內藤湖南博士，藤田豐八博士等，依其指導，埋頭於史學的研究；其後與本國的沈乙庵柯蓼園兩氏及西人伯希和氏等結交。……

在青山先生心目中，藤田諸博士之於王氏旣有此等教導的關係，所以王氏的偉大貢獻自然是『由日本史學培養

成功的』，於是『想到這一件事，痛感兩國學界因緣不淺』。我們決不否認學術的國際性，但我們也決不能接受違背事實的師承系統。

按東文學社是羅振玉氏成立於上海，而聘藤田博士爲教授的。這一點最粗簡的事實，倘爲青山先生所弄亂，其他可知。王氏和藤田諸博士之關係如何，在羅氏撰的海寧王忠慤公傳中說得極透切詳明：

公諱國維，……光緒丙申……明年，予與吳縣蔣伯斧學部（黻）結農學社於上海，遂譯東西各國書報，以乏譯才，遂以戊戌夏立東文學社造就之，聘日本藤田博士（豐八）爲教授。公來受學……

又羅氏藤田墓表：

明治三十年，值我光緒丁酉，予主農學社，聘君譯農書，君遂至上海。明年予以西力東漸，非中日敦睦，不克禦務（按疑爲侮之誤）。顧語文隔閡，意志不通，擬創東文學社以溝通之。質之君，君欣贊許，自任教授，此予與君訂交之始。

又王氏三十自序：

是時社中教師爲日本文學士藤田豐八，田岡佐代治二君，二君故治哲學。余一日見田岡君文有引汗德（Kant）叔本華（Schopenhauer）之哲學者，心甚喜之，顧文字睽隔，自以爲終身無讀二氏之書矣。次年而社中兼授數學，物理，化學及英文，其時擔任數學者即藤田君，以文學者而授數學，未嘗不自笑也。

又云：

留東京四五月而病作，遂以是夏歸國。自是以後，遂爲獨學之時代矣。體素羸弱，性復憂鬱，人生之問題日往復於吾前，自是始決從事於哲學，而此時爲余讀書之指導者，亦即藤田君也。

據此，知在辛亥革命以前，王氏確曾受教於藤田者，但限於日文英文及其他自然科學的修習而止；他藉英文以讀康德叔本華的哲學，只爲解救他內心的苦痛。但王氏反復三次硬起頭皮讀康德的哲學，終於因讀不通而放棄。叔本華的悲觀論，正合着他的脾胃，於是有紅樓夢評論的寫成。這一個階段，王氏秉着第三階級的意識，不落人後，一樣的努力『西學』，走上『維新』的路，以解除當前民族的巨創。靜安文集的出版，結束了這一個階段。靜安文集中的思想是不成熟的，他沒有激起時代的波瀾。藤田就是這樣在王氏的前階段中，作了一位教英文物理的啟蒙之師。這不是史學指導，青山先生也承認的。

羸弱的體格與憂鬱的性情，爲猛烈的革命運動所震懾，他沒奈何的退到復古陣線了。於是又向三百年來發展的經史之學尋找最後的歸宿。果然，拉了戴震，錢大昕，段玉裁，王念孫這一班古聖賢做了台基，豎起他的大厦了。請看羅氏怎樣說明他這一起一伏：

及辛亥冬，國變作，予挂冠神武，避地東渡，公攜家相從，寓日本京都。是時予交公十四年矣。初公治古文辭，自以所學根柢未深，讀江子屏國朝漢學師承記，欲於此求修學塗徑。予謂江氏說多偏駁，國朝學術，實導源於顧亭林處士，厥後作者輩出，而造詣最精者爲戴氏（震），錢氏（大昕），汪氏（中），段氏（玉裁）及高郵二王，因以諸家書贈之。公雖加流覽，然方治東西洋學術，未遑專力於此。課餘復從藤田博士治歐文，及西洋哲學文學美術，尤喜韓圖，叔本華，尼采諸家之書，發揮其旨趣爲靜安文集，在吳刻所爲詩詞，在都門攻治戲曲，著書甚多，並爲藝林所推重。

這是王氏前階段雖曾致力古文辭，而經史之學卻不屑致力，他要治東西洋學術，從事於新文化運動。但革命的巨浪。又把他壓回去了，他只得帖然聽順羅氏的勸告。

至是予乃勸公專研國學，而先於小學訓詁植其基，並與論學得失，謂『尼山之學在信古，今人則信今而疑古。國朝學者疑古文尙書孔注，疑家語，所疑固未嘗不當，及大名崔氏著考信錄，則多疑所不必疑，變本加厲，至於諸經，皆出僞造。……方今世論益歧，三千年之教澤不絕如綫，非矯枉不能反經，士生今日，萬事無可爲，欲拯此橫流，舍反經信古末由也。公年方壯，予亦未至衰暮，守先待後，期與子共勉之』。公聞而聳然，自慰以前所學未醇，乃取行篋靜安文集百餘册盡摧燒之，欲北面稱弟子焉。予以東原之於茂堂者謝之，其遷善徙義之勇如此。

終於幡然改轍，重理舊日的爐灶。

3

公居海東，既盡棄所學，乃寢饋於往歲予所贈諸家之書，予復出大雲書庫藏書五十萬卷，古器物銘識拓本數千通，古彝器及他古器物千餘品，恣其搜討。復與海內外學者移書論學，國內則沈乙庵尙書，柯蓼園學士，歐洲則沙畹及伯希和博士，海東則內藤湖南，狩野子溫，藤田劍峰諸博士及東西兩京大學教授。每著一書，必就予商體例，衡得失，如是者數年，所造乃益深且醇。公先予三年返國，予割藏書十之一贈之，送神戶，執公手曰：『以君進德之勇，異日以亭林期矣』。

又羅氏觀堂集林序說此尤顯3：

辛亥之變，君復與余航居日本，自是始盡棄前學，專治經史，日讀注疏盡數卷，又旁治古文字聲韻之學。甲寅，君與余共考釋流沙墜簡，余考殷虛文字，亦頗採君說。

王氏在日本三年轉向於史學的研究，歸國後在上海爲哈同編學術叢編，並徧觀烏程蔣氏藏書，爲編書目，進步更速。發表殷周制度論等偉大作品，奠定了王氏在學術上的地位。羅氏與王氏有二十六年結交的歷史，自稱於王氏『學問之變化，知之爲最深』。從上引的話看來，王氏到日本後受了羅氏的勸告是有的。他早期已從國朝漢學師承記知道三百年中學術的演變，分派，進步，而識得治學的門徑；到此就老老實實向舊路邁進，日讀注疏數卷，又憑藉羅氏豐富的藏書，新史料的發現，西洋哲學的研究，使他獲得了很大的成績。這是王氏治學的第二階段，也就是青山先生所說史學的研究的階段，藤田諸博士的師承關係何在？青山先生鑿空之跡，是昭昭然的。至於狩野內藤，與王氏更無甚深的學問的關係。先是辛亥革命羅氏避難日本，乃由藤田紹介而認識。藤田墓表：

> 辛亥國變，君勸予避地海東，與京都帝國大學教授內藤湖南，狩野子溫諸博士，謀所以安遠人者周且摯。

王氏也就從此認識。狩野則多闖經義之學，內藤則專攻清史，藤田之學在西域與南海交通，與王氏的古文字學戲曲西北史地學都渺不相通。他們的關係，不能超友誼以上。指導云乎哉！指導云乎哉4！

二、王國維的歷史地理學批判

王氏歸國以後史學的努力，其在歷史地理學方面，青山先生認定的代表作，有：

(1)周葊京考
(2)秦都邑考
(3)秦郡考上下
(4)浙江考
(5)漢會稽東部都尉治所考
(6)後漢會稽郡東部候官考
(7)鬼方昆夷玁狁考
(8)西胡考上下
(9)西胡續考
(10)西域井渠考
(11)黑車子室韋考
(12)西遼都城虎思斡耳朵考
(13)韃靼考
(14)遼金時蒙古考
(15)金界壕考

等十五篇。歸納一下，約得三類：

甲、古代地理　(1)(7)
乙、秦漢地理　(2)(3)(4)(5)(6)
丙、西北地理　(8)(9)(10)(11)(12)(13)(14)(15)

這三類中以丙類貢獻爲最大，其對於歷史地理學之貢獻，亦即在此，這是大家公認的事實。秦漢郡治之研究，由於王氏爛熟史記漢書，出入於全謝山錢竹汀諸人考訂地理之範圍，而有以折衷補正，所得並不很多5。古代地理則全爲考証古器物古文字之旁支6，亦非確論7。這兩類如青山先生所舉，雖僅七篇，已盡觀堂集林中所有之目，現在我們欲討論者，即王氏之西北地理學，怎樣出發，成績何若二事，以判明青山先生論証之當否。

關於第一事，即誘發王氏走向西北地理研究的因子，可以這樣說：

(一)自一八四〇年鴉片戰爭，西歐資本主義先進國家開始掠奪中國市場，中國便淪落在殖民地的萬丈深淵，這在知識階級的腦海裏，是從未有過的刺戟。本來，晚明混亂的空虛的思想界已促成清初的「致用經世」之學，顧亭林的天下郡國利病書即在這場合下產生的。乾嘉的學者更切實的專力經史。加以帝國主義者的侵略有加無已，民族意識也跟着一步步的提高。那時一方面眷念元代大版圖和擴張的光榮，另一方面舊帝俄的得寸進尺，屢啟邊釁，西北地理學運動遂站在學術界最前線。嘉道以還，徐松，張穆，何秋濤，魏源，龔自珍，李光廷，張鑑，施國祁，沈垚，李文田，洪鈞，江標以至屠寄，沈曾植，柯劭忞，丁謙等，也就在這大運動裏各造成不可磨滅的功績。這一點，王氏認識得最清楚的。沈乙庵先生七十壽序8上說：

> 我朝三百年間，學術三變：國初一變也，乾嘉一變也，道咸以降一變也。……道咸以降，涂轍稍變，言經者及今文，致史者兼遼金元，治地理者逮四裔，務爲前人所不爲，雖承乾嘉專門之學，然亦逆睹世變，有國初諸老經世之志。 5

又聖武親征錄校注序9也說：

> 道光以後，學者頗治遼金元三史，及西北地理。

自然，他也就浸染在這時代的學風裏了。

(二)當時敦煌新史料的發現，也是誘發王氏研究西北地理的一個有力的因素。一九一八年，他作西胡考，即其明証。趙斐雲先生(萬里)在所撰王氏年譜於是年加按語云：『按先生是年得見敦煌所出諸史料，因詳考中古西陲及高昌回鶻之史實。又化胡經摩尼教等之關於古代宗教者，亦有所論述。而西胡考之作，尤有極重要之結論』。

(三)我們已經知道西北地理學運動的發動是緊跟着帝國主義對華的侵略，那麼這個運動至少已有一百年的歷史。民族的危機愈深，運動的力量愈大，這是當然的事。一八九四年中日戰爭，割去了臺灣與遼東，一九〇〇年八國聯軍攻破北京，一九一五年日本壓迫袁世凱二十一條，攻取青島，及奪取南滿東蒙山東的權利，這個大變局又撼動了學術界。王氏一九一八年作沈乙庵先生七十壽序，就憤慨的說道：

今者時勢又劇變矣，學術之必變，蓋不待言。

而認沈一庵為這必變的學術界的鉅子，

世之言學者，輒倀倀無所歸，顧莫不推嘉興沈先生，以為亭林，東原，竹汀者儔也。先生少年固已盡通國初及乾嘉諸家之說，中年治遼金元三史，治四裔地理，又為道咸以降之學。……

這話是很確切的。沈氏既為王氏所推服，而其關係也最密切。王氏辛亥避居日本，轉向史學，已與沈氏通書論學。爾雅草木蟲魚鳥獸名釋例自序上說：

甲寅歲（1914），余僑居日本，為上虞羅叔言參事作殷虛書契考釋後序，略述三百年來小學盛衰，嘉與沈子培方伯見之，以為可與言古音韻之學也10。

這是王氏古文字學得諸沈氏啟導的一證。一九一五年，王氏回到上海，就與沈結交，過從甚密。年譜云：『先生自海外歸國後，與沈先生過從最密。沈先生寓居新閘路，與先生寓所相距甚近。沈先生每見一書畫或金石墨本，必招先生往，相與商榷。沈先生篤老不著書，惟以吟咏自娛，故常與先生相唱酬。先生每成一文，必先以質沈先生。後先生治西北地理及元史學，似受沈先生相當之影響也』。年譜的斷語是正確的。王氏西北地理之研究，始於歸國後與沈氏之締交，而大成於一九二五年入清華研究院以後11。蒙古史料校注四種，實完成沈氏之遺業。所以我們可以說，沈氏的魂靈化作了王氏的骨肉。

王氏在這三種的誘因下，就進了西北地理研究的領域。至於他對日本學者之成績，則未加以若何注意，而路徑亦不相同。這可証之於他所撰元朝秘史之主因亦兒堅考之題注：

十數年來，日本箭內（亘），羽田（亨），藤田（豐八）三博士及松井（等），烏山（喜一）二學士各就遼金二史之乣軍，發表其新說。……

而王氏僅看到箭內，烏山，藤田三人的論文三篇。

余於契丹，女眞，蒙古文字，譬無所知，對此問題自不能贊一辭。然近讀元朝秘史，就史實上發現與金末乣軍相當之名稱，此名稱與自來乣軍之音讀略有不同，於史實之同一及言語之歧互，殊不能得其解。

又所附致藤田博士師書的第二通道：

國維近歲稍治遼金元三朝事，然對於此類書，無論國內國外，甚感不備。去歲讀羽田博士拙著韃靼考之批評。又承東京大學見贈滿鮮歷史地學研究報告第十一冊，後有前十冊報告總目，始知故箭內博士及松井學士並有韃靼考，乃購諸東京書肆，絕不可得。頃始由友人展轉備得數冊，得讀箭內博士之文，考證精密，欽佩無已。

這是很明白的一件事。我們怎麼可以說他曾受日本學者的嚴密指導？

王氏貢献學術界最大的是金文甲骨之學，是宋元戲曲之學；而西北地理，不過踵承前人而已，並非獨創。我們可以引兩個人的批評，作為他的估價。一個是和他同在研究院作導師的梁任公先生，他序國學論叢王氏紀念號道：

> 先生貢献於學界之偉績……若精校水經注，於趙全戴外，別有發明。若校注蒙古史料，於漠北及西域史實多所懸解。此則續前賢之緒，卓然能自成一家言。

一個是他的門人吳其昌先生，在王觀堂先生學述中道：

> 如西北地理之學，自徐，何，魏，李……以下，以至於洪，柯諸老，濬源既長，衍流亦廣，先生不過繼承而發揮，且其功績，視成同大老究竟如何，尚未敢質言。

他死後留給學術界的影響，也就是甲骨金文與宋元戲曲二領域之日益擴大。他的門人大都在此二領域中活動，沒有繼承他的西北地理學的。

我們明瞭了王氏學術的貢獻與源流，就可以看出最近中國史學的發達。是一種必然的趨勢，而不能歸功於某一二人。7 有如燕京大學的史學研究，和王氏實沒有很深的關涉，而禹貢學會的成立，從它兩年來的工作和成績所昭示，也就知道它是怎樣一個科學研究機關了。

附註

1 國內如清華大學國學論叢第一卷第三號，中華圖書館協會會報第二卷第五號，國學月報第二卷第八九十合刊專號，散篇如東方雜誌第二十四卷第十三號十九號，以及文字同盟第四期等。國外如日本藝文雜誌第十八年第五號。

2 王氏在宣統元年出版的是靜安文集，無詩在內。此或係青山先生疏忽致誤，尚有可原。

3 觀堂集林序傳為王氏自撰，而署羅氏之名者。

4 實在說起來，藤田是受羅氏指導的。羅氏藤田墓表說『君授課之暇，輒就予論學，恒至午夜，如是者十六年』。小柳司氣太博士作藤田略傳，引羅氏上文後，故說『博士受羅氏學問上的啓發甚多』。市村瓚次郎序東西交涉史研究則說藤田之學，得『羅王二氏切磋琢磨之効』。這算公允之論，青山先生豈不知之。

5 錢賓四（穆）先生秦三十六郡考有云：『裴駰注史記，已不列桂林，南海，象郡，而錢竹汀力非之、實為一岐。謝山退九原，補廣陽，所獲遠超前人，眞所謂博而篤者。王靜安觀堂集林秦郡考主駁竹汀之說。其退九原，補廣陽，皆本謝山，而不全遵信，又轉生岐，遂有四十二郡四十八郡之擬議，錢王兩家精思博識，大略相似，而與此竟俱失之，良可憾也』。

6 鬼方昆夷玁狁考中有云：『……此族，春秋以降之事。載籍稍具，而遠古之事，則頗茫然，學者但知其名而已。今由古器物與古文字之助，始得言其崖略，倘亦史學家所樂聞歟』。他篇亦當如是。

7 唐立庵（蘭）先生以王氏周葬京考所考未安，作葬京新考辨之，見北京大學史學論叢第一期。

8 觀堂集林一三。

9 觀堂集林一三。

10 時王沈往還書信，參見年譜。

11 上揭西北地理論文，（8）（9）（10）三篇爲己未(1919)秋日四十三歲時作，共二月作沈乙庵先生七十壽序。（11）（15）兩篇爲丁卯(1927)五十一歲時作。（12）（13）（14）三篇爲乙丑(1925)四十九歲時作。

要之，藤田豐八初嗜文學哲學，後至上海，羅振玉延聘入農學報館譯述關于日本之農學書籍，暇則就學羅氏，其後羅氏組織東文學社，以藤田爲日語教師，原無所謂學術的研究。是時王國維雖肄業斯社，而其興趣則不在歷史地理，更無所謂受藤田氏的薰陶。取小柳博士的文學博士藤田豐八君略傳，笹川博士的追憶，幣原博士的藤田博士の想ひ出，市村博士的東西交涉史の研究西域篇序文，羅振玉的藤田墓表等文觀之，不但王國維沒受藤田的影響而藤田本人對漢學的成就反賴羅振玉的誘導。

就藤田與王氏二人治學的方法及所研究的範圍而論，亦自不同：藤田注意在西域南海，王氏則在內地與蒙古。藤田與白鳥庫吉相似，好用語言學比對；王氏則多舉實例。假使把藤田東西交涉史の研究上的各文和王氏王忠慤公遺書裏的各文一篇一篇讀過後自知。至於狩野的著述都是關于經傳的，頗帶乾嘉學者的意味，與地理之研究毫無關係；內藤則以研究清史著名。不知青山氏何以說王氏的地理研究是受上述三人的影響？

我以爲中國學者研究地理的趨向有兩條：一條我叫作正系，是着重於禹貢漢志水經注；一條我叫作旁系，是着重於山海經穆天子傳及正史四夷傳。這兩系到了清代都是盛極一時：正系自顧祖禹以下至楊守敬給了個結束；旁系自錢大昕厲鶚以下經道光咸豐至丁謙也給了個結束。王國維上承這兩系的餘緒，下因晚近地下的發掘及西人的影響，開拓將來的路徑。王先生對於地理沿革的研究正待有所貢獻，可惜天不假年，其成績並沒有像其他方面之偉大。

8

禹貢派的人們

日本森鹿三著　周一良譯 1

這是森鹿三氏在東洋史研究第一卷第二號「學界展望」欄裏發表的一篇小文。東洋史研究創刊於民國二十四年（昭和十年）的十月，由京都帝國大學文學部東洋史研究會編輯，隔日發行，是一個比較後進的刊物。從已經出版的四期看來，其中雖然沒有老師宿儒的論著，但所載論文大抵是脚踏實地下過工夫的作品，值得我們的注意。這篇小文只是對於禹貢的介紹和感想，談不到批評，因爲森氏僅僅看到史學年報第二卷第二期裏禹貢的總目錄而已。但他的感想和意見也未始不足以供我們的反省和參考，所以把它譯了出來。

廿五年六月十四日，燈下記。

前清時，地理沿革也和史學其他方面一樣，經過學者們精密的校訂增補。如今回顧起當時的研究對象來，康熙年間禹貢的研究極盛；但等胡渭的禹貢錐指完全以後，乾隆嘉慶時研究的中心遂移於歷代的地理志和水經注了。這時代地理沿革的專家當推畢沅，洪亮吉，孫星衍，全祖望，戴震，趙一清等。及至道光以後，因爲西力東漸的原故，塞外—尤其西北—史地的研究乃風行一時，例如徐松的西域水道記，漢書西域傳補注，新疆賦；張穆的蒙古游牧記；何秋濤的朔方備乘；李文田的元朝秘史注等，都是此時的產品，所以，清代地理沿革的研究約略可分爲三期，和清代學術主要潮流之古文學，今文學，公羊學的三次變化的步驟互相照應。當然，地理沿革和河渠，古蹟，方志等方面都有關係，現在不是講清代學術史，姑且不去管它。到了民國以後，又有堪稱爲清末西北史地研究最後結晶的王國維氏的著作，如古行記四種校錄，蒙韃備錄箋證，黑韃事略箋證，聖武親征錄校注，長春眞人西游記校注等書。王氏地理沿革方面除此之外，又有利用甲骨金文而成的三代地理小記，秦漢郡考等名著，皆收於遺書中。浙江圖書館叢書中收有丁謙氏歷代正史地理志和外國傳的考證，便迥不能比王氏之精密。邊疆塞外的研究伴列強的侵略而並進，它的對象與其說是歷史的，無寧說是成爲現代的，地理的了。它的發表方法也非單行本而採取期刊的形式，如新亞細亞月刊，西北研究，西南研究，新蒙古，新青海，康藏前鋒等雜誌是。專門地理的雜誌，以譯馬可波羅游記的張星烺的父親張相文氏（民國二十二年逝世）所主辦的地學雜誌，和翁文灝張其昀兩氏所編輯的地理雜誌（按，實名地理學報）——從第五卷起改名方志月刊（按，此誤，方志月刊乃是和地理學報並立的刊物）——爲主要。民國二十二年第二期的地學雜誌爲紀念張相文氏發行特大號，卷首載張星烺所撰張氏年譜，末尾有聶崇岐氏所編該誌一百六十九期的總目錄。張氏全集，南園叢稿二輯十五冊也由中國地學會出版，其中除中國地理沿革史等總括的研究之外，尚有西游錄今釋，湛然居士年譜，成吉思汗陵寢辨証書等有關西北史地的著作。翁文灝是地質學專家，統轄北平研究院的地質調查所（按，實爲地質學研究所，但這研究所是與農商部立的地質調查所合作的），他的研究結果略略彙集於錐指集，關於地理沿革的極少。但如地學雜誌第十八卷三期所載清初測繪地圖考也可算是地理沿革研究上的重要論文了。張其昀著有中國地理大綱，中國經濟地理等書，但恐怕不是從事於地理沿革方面的研究。

這裏所要說的禹貢半月刊便產生於以上的狀況中。編輯人是有名的古史辨的著者燕京大學的顧頡剛氏，和輔仁大學的譚其驤氏。發刊旨趣詳見於民國二十三年三月的創刊號：先說數十年來帝國主義的壓迫，和中國人民民族意識的激昂，指出研究民族之演進不能不先明地理；又述近年地理沿革研究之不振，而表示他們的研究方針和抱負，即於清代學者精緻謹嚴的方法外，加以今天更進步的科學方法之利用。具體的工作計劃有：作一部中國地理沿革史；作詳備精確的地理沿革圖；編纂中國歷史地名詞典；歷代正史地理志的考訂校補，完成清代學者未竟之業；摘出地理書籍中所見各種文化史，經濟史的資料，加以整理。又貶顧祖禹讀史方輿紀要，以爲不惟卷帙繁冗，且承明人之弊，好空談形勢，對於歷史地理的實際考証，往往不精確。傲慢地說箭內亘氏東洋讀史地圖雖負盛名，銷行也甚廣，實際錯誤百出，除印刷精良外，一無足取。責備中國地名大辭典，中國古今地名大辭典等書命名爲大，而對歷史地名毫無創見的考證，只是隨意地引用其他地理書籍的記述而已。我們

2

很希望，這自負甚大的禹貢派的人們趕快編纂一部可以稱『大』的歷史地名詞典；繪製不但印刷精良，而且沒有錯誤的歷史地圖；著作一部精確詳備而卷帙又不繁冗的讀史方輿紀要！

訖至現在，禹貢已刊行四十二期。禹貢裏沒有總目錄，但史學年報二卷二期有創刊號至四卷二期總目錄，參考它也可想見禹貢半月刊的內容了。（譯者按：東洋史研究每期卷末附有「定期刊物所載東洋史研究文獻目錄」，史學年報和禹貢各期的目錄全部收入。）現在只略述一二感想，以作介紹。

其中執筆者大半是顧譚兩編輯的學生或受他們指導的人，使人感覺雜誌中瀰漫着一種統一的精神也許因爲這個特點的原故，揭載的各研究是采取分工合作的方法；即執筆者個人各分部門，限定時代，聚合起來便完成整個的地理沿革。例如担任古代地理的有北京大學的錢穆氏，戰國時代有鍾鳳年氏，漢代有編輯之一的譚其驤氏和史念海氏，三國時代有厦門大學的葉國慶氏，南北朝時代有谷霽光氏，兪大綱氏，史氏和谷氏又担任唐代，燕京大學引得編纂處的聶崇岐氏担任宋代，馮家昇氏担在遼金元三代以及東北史地，張維華氏担任明代，中央研究院的褚泉澄氏担任清代。谷氏的唐折衝府考拾補（三之四），聶氏的宋史地理志考異（一之六至三之五），譚其驤氏的新莽職方考（燕京學報第十五期）都已收入開明書店的廿五史補編中，也就是禹貢發刊詞補清代學者未竟之業的了，趙氏利用檔案所作清代地理沿革表（未完），史氏的兩漢郡國縣邑增省表（一之八），和于鶴年氏的訂誤（一之九），史氏的反駁，（一之十二）以及史氏的兩唐書地理志互勘（三之二至九）都是補自來之闕，想必大有裨益於學界。此外埋頭於尚書禹貢篇的研究的有保定培德中學的馬培棠氏，專攻穆天子傳，山海經的張公量氏，專攻山海經的賀次君氏，他是致力於著水經注經流支流目（未完）的。提到水經注的專家，不能不舉編水經注引得的厦門大學的鄭德坤氏。鄭氏和禹貢的關係單見於通信（三之六、四之五），似乎是編輯人顧氏的高弟，算他在禹貢派的人們裏，大致不會錯吧。鄭氏的研究不止於水經注而已，曾著有中國明器（燕京學報專刊第一號），關於中國古代民族與徐中舒氏等的論戰（燕京學報第十一，十三期），關於山海經有山海經及其神話（史學年報第四期）的考証，又翻譯穆天子傳，載於英國皇家亞細亞學會華北分會雜誌第六十四號以下，可算是三頭六臂地活躍着。此外中國地方志綜錄的作者朱士嘉氏，地圖繪製者吳志順氏，都不失爲禹貢派的一員。關於地方志尙有四卷三期以下連載的張國淦氏中國地方志考，也値得注意的。王重民淸代學術論文索引在出版之前，其地理部分先在禹貢發表，也是可喜的事（一之十，三之八，九，十二，四之五）。

從上面所述看來，這派的人們分工地研究各時代各部門，建立地理沿革的大殿堂。這些工作都是在以辨僞爲基礎，努力於國學的廓淸和整理的顧編輯的設計和監督之下的。早晚這些研究結果能集合起來，如發刊詞所說，變成中國地理沿革史，歷代地理沿革圖，歷代地名大辭典，歷代地理志考証等等。但繼淸代學術論文索引而編一部「民國學術論文索引」，尤其地理沿革方面，不也是整理國學的一件事業麽？（譯者案：國立北平圖書館已有國學論文索引之作，已出四編，又有地理論文索引，森氏豈未見耶？）

4

『廣西省象縣東南鄉花籃猺社會組織』導言

吳文藻 1

這一本廣西象縣東南鄉花籃猺的社會組織研究專刊，可以說是用我們所謂『功能法』來實地考察一個非漢族團的文化的某一方面的一點收獲。這種工作，我們曾用一個新名詞來表述，稱作『社區研究』。我們雖已屢次作文闡述社區研究的意義和功用(注一)，介紹社區研究的近今趨勢(注二)，並且還討論過社區研究的實行計劃(注三)，但是常苦於沒有這種專門研究專刊的實例，可以貢獻給對於社區研究有興趣的同志。現在王同惠女士費了她的生命給我們立下了社區研究的基石，給我們留下了這一個寶貴的成就，社區研究有了這一個實例，將來繼續工作自然比較容易了。我自然極願意在這專刊之前作一導言，一則代編者追述使他痛心的研究經過，並且藉此機會把上述幾篇關於社區研究的文字，擇要錄下，以備讀者的參考，再願略述非漢族團的調查和研究對於我們國家前途的重要性。

一

我得識王同惠女士，是在民國二十三年的秋季，我的『文化人類學』的班裏。二十四年春，她又上了我的『家族制度』班。從她在班裏所寫的報告和論文，以及課外和我的談話裏，我發現了她是一個肯用思想，而且是對於學問發生了眞正興趣的青年。等到我們接觸多了以後，我更發現她不但思想超越，爲學勤奮，而且在語言上又有絕特的天才，她在我班裏曾譯過許讓神父（Le P. L. Schram）所著的『甘肅七人的婚姻』一書（譯稿在蜜月中整理完成）；那時她的法文還不過有三年程度，這成績眞是可以使人驚異。

二十四年八月她和費君孝通由志同道合的同學，進而結爲終身同工的伴侶。我們都爲他們歡喜，以爲這種婚姻，最理想，最美滿，他們在蜜月中便應廣西省政府的特約出發去研究『特種民族』。行前我們有過多次談話，大家都是很熱烈，很興奮。我們都認爲要充分瞭解中國，必須研究中國全部，地理上的中國包括許多非漢民族在內，如能從非漢民族的社會生活上，先下手研究，則回到漢族本部時，必可有較客觀的觀點，同時這種國內不同的社區類型的比較，於瞭解民族文化上有極大的用處，我們互相珍重勉勵着便分手了。行後常常得到他們的『桂行通訊』和報告，字裏行間充滿了快樂，勇敢，新穎，驚奇的印像，讀完了總使我興奮。社會人類學在中國還是一門正在萌芽的學問，一向沒有引起國內學者的注意。我自己數年來在悄悄地埋頭研究，常有獨學無友，孤陋寡聞之憾。這一對『能說能做』的小夫妻，眞鼓起了我不少的勇氣。

他們是九月十八日到廣西的南寧，當即開始和省政府接洽研究方案，並且就在當地測量特種民族教育師資訓練所的苗猺學生的體質。雙十節到了象縣，又進行人體測量工作，十八日開始入大藤猺山。因爲社區研究需要較長時期住定的實地觀察，而體質測量又不能不到各村去就地工作，所以由王桑，過門頭，到六巷之後；同惠就住下專門担任社會組織的研究，而孝通則分訪各村從事測量工作。十一月二十四日他們離開花籃猺區域到坳猺區域的古陳。本來，依他們的計劃在坳猺區域工作一月，可以到金秀的茶山猺區域，預計到本年二月可以把大藤猺山的長毛猺研究完畢。此後同惠便同到北平，繼續在燕京大學作研究工作。誰料竟在十二月十六日由古陳赴羅運的道上發生了慘劇。

由古陳至羅運的一段山路，極其曲折險峻，而和他們同行的嚮導，又先行不候，以致他們走迷了路，誤入一帶竹林之中。林中陰黑，他們摸索着走近一片竹籬，有一似門的設備。以爲是已到了近村，孝通入內探身視察，不料那是一個猺人設下的虎阱！機關一踏，木石齊下，把孝通壓住。在萬千驚亂之中，同惠奮不顧身的把這石塊逐一移開，但孝通足部已受重傷，不能起立。同惠又趕緊出林呼援。臨行她還再三的安慰孝通，便匆匆走了，她從此一去不返，孝通獨自在荒林寒穴中痛苦戰慄地過了一夜，次日天剛破曉，便忍痛向外爬行，至薄暮時分，才遇見猺人，負返鄰村。孝通一面住下，一面懇請猺人們四出搜尋，到第七天才在急流的山澗中，發現了同惠的遺體。她已爲工作犧牲了，距她與孝通結婚之期才一百零八日。

我們正在北平盼望他們工作圓滿成功回來的時候，突然接到這不幸的消息，使我精神上受了重大的打擊。我不但不知所以慰孝通，也不知所以自慰。我們這些幼稚的子民，正在努力的從各方面來救護這衰頹的祖國，這一支從社會人類學陣線上出發的生力軍，剛剛臨陣，便遭天厄，怎能不使人爲工作灰心，爲祖國絕望？

孝通眞鎭定，眞勇敢，他在給我的信末說：『同惠旣爲我而死，我不能盡保護之責，理當殉節；但屢次求死不果，當係同惠在天之靈，尚欲留我之生以盡未了之責，茲當勉力視息人間，以身許國，使同惠之名永垂不朽』。這幾句話何等沉痛，何等正大，又何等理智？讀信至此，使我忍不住流下了悲哀欽佩的熱淚。

同惠是死了，在研究民族社會生活中，女考查員的地位是極重要的，因爲家庭內部生活的種種，是必需由女考查員來作局內的研究。同惠是現在中國作民族考查研究的第一個女子，而且在猺山的考查中，她充分的發揮了她語言的天才，她竟爲研究而犧牲了，後起尙未有人，這損失是不能計算的。

同惠是死了，然而孝通還在她永遠的靈感中活着，我們這一班研究社會人類學的人，也要在她永遠的靈感中繼續奮鬥，並希望這靈感能鼓舞起無數青年，來加入來填滿這社會人類學的陣線。

現在孝通已經在病床上，在旅行中，把同惠所得關於研究花籃猺社會組織的材料，整理成篇，貢獻於讀者。我願意讀者能珍視這一點收獲。因爲這是一個青年人用性命換來的成績。

二

在這專刊的本身，編者因爲行文的嚴謹，限於敍述性質，對於社區研究的意義沒有闡發，但是爲了普通讀者的方便起見，我願意在導言中代爲一述。

在沒有談到社區研究以前，先將社區的意義稍加解釋。社區一詞是

2

英文 Community 的譯名，在這裏是和『社會』相對而稱的。我們要從社區着眼，來觀察社會，瞭解社會，所以造出這個新名詞。用新名詞有一個好處，即不致被人附會。簡單說，社會是描述集合生活的抽象概念，是一切複雜的社會關係全部體系之總稱；而社區乃是一地人民實際生活的具體表詞，有實質的基礎，自然容易加以觀察和叙述。在社會學文獻中，這兩個名詞當然還有許多別種用法，但是在這裏，都是專以上述的分別爲標準的。

社區既指一地人民的實際生活而言，至少要包括下列三個要素：（一）人民，（二）人民所居處的地域，（三）人民生活的方式，或是文化。

社會組織是社區第三要素，即是文化中的一部分。文化是社區研究的核心，文化最簡單的定義可說是某一社區內的居民所形成的生活方式；所謂方式係指居民在其生活各方面活動的結果。文化也可以說是一個民族應付環境——物質的，概念的，社會的，和精神的環境——的總成績。文化可以分爲四方面：一，物質文化，是順應物質環境的結果；二，象徵文化，或稱『語言文字』，係表示動作或傳遞思想的媒介；三，社會文化，亦可簡稱『社會組織』，其作用在於調適人與人之間的關係，乃應付社會環境的結果；四，精神文化，有時僅稱爲『宗教』，其實還有美術，科學，與哲學，也須包括在內，因爲他們同是應付精神環境的產品。

這樣的分法，完全是爲了解剖文化而擬定的，並不就是文化實體的本身。實際上，文化是一個有機的整體，發生作用時不是局部的，乃是全部的，當然不容加以人爲的機械的分割。文化實體固然是整個的，但是爲了研究的方便起見，我們又不能不揀定這個複雜整體中之某一局部，例如物質文化，語言文字，社會組織，宗教美術之類，來作一方面全部的研究，以觀察其間的相互關係。譬如本專刊是以社會組織爲軌範的，它一面要顧到社會組織和物質條件，語文，以及宗教等觀念界的縱橫錯綜的關係，一面亦須描述社會組織和人口與土地相互影響的實況，是以選擇一個代表區域，只取社會文化的某一方面，來作整個的，精密的觀察，乃是社區研究上唯一較好的方法。

3

社區本是文化在時間上和地域上的一個歷史的和地理的範圍，大體是就文化的地域性言，文化一面固有其地域性，一面尚有其時間性的認識，較之地域性的認識尤爲重要，因爲文化原爲歷史的產物。社區生活如果離開了時代背景就無法瞭解。我們所說的社區研究特別着重由實地工作入手，而這社區必是現代社區，所以說社區研究乃是現代社區的實地研究。

直接觀察社區，有兩種說法：一是社會調查，一是社會學研究。二者的目的和方法是不同的。社會調查大都以叙述社區實況爲主體，對於事實存在的原因，以及社區各部相關的意義，是不加深究的。社會學研究，則不但要描寫事實，記錄事實，還要說明事實，解釋事實。所以我們也可以說社會調查只是社會生活的見聞的蒐集；而社會學研究乃是依據事實的考察，來證驗社會學理論，或『試用的假設』的。

社會調查家叙述事實的範圍，大都限於一社區內的物質狀況，例如實業，工資，住居，衛生，生活程度之類。至於該區域所流行的傳統，標準，價值，意見，以及信仰等，多置之不問；而社會學家考察一社區時，除了描寫經濟生活和技術制度外，還要關心民風，禮俗，典章，制度，以及民族的精神和理想。他們尤重視這各部分間的聯鎖關係，以及部分與整個間所有的有機關係或交感歷程。

我們所說的社會學研究法，主要的就是功能方法論。這種方法論的主旨，乃是：『以實地研究始，而以實地研究終』；『理論必須根據事實，事實必須符合理論』。在實地研究以試驗這方法論時，應注意的綱領如下：

（一）在一個特殊社區之內，社會生活的各方面都密切的相互關聯而成一個整體。在研究任何一方面時，必須研究其它各方面的關係，因此，研究一個社會中的經濟生活，若不同時考慮它和家族或民族組織，宗教，以及社會制裁等的相互關係，就不能完全明瞭它的經濟方面。這樣就是說，每一種社會活動，都有它的功能，而且只在發現它的功能時，纔能了解它的意義。在研究任何『風俗』或『信仰』的功能時，必須把社區看做一個統一的體系，然後來定它在這整個社會生活中所佔的地位。

（二）一個社區的社會生活的基礎，更是一個特殊的社會結構，亦就是由個人聯爲一個集體的一組社會關係，所以社會的綿續，社會生活的綿續，必須依賴結構的綿續。

（三）社會功能和社會結構二者合併起來，就是社會體系。這概念包含兩方面，一方面是外界的適應：社會體系乃是一個結構，其中含有某數量的人口，在一個特殊自然環境中，獲得他們的物質需要的供給；另方面是內部的完整：社會體系靠着個人利益的和諧連合與調適而將各個人聯成一體。社會組織就是這個完整的產物，或說它的本身就是這個完整。任何社會活動的功能，就是它對於適應或完整的貢獻。

在此不妨附帶聲明一點。就是：根據實地觀察的社會學研究法與根據文獻檔案的歷史研究法，二者是相成的。有重大的科學價值的社會學研究，必然是一個時間上的研究。因爲可由觀察得到的一切社會現象，總是歷史的演變而來的結果。例如我們研究現前中國某一區內的親族制度，我們決不能忽略了這制度在過去數千年來發展的大勢，也不能漠視這制度在該社區內有關歷史地理背景的題材。又如欲實地考察民風禮俗之時，我們必須參考一切有關禮儀習俗的歷史文件，以資比較。所以我們以爲歷史的與功能的兩種研究，應該相輔而行。

三

末了，略述非漢族團的實地考察在社區研究上的特殊意義，以及此種實地考察對於中華民族國家前途的重要性。

先說考察非漢族團在社區研究上的意義：我們以爲欲澈底明瞭中國現代社會的眞象和全相，除了研究漢族在邊陲的移民社區，在內地的農村社區，在沿海的都市社區，和在海外的華僑社區外，必須迅速的同時研究中國境內各種非漢族團的地方社區，因爲滿，蒙，回，藏以及西南諸土著民族，均爲構成中華民國的份子，在過去和現在，均佔有極重要的地位，自應列入整個社區研究和國家建設計劃範圍之內。現在東北已非我有，西北則危在旦夕，我們勢不得不先從西南民族的實地考察做起。又若純從實地考察的訓練步驟來說，從西南民族做起，也有種種便利。譬如：（一）我們所謂之功能的研究，乃是以比較的觀點爲工具的。大凡一個人永遠只在一種文化環境之下過活，是不容易得到一個比較的觀點；如沒有比較的觀點，就不容易發現問題之所在，更談不到深刻的分析。比較社會學家對於文化論所以能有獨特的貢獻，也就因爲這一點。所以我們若要訓練一個實地研究員，使他獲得比較的觀點，莫如讓他先去觀察一個他和本族具有最悠久亦最深長的歷史關係，而同時却仍保有他在體質上，語言上，及文化上不同的特性的非漢族團。編者所揀定的廣西象縣東南鄉的花籃猺，便是這樣的一個非漢族團。他們且單從花籃猺的社會組織一方面來考察，這亦符合了社區研究上惟一較好的方法的條件。

（二）若就社會文化的複雜性言，西南非漢族團所過的生活，自較其他非漢族團樸質而簡單。在應用比較法以研究非漢族團的時候，必然是先從研究較簡單的社會入手。在一個極簡單的族團中，人口稀少，土地窄狹，生活技能鄙陋，因而在文化上，亦常呈一種較緊湊的現象。這種文化上高度的『有機的統一性』，非內地較大的村落社區所可比擬的。這種社會各部的相關性和一貫性，都可以由『局內觀察』得來。我們看過這本花籃猺的社會組織以後，就不能不承認該族社會組織的嚴密，文化配搭的細緻。試一設想，這樣的社會一旦陷入危機，不但族團內的各個人不能維持他原有的生活，便是整個社會亦將隨之而動搖瓦解。例如本專刊內所述，爲了外婚範圍和村落組織不相調適的關係，曾經引起婚姻停頓多年的事情。這種人類與社會組織間由相互影響而形成的局勢，惟有在簡單而緊湊的文化中，才會得到顯著的表現。而用功能法來觀察這樣的社會形態，尤有莫大的便利。

研究非漢族團所得的材料，不但在學術上有極大的價值，就是在中華民族立國的基礎上，亦將有它實際的效用。科學研究雖非專以應用爲目的；而並非專爲應用的研究，往往於無意之中，能有重要的應用價值。並且每一科學，在它草創的時候，如能適應國家及社會實際的急需，常能得到迅速發展的機會，故實用結果究爲科學所不可棄置的。而況我國眼前所處的特殊環境，更需要吾人特別注重有關國家及社會最迫切的實際問題的研究。編者有鑒於應用人類學的重要，所以在末一章討論族團間的關係時，曾暗示了邊省政府對付『特種民族』應取何種政策的實際問題。茲專就這實際問題的重要性，稍加申釋，以喚起國人的注意。

我們漢人都得承認，中華民國雖已成立二十五年，而離『民族國家』建設完成之期尚遠。在中國境內，許多非漢族團和漢族迄未打成一片，彼此常處於歧視的地位，在名義上雖爲『五族共和』（西南諸土著民族是棄之度外的），在事實上，各族間却還沒有形成一個大一統的『族團意識』，這是無可掩飾的。在海禁未開以前，漢族在東亞大陸上，本處於領袖族團的地位，它擁有最多的人口，最大的領土，和最高的文化。勢力所及，在滿清武力統治之下，形成了一個政治上的大帝國。當這『大帝國』的向心動向，尚沒有把許多複雜份子在語言，文化，和意識形態上形成一個大族團單位的時候，已與歐美及日本等強有力的族團發生了直接的接觸。在這接觸日益密切的處境下，強鄰因有擴張領土或覇佔商塲的野心，遂不惜利用我們各族間的隔膜，來分裂我們的國家，阻礙我們形成統一族團意識的進程。自外蒙獨立，『滿洲國』成立以來，四圍的非漢族團，都已迅速的開始了離心的動向，使我們歷來希企的各族一統的大事業，遇到了空前的險阻；而國內的民族問題亦一天一天的尖銳化了。

在這局勢之下，雖已有了所謂『到邊疆去』的運動，但是這運動還祇是一個口號，一種希望。『到邊疆去』，不是一件容易的事，最困難的一點，即是我們根本不明瞭非漢族團的生活實況。在沒有相當瞭解以前，侈言『到邊疆去』『同化政策』……乃至『特種民族教育政策』，都是不切實際之談。就以本專刊最後一章內所顯示的大籐猺山中族團關係複雜的情形來說，我們已可以知道邊省長官在實行開化或特種教育政策時所會引起怎樣一套糾紛的問題了。

普通說來，當一個低級文化與一個高級文化相遇的時候（這裏所謂『高』『低』，係敘述的名詞，並不包涵價值觀念在內），常常會發生幾種實際問題，如人口問題，土地問題，和宗教問題等。試以花籃猺為例：第一，人口降落的現象，是很顯明的（約在六百年中，減少原有人口百分之三十五）。編者曾詳述花籃猺以及其他長毛猺，自入山以後如何因土地限制而引起家庭破裂，又如何為預防家庭破裂而限制人口增加。將來如果研究其他正受或將受漢化的猺族時，或者還會發見另一種現象，即是土人因為不能適應漢族移民所造成的新的社會環境，而逐漸絕滅。這就是澳，非，美洲諸土著族團與西洋文明接觸以後所遭遇的窘境。

第二，土地問題的嚴重化：譬如上面所說的，因土地與人口不能維持均衡，人口於是降落；而惟一補救之法，卽是限制漢人入山耕地，多給他們保留耕種的土地。又如長毛猺與過山猺因移殖先後的不同，而引起了地主與佃戶間的階級衝突。這種族團間的衝突，直接影響了族團結構的本身。此種土地問題正在急遽的演變中，需要地方政府予以妥善的解決。

第三，在文化形態上，反映了人地比例不相埒時的一個徵兆，便是巫術神話的發達。例如板猺處於佃戶的地位，常受其地主長毛猺的壓迫，在物質世界既得不到滿足，惟有從想像世界去求安慰，因而宗教美術的『精神文化』較為發達。據說，長毛猺中，如遇重大的疾病或事故發生時，要去請板猺來招神問卦。這樣可見足衣足食的長毛猺也有仰求於他的佃戶的地方。這例子告訴我們：一個族團間大多數人在社會和經濟生活上失調，因而呈現心理緊張狀態的時候，就會在精神生活上來設法彌補以求解脫的。這亦是已受近代文明影響的未開化民族中所常見的現象。

以上不過專就花籃猺的範圍隨舉數例而已，如在其他非漢族團中進行實地調查，亦會發現類似的問題的。由此可知政府當局在沒有規定對付非漢民族的一般政策以前，在各民族中先須進行大量的社會學調查，如同惠這本花籃猺的社會組織研究專刊，祇是開了端緒罷了。這種實地研究專刊加多以後，可以增進我們對於非漢民族的實際生活的認識。有了充分的認識，再來規定初步的具體方案，然後逐步予以推行，隨時加以修正，或者可以發生相當的實效，產生較合意的結果。廣西當局勵精圖治，凡有興舉都開風氣之先，這種果敢有為的精神，是值得為其他邊省政府效法的。最後，甚願乘此機會感謝廣西省政府在過去一年間所予孝通同惠在研究上的種種優待和便利！　民國二十五年六月七日。

（注一）吳文藻，『現代社區實地研究的意義和功用』，北平晨報一九三五年一月九日社會研究六十六期。

（注二）吳文藻，『社區的意義與社區研究的近今趨勢』，社會學刊，第五卷第一期，第七至二〇頁。

（注三）吳文藻，『中國社區研究計劃的商榷』，天津益世報一九三六年五月六日社會研究復刊第一期。

通訊一束（八七—九五）

八七

頡剛吾兄大鑒：手示敬悉。青山定男氏一文，弟早已見過，竊意此等文字別有用意，並非是學術上正當之討論，即置之不答亦可。今既預備作答，弟意最扼要者，在說明王國維先生之學問與日本關係之眞相。此層確是一大問題、惜弟對此昧無所知。惟王氏學問實自承接晚淸道咸以下之學風，雖運用種種新材料，而並未特闢新途徑。王氏爲學自有轉變，其對近百年來之學術界謂其有貢獻則可，謂其從此劃一新界綫則殊未也。至我儕爲學本末是否沿襲王氏而來，此等處亦難與異邦一不相干人瑣瑣辨說，則逕置不理可已。彼涉及弟諸篇，弟意有一層當答。彼謂弟「所論，是檢索漢書地理志，水經注等所載地名，或有關連的地名，依據來比定古書的地名」，此語實似是而大非。即如彼所舉弟論「岐山」，論「洞庭」諸節，弟乃就古書原文「內證」說明舊來說地望者之誤。周初地理攷三七，三八，三九，四〇，四一，四二，四三各節皆論岐山，即如史記周避犬戎東徙，秦襄公以兵送平王，平王賜之岐西之地以下一大段記載，明明岐山在東不在西，此所謂就古書原文求內證也（論洞庭亦然，原文均甚詳）。青山氏乃謂弟只檢索漢書地理志，水經注等地名相比附，豈非大笑話。彼並不細讀我儕文字，何怪他完全作一筆抹殺之語！至彼謂「要共同擔當這種研究」，此乃圖窮而匕首現也。惟有勸他好好努力，學術之是非得失與國際之戰伐攻取並非一回事。然我儕國恥未滌，向彼說此種話，不徒貽笑，亦屬內慚耳！草此，即頌日祉。弟錢穆敬上。

1

八八

頡剛吾師：

日昨由妙峰山歸來，在禹貢第五卷第七期中得讀吳晗先生答翟生前致吾師批評其所著之十六世紀前之中國與南洋一函，初本不欲答覆，後覺其對於明史及明人著作有較深之研究，故不厭求詳，再度請教。望將此函在禹貢中發表，以就正於吳先生爲感。

生前函所批評者僅兩點：（一）謂以「三佛齊等於 Sumatra，與龍牙門等於 Singapore 」爲錯誤。（二）謂以「三保太監鄭和下西洋係繼承兩千年來的傳統政策——以國家爲主體去經營國際貿易，……欲從國際貿易上的收入，以解救當日難關」爲錯誤。其正面證据計四條；旁証計兩條，其中一條略謂，鄭和此行使命既欲發展國際貿易，以解救國內經濟的難關，而又「多齎金幣……給賜其君長」，與其所期望豈非南轅而北轍？

吳先生大函（一）謂明初之金幣指織金文綺之絲織品。但一面恐生不明白，一面又恐不相信，故舉出明史及明人著作等書以供參攷，蒙指敎，請轉謝！可是逃日翻閱雖勤，而所得的材料絲毫無補於問題之解釋。明史卷三百二十四，外國五，占城條云：

永樂元年遣行人蔣賓興王樞使其國，賜絨錦，織金文綺，紗羅。明年賜鈔幣。四年遣中官王貴通齎敕及銀幣賜之……。十三年王師方征季擴，命占城助兵，尙書陳治言，其王陰懷二心，愆期不進，反以金帛戰象資助季擴。宣德元年行人黃原昌往頒正朔，繩其王不恪，卻所酬金幣以歸。

仝上書卷三百二十五，外國六，滿刺加條云：

滿刺加在占城南……，永樂元年賜以織金文綺，銷金帳幔諸物。九年，其王來朝，賜金織龍衣二襲，麒麟衣一襲，金銀器，帳幔衾裯悉具……。瀕行賜宴奉天門，再賜王玉帶、儀仗，鞍馬，黃金百，白金五百，鈔四十萬貫，錢二千六百貫，錦綺紗羅三百匹，帛千匹，渾金文綺二，金織通袖膝襴二……。十二年王子母幹撒于的兒沙來朝，告其父訃，即命襲封，賜金幣。

以上兩段紀述，在明史算爲金幣與織金文綺較有連帶關係的文字，但讀過以後，不但不能「了然」，反而發生兩個疑問：（一）金幣既「正是一種輸出最多之商品」，何故占城王又以之酬中國使者黃原昌？（二）滿刺加王永樂九年來朝則賜以黃金，白金，錦綺，紗羅；十二年王子來朝，告其父訃，則獨賜吳先生所謂織金文綺之金幣（案，明史三百二十四外國五暹羅條，「洪武」十四年王子三賴波羅摩剌劄的賴遣使告父之喪，命中官郭文往祭，別遣官齎詔封其子爲王，賜以素錦素羅），此實令人莫明其妙。明太祖實錄二云：

（二年二月甲子）賜京衛軍士錢帛。

仝上書三云：

（五年九月庚子）命河南侯陸聚，以侯就第奉朝請。聚仕元爲樞密同知守武安等州。歲丙午以徐宿二州詣大將軍徐達請降，上擢爲江淮行省參政。賜文綺白金，還守徐州。

以太祖實錄所載兩段文字與明史宦官傳鄭和條（案，金幣兩字，鄭和條凡三見：（一）多齎金幣。（二）錫蘭山國王亞烈苦奈兒誘和至國中索金幣，發兵劫和舟。（三）「永樂」十八年九月命「侯」顯往「沼納樸兒」宣諭賜金幣，但並無織金文綺字樣）對觀，其所謂金幣似係白金文綺……之省文。蓋生原以金幣爲兩個普通名詞，且聞海內明清史的權威者某老敎授謂：「金幣常爲二物」，今又有吳先生「銀幣爲二物」之說爲旁証，益知其言之不妄。抑尤有言者，凡解釋典籍必須有確鑿的證據，吳先生既不能舉出正證，而其所舉之旁証如（一）「其時之法幣爲鈔，私幣爲錢，以金銀交易俱干禁例」與（二）「（金銀）產量不多，不能成爲商品交易之主要媒介」等說，均不能成立。（一）在專制時代，所謂「禁例」即是「皇例」，「皇例」只禁人民，不禁朝廷。成祖既可以將金銀賜夷君，鄭和奉旨下洋，當然可以齎金銀至夷國，且當時是「上有限用之名，下無從令之實」，吳先生既亦知「民間有以金銀交易之情形」，則其立場已毀，自不成立。（二）亦似是而非，蓋中國以銀爲幣至晚當在金源時，金史本紀十：

【承安】二年已夘始鑄「承安寶貨」。

皇朝文獻通攷卷十三錢幣攷一：

白金之用，惟漢武之白選，王莽之銀貨，一見於史，而後亦漸廢。……六朝迄唐，交廣之域，以金銀爲幣，然止限於一隅。至金時鑄銀名「承安寶貨」，公私同見錢用，此以銀爲幣之始。

明承先人之「遺產」，而永樂間又大開銀坑，設立銀場（詳見明史卷八十一食貨五），即算「產量」不多，但再加上全份「遺產」，數量必略可觀，雖不能成爲國內商品交換之主要媒介（？），想必足供國際間一時耀武揚威之消費或商品交換之主要媒介。且在當時「重農抑商」之政策下（案，明史卷八十一食貨五商稅條，「永樂初西洋剌泥國來朝，附載胡椒與民互市，有司請徵其稅，帝曰，『商稅者，國家抑逐末之民，豈以爲利？今夷人慕義遠來，乃侵其利，所得幾何，而虧辱大體多矣』，不聽」）。鄭和一堂堂天朝專使，率兵下洋，豈肯作那更甚於虧辱大體的逐末事情。是金銀產量多少，在國際間能不能成爲商品交換之主要媒介，不在本問題範圍之內，吾人亦大可不必計較及此。——至於謂，「海通以後，墨洋輸入，中國亦自鑄貨幣，於是始稱Coin money爲銀幣，金幣」，此實不敢苟同。皇朝文獻通考卷十三錢幣考一又云： 3

自宋迄明於銅錢之外，皆兼以鈔爲幣，本朝(淸)始專以銀爲幣。

漳州黃可垂呂宋紀略云：，

呂宋島爲干絲臘屬國，干絲臘者，西洋番國名也。與和蘭勃蘭西紅毛相埒，俗呼爲宋仔，又曰實班牙，一作是班牙。閩廣中所用銀餅，肖其國王之貌而鑄者也。

外國史略云：

嘉慶年間亞默利加藩屬地自立爲國，不受是班牙管轄，廣開港口，所獲利漸微，乃復調兵帥以代治其島，令土人互守之。每年國幣所收銀百五十萬員，所運入之貨約銀五百十五萬七千餘員，所運出者約銀百四十三萬六千員。（見海國圖志正集，淸道光二十二年寫成。）

由此觀之，如其謂「自墨洋輸入後，中國亦自鑄貨幣，於是始稱 Coin money爲銀幣，金幣」，無寧謂「自西班牙銀輸入後，中國又自鑄貨幣，於是稱 Coin money 爲銀圓，金圓」。所謂「金」者指其質，「圓」，者像其形，「名正言順」，莫是過焉。通寶稱幣，乃我國「土名」，絕不帶「舶來品」味。若必謂銀幣，金幣名稱之產生，由於Coin money 之輸入，實難避免「數典忘祖」之嫌矣。

（二）謂，「許君評吾文而節抄吾所引者相責，此非出於未讀吾文，妄加評斥；即為故意剿竊，倒戈自炫：二者必居其一」（？）。生前函中既一字不漏，舉其原文數段，此可為曾讀吳先生大作之鐵證。至所引明史鄭和傳與皇明四夷攷雖有與吳先生相同之處，但此是至重要之史料，亦可說是此問題之核心。凡討論及此者不能不引用。既同係引用，何能責人剿竊？是以上所言兩者，未必居其一。姑報之曰，「以子之矛，陷子之盾」，不亦可乎？

（三）謂，「關於地理考證　出院後當別為文論之」。敬祝早日恢復健康，以便領教。

原函答覆既竟，再進而請教於吾師：唐玄宗御撰之唐六典紀十四種金：曰銷金，拍金，鍍金，織金，砑金，披金，泥金，鏤金，撚金，戧金，圈金，貼金，嵌金，裹金等。明又有「渾金」之名。織金文綺稱金幣，渾金文綺（見上滿剌加條）……又稱什麼幣？金帛又指什麼綺？

專此，敬請著安。

學生許道齡謹上，六月十四日。

八九

頡剛先生座右：久慕鴻儀，未親塵教。自從我公提倡史地學研究，發刊禹貢以來，晚即按年訂閱，愛不忍釋。雖知有徵求會員之舉，終以不學無術，未敢冒昧。一昨與學兄顧敦鍒君函中述及，顧兄乃為晚紹介入公之門；如承進而教之，真令欣感莫名。晚好讀史書，貪而不化，初泛讀之，迄不可復憶；深知此弊，得黃任之先生語以「本位向上」，乃摒絕他書，專就「郵驛」鑽研；致力雖勤　終無所獲，斯由暗室摸索，未正高明之故也。茲謹檢呈近稿二篇，井蛙之見，有汙尊聽，不勝惶悚之至。再刻下晚正在尋求宋代驛制資料，雖知有嘉祐驛令及張方平編天下驛劵則例（前者即按後者編次三卷），不知此等書現在可有存否？或已由何人編入何種叢書？擬懇我公便中賜示，感激不盡，但不忙也。專此敬請道安。樓祖詒謹肅。四月卅日。

祖詒先生史席：頃由顧師轉來大札，敬悉。承詢關於宋代驛制書籍　謹代答於下：張方平嘉祐驛令及天下驛劵則例二書雖見於宋元人所撰各書目中，然明焦竑國史經籍志及清黃虞稷千頃堂書目皆不著錄，疑其時已佚，故今已不可見。宋人筆記中每有涉及驛傳者，細加搜討　或可有所獲，如王栐之燕翼詒謀錄（學津討原本），吳處厚之青箱雜記（知不足齋叢書本，又唐宋叢書本），孫光憲之北夢瑣言（雅雨堂叢書本，又雲自在龕叢書本）及沈括夢溪筆談（津逮秘書本），張舜民畫墁錄（唐宋叢書本）等，皆略有言及，雖零星瑣碎，要可以備參考，未知閣下曾翻閱否？專此，敬頌撰安！

史念海再拜。

九〇

頡剛先生：前些日子送上郭沫若論易年代的跋一篇，想已見到。最近于文論中補作一表，奉上。最近在卜骨中發現「北隹夷」「西隹夷」一片，從此可知「淮夷」本為「隹夷」，而殷時並有北西【東】的散布，正想找些材料，「做成一篇，或者投給「禹貢」。（禹貢的「鳥夷」，「鳥夷」均即「隹夷」之譌。）卜辭方面地名，頗有整理之可能，但我于古代地理不熟，做時甚麻煩耳。專此，敬請撰安。　陳夢家拜上。

五月六日。

九一

頡剛先生台鑒：前蒙指導，啓發良多。敬啓者：茲將唐個人對於洪水傳說之意見抄出呈上，請爲指教。關于此說，依陶希聖先生之意見，應存在於人類之新石器時代，與割禮，新石器時代之建築，初期農業爲同一時期；於此時期，中國之傳說中有禪讓，其他各國之洪水時代已有父系制之存在。陶先生之意見，唐大體上都同意，惟以陶先生所見之材料尚未見到，故不能作爲參考。至陶先生所云已入於父系時期，誠不能不引起唐之惑疑，蓋新石器之初期各國仍多属母系制，況母系制更以初期之農業爲基礎耶！以是而推論禹貢之九州說，則誠爲無稽；而唐意與先生不同者，則爲九州應即商頌中之九有九圍，與尚書中之九族有關。陶先生亦以爲此有類於羅馬之七個部族，實應爲中國古代之九個部族；唐疑州，述，遂，族原爲一種稱號，九州或爲住居於九個河川流域之部族，但以材料尚未充實，故不敢妄言。所草洪水傳說與人類社會之發展一文，如有發表價值，請即公諸貴刊，否則亦乞批示寄回爲盼。耑此敬請撰安。後學劉興唐敬上。二五，五，十五。

按，陶希聖先生嘗告頡剛，謂「九州」是沿水民族的疆域說，「九丘」是山居民族的疆域說，頡剛亦有異議。蓋「丘」乃水邊較高之地，非山也，故禹貢於兗州之平治云「降丘宅土」，以兗州全爲低地，而又値河濟漯諸水之下流，每年都有定期氾濫，當此之時，人民或住州，或住丘，以待水退而耕作。因氾濫時彼此住居地的隔絕，推想全世界也應有這樣大規模的分域，於是有九州說和九丘說的發生。劉先生以爲「九州」應與「九族」有關，頡剛不敢贊同，古代一國一家固可分成許多族，數目必不能以九限，但一個人有關係的族只有三個，即父黨，母黨，妻黨；所以秦法極嚴峻，也不過誅三族。「九族」乃是後來由「三族」放大的，且根本和疆域說不發生關係。如不從家族關係上講而說是古代住居於河川流域之九個部族，未知證據何在？承示洪水傳說一文，謂此傳說與冰河時代無關，亦不能因此證明人種之一元，頡剛甚表同意，當在下期刊出也。

九二

崇武弟鑒：來函敬悉。接到紹伯訃音，本擬立即通知顧頡剛先生，曾囑李菊田君代擬一稿，因菊田患病，近又有鼓盆之戚，未果。茲就來示，條答於後：

一，紹伯之遺像，可以向其家中索要，殿元負責。

一，紹伯之傳，繆彥威先生（鉞）來信作傳，殿元亦擬託人代撰，學生亦可作傳，惟均須待至暑假中，現時不易也。

一，紹伯稿件，已令馬成學吳俊明二生負責整理，亦須於暑假中竣事。

胡厚宣君曾來信，擬整理後在商務館付印。如整理之後，先由禹貢披露，亦無不可。

請先轉達顧頡剛先生。關乎紹伯身後事，經整理就緒後，全部交由顧先生，繆先生及厚宣等主持辦理。

即頌學祺。

馬殿元手啓。六月一日。

按馬紹伯先生（培棠）今春病逝，本會同人不勝哀悼。已由本會會員王崇武先生委託保定培德中學馬殿元先生，徵集其遺事遺文；爰將覆函披露如上。一俟集稿較多，當出一紀念專號，藉留紹伯先生一生勤學之苦心於人間也。胡厚宣先生（福林）與之有舊，願更努力！

九三

頡剛吾師：

前此論堯典成書時代，至今忽忽經年。每有所思，輒以單文孤證，恐成臆斷，竟不敢自持其說。自思於上古之文，尋求故實，在在皆荊棘之途。惟好學深思，假以時日，或可有稗耳，幹又何敢自信爲。

葉谷磬先生之文，前屢見之。葉君性極篤實，在同學中自是佳士。前作漢晉閩中建置考，略及其古閩地考中一二，一得之愚，固非欲與之校長短。近讀南北朝史籍，覺仍有疏失，方擬重爲補正。適在禹貢中見葉君來書，知其亦有此意，甚善，深望能早日完成，俾相爲諍友也。

專此，敬頌道安。

學生勞榦敬上。六月三日。

九四

諸位先生：茲啓者：接讀禹貢半月刊五卷七期，欣知選舉職員業已有成，未克親臨一瞻盛舉，乃一憾耳。厲學無知淺，得能聆悉高教，亦云幸也。因身厠政界，環境惡劣，求知之時殊鮮，而親自察驗，尤爲不易得。平度位于山東半島西境，文化素未開闢，近來雖稍稱進步，而民俗粗野，匪類常出，是以對于學術上之攷察仍爲有碍。觀其縣志，固有二三特殊之記叙，如古蹟唐賽兒之起事傳說地等，未嘗不可一往。其他棠邑等故城亦然。今逢縣志新刊，有正續編之分。厲已預定全函，但該定單尙不足額，故先郵寄正編，餘者當俟續寄。祈存本會，并請賜復。專此敬請大安。張胥厲頓首。六月八日。

九五

肯甫先生閣下：違教多日，彌殷懷想。昨奉尊著汨溺辨，深佩卓識！中國古蹟十有八九純係裝點門面，無足深論，『伍髭鬚』『杜十姨』皆此類也。葉縣弟曾躬歷，羑里城僅一土闉，在平原，非在山，頡剛先生所言，或係另一處也。今日古董家所藏，大抵今董，如先生所作，眞古董矣。『古蹟之董狐』，願以此相贈。弟今晚偕傅沅叔游恒山，亦欲蒐求一二碑碣爲諸先生之助。囑交諸友之作，還即代交。專此復謝，即頌著安。

弟邢端頓首。六月十日。

按，羑里故蹟，原只知有甘肅文縣及河南湯陰二處耳；得晃之先生此書，乃知河南葉縣亦有之；何其多也？恒游歸來，倘蒙以游記見賜，不勝感幸。

禹貢學會代售王華隆先生所著圖書要目

世界新形勢紀要本書分總論新興諸國戰勝諸國戰敗及戰後各國經濟界之概況等五篇凡五萬餘言洋裝一册定價大洋三角

東方文庫**蒙古調查記** 本書分衣食住歲時禮儀婚嫁祭祀牧畜狩獵宗教等二十四章凡五萬餘言一瀏覽間儼若身臨其境實臥遊內蒙之秘笈全書一册定價一角爲東方文庫之第十種

新著**人文地理學** 本書分人類種族語言宗教國家交通等六篇都十餘萬言爲高中師範極適用之教本全一册定價大洋六角五分

新學制高中**天文學**本書分宇宙星雲太陽系恒星及行星流星彗星地球日月蝕曆法天文儀器等十章采圖多幅簡單明瞭天文學中創作也一册四角

地理通論卷上**自然地理學** 本書爲編者教授各大學講義內容詳細取材新穎分星界陸界水界氣界生物界等編插圖數百幅都三十餘萬言作高中及師範教本極適當

遼寧省分縣最新圖 本圖自民國十六年春出版以來銷路異常暢旺屢次改版其內容之新穎適用可想而知茲又增入千山閭山等名勝全圖更詳加說明尤當爲他圖所未曾有五采一幅定價六角

遼寧省城市街全圖 本圖初版在民國十六年風行宇內旋即售罄現已大加增訂擴充圖幅並附地名檢查表爲全國各市街圖中之代表作品一大幅附表全份一元四角

華英對照**東北四省詳圖** 國人向不研究地理更不研究東北地理因不注意地圖更不注意東北地圖然則東北無圖矣有之皆外人代勞而製未曾適合於我此編者不揣冒昧從事此作以期略事貢獻民十八年創刊風行海內現已增訂並附英文五采精印一大幅附東北地理總論內隨書發行

中東鐵路形勢圖 民國十八年防俄軍興特編印斯圖注意東路各站形勢附繪强俄侵略東北領土圖分贈前敵將士以激發其防敵愛國之心 非賣品

東三省鐵路全圖 年來東北鐵路之建築日多交通愈便參觀團旅行團考察團亦愈來愈密爲便利遊人携帶及社會參考特製斯圖計分中國自辦中外合辦外人承辦三大類分類着色路線顯明車站俱備行旅得此功同指南五采一幅定價四角

最新東北形勢圖本圖內鐵路分類註記並附東三省面積與英日美各國之比較圖一幅定價一角二分

地學通論卷下**人文地理學** 本書就編者任各大學人文地理講義修訂而成分人類種族政治經濟交通等篇內容新穎一巨册定價一元

東北全書 本書就編者授各大學之地理講義加以增訂分總論分論兩大部總論詳述東北之自然經濟交通外交等分論包括遼吉黑熱四省地方誌全書五鉅册都百餘萬言第一册總論及自然地理定價平裝一元四角洋裝一元八角餘續刊

中國地理大詞典本書自民國十一年八月作起十餘年來時局雖屢有戰亂而工作未嘗稍懈迄今已有八百萬言可謂粗具規模倘希海內宏達有以教之則幸甚矣現正一方整理一方徵文備有徵文簡章調查表格承索寄奉

華英對照**熱河全省分縣檢灤平津詳圖**甲種六角乙種三角

東北地理總論 一鉅册插圖表百餘幅平裝一元四角精裝一元八角

特點

一、釋滿州釋東北 二、東北史略 三、疆域今昔觀 四、自然及政治區劃 五、東北之地質 六、東北三大名山 七、東北六大幹河 八、東北三大湖 九、東北軍商五大港詳誌 十、東北氣候寫眞

華英對照**黑龍江省新形勢圖** 五采一幅定價六角

河北要部長城津沽熱察交界詳圖 五采一幅定價四角

灤河東西長城南北平津詳圖 五采一幅定價三角

察哈爾綏遠分縣全圖 五采一幅二角五分

河北全省分縣熱察南部詳圖 五采大幅定價八角

北平內外城詳圖五采大幅定價八角

華英對照**天津市及租界詳圖**五采大幅定價一元

小學生文庫**新疆省**商務印書館發行

東北經濟地理上海商務印書館印刷中

東北交通地理上海商務印書館印刷中

東北四省分縣詳誌 上海商務印書館印刷中

會址北平成府蔣家胡同三號

考古社刊

第四期　中華民國二十五年六月出版

釋四方之名　唐蘭
說萬　董作賓
卜辭文字小記　孫海波
井侯毀考釋　于省吾
令彝新釋　陳夢家
釋底漁　陳夢家
昭王之諻敦跋　柯昌泗
爲上海市博物館接收晴韻館收藏古錢小記　鄭師許
玲瓏本漢西嶽華山廟碑考　李棪
隘盧漢碑跋三種　楊量買山記　孔冢碑
禪國山碑　楊壽祺
魯山縣新出二石記　許敬參
記魏宕昌公暉福寺碑　李祠礎
雲岡石佛小記　周一良
磧砂延聖院小志　葉恭綽
跋楚雄新出土南宋高公墓誌　張希魯
宛東訪古記　孫文青
宋代金石書考目　楊殿珣　容庚
宋代金石佚書目　楊殿珣　容庚
論古銅器之鑑別　徐中舒
中國山水畫南北分宗說辨僞　童書業
大禹九鼎所在考　王猩酋
題湊考　岑家梧
驫羌鐘之年代　劉叔揚譯
中國古銅鐵雜記　張蔭麟譯
圖騰藝術史序　陳鍾凡
善齋彝器圖錄序　容庚
河南博物館藏歷代墓誌圖錄凡例　孫文青
潘文勤金石手札鈔　楊樹達
猩酋野況　王猩酋
第二期社員名續錄
社員履歷通訊更正
本社簡章
社務紀要
本社出版書籍

每册定價國幣（或郵票）七角　發行所　北平燕京大學考古學社

代售處　北平隆福寺文奎堂　修綆堂　北平琉璃廠來薰閣　上海　上海市博物館

出版者：禹貢學會。
編輯者：顧頡剛，馮家昇。
出版日期：每月一日，十六日。
發行所：北平成府蔣家胡同三號禹貢學會。
印刷者：北平成府引得校印所。

價目：每期零售洋貳角。豫定半年十二期，洋壹圓伍角，郵費壹角伍分；全年二十四期，洋叁圓，郵費叁角。國外全年郵費貳圓肆角。

本期定價三角

The Chinese Historical Geography
Semi-monthly Magazine
Vol. V, No. 11, Total No. 59. August, 1st, 1936.
Address: 3 Chiang-Chia Hutung, Cheng-Fu, Peiping, China

第五卷 第十一期（回教與回族專號）

民國二十五年八月一日出版

（總數第五十九期）

圖片
一 成達師範學校之發展（八幅）
二 北平牛街清眞寺先賢墓碑拓片（二幅）
三 杭州出土伊斯蘭教先賢墓碑拓片（二幅）
四 創建清眞寺碑拓片（一幅）
五 太原清眞寺黃庭堅題字石刻拓片（一幅）

中國回教與成達師範學校 馬松亭阿衡
三十年來之中國回教文化概況 趙振武
附京師公立牛街清眞西寺兩等小學堂開辦攝影（一幅）
月華分佈圖（一幅）
回教民族說 金吉堂
回族回教辯 王日蔚
創建清眞寺碑 日本桑原騭藏著 牟潤孫譯
從怛邏斯戰役說到伊斯蘭教之最早的華文記錄 白壽彝
十三世紀前中國海上阿拉伯商人之活動 德國夏德等著 安文倬譯
說陝甘「回亂」初起時之地理關係 單化普
陝甘刼餘錄 單化普
附地圖（二幅）

內政部登記證警字第叁肆陸壹號 中華郵政特准掛號認為新聞紙類

贈書誌謝(十三)

本會自本年六月二十六日至七月二十五日止，收到下列贈書，敬載書名，藉伸謝悃。

計開

顧起潛先生贈：

西寧等處軍務紀略（附圖說十幅）一册　奎順輯　光緒二十一年刊印本

雞足山志補四卷一册　趙藩　李根源輯　民國二年京華印書局聚珍板印

日本田中內閣侵略滿蒙之積極政策（附英譯）一册　民國二十年上海新聲通信社翻印本

中俄外交沿革史一册　魯鴻環　任家豐編　民國十四年七月北京明明印刷局出版（非賣品）

間島問題一册　北京大學留日學生編譯社編輯　上海中國圖書公司出版　光緒二十四年八月發行

東北四洮洮昂鐵路借款問題之研究一册　郭纘澗編　天津精華印書局印行　民國二十二年五月印

新亞細亞學會贈：

關于西北農林教育之我見（孝園叢刊之一）一册　戴季陶著　民國二十三年七月新亞細亞學會初版

西北（新亞細亞學會邊疆叢書之一）一册　戴季陶等著　張振之編輯　民國二十年新亞細亞學會初版

中國邊疆（新亞細亞學會邊疆叢書之二）一册　華企雲著　張振之輯　民國二十一年新亞細亞學會初版

內外蒙古考察日記（新亞細亞學會邊疆叢書之三）一册　馬鶴天著　民國二十一年新亞細亞學會初版

西康圖經（境域篇）一册　任乃強著　民國二十二年新亞細亞學會初版

西康圖經（民俗篇）一册　任乃強著　民國二十三年新亞細亞學會初版

西康圖經（地文篇）一册　任乃強著　民國二十四年新亞細亞學會初版

赴康日記一册　唐柯三著　陳大齊輯　民國二十三年新亞細亞學會初版

西康札記一册　任乃強著　民國二十年新亞細亞學會初版

青海風土記一册　楊希堯著　民國二十年新亞細亞學會初版

最近之青海一册　青海省政府民政廳編　民國二十三年新亞細亞學會初版

亞洲之再生一册（新亞細亞學會東方叢書之一）　美國哈利生女士原著　華企雲譯述　民國二十一年新亞細亞學會初版

印度遊記（新亞細亞學會叢書之二）一册　譚雲山著　民國二十二年新亞細亞學會初版

黃河視察日記一册　王應榆著　民國二十三年新亞細亞學會初版

導淮之根本問題一册　楊杜宇著　民國二十年新亞細亞學會初版

楊向奎先生贈：

豐潤縣志四卷四册　清　郝增祜　牛昶煦　周晉堃纂輯　民國十年辛酉七月鉛印本

禹貢第五卷第十二期豫告

明代的商屯制度……王崇武

漢末至南北朝南方蠻夷的遷徙……金寶祥

蒙古用長兀字之原因……林韻濤

黃黎洲的地學著述……趙九成

成都城池沿革……蒙思明

浙江地理述略……張兆瑾

由京至雲南水陸路程清單……缺名

讀粱園東譯注西遼史札記……郭殿章

清代筆記地理類索引第一輯……國立北平圖書館索引組編

中國地方志綜錄校勘記……朱士嘉

成達師範學校之發展(一)

創辦時之校舍及創辦人←

成達圖書館之新型

建築中之福德圖書館↓

埃及兩博士之來華

義布拉歡與馬松亭←

達理與馬松亭↓

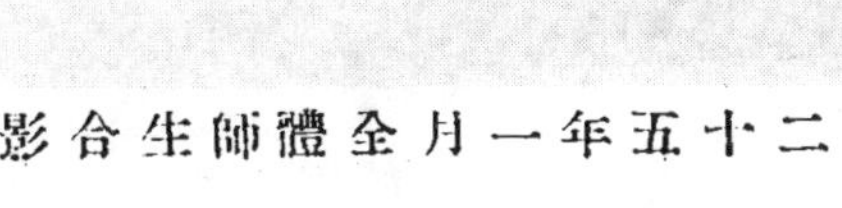

二十五年一月全體師生合影

成達師範學校之發展（二）

現在校舍之一部

第一屆畢業生攝影

留埃學生之派遣

後排立者自右而左，金殿桂，王世明，韓洪魁，馬金鵬，張秉鐸，前排坐者馬松亭阿衡

北平牛街清真寺先賢墓碑拓片（一）

趙振武拓

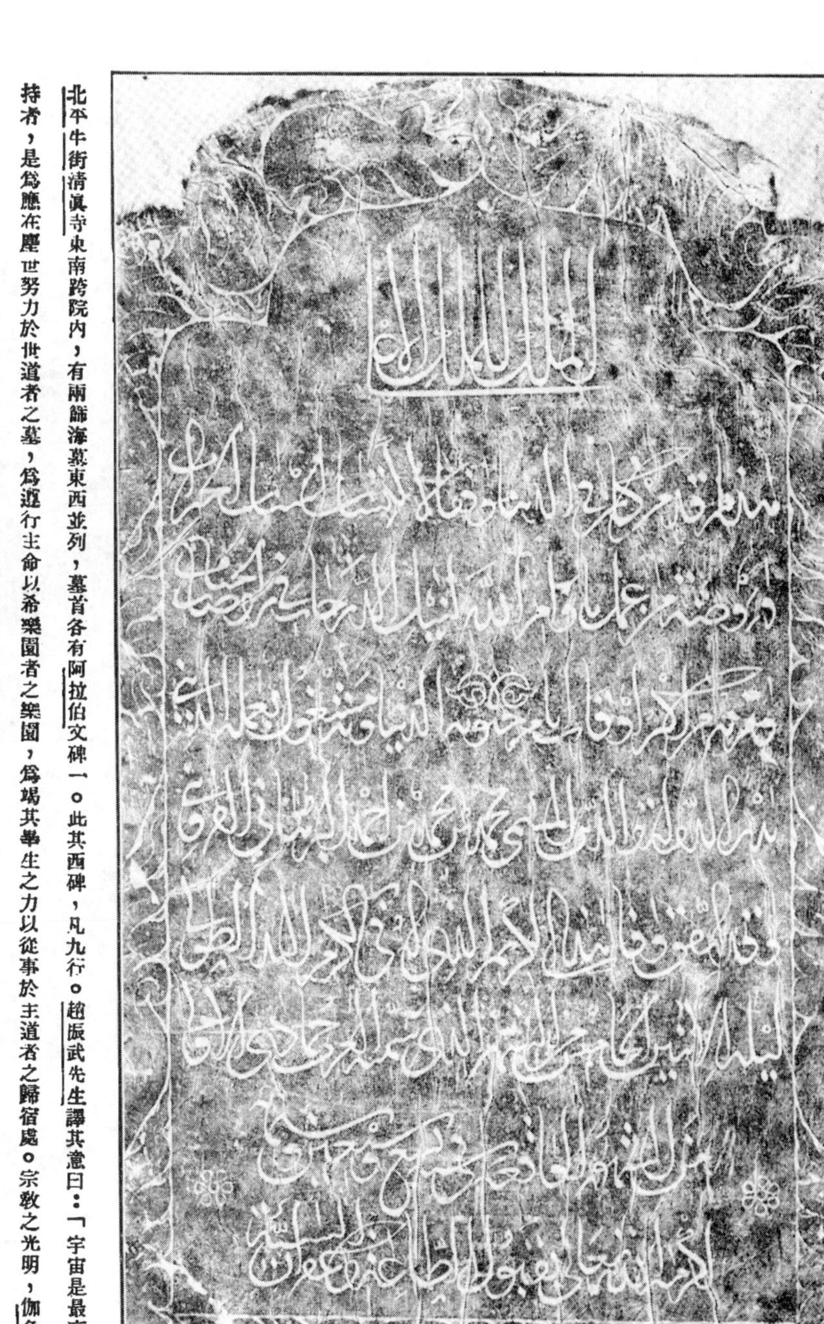

北平牛街清真寺東南跨院內，有兩篩海墓東西並列，墓首各有阿拉伯文碑一。此其西碑，凡九行。趙振武先生譯其意曰：「宇宙是最高主持者，是爲應在塵世努力於世道者之墓，爲遵行主命以希樂園者之樂園，爲竭其畢生之力以從事於主道者之歸宿處。宗教之光明，伽色尼人，名穆罕默德之子穆罕默德之子阿合默德布爾搭尼，彼實適於此慈祥之日而逝世。阿拉伯之五月五日，聚禮二，爲遷都之六百七十九年。願仁慈之主准其善功，而宥其過錯」。按至聖遷都六百七十九年五月，爲元世祖至元十七年八月，早於吳鑒清淨寺記六十九年，實吾人現在所知中國回教最古之碑也。

（壽彝）

北平牛街清真寺先賢墓碑拓片（二）

趙振武拓

此兩墓碑中之東碑凡六行。趙氏譯文曰：「凡生物皆死。是爲總集諸貴之伊瑪目之墓，布哈拉人法官爾馬頓迪尼之子阿里。願創造者施恩者之慈祥及於宗敎之有力宣傳者。其人卽報善信者，實適棄此塵世於六百八十二年十月二十五日，聚禮五」。六百八十二年十月爲元世祖至元二十年十二月，晚於前碑僅三年零四個月，亦一希有之古碑也。二碑拓片及振武譯文均經揭載於月華第八卷中。本刊以兩碑之史的意義之大，而月華銷行於敎外人士間之過少，故不惜再予介紹，願於全國穆士林外，國內外史學界亦知有此碑也。（壽彝）

杭州出土伊斯蘭教先賢墓碑拓片(一)

國立北平研究院藏

近年杭州拆城，城下發現阿拉伯文及波斯文伊斯蘭教先賢墓碑甚多，其總數至少當在百件以上。國立北平研究院史學研究會考古組，近在杭州鳳凰寺得其阿拉伯文碑拓本十四幅，其中有圖案一，碑頭一，碑文重複者一，實計共碑文十一幅。十一幅中，有年月可稽者僅兩幅。此幅所記年月，係回曆七〇七年十一月二十日，碑文不甚可解。後幅記有回曆七三〇年十月二十一日時期，已經馬志祥先生譯出，今刊其譯文於其碑拓片之後。杭州此項發現，關係於中國回教史之研究者甚大，惜吾人對此事之經過，知之不詳，而所得之拓片，數量亦嫌過少。此二拓片問世後，甚望教內外賢達，多多賜教也。（壽彝）

杭州出土伊斯蘭教先賢墓碑拓片(二)

國立北平研究院藏

眞主說：『萬物都要滅亡，惟有主宰（不朽壞）；他是最精妙者，使你們都歸于他（死亡）。』他（死者）從朽壞的寓所遷移至永存的居宅。他並選擇未來之住處於現在之住所，又選擇後世於今生。選擇寓所是最相宜，至應當的。

他求慈憫其所妄爲者，痛悔其所過失者，而聯接於眞宰的恩惠。

他是仁慈而偉大的官長，其名爲阿米勒布黑忒亞絲克，係相尼克尼里人。是培植一切學者，善待一般貧士的人。他是阿米勒阿奴尼克米勒堵德之子，布哈拉的官長歐默耳之孫。

求主照耀他的墳墓，並使他的面顏光明燦爛。他是爲扶育一般貧弱而犧牲了。他在離鄉時代實埋沒了他美麗的青春。他的死時在至聖遷都七百三十年十月二十一日。

（馬志祥譯）

創建清真寺碑拓片

趙振武藏

（參看本期牟潤孫創建清真寺碑譯文）

太原清真寺黃庭堅題字石刻拓片

夫回回之學
盡其天理而
斷其私故万
里人服其道
高理中如
吾夫子可謂
至矣
黃庭堅書

趙振武拓

本月十八日，予造趙振武先生之廬。振武以此示予，曰：「太原清眞寺有一圓頭碑，碑頭似仍保持原狀，碑身則經後人刮磨，碑頭厚於碑身者約一二寸。碑身之文，爲劉鏞所書，碑頭則題黃庭堅書，即此幅是也」。予性不喜書，於名家書法，知者甚少，此石是否果出山谷手筆，予不能辨。然此稱「回回」，顯爲伊斯蘭教或伊斯蘭教徒之別名；又稱「盡其天理而斷其私」，則同於宋儒理氣之說；而所謂「萬里人服其道，」則又足徵當時中國伊斯蘭教徒之多。使此石果眞，則在中國回教史以及中國思想史上，立即引起一重大之問題，固不只回回一名足補近賢之攷訂已也。願國內外之深於山谷書法者，一審訂之。

廿五年七月廿三日白壽彝跋

中國回教與成達師範學校

馬松亭阿衡

一 回民在中國

回教自傳入中國以來，經過千餘年的演變，而形成了今日在中國的形勢；在中國的回民，也隨着中國歷史的推動，掙扎着邁進，而造成了今日的局勢。中國回民因爲信仰的特殊，而影響到思想，文化，生活的各方面，在文化上，社會上，生活上，均保持獨立的系統。這種系統的存在，是被保存在一種特殊制度之下。這種特殊制度，很值得我們注意的，便是每個回民聚居的地方，至少要有一個禮拜寺。這個禮拜寺，並不是專供教民去禮拜禱告，實在是這一方回民活動的中心，主要的人物便是回民的領袖——阿衡。阿衡在中國回民中，實具着不可思議的神秘權力，固然阿衡都是學識深，品性高，使人尊重，而同時也是因爲服從領袖，是回民信德之一，並加以阿衡用種種的領導方法，使教民接受他的指導。這種指導，是純基于古蘭的教訓，及回民的法規。於是就形成了文化上，社會上，生活上，種種的特徵。因爲回民量數的衆多，分佈的普遍，及在某一階段的特殊地位，在各方面曾給予中國以很大的影響。中國回民，就今日論，人口約有五千萬之衆，佔全國人口八分之一；地域，差不多全國各地都有回民存在，和清眞寺的建築。在這種程度下的中國回民，當然對於中國國家的盛衰，有很密切的關係。

清眞寺在阿拉伯一帶，本來是純爲禮拜的地方。到了中國，因爲政教不能合一，所以形成如下的一種特殊的組織：教民公選阿衡一人，任期三年或無盡期，是一寺最高的教務政務領袖，同時也就是教務和政務的主持者。宋朱彧之萍洲可談說：『蕃人有罪詣廣州鞫實，送蕃坊行遣。……徒以上罪，則廣州決斷』。蕃有蕃長，即當時回教底阿衡。這可見，自宋以來，阿衡不但執掌宗教的理論和儀式，抑且對於回民間彼此的糾紛，也能片言折獄，使教民服從，就形成了阿衡在回教中超越的地位。此外設依瑪目一人，掌管寺中常務；海推布一人，掌管司儀；穆按津一人，掌管宣禮。橫的活動，差不多都附設着大學，訓練未來阿衡的人材；中學，訓練成年的失學者；小學，訓練啟蒙的幼童，使其樹立下宗教的根基。縱的活動，每七日一聚禮，一年兩會禮，以及每年定期紀念穆聖；阿衡藉這機會，向教民宣諭教義，及報告一切的教務政務，宣佈應遵應禁的事項。因此一般教民，總離不開阿衡的指導，換言之，就是總不失去他們的特有風格。這種風格的存在，是中國回民在中國能夠存在的很重要的因素。在近百年來，江河日下的中國環境中，這種風格更引起了一般人的注意。在各方面，具着特殊風格的中國回民，千餘年來，於教長領導下，以生以息，至於今日。所以中國的清眞寺，已經成了中國回民意識上的中樞機關，寺中的阿衡也就成了中國回民意識的權威者。

二　中國回民的近況及淪落的原因和影響

回教自唐傳入中國後，頗有突飛猛進之發展。元明兩朝回民對於中國的文化，政治，社會，風尙都有相當的貢獻。元朝由西域選拔優秀回教人民，以爲色目，與之相結，共同統治漢人，像贍思丁，蒲壽庚等人，在元朝都有特殊的地位和貢獻。而明太祖開國的功臣，也有常遇春，沐英…等。至明代中葉，回民已普及全國，而其對於文化的貢獻，有融和波斯中國式的教堂建築。牛街清眞寺的穹窿，現代建築家謂係宋代之藻井，其工程之精，不能仿製。東四牌樓的無梁殿也，是建築上的特種風格。回教用木筆寫的阿文或波斯文的經典，牛皮的封面，西式的裝訂法，在印刷術沒有普及前，這種經典，流傳極廣。直到現在，回教的一般學者，還保留着原來七八百年以前的寫本經，在古代文獻上，佔着重要位置。此外如曆法，醫藥，火礮等，是一般所承認的，厥功甚偉。當時朝廷固深倚畀，而回民本身，也有一日千里的進展，在社會上，政治上，經濟上的地位，非常優越。然時至今日，則迥非昔比，論文化，則不但不能對於中國文化有所貢獻，即回民本身亦已教育落伍，文化水準低落。論社會政治，則五千萬回民完全在被統治的地位。論經濟，則爲人附庸，而被剝削。以五千萬大集體的回民，占中國八分之一的人口，淪落到這種程度，不能不說是中國的巨大損失！其原因則由於回民在元明地位的優越，一方面固然養成回民本身的不振，另一方面也就引起其他民族的嫉視。所以清朝以後，滿人統治中國，力謀漢化，漢族地位逐漸增高，回族地位，漸趨低落。每因受了外部的壓迫，而起反抗圖存的運動，就受到空前的打擊。如明末反淸復明之役，陝甘回疆之役，雲南之役……始而回族尙保存其勇敢競進的風氣，不屈不撓的圖存，而朝廷不知安撫，回民終歸失敗。在這種環境演變之下，回民爲保存本身的生命起見，由自立求進的狀態，變成消極自守，不干外事的狀態，放棄社會上的一切權利，專求宗教本身的推延，馴至養成回民僅富於宗教意識，而薄於國家意識。這種動向的轉變，是中華民族史的過程上的値得注意的事。這種轉變，不但是回教民族本身的大損失，實際就是中華民國整個的損失。因爲中華民族中重要成分的回族，論數量，論文化，論分佈地帶，論民族的精神，自那一方看來，都是中國的重要民族。回族動向轉移，由干涉國事，而退到放棄國事，放棄權利，就等於整個中華民族少一個回教民族，減削國族一部份極大的力量。唐元明回民資助中國的偉業，已成歷史的陳跡。不過回族究竟忠勇性成，即使近代也常常表現出威武不屈的力量來。像甲午左寶貴殉難，庚子馬福祿昆仲之死守帝都，像最近共產西犯，被阻於馬鴻賓，馬步芳，使共黨發出不擾淸眞的口令，都足以表現回族的力量。此外回族的進展中止，和阿拉伯人中止東來，也有很大的關係。阿拉伯是回教的發祥地，在歐洲黑暗時代，阿拉伯人承古代的文化，發輝光大，是歷史上的偉跡。迨蒙古族西進，史稱黃禍時代，蒙古的先鋒部隊距離麥加僅十餘站路。這個大騷動，影響阿拉伯人的立國，大部份遷往埃及，其餘又回到遊牧時代。於是由阿拉伯以乘船舶到中國通商的事，便截然中止。同時也因回教文化來源的中止，影響到整個回族的進展，使中國回教文化方面，發現空前的惰態。但是回族文化的靜止，國家意識的薄弱，對于回族本身，多少成功了不和漢族同化，而使本身加強特性的結果。這種現象，消極方面減削中華民族整個的力量，另一方面促成回漢的反感，影響所及，眞不是楮墨所能形容的了。民國成立，回族在國家的地位的重要更加顯著，所以孫中山先生曾說：「三民主義首在解放國內各民族一律平等，回族在中國歷代所受之壓迫最甚，痛苦最多，而革命性亦最強，故今後亟宜從事於回民的喚起，使加入民族解放之革命運動。回族以歷代勇敢而不怕犧牲著名於世，使能喚起回民之覺悟，將使革命的前途得一絕大之保障。且國民革命之工作，首在打倒帝國主義；但此種工作斷非中國民族所可單獨完成者，勢須亞洲各弱小民族爲密切之結合。亞洲弱小民族爲波斯，土耳其，印度，阿富汗及阿拉伯，皆爲回族組成之國家，此多數回族國家既具有強大之革命性，復受絕大之壓迫力，今後勢將團結一致以與歐洲之帝國主義相對抗，而促其覆亡。總而言之，中國的民族運動，非有回族之參加，難得最後之成功；打倒帝國主義之工作，非有回族之整個結合，亦勢難完成也」。基于這種教訓，我們知道促進回漢的團結，培植回民國家意識，提高回民文化，發揮回族固有的精神，使恢復以前在國家的地位是怎樣重要的事情！而唯一的方策，養成時代的，適用的回教阿衡師資，利用他的優越權威的地位，來領導他們，來完成這個使命，是我們夙夜匪懈的天職。成達師範學校就在這種信念下產生。

談到回教的阿衡問題，就聯想到師範教育。回教的師範教育，自來沒有整個的固定組織。祇是每一禮拜寺的阿衡，向例是要開一學堂，視經濟的情形，招收數名乃至數十名不等的學員，叫作「海里法」。每日晨間，由阿衡講經，畢業年限，視學員所學的程度而定，並無規定的年限。這種保守式的教育，中國回教也憑着他延續千餘年的生命。不過課程方面，以文法科居多，對于義理典籍，比較少些。至於社會常識，公民常識，自然，史地，以及國學各方面，差不多付之闕如。所以這種教育，談不到什麼時代精神，國族意識，無形的與中國社會隔絕，造成獨善其身的局面。這種弊端，是很顯然的。基于這種認識，更堅定我們創辦改良回教師範教育的信念。

三　成達師範學校

成達師範學校是於民國十四年四月二十四日，在濟南創立的。其時本人正承乏西關穆家車門禮拜寺教長之職，因職任攸關，固無時不想改良舊制師範教育，造就時代的回教教長人材。同時還有唐柯三先生，法靜軒先生，穆華庭先生，馬絨生先生，都是熱心宗教，志同道合之士，在互相研討之餘，就決議組織一個理想的回教師範學校，定名「成達」，取成德達材之意。校址就在濟南西關桿石橋穆家車門清眞寺內，因陋就簡的收拾了幾間教室。公推唐柯三先生爲校長，校內一切由本人主持。至於起草宣言，釐定章則，多出于唐柯三先生之手。其時唐先生正任濟南道尹，事繁任重，但是每天必要到學校來，親自起草繕寫文件，草擬文牘。開辦前後，所經的困難，不一而足，簡單述說如下：

1.校址狹隘　校址是借用穆家車門禮拜寺的廂房。宿舍，浴室，教室，禮堂，餐廳，辦公室等僅不過數間房屋，即本人所住之房亦僅半間。以此狹小校址，收容一班，固可對付，但教室的日光空氣既不充足，而一切活動的房屋場所均付闕如，這是一個困難。

2.經費拮据　事屬創舉，同志不多，教內人士，不但認識的尙少，甚且視爲異端，多方排斥，追言請求當局補助。開支方面，大部分爲學生膳費，書籍，其他學生用費，每月僅定百元。開消固然不敷，籌措已很爲難了。

3.師資缺乏　欲造就好的人才，還要有好的師資。回教方面固有的師資多不能担任理想的功課。勉強担任的，又以報酬太微，不能安心任事。在初期的時候，曾有每一天換一位教員的記錄。直到現在，師資問題，還未能澈底解決。

4.學生缺乏　師資固然沒有，而學生也異常感覺缺乏。原擬招收廿名，但各處報名者僅十二名。合格者僅一人；高小畢業而年僅十一歲者二人；非高小畢業而年十六歲者四人；讀過經而未讀過書者二人；旣未讀過經而又未畢業於小學而年僅十一二歲者三人。合格者固然缺乏，即適合資格的，因不認識本校，亦不願來就學。總計第一班祇能勉強湊足學生十名，即此已是羅掘俱窮了。

5.課程難定　這種教育，是種創舉，要謀中文阿文雙方并進，國內國外，俱無此種先例，可以依據。所以規定課程分量，孰去孰取，煞費斟酌。中文方面的課本，用普通中學或師範的教本，不適用；阿文典籍，因無印刷機關，除七八百年前的抄寫本外，別無善本，選擇適合，更談不到了。所以課程問題，更是一件極困難的事。

6.職員缺乏　因爲經濟的關係，校長自兼文牘書記。本人除主持教長職務及上課外，還要担任校工的工作。搖鈴，操作，都要躬親其役。炊食是學生自辦，自己也是廚師之一。還有唐緯周先生的教務，金郁華先生的會計，都是純盡義務，勞瘁不辭。法鏡軒穆華亭二位先生，是純盡義務常川駐校的辦事員。

經過數月的籌措，種種的艱阻，終於在民國十四年八月正式開課，此成達師範學校成立之經過也。

四　成達師範學校的目的

根據成校的緣起，來談到成校的目的，當然以造就健全師資，發表回教文化，恢復回族固有精神，增進回民對于國家的效能爲目的。所以成校總章第二條：「本校遵照中華民國教育宗旨，施行師範教育，以造就健全師資，啟發回民智識，闡揚回教文化爲宗旨」。按照這一條的規定，成校的宗旨是在施行師範教育。這種師範教育的作用，是以啟發回民智識，闡揚回教文化的工作，來完成理想的使命。

所謂師範教育，即造就健全師資之教育。這是近代回民問題之癥結點，也是解決回民問題的總關鍵。中國回民千餘年來，以清眞寺爲中心而受教長之支配，故教長與回民之關係頗鉅。成校之宗旨，即在造就健全之師資，以作解決回民問題之綱領。

此項師範教育具有二重作用：一，啟發回民智識。回民近來文化水準之漸低，回民教育之落伍，殆爲一種事實。然回民教育，自回教入中國以來，即成一獨立系統，各種教育部門均在特殊情況下發展着。故欲以普通教育而謀提高回民智識，殆爲事實所難能。因此，成校之目的，即基於事實與回民教育之系統下，而謀啟發回民智識。其第二作用，闡揚回教文化。回教文化爲世界文化之一巨流，其影響世界文化頗鉅，同時亦爲回民信仰之中心，回民智識之源流，中國回民文化之骨幹。欲啟發回民智識，當然不能不注意到回教文化的闡揚。換言之，闡揚回教文化，即啟發回民智識也。況回民在精神上，意識上，很多的地方是由回教文化造成的，這種精神是世界回民能夠在急風暴雨中生存的因素。在中國文化失掉重心，而中國人民意識上極散漫，以致淪落到這種地位的今日，回教文化對於現在的中國，也有相當的需要；所以闡揚回教文化，即中國圖強之一道。成校之目的，即在教育與教，宗教救國。所以造成的人材，至少可以担任下列的三種職務：1.宗教方

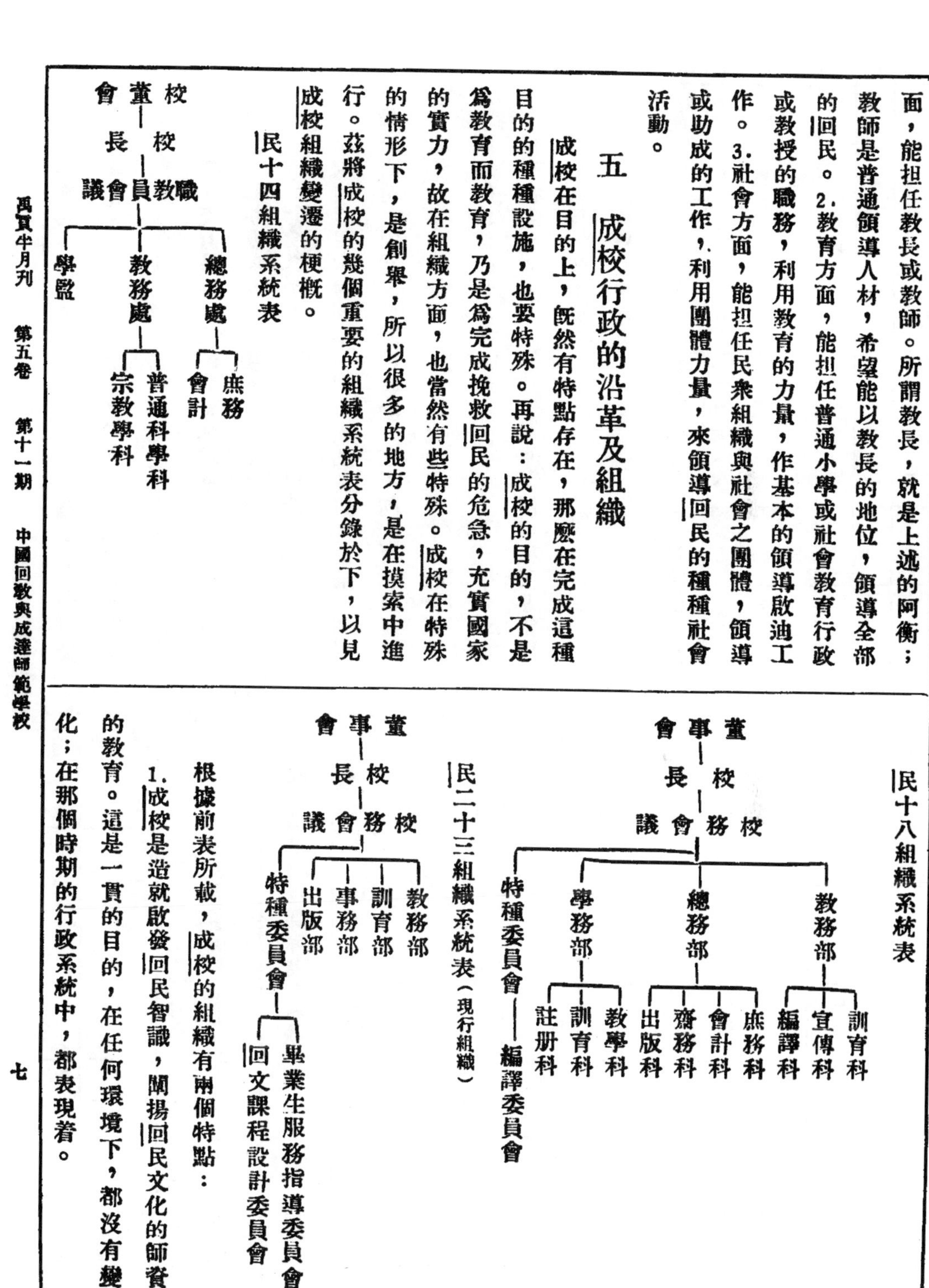

面，能担任教長或教師。所謂教長，就是上述的阿衡；教師是普通領導人材，希望能以教長的地位，領導全部的回民。2.教育方面，能担任普通小學或社會教育行政或教授的職務，利用教育的力量，作基本的領導啟迪工作。3.社會方面，能担任民衆組織與社會之團體，領導或助成的工作，利用團體力量，來領導回民的種種社會活動。

五　成校行政的沿革及組織

成校在目的上，既然有特點存在，那麽在完成這種目的的種種設施，也要特殊。再說：成校的目的，不是爲教育而教育，乃是爲完成挽救回民的危急，充實國家的實力，故在組織方面，也當然有些特殊。成校在特殊的情形下，是創舉，所以很多的地方，是在摸索中進行。茲將成校的幾個重要的組織系統表分錄於下，以見成校組織變遷的梗概。

民十四組織系統表

- 校董會
  - 校長
    - 職教員會議
      - 總務處
        - 庶務
        - 會計
      - 教務處
        - 普通科學科
        - 宗教學科
      - 學監

民十八組織系統表

- 董事會
  - 校長
    - 校務會議
      - 教務部
        - 訓育科
        - 宣傳科
        - 編譯科
      - 總務部
        - 庶務科
        - 會計科
        - 齋務科
        - 出版科
      - 學務部
        - 教學科
        - 訓育科
        - 註册科
      - 特種委員會
        - 編譯委員會

民二十三組織系統表（現行組織）

- 董事會
  - 校長
    - 校務會議
      - 教務部
      - 訓育部
      - 事務部
      - 出版部
      - 特種委員會
        - 畢業生服務指導委員會
        - 回文課程設計委員會

根據前表所載，成校的組織有兩個特點：

1.成校是造就啟發回民智識，闡揚回民文化的師資的教育。這是一貫的目的，在任何環境下，都沒有變化；在那個時期的行政系統中，都表現着。

2.成校的出版事業，自民國十八年後，即漸行發展，到現在，在組織系統中却很重要。成校的出版事業，不僅是學生的成績的披露，更走着溝通中西回教文化的途徑；而且是在特殊的教育的環境下，尤必自附出版事業，以供應特殊的用書。

六，成校課程的變遷及組織

成校的課程，的確是一個很大的問題，也是一個很困難的問題；因爲成校所造就的人才不同，所以所授的科目也不一樣；但是舊的回民教育的課程，已經失掉效用，而新的尚無成規，故成校的課程，在黑暗的摸索中，却有很多的變遷。茲將重要的幾個課程表介紹於下，以見其變遷的梗概。

成達師範學校課程表一（民十四）

學科＼學年＼時數	第一學年	第二學年	第三學年	第四學年	第五學年	第六學年
阿文	一八	一八	一七	一八	一七	一七
公民	一	一	一	一	一	一
儒經	二	二	二	四	四	四
國文	六	六	六	四	四	四
歷史	二	二	二	二	二	
地理	二	二	二	二	二	二
數學	三	三	三	三	三	三
理化				三	三	三
習字	二	二	一			
共計	三六	三六	三四	三七	三六	三四
附註	阿文包括古蘭經，聖諭，阿拉伯文，教律，認主學，倫理學					

成達師範學校課程表二（民十六）

學科＼學年＼時數	第一學年	第二學年	第三學年	第四學年	第五學年	第六學年
古蘭	六	六	六	六	四	四
讀法	一					
聖訓					二	二
阿文字法	三					
阿文句法	四	六	四			
阿文章法				二	二	
阿文論理學				一		
波斯文法				三		
教律	二	三	五	四	四	二
認主學	二	三	三			
性理學					三	二
波斯文藝						三
天方典禮				二		
天方性理						二

8

成達師範學校課程表三（民十八）高級部

學科						
阿文倫理學						二
歸真要道					三	
寺政論					二	三
儒經	二	二	二			
國文	六	六	六	四	四	四
習字	一	一	一			
數學	三	三	三			
公民	一	一	一			
黨義	一	一	一	一		
歷史	二	二	二	二	二	一
地理	二	二	二	二	二	
教育學				二	四	四
理科				三		
科學概論						二
法學通論				二		
回教史					二	二
地方自治				二	二	二
共計	三六	三六	三六	三六	三六	三五
附註						

學科＼時數＼學年			
黨義	一		
三民主義	一		
五權憲法			
建國大綱			
建國方略			
中國國民黨總章			
中國國民黨史			
中國國民黨政綱			
中國國民黨宣言			
歷史	二	二	一
中國近世史	二		
西洋近世史		二	
日本近世史			一
地理	二	二	
外國地理	二		
人文地理		二	
國文	四	四	四
選文	二	二	
作文	一		
文學史			二
國故概要		一	
公牘文			一
作文	一	一	一
教育	二	六	八

	教育原理	二		
	教育行政		一	
	管理法		二	
	教學法		二	
	教學實習			六
	論理學		一	
	心理學			二
地方自治		二	二	二
	地方自治法規	二		
	財務			
	建設			
	公安			
	教育		二	
	土地			
	衛生			
	戶籍			
	村制			二
	工商			
	農礦			
	民衆團體			
阿文		五	二	二
	選文	二	一	一
	修辭學	二	一	

	會話	一	一	一
	作文		一	一
教律		四	四	二
	天道(禮,齋,課,朝,)	四		
	人事(姻婚,營業,雜規)		四	
	教律原理			二
回教史		二	二	
	回教史	二		
	穆聖史			
	海里凡史		二	
	依瑪目史			
	列聖史			
眞經		三	三	五
	第一部(第一本至第六本)	三		
	第二部(第七本至十五本)		三	
	第三部(第十六本至第卅本)			三
	編制法			二
聖諭		二	二	二
	五功	二		
	人事		二	
	言行			二
認主學		二	二	一
	認主	二		

伊馬尼與伊斯倆目			二	
異派之辯正				一
教務須知			二	三
科學概論		一		
阿文論理學				

成達師範學校課程表四（民二十）

學科＼時數＼學年	第一學年	第二學年	第三學年	第四學年	第五學年	第六學年
阿文	八	八	八	二	二	二
眞經	六	六	六	六	六	六
教義	四					
聖論		四				
教律			四	四	四	四
教史				三		
倫理學				二	三	三
認主學					三	三
黨義	一	一	一			
國文	六	六	六	三	三	三
數學	三	三	三	二	二	二
歷史	二	二	二	二		
地理	二	二	二	二		
理科	二	二	二			
英語				二	二	二
音樂	一	一	一			
工藝					一	一
論理學				二		
教育學				三		
教學法					三	
管理法					二	
小學行政						一
測驗與統計						一
社會學					二	
經濟學					二	
法律學						二
地方自治						二
心理學				二		
哲學						二

附註

一，數學：前三年算術，代數，後三年三角、幾何。

二，歷史：前二年本國史，第三年外國史，第四年近代史。

三，地理：前二年本國地理，第三年外國地理，第四年人文地理。

四，理科：第一年植物，生理，第二年動物，化學，第三年礦物，物理。

北平成達師範學校課程表五（民廿三，現行）

科目＼時數＼學年	第一學年	第二學年	第三學年	第四學年	第五學年	第六學年
國文	六	六	五	五	五	五

科目						
公民	二	二	二	二	二	二
數學	三	三	三	三		
歷史	二	二	二	二		
地理	二	二	二			
自然科學	二	二	二	二		
心理學			二			
論理學				二		
教育概論			二			
小學行政				二		
教學法			一	二		
教育測驗及統計				一		
英語					二	二
勞作	一	一				
圖畫	一	一				
音樂	一	一				
體育	二	二	二	二	一	一
軍事訓練					二	二
實習						二
回文	七	七	六	六	五	四
古蘭	三	三	三	三	六	六
聖訓					四	二
回民	三	三	三	三	二	二
哲學					一	二
法律學					五	五
每週時數總計	三五	三五	三五	三五	三五	三五

至於支配課程的原則是這樣：

1.關於阿文的：

a.要養成直接讀阿文典籍的能力。

b.要對於回教的根本經典—古蘭，有整個的認識。

c.要對回教道德的基本教訓—聖訓，有整個的認識。

d.要對於回教哲學有概括的研究。

e.要對於回教的教律，有全部的認識。

f.要對於回教社會道德社會制度，有整個的研究。

g.要對於回教的歷史，有整個的明瞭。

2.關於中文的：

a.要養成直接閱讀國文及發表能力。

b.要對中國史地，外國史地有概括的認識。

c.要對於公民法律常識，有整個的認識。並特重公民道德意識之養成。

d.要對於自然知識，有概括的研究。

e.要對於國學典籍，有初步的研討。

f.要對於數學，論理學，心理學等有初步的研討。

g.要對於教育學，教育史，教學法，學校行政有整個的認識。

h.要對於師範的技能各科，有教授的能力。

i.要對於應用文函牘等，有工作的能力。

成校在學制的編制上，係採四二制，前四年係初級師範，後二年爲高級師範。初級師範偏重回教師範課程，高級師範偏重回教文化之探討。

七，成校的現狀

成校自成立以來，經十餘年之久，慘淡經營，艱難備歷，終以經費艱窘，更加以事屬初創，故無若何驚人之發展。然卒能於十年之間，卓然存在，而能獲得社會人士之諒解及同情，此又內疚中而可引爲自慰者也。玆將成校之現狀，略述於下：

一、校內之現況

a.教職員人數現有教職員二十八，內有民國廿二年埃及政府派駐本校之愛資哈爾大學研究院博士二人。

b.年級編制及學生人數現有師範部一年生五十四名，師範部三年生二十三名，五年生二十八。

c.圖書館之組織　成校自成立以來，即有圖書之組織，不過規模頗簡單。自民國二十一年，本人就獲送留埃學生之便，晋謁埃及王福德一世，請求賛助中國回教。埃王慨然應允，特贈回文書籍數百種，遂有福德圖書館之議，現已組織就緒。

d.出版圖書　成校出版部，每月均有出書，現出版部出版書籍已不下百餘種矣。

e.定期刊物　成校現有之定期刊物有二：一，成師校刊，每五日出版一次，偏重報告校務及學生作品。二，月華旬報，專爲討論回教文化，稍有獨立性質。

二，畢業生現狀：成校畢業生業已前後三班，共計四十七人，計有師範部兩班，研究部一班；畢業生中除派五人赴埃及愛大留學外，餘或派赴甘，陝，寧，籌辦回民教育，或担任內地教長，或留校服務。關於畢業生之組織，在學生方面，即有成校畢業同學會，以謀畢業學生感情之聯絡，服務上之提協。在校方面，則有畢業生服務指導委員會，以謀學生服務之指導。該會現分：學務，教務，普通三組，分別指導各項服務生。

八，成校將來之計劃

成校限於經費及環境，對於將來之計劃，頗感受相當之困難，然對於發展之計劃，終未嘗稍事忽略。根據成校之教育宗旨教育性質及所負之使命，而依據現時之環境，以謀成校之發展。茲將將來發展之計劃，草書於下：

1.學則系統組織之完成：成校依據總章之規定，學則編制有小學，師範，研究部之組織。小學部自民國二十二年因擴充師範部及籌建築研究部而致停辦以來，業三年於茲，現正在計劃恢復此項小學，以作回民教育之基礎。師範部原定爲六班，現僅存三班，所缺三班，當盡力補充。蓋師範教育爲成校之主要目的；亦即成校之正式骨幹也。研究部爲較高師範部之學級，該校師範部畢業，或對於回教研究有相當成績者得入研究部。成校於民二十二成立第一班，民二十四年畢業，後以校舍關係，未得續招。

2.特別班之開辦：所謂特別班，即非正式組織系統中之班次也。成校擬招考回民舊式清眞寺教育中海里凡之資格相當者成立專修部，以應付特殊之環境。蓋近來舊式回民淸眞寺教育逐漸發生動搖，而此等教育中之學生，亦頗成問題。但此等學生，舊爲回民所崇拜，而對於回文與回教理論，亦頗有相當之研究，所缺者不過缺乏普通常識。若能將此等學生招集起來，施以特殊教育，授以常識，則造就回民師資之事，定可收事半功倍之效；亦爲新舊教育交替中必有之現象也。此項教育，擬定爲預科二年，本科四年。預科爲工具之準備，本科爲高深學術之探討。預科課程擬定爲古蘭，聖訓，法學，回文，國文，社會常識，數學等科目。本科則分系研究，以造成專門人才。

3.圖書館之充實：圖書館現已組織就緒，其內容尙待充實，現正在計劃如何充實；特別是回文書籍之充實，以達溝通中西文化之目的。

4.回教文化研究之組織：回教文化自來皆爲學者自己單獨研究，而無團體的研究；此對於回教文化之發展，頗爲阻碍。現成校擬設法聯絡各學者，組織文化團體，研究回教文化；以謀回教文化之有機的發展，而完成成校之使命。

根據上述，成達師校的工作，確是當前回民的重要的大問題，實際也就是中華民族當前的一個大問題。

三十年來之中國回教文化概況

趙振武 1

近人金吉堂氏著中國回教史研究（註一），以唐初迄清季一千三百年間之中國回教情勢，區爲三期。其意以爲自清季王浩然興學起，爲今後一大變遷，因而歸入第四史期（註二）。今欲述近代中國回教文化教育諸事跡，允宜采金氏之意，斷自王浩然興學始。

王浩然名寬，行五，浩然其字也；回名哈志阿布杜拉合曼，北平人，生於清宣宗道光二十八年，歿於民國八年。新疆纏回呼之爲「白十阿衡」——「白十」，纏語謂之五，猶內地人呼之爲「王五阿衡」也（註三）。阿衡博學善教，果毅任重，以故名滿華夏。近代中國回教文化之倡興，教勢之復振，阿衡領導之力也。基於此，故敘述近代中國回教文化教育諸變遷史跡，必須自王氏興學始。

所謂近代中國回教文化教育者，包含自清德宗光緒三十三年至民國二十五年之三十年中中國回教的學校，著作及翻譯，報紙雜誌，學術團體，圖書館及書報閱覽室，以及書店印刷諸事業而言，分別述之於下。

一　學校

中國回教，經有清二百年之摧抑，回民乃變其積極態度而爲消極，退居寺內（註四），謹守教功。阿衡之所倡，民教之所由，厥爲寺的教育而已。所謂寺的教育者，有大學，造就阿衡之學府也；有中學，中年失學者之受教處也；有小學，兒童之教育機關也。凡此，皆以講經爲課，率讀阿拉伯文，經課之外，概非所習。暴政之下，保持回教於不絕，寺的教育實居首要。然而拘墟不變，使回民積漸而成今日之貧愚。迨辛丑和議既成，國民憤戰敗之辱，紛起圖強，王公浩然乃崛然而起，以爲拯救此積弱已深之中國回民，更非改善學制莫由，乃躬往歐亞非各回教國家考查。德宗光緒三十三年歸國後，與王友三達浦生諸阿衡在北平創回教師範學堂於牛街禮拜寺，於經課之外，加入各項學科，是爲中國回教有新式學校之權輿。翌年，更與馬振五（鄰翼），孫芝山（德春），馬少衡（棠），馮餘軒（興永），古亮臣（光甲），馬瑞川（兆祥）諸先生創辦京師公立清眞第一兩等小學堂（註五）。自是厥後，各地回民莫不聞風興起。至今流風所被，全國各地凡有回民之地，幾於莫不有回教小學之設；雖失學兒童，在今日尚觸目皆是，而三十年來之回教小學教育，確有足觀者。而中學師範一類之中等教育，近十餘年來亦達十餘處，茲舉於下：

名稱	創辦年代	所在地	創辦人	備考
回教師範學堂	光緒三十三年	北京	王浩然	不久即停
成達師範學校	民國十四年	濟南	馬松亭，唐柯三，法靜軒，穆華亭	民國十八年遷北平
伊斯蘭回文師範學校	十七年	上海	哈德成，達浦生	
伊斯蘭師範學校	十七年	萬縣	周級三，李仁山	聞已停辦
第一中阿學校	二十三年	寧夏	馬少云	
以上係宗教教育之中等學校				
蒙回學校	民國九年	寧夏	馬雲亭	近狀不詳
崇實中學	十五年	晉城	馬君圖	
西北公學	十八年	北平	馬雲亭，白崇禧，孫繩武	
明德中學	十八年	雲南		
青海回進會第一府中		西寧	青海回教促進會	
偕進中學	二十年	寶慶	馬振五	
穆興中學	不詳	杭州	孫吉士	
新月女中	二十四年	北平	馬松亭，楊新民，王夢揚，陳志澄，趙振武	
以上係普通教育之中等學校				

右列諸中等學校，顯分二種性質：

一、普通教育——其組織，其課程，其中一切的一切，均遵部章，與一般中學無異；甚且雖標造就回族子弟之名，而實則回漢兼收。不過，回族子弟入此等學校，飲食起居，較入一般學校爲便耳。

二、宗教教育——是爲純正之回民教育設施，且大多數爲師範性質，其目的所在，要不外：

a. 造就適合新社會環境之新阿衡，俾領導已入社會之成熟新青年。

b. 造就有充分宗教知識之新師資，分發各小學服務，庶使未成熟之新青年，受有充分之道德訓練，將來不致墮落。

基於是，故此種學校之課程的組織，皆與部章稍有出入，舉北平成達師範學校而言，則部定師範科目與宗教道德科目各佔二分之一，即每週授課三十六小時中，師範科目與宗教道德科目各十八小時是也。至組織方面，如北平成達師範學校於教務訓育事務三部之外，更有出版之設，以爲供應特殊應用書籍之機關；更有畢業生服務指導委員會之組織，舉凡畢業後派出服務之學

دار العلوم الحميدية في بكين من بلاد الصين
京都牛街清真西寺公立两等小学堂开办摄影

生，其服務效率之大小，成績之優劣，學校均負全責。其組織情形之特殊，於此可見一斑。

於五千萬人之回族集團中，其中等教育，僅乃如是，固可使人短氣；而徵之十載以來之有進無已，足徵一般人之注意已及於此。而今而後，果使教育當局徹底明白此種純正回民教育之需要，進而予以相當之扶植，則將來之發展必可預期！惟三十年來，回教女子中等教育迄付缺如；去歲暑假，北平新月女中之成立，實開新紀元。當樞亦以回族情形特殊故，於開學半年內，即蒙特予備案，於以見其重要。

至於小學，則自有清光緒三十四年王公浩然手創清眞公立第一兩等小學堂後，至今三十年，全國各地，凡有回民之處，無不設有回民小學；其中，規模宏大，設備完全之學校，尤指不勝屈。譾陋如僕，未能備舉，而篇幅有限，列舉亦勢所難能，姑從缺略，以免掛漏。

若固有之寺的教育，三十年來，雖依樣成章墨守，然以環境日改，應付日亟，率破舊例，而加授漢文；近且有聯合數寺以上之生徒，擇適中地點，敦聘教師以教授漢文者，又儼然走入新式學校狀態中矣。故今後純粹寺的教育亦將漸蛻化。

留學之風，始自近十數年。民十時王靜齋偕弟子馬宏道西行，王氏入埃及愛資哈爾大學，馬氏則入土耳其君堡大學。厥後，王曾善氏自費留土，海維諒氏自費留印。然此皆個人行動，其由學校正式資派，經與駐在國當局正式商洽者，則自埃及愛資哈爾大學中國學生派遣團始。此項派遣團，至今已有四屆：第一屆之派遣爲民國廿年，由上海伊斯蘭回文師範學校一人雲南明德中學三人合組之，並由明中訓育主任沙儒誠先生護送前往，沙氏因亦留埃監護。民國廿一年北平成達師範學校復以畢業生五人組織派遣團，是爲第二屆。本屆之派遣，由該校馬代校長松亭親自護送，抵埃之後，馬氏且覲見埃王福德一世，歷陳東西文化溝通之需要，及中埃兩國應負此溝通之任，極蒙埃王嘉許，當允盡量收容中國學生，且許派教授二員來北平担任該校教授。自是而後，中西文化之溝通乃益進展。廿二年愛資哈爾大學中國學生部正式宣佈成立，沙儒誠被任爲部長。廿三年，雲南明中復派遣三生赴埃，是爲第三屆。同年上海伊斯蘭回文師範學校派遣第四屆學生五人，而留印之海維諒氏亦

4

由德里來克勞等處展轉抵埃。於是愛資哈爾大學中國學生部中，已有廿人之譜，濟濟蹌蹌，盛況空前。去年，成達師範第二班及研究部第一班畢業，曾擬派遣第五屆，適愛大更換校長，新校長對收容外國學生與前校長見解不同，故未能成行。然而，溝通之路已開，今後要視吾人之努力何如耳。

埃及愛資哈爾大學中國學生部題名

屆別	姓名	字	派遣學校
部長	沙國珍	儒誠	雲南明德中學訓育主任
第一屆	馬堅	子實	上海伊斯蘭回文師範學校
	納忠	子嘉	雲南明德中學
	林仲明	子敏	雲南明德中學
	張有成	子仁	雲南明德中學
第二屆	韓宏魁	天一	北平成達師範學校
	王世明		北平成達師育學校
	金殿貴	允嘉	北平成達師範學校
	馬金鵬	志程	北平成達師範學校
	張秉鐸		北平成達師範學校
第三屆	納訓		雲南明德中學
	馬俊武	興周	雲南明德中學
	林興華		雲南明德中學
第四屆	金子常		上海伊斯蘭回文師範學校
	定中明		上海伊斯蘭回文師範學校
	胡恩鈞	枋權	上海伊斯蘭回文師範學校
	林鳳梧		上海伊斯蘭回文師範學校
	馬肖連		上海伊斯蘭回文師範學校
	海維諒		印度來克勞大學院

5

二　書籍與印刷

編譯之風，始自明季，三百年來，名著極夥。前賢如王岱輿，馬文炳，劉介廉，馬復初，伍子光，金北高等，其作品已不下數百種，大抵皆局部問題之譯著；至回教基本典籍——古蘭經之翻譯，則近代之成就。故近代之譯著事業，乃有足述者也。

譯著之事，可分爲翻譯與著作二部言之。

a. 翻譯品之最堪述者爲古蘭經。全部譯本已完成者，在今日共有三種，一爲鐵錚譯之可蘭經，二爲上海姬覺彌譯漢譯古蘭經，三爲王靜齋譯之漢譯古蘭經（註六）。一二兩種爲非回教人所譯，大率爲欣賞文藝之作，第三種則爲回教人自作，其文學方面之價值如何姑不具論，要其措詞立言，自較眞切。其翻譯尙未完成或正在翻譯中者，則有上海中國回教學會之譯本（註七），及天津楊仲明之譯本。楊譯本聞在太原伊斯蘭佈道會陸續排印，其完成期，尙未公布。安徽楊子厚亦有譯本，但只聞之，未見其稿本也。此外，近代之主要譯品則尙有：

名稱	譯者	出版者	內容
回教哲學	馬堅	上海商務印書館	用宇宙現狀及論理推論，証明回教的絕對一神論。
阿文論語	馬堅		以阿拉伯文字譯中國之論語。
伊斯蘭教	納子嘉	北平成達師範出版部	記敘回教的性質，主張，古蘭經概論，穆聖略史，教法之源流，構成，派別，以及回教學術之沿革。
聖諭詳解	李虞宸	北平清眞書報社	解譯穆罕默德聖人之教訓四十章。
回耶辨眞	王靜齋	北平清眞書報社	記敘印度回教一阿衡與耶教一牧師之辯論。
偉嘎業	王靜齋	天津伊光報社	記載回教教法之條文及說明。
中阿新字典	王靜齋		
敬心經	楊仲明	北平秀貞精舍	闡明認主獨一之學，並對於唯心論有所辨正。

上舉爲翻譯之概略，表列各書，亦以舉要，其詳則浩如煙海，不能悉錄。

b著作，更汗牛充棟，舉要言之，則如：

名稱	著者	出版者	內容
四教要括	楊仲明	北平秀貞精舍	總論回，耶，儒，釋四教之宗派得失。
中阿初婚	楊仲明	北平秀貞精舍	爲阿拉伯文法漢譯之始，故曰初婚。凡四册，一字義學，二字體學，三字用學，四菁華錄。
伊斯蘭教概論	馬鄰翼	上海商務印書館	總記回教之理論及天道人道諸端，提綱絜領，要言不繁。並附成達諸生講演錄，條理清晰，尤便參考。
齋月演詞	成達師範第一班學生	成達師範出版部	由回教信仰起，舉凡教理，教法，教史，以及一切回教常識，無不周詳。前書所錄，尙不及半，此其全稿。
回語讀本		萬縣伊斯蘭師範學校	書分初高兩級，共十二册，先由對譯起，漸及高深文理，循序以進，最便教科。

6

中國回教史研究	金吉堂	北平成達師範出版部	爲中國回民自著系統教史之始，分上下二卷。上卷曰中國回教史學，主研究，凡三章；下卷曰中國回教史略，主叙述，亦分三章。白壽彝氏有評語，刊大公報圖書附刊。
回教與人生	馬松亭	北平成達師範出版部	書中凡爲文九篇，爲馬松亭等九位阿衡所著，詳論回教對於人生之態度。
禮法問答	馬玉龍	著作人	用問答體分別解釋各項功課之意義與則例。
清眞要義	馬君圖	著作人	撮要解釋回教各種主張，末並附古蘭節譯數百節。
曆源眞本	馬自成	成達出版部	道咸以來，回曆之推算已走入錯誤之途，馬氏精心測勘，歷廿年之力，始完全改正爲此本。
阿文新文法	埃及福力胖蠑博士	成達出版部	阿文文法繁頤釋極，中國歷來所用，皆六百年前古本，編制體例，不適教授。本書用最經濟最明顯之筆，叙述文阿文法之全豹。
至聖實錄記年校勘記	趙振武	無單行本，刊載中國回教學會月刊	劉介廉著至聖實錄年譜二十卷，中間中西曆對照完全錯誤，歷三百年，此書始爲勘正之。
西行日記	趙振武	成達師範出版部	凡六卷：曰出國以前第一，曰海洋沿站第二，曰在開羅第三，曰耶路撒冷一瞥第四，曰朝覲去第五，曰歸途第六。

此期作品，要以創作居多，而教科讀物之類，因小學教育之發達，故質與量均極發展，不能悉述；表中所舉，實不能代表萬一也。回教文化，率多載之阿拉伯文中，故研習阿文，實爲探討回教文化之基本。中國回民，尙能保持此點，故千年來，阿文原文書籍之肄習，始終不輟，因而原文原書之流入中國，亦成要舉。最近三十年來，經營此種文化事業，致其最大力者，當以上海協興公司，上海中國回教書局，以及北平成達師範出

版部爲最。

上海協興公司在過去，曾由孟買，德里，埃及，叙利亞，土耳其等處，運輸大量之原文典籍來華銷售，便利學子良多。

上海中國回教書局則以影印西書爲最大之貢獻。如教律經，略最經註，以及門志德字典等大部頭之書，均經該書局影製，便利中國學子。

北平成達師範出版部之經營運輸與影印原典籍，爲其最近對於中國回教文化上極大之貢献。自極淺顯之阿拉伯文讀本，阿文法，聖訓解釋，以至最高之古蘭經，無不有影印本。就中尤以影印歐斯曼本之古蘭經爲最，字大行朗，極便於用。而該出版部回文鉛字之鼓鑄成功，更予中國回教文化上以極大之助力。回文字母凡二十有八，但首尾變化，錯綜聯綴，其體可成二百餘，故每付字凡二百餘個。現出版部中僅有楷體十八磅字及廿八磅二種，兩年以還，尚未大著效果，於以占文化之進度矣(註八)。

至書店業之經營，在全國中，其名較著而貢献較大者，則民國初元時之成都經書流通處，鎮江山巷清眞寺，雲南振學社，北平清眞書報社，上海協興公司，上海中國回教書局，北平成達師範出版部，上海穆民經書局，以及西安之某書社；或即舊日木刻，或運輸西經，或影印西經。至如用活字回文排印書籍，則僅成達師範出版部一處而已。

三　定期刊物

回教刊物，要皆以闡發教義，提倡教育，溝通文化，傳達各地回民消息爲主。自有清末季至今，年有興替，表著如後：

名稱	創刊時期	地址	備考
醒回篇	光緒末年	東京	留日中國回教學生主辦，只出一期。
清眞月報	民國四年	雲南	翌年即停。
清眞學理譯著	五年	北京	只出一期。
清眞雜報	六年	雲南	只出一期。
清眞月刊	九年	上海	已停刊。
清眞週刊	十年	北平	已停刊。
清眞旬刊	十一年	雲南	已停刊。
明德月報	十三年	天津	十六年停刊，共發行十一期。

明德報	十三年	天津	共出二號。
穆聲週報	十三年	北平	已停刊。
清眞月刊	十四年	鎭江	已停刊。
醒時月刊	十四年	奉天	
穆友月刊	十四年	北平	已停刊。
中國回教學會月刊	十五年	上海	
中國回教學會季刊	十六年	上海	月刊停刊後改此，亦只出一期。
震宗報	十六年	北平	每月一期，已停刊。
伊光月報	十六年（九月）	天津	
清眞鐸報	十八年	雲南	每月一册，已停刊。
天方學理月刊	十八年	廣州	
穆光半月刊	十八年	北平	
月華	十八年	北平	每十天一册。
陝西回教公會月刊	十九年	西安	停刊數年，現又復刊。
穆士林	十九年	香港	已久不見發刊。
回教青年月報	十九年	上海	現已停刊。

成達學生會月刊	十九年	北平	現已停刊。
穆民	二十年	廣州	現已停刊。
伊斯蘭學生雜誌	二十年	上海	
伊斯蘭青年	二十年	遂寧	第二卷在陝發行。
北平伊斯蘭	二十年	北平	現已停刊。
正道雜誌	二十年	北平	現已停刊。
勵進	二十年	北平	現已停刊。
回民	二十一年	常德	已停。
雲南伊斯蘭畫刊	二十一年	雲南	已停。
醒民	二十一年	北平	已停。
穆聲	二十一年	北平	復刊後旋即停版。
回族青年	二十二年	北平	已停。
醒蒙月刊	二十二年	桂林	近狀不詳。
東光	二十二年	泰安	現已停刊。
穆音	二十二年	常德	近狀不詳。
西北	二十二年	北平	現改西北周報。
開宗月刊	二十二年	河南	現已停刊。
槃爛	二十二年（八月）	六合	只出一期。
改造	二十三年	上海	現已停刊。

警醒鐘	二十三年	北平	西北三小主辦，每月一期，只出五期。
天山月刊	二十三年	南京	現已停刊。
突崛月刊	二十三年	南京	
成師月刊	二十三年	北平	現改名校刊。
人道月刊	二十三年	上海	
文化週刊	二十三年	南京	
廣西回教	二十三年	南寧	只出一期。
華族週報	二十四年	漢口	
晨熹	二十四年	南京	每月一册。
伊斯蘭	二十四年	開封	已停刊。
崑崙	二十四年	青海	青海回教促進會主辦，第一年爲單頁，今年已爲每月一册。
回教青年月報	二十五年	南京	
回教青年	二十五年	青海	回教青年學會主辦。
塔光	二十五年	廣州	每月一期。
西北一小校刊	二十五年	北平	每年十期。
西北二小校刊	二十五年	北平	
西北週刊	二十五年	北平	
成師校刊	二十五年	北平	每五日刊一期。
回報	二十五年	鎭江	日報

右舉所知，歷三十年而得六十種，考其旋起旋仆之由，要不外(一)經費支絀，(二)稿件缺乏。至今屹然存在而能按期出刊者，在珠江流域中，首惟天方學理；在長江流域，則突崛，晨熹，華族；黃河流域一帶，則伊光，月華，成師，伊斯蘭青年；在黑龍江流域，亦僅一醒時月刊耳。就自己所知，月華之發行，已遍國內外(如圖示)，而其數量僅爲全國回民人口萬分之一，其餘或亦如是也。

四　學術團體

學術團體，濫觴於清光緒末葉。天津楊仲明阿衡之清眞教育會，宣言會章，燦然已備；惜調高和寡，未能實現。至民國二年而有清河陸軍預備學校回教同學與京師公立第一兩等小學堂同學合組之清眞學會，但僅籌備，亦未成立；其宗旨則「爲聯絡學界伊斯蘭教人，講求伊斯蘭教學問，彙闡發之於社會之上……」(註九)。迨民國六年，京師公立第一兩等小學堂同學所組之清眞學社，始具體有成，至今其文猷尚有足徵者。

1.立案呈文

呈爲創設清眞學社，懇請立案事。竊維宗教之主旨，要以道德爲

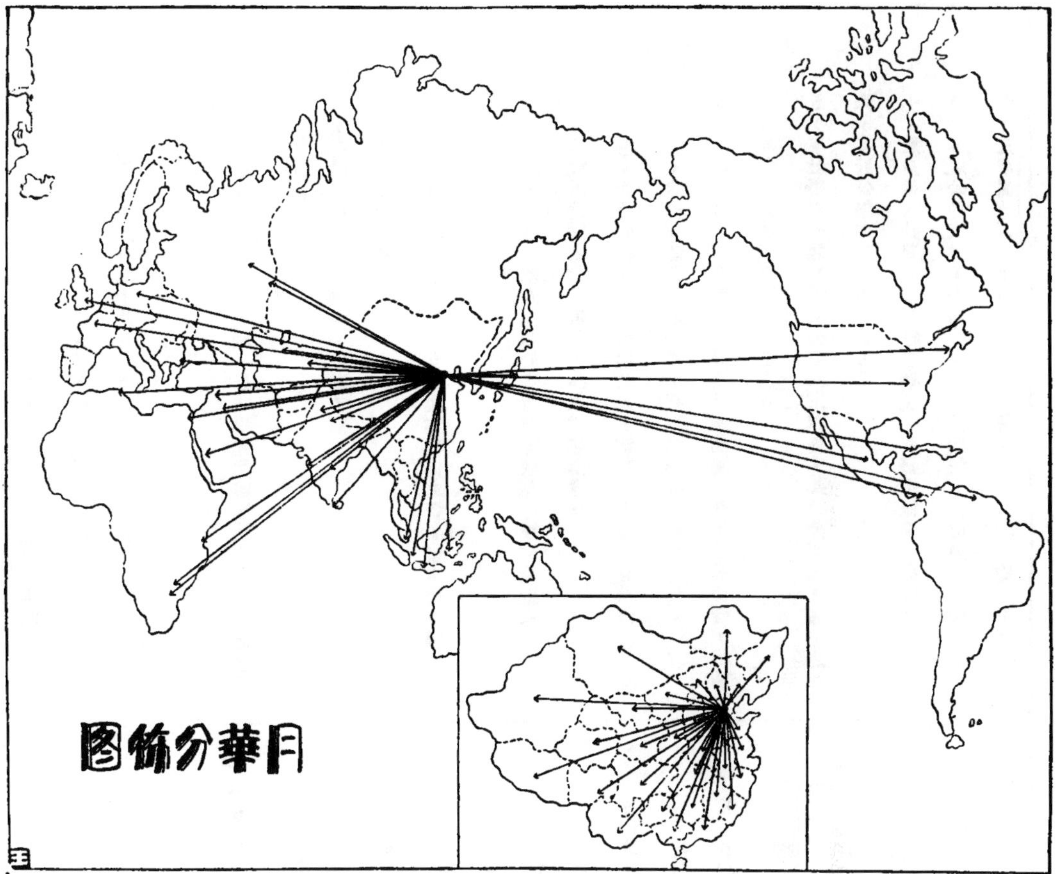

月華分佈圖

依歸、道德之修明，則恃學術爲先導。溯我清眞古教，傳入中國，千數百年，雖信徒日衆，賢哲代出，而宏博學理，終未大昌。推原其故，皆由學者閫守一方，不能集思廣益之所致。德明等，有見於此，擬在京師牛街，組織清眞學社，以闡明學理，研究學術各宗旨，藉聯同教之感情，共勗學問之進步。雖宗教之信仰任人自由，而事業之進行悉遵法律。庶幾道德因學術而愈明，學術以研究而愈進，宗教固可藉以昌明，社會國家亦胥獲補益。謹擬規約十條，呈請

鑒核，俯准立案，祗候

批示遵行。謹呈

京師警察廳。

2. 警察廳批

京師警察廳批　第二千二百七十二號

原具呈人　張德明等

呈一件　報組織清眞學社請備案由

據呈報組織清眞學社，假牛清街眞寺爲臨時事務所，繕具規約，請予備案等情，查該學社，以闡明教理，研究學術爲宗旨，係屬一種關於公共事務之結社，核與治安警察法，

集會結社各條，尙無不合，應予照准備案。除呈報內務部並行區查照外，合亟批示該具呈人等遵照。此批。

中華民國六年四月二十八日。京師警察廳總監匯。

3. 社員規約

一，本社爲清眞教人所組織，專在研究學術，闡明教理，故定曰清眞學社。

二，本社只設幹部一處，不分設支部。

三，本社有下列職務：

甲，對於教務之利弊，有以文字提倡之責；但不得攻擊個人私德。

乙，對於非回教人，關於本教教理教務之誤解及詆侮，有以文字駁正分辯之責；但不得涉及挑釁辭意。

丙，對於同教人，及非同教人，宗教之疑問，有解釋之責。

丁，對於教理教法之爭持，有引據經典以調解之責。

四，本社精神，專在研究，擬定每週集議一次，遇必要時，得開臨時會。其會議規則，另定之。

五，本社得以研究所得，公佈於宗教界；其公佈方法，另定之。

六，本社公佈文件，用全社名義。

七，社員無入社費，但進行之事項，有負担經費之義務。

八，本社公佈文件，一切費用，採分配法，由社員平均担之。

九，凡清眞教人，年屆成丁，具有研究之能力者，均得入爲本社社員。

十，本社置左之職員

甲，社長一人，代表本社，綜理一切。

乙，幹事四人，輔助社長，分担事務。

民十而後，社員南北飄散，社務乃陷停頓。

民國十四年，上海乃有中國回教學會之組織，規模之備，作用之宏，爲有史冠。其主旨凡五：

一，闡明教文

a. 翻譯經典　b. 編輯書報　c. 宣講教義

二，提倡教育

a. 創設學校　b. 設立藏書室　c. 招待遠方學子　d. 設立天課部收集

三，聯絡中外同教情誼

四，扶助同教公益事業

五，不涉政治（註十）

民國十七年，北平各大學同學，曾聯合組織一伊斯蘭學友會。據民國二十一年該會第五屆常年大會之報告，會員之統計，依省別則有河北，甘肅，遼寧，山東，熱河，吉林，安徽，四川，陝西，黑龍江，廣東，河南，綏遠，西藏，雲南等十五省；依性別則有男會員八十九名，女會員七名；依校別則有輔仁大學，中國大學，民國大學，北京大學，朝陽大學，郁文大學，師範大學，女子師範大學，華北大學，北平大學，成都大學，中山大學，河北大學，工業大學，法政大學，鐵路大學，交通大學，河北六師，河北十師，北平師範，軍需學校，弘達中學，崇德中學，上海吳淞公學，警官高等，文治中學，財商專校，河南中學，西北公學，成達師範等校，爲平市最高知識階級青年之總薈。翌年（廿二年）改組爲回族青年會，宗旨既變，面目全非，非復純潔之學術團體矣。

又北平有追求學會者，爲一部回民知識階級之青年所組織，不詳其始，大約在民國十六七年間。此班青年頗肯努力於學術事業，成績甚著。惜中間曾一度與印度拉賀爾之阿合馬底亞教會合作，致該會會員照片被刊載於阿合馬底亞教會之宣傳刊物中，且曾不斷的由阿合馬底亞教會將該會之漢文譯品贈予國內圖書室，爲該會玷耳（註十一）。今據該會內幕人稱，目下與阿合馬底亞教會不特神離而貌亦早不合，特外人不明，尚以該會爲阿合馬底亞之中國友會也。

此外如南京之中國回民教育促進委員會，甘肅一帶 13
之回民教育促進會等，又皆爲推行教育機關，非純正之學術團體，不具錄。

最近，青海省有回教青年學會之組織，吾人僅見其所出回教青年月報二三期，尚未能明晰一切，亦不著錄。

五　圖書館及書報閱覽室

書報閱覽室在最近十年中，幾於普遍全國。此項閱覽室大都附設於各地清眞寺中。蓋教育逐漸發達，而後求知欲乃愈隨之澎漲，於是書報閱覽室乃應運而生。吾人於回教定期刊物中，則時時暫見某處書報閱覽室徵求書報；某地書報閱覽室鳴謝贈書；比年以來，有增無已。蓋於清眞寺中闢潔室數間，庋藏若干書報於其中，任人入覽，斯已矣。既無經常必需之開支，更不需要若何之設備，故輕而易舉，不易中輟且與日俱增也。至於規模較備之圖書館，則大率附於各中等學校，暨規模宏大之小學中，如淑賢圖書館之附諸西北小學一部是。至若成達師範學校之福德圖書館，庋藏埃及王福德一世頒賜之大量回文經典，在中國尤爲鮮有。最近該校特築樓房以爲館址，規模尤壯麗云。

總觀所述，此三十年來實爲中國回民文化之蛻化期；由幼蟲而蛹，初期似已度過；倘不卜其成蟲之何若。故舉述事實，而不具論其得失，蓋欲俟諸來今。

（註一）北平成達師範出版部出版，一册售價四角。

（註二）見月華旬刊第八卷第八期紀念王浩然阿衡感言。

（註三）阿衡卽回教教長。

（註四）謂回教之淸眞寺。

（註五）詳見月華第七卷第二十四期王浩然傳。

（註六）鐵譯本爲北平中華印書局出版，姬譯本爲上海愛儷園出版；王譯本爲北平中國回教促進會出版。

（註七）前二卷已分期刊載上海中國回教學會月刊。

（註八）詳見月華第六卷，第二十五—二十七期。

（註九）見淸眞學理譯著第一期。

（註十）見上海中國回教學會月刊第一期。

（註十一）印度阿合馬底亞教會爲回教中之異派，被一般回教人擯斥於正道之外。今其勢頗盛，歐美暨南非各洲之回教新勢力皆屬此派。

14

回教民族說

金吉堂 1

目錄

一、敘言
二、回教民族構成的理論
三、遵照古蘭的教訓，信回教的可以成民族
四、依三民主義所講構成民族的要素為標準，信回教的即回族
五、以姓為証，中國回民多是外來人
六、以事實考察，中國回民多是外來人
七、以幾個習慣用語為証，回民是外來人

一　敘言

中華民國領土以內，有五千萬人民信奉回教。這五千萬回教信徒之中，除去居住西北回疆者可以顯然易見的判別出來，與漢族人有所不同外，其餘大部份散居內地各省，若不加以審視，殆難辨認孰回孰漢。因此，近二十餘年以來，回族之界說，紛然不同。在一般教外人及一部教民，以為回疆各部固屬回族，然居內地者又何莫非西北之移民，而回紇之子孫。而教內另一部人士，又以為吾人以族言，與漢人同；以宗教言，則係信奉天方傳來之回教。于是回族說與漢人回教說，聚訟紛紜，迄未得到明快之解決。吾人經過相當時日之考察，始知所謂回族，既非回紇人之後裔，更非漢人信回教者。說我們回族血統之中，有某一種人之成分則可，指定吾人即是某一種人，不惟不可，亦且不能。直接言之，今日回民之祖先，原來為外國人。——若分析言之，有敘利亞人，小亞細亞人，伊拉克人，伊思巴罕人，各部波斯人，各族中亞人，（撒爾他人，阿爾根人，哈剌魯人，）女直人，蒙古人，猶太人，乞卜查克人……。此等龐雜不同，風俗習尚，語言文字，服色，飲食，面貌，骨格，都不同之外國人，因有共同之目的，相率來中國居住，又因同屬一教，信仰相同，對于教條之遵守罔不一致，然後經過長期間之結合，同化，蕃殖生息，而成回族。質言之，回族者，回教教義所支配而構成之民族也。

二　回教民族構成的理論

或曰：信回教而成回族，何以信佛教者不稱佛族？

信儒者不稱儒族？推而道教基督何以不稱道族基督族？然則回族之說，是歟？非歟？余曰：唯信奉回教者，可以構成民族，他教則無此綜合之能力。因回教之教訓不僅示人以幽冥之理，深奥之玄學，與作人之準繩，實包有組織社會之一切制度，如經濟，婚姻，喪葬等。關于各宗教教理之是非眞僞，此處爲題目所限制，不欲加以月旦。唯回教之社會制度，實爲優于他教之特點。此特點之有無，即信回教者能構成民族，與信他教者不能構成民族之絕大原因。威爾斯在他所做的世界史綱裏說：「回教不僅是一種宗教革命，同時是一種社會革命。回教對于以前各教革命，所以回教信徒之信仰，思想，志趣與他教劃然不同。回教對于以前社會革命，所以回教徒到處能維持其自身組織，另成一種特殊集團。此種特殊集團勢力澎漲時，即爲征服民族。若其勢力低微而被壓制時，表面上雖無顯著之表示，然自內幕觀察，仍與他教截然兩體，絕無通盤水乳之可能」。蒙古統治中國期間，在中國境內有信奉基督教，信奉佛教之各族，及有信奉回教之阿拉伯人波斯人突厥人。自漢人光復河山，成立明朝，以迄今日，所有信奉基督佛教之各族，早如涓滴入海，不復可辨。唯信奉回教各族，不惟未被同化，且因信仰之維繫與黏著，反爵成一大民族。使無社會制度之詳明規定，何以能保持其本質，到底不變？

回教徒對于宗教之義務，匪僅信仰而已。尤在嚴格的行其所當行，止其所當止。即以禮拜言之（其餘尚多，後當陸續言之），信仰目的之單一，固爲各教一致之主張，然信佛者亦去大成先師孔子之牌位前，行其三跪九叩禮；服膺孔孟之儒者，亦嘗向馬王前上供，皂王前燒香；講三位一體之耶穌教徒，亦能在會場中，向孫中山遺像行三鞠躬禮。凡此種種，皆信仰惟一眞主之回教徒所不敢爲。回教徒除向空暝拜安拉乎以外，皆不敢拜。基于信仰一致而表現相同，而造成民族意識，彼此聯合而發生民族感情，于是產出民族特性。此回教所獨有，他教之所無，故信仰回教者能爲一回族。

三　遵照古蘭的教訓，信回教的可以成民族

截至現在，我知道有三節阿業蒂——眞主之默示，古蘭的明文——可以作我的「回教民族說」的根據。于

2

是「回教民族說」得了最高上的証明。

古蘭首章：「主啊！你引領我們在正道上，那一些人的正道，他們不是迷路的，不受忿惱的。」這裏開宗明義的，把整個人類，分作兩部分：一方是在正道上的，一方是迷路的，與受忿惱的。

古蘭又說：「但屬穆民，皆是兄弟。」這節天經，加緊了回民與回民之關繫，使之結成手足。

古蘭第三章，第一〇九節：「你們是最優秀的民族，人爲人類來造化你們。你們命人行好，你們止人幹歹，你們歸信主」。眞主明明地指信回教的爲一民族，并且是優秀的民族。所謂優秀民族，是因爲信回教的，負有勸善止惡的責任，與知道歸信眞主。

根據上述天經，就信仰上，與理智上，信回教的是一民族了。

四　依三民主義所講搆成民族的要素爲標準，信回教的卽回族

孫中山先生所講三民主義之民族主義中，謂一民族之構成，必須具備血統，生活，語言，宗教，風俗習慣相同之五種要素。自其說問世，未聞有非之者。今試依此五種要素爲衡，觀察今日之中國回民，其自身是否保持此五種要素，完整無缺，而其與教外一般人士，是否依此五種要素，有所不同。

一、血統　回族血統老是整個的。這種原因，是由于回教婚姻制度上，嚴格的規定。按回教教法，回民婚姻限于同教，不能與信異教者結婚。譬如一是摩洛哥信回教的男，別一個是馬來信回教的女，他倆洋聚一隅，因兩情相悅，便可結婚。雖所處遠隔重洋，因信仰相同，自有作親之可能。不如此，雖同里巳五百年，但一回一漢，便永遠不能作親。因此之故，回族的血統，永遠是整個的。另外，假若回族人與一信異教之異姓相悅，對方能放棄原來信仰，來皈回教，亦可結婚。所以回族血統，只有注入，而絕無混淆，仍是週流不變的。回教人固可娶有經典人的女子爲妻，然在中國實無一見。即使有之，而其所生子女，依然是回教徒，依然不能再與異教通婚。這種縝密的限制，適以促成中國回族之多源一系。

血統爲抽象的，不若觀察面龐體格，爲顯而易見。在表面上看內地回人，似與漢人無殊，然一加辨認，仍

自不同。友人薛錦章在他做的中國回族運動裏說：「西北回族差不多是高軀，隆準，深目，修髯。內地回族髣髴是遜色，但是和漢族比起來，軀幹仍然強大一些，準頭仍然高聳一些，眼目仍然深凹一些，鬚髯仍然長多一些，和漢人仍然大不同。以我個人經驗看來，回人漢人走到街上，我能辨別出來那是回回，那是漢人」。了了數語，實是留心此道者。

江湖相面者流，有曰：「南人不相天庭，回回不相鼻子……」俗稱大鼻者爲回回鼻子。是回族同化內地雖已多年，然在生理構造上，仍有不同之點。

二、生活　再爲分別論之：

A.衣　按回教教規，凡信回教者，有一定之服制，斷不許服外教衣服。中國回族，因有國家觀念，衣裳盡從國製，然亦絕不染及他教之宗教服色，且均常川纏頭或戴軟製白帽，故俗有白帽回之稱。舊日回族婦女不戴冠，以示與漢人有別。

B.食　回教極注意衞生，對于飲食最加審慎。一切性質不良，自死之物，與豬之類，皆在拒食之列。中國自古爲愛吃之地方，自來中國回教傳教者，對于豬特別加以禁止。因回人永遠絕對不食豬，故回族人之生活上絕無一絲豬之營養分在內。回族與漢族之身體發育，亦因之有所不同。

C.住　中國回族到處聚族而居，間有回漢合居之城鎮，亦係劃居。今舉數處言之：濟寧回民居南門外運河南岸，濟南與臨清州回民均在西門外夾運河而居，滄州回民居南門外，天津回民居西門外，通州回民在城內東南一隅，北平回民居城之西南隅，明代之南郊也。上舉各處回民，多者四五千戶，少亦千餘戶，不唯聚族而居，且就其居處之地域以觀，顯見其沿運河發展而來也。

目今遊西北邊者，恆謂：見人高馬大濃髯白帽者，即知是回民，精神萎頓，身體羸弱者，即知係漢人。何則？蓋回人遵守教規，不吸雅片，而漢人恣意吸取，故體質之強弱，精神之佳否，有不同焉。

D.行　回教女子絕不許騎馬，回教人所御之舟車，另有一種特別標識，以示與漢人有別。

生活方式　回族因飲食不便，鮮有求仕者，多爲商賈。自表面上看，回漢營運似無分別，然回族因教條禁止之規定，不放債，不借利息，不當理髮匠，不爲卜筮，不爲堪輿，不爲倡優……。又因飲食關係，只有漢人爲回回傭工，回回絕不去漢人店舖中服務食宿。故回與漢之間，只有交易，而無連帶。又北方各處，回回衆多，不許漢人宰殺牛羊，稱之爲漢屠。遇有漢屠，必羣起而攻之。

三、語言　世人皆知回族讀漢文採漢語，其實回人對外，固使用漢人語言，然對內彼此交談，恆夾雜甚多阿剌伯語或波斯語之單字。此外，尚有若干有歷史淵源之字句，流露于日常談話之間。若在禮拜起伏之間，所頌之讚詞或經文，則固非阿剌伯文原句不可也。至于發音，因水土氣候之不同，已隨地與漢人默默同化。然一加審辯，其輕重疾徐與口氣，仍有多少之差別。舉吾所知，北平牛街回人發音，與牛街以外之北平人即多少不同。天津穆家莊回民與天津本城回民之發音，亦微有不同。一處如此，他處可知矣。甘肅河州東鄉屬之回民，仍未脫盡蒙古人之語言。青海撒拉爾回仍保持其老突厥語之遺傳。回疆八部，更無論矣。

四、宗教　回族之構成係由回教之支配，則回族人士當然同一信仰回教，此處可以無論。

五、風俗習慣　回族到處自爲風氣，與教外迥異。

5 此種風氣之來源，一爲教條之規定，一爲對穆聖之模倣。一日五時禮拜，每年把齋一月，拜必先作小淨，如常必有大淨，有財產，値百抽二五納稅，作公益事項，終身期麥加一次。餘如倫常道德，孝親愛國，……皆教法所規定，而教民所應遵守。喜施濟，爲穆聖所諄囑而常行，後世教民倣行，養成一種見義勇爲，輕財好施之習慣。如七脩類藁所云：「彼（指回回）同郡貧人，月有給養之數，他方來者，亦有助儀」。即係讚揚回人之美德。

穆聖勇武，適以造成回民好武，善鬥，不怕死，好鍛鍊之英風。如河南回民某人善拳技，曰某人一身好「遜拿」。遜拿者，阿剌伯文，意即穆聖之行爲也。回民本係外來人，以少數人處多數漢人中間，感受境環壓迫，所謂「同有畏心，其勢必合」，遂造成尙義，任俠，重團結之一種習性。而到處民風強悍，尤爲回回之特長。如南方民氣弱，南方回民即強于其本地漢人；北方民氣壯，而北方回民民氣，亦較強于其本地之漢人。

回民初生，先命以阿文之回回名，稍長再取漢文名，北方及西北亦多有終身用回名者。此回名在訂婚及結婚時爲法名，中文名無用也。回民男童，必行割禮。成丁後必拔去腋毛。成年後必齊鬍。

五　以「姓」爲證，回民是外來人

名字上冠姓，爲華人特具之習慣。故外來人留居是邦者，積久亦染此習，于是子孫相承，自成民族，回教徒入籍中國自不能例外。就現在所有回教徒之「姓」，而加以區分，大抵可別爲三類：

一，回姓—爲回教徒所獨有，非回教徒所無：

賽，納，喇，哈，犳，底，亞，鮮，喜，定，撒，薩，海，回，鐵，虎，脫，仉，閃，妥，朵，以，沐，玉，把，改，買，拜，剪，可，者，敏，忽，擺，靠，黑，洒……

其得姓方式，約有四：

(甲)取原名之首音　揭文安公集卷九送燮元溥序：

元溥蒙古人(原)名燮理溥化，無氏姓，故人取(原)名之首字，加其字之上，若姓氏云者，以便稱謂，今天下之通俗也。

元時，回教徒居中國者極夥，當時有此普遍之風俗，取原名之首字加其字之上，以便稱謂，故：

納速剌丁之後裔姓納

忽先或忽辛之後裔姓忽，轉爲虎，又轉爲胡

苫思丁之後裔姓苫轉爲亶，陝，閃

木八剌或木沙剌福丁，穆古必立或穆魯丁之後裔姓沐，穆哈散之後裔姓哈

亞古之後裔姓亞

海魯丁之後裔姓海

買述丁之後裔姓買

撒的迷失之後裔姓撒

洒不丁之後裔姓洒

改住之後裔姓改

拜住之後裔姓拜

鎖住之後裔姓鎖

仉機沙之後裔姓仉——以前名見新元史氏族表

(乙)稱號之首音　例：

賽典赤之後裔姓賽見標滇續：賽典赤子孫分十三姓

(丙)任取原名之一音　例：

奧都喇合蠻之後裔姓喇

也黑迭兒之後裔姓黑

(丁)原名之尾音　例；

烏巴都剌或阿都剌之後裔姓喇

二，準回姓—原係漢姓，目今回人姓者較多，漢人較少：

馬，麻，宛，滿，沙，古，丁，洪，黃，藍，白。

其得姓方式，約有五，

(甲)取原名首音　例如：

麻速忽之後裔姓麻

麻合馬之後裔姓麻

滿速兒之後裔姓滿

沙的之後裔姓沙

馬哈麻或馬速忽或馬哈沙之後裔姓馬上名見補元史氏族表

(乙)取原名尾音　例如：

阿合馬之後裔姓馬

亞古之後裔姓古上名見補元史氏族表

職馬倫丁或勘馬剌丁之後裔姓丁名見九靈山房集

(丙)任取原名一音　例如：

吉雅謨低音字元德—見九靈山房集謨音與馬同，故名馬元德。

默里馬合麻之後裔姓馬

(丁)稱號之尾首　例如：

馬合馬沙或阿思蘭沙或木八兒沙之後裔姓沙

(又)回教徒原名 Mohammed, Ahmed, Mehmud 者多，故中國姓多馬。俗有「十個回回九個馬」之諺。

又姓「宛」者原姓「完」（見重修朝眞寺碑陰題名）。『「完」源出完顏氏，金人裔也。金大定間，禁女眞人勿得混漢姓，故去完而爲顏，惟在曲阜不敢冒堯國之姓，特稱「完」氏』。（日知錄）

三，漢姓——內地回人姓氏與漢人相同。自表面上觀之，不能判出孰回孰漢，或有幾分回人成分。（如準回姓，一望而知回多漢少）。例如：張，李，王，劉，金，崔，周……說者以謂回人漢姓，爲漢族信回教之証明。實則今日之回教民族，雖有漢人成分在內，然究係少數，其大多數回人之祖先仍係外籍。

明太祖洪武三年四月甲子詔曰：『天生斯民，族屬姓氏，各有本原，……朕起布衣，定羣雄爲天下主，已嘗詔告天下蒙古諸色人等，皆吾赤子，苟有材能，一體擢用。比聞入仕之後，或多改姓更名，朕慮歲久，其子孫相傳，昧其本原……』

洪武九年閏九月丙午淮安府海州儒學正曾秉正言：『臣見近來蒙古色目人，多改爲漢姓，與華人無異。有求仕入官者，有登顯要者，有爲富商大賈者』。見日知錄。

上引二節，所謂改姓，舍其原名，而用一般漢人所用之姓也。諸色人等，色目人云云，要以回教徒佔大多數。當元之世，各色回教徒挾蒙古勢力以臨中國，或因官寓家，或貿遷所至，遍于南北各地。及其漬染既久，相率襲華風，冠漢姓，以至于今，故今日回人漢姓，仍係回族。

(A)取原名首音

伊司馬儀……之後裔姓伊，北平回回營旗籍回人

蒲訶栗或蒲加心……之後裔姓蒲，蒲壽庚考。

胡山……之後裔姓胡。棗林雜俎：長安縣儒學訓導胡山……長安回人衆多，而胡姓在明清間爲大族。胡山必係Hussan。

蘇里曼……之後裔姓蘇

(B)取原名尾音

伊不剌金……之後裔姓金。名見補元史氏族表，又見南京勅建禮拜寺碑記。

(C)任取原名一音

伯篤魯丁……之後裔姓魯，見元西域人華化攷。

(D)賜國姓

劉　萍洲可談卷二云：「元祐間，廣州蕃坊人劉姓，娶宗女，官至左班殿直。劉死，宗女無子，其家爭分遺產，遣人撾登聞鼓，朝庭方悟宗女嫁夷部，因禁止三代，須一代有官，乃得娶宗女」。——竊思中國自唐以來盛行賜外國人以國姓之風習，然則此劉姓之起源，其非五代時由南漢劉氏賜與來廣州通商之伊斯蘭教徒之姓歟？——（用桑原騭藏蒲壽庚考語）。

李　唐末陳黯華心說——全唐文卷九六七，大中初年，大梁連帥范陽公得大食國人李昇彥薦于闕下。——此李昇彥既爲大食國人，必有原名。因在中國求仕，遂亦効華人姓名。其姓「李」，雖非皇賜，亦係國姓。

朱　余于此想及皖北壽州城內有回人聚族而居，號「朱半城」，其戶口之繁，可以概見。子孫蔓延，至于冀北。然則朱姓或亦明室賜其功臣者歟？

(E)稱號之首音

夏不魯罕丁之後裔姓夏，名見元吳鑒重修清靜寺碑記。

北平迤東，有回教望族姓何。据何氏族譜云：「始祖名曰何也思答兒」。按也思答兒爲蒙古人常見之名。然何以姓何，則莫詳其由來矣。

宣化有回教望族姓玉，自言原姓閃，賜姓玉。問其所自始，則不知也。

(F)原名譯義

伯德那居班勒紇城，亦回回族也。其子察罕，(元)仁宗時賜姓白氏。新元史氏族表，察罕者，白也。十駕齋養心錄

六　以事實爲證，回民爲外來人

「其人善鑒識，故稱識寶曰回回。而種類散處南北，爲色目人甚夥。幷窓目胡鼻，用白布纏首，寄居哈密者猶勁悍」。皇明世法錄卷八十一。

「隋開皇中，始傳其教入中國。迄元世，其人遍于四方，皆守教不替」。明史西域傳。

「元代混一歐亞，自哈利發亡後，阿剌伯人爲元人臣民，來東方者不知其幾千萬也。覩于馬哥孛羅遊記載北方甘肅山西直隸各地，皆有薩拉森人，可知也」。(中西交通史料匯編第三册)。

「唐時波斯阿剌伯以及亞洲西南部人之居留中國者，想較之今代歐美人之在中國者，其數猶多也。今代上海爲中國最大商埠，統計歐美人不及三萬人。而唐時廣州一埠，黃巢破城之際，阿人波斯人猶太人等被殺者，已達十二萬至二十萬矣。其在揚州洪州長安者，尚不在內也」。仝上。

「自唐設結好使于廣州，自是商人立戶，迄宋不絕。詭服殊音，多流寓海濱灣泊之地，築石連城，以長子孫」。天下郡國利病書。

洪武二十一年有可馬倫丁亦卜剌金等，原係西域魯迷國人，爲征金山開元地面，遂從金山境內，隨宋國公歸附中華。……將可馬倫丁等五戶，分在望月樓淨覺寺居住。將亦卜拉金等八戶與在城南禮拜寺居住。子孫習學眞經，寄籍江寧縣，優免差役」。勅建淨覺寺碑記。

眞教寺，元延祐間，回回大師阿老丁所建。先是宋室徙蹕，西域夷人安插中原者，多從駕而南。而元時內附者，又往往編籍江浙閩廣之間。而杭州尤夥，號色目

種」。西湖游覽志。

「今回回皆以中原爲家，江南尤多」癸辛雜識

「三河盧莊何氏族譜明叙其先爲蒙古人，其太始祖某在明初隨成祖靖難有功，卒葬平西三里河，子孫蕃庶，遍于平東南」。「完顏氏之裔，入中國者姓顏，惟居魯不欲冒兗國後，遂姓完。今見重修朝眞寺碑記碑陰題名。有完姓者，而目今通縣居民中有望族姓宛，而無完，而後知宛出于完，完又源于完顏，盖金人後也」。教門雜識。

「……於大德元年五月初七日奏過事內一件，也速荅兒等江浙省官人每說將來有阿老瓦丁馬合謀亦速福等斡脫每作買賣呵休與稅錢麼道執把着聖旨行有來怎生麼道說將來有裵典等奏將來拔赤拔的兒哈是稅錢……」元典章二十二戶部雜課。

右節阿老瓦丁馬合謀亦速福皆回教徒人名，而下方又註明斡脫每，按斡脫，卽猶太也。——見元史譯文証補各教名攷——此必爲猶太人信仰回教者也。

「洪武二十年四月，帖木兒首遣回回滿喇哈非思等來朝，而其國中回回，又自驅馬抵涼州互市，帝不許，令赴京鬻之。元時，回回徧天下」。明史西域傳。

「凡蒙古色目人聽與中國爲婚姻，不許本類自相嫁娶。其中國人不願與回回欽察爲婚姻者，聽從本類，自相嫁娶，不在禁限。（纂註）蒙古卽達子，色目卽回回，欽察又回回中之別種。回回拳髮大鼻，欽察黃髮青眼」。明律集解卷六

瞻思丁賽典赤，其先爲布哈拉王，入元爲大將，鎮守雲南，征緬甸，生五子，共十九孫，分爲十三姓。拉失特之史記，記中國境內分十二省，而每省之最高長官有四分之三爲回教徒。巴都他之游記，在中國之各大都市，多有回籍戍兵。元末駐守泉州之波斯戍兵，至割据閩南十年之久。讀元史，則知各地皆有回籍官長。且元之制度，各地某項官吏，必須由回人充之。漢人無此權利也。總之有元一代，爲回人在中國之黃金時代。各種習俗不同之回教徒，或商，或仕，或從軍，貿貿然來中國，偏于海內，以至于今，何一非外國人。右引各節，特舉例而已。

七　以幾个習慣用語爲証，回民不是漢族信回教

吾人日常談話之中，有許多習慣用語或名辭，流露于不自覺之間，一經探討，即可以之証明吾人實非漢人，確係回族。舉我所知，以概其餘。

營，回回營　北方各省，有許多回民聚族而居之村莊，皆以營名。如平南一帶有所謂七十二連營，正定有南三營，山東陽信有六營，無棣有五營，聯莊相望，皆回族所居，漢人村里無是稱也；想係元明以來，駐屯回軍之遺址。至北平，開封，漢川，廣州……等地，皆有回回營，尤爲顯然。

坊，本坊　西安與廣州等城市，回民所居地曰「坊」。如自稱本坊如何如何。所謂坊，即唐宋以來，蕃坊之謂也。蕃坊，即蕃人住居之坊市之意。北情形，彷彿今日外人在吾國之租借地。于此，可知回民之先多外來人也。

老表，天下回回是一家，回回纏頭親　回民見面，無論識與不識，其口音通與不通，一經知爲同教，概以老表互相稱呼，或逕呼爲表兄或表弟。「老」爲尊辭，「表」係中表之謂。一往情深，何等親切。俗又有「天下回回是一家」，「回回纏頭親」之語。若使非一族，何以如此？

回民，教親，教胞　自來有回民之稱，未聞有佛民或基督民之稱，然有漢民之稱，足見回與漢對立，各自成族，信他教者不能也。又他教信徒彼此稱道友或教友，信回教者彼此不稱教親，即稱教胞，何嘗不是一族？

漢兒人　回民稱漢人不曰漢人，不曰漢民，而曰漢兒人。所謂「漢兒」或「漢兒人」，蓋金元以來舊俗，外人稱漢族者也，可見回民爲別于漢族之人。又回民相詬，往往以漢兒人爲汚辱辭，或否認一件事重以起誓時，常以漢兒人爲誓辭；如：「我眞要作了某事，我就是漢兒人」。

1

回族回教辯

王日蔚

回教一名源出回族，回族一名非出回教。近世多不之察，本末倒置，至謂回族不是一個種族。回教教徒之忽於史實者，亦臆解「回回」爲回復本眞之意。於是回族回教二詞愈益混淆，淵源本象莫得而明，因作此文以辯之。

回族一名源出回部，回部一名源出回回，回回一名源出回鶻與回紇。回族回部已含有伊斯蘭教徒意。回紇，回鶻，則與伊斯蘭教若風馬牛之不相及。回回一名初本無伊斯蘭教徒意，後以其部族多信伊斯蘭教者，乃以之代表伊斯蘭教徒。回教回族二名含義之混淆，蓋全以回回一詞爲癥結也。

回紇本鐵勒之一部，乃匈奴之遺裔。於元魏作袁紇，隋作韋紇，烏訖，亦作烏護。唐時此民族，在漠北建一大帝國。唐嫁以親女，事以幣帛，以結其歡。是時乃習爲回紇之稱。

『後詔將軍伊謂率二萬騎，北襲高車餘種袁紇烏頻破之』。

——見魏書卷一百三

『鐵勒之先，匈奴之苗裔也。種類最多，自西海之東，依居山谷，往往不絕。獨洛河北有僕骨，同羅，韋紇，拔也古，覆羅並號俟斤。……伊吾以西，焉耆之北，傍白山，則有契苾；……烏護』。

——見隋書卷八十四

『袁紇者，亦曰烏護曰回紇，至隋曰韋紇……韋紇乃併護骨同羅拔也古叛去，自爲俟斤，稱回紇』。

——見唐書卷二百一十七

『玄宗開元中，安西都護蓋嘉惠撰西域記云……「臣按國史敍鐵勒種類云：『伊吾以西，焉耆以北，傍白山則有契苾，烏護，紇骨』。其契苾則契秘，烏護則烏紇也，後爲回紇」』。

——見册府元龜卷九百九十六

按隋書韋紇與烏護並列，新唐書與册府元龜確指爲一。丁謙氏謂二部居地不同，故重出，頗近事理。

唐德宗建中間（七八五——七八八）回紇自取捷鷙猶鶻之意，請改回紇爲回鶻。于是，回紇又稱回鶻。

『是時可汗上書恭甚，言昔爲兄弟，今婿，半子也。陛下若患西戎，子請以兵除之。又請易回紇曰回鶻，言捷鷙猶鶻然』。

——見唐書卷二百一十七

按唐書謂回紇請易回紇爲回鶻之年，在七八五——七八八之間，據舊唐書在八〇九年。攷之通鑑考異續會要諸書，以唐書爲是。

下至五代宋初，回紇或回鶻，迄無定稱。唐末，回紇爲黠戛斯所破，遷居新疆。宋熙寧元豐中沈括之夢溪筆談中，有云回回者，蓋即指此遷居新疆之民族而言。其所用「回回」一名，乃回紇回鶻之轉，與伊斯蘭教並無關涉。

『邊兵每得勝回，則連隊抗聲凱歌，乃古之遺音也。凱歌詞甚多，皆市井俚鄙之語。予在鄜延時，製歌數十曲，令士卒歌之。今粗記得數篇。其一，先取山西十二州，別分了將打衙頭，回看秦塞低如馬，漸見黃河直北流。其二，天威卷地過黃河，萬里羌人盡漢歌，莫堰橫山倒流水，從教西去作恩波。其三，馬尾胡琴隨漢車，曲聲猶自怨單于，彎弓莫射雲中雁，歸雁如今不寄書。其四，旗隊渾如錦繡堆，銀裝背嵬打回回，先教掃淨安西路，待向河源飲馬來。其五，靈武西涼不用圍，蕃家總待納王師。城中半是關西種，猶有當時軋根兒』。

——見沈括夢溪筆談

按回回一詞，見於載記者，似以此為最早。單紙隻字，固難確定此回回即回紇或回鶻。然總觀其凱旋歌五首，均係指征服外族而言。則回回可指種族言，一也。回回歌一首內，言先教掃定安西路，次飲馬河源。河源古謂葱嶺之地，飲馬河源自須過安西，此時回紇族正居庭州高昌安西等地。掃淨安西路，自必打回紇，回回之可為回紇二也。黑韃事略引用回回之處甚多，均指回紇族言，似當時已普遍地以回回代表回紇。此不過晚夢溪筆談百年，則回回一詞可為回紇三也。回紇族之改信伊斯蘭教，前後至為分岐，居於葱嶺西及喀什噶爾一帶者，據種種傳說與記載，似在北宋之初年。居龜茲者則在十三世紀初，居北庭高昌者則遠在元末明中葉之季，居哈密安西者當更後於此矣。詳可參讀拙著之伊斯蘭教入新疆考（禹貢四卷二期）。故回回一詞初當絕無伊斯蘭教徒意味，乃自回紇回鶻，演變為種族之稱也。

南宋初之黑韃事略言回回者凡十餘處，亦指回紇族而言，與伊斯蘭教徒無涉。

『其相四人曰……共理漢事，曰鎮海（回回人）專理回回國事。霆（按）鎮海自號為中書相公總理國事，鎮海不止理回回也』。

——見王國維箋證本黑韃事略頁二

『霆嘗考之，韃人本無字書……行用回回者，則用回回字，鎮海主之。回回字只有二十個字母，其餘則就偏旁湊成行用。漢人女眞契丹諸國，祇用漢字，移剌楚材主之。却又於後面年月之前，鎮海親寫回回字云付與某人。此蓋專防楚材，故必以回回字為驗。無此則不成文書。殆欲使之經由鎮海，亦可互相檢柅也。燕京市學，多教回回字』。

——見上書頁十

按鎮海由王國維先生攷証，即蒙韃備錄之回鶻田姓者，至蒙初之所謂回回字即畏兀字（元時稱高昌北庭之回鶻為畏兀），至元四年之改用蒙古字詔書已可証明。是回回即指高昌之回鶻族，已無疑義。高昌北庭此時尚未改信伊斯蘭教，故可証回回一詞絕無伊斯蘭教徒意也。

但此書所用回回一詞，已不僅指高昌北庭之回鶻族；葱嶺東西之突厥族，彼固均名之為回回矣。

『霆在草地，見其頭目民戶載輜重及老小畜產盡室而行，數月不絕，亦多有十三四歲者。問之，則云：此皆韃人調往征回回國，三年在道。今之十三四歲者，到彼則十七八歲，皆已勝兵。回回諸種，盡已臣服，獨此一種回回，正在西川後門相對。其國之城三百里，出產甚富，地暖產五穀果木，瓜之大合抱。至今不肯臣服，茶合觸征之數年矣。故此更增兵也』。

『其殘虐諸國已爭而未竟者……西北曰克鼻稍（回回國，卽回紇之種），初順韃，後叛去，阻水相抗。鐵木眞生前嘗曰，非十年功夫不可了手。若待了手，則殘金種又繁盛矣。不如留茶合觸鎭守，且把殘金絕了然後理回』。

——見王國維註黑韃事略頁二十七

按克鼻稍卽回回國，即移剌楚材西遊錄之可弗义，皆乞卜察克之對音，通稱欽察。是則回回一詞乃乏指由河西以至裏海之突厥族，與西遊記回紇一詞同意。

蓋回回一詞，初僅指葱嶺東之回鶻族，後因元代版圖之擴張，見葱嶺西居民與回鶻之語文相同也，風俗習慣相同也，故均以回回名之。且葱嶺西之有回鶻族，中西載籍亦有可証者，故以回回名葱嶺東西之民，亦至切當也。

『依賓愛爾阿提爾(Ibnel A'thir)，(阿剌伯史家，生於一千一百六十年，卒於一千二百三十二年)之喀米爾烏托泰瓦力克(Kamilnt-Tevarih)書記伊爾克汗(Ilk Khan)或突厥斯坦衆汗（Khans of Turkistan)之始祖曰撒土克喀剌汗(Satuk Kara Khan)崇奉伊斯蘭教。今俄國考古學家稱此朝曰喀剌汗朝(Kara Khanides)。由第十世紀中葉，君臨西突厥斯坦直至一千二百十三年始亡。竇桂因(De guignes)福邏恩(Fraehn)萊奴德（Reinaud)及其他研究東方學者，皆謂爲回紇人種。此朝最著名之君爲布哥剌汗(Boghra Khan)建都於八兒沙衮(Balsagun)，疆土東至秦國（Sin)（即中國），管轄喀什噶爾，和闐，喀剌崑崙(Kara Korum)，（和闐南之山），怛邏私(Talas)烏提拉兒（Otrar）等處。布哥剌汗常帥師遠征馬瓦拉痕那兒(Mavarannohar），（即阿母河北諸地）。下布哈剌城，西曆九百三十三年班師，卒於途。嗣位者爲伊爾克汗(Ilk Kham)，一千零八年滅阿母河北波斯之薩曼王朝，盡有其地。伊兒克汗卒，其弟陁干（Toghon）嗣位。據阿剌伯史家之記載，一千十七年時，秦國嘗遣大軍突厥斯坦，進軍至八兒沙衮尙三日程，陁干率軍迎戰，擊敗敵人。追逐三閱月，始回軍八兒沙衮。陁干汗卒於一千十八年。以後尙有阿爾思蘭汗(Arslan-Khan)喀的兒汗（Kadyr Khan）阿汗爾斯蘭汗(與上同名)布哥剌汗（與上同名)。

萬百里(Vambery)於一千八百七十年時，常發刊回紇書(Kudatkubilik)，此書於一千七十年時，著成於喀什噶爾城，詩文體，專言國主對人民所負之責任。摩罕默德汗時，西遼人征服突厥斯坦，陷八兒沙衮及喀什噶爾城，伊爾克汗仍居臨馬瓦拉痕那兒之撒馬爾汗與布哈剌等地，稱臣納貢於西遼之菊兒汗。一千二百十三年，此朝最後之君鄂斯曼（Osman）爲花剌子模國蘇丹摩罕默德所殺。國亡，疆土盡爲花剌子模所有』。

——Bretschneider: Mediaeval Resarches, from Eastern Asiatic Sources p. 252—253

按上文則葱嶺左右之民固均爲回紇族，且建立國家，成立泱泱大國。此等情形於中國載籍中亦間可証。唐書謂回鶻被黠戛斯所破後，一部有投奔葛邏祿者。葛邏祿時居葱嶺及葱嶺西之碎葉與怛邏斯城，則其族隨葛邏祿以至葱嶺之西當屬可能。今俄屬中亞之烏茲伯克與土克曼均自認爲回鶻族，且語文亦均相同，可爲佐証。詳見拙著葱嶺西回鶻考。

黑韃事略復稱高昌北庭之回鶻爲烏鵒。北使記作瑰古。元秘史作畏吾，畏兀，委吾。元史作畏兀兒，畏吾兒，衛吾兒，畏兀。歐陽玄圭齋集作偉兀。遼史有畏兀兒城。清代著述，則多作輝和爾。此可見回回一名可包含畏兀在內，而畏兀諸名不得等於回回。回回一名此時雖已通行，然回紇回鶻仍屢見於同代之著作，其意則或等於回回，泛指葱嶺東西之族而言；或僅指高昌北庭之一部而言，等於畏兀。前者如西遊記北使記西使記之回紇，蒙韃備錄，西遊錄之回鶻，均是也。

元史雜出回回，回紇，回鶻，畏兀諸名，意無確指，蓋以修史者倉卒成事，體例不純故耳。回回一詞，有泛指色目人者，則不僅伊斯蘭教徒之回紇與非伊斯蘭教徒之回紇均包含在內，且將由河西以至裏海之異族均列入之矣。有專指伊斯蘭教徒者，蓋即後世回回一名之所自起也。

『汪罕走河西，回鶻，回回三國。』

——見元史太祖紀

按河西指西夏，回鶻指高昌北庭之畏兀兒國，回回國則指裏海之花剌子模國，蓋後者國內均屬伊斯蘭教徒也。

『六年冬，帝駐驆阿塔哈帖兒乞蠻以阿木河（卽阿母河）回回降民，分賜諸王百官』。

『八年冬二月，諸王旭烈兀討回回哈里法平之』。

——見元史憲宗紀

按阿母河一地均屬伊斯蘭教徒，哈里法則爲伊斯蘭教中之王號，故上述二處之回回當均指伊斯蘭教徒言。

『至元五年三月罷諸路女眞契丹漢人爲達路花赤者，（管民事之官吏）。回回，畏兀兒，乃蠻，惕兀人仍舊』。

『至元二十一年八月定擬軍官格例，以河西回回畏兀兒等依各官品，充萬戶府達魯花赤，同蒙古人。女眞契丹同漢人。若女眞契丹生西北不通漢語者同蒙古人，女眞生長漢地同漢人』。

——見元史世祖紀

按上文畏兀兒與回回對用，知二者頗有區別，前者以指高昌之回紇族，後者以之指伊斯蘭教徒。

『至元二年二月，以蒙古人充各路達魯花赤，漢人充總管，回回人充同知，永爲定制』。

『至元十六年九月詔令後所荐，朕自擇之。凡有官守不勤職者，勿論漢人回回皆論誅之，且沒其家』。

——見元史世祖紀

按此處回回與蒙古人漢人對用，漢人當包含女眞契丹在內。回回當包含河西，畏兀，及葱嶺西之人在內，意同色目人。若謂其僅指伊斯蘭教徒，意似未妥。

癸辛雜識有回回條數則，似皆含伊斯蘭教徒意味。

『回回之俗，凡死者專有浴屍之人。以大銅瓶自口灌水蕩滌腸胃穢氣殆盡，又自頂至踵洗淨。洗乾，然後以帛拭，用綜絲或絹或布，裸而貯之，始入棺斂。棺用薄松板，僅能容身，他不置一物也。其洗屍穢水則聚之屋下大坎中，以石覆之，謂之招魂。置棹子坎上，四日一祭以飯，四十日而止。其棺即日瘞之聚景園，園由回回主之』。

——見周密癸辛雜識續集上回回送終條

『回回俗每歲無閏月，亦無大小盡相承。以每月歲數三百六十日則爲一年，乙酉歲以正月十二日爲歲首大慶賀』。

——見癸辛雜識別集回回無閏月條

心史有回回，亦爲伊斯蘭教徒意。

『回回事佛，創叫佛樓，甚高峻』。

——見鄭所南心史

總上所述，北宋與元初，回回一詞與回紇回鶻意同，爲種族之稱，毫無伊斯蘭教徒之義。南宋亡後，元主中夏，回回一詞意尙未定，或以之代表伊斯蘭教徒，或以之代表種族。其所以然者，蓋以元統一中夏後，西域人至內地者，頗繁有徒，始知回回中有習俗奇特之伊斯蘭教徒與非伊斯蘭教徒之分。於是乃仍以舊之回鶻回紇或畏兀兒名回紇族中高昌北庭之非伊斯蘭教徒，而以回回代表伊斯蘭教徒。元史中回回一詞意之不純，固緣修史者體例之不謹嚴，亦以一名詞之確定其內容非一朝一夕之事，故或以之代表種族，或以之代表伊斯蘭教徒，不能遽然劃一也。然通觀元史，似傾向於伊斯蘭教徒之成份甚多，於以知回回一詞已逐漸有專代表伊斯蘭教徒之意矣。

回回一詞之代表伊斯蘭教徒至明初而確定。元秘史之漢譯成於明洪武十五年。書中凡蒙文撒爾達兀勒均譯爲回回。按撒爾達兀勒本蒙古人以之呼突厥族伊斯蘭教徒者。於以知明初回回一詞，已專以之代表伊斯蘭教徒矣。明初之輟耕錄有回回條數則，亦顯指伊斯蘭教徒而言。

『杭州薦橋側首有高樓八間，俗謂八間樓。皆富貴回回所居。一日娶婦，其婚禮絕與中國殊。……街巷之人，肩摩踵接，咸來窺視。……踏翻樓板，賓主婿婦咸死。……郡人王梅谷戲作下文云：「賓主滿堂歡，閭里迎門看。洞房忽崩摧，喜樂成禍患。壓落瓦沙兮，到落沙泥。磬都釘析兮，木屑飛揚。……氊絲脫兮塵土昏，頭袖碎兮珠翠黯。壓倒象鼻塌，不見貓睛亮。嗚呼，守白頭未及一朝，賞黃花却在半晌。移厨聚景園中，歇馬飛來峰上。阿剌一聲絕無聞，哀哉樹倒胡孫散」』。

——見輟耕錄嘲回回條

明史及明代著作，如瀛涯勝覽，星槎勝覽等書中之言回回者，亦無不指伊斯蘭教徒也。

回回既代表伊斯蘭教徒，於是回回教之名亦因之而起。伊斯蘭教之名，見於中國史籍者，唐時初名大食法，後乃有回回教門之稱（如明初之瀛涯勝覽是。），其後乃簡爲回回教，回教。故知回教原於回回，回回非源於回教。回回初爲種族之稱，此亦一証也。

演至明末，伊斯蘭教徒不知回回來源者，乃解爲回復本眞之義。如王岱輿之正教眞銓，其最著者也。

『大哉回回，乃眞一之寶境，天地之結果。蓋回者歸也，由塵世而歸於眞一，若鏡之回光。夫回光有二，曰身回，曰心回。身之回亦有二，曰還復也，歸去也。……心之回亦有二，樂富貴而惡貧賤，沈淪幻世，頓忘已之原始。一旦覺悟，視名利若浮雲，復思本來，急尋歸路，鎔情欲而爲天理，超萬象而返一眞，此正心之回也。當此之時，隱微洞開，大顯眞一，……今之人多冒名而不務實，及問其理，略無所知，豈不有愧於回回之意乎』。

——正教眞銓回回章

按此外復有謂伊斯蘭教徒，於祈禱之際，均面回向麥加，故教外之人以回回名之。亦有謂其祈禱之際，所念禱詞，音近回回，故外人以回回名之。

清初河西天山南路已盡爲伊斯蘭教徒，因名其地爲回部。該時著述大抵認回部自天方來。乾隆欽定之皇輿西域圖志首創此說。於是，官家著述莫敢有異議。回回之初意既莫得而明，乃以鑄成深入人心二三百年之大錯，均謂回回爲伊斯蘭教徒，且均以之爲自西方來者。甚至，因以否認正史西域有佛教之記載。皇帝一語，二十四史皆成謬論矣。

『回部祖國名墨克麥德那，在葉爾羌極西境。相傳派噶木巴爾自祖國東遷，至今山南葉爾羌，和闐等處其教始盛。……至若史書所載釋法顯記于闐民篤信佛，多大乘學，威儀齊整，器鉢無聲。北史西域傳高昌兼信佛法，焉耆咸依釋教，齋戒行道。……宋王延德高昌行記高昌佛寺五十餘區，有摩尼寺波斯僧各奉其法，與今回教迥殊。仰蒙聖明考定，昭示指歸，知回部舊無佛法，而列史沿訛，率多附會失眞』。

——欽定皇輿西域圖志

以上可見回回一詞之演變，北宋至明末，由種族之稱演爲宗教之稱，回回與伊斯蘭教徒遂不復能分離。凡云及回回者，皆與伊斯蘭教有關。故今之回族一詞，已含有奉伊斯蘭教的種族之意義矣。

後世學者，於此等名詞演變，似多未能測其淵源，乃愈以鑄成此深入人心之大錯。其中謂回回爲回鶻之轉者雖頗有人，然或認回回一詞最初即含有伊斯蘭教徒意味，或於此等名詞含義之或廣或狹未能了解。如顧炎武，如錢大昕，如李光廷，如近人陳垣先生。

『大抵外國之音，皆無正字，唐之回紇，今之回回是也。唐書回紇亦名回鶻。元史有畏兀兒部，畏即回，兀即鶻也。其曰回回者，亦回鶻之轉聲也。元史太祖紀以回鶻回回爲二國，恐非』。

——顧炎武日知錄

『謂今之回回，即古之回紇者非也。其謂元之畏兀即回回之轉聲是也。元時畏兀兒亦稱畏吾兒，趙子昂撰趙國公文定碑曰：回鶻北庭人，今所謂畏兀兒也』。

——日知錄黃氏集釋所引錢大昕之語

『回紇本匈奴別部，……國內亂，諸部皆潰，其相馭職與龐特勒十五部奔葛邏祿，殘衆入吐蕃安西。……其甘肅瓜沙既歸行省，而高昌哈密之地併於畏兀兒，爲書龜茲之地統於別失八里，分建諸王，維屏維翰。蓋回鶻之種類，已悉爲蒙古之臣民矣。回回之來，遠自唐末，大食旣兼兩國，直踰葱嶺而東。遼聖宗朝，降以公主。元史已有回回軍，明史哈密傳亦有回回種。由此推之，西域久已佈居。重以瑪穆特西來，奉以聖裔共相推奉。天山以南，遂稱回部。而實則行傳於派罕，非留種於花門，東西迥絕，不得混爲一談』。

——李光廷漢西域圖考

『關於回回名稱的起源，研究者頗不乏人，如錢大昕，李光活，丁謙均有所論列。其名實由回紇轉變而來，列表於左。甲行爲摩尼教時之回鶻，丙行爲改從阿薩蘭教之回鶻。乙行爲非阿薩蘭教之回鶻。觀此可知回回名目由回鶻轉變到回回之次第。……』

(甲)回紇—回鶻

- (乙)回鶻（遼五代史）—回鶻（宋金元史）
  - 外五（秋澗集）
  - 偉兀（歐陽圭齋集）
  - 畏兀兒（元史）
  - 畏吾兒（元史）
- (丙)阿薩蘭回鶻（遼史）—回回
  - 回回（黑韃事略癸辛雜誌心史西遊記西遊錄）
  - 回回（黑韃事略心史宋史兵志元史）
  - 外五（都經集）

7

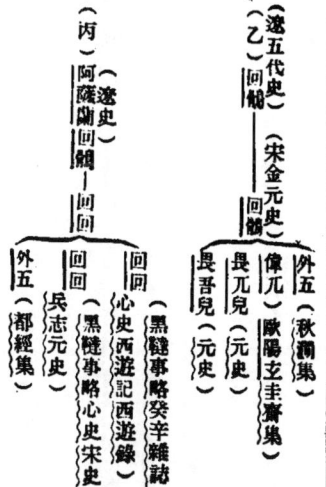

按阿薩蘭，陳先生以爲即伊斯蘭，以遼史中阿薩蘭回鶻即伊斯蘭教回鶻。初作者在畏兀兒民族古代史中亦採用此說。但史書明言阿薩蘭爲獅子王之意。該時代著述中，多以沒速魯蠻或其王算端表示某地爲伊斯蘭教徒，故吾人應從史書之言，認阿薩蘭爲獅子王之意。至陳先生認回回初即代表伊斯蘭教徒之意，已見於原表中，茲不復贅。

——陳垣先生回回教入中國史略

清初有熟回之稱，似即相當今之漢回，其相對之生回似即今之纏回。

『哈密前朝爲衞，雖爲要荒，替襲皆隸本部，今則羈縻而已。其入貢有期貢之物，爲玉爲馬。非獨充庭實，其意多在携彼國之物，貿中土茶布以歸，利不貲也。康熙十二年，貢使過甘來謁予。察其一二人，色似通漢語者，再三詰之，則云原係熟回，因亂後還本國，且有妻在肅，數年來一視之』。

——清黎士宏西陲聞見錄

按上文則甘肅之熟回，認哈密爲其本國，足知二者原係一種。

新疆之纏回，謂漢回爲東干，意變也。蓋謂彼等已與漢人同化，而變其本來面目矣。

纏回名稱，見於清初，然似不若今之固定。此外復有白帽回，紅帽回，輝和爾哈拉回等名稱。

『回部不詳其世系，大部二，曰哈密回部，曰吐魯番回部。二部錯居西域，以天方爲祖國。……稱花門種，相傳祖瑪哈嘛教。以事天爲本，重殺，不食犬豕肉。嘗以白布蒙頭，故稱曰纏頭回，又稱曰白帽回。回人自呼白帽曰達斯塔爾。別有紅帽回，輝和爾哈拉回諸族，然以纏回爲最著。』

——皇朝藩部要略回部

其後有民回夷回之詞，民回即漢回，夷回即纏回，然恐非通俗之稱。著述者特以其與漢人接近者名之曰民回，與漢人較疏遠者名之曰夷回耳。是足証當時漢回纏回之稱尚未爲一般人所採用。

『回兩種，民回，夷回。……夷回別有部落，高鼻深目，尖帽通袍。……婦女略同男粧，惟髮梳雙辮，耳垂數珠。』

——清史著長輪台雜記

晚清纏回漢回之名，始見固定。

『畏兀兒　哈喇灰同奉摩哈默教，衣服亦同。初以白布束頭，故稱白帽回。後有用雜色者，稱紅帽回。各族久無分別，惟通稱之爲纏頭回。猶之江南江西通稱漢人而已。……其唐代留居中土，改用漢裝者，謂漢回，亦稱回回。奉教雖同，而習氣懸殊。纏回樸誠，漢回狡滑。』

——陶保廉辛卯侍行記

民國奠定，五族共和，而回族之名始立。按回回既本爲種族之稱，且其語言文字，血統像貌，風俗習慣，宗教，生活，均各自成統系，原之中山先生民族之定義，稱爲回族實至切當。洪鈞氏謂回之一稱，不如西人稱爲突厥之允適，實一偏之見也。

『今日葱嶺西北西南兩部，我國通稱之曰回，西人則名之曰突厥。回紇之盛，威令未行於裏海鹹海之間，其衰，播遷未越於葱嶺金山以外。突厥盛時，東自遼海以西，至西海萬里。南自沙漠以北，至北海，五六千里。極西部之可薩，亦曰曷薩。西國古籍載此部名哈薩克，即曷薩轉音，亦喀薩克，即可薩轉音。裏海，黑海之北，皆其種落屯集。又東羅馬古書載與突厥通使。東羅馬即唐書之拂林國也。種落繁多，幅員遼闊，匈奴而後，實惟突厥。而散居西方亦惟突厥舊部爲多。回紇、突厥之稱，誠不敢謂己是而人非。』

——見洪鈞元史譯文証補

按西突厥盛時，與西人交涉爲最多，故西人由西及東統名之爲突厥。突厥衰後，回紇代之而興，嗣後定居新疆，代與中國有關涉。且在元代藉其文化以統一歐亞，故中土由東而西統名此族爲回回。各由所近以及所遠，由偏以蓋全，孰是孰非，殆難定也。故回族突厥之稱，至今中土人士仍間用者，蓋以此也。

洪氏謂回紇之衰，播遷未越於葱嶺金山以外，其説之不妥，已見於前，茲不贅。

創建清眞寺碑

日本桑原騭藏著
福山牟潤孫譯

1

創建清眞寺碑在中國陝西西安學習巷清眞寺內。爲記回教傳入中國最古之石碑，回教徒非常珍視之。碑建於唐玄宗天寶元年（西七四二），較德宗建中二年（西七八一）所建之大秦景教流行中國碑猶早約四十年。

西曆一八六六，俄國 Palladius 僧正始紹介此碑於學術界，乃引起世人注意。然西洋學者無親覩此碑之人，中國金石書又未嘗著錄。此碑果否存在，懷疑者殊不尠。去歲末，Broomhall 氏中國之回教出版，揭有此碑照片，疑雲於是漸霽。

吾輩於明治四十年秋，遠征西安之際，嘗往訪清眞寺，迫於時已黃昏，未能確得創建清眞寺碑之所在，即就歸途。其後承在西安之鈴木教習之厚意，獲得此碑拓本。卷頭所揭者，其縮影也。

今日全中國中回教徒，爲數甚多。據最近 Broomhall 氏較精密之調查，有四七三萬人（最少數）至九八二萬人（最多數）之說（注一）。負中國回教研究開始之盛名之 Thiersant 氏有二千萬人至二千百萬人之說（注二）。兩者間極爲懸隔，在國民總數無確實調查之中國，殆爲難免之結果。縱令具體數不得知，而以吾人旅行陝西直隸之實驗推之，中國回教徒意外之多，可斷言也。

如此多數之回教徒，於政治上有不可侮之勢力。明以前姑置勿論，清自乾隆帝（高宗）戡定回部，歷嘉道咸同光五朝，或於雲南，或於陝甘新疆，回教徒革命之警報殆不絕聞（注三）。

對於中國之過去現在將來有如此重大關係之回教，而其史無十分之研究者。首爲回教傳入中國之時代，尙欠明瞭；中國正史於此問題殆無何等材料供給。中國之回教著述，如回回原來清眞釋疑補輯等說中國之回教史又殆半不足信賴。

一般回教徒多信回教傳入中國，在隋唐二代之間，其證即爲廣東之遺蹟，與西安之古碑。廣東遺蹟主要者爲廣州城內光塔寺街之懷聖寺，與在廣州北郊，距城不足一英里桂華崗之斡葛思 Wakkas 墓，俗稱香墳又稱響墳。廣東遺蹟，早爲世人所知。我國東京工科大學伊東博士，去年曾往探訪其遺蹟。

西安古碑即創建淸眞寺碑，不如廣東遺蹟之爲人週知。碑高五尺，幅二尺三寸強。全文如次：

創設淸眞寺碑記

賜進士及第戶部員外郎兼侍御史王鉷撰篆

竊聞俟百世而不惑者，道也。曠百世而相感者，心也。惟聖人心一而道同，斯百世相感而不惑。是故四海之內，皆有聖人書。所謂聖人者，此心此道同也。西域聖人謨罕默德，生孔子之後，居天方之國，其去中國聖人之州之地，不知其幾也。譯語矛盾而道合符節者，何也？其心一，故道同也。昔人有之，千聖一心，萬古一理，信矣。但世遠人亡，經書猶存。得於傳聞者而知西域聖人生而神靈，知天地化生之理，通幽明死生之說。如沐浴以潔身，如寡慾以養心，如齋戒以忍性。如去惡遷善，而爲脩己之要。如至誠不欺，爲感物之本。婚姻則爲之相助，死喪則爲之相送。以至大而綱常倫理，小而起居食息之類，罔不有道，罔不立教，罔不畏天也。節目雖繁，約之以會甚繁，大率以化生萬物之天爲主。事天之道，可以一言而盡，不越乎吾心之敬而已矣。殆與堯之欽若昊天，湯之聖敬日躋，文之昭事上帝，孔之獲罪於天無所禱，此其相同之大畧也。所謂百世相感而不惑者，是徵矣。聖道雖同，但行於西域，而中國未聞焉。及隋開皇中，其敎遂入於中華，流行散漫於天下，至於我朝

天寶陛下，因西域聖人之道有同於中國聖人之道，而立敎本於正，遂命工部督工官羅天爵，董理匠役，創設其寺，以處其衆。而主其教者，擺都而的也。其人頗通諸書。蓋將統領羣衆，在崇聖敎

隨時禮拜以敬天，而祝延

聖敎之有地矣。是工起於元年三月吉日成於本年八月二十日，的等恐其世遠遺忘，無所考證，遂立碑爲記，以載其事焉。時

天寶元年歲次壬午仲秋吉日立。

此碑可疑之點頗多，Devéria, Broomhall 諸氏已明言此碑難憑，第諸氏之說未能精盡。茲舉此碑不出於唐代之確證四五事，庶足補前賢之缺憾歟？

一　天方

通唐代，中國呼阿剌伯爲大食 Tadji。舊唐書新唐書通典唐會要皆用是語。間亦有用多氏（大唐求法高僧傳）大寔（慧超傳）大石（册府元龜）等語者。降至宋代，亦然。自諸蕃志嶺外代答至宋史諸書皆稱大食。元時依然用大食，以阿剌伯爲天堂（島夷志略）或天房（西使記及元史郭侃傳）之新名稱，亦現於元時；但皆無用天方者也。天方一語之使用，統限於明以後。明史明一統志及其史源瀛涯勝覽星槎勝覽諸書，概稱天方，其餘諸名概不用，區劃判然。今自此碑捨唐代通呼阿剌伯爲大食之語不用，

而稱之爲天方一點推之，其不爲唐代物而爲明以後所建可斷言也。

二　謨罕默德

杜佑通典賈耽四夷述及新舊唐書稱回教教祖 Mohamed 一律爲摩訶末，宋趙汝适諸蕃志則稱麻霞勿。「勿」「末」皆用以表 Med 之音，「末」「勿」本可通用。通唐宋兩代譯 Mohammed 之特點爲用三個漢字，末尾用「勿」或「末」一字表 mmed 之音。至明代譯 Mohammed，多用四個漢字，最後用二個字表 med 之音。此區別，亦顯然可知。明史明一統志稱謨罕驀德，明馬沙亦黑譯天文經之序及四譯館考作穆罕默德。今此碑不稱摩訶末，而用謨罕默德四字之名，其非唐代物，又得一傍證矣。

三　隋開皇中

隋文帝開皇紀年，適當西曆五八一至六〇〇年。穆罕默德倡回教，始自西六一〇年頃。據此碑，則穆罕默德未創回教前二三十年，其教已傳入中國矣，無論如何，爲不可能之事。既如此乖舛，則此碑爲後世假託，而非唐代所建，有明證矣。

3

據中國正史，大食人第一次來朝，在唐高宗時。舊唐書大食傳：

永徽二年（西六五一）始遣使朝貢。（中略）自云有國已三十四年，歷三主矣。

檢高宗本紀，大食使者永徽二年八月乙丑朝貢，適爲回曆三十一年，而非三十四年。此事從來爲東洋學者難於解釋之問題。吾人頃熟讀册府元龜唐會要，始知大食使者永徽二年六年兩度來朝，有國已三十四年爲永徽六年來朝使者之言，舊唐書誤繫之永徽二年；永徽六年（西六五五）正回曆三十四年也。

次則唐玄宗開元七年二月，康國(即Samarkand)國王入奏，大食將異密屈底波 Emir Kutaiba 來侵請援時，有云：

大食只合一百年强盛，今年合滿；如有漢兵來此，臣等必是破得大食（册府元龜九九九）。

開元七年（西七一九），正當回曆一百年也。

以上二例言，回曆與中曆彼此年代者合符節，斷無乖違。如生舛差，則必是後人不省憶回曆與漢曆之差異，逆算前代之結果。

回教徒普通使用之回曆爲純太陰曆，大（三十日）小（二十九日）月各六，十二月爲一年，不置閏月，約每三年閏一日。故其一年爲三五四日，閏年則三五五日。合之每年閏一月之中國太陰曆，每三年約差一月，每百年約差三年。如忘中曆回曆之差，直以彼此年數換算，結果必與事實不合。此創建清眞寺碑如果爲唐天寶元年所建，天寶元年當回曆百二十四年，縱當時有誤，彼此年數換算，亦不過僅三年至四年之差，決不能差至十年二十年。

Devéria 著中國回教之起源，有一想像之說（注四）。氏以元至正十年（西一三五〇）中國回教徒於廣東立重建懷聖寺碑時正當回曆七五一年（此爲碑中阿剌伯文明記），彼等未覺中回曆之差，誤以至正十年前七百五十年之隋開皇二十年（西六〇〇）當回曆紀元。此恐爲今日一般回教徒所信之回教東漸在隋開皇間說之起源。

Devéria 說極巧妙，足使一般人傾折。但至正十年，中國回教徒換算中回曆事，未見確證，此說亦不過一假定而已。且清劉智至聖實錄及中國之回教書類，咸以隋開皇十九年（西五九九）當回曆紀元；Devéria 氏之說仍未合也。Devéria 氏之所說既有缺陷，吾人久苦不決，乃偶自明史中得解此問題之鍵鑰。

明太祖陷燕京，仍任用奉仕太史院之回回曆官，掌曆日。翻譯華夷譯語元朝秘史有特別關係之翰林編修馬沙亦黑即當時太祖任用之回教徒也。明史曆志七，有如次之記事：

> 回回曆法（中畧），其曆元用開皇己未（十九年，西曆五九九），即其建國之年也。洪武初，得其書於元都。十五年（西曆一三八二）秋太祖謂：西域推測天象最精，其五星緯度又中國所無，命翰林李翀吳伯宗同回回大師馬沙亦黑等譯之。其法（中畧）以三百五十四日爲一周，周十二月，月有閏日，凡三十年月閏十日。（下略）積年還西域阿剌必年（隋開皇己未）下至洪武甲子（十七年，西曆一三八四）七百八十六年。

此明太祖時，以洪武十七年，即回曆七八六年爲起點，換算中回曆，定洪武十七年前七八五年之隋開皇十九年爲回曆紀元之明證也。清梅文鼎曆學疑問云：

> 回回曆書以隋開皇己未爲元，謂之阿剌必年；然以法求之，實用洪武甲子爲元，而托之於開皇己未耳。

此足爲吾人所見之正確保證。隋開皇十年爲西五九九，與穆罕默德自麥加出奔之年即西六二二年，正差二十三年。上文已言中回曆每百年差三年，二三年之差至少須經過回曆七七〇年之歲月。依是推之，以隋開皇十九年充回曆紀元，當非剏於元代，回曆七七〇年後，正明初起之世，可斷言也。

以隋開皇十九年爲回曆紀元，於是穆罕默德創新教亦依次上移在開皇六年頃矣。舊唐書大食傳隋開皇中云云，殆本之賈耽四夷述，述敍有關於隋開皇年代之大食國史事，而毫無中國大食交通關係，後人牽強誤解之，以爲自隋開皇年間，隋與大食交通，回教亦於此時傳入中國。此說當起自明以後。明史卷三三二及明一統志卷九二明記：

> 隋開皇中，其國撒哈八撒阿的斡葛思 Sahabi Saadi Wakhâs 始傳其教入中國。

明以後書記回教東漸者，必以隋開皇起源，明以前書無記隋開皇中傳教者。二者之間判若鴻溝。今此碑有「及隋開皇中其教遂入中華」之句，足爲明代假託之明證。

四　天寶陛下

據唐會要卷一玄宗先天二年（西七一三）十一月，羣臣始上開元神武皇帝尊號。開元二十七年（西七三九），加開元聖文神武皇帝尊號。天寶元年二月，更加開元天寶聖天神武皇帝尊號。新唐書玄宗本紀：

> 天寶元年，二月丁亥，羣臣上尊號，曰開元天寶聖文神武皇帝。

是也。故天寶以後碑，稱玄宗尊號者，皆稱開元天寶聖文神武皇帝。天寶元年七月之元元靈應頌（金石萃編卷八六）天寶三載二月之嵩陽觀聖德感應頌（金石萃編卷八六）皆是其例。今此碑單稱天寶陛下，與當時之例不協，亦後世假託之一證也。

碑之可疑點尚多：（一）宋敏求長安志列舉唐代長安景教之波斯胡寺，火祆教之祆祠，獨無清眞寺記事。（二）碑文撰者王鉷果爲進士及第者否，頗可疑。縱令進士及第，唐代有賜進士及第之稱否，尚爲疑問。（三）碑建於天寶元年，距穆罕默德之死，約不過百十年，碑云世遠人亡，頗欠妥當。自文體書體上論，尚有其他可指摘之點，據如上文所述，此碑之僞已鐵案如山，此猶蛇足耳。

陝西西安學習巷清眞寺，別有明嘉靖五年（西一五二六）勅賜重修清眞寺碑記，載下列之記事：考其寺之顚末，其初創於唐之天寶元年三月，工部差督工官羅天爵監造。

據此明碑，可斷創建清眞寺碑，是明洪武十八年至嘉靖五年間所立。

吾人於主題——創建清眞寺碑記，已詳論盡矣。此下欲於回教之傳入中國，有所論列。回教之傳入，可就回教徒之來朝，與回教徒之布教言之。

回教徒來朝：唐高宗永徽二年（西六五一）以來，白衣大食（Ommeya王家）黑衣大食（Abbâs王家）屢來長安朝貢。肅宗時，安史之亂，恢復東西兩京，大食援兵與有力焉。德宗時，大食與吐蕃同盟侵入四川雲南，多爲俘虜。代宗德宗時吐蕃之亂，河隴道阻，西域使人滯在長安者約四千人，皆不歸國，留唐有妻子。其中嘗有多數回教徒歸化安居中國。

其時，海路交通尤爲繁盛。不必搭乘所謂南海舶或昆崙舶遠自波斯灣來嶺南者。據當時實錄支那印度物語，廣府（亞剌伯人之Khanfou）爲世界一大商港，唐末滯在廣府之外人達十二萬人。

唐代多數回教徒居留或歸化中國，雖仍崇奉固有之宗教，然決未在中國民間傳播。此自其與當時宗教界無何影響，可知之。支那印度物語明記無一中國人歸依回教者（注五）。回教徒似僅享信仰自由，而無布教自由（注六）。唐代宗大曆四年（西七六九）唐鄂州永興縣重巖寺碑銘云：

> 國朝沿近古而有加焉，亦容雜夷而有來者。有摩尼爲，大秦爲，祆神爲，合天下三夷寺，不足當吾釋寺一小邑之數也（全唐文卷七二七）。

指摩尼景教祆教爲三夷寺，獨無回教。唐武宗信道教，禁道教以外諸教，會昌三年（西八四三）五年曾令末尼大秦穆護祆僧等還俗，而未言回教。景教，摩尼，唐代早有漢譯經典，回教無之。宋志磐佛祖統記揭有祆教大秦摩尼三者，亦未記回教。是足爲回教與當時中國人信仰無關，而道教家佛教家眼中亦未嘗認其存在之證據。中國認回教存在，當在元以後。

元起朔漠，混一宇內，西域回教徒陸續移入中國內地。至元辨僞錄卷三記蒙古時代儒道耶回四教師各自擴張教勢云：

今先生（道家）言道門最高。秀才人（儒家）言儒門最高。迭屑 Tersa 人（耶蘇教徒）奉彌失訶 Messiah，言得生天。達失蠻 Danishmand（回敎徒）叫空，謝天賜與。

元時，回教徒廣佈中國內地，東西史料皆易證明。統觀元代明初，中國回教徒之增加，多緣於彼等之歸化，此外則因中國人信仰關係。回教徒直接間接用力感化中國人，恐在明中葉以後。Broomhall 氏中國之回教 Vissiér 中國回教之研究，所網羅漢文回教經典多清代之作，明代者頗稀。明王岱輿之正教眞詮爲最古之漢譯經典，見清眞釋義補輯卷下，爲清眞教中第一漢譯本也。漢譯經典第一必要原因，當爲圖於中國民間布教便宜也。

（一）Broom hall: Islam in China p. 215.

（二）Thiersant: Le Mahométisme en China p. 46.

（三）Hartman: Der Islamische Orient. II. p. 1.

（四）Devèria: Origne de l'Islamisme en China. p. 318.

（五）Reinaud: Relation des Voyage & c. p. 58.

（六）Renaudot: An Inguiry into the Time When the Mohamnedans first entered into China p. 126. 134.

桑原此文曾載日本藝文雜誌第三年第七號，白壽彝君喜其說之明確，囑余譯出，辭不獲命，倉卒轉爲漢文，訛誤諒必不免，倘祈明者教正！

開封亦有，創建清眞寺碑見向覺明如夢錄鈔本，其建立年月及人名均與在長安者同。壽彝曾徊其說求之，以碑在牆內，一時未能掘出。他日倘能壞墻出之，益可證碑之僞矣。

譯者誌。

從怛邏斯戰役說到伊斯蘭教之最早的華文記錄 1

白壽彝

——從中國史料中，窺測怛邏斯戰役底始末，它在唐底西域發展史上，和在唐大食國際史上的意義，以及它和伊斯蘭教最早的華文記錄之關係——

一 問題底提出

天寶十年（西元七五一），唐和大食（註一），在怛邏斯（註二），作過一次戰。這次戰役，在唐底西域發展史上，在唐與大食底國際史上，以及關於造紙術底西行和伊斯蘭教之有最早的華文記錄，都很重要。新舊唐書把這件事記得很簡單。通鑑雖記得詳細點，但也不能把這件事底重要性表示出來。在旁的書裏和這件事有關係的材料，不能算很少，但都很零碎，如沒有人指破和董理，也是不能看出這件事情底意義的。

清光緒十六年（西元一八九〇），夏德（F. Hirth）發表他的中國研究集（Chinesische Studien），在其中一篇論中國紙的文章（Uber den Erfinder des Papiers in China）之附註裏，指出怛邏斯戰役與中國造紙術輸入西方之關係。夏氏之言，雖不能詳，但這是第一次從造紙術西行底經過上，指出怛邏斯戰役之重要。

民國十四年（西元一九二五）卡特（Thomas Francis Carter）發表他的中國印刷術之發明及其西傳（The Invention of Printing in China and its Spread Westward）對於造紙術輸入阿拉伯之時期，阿拉伯設廠造紙，及其由阿拉伯傳佈西班牙(Spain)諸地之經過，都作一系統的敘述。造紙術之輸入阿拉伯，乃由戰爭為媒介，卡特書中亦明言之。但惜為書底體裁所限，對於這次戰役未能加以分析，而戰役之在怛邏斯，則竟亦未提到也。

民國十七年，姚士鰲先生刊布他的中國造紙術輸入歐洲考於輔仁學誌第一卷第一期，在卡德所用材料外，更旁據側引，收羅頗富，對於中國造紙術西行歷史之研究可謂相當詳備。姚氏在文中，對於為造紙術西行底起因之怛邏斯戰役本身，也有一種具體的敘述。他曾指出，這次戰役底原故，說：

『戰事發動的遠因，由於吐火羅葉護上表告密，說石國王親附吐蕃；直接的原因，由於當時統轄西域的安西節度使高仙芝貪圖石國的寶石，殺其國王，王太子報仇，鼓動鄰國，又親自到大食請兵，反抗大唐』（學誌頁三五）。

又指出它的結果，說：

『怛邏斯城的戰爭，中國史家因爲高仙芝久鎭西域，並且是率師遠征，雖然大敗，猶錄其前功，只說「與大食戰於怛邏斯城，敗績」。實際上，這次戰爭，不僅是紙從中國傳到小亞細亞，也是唐朝與大食在中亞霸權消長的關鍵。所以新唐書西域傳石國下說：「王子走大食乞兵，攻怛邏斯，敗仙芝軍，自是臣大食」』（學誌頁四一至四二）。

這是近代中國學者，第一次對怛邏斯戰役有個整個的看法。

淸光緒二十九年（西元一九〇三），沙畹(E. Chavannes)底西突厥史料 (Documents sur les Toukiue Occidentaux)出版。沙畹在這書裏也談到怛邏斯戰役。但他不僅從造紙術一方面去說，並且從更廣大的方面著眼。在這書第四篇第九章底後半，他先述唐與大食在西域勢力之衝突，次述怛邏斯戰役，遂即申論：

『由怛邏斯河之敗，中國國勢遂絕跡於西方。然僅此敗，或不至有如是之結果。不意同年又敗於南詔，故中國國勢遂一蹶而不振焉』（馮承鈞譯本，頁二一七）。

最後，又敘述：

『七五五年，安祿山反。次年七月十三日，玄宗見潼關不守，出奔四川。太子卽位於靈武，是爲肅宗。七五七年，收復長安。其參與此役者，有回紇南蠻大食拔汗那于闐諸國之兵，是爲中國在西方所執光榮任務之最後遺響云』（馮譯頁二一八）。

這是在關于造紙術一方面外，第一次有人從唐底西域發展史上和唐大食國際史上的觀點，對於怛邏斯戰爭加以研究的。

本文底使命，企圖在中國史料中，從幾方面來窺測怛邏斯戰役之史的意義。關於造紙術西行底經過，非中國史料中所有，不在本文範圍之內；夏德之文，卡特之書，以及姚氏之文底大部份，均非本文所欲論列。沙畹之書，成就甚大。但關於怛邏斯戰役底本事，略有異聞，沙氏尙未能完全加以分析。戰前，唐與大食之關係，沙氏尙有漏擧的地方。這次戰役底影響，沙氏底說法，也難免有過於舖張的嫌疑。關於這次戰敗後，唐如何還能使大食諸國助收兩京，沙氏也缺欠說明。姚氏文中，敘述這次戰役本身的地方，其談戰事底結果，不免和沙氏犯同樣的毛病；其談戰事底起因，似也只擧了表面的現象，而沒有戳破這些表面現象後面的眞因。本文作者妄想憑藉他所搜集到的貧乏的資料，對於沙氏姚氏所已經作過的工作，如：

一怛邏斯戰役實況底說明，

二怛邏斯戰役在唐底西域發展史上之意義底說明，

三怛邏斯戰役在唐大食國際史上之意識底說明，

加以補充和修正。另外，他覺得——怛邏斯戰役與伊斯蘭教之有最早的華文記錄，也很有關係，需要特別提出來說說的。

（註一）大食，即 Tajik，Tajik. 之對音，波斯人給阿拉伯人的稱呼，中國史籍中多沿用之。求法高僧傳作「多氏」，慧超往五天竺國傳作「大寔」，冊府元龜間作「大石」。

（註二）怛邏斯，史書或訛作「怛邏斯」，大唐西域記作「呾邏私」，其地約當 Tales 水上之 Aulie-ata 城。

二　怛邏斯戰役底實況

怛邏斯戰役底實況，新唐書（卷五）玄宗本紀僅記：

『（天寶十載）七月，高仙芝及大食戰於恒（怛）邏斯城，敗績』。

又（卷一三五）高仙芝傳也只簡單地記着：

『（天寶）九載（高仙芝）討石國，其王車鼻施約降。仙芝爲俘獻闕下，斬之。由是，西域不服。其王子走大食乞兵，攻仙芝於怛邏斯城，以直其寃』。

舊唐書玄宗本紀對這事，未提隻字，而（卷一〇四）高仙芝傳只說：

『（天寶）九載，將兵討石國，平之，獲其國王以歸』。

通鑑卷二一六，於天寶十載四月後，八月前，記：

『高仙芝之虜石國王也，石國王子逃詣諸胡，具告仙芝欺誘貪暴之狀。諸胡皆怒，潛引大食，欲共攻四鎭。仙芝聞之，將蕃漢三萬衆擊大食。深入七百餘里，至恒邏斯城，與大食遇。相持五日，葛羅祿部衆叛，與大食夾攻唐軍，仙芝大敗，士卒死亡略盡，所餘纔數千人。右威衛將軍李嗣業勸仙芝宵遁。道路阻隘，拔汗那部衆在前，人畜塞路。嗣業前驅，奮大挺擊之，人馬俱斃，仙芝乃得過，將士相失。別將汧陽段秀實聞嗣業之聲，詬曰：「避敵先奔，無勇也。全己棄衆，不仁也。幸而得達，獨無愧乎？」嗣業執其手謝之，留拒追兵，收散卒，得俱免。還至安西，言於仙芝，以秀實兼都知兵馬，使爲己判官』。

通鑑底記載雖也不能使我們滿意，但比較來得稍爲具體一些。我們現在不妨以通鑑所記爲骨幹，參校別的材料，把詳略異同的地方，一一記下。

通鑑所謂『虜石國王』，在「天寶十載」下所舉，只是略述起因。『虜石國王』底本事，通鑑繫於「天寶九載十二月」之後。新舊唐書高仙芝傳俱作天寶九載，未記月份，與通鑑略同。但舊唐書（卷一〇九）李嗣業傳說：

『（天寶）十載，又從平石國；及破九國胡并背叛突騎施，以跳盪，加特進兼本官』。

新唐書（卷五）玄宗本紀說：

『（天寶十載正月）戊申，安西四鎮節度使高仙芝執突騎施可汗及石國王』。

這都比通鑑新舊高傳所記推後幾個月。舊唐書（卷一二八）段秀實傳說：

『（天寶）七載，高仙芝代靈察，舉兵圍怛邏斯。黑衣救至，靈察大衂，軍士相失。夜中，聞都將李嗣業之聲，因大呼責之，曰：軍敗而求免，非丈夫也。嗣業甚慙，遂與秀實收合散卒，復得成軍。師還，嗣業請于仙芝，以秀實為判官』。

這以怛邏斯戰事繫於天寶七年。若依此說，高仙芝之虜石國王，至晚亦須在天寶七年間。這又比和通鑑新舊高傳提前三年，比舊唐書李嗣業傳新唐書玄宗本紀提前三年多，相互間的歧異很大。今按舊唐書段秀實傳底這種歧異，並不是由於虜石國的時期之傳說底不同，而是由於文字上的錯誤。『（天寶）七載，高仙芝代靈察，舉兵圍怛邏斯』者，是說：天寶七年，高仙芝代夫蒙靈察為四鎮節度使，而在代靈察為四鎮節度使後，有舉兵圍怛邏斯一事。攷舊唐書高仙芝之傳，仙芝代靈察在天寶七年六月，而仙芝代靈察時，靈察遂即被徵入朝。段傳所謂『靈察大衂』者，顯緣上文『靈察』而誤：『高仙芝代靈察』與『靈察大衂』，實不能同時並有也。這兩個字底錯誤，極易使『高仙芝代靈察』底意義，變為圍怛邏斯一事，而平石國之役也跟着會變為天寶六七年的事情了。又按新唐書玄宗本紀底記載，是記突騎施可汗和石國王被俘至闕下的日子，不是記他們最初被擒的時期。

通鑑卷二一六說：

『（天寶十載正月），安西節度使高仙芝入朝，獻所擒突騎施可汗，吐蕃酋長，石國王，朅師王。加仙芝開府儀同三司』。

仙芝在天寶十年正月入京師獻俘，當時的史官因記其獻俘之日，新唐書本之而作上引的記載。新唐書所記『執突騎施可汗及石國王』底年月，固與通鑑所記獻俘之時期，完全相合也。舊唐書李嗣業傳底記載，似着重在李嗣業底晉爵。天寶十年正月，高仙芝既獻俘京師，以功『加開府儀同三司』，當初參與戰役的功臣當然也要加封。李嗣業之『加特進』，大概就是這時候的事。所謂『又從平石國』云云，當係追述『加特進』之故。而這段舊唐書也顯有訛誤，『又從平石國』以下十六字至不能句讀，說不定『又從平石國』之『又』字，或係『以』字之訛也。綜此所述，虜石國王的時期之異說，多爲文字上之譌誤。其正確時期，還是從通鑑及舊唐書高仙芝傳，認作天寶九年間事爲是。

石國之役，杜環經行記於石國下，記云：

『天寶中，鎭西節度使高仙芝擒其王及妻子歸京師』。（通典卷一九三，石國條下引。）

舊唐書（卷一〇四）高仙芝傳說：

『仙芝性貪，獲石國大瑟瑟十餘石，眞金五六馲駝，名馬寶玉稱是』。

又（卷一〇九）李嗣業傳說：

『初，仙芝紿石國王，約爲和好。乃將兵襲破之，殺其老弱，虜其丁壯，取金寶瑟瑟駝馬等，國人號哭，因掠石國王，東獻之闕下』。

新唐書（卷二二一下）石國傳說：

『天寶初，封王子那俱車鼻施爲懷化王，賜鐵券。久之，安西節度使高仙芝劾其無蕃臣禮，請討之。王約降。仙芝遣使者護送至開遠門，俘以獻，斬闕下』。

前引的新唐書高仙芝傳，也說：

『討石國，其王車鼻施約降。仙芝爲俘獻闕下，斬之』。

通鑑於天寶九載十二月後，記云：

『安西四鎭節度使高仙芝僞與石國約和，引兵襲之，虜其王及部衆以歸，悉殺其老弱。仙芝性貪，掠得瑟瑟十餘斛，黃金五六橐駝，其餘名馬雜貨稱是，皆入其家』（卷二一六）。

綜合這些材料來說，石國之役底開端，由於石國王之無蕃臣禮，高仙芝因奏請討伐。討伐既見於事實，石國王那俱車鼻施便請願講和，投降。仙芝趁着石國未施防備，進兵襲擊，把石國王，石國王底妻子，石國底丁壯俘虜了去，把石國底老弱殺的很多。石國底財貨被仙芝運走了十餘斛大瑟瑟，五六匹馲駝的眞金子，以及許多値價相等的名馬，寶玉，和雜貨，都運到了仙芝自己的家裏。在這種騷亂的塲合裏，仙芝底將官和士卒所刼略石國人底財產，恐怕也要效法他們的主帥，决不止於少數。石國遭遇了這樣大的磨難，所以『國人號哭』。他們的國王，在戰事底第二年，也被高仙芝帶到了唐京，斬於闕下。

當高仙芝在石國大肆殺掠時，石國底一個王子跑出來，到有關係的國家去報告，怛邏斯戰爭跟着就來了。這就要談到前引通鑑文所謂：『石國王子逃詣諸胡，具告仙芝欺誘貪暴之狀。諸胡皆怒，潛引大食，欲共攻四鎭。仙芝聞之，將蕃漢三萬衆，擊大食。深入七百餘里，至怛邏斯城，與大食遇』。舊唐書（卷一〇九）李嗣業傳記這一階段的事說：

『其子逃難奔走，告於諸胡國。羣胡怨之，與大食連謀，將欲攻四鎮。仙芝懼，領兵二萬，深入胡地，與大食戰』。

新唐書（卷一三八）李嗣業傳說：

『初，仙芝特以計襲取石。其子出奔，因構諸胡，共怨之，以告大食。連兵攻四鎮。仙芝率兵二萬，深入……』

又（卷二二一下）石國傳說：

『王子走大食乞兵，攻怛邏斯城』。

又（卷一三五）高仙芝傳也說：

『其王子走大食乞兵，攻仙芝於怛邏斯城，以直其寃』。

新唐書底石國傳和高仙芝傳敘述甚簡，不免節略，故說大食攻仙芝於怛邏斯城：好像仙芝在怛邏斯城素日駐有軍隊，當時並未知大食來攻。但按照通鑑和新舊李嗣業傳底說法，其間則頗有曲折：先是石國王子赴大食乞兵；次是羣胡與大食連合，想攻四鎮；再則是高仙芝聽見了這個消息，有點担心，遂率兵迎擊；後來深入胡地七百餘里，在怛邏斯地方遇見了大食等國底軍隊，就打起來了。這個說法，要比較前說來得可靠些；前說爲了省略的關係，以致把事實弄得有點變相。

怛邏斯城，據大唐西域記（卷一），在石國底東北，間隔四百四五十里以上的距離。大概當初，高仙芝平石國時，大殺大掠以後，遂即東歸；並沒有派兵佔領石國底土地。所以這時迎擊大食等國，率師西上，到了怛邏斯地方，已經是深入胡地數百里了。

怛邏斯戰役底陣容，在大食方面，當然有大食底正式軍隊，另外還要有所謂『諸胡』底軍隊。所謂『諸胡』，恐怕是昭武九姓胡。如康安曹米何等國，都係石國底同一血族的國家，同時也是已受大食管轄的國家，是很容易參加這個戰團的。這方面的軍隊數目，在中國史料中，未見記載。在唐軍方面，除了中國軍隊外，還有西域小國底軍隊。這方面的軍隊數目，通鑑已舉出是『蕃漢三萬衆』，新舊李嗣業傳都說是『兵二萬。』而通鑑考異說：

『馬宇段秀實別傳云：蕃漢六萬衆。今從唐曆』。

通典（卷一八五）邊防類總序底自註說：

『天寶中，……高仙芝伐石國於怛邏斯川，七萬衆盡沒』。

這算是四個說法。考舊唐書（卷三八）地理志緒論說：

『安西都護府治所，在龜茲國城內，管戍兵二萬四千人……』

新唐書（卷二二一上）龜茲傳說：

『長壽元年武威道總管王孝傑破吐蕃，復四鎭地，置安西都護府於龜茲，以兵三萬鎭守』。

通鑑（卷二一三）於開元十四年八月下說：

『自王孝傑克復四鎭，復於龜茲置安西都護府，以唐兵三萬戍之』。

這可見，自長壽元年到開元十四年，三十四年間，安西守戍的中國軍隊，少者有二萬四千人，多不過三萬人。開元十四年到天寶十年，二十五年間也未聞變更戍兵底數目。這次參加怛邏斯戰役的中國兵，事實上恐怕不允高仙芝動員二萬人以上的數目，參加實際戰爭。因爲高仙芝不能不在安西留相當數目的軍隊，以爲留守；同時，又不能不在安西焉耆間，安西于闐間，安西疎勒間，共長四千八百餘里交通路線底沿線，配置相當的兵力，以維持四鎭間交通上的健全。這樣一來，能實際參戰的中國軍隊，如有二萬人，已經不算少了。但這話底意思，並不是要贊成李嗣業傳底說法，却正是疑惑李嗣業傳底作者有這種類似的顧慮，而有意地把當時見於記載的這種參戰的軍隊，改得少了。我的意思以爲，當時實際參加戰爭的中國軍隊最多不過兩萬人，但當時高仙芝所統率的參戰者，決不只兩萬人。通典底作者杜佑有一個族子是親身參加這次戰爭的人。通典底作者大概是根據他這位族子親歷的事實來說的，他是唐代一個很有德望的大臣，對於這樣的國家大事，決不肯隨便去寫的。所以，在四個說法中，通典所記的參戰人數雖多，恐怕反要比較地靠得住。李嗣業傳底說法，在這點上，既不可靠，通鑑底作者明知道有兩種說法，却毫無理由地採取『唐曆』底說法，也未能使人置信；至于段秀實別傳底說法，則和通典相近。我們知道當時高仙芝統轄的軍隊，有『漢』，有『蕃』，漢軍雖至多不過兩萬，蕃軍却是可以多多地參加的。我們在册府元龜（卷九九九）裏，可以看見開元六年（西元七一八）吐火羅諸國底表文，開首的幾句話說：

『僕僕克（兄）吐火羅葉護部下管諸國王都督刺史，總二百一十二人。謝颶國王統領兵馬二十萬衆。罽賓國王統領兵馬二十萬衆。骨咄國王，石汗那國王，解蘇國王，石匿國王，悒達國王，護密國王，護時健國王，范延國王，久越得建國王，勃特山王，各領五萬衆。僕羅祖父已來，並是上件諸國之王』。

此數不免誇大，但亦可見當時蕃國，兵卒衆多之一斑了。高仙芝在怛邏斯戰役中，像這樣的蕃國徵它幾萬兵，應該不是一件稀奇的事。例如蕃兵參加這次戰役之見於明文者，葛羅祿部和拔汗那部，其兵卒恐怕都不在少數。這次，高仙芝帶了蕃漢之衆七萬人，可見他心目中的大食也是一個勁敵；而當時情形之嚴重，也可想見了。

怛邏斯大戰的結果，是高仙芝大敗。通鑑述當時的情形，是：『相持五日，葛羅祿部衆叛，與大食夾攻唐軍。仙芝大敗，士卒死亡略盡，所餘纔數千人。右威衞將軍李嗣業勸仙芝宵遁。道路阻隘，拔汗那部衆在前，人畜塞路。嗣業前驅，奮大挺擊之，人馬俱斃，仙芝乃得過。將士相失，別將汧陽段秀實聞嗣業之聲，詬曰：避敵先奔，無勇也。全己棄衆，不仁也。幸而得達，獨無愧乎？嗣業執其手謝之，留拒追兵，收散卒，得俱免。還至安西，言於仙芝，以秀實兼都知兵馬，使爲己判官』。新舊唐書李嗣業傳亦有記載，而新唐書者較略。舊唐書（卷一〇九）說：

『仙芝大敗。會夜，兩軍解。仙芝衆爲大食所殺，存者不過數千。事窘，嗣業白仙芝曰：將軍深入胡地，後絕救兵，今大食戰勝，諸胡知，必乘勝而併力事漢。若全軍沒，嗣業與將軍俱爲賊所虜，則何人歸報主？不如馳守白石嶺，早圖奔逸之計。仙芝曰：爾，戰將也。吾欲收合餘燼，明日復戰，期一勝耳。嗣業曰：愚者千慮，或有一得；勢危若此，不至膠柱。固請行。乃從之。路隘，人馬魚貫而奔。會拔汗那兵衆先奔，人及駝馬塞路，不克過。嗣業持大棒，前驅擊之。人馬應手俱斃。胡等遁，路開，仙芝獲免』。

舊唐書這條記載，和通鑑詳略互見，可以相發。依這兩條所說，這次戰敗，受仙芝統率的蕃軍之影響不小。先是葛羅祿部底背叛，弄得仙芝腹背受敵，犯了軍事上的致命傷。再則拔汗那部先奔，弄得駝馬塞路，不惟更影響了全軍底軍心，簡直想退軍也不容易。我們看李嗣業告高仙芝的話，我們可以知道高仙芝之宵遁，實在是在當時的局勢下，所應該走的一條路。幸虧高仙芝畢竟走脫了，李嗣業和段秀實還能留拒追兵，整理散卒，退到安西去。在這次戰爭中高仙芝所統屬參戰軍隊底全體，連背叛的，帶逃走的，死亡的，總要有六萬多人，其中的中國正式戍卒恐怕要在一萬數千人光景。這在高仙芝以及安西四鎮，自然是一個嚴重的損失。但是高仙芝還能「還至安西」，大食原來打算潛攻四鎮的計劃，却爲這次惡鬥，無形擱置了。

這次戰役的時期，新唐書玄宗本紀作天寶十載七月。通鑑則記這事於是年四月後，八月前。

兩唐書對這件事情之所以缺欠正面記載的原故，我疑惑是因爲當時的史官對於這件事沒有接到正式的報告。我們知道，在這次戰敗以前，高仙芝簡直是一位長勝將軍。連年，討伐了勃律，擒了突騎施可汗，攻破了竭師，打敗了吐蕃，盪平了石國，我們可以想見他的躊躇滿志。在天寶十年正月，朝廷加他開府儀同三司，優獎他的功勳。在這次優獎不久的幾個月間，竟然有這樣大的失敗，這是如何地損害他的威嚴，如何地使他覺得無面目。通鑑於開元四載下記着：

『時邊將恥敗，士卒死者皆不申牒，貫籍不除』。

高仙芝恐怕更不免爲這種風氣下的實行者。果爾，則當時的史官自無從對這事作正式記錄，後來高仙芝死了，仙芝底關係人爲仙芝作傳，自然也要隱惡而揚善，把這件丟臉的事輕輕地揭了去。再到以後，李嗣業死了，爲李嗣業作傳的人，因爲在這個戰敗的場合中，李嗣業個人還能表現他的才力，所以不妨把這件事寫在李嗣業傳記裏面。劉昫修唐書，事實不能不因仍舊史，於是因爲史料來源之不同，在玄宗本紀和高仙芝傳裏都沒有提到這次戰事一個字，而却在李嗣業傳裏把這件事寫得相當地詳細。這不是舊唐書底作者有意爲高仙芝諱他的缺憾，而是沒有把史料作整個的融和。這大概是舊唐書不只缺欠，而且簡直沒有這件事作正面記載的原故。新唐書在這一點上，總算進步一點，在玄宗本紀和高仙芝傳裏還記了幾個字。但修正的工作也並不是容易作的，舊唐書底這點缺憾，新唐書還是不能眞正地彌補，所以仍然使人覺得它的正面記載太不充分。

三　怛邏斯戰役在唐底西域發展史上之意義

怛邏斯戰役在唐底西域發展史上的意義，依本文著者底看法，並不如沙氏所說，能使『中國國勢遂絕跡於西方』，也並不是姚氏所說，『是唐朝與大食在中亞霸權消長之關鍵』。他以爲在人人『津津樂道』的開元天寶之初葉，唐朝已顯露其維持中亞霸權之無力，而已不必待怛邏斯戰敗後即可看出唐朝霸權之有沒落的徵象。可是，在怛邏斯戰敗後，中國國勢却也並不『遂絕跡於西方』。

在册府元龜裏，同時也是在沙畹書中所集的材料

裏，可以看見西域胡國上給唐帝的表文。開元七年二月，

1 『安國王篤薩波提遣使上表論事曰：自有安國已來，臣種族相繼，作王不絕，并軍兵等，竝赤心奉國。從此年來，被大食賊每年侵擾，國土不寧，伏乞天恩滋澤，救臣苦難。仍請勑下突厥施，令救臣等。臣即統率本國兵馬，計會翻破大食。伏乞天恩，依臣所請』。（元龜卷九九九）

2 『俱密國王那羅延上表曰：臣曾祖父叔兄弟等，舊來赤心向大國。今大食來侵，吐火羅及安國，石國，拔汗那國，並屬大食。臣國內庫藏珍寶，及部落百姓物，並被大食徵稅將去。伏望天恩，處分大食，令免臣國徵稅，臣等即得久長守把大國西門。伏望照臨，臣之願也』。（元龜卷九九九）

3 『康國烏勒伽遣使上表曰：臣種族及諸胡國，舊來赤心向大國，不曾背叛，亦不侵損大國，爲大國行裨益土。從三十五年來，每共大食賊鬥戰，每年大發兵馬，不蒙天恩，送兵救助。經今六年，被大食元率將異密屈底波領衆軍兵來此，共臣等鬥戰。臣等大破賊徒，臣等兵士亦大死損。爲大食兵馬極多，臣等力不敵也。臣入城自固，乃被大食圍城，以三百拋車傍城，三穿大坑，欲破臣等城國。伏乞天恩知委，送多少漢兵，來此救臣困難。其大食只合一百年强盛，今年合滿。如有漢兵來此，臣等必是破得大食』。（元龜卷九九九）

開元十五年，

『吐火羅葉護遣使上言曰，奴身罪逆不孝，慈父被大食統押，應徹天聰。奉天可汗進旨云：大食欺侵，我即與你氣力。奴身今被大食重稅，欺苦實深。若不得天可汗救活，奴身自已活不得，國土必遭破散，求防守天可汗西門不得。伏望天可汗慈憫，與奴身多少氣力，使得活路。又承天可汗處分突厥施可汗云，西頭事委你，即須發兵，除却大食。其事若實，望天可汗却垂處分奴身，緣大食稅急，不救得好物奉進，望天可汗照之，所欲驅遣奴身，及須已西方物，並請處分。奴身一一頭戴，不敢怠慢』。（元龜卷九九九）

全唐文（卷九九九）亦載開元〔二十〕九年，石國王伊捺吐屯屈勒表文，云：

『奴身千代已來，忠赤於國。只如突厥騎施可忠赤之日，部落安貼；后背天可汗，脚底火起。今突厥屬天可汗，在於西頭爲患，唯有大食，莫踰突厥。伏乞天恩，不棄突厥部落，打破大食，諸國自然安貼』。

這可略見開元間，安康俱密等國在大食壓迫下之困苦艱難中，如何希望唐家援助他們，替他們打開難關。但是請求的結果呢，則新唐書西域傳（卷二二一下）於康國下，記：

『共王烏勒伽與大食亟戰，不勝；來乞師，天子不許』。

於石國下，記：

『王伊捺吐屯屈勒上言：今突厥已屬天可汗，惟大食爲諸國患，請討之，天子不許』。

於俱密國下記：

10

『其王那羅延頗言爲暴賦，天子但尉遺之而已』。

唐家天子只是安慰他們幾句，並不爲他們發一兵，派一將。這完全可以看出，唐家在這時已不能發揮一個擁有霸權者之能力，它對於它的藩屬國家已不能盡保衞的義務了。開元十五年，僧人慧超自天竺回中國，路經西域諸胡國。他看見了『吐火羅王住城，名爲縛底耶，見今大寔兵馬，在彼鎭押。其王被逼，走向東一月程，在蒲持山住，見屬大寔所管』。他看見了『安國曹國史國石騾國米國康國，中雖各有王，並屬大寔所管』。他並看見了骨咄國胡蜜國也並屬大寔所管。（以上見慧超往五天竺國傳）。這些向來臣服唐家的胡國，就在唐家不能發揮保護能力中，逐漸都滾入了大食底勢力圈內。大唐在中亞底霸權，在開元年間已是漸漸剝落；到了天寶十年怛邏斯之戰，已經是歷有年所了。

但有趣的，是：唐在中亞底霸權在實質上雖已是逐漸剝落，在形式上，開元天寶間，西域諸小國朝貢之使却又不能說是不盛。這是由於三個原因：第一，諸胡底貢獻，在本國裏不算甚麼，拿到中國去，也不致於賠本。因爲中國底皇帝，還要賞賜一些物件。開元七年康國救助的表文，末尾說：『如天恩慈澤，將賜臣物，請付臣下，使人將來，冀無侵奪』。這可見當時的胡人，對於中國皇帝底賞賜，都是很希冀的。第二，中國對於胡人通常沒有甚麼虐待。特別在經濟方面，中國人不在胡人身上榨取；而胡人與中國人通商，反可得到許多的利益。胡人在大食底管轄下，則正和在中國人管轄下的情形相反：我們看諸國底表文及慧超所謂『此胡蜜王見屬大食所管，每年輸稅絹三千疋，住居山谷，處所狹小，百姓貧多』，可見大食在諸國之橫征暴斂。在這種情形相對之下，未受大食約束的小國自然樂得和中國接近，已受大食約束的小國也要設法和中國保持相當的聯絡。第三，當時中國對於西域諸胡，雖不能盡保護的責任，但如有胡國對於中國有所妨害，或『無藩臣禮』的時候，安西都護府是會代表中國政府執行討伐的責任的。例如：『小勃律國王爲吐蕃所招，妻以公主，西北二十餘國，皆爲吐蕃所制，貢獻不通』；玄宗就『特勑仙芝以馬步萬人爲行營節度使，往討之』（舊唐書高仙芝傳）。竭師國『特其險阻違背聖化，……知勃律地狹人稠，無多田種，鎭軍在彼，粮食不充，於箇失密市易鹽

11

米，然得支濟，商旅來往，皆著竭師國過，其王遂受吐蕃貨求，於國內置吐蕃城堡，捉勃律要路』（元龜卷九九九，天寶八年吐火羅表文）。玄宗也就應吐火羅葉護之請，於天寶九年二月派安西兵，破竭師，虜其王勃特沒（見通鑑天寶八載十一月下，及九載二月下）。中國政府底這種辦法，也使西域諸國不敢不來朝貢了。

在這種矛盾狀態下，西域諸小國自然是最苦，一方面不能仰仗唐底助力，同時對於唐又不能不有一種適當的表示；如果舉措不當，便不免出亂子。唐底安西都護府底行動，在這種場合下，也須妥爲適應，如超出了相當的限度，也易招致意外的危險。怛邏斯戰役底導火線石國之役，依我的看法，就是由於石國和高仙芝都沒有看清他們的環境和他們應處的地位。石國之招致高仙芝底討伐，據說是『無藩臣禮』，這如果不是直接損害了唐底尊嚴，就是直接損害了高仙芝底尊嚴，石國王忘記了勃律竭師底前車之鑒，他似乎沒有注意到，唐底安西都護府雖不能幫助他抵抗大食底侵略，却能討伐他對唐及唐軍事領袖之不恭。在高仙芝方面，他固然可對石國發揮四鎮節度使底威權，但他應該知道西域小國之自稱臣唐，並非專因唐四鎮兵力之強，也是因爲他們至少可以不受唐底壓迫或剝削。石國王底結果，是身死國破。高仙芝呢，那樣地大殺大掠，又如何能不給羣胡以貪殘的印象？我們推想，那時，羣胡的意思，總要以爲，高仙芝和大食在這一點上，沒有甚麽分別。也許他們要覺得高仙芝還不如大食；因爲大食雖苛征暴斂，却也未必把金石寶貨滿載而歸，也未必這樣任意殺戮。而且，大食雖統轄他們，也許能保護他們。更何必去給大唐，這個既不能保護於前又肯施毒手於後的大國，討慇勤，送秋波呢？於是，他們樂得倒在大食底懷抱裏，勾引大食底兵馬去潛攻四鎮。怛邏斯底戰爭，遂就爆發了。這不是羣胡和大食，爲別國人底事情，流本國人底血；而是羣胡爲了怕自己的處境將發生更大的困難，大食爲了擴張自己的勢力，二者互相利用所作出來的。所以，就唐代西域勢力發展史的意義上說，怛邏斯戰役之發動，是由於高仙芝，在唐代西域勢力之漸趨實質的衰落中，未能把握其時代的意義，而對於一個不恭的胡國，超過適當的限度，採取了過分的行動之故。

怛邏斯戰役之影響，大概是把上述的矛盾狀態稍爲改變一點。唐在西域勢力之實質上的衰落，到這時候，大概要發展到形式上的表現。這時，恐怕要有少數國家，撕破入朝進貢的假面，不再和唐如以前般地往來了。石國自是臣大食，是我們在史書中所見到的一個事實上的例子。李嗣業說：『今大食戰勝，諸胡知，必乘勝而併力事漢』。這可見，這種趨勢，也是當時參戰的高級軍官所能立時看到的。姚氏說這次戰事是『唐朝與大食在中亞霸權消長之關健』；這話可以修正爲：這次戰事底結果，是唐朝與大食在亞霸權消長底表面化。

高仙芝在這次的戰事中，雖打了一個大大的敗仗，但他的軍事根據地——安西四鎮——並未受動搖，他手下的唐軍也還有相當的數目。在這次戰敗的第三年，即天寶十二年，

『封常淸代高仙芝討大勃律，師次賀薩勞城，一戰而勝。常淸逐之，秀實進曰：賊兵羸，餌我也。請備左右，搜其山林。遂殲其伏』。（舊唐書卷一二八，段秀實傳）

其第五年，即天寶十四年，安祿山反後，李嗣業和段秀實率安西騎步兵五千，赴朔方勤王，累有戰功（亦見秀實傳）。此可見怛邏斯戰後，安西底實力仍是不可厚侮，而封常淸討大勃律一役，尤可見中國在西方之勢力仍然相當地存在，決不如沙氏所說『中國國勢遂絕跡於西方』者也。

怛邏斯戰後，中國在西域的勢力既仍相當的存在，在安祿山反後，許多小國大概有格於形勢，不得不派兵助唐平亂的。其中的大國，和唐無特殊關係的小國，却另外有條件在，讓他們樂意去作。通鑑卷二一八，至德元載九月下，說：

『上雖用朔方之衆，欲借兵於外夷，以張軍勢。以豳王守禮之子承寀爲敦煌王，與僕固懷恩使於回紇，以請兵。又發拔汗那兵，且使轉諭城郭諸國，許以厚賞，從安西兵入援』。

沙氏所謂『中國在西方所執光榮任務之最後遺響』者，其實大部份是『厚賞』勾出來的。

四　怛邏斯戰役在唐大食國際史上的意義

怛邏斯戰役，在唐與大食之國際史上的意義說，是唯一的最大的武力的接觸。

在高宗時，唐在波斯設波斯都督府，拜波斯王卑路斯爲都督。不久波斯爲大食所滅。調露元年，（西元六七

九），高宗命裴行儉領兵護送波斯王子泥涅師復國，幷派行儉爲安撫大食使。後來因爲路遠，行儉中道折回，泥涅師因流落吐火羅作客（見舊唐書卷八四，裴行儉傳；新唐書卷一〇八，裴行儉傳，又卷二一五下，阿史那傳，卷二二一下，波斯傳。）。這可說是唐與大食勢力之最初的衝突。但波斯離中國甚遠，除了在名義上臣服中國外，所謂波斯都督府者，實等虛設。這時，唐對於大食底實力，也隔膜得很，所以就冒然地派了一個安撫大食使。這位安撫大食使，大概也覺得無甚意味，中途就回來了。所以，這種勢力上的衝突，也只是名義上的；在實際上，差不多沒有甚麼關係。

一直到了開元間，唐與大食底衝突，才眞正地逐漸加重。除上文所述安康俱密等國逐漸入了大食底勢力圈外，在怛邏斯戰前，還有別的衝突。通鑑於開元三年（西元七一五）下，紀云：

『拔汗那者，古烏孫也。內附歲久，吐蕃與大食攻立阿了達爲王，發兵攻之。拔汗那王兵敗，奔安西求救。（張）孝嵩謂都護呂休璟曰：不救，則無以號令西域。遂帥旁側戎落兵萬餘人，出龜茲西數千里，下數百城，長驅而進。是月，攻阿了達於連城。孝嵩自擐甲，督士卒急攻，自巳至酉，屠其三城，斬俘千餘級，阿了達與數騎逃入山谷。孝嵩傳檄諸國，威振西域。大食康居大宛罽賓等八國皆遣使請降』。（卷二一一）

這大概是唐與大食第一次短兵相接。這次，大食是打敗了。

開元五年（西元七一七），突騎施引大食寇四鎮。通鑑卷二一一說：

『（開元五年四月），突騎施酋長，左羽林大將軍蘇祿部衆浸彊，雖職貢不乏，陰有窺邊之意。……（七月）安西副大都護湯嘉惠奏：突騎施引大食吐蕃謀取四鎮，圍鉢換及大石城，巳發三姓葛祿兵與阿史那獻擊之』。

這是第二次，唐與大食以兵戎相見。這次勝負的成績不明，但四鎮未入大食手中，是無疑問的。我們看，湯嘉惠僅派三姓葛祿和阿史那獻部衆往擊，這次戰爭恐怕不見得很嚴重。

舊唐書（卷一〇九）李嗣業傳說：

『天寶七載，安西都知兵馬使高仙芝奉詔總軍專征勃律，……遂長驅至勃律城，擒勃律王，吐蕃公主，斬藤橋，以兵三千人戍。於是拂林大食諸胡七十二國皆歸國家，歘塞朝獻，嗣業之功也』。

新唐書（卷二二一下）大勃律傳說：

『天寶六載，詔副都護高仙芝伐之（大勃律，）……仙芝約王降，遂平其國。於是，拂林大食諸胡七十二國皆震恐，咸歸附』。

在高仙芝討勃律一役中，未聞大食參加。舊唐書所說，或許是在那時湊巧有大食等國底使臣在朝，因加贊美之詞，史臣故加鋪張，遂都成了這次戰役底結果。新唐書所說『震恐』，恐怕更是過甚其辭了，距怛邏斯戰役三四年前的大食國決無如是之不濟也。

在怛邏斯戰前，除了開元三年和開元五年，唐與大食之兩次武力衝突外，還有一次軍事合作的要約。全唐文卷二八五，敕安西節度王斛斯書，說：

『敕王斛斯：得卿表，並大食東面將軍呼邏散訶密表，具知卿使張舒耀計會兵馬迴。此雖遠蕃，亦是强國，觀其意理，似存信義。若四月出兵是實，卿彼已合知之。還須量意，與其相應，使知此者計會，不是空言。且突騎施負恩，爲天所棄。訶密若能助國破此寇讎，錄其遠勞，即合優賞。但未知事實，不可虛行。卿可觀察蕃情，顧有定否，即須隨事慰接，令彼知之。若舒耀等虛有報章，未得要領，豈徒不實，當有所懲。絕域行人，不容易也』。

這篇敕係出張九齡手筆，當係開元十一年至十四年九齡爲中書舍人時事。在這篇敕中，可以看出，當時安西節度使王斛斯和大食東面將軍呼邏散訶密有共同擊突騎施

15 的要約。突騎施處於兩大之間，依違無常，對唐有時稱臣，有時搗亂，對大食或者也是如此。故兩國底軍事領袖要打算合作，「破此寇讎」也。但這種軍事上的合作，未見施於事實。後來到開元二十七年，突騎施可汗吐火仙之被擒，還是唐磧西節度使蓋嘉運連合拔汗那作出來的（通鑑卷二一四）。在怛邏斯戰役前的唐與大食間之直接的軍事關係，只有兩次交手戰而已。

怛邏斯戰後之第六年，即至德二年，正月，大食應中國政府底邀請，派兵跟着拔汗那安西底兵，開入中國邊境，助唐平安祿山之亂。是年九月，癸卯，收復西京。十月壬戌，收復東京。至是，唐底兩京，賴着大食及諸國底力量，完全克復了（見新舊唐玄宗本紀及大食傳、通鑑卷二一九）。這是在怛邏斯戰後，大食在軍事上，幫了唐朝一個大忙。這事底第二年，廣州奏大食人之騷亂。舊唐書（卷十）說：

『至德三載（即乾元元年）九月癸巳，廣州奏：大食因波斯國兵衆攻城，刺史韋利見棄城而遁』。

通鑑（卷二二〇）說：

『乾元元年九月癸、巳廣州奏：大食波斯圍州城，刺史韋利見踰城走。二國兵，掠倉庫，焚廬舍，浮海而去』。

我疑心這件事情，就是助唐平亂的大食兵作的。說不定，這時西域有特殊情形，大食兵在陸路上的歸途發生障礙，改由海道歸國，臨走放了這末一個起身炮。舊唐書所稱『兵衆』，最可注意。因這可見，決非居廣州的大食商人所爲，而大食之派兵攻廣州，也是毫無意義，決不會有的。我們知道，當克復兩京之前，唐底最高軍事領袖，曾和回紇公開地交換條件：城破之日，由回紇任意大掠。即使大食和唐沒有作開這樣的條件，大食人看慣了回紇底這種把戲，照樣演習一套，作個臨別紀念，也是人情之常。所以，攻廣州這件事情只可認爲大食平亂底一種副產物，沒有甚麽嚴重的軍事上的意義的。至於他們和波斯人之合於一起，則是因波斯在這時早已亡國，事實上，波斯人須受大食人底支配，在援唐的大食軍隊中包含許多波斯人，自是很平常的事。

過了至德三年，更歷二十九年，唐宰相李泌向德宗建議，結大食以抗吐蕃。通鑑（卷二三三）於貞元三年（西元七八七）九月下，說：

『回紇合骨咄祿可汗屢求和親，且請昏，上未之許。會邊將告乏馬，無以給之。李泌言於上曰：陛下誠用臣策，數年之後，馬賤於今十倍矣。……臣願陛下北和回紇，南通雲南，西結大食天竺。如此則吐蕃自困，馬亦易致矣。……大食在西域爲最强，自葱嶺以西論，地幾半天下，與天竺皆慕中國，代與吐蕃爲仇，臣故知其可招也』。

後來，和回紇成功，離間吐蕃雲南成功，却偏巧貞元五年三月李泌死去，單單結大食犬竺之策未行。否則，亦是軍事上之一種大連合也。

貞元十七年（西元八〇一，）唐劍南西川節度使韋皐部將杜毗羅潛襲吐蕃險要悉攝。據新唐書（卷二二二上）南蠻傳所記，是役『虜大奔，於時康黑衣大食等兵，及吐蕃大酋皆降，獲甲二萬首』。這是在中國史料中所見，唐與大食之最末次的軍事上的衝突。這次，大食底軍隊是敗了，投降的人數不詳。

以上，就唐與大食之直接的軍事關係來說，共有三次軍事合作的擬議，却只有大食助唐平亂一事，見之實行，共有四次的軍事衝突，有兩次是大食打敗了，一次的勝負不明，只有怛邏斯之戰，是大食打勝仗。但怛邏斯一戰，却比其餘的三次戰爭，規模都大得多。這我們拿這四次戰爭的紀錄，是可以看出來的。

在怛邏斯戰役底前後，唐與大食間通常關係，並沒有甚麽改變。我們檢查大食使臣來華的次數，則：

一，永徽二年（西元六五一）八月乙丑，大食國始遣使朝獻。（舊唐書卷四）

二，永徽六年（西元六五五）六月，大食國遣使朝貢。（舊唐書卷四）

三，永隆二年（六八一）五月，大食國遣使獻馬及方物。（元龜卷九七〇）

四，永淳元年（六八二）五月，大食國遣使獻方物。（元龜卷九七〇）

五，長安三年（七〇三）三月，大食國遣使獻良馬。（元龜卷九七〇）

六，景雲二年（七一一）十二月，大食遣使獻方物。（元龜卷九七〇）

七，開元初（七一三），大食遣使來朝，進馬及寶鈿帶等方物。（舊唐書卷一九八）

八，開元四年（七一六）七月，大食國黑密牟尼蘇利漫遣使上表，献金線織袍，寶裝玉灑池瓶各一。（元龜卷九七一，九七四）

九，開元七年（七一九）六月，大食國遣使朝貢。（元龜卷九七一）

十，開元十二年（七二四）三月，大食遣使獻馬及龍腦香。（元龜卷九七一）

十一，開元十三年（七二五）正月丙午，大食遣其將蘇黎等十二人來献方物，並授果毅，賜緋袍銀帶，放還蕃。（元龜卷九七五）

十二，開元十三年（七二五）三月，大食遣使蘇黎滿等十三人獻方物。（元龜卷九七一）

十三，開元十六年（七二八）三月辛亥，大食首領提卑多類八人來朝，並授郎將，放還蕃。（元龜卷九七五）

十四，開元十七年（七二九）九月，大食國遣使來朝，且獻方物。賜帛百疋，放還蕃。（元龜卷九七五）

十五，開元二十一年（七三三）十二月，大食遣首領摩思覽達干等來朝。並授果毅，各賜絹二十疋，放還蕃。（元龜卷九七五）

十六，開元二十九年（七四一）十二月丙申，大食首領和薩來朝，授左金吾衛將軍，賜紫袍金鈿帶，放還蕃。（元龜卷九七五）

十七，天寶三年（七四四）七月，大食國遣使獻馬及寶。（元龜卷九七一）

十八，天寶四載（七四五）五月，大食遣使來朝貢。（元龜卷九七一）

十九，天寶六載（七四七）五月，大食國王遣使獻豹六。（元龜卷九七一）

二十，天寶十一載（七五二）十二月己卯，黑衣大食謝多訶密遣使來朝，授左金吾衛員外大將軍，放還蕃。（元龜卷九七五）

二一，天寶十二載（七五三）三月，黑衣大食遣使獻方物。（元龜卷九七一）

二二，天寶十二載四月，黑衣大食遣使來朝。（元龜卷九七一）

二三，天寶十二載七月，辛亥，黑衣大食遣大酋望二十五人來

朝，並授中郎將，賜紫袍金帶魚袋。（元龜卷九七五）

二四，天寶十二載十二月，黑衣遣使獻馬三十四。（元龜卷九七一）

二五，天寶十三載（七五四）四月，黑衣大食遣使來朝。（元龜卷九七一）

二六，天寶十四載，（七五五）七月，黑衣遣使貢獻。（元龜卷九七一）

二七，天寶十五載（七五六）七月，黑衣大食遣大酋望二十五人來朝。（元龜卷九七一）

二八，至德初（七五七）大食國遣使朝貢。（元龜卷九七一）

二九，乾元元年（七五八）五月壬申朔，迴紇使多乙亥阿波八十人，黑衣大食酋長閤文等六人，並朝見，至閤門爭長。通事舍人乃分左右，從東西門並入。（元龜卷九七一）

三十，寶應元年（七六二）五月戊申黑衣大食遣使朝見。（元龜卷九七二）

三一，寶應元年十二月，黑衣大食遣使朝見。（元龜卷七五二）

三二，大曆四年（七六九）正月，黑衣大食遣使朝貢。（元龜卷九七二）

三三，大曆七年（七七二）十二月，大食遣使朝貢。（元龜卷九七二）

三四，大曆九年（七七四）七月，黑衣大食遣使來朝。（元龜卷九七二）

三五，貞元七年（七九一）正月，黑衣大食遣使來朝。（元龜卷九七二）

三六，貞元十四年（七九八，）九月丁卯，以黑衣大食遣含嵯烏雞莎比三人並爲中郎將，放還蕃。（舊唐書一九八，元龜卷九七六）

在一百四十七年中，共通使三十六次。其中，怛邏斯戰前，一百年內，共通使十九次。怛邏斯戰後四十七年中，共通使十七次。而自戰後之第二年，直至第八年，每年大食均有朝貢使來：天寶十二年之一年內，大食使臣且來四次。怛邏斯戰時，雖值大食之轉移朝代，但僅就唐大食間之整個關係說，並未見受此次戰事底影響也。

五　怛邏斯戰役與伊斯蘭教之最早的華文記錄

怛邏斯戰役與伊斯蘭教最早的華文記錄之關係，正如中國造紙術之西行一樣，是由於一種偶然的機會引出來的。

在怛邏斯戰役中，有一位隨軍西征的人，姓杜，名環，就是通典作者杜祐底族子。他在天寶十年（西元七五一）被大食人帶到西海，在寶應初年（西元七六二年）才附商賈船舶，由廣州回國。前後在大食及其附近國家，杜環生活十一二年之久，習聞大食諸國風俗習慣，著爲經行記一書。經行記原書久佚，通典卷一九三，引有經行記一節：

『（大食）一名亞俱羅，其大食王號暮門，都此處。其士女瓌偉長大，衣裳鮮潔，容止閑麗。女子出門，必擁蔽其面。無問貴賤，一日五時禮天。食肉作齋，以殺生爲功德。繫銀帶，佩銀刀。斷飲酒，禁音樂。人相爭者，不至毆擊。又有禮堂，容數萬人。每七日，王出禮拜，登高坐爲衆說法，曰：「人生甚難，天道不易。姦非劫竊，細行謾言，安己危人，欺貧虐賤，有一於此，罪莫大焉。凡有征戰，爲敵所戮，必得生天。殺其敵人，獲福無量」。率土稟化，從之如流。法唯從寬，葬唯從儉』。

同卷又引有：

『諸國陸行之所經，山胡則一種，法有數般。有大食法，有大秦法，有尋尋法。……其大食法者，以弟子親戚而作判典，縱有微過，不至相累，不食猪狗驢馬等肉。不拜國王父母之尊，不信鬼神，祀天而已。其俗每七日一假，不買賣，唯飲酒，謔浪終日』。

又卷一九四引：

『從此至西海以來，大食波斯參雜居止，其俗禮天，不食自死肉，及宿肉，以香油塗髮』。

在這三條中，杜環記有不少的伊斯蘭教法：

一，『不拜國王父母之尊，不信鬼神，祀天而已，』『其俗禮天』：伊斯蘭教唯一的最基本的信仰是安拉(Allah)；除了對安拉之外，不得禮拜；除了安拉之外，更無別的信仰對象。

二，『無問貴賤，一日五時禮天』：伊斯蘭教徒於每日日將出時，日過午時，日將落時，將黃昏時，及黃昏以後，分五次禮拜，繁簡不同。自一國之主，以至販夫走卒，無不負有此項義務。

三，『每七日，王出禮拜，登高坐爲衆說法』：每七日爲伊斯蘭教底聚禮日，如耶蘇教底星期日。王所說法，或爲聚禮日之讚美詞，或爲其臨時之演說也。

四，『食肉作齋，以殺生爲功德』：此均指伊斯蘭教聖月中事。是月，教徒於白日齋戒禁食；及日夕進餐，凡平常可吃的東西，這時都能吃，所以也能吃肉。聖月既完，宰牛羊等，以分散親友及貧苦人，此即杜環所謂『以殺生爲功德』，非謂平時伊斯蘭教以殺生奬人也。

五，在生活行爲方面，如『斷飲酒，禁音樂』，『不食自死肉及宿肉』爲伊斯蘭教徒所當遵之條款；『姦非劫竊，細行漫言，安己危人，欺貧虐賤』，爲伊斯蘭教所禁止之行爲；『凡有征戰，爲敵所戮，必得生天，殺其敵人，獲福無量』；爲伊斯蘭教徒在擁護正道的立場上，所遵奉之信條。而『人相爭者，不至毆擊』，則因伊斯蘭教以天下穆士林均爲弟兄，故虔信的伊斯蘭教徒決不會與同教人作毆擊之事也。

綜觀杜環所記，雖未能把伊斯蘭教法之重要的部份完全寫出，但所記者却都是重要的部份：從安拉之信仰，禮拜齋戒，以至行爲之規範，飲食衣禁忌都說到了。杜環留大食十一二年，大概在他的囚虜生活中，免不了受這種宗教上的訓練，所以能有這種相當而扼要的記述。這在中國史籍中，就我們現在所見，實在是關於伊斯蘭教的第一篇華文記錄。

在經行記以前，大食使者雖有多次的來聘，大食波斯商人雖散佈於廣州揚州長安各處，但大食使者對於伊斯蘭教縱有解說，似亦未爲唐人所理解。波斯商人留居中國者，恐有許多爲波斯亡國前的遺民，或亡國不久後的逃避者，多數未必是伊斯蘭教徒。而大食商人之居中國者，其性質既純爲商業上的貿易，並且又有他們自己的集團，在宗教上作一種傳播的工作者，其事恐亦極少，或竟沒有。我們看，後於經行記成書的通典，於記大食事，除引經行記外，記云：

『大食，大唐永徽中，遣使朝貢，云其國在波斯之西。或云：初有波斯胡人，若有神助，得刀殺人，因招附諸胡，有胡人十一來，據次第摩首受化爲王。此後，衆漸歸附，遂滅波斯，又破拂林及婆羅門城，所向無敵，兵衆有四十二萬。有國以來，三十四年矣。初王已死，次傳第一摩首者，今王卽是第三。其王姓大食。其國男夫，鼻大而長，瘦黑多鬚鬢，似婆羅門，女人端麗。亦有文學，與波斯不同。出駝馬驢騾羖羊等。土多沙石，不堪耕種。無五穀，惟食駝象等肉。破波斯拂林，始有米麵。敬事天神。又云：其王常遣人乘船，將衣糧入海，經涉八年，未極西岸。於海中見一方石，石上有樹，樹上總生小兒，長六七寸，見人不語，而皆能笑動其手脚，頭著樹枝。人摘取入手，卽乾黑。其使得一枝還，今在大食王處』。（見卷一百九十三）

此所記永徽中的大食使者，僅有『其國在波斯之西』，一語，這和『又云』以下之語，絲毫與宗教無關。『或云』以下，『又云』以前之語，以大食代阿爾璧，稱伊斯蘭教至聖穆罕默德爲波斯胡人，稱文學與波斯不同，都顯然爲得自反對伊斯蘭教的波斯人之知識。其中雖有『敬事天神』一語，但杜書簡略，不能表示其「敬事」的性質和情形，與經行記不堪相比。以通典作者之淹博，覺不能於經行記以後，引用別項關於伊斯蘭教之記載，而僅取波斯人影響模糊之語，可見在經行記以前別無記載伊斯蘭教之文字，而通典作者於經行記外，似亦未聞關於伊斯蘭教之傳說也。舊唐書大食傳中，略與伊斯蘭教有關者，如：

『永徽二年，始遣使朝貢。其姓大食氏，名噉密莫末膩。自云有國已三十四年，歷三主矣。其國男兒，色黑多鬚，鼻大而長，似婆羅門，婦人白皙。亦有文字，出駝馬，大於諸國。兵刃勁利。其俗勇於戰鬥，好事天神』。

此顯爲根據通典，或與通典根據同一材料而妄加變改者。『自云』以下，決非大食使者語。「大食」一名在唐人及今日用之，固不含有絲毫的惡意，但大食人決不自稱爲大食，因此係波斯人所加之惡稱也。新唐書大食傳記：

『大食，本波斯地。男子鼻高，黑而髯。女子白皙，出輒鄣面。日五拜天神。銀帶，佩銀刀。不飲酒擧樂。有禮堂，容數萬人。率七日，王高坐，爲下說法，曰：「死敵者生天上，殺敵受福」，故俗勇于鬥。土磽磏不可耕，獵而食肉』。

此又顯係根據經行記，至刪落一部份精語者，與所引舊唐書大食傳之文，在史料的價値上，同爲不値一顧者。

舊唐書大食傳又稱：

『開元初，遣使來朝，進馬及寶鈿帶等方物。其使謁見，唯平立不拜，憲司欲糾之。中書令張說奏曰：「大食殊俗，慕我遠來，不可寘罪」。上特許之。尋又遣使朝貢，自云「在本國，惟拜天神，雖見王亦無致拜之法。」所司屢詰責之，其使遂請依漢法致拜』。

所謂「本國惟拜天神」云云，雖較通典「敬神天神」一語爲略詳，但其不能表示「拜天神」之性質和情形，比着通典所記，也沒有甚麽進步。我們於此，說經行記爲記載伊斯蘭教法之第一篇中國文字，當與事實沒有甚麽不合的地方。若更進而謂杜環爲中國人所理解伊斯蘭教最早之一人，並謂其足爲伊斯蘭教法傳佈東方之第一聲，依我們現在中國史籍中所見，似也並不過分。推本求原，實不能不歸功於怛邏斯戰役之偶然的結果也。

本文前四章，草於今年一月間；草成後，曾蒙徐旭生先生指教，多所改正。惟徐先生以爲，應就所知之阿拉伯文波斯文史料加入，予在現時尙無此種能力，而助予者又且遠去，未克遵命，至以爲憾。

又此文既已分印，在桑原騭藏之東洋文明史論叢中，見有紙之歷史一文，其第三章對於怛邏斯戰役與造紙術西傳之關係，有扼要的敘述。此文在夏沙二氏著作之後、卡姚二氏著作之前。因附記之於此。

廿五年七月廿五日校後記。

二週紀念　**漢鋒月刊**　第二十期

◀民國二十五年五月十五日出版▶

要目

【插圖】
現代各國育人之救濟……Iuxwoll　雨田譯
實施邊疆教育的幾個困難問題……澤普
中小學的歷史應當怎樣教……郭旭峯
中國教育上的兩個問題……高陽先生講　劉恩紀錄
性教育問題檢討……遂五
關於兒童的課外活動之權商……白郁文
中國教育演進和小學課程的檢討……之恒
性教育在小學中……蘊芹
關於兒童「家庭教育」……王新民
對於青年職業問題的商榷……張玉懷
小學教師服務上應有之志趣及其缺陷補救之方法……慶堂
整理農村與救亡運動……雅亭
國民經濟建設聲中土地問題的檢討……穎
掃出文育的工具……夫
怎樣做一個小學教師……朱耀先
東西兩大短命詩人—「李賀」與「濟慈」……席滌人
人影　愛沙尼亞屠格拉原作……寒溪譯
嵩雲吟草……杜珉
送黃生之六南歸序　行唐尙秉和……節之
生活剪影……席達先
玲玲……夕虹
人間悲劇（續）……申易甫
臨別的幾句話……張興德
木刻
乙亥夏聞東耳入北師心懷不釋成此……沙汀
丙子春自輓詩……沙汀
哭母詩二首……劉恩
夜……張元士
春漲……緘三
甜蜜的家庭……春露譯
春水……夕虹
流淚人的春天……曦
無題……虹橋
歸去矣……子乾
二週紀念的話……席尊厢
長工歌……飲冰
中國兒童節之制定經過……趙憲卿
中國兒童年戲歌……陶知行

編輯處　察哈爾省立張家口師範學校漢鋒月刊社
發行處　漢鋒月刊社
定　價　每册四分全年十二册四角

十三世紀前中國海上阿拉伯商人之活動

安文倬譯

（譯自 Friedrich Hirth & W. W. Rockhills *Chau Ju-Kau*, pp. 1-27）

在紀元前十世紀初葉，索羅門王（King Solomon）與阿拉伯（Arabia）南沿海線，埃及人（Egyptians）之朋特（Punt）地方底薩邊人（Sabeans，拜星敎徒），開始往來的時候，曾派遣船隻從紅海（Red See）盡處，開往歐菲爾（Ophir）地方，——這地方就是一般人所認爲格色拉（Guzerat）或馬拉巴海岸線（Malabar Coast）的。在那遠古的時代，阿拉伯南沿海線諸口之海洋貿易已經活躍；其中主要的口岸，有現在亞丁（Aden）所在的地方，有西印度（Western India）。薩邊人底船隻，載運阿拉伯和印度底出產，到紅海盡處，和波斯灣（Persian gulf）上。他們由紅海到達菲尼基人（Phoenicians）底諸城；由波斯灣到買底亞（Media）和奈因佛（Nineveh）。

紀元前五一二年，在 Skylax of Karyanda 之行程中，關於印度河（Indus）和紅海間之正確的詳述，嘗已達到希臘人（Greeks）底耳裏；這片廣大的地帶和經行的航程之眞實的知識之傳入西方，並不必等到紀元前三二七年亞利山大（Alexander the Great）侵略印度的時候。雖然當亞利山大時的著作家，對於當時西方印度間，以薩邊人爲媒介的，很可觀的沿岸貿易，沒有記述，但他們一定都知道它的存在。我們知道，在阿里安（Arrian）死時，亞利山大打算在尼爾鑄斯（Nearchus）探險之後，自右發拉底（Euphrates）河口，作航向紅海深處之遠征；他的目標，可以推測而知的，就是想把印度埃及間之海洋貿易的厚利，從薩邊人那裏，轉到希臘人底手裏。

五十年後，Ptolemy Philadelphus 企圖實現一種計劃，打算在紅海上建 Arsinoë, Myos-hormos 與 Berenike 諸港口；但不久他發現了埃及底船隻並不能越過亞丁港口遠渡，在亞丁已經有印度底商人來銷售他們的貨品了。從南阿拉伯雅丁和麥爾伯特（Merbat）到印度的航程，其初是用小船，沿岸曲折航行。後來知道了信風的利用（約在紀元前十年至紀元後五十二年），貿易大見發展，大的船隻已見航行了（雖沿岸貿易仍未衰落，），而由 Somali 或阿拉伯沿岸到 Diul-Sindh, 或 Bharoch, Mangalore 或 Nelisseran，則有了直線的航路。雖然在一世紀時，Nelkunda（Nelisseram, 在 Malabar Coast 底 Delli 山之北若干里地方，一海股之首，）爲希臘商人（或蘇邊商人）所常到的最遠的地方，但錫蘭(Ceylon)，印度沿岸和恒河(Ganges)，若依本地商人底報告中推測，已老早爲他們所知道了。

二世紀中葉，希臘人對於遠東海道的知識，若仍單純地從本地商人底報告中推索，則因對於 Cattigara——即今之河內——港口之注意，已擴充其視線至於東京（Tongking）。Ptolemy 曾經說到關於錫蘭與馬來半島（Malay Pennisula）間、Andaman 與 Nicobar 羣島（Bazakata）間、蘇門答拉（Sumatra, Barusai）以西諸島間、蘇門答拉（Sumatra, Sabadin）與 Kalah（Kozi）間、各部的路程，但除地望以外，他實在也並不知道甚麼。在這些地理專家底成績中，如 Pausanias, Solinus, Arosius, 甚至於Cosmas Indicopleustes在六世紀初葉之最後的著作中，也找不出一些記載，可以表示希臘商人曾經到過中國（雖然也沒有理由可以否認那些冒險的商人早已發現），或中國商人曾經到錫蘭或印度，而僅只沒有到達阿拉伯諸港口及波斯灣。

在很早的時期，錫蘭已經成了一個繁盛的國度，並且，不僅與印度，還和東方諸國，馬來半島，也許與印度支那（Indo-China），發生了重要的商業關係。一世紀時，或在更早的幾世紀裏，錫蘭底珍珠，寶石，烏木，棉布，龜蓋，都被攜帶到 Nelkunda 和 Barugaza（Bharoch）。馬來半島（Chryse島）底龜蓋運到各港口者，也都從錫蘭經過。南阿拉伯底商人們大半在很早的時期，已把錫蘭作爲根據地；大概正在同時，錫蘭已在東西貿易上佔了商業上的重要地位，並且保留着它的繁榮，直到近代。

遊僧法顯，這位第一個留下從中國到印度的路程之記錄（紀元四一三年）的中國人，從恒河口底 Tamlook，經由錫蘭，到蘇門答拉。他在錫蘭時，曾注意到許多賽寶商人在此島上之財富的炫耀。這些外國商人，並不是不像從 Hadramant 和 Oman 沿岸來的阿拉伯人。

在第六世紀，關於錫蘭，Cosmas 曾說：『這島在一個中心地位上，常有船隻來自印度波斯及 Ethiopia 諸境，同樣地從這裏也有船隻開往各處。遠國如秦尼斯

2

達(Tzin'sta，即中國)以及其他輸出各地，運來絲貨，伽羅木，丁香，旃檀木以及別項出產，而這些出產更由此轉運至北方諸埠，如沒來(Malê)、Calliana，信度(Sindu，印度河口之 Diul Sindh)，波斯，Homerite(Yemen)，和Adule.(紅海之阿非利加沿海線上的 Zula)等地。沒來產胡椒，Calliana 輸出青銅，西撒姆木材(Sasame logs)及棉布等貨，亦商賈滙萃之所也。信度產麝香及甘松香(Androstachys)。凡此諸地底產品，都運到錫蘭，轉運到更遠各地。同時，島中也將它的土產輸出，至東西各國』。

在上古和中世紀時候，一方面在埃及波斯間，他方面在印度和遠東間的海洋貿易，似乎顯然地握在南阿拉伯沿岸的阿拉伯人底手裏。在這時候，他們沿着印度河口以南的海岸線之重要的港口，都設置行棧，而以三世紀時在廣州所開闢的居留地為其極點。依我們所搜集材料的結果看來，希臘人除了在馬拉巴沿岸一帶外，只有很少或竟沒有甚麼地位，並且也沒有證據來證實中國人作過任何一方面的貿易。希臘人也許到過中國，而中國人在六世紀時也許到過希臘，但這些商業上的特殊的冒險，並不能影響我們所已經得到的結論。

3

約在紀元前一二〇年，中國最初從張騫底報告中，聽到西亞細亞以及犂軒(Syria)條支(Chaldaea)諸國。張騫曾經為了一種政治上的使命，被漢武帝派到了月氏(Ku-Shān)去懇請他們協攻迫近中國西陲的匈奴。張騫在安息僅僅聽到一些關於西方國家的消息，但他所帶回去的關於它們的報告，不大確切。紀元第一世紀末，中國人甘英到了條支，方得到一些關於條支之確實的報告，並且也知道了波斯灣頭犂軒和埃及的海道。但是甘英並沒有越過 Euphrates 河口，大概僅到了希臘底Apologos，他被一個危險的報告所驚嚇，便折回他的行程了。

雖然在亞里山大之遠征中，中國初為希臘人所知道，(Nearchus 和 Onesicritus 談到中國 Seres，他們曾聽到許多關於它長壽的奇怪的故事，但他們却顯然以中國為一種印度部落，)但第一個關於中國的精確報告，則是在紀元八十年航海指南(Periplus of the Erythraean Ses)底作者所供給的。他述及(原本第六四節)秦那(Thina 即中國)在馬來半島(Chrysê)底彼方，「海洋於此，不再展開」。到了第六世紀底初葉，Cosmas Indicopleustes 以秦尼斯達之「東，環以大海」，關于中國的地理，乃有了更精確的記載。航海指南作者對於中國地望，知道得不算多，而他所供給關於中國之別方面的確實報告却不少。我們從他得知當時已經有許多絲，生絲，紡成的絲線，織成的上等絲織品，毛皮，和鐵，從這個國度底城市裏，向外輸出，經過 Baktria，到 Bharoch (Barugaza) 和印度河(Barbariton)口之Diul-Sindh，或取道恒河而到Mangalore和Delli山附近的Nelisseram。但無論如何，即使是關於印度或錫蘭與中國間之直接海上交通之最淺淡的意念，在指南裏也看不見。這就是 Bunbury 之公平的批評所說：『縱使這種海上貿易是在鄉土商人底手中，我們的作者要創始的，把我們現在所要追尋的恒河以外的國度，完全記下來，也並不容易』。

在紀元初年，中國與印度及西方之無海上關係，在中國記載中，更可堅實這個信念。中國與西方交通，最早的記錄，是在一六六年，有一使節，或者也許是一種私人的遠征，自西方(大秦)來到中國，攜帶一外國人組成的團體，自稱奉安敦王 (The Emperor Marcus Aurelius Antoninus)派遣，從海上到東京，更由陸路達到漢桓帝底宮闕。六十年後，當二二六年時，另外一個西方人來到中國，也是大秦底商人，名爲秦論；仍在東京登岸，自陸路到了孫權底朝庭。當秦論走上歸程時，孫權遣一官員伴送，但這位官員死於途上，由秦論獨自個兒回去了。

中國大秦間之直接交通，雖可以說是始於一六六年之通使，但一直到了第六世紀，中國人以及Kamboja，安南或東京等處的人，常常到印度支那；却沒有中國人，且僅有很少數的 Kamboja，安南或東京等處的人(如果有的話)，到西方(大秦)去。

中國與南檄及西南邊外之區域間——如東京與印度——之正常的商務關係，可以說是始於第二世紀底後葉，中國人戰勝東京以後。雖然廣州與東京(交阯)人，沿海岸貿易之早經存在已無可疑，但中國與東京間的商業却大部份是由陸路經營，並且都集中於沿邊境的少數市塲。兩國底官營商業，經由陸路，自河內到達廣東西南部底欽州。欽州是中國與印度支那間的陸路商業之中心，是一直保持數世紀之久。

4

5

三世紀底前半葉，因商人秦論之紹介，朱應衛孫權之命，赴中國以南諸國探險，企圖從陸路上與大秦發生關係。這個行程底記述沒有遺留給我們，但它在中國與印度支那諸鄰邦間之設定重要關係底增加上，並不見到有甚麼結果，因為在不到三世紀之最後二十五年時，我們才聽到有一個番使（即一個商業上的冒險者）從暹羅到中國朝庭來。

公元最初數世紀中，在中國人方面，縱使欠缺企業，但他們也瞭然於中國以外的世界之其他部份。中國與東南亞細亞及西方諸國間的海洋貿易，由於阿拉伯人和印度人底能力底企謀，很快地發展起來了。

在四五六世紀，中國在騷亂中的時期，很可以阻碍南省人民在貿易事業上的發展，但慓掠之事却可被有力地擯除於海外。五世紀底中葉，中國沿南海岸的居民曾被東京底攻城掠地的海盜所焚擾，宋文帝遂在四四七年派遣懲罰的遠征隊開入印度支那，破其國家，掠其都邑。

在宋書，這部寫於紀元五百年，記載紀元四二〇至四七八年間的史書，關於五世紀時，中國人對於印度及西方之意念記述得異常糢糊，可見他們中間的交通是如何地輕微。在卷九七，我們看它說可讀：『若夫大秦天竺，逈出西冥，二漢銜役，特艱斯路。而商貿所資，或出交部，汎海陵波，因風遠至。又衆峻參差，氏衆非一，殊名詭號，種別類屬，山琛水寶，由茲自出，通犀翠羽之珍，蛇珍火布之異，千名萬品，並世道之所虛心，故舟舶繼路，商使交屬』。從此，我們可以判斷，這時，中國印度和西方底交通不是在中國人手裏，而且對於從外國輸給他們貨物之產地，也僅有粗疎的意念，並沒有人到過那些地方去。更可證明的，是在另外一部包括四世紀末尾以至七世紀開始的史書裏，我們可以看出，凡印度支那，錫蘭，印度，阿拉伯，與阿非利加東岸底出產，都被歸入波斯貨品類中，其實波斯人不過僅是在帶這些貨物到中國的商人中佔大多數而已。

七世紀時，中國濱海的事業開始顯示它自已；據我們所知，這時中國人至少曾作過一次重要的遼遠的海上旅行。公元六〇七年即隋煬帝三年，他派人到暹羅和它開始商業上的關係。公元六一〇年，這遠征人回來了，並且得到高級的官職。從這件事實上，可以使人猜疑，這次使命是一件非常冒險的事。

六二九年，有名的玄奘法師開始了他的旅程，通過中亞細亞和印度。他到了錫蘭附近的印度東南沿海一帶。但是他帶回來關於錫蘭的消息，却是空無所有。他甚至於不知道錫蘭是一個島。他聽到一些在錫蘭南方和西方數千里的島，但是很明顯地，竟無一字述及印度和錫蘭以及蘇門答拉，爪哇，印度支那，和中國等東方國家間的海路交通之存在。玄奘後，到印度去的一些僧侶，在其初是由陸路經過 Balkh, Peshawar, 西藏和尼泊爾，後來到第七世紀底後半葉，則差不多，都由海道，在廣州上船，西至訶陵(Java)或更至蘇門答拉底巴鄰邦(Palembang)。他們在這裏換船，沿蘇門答拉北海岸線，並經過 Nicobor 群島，而到錫蘭。在那裏，他們常常乘船到恆河底Tam-look，再由陸路到印度諸聖地。全部旅程，大概經行三个月的光景。第一個月是從廣州到巴鄰邦，再一個月後更到蘇門答拉之西北，再一個月後又到錫蘭。這個旅程在冬天差不多是常憑藉着東北信風，而在來中國之歸程中，則在夏天四月十月之間，利用西南信風航行。

好像是在六世紀時，印度人亞拉伯人在馬來羣島與中國的海洋貿易，曾經取到很重要的地位，而關於南亞諸國與馬來羣島之豐富且精確的紀載，多見之於這時的中國史籍裏。

中國最早的海洋貿易，我們能取得証據的，當始於八世紀。我們知道，在這種貿易中，開往廣州所的用船，體製都是很大，露出水面甚高，用以上岸的梯子都有數十呎之長。番船船長都須在市舶司裏登記。這個機關（它底存在正足以証明這種貿易底重要），在使這些船隻明白並絕對服從公布的命令，並徵收出口應納的稅額。出口的東西，奇物寶貨一概禁止，並且稽查走漏，而科以拘禁。

在八世紀之中國史籍裏，把關於外國地方的記載除外，關於中國內部地理智識，叙述甚少。有一段極有價值的史料，原來是在七八五至八〇五年間賈耽所編的遊記中，很幸運地留下來。其中之一，是述及廣州至波斯灣底海道，可以使我們斷定中國知識已向這方面發展，並且使我們相信，其中有大的部份——特別是關於從俱蘭到波斯灣的路程，——完全是一種轉手材料，而是由常到廣州，以及常到別的城市中之外國商人所供給的。最有趣的，是賈耽彷彿根本不知道乘坐阿拉伯船隻從俱蘭沒來到波斯灣之正式的航路。賈耽所根據的報告者，所以要告訴他，從俱蘭到波斯灣沿岸航行的一條過遠的路，自然是一個疑問；但他們不述說正式道路的目標，也許是在防止中國人從阿拉伯人波斯人獨佔的有價值的貿易上，有一種企求吧。

賈耽所述航行路線如下：『廣州東南，海行二百里至屯門山，乃帆風西行。二日至九州石。又南二日，至象石。又西南三日行至占不勞山，山在環王國東二百里海中。

『又南二日行至陵山。又一日行至門毒國。又一日行至古笪國。又半日行至奔陀浪洲。又兩日行至軍突弄山。又五日行至海硤，蕃人謂之質，南北百里，北岸則羅越國，南岸則佛逝國。

『佛逝國東，水行四五日至訶陵國，南中洲之最大者。

『又西出硤三日，至葛葛僧祇國，在佛逝西北隅之別島。國人多鈔暴，乘舶者最畏憚之。

『其北岸則箇羅國，箇羅國西則哥谷羅國。又從葛葛僧祇四五日行，至勝鄧洲。又西五日行，至婆露國。又六日行，至婆國伽藍洲。又北四日行，至師子國。其北海岸距南天竺大岸百里。又西四日行，經沒來國，南天竺之最南境。 7

『又西北經十餘小國，至婆羅門西境。又西北二日行，至拔颶國。又十日行，經天竺西境小國五，至提颶國。其國有彌蘭大河，一曰新頭河。自北渤崑國來，西流至提颶國北，入于海。

『又自提颶國西二十日行，經小國二十餘，至提羅盧和國，一曰羅和異國。國人於海中立華表，夜則置炬其上，使舶人夜行不迷。

『又西一日行至烏剌國，乃大食國之弗利剌河，南入于海。小舟泝流二日，至末羅國，大食重鎮也。

『又西北陸行千里，至茂門王所都縛達城』。

七世紀初，外國人在廣州的居留地，異常發達，而在六一八年至六二六年間，信仰伊斯蘭教的波斯人和阿拉伯人來廣州者甚衆。當時穆士林之有在泉州和揚州居留，亦可相信，不過泉州在中國商業上佔有重要地位，乃是九世紀的事。在八世紀中葉，廣州底默罕默德教徒竟有那末多，在七八五那一年，不知爲甚麼原故，他們竟能焚掠這個城市，乘船浮海而去。

阿拉伯人關於中國商業之最早的記載，始於第九世紀。這些記載，是關於商人蘇萊曼(Soleyman)和Basra商人Ibn Wahal的；前一人在這時紀底前半葉航至中國，後一人則在後半葉的時候，西拉夫 Siraf 人齊諾哈散(Zeyd Hassan)在他的小册子故事底鉸鏈裏(Salsalart-alrewarykh)，記載這些事情。從這書裏，我們可以知道，這時中國貨物在 Basra 和縛達(Baghdad)市塲之寶重和珍奇，廣州之時常發生火災，以及商船與海盜，船之沉沒。有些貿易也要往也門(Yemen)各口以及別的國度裏去。爲中國商用之船隻自波斯海上之西拉夫駛出，而Basra Oman以及其他各地之貨物則皆在西拉夫聚集。他們更至 Masat 由此駛往俱蘭許來，約需一個月。在經過 Nicobar 群島時，他們一直駛向馬來半島之 Kelah，由俱蘭至此需一個月。由 Kaleh 四日至Pulo Condor，更須一月航行，則至廣州。

到了廣州後，每隻船都把它的船貨交給中國政府的管理人，並且一直堆聚到本季船隊之末一船達到的時候，抽取十分之三的貨物以取入口稅，其餘退歸本主。依蘇萊曼所記，主要的入口貨物爲象牙，乳香，銅，龜盖，樟腦，和犀角。

九世紀後，居留廣州穆士林之重要，可於蘇米曼所說者看出的，是，中國當局指定一個回教伊斯蘭徒維持他同教間的秩序和執行伊斯蘭教底法律。每當大禮拜日，這個人說祈禱詞，誦 Khotha，並祈禱哈里發的健康。在較晚的時期裏，我們從中國史料中看出這種組織，在泉州杭州及別處之外國人居留地中發展，穆士林於這些地方有他們的 Kadi，他們的 Sheikhs，他們的禮拜堂，和他們的商塲。在十二世紀開始時一本中國書，關於廣州蕃客，記着下列有趣的事情，說：

『廣州蕃坊，海外諸國人聚居，置蕃長一人，管勾蕃坊公事，專事招邀蕃商入。貢用，蕃官爲之，巾袍履笏如華人。蕃人有罪，詣廣州鞫實，送蕃坊行遣。縛之木梯上，以藤杖撻之，自踵至頂，每藤杖三下，折大杖一下。盖蕃人不衣褌褲，喜地坐。以杖臀爲苦，反不畏杖脊，徙以上罪，則廣州決斷』。

大概是在九世紀，或者更早一點，一部份中國南海貿易轉向近於廈門的泉州。這裏，不過先數世紀間，就和日本高麗通商。阿拉伯人在這裏，於可得到比較優越的關稅待遇外，並可以得到日本高麗以及中國內地不易到廣州的貨物。到兩世紀後，這個港口差不多就和廣州同等重要；而阿拉伯人之居於泉州者亦漸較在廣州者爲多，在阿拉伯名稱「刺桐」(Zayton)之下，這個城市名譽遂遠馳於中世紀的世界。

九世紀的後半葉，中國有了騷亂，唐憲宗的叛軍攻陷蘇州常州浙江和福建，一時遮斷了商業的關係，以致廣州泉州底外國人都到馬來半島西岸底 Kalah，或巴鄰邦避難。在 Kalah地方，自西拉夫和Oman駛來的船隻，會碰到來自中國的商船。商業就這樣銷沉下去，一直到十世紀底初葉；牟蘇底 (Masuch) 就是在這個時候，到 Kalah 旅行去的。好像這時候，中國馬來半島間所用的船隻，切實是中國人所作的。十二世紀時，如下文所說，中國人（廣州人）之航海船遠至馬拉巴海岸線之故隣，似爲明代以前，中國人西去最遠之點。

十世紀底末葉，廣州泉州復興，我們知道當時在它們和亞拉伯人，馬來半島，東京，暹羅，瓜哇，西蘇門答拉，西渤泥洲，非律賓群島間，雖有直接的貿易，而南方西南方各國之出產也常常到這裏來。宋史中關於九九九年貿易的出入項目，列有金，銀，緡錢，鉛，錫，雜色帛，瓷器，香葯，犀象，珊瑚，琥珀，珠琲，鑌鐵，鼊皮，瑇瑁，瑪瑙，車渠，水精，番布，烏樠，和蘇木。

十世紀之末，這種貿易，很被重視。它不只爲政府所專賣，並且朝庭派遣使臣携帶國書，加蓋國璽，携帶金銀布帛物品，以招致南海商人，及常到外蕃貿易者；甚至於對他們入口貨物給以特別許可，以增加當時貿易的額量。

政府特別努力增加貿易的結果，很迅速地就收到實效；朝廷的庫房不久就堆滿了象牙，犀角，珠寶，碧玉，香葯，以及其他由南海運來的珍貴商品。朝廷命地方官找市塲來銷貨物，並命人民以金銀布帛米及稻草來換這類東西。

這種海洋貿易，中國政府依照手續，估定價值，中國所得的利益甚大。我們曾經看到（見上文），八世紀時，在廣州有濱海的稅關存在，阿拉伯人蘇萊曼在一世紀以後，也作同樣的報告。九七一年，外洋貿易發展過速，廣州濱海貿易監督的職務，重新改組，以應需要，政府收到的利益更大。數年之後，大致是九七六年到九八三年之間，這種貿易宣佈國家專賣；若與外國私自的貿易，有黥面的懲罰，並且充軍到海島裏去。

又過幾年之後，但在九九八年以前，一個海關稅吏的總管署在京師（馬哥波羅底 Kinsay）成立。並公佈命令，凡有外國香料及貴重貨品到中國者，無論廣州泉州兩浙路（浙江）或交趾東京，一概由政府倉庫保管。

九九九年，對於濱海貿易之監督，係在杭州和明州——即今之寧波。據聞，這是爲外國人之利益，應外國人之請求而設的。

關於十二世紀之中國市舶司，萍洲可談有詳細的記述，說：

『廣州市舶司，舊制帥臣漕使領提舉市舶事，神宗時謂之市舶使。福建路泉州，兩浙路明州杭州，皆傍海，亦有市舶司。崇寧初（西一一〇二），三路各置提舉市舶官。三方唯廣最盛，官吏或侵漁，則商人就易處，故三方亦迭盛衰。朝廷嘗併泉州船舶，令就廣，商人或不便之』。

我們知道，在亞拉伯商人蘇萊曼權威的記述中，在九世紀中葉，廣州人入口貨物按百分之三十抽入口稅。這種稅率，除了偶然的更低的稅率外，好像是在數世紀之後，一直不變。萍洲可談更告訴我們說：

『凡舶至，帥漕與市舶監官莅閱其貨而征之，謂之抽解。以十分爲率：眞珠，龍腦，凡細色抽一分；瑇瑁，蘇木，凡粗色抽三分。抽外，官市各有差，然後商人得爲己物。

『象牙重及三十斤，並乳香抽外，盡官市，蓋榷貨也。商人有象牙稍大者，必截爲三斤以下，規免官市。凡官市價微，又準他貨與之，多折閱，故商人病之。

『舶至，未經抽解，敢私取貨物者，雖一毫，皆沒其餘貨，科罪有差，故商人莫敢犯』。

從別的史料中，我們知道，關於各種香藥，在一四四年有百分四十的入口稅率，而一一四七年是百分之十，一一七五年是百分之五十，所有商品皆如此徵收。由於一一七五年大量的貿易，我們可以得到一些觀點，大概此後有一個相當的年限，在那時以前的數年入口稅率已經有五十萬種項目了。（中略）。

十二世紀時，中國作家所記外國貿易，均限於廣州與泉州，若非因法律之故，即當因習慣也。

一一七八年，周去非著嶺外代答，表示此點，極爲清楚。在他的書中，記了許多中國南海貿易之事，並決然地指出這時的貿易操在亞拉伯人及別種外國人之手。他詳細地說：

『今天下沿海州郡，自東北而西南，其行至欽州止矣。沿海州郡類有市舶。國家綏懷外夷，於泉廣二州置提舉市舶司。故凡蕃商急難之欲赴愬者，必提舉司也。

『歲十月，提舉司大設蕃商而遣之，其來也當夏至之後，提舉司征其商而覆護焉。

『諸蕃國之富盛，多寶貨者，莫如大食國；其次闍婆國，其次三佛齊國，其次乃諸國耳。

『三佛齊者，諸國海道往來之要衝也。三佛齊之來也，正北行，舟歷上下竺與交洋，乃至中國之境。其欲至廣者，入自屯門。欲至泉州者，入自甲子門。

『闍婆之來也，稍西北行，舟過十二子石而與三佛齊海道合於竺嶼之下。

『大食國之來也，以小舟運而南行，至故臨國，易大舟而東行，至三佛齊國，乃復如三佛齊之入中國。

『其他占城眞臘之屬，皆近在交趾洋之南，遠不及三佛齊國闍婆之半。而三佛齊闍婆又不及大食國之半也。諸蕃國之入中國，一歲可以往返。唯大食必二年而後可。

『大抵蕃舶風便而行，一日千里。一遇逆風，爲禍不測。幸泊於吾境，猶有保甲之法。苟泊外國，則人貨俱沒。

『若夫默伽國，勿斯里等國，其遠也不知幾萬里矣』。

這些話，自然地提到當時中國人對於蕃人世界之地理的知識。很幸運的，在當時世界之自然的及政治的地理方面，他遺留給我們一豐富而具備的說法（這在宋代之別個中國人著作中，是無相似情形的）。這我們在下文裏是可以看到的：

『諸蕃國大抵海爲界限，各爲方隅而立國，國有物宜，各從都會以阜通。正南諸國，三佛齊其都會也。東南諸國，闍婆其都會也。西南諸國，浩乎不可窮。近則占城眞臘，爲窊裏諸國之都會。遠則大秦，爲西天竺諸國之都會，又其遠則麻離拔國，爲大食諸國之都會。又其外則木蘭皮國，爲極西諸國之都會。

『三佛齊之南，南大洋海也。海中有嶼，萬餘人奠居之，愈南不可通矣。

『闍婆之東，東大洋海也。水勢漸低，女人國在焉。愈東則尾閭之所泄，非復人世，稍東北向，則高麗百濟耳。

『西南海上諸國，不可勝計，其大略亦可考，姑以交阯定其方隅。直交阯之南，則占城眞臘佛羅安也。交阯之西北，則大理黑水吐蕃也。於是西有大海隔之。是海也，名曰細蘭。細蘭海中，有一大洲，名細蘭國。渡之而西，復有諸國：其南爲故臨國，其北爲大秦國，王舍城，天竺國。

又其西有海，曰東大食海。渡之而西，則大食諸國也。大食之地甚廣，其國甚多，不可悉載。又其西有海，名西大食海。渡之而西，則木蘭皮諸國，凡千餘。更西則日之所入，不得而聞也。』

接此爲趙汝适序文之前半，後半乃述當時的航海情形及關於諸蕃志本書之問題。以前者雖不盡述十三世紀前阿拉伯商人在中國海上之活動，而作者之意，要以此爲主，故爲改題今名云。

正風半月刊

第一卷第九期

◀民國二十四年五月一日出版▶

要目

▲插圖▼ 瓊島在望　盧山秀峰寺風景（一）……盧山秀
峰寺風景（二）　蘭州黃河鐵橋　昌黎福仙菴……寧
園藏書樓　寧園禮堂側面

通論
中國本位的文化與外國本位的文化……吳貫因
奮鬥……余天休

專論
作爲邊疆活動的九一八後東北水運發展……許興凱
東北對外貿易之變遷……李立俠
最近資本主義國家憲法的法希斯蒂主義色彩……章友江
美國農業放款制度之研究……方銘竹
經濟恐慌之原因的研究（續）……龍國權

史傳
德國的重工業——克虜伯砲工廠的歷史……余天休
東胡演變中的烏桓鮮卑考（續）……從周
凌霄漢閣筆記……徐彬彬
北平法源寺沿革考（續）……羅桑彭錯
明薊遼督師袁崇煥傳（續）……張伯楨

文藝
晉收復東北之模範人物—當年之滿洲國比今日之滿洲國何如
雙辟樓筆記（指南車考及其製造法　燕都小食品雜咏三十首）……張次溪
耕隱廬雜俎（汪兆銘入獄出獄始末　康南海軼事）……張次簠

文藪
書二則……張仁海
詩林……延爽樓主

專載
詩十一首
廣東省三年施政計劃說明書

國聞
國內時事要略

外紀
國外時事要略

定價：每册二角　半年十二册二元二角
全年二十四册四元　郵費在外

12

說陝甘「回亂」初起時之地理關係

1 單化普

清同治元年五月間，陝西華州境內，回漢因細故起釁，越鬧越大；一月之間，蔓延渭南大荔臨潼華陰高陵涇陽等數縣，以致於不可收拾。考其原因，固為政治之不良，環境之壓迫；而其在地理上之關係亦有以致之也。

禍亂初起，在華州境內，繼蔓延於渭北倉頭鎮及大荔之羌白鎮王閣村，遂即波及渭河兩岸與同州府西北各地；而以羌白鎮王閣村為根據地。蓋因渭河兩岸，回民甚多，聲氣相通，團結素固，處境既同，聯絡亦易。而羌白鎮王閣村在此區域中，尤有地理上之經濟的與自然的便利。

大荔縣在黃河西岸，南瀕洛水，北控許原，東隔黃河以望晉省之蒲州，南越沙苑則為渭河之下游。羌白鎮在縣南偏西約三十里，為陝西有名之產皮貨地。王閣村在縣西偏南亦約三十里，係古沙苑之險要地。大荔縣志云：

「羌白鎮為皮貨所萃，每歲春夏之交，萬賈雲集，陝西巡撫，歲以珠毛羔皮八百張，貢諸京師。其貨來自遠方者，不止於羊皮」。（道光三十年刻本卷六葉二十一後面）

「羌白鎮聚各色生皮熟成，四方商多來售者」。（仝上卷五葉六前後面）

平亂之西安將軍多隆阿奏云：

「王閣村等處，即古沙苑之地。東西亘數十里，南北寬十餘里，嶺之左右，不生五穀，以植樹為業，茂密成林，中盡回民村莊。由王閣村直至倉頭鎮，沙土輕浮，自去年至今，數月不雨，塵厚數尺，炎蒸之氣太重……」（見平定陝甘新疆回匪方略卷三十六葉十四前後面）。

觀此可知，羌白鎮交通便利，易於偵察和聯絡。王閣村地較適要，妥於囤粮與貯餉也。

我們再看牠周圍的回庄，其比較重要者在（參看圖一）：

大荔縣西南部，有

船舍鎮　城北村　白村　布頭村　趙家灣　西高家庄　潘邑鎮　金家村　羅河村　八女井　阿壽村　陳常村　上義屯　沙苑鎮　沙村　白馬營（以上四處均在沙苑）

西大村　東大村　橋渡村　安武村　北庄村　北胡村　南庄村　南胡村（以上二村在渭河南岸）

圖一

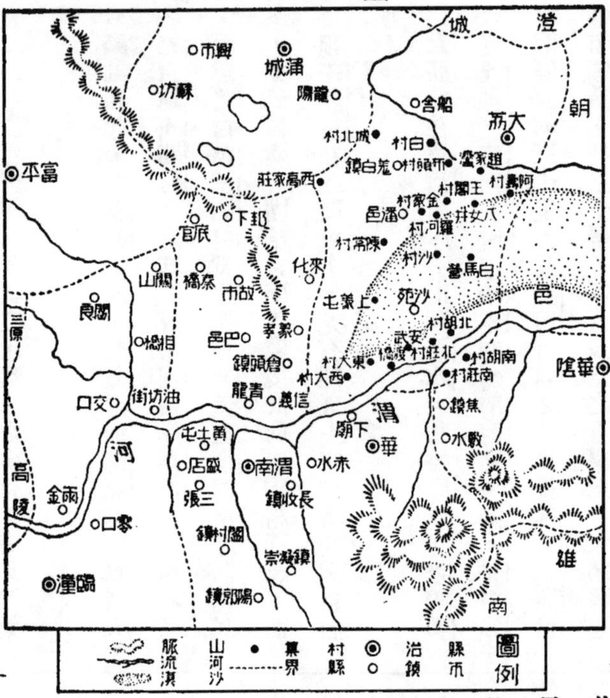

圖例：縣治 ◎　市鎮 ○　村集 ●　縣界 ------　沙河山脈流漢

渭南縣東北部，有

來化鎮　下邽鎮　故市街　官底鎮　秦橋鎮　孝義鎮　巴邑鎮　倉頭鎮　信義鎮　青龍鎮（以上均在渭河北岸）　三張鎮　長收鎮

華州西北部渭南東南部及華陰西部，有

赤水鎮　下廟鎮（以上華州）　崇凝鎮　陽郭鎮　闊村鎮（以上渭南）　焦鎮　敷水鎮（以上華陰）

此可見自大荔西南，至渭南東北，渭河兩岸，形成一回民住居區。斯則在地理之人文方面，又給以諸多便利，故一旦有事，附近皆聞。回民久受壓迫，至忍無可再忍時，遂一發不可收拾。各處回民利害與共，到處漢團徧殺無辜，官方既不能防患於未然，復無力禁患於已然，所以回民或爲抵抗，或爲報復，殺氛遍地，廬舍爲虛，於是陝省之北部，幾無處無亂矣。

官方睹此情勢，惟有請兵剿殺。瑛棨既無能，勝保又失策，於是剿撫負盛名之多隆阿將軍，隨膺命平亂。師進潼關，先平東路之亂，既克羌白鎮王閣村等處之根據地，復分兵西解鳳翔之城圍，北驅邠乾之散潰。至此，陝西始稍平定，而甘亂則已騷動矣。

陝甘總督熙麟奏云：

『……馳抵慶陽，見該省跬步皆山，崎嶇漏仄。往往兩山夾峙，車走溝中，或數里或數十里，設使前後隘口，爲賊堵截，其害不可勝言。……上年夏間，陝逆散布傳帖，糾約各回赴陝會勦逆，均由山僻小徑，晝伏夜行，沿途回莊，資以口食……』（見方略卷三十七葉十後面）。

甘亂是受陝亂的影響，我們在這裏，也可看到一點。『散布傳帖，均由山僻小徑』，可証明回民地勢之熟悉。『沿途回庄，賚以口食』，可証明回民住居之密度和固有之團結。而兩省之地路，於此亦可窺一斑，同時兩省回民之聯絡，當亦為便利也。

多隆阿既平陝西東路之亂，除分兵肅清潰散外，即進駐西安。至是，邠乾之敗回，則沿隴山山脈而入甘，經平涼固原以趨六盤山山脈，往北而達同心城，再北則至金積堡與寧夏城。（參看圖二）

布政使恩麟咨云：

『現在陝西回匪，被剿窮蹙，勾串甘肅張家川崇信等處賊匪，齊撲平涼瓦亭，後竄固原。現據隆德縣稟稱：固原州城，已於初一日卯時失陷，而瓦亭大路阻塞，難以確探軍情，萬分緊急…』（見方略卷三十四葉十七後面，同治二年二月八日下）。

崇信距甘邊之靈台約百餘里，而靈台與陝邊之長武相接，長武之東南即邠乾兩州，故敗回由此入甘，自多便利。『固原失守，與瓦亭大路阻塞』，可見陝回入甘即占優勢，並與甘回聯絡之得手。否則，此時平亂之雷正綰部隊，正在靈台一帶駐紮，決非易易也。

此後陝甘回民，因地勢之便利，遂擾及甘省之南北各地。恩麟奏云：

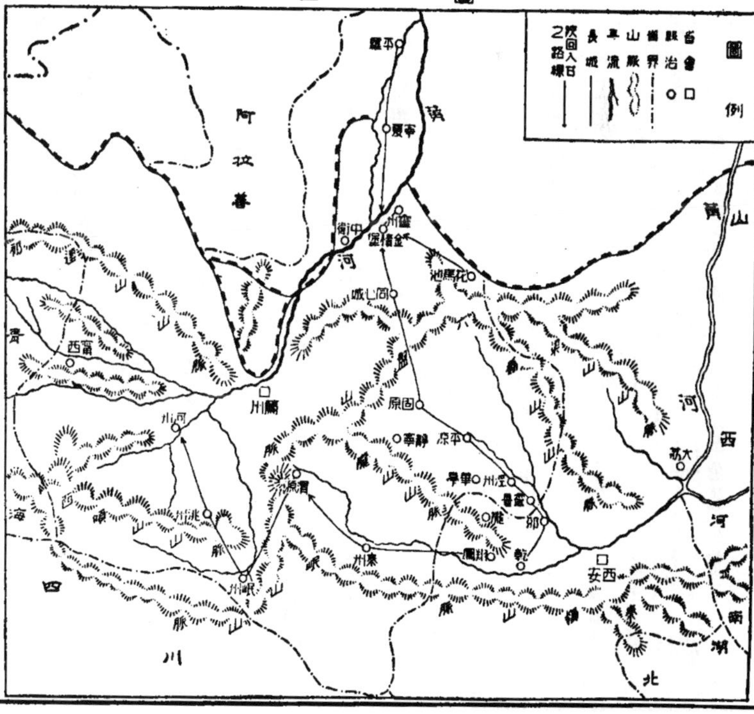

『溯自陝西逆回倡亂，經大兵進剿，西竄甘肅；寧夏至平涼千餘里，盡係回莊。而南路秦州泰安一帶回巢，亦與陝甘之鳳翔隴州相接，煽惑勾連，頗難防範……』（見方略卷七一，葉二一後面）。

圖二

此可知入甘之北路者，爲陝省邠乾之回民，而入甘之南路者，則係陝省鳳翔一帶之回民也。（參看圖二）

後來南路之回民，依自然之地勢，延秦嶺西傾二山脈，經秦州固城岷州洮州狄道聯絡沿途回民，而聚於河州一帶，並爲甘省南路之根據地。而北路之根據地，則設於金積堡吳忠堡等處。於是兩路根據地，又藉黃河之便利，互通聲息矣。

此時，陝西方面，自多隆阿攻克盩厔後，全省大抵平靖，錄其捷奏於后，藉作本文之結束。

『伏查陝西回衆，久隸邊氓，叠萃州處，數十萬家，食毛踐土，二百餘載。此次藉端兆禍，據地戕官，罔法所難容，抑人所共憤。臣仰承廟略　仗鉞專征，騰破竹之先聲，摧負嵎之兇醜，蕩平臨渭，洗滌同朝，屢出奇謀，幸賴全勝。提臣雷正綰等統領步卒，轉戰邠乾，副督統福德勒克西等督率馬軍，奏功汧隴，總兵曹克忠蕭麟遊之醜類，提督陶茂林埽鳳郡之狂氛；闢日重明，隴雲不改。此蓋由聖謨廣軍，郅治中興，臣得秉承，士皆鼓舞，遂使羣兇電滅，全陝塵清；莫稽黑水之誅，迅報紅旗之捷，仰瞻魏闕，不盡歡欣』。（見方畧卷六一頁十三後面至十四後面。）

觀上文之浮囂誇大，飾文居功，亦可見當時平亂官兵不著實際之一斑。故陝回退甘，爲必然之勢，又何況地理上之諸多便利耶！

總觀此次回亂，初起時之地理上的關係，可得一結論：

在自然地理方面：

崑崙山脈餘勢，分爲數支，由西北亘於東南，盤結兩省境內，形成廣大之山地，有便於回民之退守和藏匿。

在人文地理方面：

兩省歷史上常有密切之關係，且回民頗富於團結力，住區較近，受迫相同，故易集中。

在經濟地理方面：

兩省回民，除一部分務農牧畜外，大多營商於他鄉，見聞既廣，知識亦增，久受壓迫，深覺苦痛，故易於反抗也。

陝甘刼餘錄

單化普

年來，頗從陝甘耆老，習聞所謂清末回亂。以其與官書頗有出入，輒走筆記之。日久成編，爰付剞劂，或於治史者，不無小補也。

馬化龍之一

馬化龍的孫子近西，字銳恢。他說，他祖父的名是「化龍」不是「化漋」。因爲清時，龍字犯諱，所以官文書中都寫爲「化漋」，現在近西仍在寧夏金積堡爲教主。趙倜督豫時，近西曾主其營務處。

馬化龍之二

馬化龍被殺的時候，他的家屬被殺的也不少。他二哥和他的姪女名叫則乃白，還有他的孫子名叫五十九的，算逃出來了。其實，也是當時官兵認爲難民搶走的。所以他二哥後來在開封滿城裏作了赫大人的奴僕，他姪女被官兵搶走作爲眷屬了。到了光緒四年，才知道她在湖南寧鄉作了一位吳道台的續妻，已生二女。她因宗教的不同，很想念老家，時常給她的兩個女兒說：「我是甘肅人」，別的也不敢多提。

後來馬近西知道了，就派了一位固原人名叫赫奎的，慢慢到了寧鄉，費了好大事，才打聽着。有一天，則乃白的兩個女兒，正在門前玩，赫奎問他們「這裏有位太太，是甘肅人麼？」二女問他是那裏人，赫答也是甘肅人。於是，二女歡躍着回去給她媽媽說：「有個甘肅人找你」。她媽很奇怪，以爲好多年了，他們怎麼知我在這裏？哦！這一定我家還有人在。及至見了赫奎，當然是不認識。但，聽他的口音，知道他是甘肅人。問他家裏現在還有什麼人，赫奎說：「二太爺已經死到開封，光剩五十九在家，很想念你」。（五十九是馬近西的乳名，因在其祖父五十九歲那年誕生，紀念其祖父之意。現在甘肅人叫這樣乳名的還很多。遞者曾與筆者說，他的乳名喚做六十，故也有人稱他爲馬六十——筆者註。）

這時候吳道台已經死了，前妻還留下一個兒子。他想着家產可以獨享，所以很願意則乃白母女回甘肅。於是赫奎一路伏侍着她們，到了金積堡。至於近西呢，聽說他亂後也曾經流充到山西洪洞縣，後來才脫逃到了老家的。

馬化龍之三

馬化龍的父親，是四月八日被官兵處死的，他家的老人和小孩也有幸免的，女的服鴉片死的很多，僅有一二人被官兵搶走作眷屬了。後來，回民想起化龍他父親的好處，一提起，都稱謂「四月八，老人家」，猶讚嘆不已。

馬化龍之四

劉三大人是湖南人，在金積堡騎着馬，給回民講話的時候，忽然由回民隊裏向劉開三槍，當時劉三大人落馬死了。有人報告給馬化龍。馬化龍說：「你們把人家打死，只有我抵命了，你們哪個也不行」。後來，知道打死劉三大人的，是白彥虎部下的狄道人馬師傅。他本來想在化龍跟前献功的，可是化龍很不高興。於是白彥虎這一部，也跑到了俄國託骨莽那個地方。

馬化龍之五

馬化龍在劉錦棠營中住了四十七天。同時，劉阿洪蒲阿洪閻阿洪也在內。化龍是同治十年正月初三日凌遲處死的。在沒死前，曾問他同伴：「古爾巴尼哪在先」？閻阿洪說：「鷄？羊？牛？……」，化龍說「都不是，是四十七天呵」！可見他死，是自己知道的。

馬化龍之六

馬化龍先投降穆將軍，當時，有騎馬王說，「有我上京見老佛爺，保你們沒事，知道你們太虧」。誰知王子在路上被匪人殺了。後來知道是白彥虎部下幹的，從此，別人再不敢收撫回民了。

馬化龍之七

馬化龍未死前，嘗說：

「牛頭山臥牛山，殺的回兒萬萬千。
海棠開花賽紅菓，陝西回民來投我。
將軍收服按地利，此事前定不由己」。

時成謠語，流行於甘肅東北部之回民中，後來傳到甘肅南部各地。

馬化龍之八

劉錦棠打金積堡的時候，馬化龍恐回民傷亡太多，所以一人出來投降。劉錦棠爲其父松山報仇，想把他殺了。於是，把金積堡北城墻挖開，說裏邊藏有槍數百枝，指爲投降不誠，呈報左宮保核辦。宮保有點不信，派了陳臬台去調查。陳臬台受劉錦棠賄銀十萬兩，所以回來呈復左宮保說：「馬化龍爲人不好，民人都恨他」。宮保還有點不信，又問投降的回民馬順清。——馬順清原是雲南的回民，不服馬化龍，——順清說他是邪教，並說他怎樣不好，於是左宮保殺馬化龍始決。

及至左宮保從新疆回來，路過平涼時，馬順清率回民迎接他。宮保對大家說話很和氣，見迎接他的有許多娃娃們，宮保問：「這是我從前走後，有的這些娃娃們吧？」講完話，賞每個娃娃五百大錢。（述者說，伊當時亦受五百大錢，說畢大笑——筆者註）大家都很喜歡。宮保很不高興的又對馬順清說：「我從新疆一路聽說，回民提起馬化龍，都是「法提號」起，「法提號」落，我以前聽你的話，誤殺他了。到後世，你們去打官司吧」！馬順清聽了，滿臉流汗，半天說不出話來。

馬占鰲與河州之一

河州馬占鰲投降左宮保的時候，是穿着草鞋，親自步行去的。禀帖由陳臬台遞進，隨即傳見。宮保問他：「何不早降？」占鰲說：「我如早降，大人尚未到，官兵更肆行無忌」。宮保念其用意不錯，許其投降，並給他三營兵，叫他攻打蘭州。又囑咐他回河州時，要多方小心，因爲漢人知你投降，不免嫉妒，回民不願投降的也恨你。到夜間你務須派人守夜，免遭暗算。

馬占鰲與河州之二

河州馬提督，名安良，字翰儒（馬占鰲之子。），他的名子是左宮保給他起的，取其除暴安良的意思。安良的兒子少翰，在河州華寺傳教很認眞。那時洮州馬起溪傳的也是回教，不過，與華寺傳的不同，所以兩方面時常起衝突。

馬占鰲與河州之三

河州的西部與青海新疆交界處，住民很複雜，風俗也不同。纏頭回回每逢有婚禮的時候，聚男女兩家的親友，舉行跳舞，謂之「圍囊」。就是兩家賀客與主人，圍成一大圓圈，選男女二人，各執手巾一條，羣相歌舞一次，即將手巾任擲一人，另行歌舞，以此循環作樂。

河州番人，用黑羊毛纏在頭上，纏的越多越好，普通與石礫大小相同，謂之「崩不子」。據說可以請神下降，免禍求福。

河州周圍的語言有七種：中原語，撒拉語，西番語，河北土語（河州北臨黃河），東鄉土語，吾同語，保安語。撒拉語說男孩子是「把郎子」，說女孩子是「燕鴿子」，說馬是「毛裏」，說兔子是「逃裏」，說鹽是「打不鬆」。

馬占鰲與河州之四

乾隆四十六七年，有一位馬老人家，和馬明心是師兄弟，那老人既有學問，又有德行，常勸西番人奉回教。西番人本來是不穿褲子的，他老人家勸他們朝主禮拜，給他們穿上褲子。以後，西番崇信回教的，有裏八工，外八工等處。

馬占鰲與河州之五

馬占鰲是河州沒泥溝人，降清後給回民說：「我們不要再糊塗了，這時不投降，到啥時投降？以後種地的還種地，做買賣的還做買賣。要不這樣，我殺一個就是救了我們十個，殺十個就是救了我們一百個」。那時候，有周士奇赫明堂閔阿洪幾個人不服他，都被他送到河州正台那裏斫了。

馬占鰲與河州之六

甘肅河州一帶，一部回民頗與左宮保有好感，至今每逢一事不決，尚說：「左宮保的章程，一劈兩半」。蓋左在所謂平亂時，遇回漢之爭，尚能折衷辦理也。

馬占鰲與河州之七

河州回民，性頗爽直，體健好動，馬術尤精，其擊射在甘青界內，無出其右者。兒時即善騎無鞍馬，山麓奔馳，婉轉裕如。能藏身腹下，馬奔時伏身拾石以擊物，百無一失。平時，以石射獵，百發百中。技之精者，能在夜間擊百步外之香頭火，其投出之石有聲，猶如飛矢。相傳有三牧童擊石爲賭，其一曰：「我一石能擊中前面牛頭上之白斑」，又一曰：「如果打中，我請你吃牛肉」。說完，石出，果中牛斑，牛搖首不止，即倒斃，石則入於首內。

馬占鰲與河州之八

左宗棠抵平涼時，曾派兵赴河州攻剿。既至，回民亂石爲寨，途爲之塞，躍馬而出，擲石爲矢，應者立斃，兵隨敗。

馬占鰲與河州之九

河州「耳則子」（回語黃人）說：

「低頭進西域，才把乾坤移。抬頭出中原，手執兩竿旗，皂旗插北路（平涼一帶），靈州揭綠旗，皂旗連根提，綠旗永長在」。

相傳河州耳則子他老人家，從朝覲天方後，傳授了兩個徒弟，一個失了姓名，一個就是平涼的穆巴巴。穆又傳授馬化龍的祖父「船廠裏太爺」。（馬化龍的祖父因爲充軍到黑龍江船廠那地方，後來死到那裏，回回稱讚他的德行，不敢直呼其諱，故以船廠裏的太爺名之。）因爲那時他在靈州，故謂「靈州揭綠旗」。也是代表教門正大和平的意思。後來，甘肅的教門很發達，也是他老人家盡心教導的。

他老人家傳「邦克」「者赫雷葉」（聚禮時高念），說是告知大家齊來拜主的意思；別的傳「邦克」「胡非葉」（聚禮時低念），說是虔心默祝的意思。其實，同是拜主。所謂新舊的分別，這也是裏頭的一個。

馬占鰲與河州之十

河州回民頗勤儉，故較殷實。平時多置槍禦匪，暇則射獵，其槍多不離身。常有赴親友處，負槍於背，躍馬而行，遇鳥飛過，背槍擊之，無不應落。故多次禦兵，每掘溝三道，回民盡伏於最末溝內，敵越二溝仍不動，近三溝，則齊出猛擊，敵猝不及防，累被挫。

陝回十八大營

陝西所謂亂回，約十八營之多，故俗謂之陝回十八大營。其營目有：任五，鄒阿洪（名玉龍），關阿洪，郭二阿洪（係第十三營營目），赫阿洪（名明堂），馮阿洪，禹德彥，馬生彥，孫義保，馬振河，馬德有，藍明泰，余彥陞，于振奎等。

馬生彥

馬生彥爲陝西十八大營營目之一，人頗忠厚，有「耳林」，甚得陝西回民之信仰。他憤恨團練肆殺回民，所以奮勇禦戰，身先士卒。至陝西回民敗退甘肅時，有諺語謂：「馬生彥，眞好漢；不打官兵打團練」。

同心城

同心城距固原北三站路，約二百里，地處寧甘之官道，陝西回民敗退甘肅時，聚於此處者亦甚多。居民俗呼該城爲半個城，因爲從前城垛被山水冲毀一半也。

寧夏城

寧夏城的小北門，久閉不開，一直到現在；據說是該城漢民要求的。因爲同治二年十月間，該處回民恨俟道台暗唆團練之慘殺，裏應外合的把城打開，先由小北門進城，認爲小北門一開，是有不祥事發生的。

寧夏納拔貢

寧夏城沒有被回民打破前，侯道台與回紳納拔貢私人很好。有一天，約會納拔貢到他的衙門去，暗暗的囑咐納把全家老小，全移到衙門裏住。納再三的問他「爲什麼」？然後他才說：「現在奉了聖旨，將要洗盡回民村莊；因爲你我很好，我不忍叫你家被害」。並且請納不要說出這個消息。

納得這消息，到家後，終天悶悶不樂。他母親看他的神色不安，就說：「你爲什麼事情，這樣神色不安？叫我心中也不快活」。納素來是很孝順的，聽他母親說不快活，於是就把這消息說出了。他母親一聽，沈思了一會，就說：「我以爲單我們逃活命，使不得！我們全家既然是回回，別的都死了，單存我們有什麼好處，何況又背了大義呢」?!她接着又說：「依我說，把這事給大家說知，叫他們及早躲避，免得都被慘殺」。納遵他母親的話，把這消息告知了幾個爲首的回回，並請他們轉告大家。不一會，回回都齊集一個寺裏，都覺得，現在團練隨便殺我們，我們正想法報復；侯道台又假傳聖旨，要洗盡我們，那就不如我們先下手爲強了！於是，大家就約會一個日期，裏應外合，遂把城池攻破，侯道台也在這時候被殺了。

平涼起事始末

平涼城東關有二河，在城根者名小河，上有橋，名東關橋。距城約十餘里者名居而河，其上亦有橋，名居而橋。二水都流歸於涇河。當陝西回回敗退往西走的時候，平涼是個必經要道，這時候縣官是一個姓張的，他是陝亂時被殺之張芾的孫子，他想趁這機會來報仇，所以他藉口禦回，就調動左近的團練。而團練惑於「見回不留」之謬語，於是就大殺沒罪的回回。

平涼城東關，住的回回很多，縣官恐怕他們起事，先把東關小河上的橋燒了，又關閉了城門，以防他們。這時，城內有回教禮拜寺一座，回戶四五十家，官兵暗暗慫恿漢人把禮拜寺焚燬，所有的四五十家回回也都被殺了。

東關的回回聽說城內有變，又恐漢團從東邊來，所以才把居而橋燒燬，以便防守。可是，縣官更有藉口了，說回回居意造反，調漢團前後夾攻。東關回回既前後受敵，所以都拚命抵抗。散居四鄉的回回，聽說這事，都很惱，所以都到居而河東邊去打漢團。漢團不支，退到東南之三角堡，回回跟着把他們圍起來了。後來把三角堡打開了，大殺一陣。這天夜裏，大家商量一下，說：大禍快臨到頭了，這地方又不能久守，不如都去投馬化龍吧！於是，天明就動身向金積堡走了。

固原起事緣由

固原於同治二年正月初一日，被回回攻破。那年正月初三日是回教的開齋日，該處漢民謬於「仇回」心理，想趁回教過年祭墳的時候，乘壯丁盡出城，盡殺其老幼，隨把城門關閉，回回豈不是盡除了嗎？誰知，其事不密，被回回知道了。於是，亦齊約乘其正月初一過年時先下手，並約四鄉回回至期裏應外合。

至期，果然先把東門搶開，放進四鄉的回回，隨由城內東北方殺起，及到晌午，城內西南方還不知道呢！

飛來寺

固原城收復後，回民四散無遺，返籍者甚少。城內六坊街有回教禮拜寺一所，久為官兵之駐紮地，因仇回心理未退，故常購猪肉掛在寺殿之柱上，藉以汚之也。

一日，天忽狂風，飛沙走石，地震有聲，衆皆愕然。須臾風止，則禮拜寺不見矣。現固原六坊尚留有遺跡，相傳此係光緒八年五月間事也。至光緒十五年雲南某縣，忽有一禮拜寺突出，相傳與固原六坊禮拜寺無異，並謂該縣回回率多業漁，甚貧，但關於教門極佳，故有此禮拜寺之飛至，衆名之為飛來寺。

董志原

甘肅東部慶陽所屬的董志原地方，是董福祥起事的所在，雖說是個小城，可是城池確很大。土人諺云：「八百里的淸川，還不敵董志原的邊邊」。這是說牠大的意思。

五大親兵馬隊

陝西鳳翔人崔某，在陝西十八大營中很勇，後來投了左宗棠，左給他一隊馬兵（約一營）。同時，還有于某，馬五九（馬振河之弟。），李金梁，畢大才各給一隊，名為五大親兵馬隊。

雷正綰

雷正綰老大人是個好人，陝西回民往後退一步，他老人家才往前追一步，所以陝西回民沒吃多大的虧。

二河州

7

當渭水南岸，回民被殺，逼得往北岸逃的時候，有華州，渭南，臨潼，西安，鄠縣，盩厔等處的數千回民，絡繹於途。及至河岸，無船過渡。此時，前有大水，後有追兵，大家又急又害怕，正在這緊急沒辦法的時候，恰好有名叫二河州者來到，他在回民中很有信仰，他的學識和品行都是很好的，他見大家困逼的很苦，於是，就給大家說：「無妨」！口裏默默的唸個「都握」，拿二寸鐵塊，投到水裏，河隨開一條路，回民都很安穩的渡到北岸。

張芾與其母

張芾是陝西的團練大臣，他住的地方與回民毗連，他平時就看不起回民。可是，他的母親很賢慧，常對張芾說：「天不滅回，你不可逆天」。張芾不聽，並一手從笸籮裏抓一把麥子，比喻着對他母親說：「你看！手裏的麥子，好比陝西的回回。笸籮的麥子，好比陝西的漢民，不但是多少差的太遠，況且又在我手中呢，怕什麼？」他母親聽了很生氣，從這再不理他了。

當時，禍亂已覺起來了，地方官也沒辦法，只好聽其自然了。這時，張芾的團練，殺的回民最多也最慘，他也不分好壞男女，搶東西是更不用說了。這樣子更動了回民的公憤，人人都想殺張芾。可巧，他又來給回民講道，他那說話和那樣子，都是非常的高傲，所以回民把他殺了。

在沒殺他以前的時候，回民就把他家抄了。可是，知道他母親很好，所以就給她送到回民的村莊裏，終天給她好吃好喝的，還派婦女們侍候她。這時候的禍亂也更大了。

白素與白六

禍亂越發大了，陝西的巡撫，也想設法制止，但是無從著手。這時候，就有壞人說：「各清眞寺裏的阿洪，在回民中說句話，都是很有力量的，我們生辦法把他們捕來，這禍首就不難捕獲了」。巡撫認爲這話很對，於是，就假裝請各阿洪到衙門裏議事，後來都被囚到西安了。

到西安後，才對各阿洪說：「現在這事與你們沒關係，不過，你們能把白素白六綑來，就把你們放了」。這情形回民既然知道了，大家就商量辦法。這時，白素說：「我們一死，是沒有什麼的，因爲託靠主還可得『舍希德』（爲宗敎而死，死後，眞主可赦免在世之一切罪過的意思。）不過，殺死的這一些回民，並且保不着他們再殺，怎麼辦」？大家聽了，都認爲說的對，所以被逼鬧的也更擴大了。

二十五年，七月，寫於北平。

北平成達師範學校出版部書籍目錄

校址北平東四牌樓

阿文類

古蘭經	甲種	定價六元
	乙種	定價三元
古蘭與宗教	卷一	定價三角
	卷二	定價三角
	卷三	定價三角五分
阿拉伯文讀本	初級第一冊	定價四角
	初級第二冊	定價四角
	高級第一冊	定價四角
	高級第二冊	定價四角
	高級第三冊	定價五角
蘇尼亞講座		定價六角
阿拉伯文文法		定價四角
阿文教典課本		定價八角
聖諭四十段		定價一角
阿文新文法		定價三角
爾娃米來		定價六分
米素巴哈		定價一角二分
給斯木乃哈五		定價二角
給斯木蘇倫夫		定價二角
地努伊斯蘭		定價二角
經文雜學	四川版	定價二角
經文赫聽	四川版	定價二角
經文克赫飛	四川版	定價二角
阿文讀本	四川版	定價二角

中文類

漢譯古蘭經		定價四元
成達文萃		定價三元
齋月演詞		定價三角
增圖清眞教典速成課本 六版		定價六分
西行日記		定價八角
穆民教訓卷一卷二每冊		定價各五角
修訂再版穆士塔格		定價一角
伊斯蘭教的認識		定價一角
回教與人生		定價一角五分
小學適用教義課本		定價八分
正教幼學		定價八分
伊斯蘭教		定價六角五分
中國回教史研究		定價四角
詳解審瑪尼		定價一角
漢譯尾葛葉第一二集		定價各一元
清眞大學		定價一角
歸眞要道上下兩冊		定價每部大洋五角
性理本經		定價二角
穆民勸善歌		定價五分
古蘭讀法說明		定價三分
現行公文程式		定價一元
天方典禮	四川版	定價每部一元六角
天方性理	四川版	定價每部一元五角
正教一目醒	四川版	定價一角五分
天方三字經	四川版	定價一角五分
天方四字經	四川版	定價一角五分
至聖實錄	四川版	定價每部三元六角
清眞指南	四川版	定價每部三元五角
四篇要道	四川版	定價四角
歸眞總義	四川版	定價三角
大化總歸	四川版	定價每部六角
回教常識小叢書第一種喪葬		定價二分
回教常識小叢書第二種齋戒		定價二分
回教常識小叢書第三種開齋節		定價二分
講演錄		定價大洋三分

中阿合璧類

曆源眞本		定價大洋五分
修訂四版小學經文課本		定價大洋六分
中阿雙解新字典		定價四元
中阿字典		定價二元五角
中阿初婚		定價每部一元
中阿要語合璧		定價每部一元
回語讀本	湖南版 初級八冊	定價每冊一角
	高級四冊	定價共七角
註解雜學	四川版	定價四角五分
註解赫聽	四川版	定價三角
眞功發微	四川版	定價每部八角

字畫類

伊斯蘭名勝一二集		每集定價三元
		零售每幅定價三角
經字掛片	一尺一寸洋紙	每張定價五分
	一尺二寸宣紙	每張定價一角

雜誌類

月華第一二卷合訂本		定價四元
月華第三卷合訂本		定價三元
月華第四卷合訂本		定價二元五角
月華第五卷合訂本		定價二元
月華第六卷合訂本		定價二元
成師月刊第一卷合訂本		定價一元
月華		預定全年八角
成師月刊		預定全年三角

出版者：禹貢學會。
編輯者：顧頡剛，馮家昇。
出版日期：每月一日，十六日。
發行所：北平成府蔣家胡同三號禹貢學會。
印刷者：北平成府引得校印所。

價目：每期零售洋貳角。豫定半年十二期，洋壹圓伍角，郵費壹角伍分；全年二十四期，洋叁圓，郵費叁角。國外全年郵費貳圓肆角。

The Chinese Historical Geography
Semi-monthly Magazine

Vol. V, No. 12, Total No. 60. August, 15th, 1936.

Address: 3 Chiang-Chia Hutung, Cheng-Fu, Peiping, China

第五卷 第十二期
民國二十五年八月十六日出版
（總數第六十期）

明代的商屯制度 王崇武
跋求實齋邊事叢書 李春
漢末至南北朝南方蠻夷的遷徙 金寶祥
蒙古用畏兀字之原因 林韻濤
黃梨洲的地學著述 趙九成
成都城池沿革 蒙思明
浙江省地理述略 張兆瑾
由京至雲南水陸路程清單 缺名
讀梁園東譯注「西遼史」札記 郭殿章
清代筆記地理類索引（第一輯） 國立北平圖書館索引組
中國地方志綜錄校勘記 朱士嘉
通訊一束（九六—九九）

內政部登記證警字第叁肆陸壹號　中華郵政特准掛號認為新聞紙類

本刊啟事

本刊上期「回教與回族」專號係由本會會員白壽彝先生主編，并蒙馬松亭阿衡及趙振武先生等熱心贊助，惠賜鴻文圖片，殊爲本刊增色不少。用特聲明，敬伸謝意，此啟。

本會紀事（二六）

本會河套水利調查團，前於七月六日由平出發，已見本刊五卷十一期通告欄內，茲該團團員，已於八月一日，先後返平；沿途所獲報告書調查表及關於河套渠道之繪圖，爲數甚多。並承五原屯墾督辦辦事處農作科科長李子義先生，捐贈新近出土之瓦罈一件，亦由團員攜回，暫存蔣家胡同三號禹貢學會辦事處。現該團團員，正分頭整理報告，擬於近中編行河套水利調查專號，屆時將以觀察所得，貢獻於讀者之前云。

贈書誌謝（十四）

本會自八月一日至十六日收到下列贈書，敬載書名，藉伸謝悃。

計開：

安徽通志館贈：

安徽通志稿—外交考一册　交通考一册　民政考三册　大事記二册　輿地考二册　水工考四册

財政考十册　司法考五册　人物傳十册　教育攷六册　水系考四册　藝文考二十册

陳邪丞先生贈：

臺灣全圖一捲

劉咸閒宥兩先生贈：

海南黎人文身之研究（南京中山文化教育館民族學研究集刊第一期單印本）

禹貢半月刊第六卷一期目錄豫告

禹生石紐考……陳志良
申氏族之遷徙……劉德岑
兩漢縣令制度……瞿昭旂
魏成熙中開建五等考……陶元珍
南運歷代沿革考……陳僞如
餘姚志略……毛健爽
「戰國疆域變遷考」序例……鍾鳳年
坊間通行一般本國地圖的錯誤……郭敬輝
天台山遊記……李書華
清代文史筆記子目分類索引第一輯稿（地理一，續）……國立北平圖書館索引組編

本刊總經售處：北平景山東街十七號景山書社　南京太平街新生命書局

本刊代售處

北平北京大學研究院王崇武先生
北平燕京大學史學系侯仁之先生
北平輔仁大學史學系馬兆鈞先生
北平清華大學史學系吳春晗先生
北平北平圖書館王以中先生
北平隆福寺街文奎堂書舖
北平隆福寺街文殿閣書舖
北平琉璃廠寶德堂書舖
北平琉璃廠來薰閣書舖
北平琉璃廠新生命書局
北平琉璃廠人文書店
北平東安市場佩文齋書舖
北平東安市場新智書局
北平東安市場岐山書社
北平東安市場福華書社
北平西四牌樓南丹明慶文具店
北平西單商場知行書局
北平成府競進分社
天津法租界二十六號路世界圖書局
天津南開中學前合友書局
濟南濟南雜誌社
濟南西門大街東方書社
太原樓兒底優民書報社
開封新書業街龍文書莊
南京中央大學門前鍾山書局
南京太平路花牌樓書店
南京太平路正中書局
上海四馬路開明書店
上海五馬路亞東圖書館
上海四馬路上海雜誌公司
上海福州路生活書店
蘇州五卅路國學小書堆
安慶安徽大學李貫英先生
廈門思明路生活書店
漢口湖北街良友公司
南昌中山路南昌書局
武昌橫街頭新生命書局
武昌察院坡亞新地學社
長沙府正街金城圖書文具公司
重慶售珠市北新書局
重慶天主堂街重慶書店
重慶商業場西二街今日出版合作社
萬縣環城一馬路世界圖書局
成都少城祠堂街開明書店
廣州中山大學蕭紹良先生
廣州中山大學楊成志先生
廣州東山學海書院譚其驤先生
廣州文德路廣東省立編印局
廣州永漢路上海雜誌公司廣州支店
西安大公報西安分館
綏遠楊家巷十二號綏遠新聞社
日本京都中京區藥文堂書店

明代的商屯制度

王崇武

這是我草的「明代的屯田制度」文中之一章。明朝的屯田，本來分三種：一，軍屯，二，民屯，三，商屯。商屯是救濟軍屯之不足的。

一 開中制度與商屯

在緣邊荒涼的地方，軍人屯墾，是不能自給自足的，於是需要農民運粮去補充，這叫作『民運粮』。在交通不方便的古代，向邊地運輸粮餉，是一件最困難的事，不得不更想比較經濟的辦法。除了民運粮而外，運粮的方法，還有三種：

一，使犯罪的人輸粟。政府於推行民屯時，曾使犯罪的人屯田，後來因為邊陲缺餉，更使犯罪的人輸粟。到了正統時，對於『罪人運米的令』愈嚴[1]。

二，獎賞運米的人官爵。這就是所謂『冠帶納粮』。如景泰時，山西的平陽，太原，大同等府有旱災，軍士的粮餉，當然也很受影響，曾勸諭富民招商納粟補官[2]。納粟到某一地方，都有法定的獎賞。如運豆到宣府，納一千石的為總旗，八百石的為小旗，九十石的授百戶[3]。成化初年，又因為山西年景不好，也嘗令民輸粟授散官[4]。成化二十三年，因為陝西荒寒，令軍民舍餘納粟授散官[5]。弘治年間，更規定向延安慶陽納米一百石，或銀十六兩者，為陰陽醫生僧道，得免考候補。軍民人等，得授散官[6]。向延平鎮東等衛納粮八十石者，得補陰陽醫生僧道官，納銀五十兩者，授七，八品散官，二十兩者給冠帶[7]。大概用這種方法運輸粮米，還有成績。

三，開中。開中是使鹽商輸粟到邊方，換取鹽引，按引支鹽。明史食貨志謂[8]：

> 有明鹽法，莫善於開中。洪武三年，山西行省言：「大同粮儲，自陵縣運至太和嶺，路遠費煩，請令商人於大同倉入米一石三斗，給淮鹽一小引。商人鬻畢，即以原引目赴所在官司繳之。如此，則轉運費省而邊儲充」。帝從之，召商輸粮，而與之鹽，謂之開中。其後各行省邊境 多召商中鹽，以為軍儲。鹽 法邊計，相輔而行。

郁新傳[9]也說：洪武中，『以邊餉不繼，定召商開中法，令商輸粟塞下，按引支鹽，邊儲以足』。所以開中納粟，一定是洪武早年的事。

最初僅使商人輸粟到邊方，後來鹽商多自己在邊地開墾，就地納粟，這就是商屯。隆慶實錄謂：

> 祖宗朝廷，邊備振舉，虜不敢深入，……而富商因得以私財，募人開墾塞下，輸納鹽粮。當時公私饒富，不藉內帑而給，實由於此10。

所謂『祖宗朝廷』，就是指的明初。明史食貨志謂：

> 明初各邊開中，商人招民墾種，築臺堡，自相保聚。邊方菽粟，無甚貴之時。

葉向高也說：

> 國初鹽政修明，輸粟給引，賈人子以積粟為利，各自設堡伍，募衆督耕。春鋤盛於戈矛，墩堠密于亭障。軍民錯居，守望相助。屯田之興，於斯為盛11。

華鈺的鹽筴議更很肯定的指為洪永時代。他說：

> 洪武永樂時，內地大賈，爭赴九邊，墾田積粟，以便開中。

可見商推的施行，並不是後來的事。

商人屯墾邊地，對於軍屯，防邊，都有極大的帮助。牠的優點，可分三方面來說明。第一，可以供給軍士的粮餉。軍屯目的，是在『足食足兵』，而在荒瘠的邊陲，自給自足，是很難的。商人納粟，正以濟軍屯之不足。從政府一方面說，在軍士屯墾之餘，又招一批農民去耕種，可以省去運粮的麻煩。從商人本身說，運用一部分財力，招集流民去墾邊，可以『有償鹽之利，無運粟之苦』。第二，墾荒的農夫，多半是失業的游民。因為墾荒，而得到職業。直接可以減少社會上的失業人口，間接可以避免國內的紛爭。第三，邊地粮米，因商屯而激增了。兵士缺粮，可以用銀糴米米價不致抬高，同時勢豪也不致操縱12。所以王圻最贊成開中，謂：『洪永間，純任此法，所以邊圉富強，不煩轉運，而國租之詔，無歲無之。後來屯田鹽法，漸非其舊，而邊儲不足，軍民俱困矣』13。尤推許商人屯田，謂『商人上納本色，則商人佃邊地，不致荒蕪，鹽課有資，屯粮自辦。苟不復鹽法，止清屯田，則邊人無力耕種，子粒仍無從出，適擾貧軍以亂耳』14，的確是最可玩味的話。

二　商屯制度的擴展與開中納米

前言施行商屯，是所以濟軍屯之不足。而軍餉不足的地方，往往在邊方。所以商屯的推行，也是由邊陲而內地。開中最早在大同，上面已經叙述過了。其次是在寧夏和四川一帶。洪武六年，實錄載：

> 太僕寺丞梁埜僊帖木兒言：「黃河迤北，寧夏所轄境內及四

2

川，西南至船城，東北至塔灘，相去八百里，土田膏沃，舟楫通行，宜……行中鹽之法，可使軍足食。從之15。

再其次是在雲南。洪武廿二年曹震奏章中有：

一，請於雲南大寧境，就井煮鹽，募商輸粟以贍邊16。

永樂十七年，開中納粟的辦法，更達到貴州。實錄載：

貴州都司普安衛言：「本衛山多地少，不足軍士屯種。且舟楫不通，別無餽運。令召商中納鹽粮，以給軍士。……」上命依洪武舊例，每引米二斗17。

宣德年間，對於北方各衛的商屯，才漸漸的充實。實錄謂：

行在戶部奏：「邊衛粮儲不足，請召商中納鹽粮，不拘米麥豆。萬全左衛倉，淮浙長蘆鹽，每引四斗，懷來衛倉，淮浙長蘆鹽，每引四斗五升。永平府及古北口倉，淮浙長蘆鹽並每引五斗」。從之18。

更從此而一方面伸展到遼東和廣寧。

行在戶部奏：遼東廣寧衛，地臨極邊，宜積軍餉，請召商於本衛倉納粮，不拘資次，於淮浙等處支鹽。其開中則例，淮浙鹽每引米豆五斗，山東河南福建，廣東廣西，四川鹽，俱二斗。從之19。

另一方面伸展到陝西各邊衛：

行在戶部奏：陝西邊衛，急缺粮儲，宜召商中納鹽粮。令於西寧莊浪上納者，每鹽一引，米麥豆四斗。甘肅涼州肅州上納者，每鹽一引，米豆三斗，俱於浙運司，不拘資次支給。……從之20。

以上所舉的商人開中，都是在邊陲地方。開中爲的納粟，而納粟就需要商屯，因此推想商人屯墾，是起自邊地。但也有在內地屯墾的。如湖廣宜陽縣，『諸處商賈，給引來縣生理，因見地廣，遂留戀不歸，甚至娶妻生子，結黨爲非』21。河南鄧州內鄉縣，和湖廣均州光化等縣『居民鮮少，郊野荒蕪，各處商客，有自洪武永樂間，潛居於此，娶妻生子，成家立業者。叢聚鄉村，號爲客朋』22。不過，這種例證很少，只可說是例外了。

其次，要說明的，就是開中每引納米的數目，因爲鹽的種類不同，所以每引納米的數量也不一樣，而且隨着各時代所規定而改變。列一表如下：

年代	鹽引（大引）所納米數（以斗爲單位）												納米所在地	出處
	兩淮	兩浙	長蘆	山東	福建	河東	廣東	海北	四川	黑鹽井	白鹽井	安寧鹽井		

宣德八年	萬全左衛	4	4	4										宣德八年閏八月實錄
	懷來	4.5	4.5	4.5										
	古北口	5	5	5										
宣德九年	廣寧	5	5		2	2		2		2				宣德九年八月實錄
宣德十年	西寧		4											宣德十年十月實錄
	甘肅		3											
	赤城		10		5	5	5			5				宣德十年十二月實錄
	哨馬營			4.5	4.5	4.5				4.5				
	獨石	9	9	9	4.5	4.5	4.5							
正統元年	西寧衛	3	3											正統元年四月實錄
	甘肅	2.5	2.5											
	涼州	4	4											
	甘州	3.5	3.5											
正統二年	肅州	1.5	1.5											正統二年十二月實錄
	甘州										3			
正統三年	遼，廣，寧，義州	7	7	7	3	3	3	3		3				正統三年八月實錄
正統四年	雲南											1.5	1.5	正統四年閏二月實錄
正統七年	陝西	12	10	6										正統七年七月實錄

年份														地點	出處
	10	8	4											甘肅	
正統八年	12	10	6											獨石，開平	正統八年三月實錄
正統九年	10	10												甘肅	正統九年十二月實錄
正統十二年	4	12	6											遼東	正統十二年二月實錄
正統十三年	4	3.5								3.5	5	5	4	雲南	正統十三年五月實錄
正統十四年										12	1.5	1.5	1.5	四川	正統十四年六月實錄
景泰元年	6	4	3											大同宣府	景泰元年正月實錄
	10		5											保定	景泰元年三月實錄
	6	6												山西	景泰元年四月實錄
	8 5	8 5												肅州	
	12	10												古北口	景泰元年十月實錄
景泰二年	5	3	2.5											山西	景泰二年九月實錄
	4.5	3												雲州龍門	景泰二年十二月實錄
	8	5												遼東	
景泰四年	5.3										5.5	5.5		貴州	景泰四年七月實錄
	5	3.5	2.5											大同右衛	
	4.5	3.5	2.5											萬全	
											8.5	8.5		四川	景泰四年十一月實錄

景泰五年				景泰五年正月實錄
萬全，赤城	5	3	2	
長安嶺	6.5	4.3	3	
柴溝堡	4.8	2.8	1.8	

由上列表中，可以看如下的情形：

一、鹽的種類不同，質有優劣。兩淮的鹽最好，兩浙長蘆及其他鹽次之。所以在同一地方，同等距離開鹽，總是淮鹽納米最多，其他鹽納米較少。兩淮產鹽很多，淮商勢力也極大。頗足以解釋後來淮商請求折色納銀之故。

二、就大體上說，開中納米的數量，是逐漸增加的。如同是在北方納米，宣德八年，領淮鹽一引，僅納四斗五升至五斗，到十年，便納九斗至九斗五升。所以當時陳樞曾提議：

行在戶部招商納米中鹽，因其額重，趨之者少，乞量減升斗，多招中納，以廣儲蓄23。

正統時，于謙也上疏：

近來客商開中者少，蓋以納米數目過多，……取利不多，畏縮不行。乞將米數十減二分，……俾脩粟樂輸24。

正統四年，因爲征麓川，召商於大理金齒，中納鹽粮，屯駐的日期過長了，也有減額納米，招徠商賈的事實25。景泰年間，在北方招商納米，也減低數目。景泰元年實錄載：

先是命召商於密雲隆慶倉中納淮鹽者，每引米八斗，豆五斗，或草四十束。於古北口中納者，每引米七斗，豆三斗，或草三十五束。至是以價高遂損之。其於密雲隆慶倉中納者，米豆俱減一斗，草減十束；古北口納者，米減五升，豆減一斗，草減十束26。

景泰二年：

先是，召商輸米豆於古北口倉中鹽，客商以則例太重，米豆湧貴，日久無中鹽者。至是，戶部因右僉都御史鄒來學言，請原定淮鹽一引，米豆一石二斗，合減二斗；浙鹽一引，米豆一石，合減三斗，從之27。

此外，對於湖廣的清浪衛。也減低數目。景泰元年：

湖廣巡撫大寧寺卿蔡錫奏：乞減中鹽則例，召商於清浪等衛倉納米。事下戶部議，中雲南白鹽井鹽，每引納米一石二斗，比原則減三斗，安寧四川上流等井鹽，每引納米一石，仙泉井鹽，每引納米八斗，比原則減二斗。從之28。

但我疑心這種減輕，不過是因特別情形，或偶爾爲之的事。而大體上仍然是逐漸增加的。景泰以後，軍屯漸漸破壞了。開中納米，作爲軍士的主要給養之一，納米數量，當然更只有增添，不會減少。納米愈多，開中者愈少，這也可以考見商屯逐漸敗壞的情形。

三　開中制度與葉淇

一提到商屯，一提到開中制度，就令人聯想到與此有關係的葉淇。葉淇是明孝宗時的戶部尚書，首先提倡折色的人。明史在李敏傳裏，有他的附傳，說他：

> 變開中之制，令淮人以銀代粟，鹽課驟增，邊儲自此蕭然矣[29]。

後人對於這件事情，弄不清楚，以爲軍屯的破壞，是由於商屯廢除，而折色徵銀，是足以使『商屯撤業，菽粟翔貴，邊儲日虛』[30]的。所以大家都不約而同的報怨葉淇。

其實，這是一個不大公平的評論。可以從三方面去分析。第一是葉淇的人格問題。錢薇說他折色的原因，是由於淮商多其鄉人親故，爲了鹽商們的方便而實行改革：

> 弘治中，有淮人長司農部，商人多其鄉人親故，因奏更鹽法，第令輸銀於京，分送各邊自糴。折銀較爲增，得引比粟甚易。於是一遇凶歲，邊粟如珠矣[31]。

他所謂淮人，就是指的葉淇，續通考中說得更明顯：

> 戶部尚書葉淇，淮安人。鹽商皆其親識，因與淇言：「商赴邊納糧，價少而有遠涉之虞。在運司納銀，價多而得易辦之利」。淇然之。內閣徐溥，淇同年，最厚，淇遂請召商納銀運司[32]。

這都是說葉淇之所以『變法』，是由於庇護同鄉。但詳考葉淇的生平私德，並不是那麼齷齪不堪的。明史說他：

> 景泰五年進士，授御史。（一）天順初，石亨譖之，下吏考訊無驗。……（二）弘治四年，代李敏爲尚書，尋加太子少保。哈密爲土魯番所陷，守臣請給其遺民廩食，處之內地。淇曰：是自貽禍也，寢其奏。（三）奸民獻大名地爲皇莊，淇議歸之有司。（四）內官龍綬請開礦，淇不可。……（五）已綬請長蘆鹽二萬引，鬻於兩淮，以供織造，淇力爭。……淇居戶部六年，直亮有執，能爲國家惜財用。每廷議用兵，輒持不可。

在以上所舉的五例中，頗可以想見葉淇之爲人。他是個清白廉潔的人，所以有人評告他，『吏考訊無驗』。他是個比較有眼光的人，如諫將土魯番的人民徙居內地，諫國家輕於黷武用兵。他是個直言敢諫的人，如禁止奸民的投獻，阻撓內官的開礦和鬻鹽。他是個最有幹才的人，所以理財得法，能爲國家惜用。像這樣一個才德兼備的人，假使沒人給他栽贓也許會列在循吏傳裏去，我們眞不信他因爲護庇同鄉親故，而有改革鹽法的事。

再說主張『折粟納銀』的，並不只葉淇一人。續通考說『內閣徐溥，淇同年，最厚，淇遂請召商納銀運司』。好像徐溥和葉淇，結黨營私，共同作的事。但這段文字還嫌不淸楚，可惜明史葉淇傳和徐溥傳，都沒提到這件事。只是從明史稿葉淇傳裏，曾找這樣的幾句：

時內閣徐溥，淇同年也。變法開中，溥有力焉，詳食貨志33。

但是史稿在食貨志裡，對於徐溥主張變法開中，隻字未提。也許作明史的人，參考史稿，見這句話沒着落，所以才根本刪了去。

徐溥是江蘇宜興人，雖然和葉淇同年，交最厚，但和淮商並不是同鄉，沒有親故，不是直接的關係。豈肯以情面之故，幫忙葉淇去變法開中？而且徐溥也是個鐵面無私的人。在弘治年間，他和劉健李東陽謝遷等，曾以直言敢諫博得了極好的名譽，皇帝有錯，他還不肯『阿諛順旨，惟言莫違』呢[34]，何況幫忙同年枉法？他又是個穩健老成人，『承劉吉恣睢之後，鎮以安靜，務守成法』。嘗說：『祖宗法度，所以惠元元者備矣，患不能守耳』[35]。如果單爲了嘉惠淮商，沒有客觀的需要，也決不會變更成法。

第二是開中折色的年代問題。普通人都以爲開中折色，是起自葉淇的變法。但在變法以前，有沒有解銀在邊地糴米的事實呢？這是急待硏究一個問題。明史食貨志謂：

成化間，始有折納銀者，然未嘗著爲令也。

這是承認在成化年間，已經有納銀的事實了。陳于陛也說：『戶部每年解送邊銀也，有之自成化二年始』[36]。其實，何只在成化間，在正統時，雖然沒有納銀的事實，已經有納銀的流弊，實錄載：

巡按陝西監察御史張口言邊務二事：一甘肅……近日中鹽商賈，多就彼買米，以致穀價湧貴37。

正統四年征勦麓及思任發，因爲運餉困難，也曾使布政司出銀糴米[38]。八年，因爲遼東缺餉，曾發帑銀兩萬兩去糴米豆[39]。林聰也說：『貪利之徒，不以邊儲爲重，奸詐百出，未奉明文開中，預令家人伴當，將帶銀兩，到於口外各城堡，糴買粮料，堆積在倉』[40]。是在成化以前，已經有納銀的事實了。明史劉大夏傳載：『初塞上糴買，必粟千石，芻萬束乃得納』41。到了成化年間，塞上糴米的事情，大概更普遍。

開中變法是始自弘治五年42，但這種解邊納銀的事實，在五年以前，已經極普遍。如弘治元年實錄載：

以陝西蘭州等處并甘肅榆林寧夏各邊缺餉，命開中兩淮兩浙成化二十三年，弘治元年見在存積鹽三十八萬引，并發戶部原收折糧草價銀，及太倉庫銀十萬兩。再預支弘治二年分歲例銀十三萬兩以濟之，從巡撫陝西都御史賈奭請也43。

弘治三年：

命運太倉銀二萬兩於榆林，作弘治五年歲例之數44。

葉淇便是鑒於這些解送邊銀的事實，和輸銀開中的必要，將這種不成文的事實，作成了明文製定的法規。

第三是客觀需要問題。明中葉以後，多昏庸之君。只知道揮霍金錢，而毫沒有理財的辦法，所以對於財政上很感困難。自從改折以後，『鹽商每引輸銀三四錢有差，視國初中米價加倍。……一時太倉銀，累至百萬』45。其實豈但『視明初米價加倍』，從前面表中看，在景泰以前，淮鹽一引，最多不過納米一石五斗，弘治改折時，每石才價銀二錢46。改折以後，商人每引納銀三四錢，當然是政府得利了。在商人一方面說，因爲開中制度，施行得過久了，流弊太深了，所以常常苦於納米之後，不能立即支鹽。支鹽的時候，『次同魚貫，纍同積薪』47，甚至有永樂中候支，父子孫相代，到正統時還支不到的49。況且支鹽的時候，又有官吏的勒索，繳糧到邊地，又有市儈的敲詐，處處使商人感到痛苦。折色納銀，就在這種政府收銀加倍，和『商無守支之苦』的互惠條件之下而施行了。

總上所述，可以斷定葉淇和徐溥個人的品德都很好。淮商請求折色納銀是有的，但他們決不會單因淮商便利而改革鹽法。折色徵銀，是自然的趨勢，在弘治五年以前，已經有納銀的事實。這種辦法，可以救濟政府的困窮，同時又便於商人的轉運。所以葉淇將此法變成明文規定，使他更通行，更普遍化。

四　商屯制度的破壞

自從改納粟爲徵銀，商屯制度，因而廢弛了。所以『菽粟翔貴，邊儲日虛』。明中葉以後的邊防，因而呈兩種現象：

一，邊地的米價，漸漸貴起來。戶部不向邊地運米，而改爲輸銀。但兵士的軍餉，是靠米來維持的。米少銀多，只有抬高物價。單以榆林一鎭爲例，榆林從前商屯很好，銀一兩可糴米兩三石。自從改折以後，土地荒蕪，就是豐收之年，一兩銀，不過糴米八九升，若是遇到荒年，才糴米五六升。在荒寒的邊方，豐收的年景最少，而不收的年景極多，所以兵士名義上每月支粮一石，實際上僅支本色粮二三斗，或支折色粮七八斗。本色一斗值銀一錢五六分，折色一斗，值銀七分；折色粮兩斗，還敵不過本色一斗。因此『貧困無極之軍，衣無完褐，室無完堵，每日止食粥湯三四碗，若得一飯以宿飽者，則矜以爲難』[49]。竟困窮到這種可憐的地步！

二，輸邊的銀額，漸漸地增加。因爲折色徵銀，所以才抬高物價，更因爲米價澎漲，所以政府不得不向邊方大量運銀。弘治正德間，各邊餉銀，通共才四十多萬，嘉靖初年，增到五十九萬，十八年以後，增到一百萬，二十八年，增到二百二十萬，三十八年，增到二百四十萬，四十三年增到二百五十萬。到了隆慶初年，竟加到二百八十萬[50]。從嘉靖初年，到隆慶即位，不過四五十年，輸邊餉銀，竟從五十九萬，增到二百八十萬，相去便差四倍多！再把九邊增銀的數目，列一個表[51]：

鎭名	嘉靖以前銀餉數目（以兩爲單位）	隆慶時之銀餉數目	增加數目
薊鎭	六七〇〇〇	三八九〇〇〇	三一二〇〇〇
密雲	一五〇〇〇	三九四〇〇〇	三七九〇〇〇
永平	二九〇〇〇	二四六〇〇〇	二一七〇〇〇
宣府	五一〇〇〇	三三三〇〇〇	二八二〇〇〇
大同	五〇〇〇〇	四二〇〇四〇	三七〇〇四〇
山西	二〇〇〇〇	二一三〇〇〇	一三〇〇〇
延安	一〇〇〇〇〇	三六七〇〇〇	二六七〇〇〇

各邊餉銀，增到原數的四倍，或多到二十五倍。明中葉以後，邊餉遂成了頂重要的問題。因此苛征暴歛，加速的促成明朝亡國。

商屯制度，何以要破壞呢？破壞了以後，爲什麼就不能恢復？讀者至此，或者禁不住要問。關於商屯破壞的原因，我可以分四點來說明。

第一，凡是破壞了的制度，恢復起來都困難。況且折色徵銀，商人可以省去運輸的困難，政府可以多得徵銀的實惠，縱使商屯破壞有害，恢復舊制，也不容易。葉向高說得好：

愚以爲非守法易，復法難，法在而復之易，法亡而復之難。今鹽引納銀，從來已久，一旦督粟於邊，吾恐度支之令未下，而輸輓之怨先興也。兼之軍國軍費，半倚商緡，必欲以粟易金，弊且捉衿見肘，吾恐邊士之腹未充，大司農之計先窘也[52]。

在上面第三節中，曾說明葉淇的變法，是由於事實需要，此處不詳舉例了。

第二，是勢豪擾亂鹽法，使商人無法開中。明初中鹽，僅限於商人及平民。四品以上的子弟家人，不許開中納鹽和小民爭利[53]。景泰年間，因爲蒙古寇邊，北方缺餉，曾下令，『不分軍民官校之家，許於口外缺粮處，開中淮浙長蘆運司引鹽』[54]。在從前本來就有的軍衛勢豪，『縱容厮役，沮壞鹽法，私出興販，輒數百艘。挾持兵器，所至刼掠，巡司官兵，莫敢誰何』[55]。這時因爲禁令廢弛了，官吏勢豪，一聽到要開中納米，便派家人聽差，到邊方買粮，還故意說道路太遠，運輸太難，要求減低每引納米的數目。[56]他們更提高納米的最低量數，使小本商人無法開中。明史劉大夏傳謂『初塞上糴買，必粟千石，芻萬束乃得告納，以故中官武臣家得操利權』。毛憲也說：『近來輸邊粮料，多爲姦豪包納，百計遲延。中鹽等利，亦爲勢家所侵，類皆虛數』[57]。弘治正德間的勢豪，作弊更大，李廷機說：

乃私賣之開也，自弘正間始也。或勳戚恩澤，或權倖請求，皆予以餘鹽，容其夾帶。而復有各年未盡，名曰零鹽，有掣餘積堆，名曰所鹽，一以供權要之報中。使商利，虧國課，則非法也[58]。

後來，他們竟包辦政府的鹽引，而以重價轉賣與商人。可以不用向邊地運粮，不用在邊方買米，便可以坐致厚利，叫作『買窩賣窩』[59]。一般無勢力，無資本的商人，只得俯首帖耳，仰鼻息於勢豪權貴，受他們的剝削，被他們所搾取，才可以賣他們的引，冒他們的名，風塵僕僕，過轉運小販生活，那能得多少利益！鹽法因此紊亂了，商屯當然也就更談不到。

第三是每引納米的數目太多了，使商人無利可圖。納米的數目，漸漸增多，商人繳納，也就逐漸困難。在景泰以前，已經有納米逐漸增多的趨勢了（見第二節表），但到後來更甚。就以薊鎮爲例吧，薊鎮開中，初行於嘉靖三十七八年，不到幾年的工夫，商人納米，就有這樣劇烈的增長：

鹽的種類	第一次每引納米數目（以斗爲單位）	第二次增長數目	第三次增長數目	第四次以米價騰貴酌減數目

兩淮	二・五	三	五	四・七
長蘆	一	一・三	三・一七	三・〇三八

這個表是根據龐尚鵬隆慶二年的奏疏而製的[60]。從嘉靖三十七八年，到隆慶二年，不過十一二年，而納米的數量，竟從二斗五升增到四斗七升，由一斗增到三斗三合二勺，不能說不驚人！當然是『各商覬望，日月遷延。在官司取盈於錙銖，以足原額；在商人較量於升斗，以規厚利，彼此牽制，非惟不相濟，而反相病』[61]。而且當時『鹽商上納，則有經紀，包覽，侵漁之弊；官粮衙門，則有勸借私增斗頭多收火耗之弊。及搬運粮草，則有合場官攢，取索常例，刁證留難之弊；粮草旣納，則又苦於守候查盤勘合難得之弊』[62]。在這種層層剝削之下，自然使商人不願納粟，而廢棄了屯田。

第四是因爲餘鹽的賤售，使商人不願開中正鹽。甚麼叫『餘鹽』，什麼叫作『正鹽』呢？我可以引晚明沈懋孝的一段解釋：

> 國初之法，盡收鹽筴，以佐邊儲。故邊商之官引鹽，謂之官鹽。其引外之鹽，官常出金收小灶所餘者，貯之各場，以待商之至，謂之餘鹽，猶之乎官鹽也。……此外，無別鹽矣[63]。

政府怕商人販運餘鹽，所以收歸官有，用意本來很好的。後來因爲餘鹽成本太便宜，而且販賣餘鹽，也有種種的方便，所以銷售極多，正鹽反到擁塞了。涂宗濬曾指出餘鹽盛行的原因有七：

> 緣江南鹽吏鹽官失政，城社之徒，依附爲姦，巧立名色，恣肆漁獵，弊竇多端。如邊鹽每引每包重至五百斤，例也。而彼鹽每引每包重至二千五百斤。人情孰不欲利？孰肯舍多而就少乎？是彼得利四倍，而邊鹽利少，無人承買，坐困一也。邊鹽堆積，三四年方得發賣，亦例也。而彼朝中暮鬻，無容堆積，人情孰不急於趨利？孰肯舍速而就緩乎？……二也。鹽誌開載，商鹽必挨單順序，候鹽院委官盤掣，而後發賣。彼鹽不登單目，任意中發，旣免守候之艱，又無掣盤之費，……三也。且彼鹽發賣，執有小票，聯艢販運江浙吳楚之間，何處不到？夫行鹽之地有方，食鹽之人有限，彼之餘鹽旣已盛行，雖有邊鹽，竟無買主。……四也。先年鹽法通行，或邊商安於故土，不樂遠涉，則有南商來邊收買鹽引，引亦無壅。今小票便而得利，誰肯驅馳數千里涉荒之路而買引乎？……五也。邊方淮鹽，每引官價五錢，并在彼加納餘價，共七錢五分。今江南銀價，只得四錢四分，是虧本銀三錢一分。邊方浙鹽，每引官價銀三錢五分，今江南價銀，止得一錢六分，是虧折本銀一錢九分。然皆强而後售，共計淮浙二十二萬六千餘引，虧短價銀五萬七千餘兩，四五年間，不能周轉還鄉，……六也[64]。

正鹽的銀價解京，有轉運之費，分送到各邊，有驛遞之苦。銀至於邊，往往不及新熟之時，增價買米，虧本很多。[65]反之，要販賣餘鹽呢？可以隨處發賣，可以多賺銀錢，所以餘鹽既行，鹽法，商屯，便沒有恢復的希望。

私自盜賣餘鹽，謂之私鹽。明代因爲要使鹽業國有，所以對於私鹽的禁令很嚴。可以隨便舉幾個例。如[66]：

正統元年二月壬寅，行在戶部言：向者陝西甘肅衛倉，客商中納鹽粮，虛出通關，事覺遇赦。宜令仍行撫巡按官覆勘，果納米者，准令支鹽，虛出通關者，追鹽還官，庶革奸弊！從之。

正統十二年十一月，嚴私鹽之禁。時戶部奏在京各衙門，遣官吏人等，於長蘆運司，關支食鹽。有將批文不投運司，照買私鹽，裝載各處，販賣一二次者；又有夾帶私鹽，沿途發賣者。中鹽客商，支鹽不循舊例，每包添私鹽至二三百斤者；請令沿途巡檢司批驗所等處，務要拘驗批及鹽引數目，嚴加盤詰仵製。若有批文違限，夾帶私鹽者，依律入官。官吏人等，如違例送問，仍行巡鹽御史通行嚴禁！從之。

後來又下令說：

販私鹽者絞，挾餘鹽者絞[67]。

所以販賣私鹽的，在明初並不多見。後來因爲鈔法不行，地方官吏，無錢收買餘鹽，同時又禁止餘鹽的私賣，所以當時呈兩種現象：一方面是民間感覺食鹽缺乏，鹽價漸漸地提高，一方面是仰賴餘鹽爲生的竈丁極苦，所以更形成私鹽的盛行，『商人避正課之害，不得不借影於私鹽，竈戶無餘鹽之利，不得不私賣以聊生』[68]。爲了生活問題，他們不惜以『多艘結黨朋，操利器，與官司捕役抗，爭一旦之命，赴肩睫之利』，後來政治腐敗，鹽禁廢弛，檢查私鹽的官吏軍警，和鹽商們通同作弊，所以從前的餘鹽，全變作私鹽，可以風行天下[69]。因此，開中正鹽的商人更少了，所以商屯也就沒法再恢復。

1 正統三年三月明英宗實錄：『敕罪人運米令。行在戶部奏：僉吾右衛千戶高禮等三人犯斬罪，當運米四十四石赴邊，告無車輛裝運，乞減米數，願於附近自買上納，又有逃避不運者一百一十人，俱請定奪。上以邊陲急用粮餉，著聽其自買米納，必至遷延妨事，第如例輸運。其奸猾逃避者，期以一月內自首，運米免罪。頑梗不運者，悉發戍大同威遠衛。』按使罪人運粮，恐由來已久，特明代行此，未審昉于何時，於邊陲需粮之際，使罪人輸米，此亦利用罪人之一法也。

2 景泰二年正月明景帝實錄

3 景泰二年十月明景帝實錄

4 明史卷一五九李侃傳

5 成化二十年十二月明孝宗實錄

6 弘治十年十月明孝宗實錄

7 弘治十三年四月乙未明孝宗實錄

8 明史卷八十食貨四鹽

9 明史卷一五〇郁新傳

10 隆慶二年七月明穆宗實錄

11 葉向高：屯政考（皇明經世文編卷四六一）

12 參看劉應秋：鹽屯考（皇明經世文編卷四三一）

13 王圻：續文獻通考卷一四，田賦考屯田上

14 同書卷十五田賦考屯田下

15 洪武六年四月明太祖實錄

16 洪武廿二年□月明太祖實錄

17 永樂十七年九月明太宗實錄

18 宣德八年閏八月壬子明宣宗實錄

19 宣德九年八月壬申明宣宗實錄

20 宣德十年十月明宣宗實錄

21 正統三年七月明英宗實錄

22 正統元年四月明英宗實錄

23 宣德十年十一月庚午明宣宗實錄

24 正統元年閏六月明英宗實錄

25 正統四年六月明英宗實錄

26 景泰元年正月明景帝實錄

27 景泰二年正月明景帝實錄

28 景泰元年八月明景帝實錄

29 明史卷一八五李敏傳

30 明史卷八〇食貨四鹽

31 錢薇：鹽法論（皇明經世文編卷二一五）

32 續文獻通考卷二十征榷考鹽鐵

33 明史稿卷一六七李敏傳

34 明史卷一八一徐溥傳

35 仝上

36 陳子壯：披陳時政之要乞採納以光治理疏（皇明經世文編卷四二六）

37 正統二年二月明英宗實錄

38 正統四年七月明英宗實錄

39 正統八年□月明英宗實錄

40 林聰：修德弭災二十事疏（皇明經世文編卷四五）

41 明史卷一八二劉大夏傳

42 見明史卷八〇食貨四鹽

43 弘治元年正月乙丑明孝宗實錄

44 弘治三年十一月明孝宗實錄

45 明史食貨志

46 朱慶永葉淇與明代的開中納粟制度此文除闡明開中法之外，復於改折之責任問題，研討頗詳。

47 李廷機：鹽屯考（皇明經世文編卷四六〇）

48 正統五年正月明英宗實錄

49 唐龍大農任事乞請處補正數根革以濟緊急支用疏（皇明經世文編卷一八九）

50 陳于陛：披陳時政之要乞採納以光治理疏

51 楊俊民邊餉漸增供億難繼酌長策以圖治安疏（皇明經世文編卷三八九）

52 葉向高屯政考

53 正統十二年十二月明英宗實錄

54 林聰：修德弭災二十事疏

55 宣德十年五月明宣宗實錄

56 林聰：修德弭災二十事疏

57 毛憲：陳言邊患疏（皇明經世文編卷一九〇）

58 李廷機：鹽屯考

59 胡松：陳愚忠効末議以保萬世治安疏（皇明經世文編卷二四六）於「買窩賣窩」之弊，述之甚詳，茲節錄其文於左，以見勢豪舞弊梗概：

一、清耗蠹……聞之邊人言：每歲戶部開納年例，方其文書未到，則內外權豪之家，徧持書札，預託撫臣，撫臣畏勢，而莫之敢逆。其勢重者，與數千引，次者亦一二千引，其餘多寡，各視其勢之大小而為之差次，名為「買窩賣窩」。每占鹽一引，則可不出大同之門，坐收六錢之息。至於躬身轉販，眞正商人，苟非買諸權豪之家丁，丐諸貴倖之僕隸，則一引半縉，皆不得而自有。夫一引白得銀六錢，積而千引，則可坐致六百金，萬引則又得六千金。以游手游俠之人，不移跬步，而坐致千金之利。

60 龐尚鵬：清理薊鎮屯田疏（百可亭摘稿卷三）按明史卷二二七龐尚鵬傳載：『明年（隆慶二年）春，朝議興九邊屯鹽，擢尚鵬右僉都御史，與副都御史鄒應龍唐繼祿分理。……其秋，命尚鵬兼領九邊屯務，疏列鹽政二十事，鹺利大興。乃自江北，躬歷九邊，先後列上屯政便宜：江北者四，薊鎮者九，遼東宣大者各十一，寧夏者四，甘肅者七。奏輒報可』。故吾定是疏上於隆慶二年。

61 仝上

62 大明會典卷

63 沈猷孝答鹽運諸公論餘鹽（皇明經世文編卷四〇九）

64 涂宗濬：邊鹽壅滯疏（皇明經世文編卷四四七）

65 葛守禮：與龐惺菴中丞論鹽法（皇明經世文編卷二七八）

66 以下兩條均見明英宗實錄

67 劉應秋鹽屯考

68 仝上

69 沈猷孝：答鹽運諸公論餘鹽

跋求實齋邊事叢著

李春

求實齋邊事叢著一册 錢桐撰 民國二十五年五月排印本

著者早歲志邊務，光緒卅年留日歸，即赴內蒙喀喇征王旗担任文武各學校專任教習，藉以實地研究蒙事。宣統二年赴外庫倫兵備參與練兵事宜，以外蒙練兵必先明瞭西伯利亞情況。宣統三年春赴俄國邊境各處實地調查，東起東塔，西迄比斯克，然後進索果克邊卡，經阿爾泰科布多烏里雅蘇台而回。民國二年赴新疆各地考察，辦理參謀本部國防事宜，其後往來新疆居駐又久，著者身處邊地，所言皆當時親歷之事，其翔實可知也。

全書分八篇：(一)蒙古，(二)新疆，(三)西藏，(四)片馬，(五)邊事時論，(六)邊事通訊，(七)邊事函電，(八)附載五十年來之世界軍備。

蒙古篇記述俄蒙交涉檔案，由俄人侵犯西伯利亞至蒙俄協約成立，暨中國用兵內蒙止。關于庫倫之獨立，記之尤詳，條繫月日，彙錄原電為他處所未經記錄者，末為中俄蒙劃界私議一文歷陳形勢優劣，利益出入，卓犖高見非足迹親至者不能到此。

新疆篇(一)新疆旅行記事：係日記體，由陝甘入新疆，于民國二年三月十一日起程，六月十五日抵省為上篇，一路風景民俗紀述極詳，自六月十六日至回京為下篇，歸途經俄境由滿州里長春乘京奉車而歸。當在新時，嘗考新疆全省道里，收集檔案甚多，然皆零星記載，不得要領，後經各員重訂之，計四十路，1迪化縣 2昌吉縣 3呼圖壁 4綏來縣 5烏蘇縣 6阜康縣 7孚遠縣 8奇台縣 9鎮西縣 10哈密縣 11鄯善縣 12吐魯番縣 13寧遠縣 14綏定縣 15精河縣 16塔城縣 17阿克蘇縣 18溫宿縣 19拜城縣 20庫車縣 21沙雅縣 22輪台縣 23焉耆縣 24新平縣 25婼羌縣 26烏什縣 27柯坪分縣 28疏附縣 29疏勒縣 30伽師縣 31巴楚縣 32莎車縣 33葉城縣 34皮山縣 35蒲犂縣 36英吉沙爾縣 37和闐縣 38洛浦縣 39于闐縣 40新疆全省道路。各路途經言之甚詳，蓋著者此行，主張興辦交通事業，故尤注意焉。

(二)赴新考察記：闡述與蘇聯之關係，及新疆地位之重要，並于建設新疆計畫甚密。末附西北汽車路圖，新疆全省出產圖，中國與蘇聯交通路圖。

西藏篇 詳言藏地之情形，達賴之外向，以及民國初元之用兵大略，以見藏患之由來。

片馬篇 片馬為雲南邊地，英人覬覦圖之。著者歷記往時交涉之情形，蒙藏問題之外一要務也。

是書各篇皆民國八年以前所撰，迄今十數年來，政治方面或經變遷，則以史料視之，建設方面，或尚濡遲，則猶可資以參攷。

漢末至南北朝南方蠻夷的遷徙

金寶祥

1

東漢末，黃巾大亂，王室的權力已全部瓦解，成了州牧割據的局面。在這混亂的局面下，中原大族都流徙南方。晉武帝統一中國，不到三十年，五胡進來，分佔中原，中原人民又大批南遷。在這兩次南遷的時期中，那南方的蠻夷，爲了開拓新地，却也在沿山依谷的向北遷徙，和北方的匈奴鮮卑，馳逐中原，大亂了一百多年；所謂『南夷與北夷交，中國不絕如線』這話，眞說得對了。

南方蠻夷的遷徙，歷時既和北方民族的南遷一樣，始自漢末，迄於南北朝；經過的路線，又自南至北，有幾千里之長，那當然是民族遷徙史上一回重大的事了。可是這回重大的事，正史上却記得非常簡略，從這些簡略的史料中，所以我們也只能看出這事的一個大概情形罷了。

原來南方蠻夷所包括的民族，最主要的，只是氐蠻獠三種。他們在春秋以前，是住在包有現今四川雲南的區域內，在這區域的西北部是氐族的居地，這區域的東部是蠻族的居地，這區域的南部是獠族的居地。後來經過了西漢，部族滋蔓了，居地不夠了，於是都陸續向外遷徙，去開拓他們的新地。遷徙的方向，氐向西北，蠻向東北，獠向北方。現在就依次來談談他們的遷徙：

（第一）氐：從漢書西南夷傳看來：『西南夷君長以什數，夜郎最大，其西靡莫之屬以什數，滇最大；自滇以北……冉駹最大；自冉駹以東北，君長以什數，白馬最大；皆氐類也』。知道白馬氐是氐族中最北的一族，過白馬以北，便是羌的居地。白馬氐的遷徙，遠在漢武的時候。按後漢書西南夷傳：『白馬氐者，武帝元鼎六年開，分廣漢西部，合以爲武都。氐人勇戇，居於仇池，方百頃，數爲邊寇，郡縣討之，則依固自守。元封三年，氐人反叛，遣兵破之，分徙酒泉郡』。可知這是氐族中由仇池向北徙居的第一支。仇池的氐族既北徙酒泉，於是南方的氐族就進來移居仇池。到了東漢初，仇池中出了一個大豪叫齊鐘留的，威服了他的族類。後漢書西南夷傳：『建武初，氐族人隗茂反，殺武都太守，氐人大豪齊鍾留爲種類所敬信，威服諸豪，與郡丞孔奮擊茂，破斬之，後亦時爲寇盜，郡縣討破之』。齊氏爲郡縣討破後，是北竄還是南奔，史雖無載，但看宋書氐胡傳，『略陽淸水氐楊氏，建安中，有楊騰者，爲部落大帥。騰子駒，勇健多計略，始徙仇池，仇池地方百頃，因以爲號。駒後有名千萬者，魏拜爲百頃氐王，千萬子名飛龍，還居略陽，無子，養外甥令狐氏子爲子，名戊搜。晉惠帝元康六年，避齊萬年之亂，率部落四千家，還保百頃』。和晉書惠帝本紀『（元康）六年，秦雍氐羌悉叛，推氐帥齊萬年僭號稱帝，圍涇陽』，才知道齊萬年是氐人，且是齊鍾留的後裔。當鍾留被郡縣討破以後，定是率了他的部落從仇池北奔。經了一百多年，他的後裔齊萬年強盛了，於是又在涇渭之間，造起反來。這是說明氐族中齊氏從仇池遷到涇陽的經過，也就是說明齊氏是氐族中北遷的第二支。

齊氏旣北遷了，接着來佔据那空虛的仇池的，便是楊氏，魏書氐蠻傳，『氐者，西夷之別種，號曰白馬……漢武帝以其地爲武都郡，自汧渭抵於巴蜀，種類實繁，或謂之白氏，或謂之故氐……建安中有楊騰……始徙居仇池』，可知楊氏也是白馬氐，他們大概也是由南方徙居仇池的。

楊氏由南方徙入仇池，只是我的一種推側，照正史如宋書氐胡傳看來，『略陽淸水氐楊氏……建安中有楊騰……騰子駒…始徙仇池，仇池地方百頃，因以百頃爲號』。似乎是由北方——略陽遷入仇池的。又『……駒後有千萬者，魏拜爲百頃氐王，千萬子孫名飛龍……還居略陽』。所謂『還居略陽』，似乎更指明楊氏是出自略陽，所以要說『還居』。但其實，是不對的，因爲楊氐是白馬氐的一種，白馬氐的居地，應在仇池或仇池以南，決不會遠在北方的略陽。所以我的推測是：楊氏應由南方移入仇池，再由仇池徙入略陽；後來因略陽有齊萬年之亂，楊氏的後裔，遂還居仇池。

繼楊氏而北遷的，是巴氐，晉書後蜀載記，（李特）『李特……巴西宕渠人，……巴人呼賦爲賨，因謂之賨人。……漢末張魯居漢中，賨人……自巴西之宕渠，遷于漢中，……魏武帝克漢中，特祖將五百餘家歸之，……遷于略陽北土，後號之爲巴氐』，這是巴氐的北遷。

以上所說，是氐族遷徙的情形。他們遷徙的路線，

2

一支是由仇池徙居酒泉；一支是由仇池遷入涇陽，一支由仇池入略陽，一支由巴西宕渠經漢中西入於略陽（請見圖）。

（第二）蠻：蠻的原居地，本來在四川的東部；大概春秋之時，他們就向巴郡東徙；經過秦漢，到了西晉，他們就分支遷徙。向東北徙的，叫豫州蠻，向北徙的，叫荊州蠻，雍州蠻，從魏書蠻傳，『蠻之種類，盖盤瓠之後，其來自久，……在江淮之間，依託險阻，部落滋蔓，布於數州。東連壽春，西通上洛，北接汝潁，往往有焉。其於魏氏之時，不甚爲患，至晉之末，稍以繁昌，漸爲寇暴矣。自劉石亂後，諸蠻無所忌憚，故其族類，漸得北遷，陸渾以南，滿于山谷，宛洛蕭條，略爲丘墟矣』。看來，可知他們在劉石未亂以前，已遷徙到大江以北，黃河以南之地了。再看宋書夷蠻傳『荊雍州蠻，槃瓠之後也，

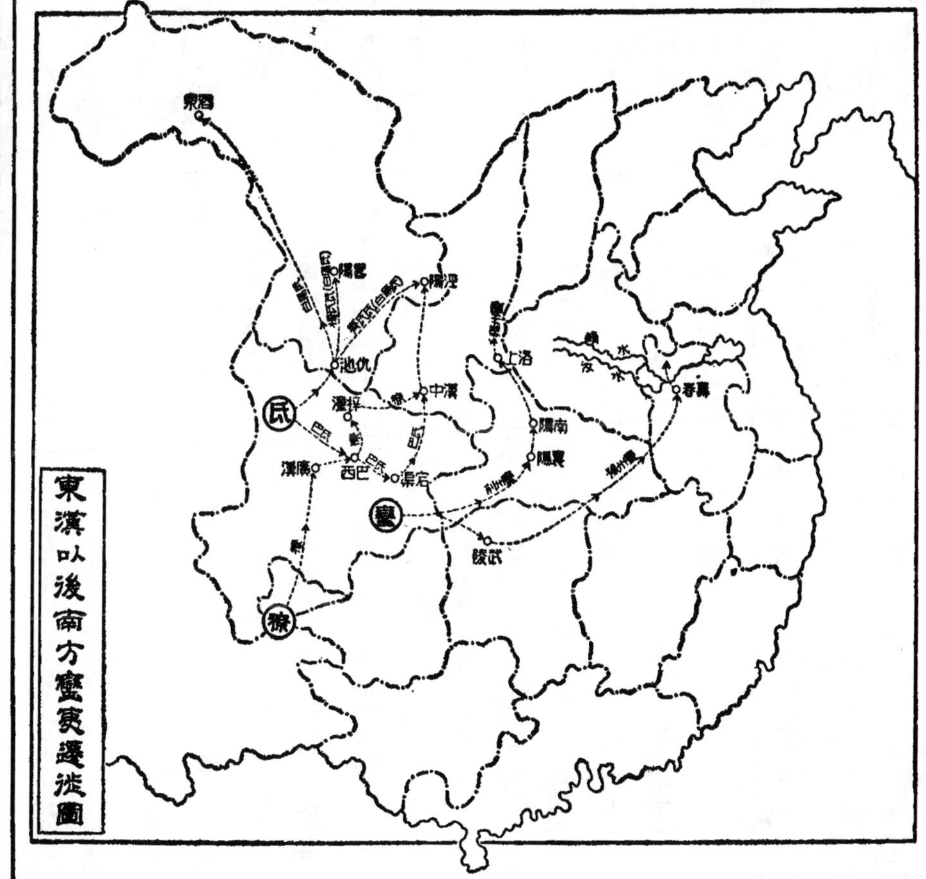

分建種落，散在郡縣，荊州置南蠻，雍州置寧蠻校尉以領之。……豫州蠻，所在並深岨，種類熾盛，歷世爲盜 3

賊，北接淮汝，南接江漢，地方數千里』，就可約略舉出他們遷徙的路線了。他們的遷徙，都由四川的東部出發，然後一支渡江過壽春，經汝水潁水，到陸渾——今河南中部，這是豫州蠻。一支經武陵等地，北上上洛，再西入雍州，這是荊雍州蠻。

南方的氐蠻北上了，他們和北方的鮮卑匈奴，在中原亂了一百多年。後來鮮卑民族中拓跋氏起來，打平北方諸國，建立了北魏帝國，而南方的劉裕，也代晉僭位，建立劉宋帝國。在這南北暫時治安的局面下，那些尚在大江以北，黃河以南流徙的蠻族，有的也想趁此歸附北朝，休息一下；有的雖還在反叛謀發展，但不久也都被打平殲盡。

魏書蠻傳，『是時（太和）……蠻酋田益宗率部曲四千餘戶內屬，襄陽酋雷婆思等十一人率戶千餘內徙，求居大和川。詔給廩食，後開南陽令，有沔北之地。蠻人安堵，不為寇賊。……景明初，太陽蠻酋田育丘等二萬八千戶內附，詔置四郡十八縣』。這是歸附的情形。又『景明三年，魯陽蠻魯北鸞等聚衆攻逼，詔左衞將軍李崇討平之，徙萬家於河北諸州及六鎮，尋叛南走，所在追討，比及河，殺之皆盡……』這是因反叛而殲盡的情形。

（第三）獠：繼氐蠻而北遷的，便是獠。他的原居地是今雲南的北部，他的遷徙是始於前蜀將亡的時候。魏書獠傳『李勢在蜀，諸獠始出巴西渠川廣漢陽安資中，攻破郡縣，為益州大患，勢內外受敵，所以亡也』。又晉書載記（李勢）『初蜀土無獠，至此始從山而出，北至犍為梓潼，布在山谷，十餘萬落，不可禁制，大為百姓之患』。則李勢時，獠始入蜀，據周書獠傳，『獠者，蓋南蠻之別種，自漢中達于邛笮，山洞之間，所在皆有』，知李勢以後，獠之北遷已遠達漢中了。

由上所述，可知自西漢中葉到西晉末年的二百年間，白馬氐巴氐……不斷的在向西北遷徙；到魏晉以後，那已由巴郡向東外徙的蠻族，也日益由西南而東北徙；再到後來，獠族也接着北上。所以自漢末到南北朝，確是南方蠻夷北遷的一個時代。

蒙古用畏兀字之原因

林韻濤

蒙古初起漠北，本無文字，刻木記事而已。

『……其言語有音而無字……』。（黑韃事略）

『……今韃之始起，並無文書。凡發命令，遣使往來止是刻指以記之……』。（蒙韃備錄）

『……俗無文籍，或約之以言，或刻木為契……』。（長春西遊記）

一二零四年，成吉思汗伐乃蠻，獲塔塔統阿，是後始用文字，為畏兀字傳入蒙古之始。

『塔塔統阿，畏兀人也。性聰慧，善言論，深通本國文字，乃蠻大敭可汗尊之為傅，掌其金印及錢穀。太祖西征乃蠻，國亡，塔塔統阿懷印逃去。俄就擒，帝詰之。……問：「是印何用？」對曰：「出納錢穀，委任人材，一切事皆用之以為信驗耳」。帝善之，命居左右。是後，凡有制旨，始用印章，仍命掌之。帝曰：「汝深知本國文字乎？」塔塔統阿悉以所蘊對，稱旨。遂命教太子諸王以畏兀字書國言……』。（元史卷一二四，塔塔統阿傳）

一二零六年，成吉思即大汗位時，已以失吉忽禿忽為『札爾忽』（斷事官），命以『凡斷了的事，寫在青冊子上』。

『……成吉思汗說：「……如今初定了各部百姓，你與我做耳目。任「札爾忽」。……凡斷了的事，寫在青冊子上，已後不許諸人更改」。……』（元朝秘史卷六）

一二一五年下金中都，復遣往籍帑藏。

『……太祖十年五月，遣忽都忽籍中都帑藏…，』（元史太祖紀）

又見元朝秘史卷十三。

失吉忽禿忽本訶額侖夫人養子，其記載所用文字，自必為前此塔塔統阿所教「太子諸王」之畏兀字。

『……成吉思再對孛羅兀（勒）說：「我母親將你幷失吉忽禿忽，古出，闊闊出四個，於營盤內拾得做兒子。養育提攜着，教你成人，欲要與俺兒子每作伴……」…』。（元朝秘史卷十）

窩闊台時仍沿用之。

『……其事書之以木杖，如驚蛇屈蚓，如天書符篆，如曲譜五凡工尺，回回字殆兄弟也……』。（黑韃事略 是書成於窩闊台汗時。）

『……其俗既朴，則有回鶻為鄰。……迄今文書中自用於他國者，皆用回鶻字。如中國笛譜字也……』。（蒙韃備錄）

至四大汗時期，畏兀人或西域他國之通畏兀文者，頗居權要。

塔塔統阿（元史卷一二四有傳，）見前，

孟速思，

『孟速思，畏兀人，……年十五，盡通本國書。太祖聞之，召至闕下，一見大悅，以授睿宗。使視顯懿莊皇后分邑歲賦。復事世祖於潛藩，日見親用……』。（元史卷一二四本傳）

哈剌亦哈赤北魯，

『哈剌亦哈赤北魯，畏兀人也。……太祖一見大悅，即令諸皇子受學焉……』。（元史卷一二四本傳）

岳璘帖穆爾，

『岳璘帖穆爾，回鶻人。畏兀國相暾欲谷之裔也。……從太祖征討，多戰功。皇弟斡眞求師傅，帝命岳璘帖穆爾往。……』至元時卒。（元史卷一二四本傳）

布魯海牙，

『布魯海牙畏吾人也。……依舅氏家就學。未幾，善其國書，尤精騎射。年十八隨其主內附，充宿衞……』至元二年卒。（元史卷一二五本傳）

鐵哥朮，

『鐵哥朮，高昌人。……壬辰從國兵討金，…嘗有擁兵叛者，鐵哥朮率族人戰魚兒濼。時軍興，簿檄繁急，鐵哥朮以其國書識之，無遺失者。帝甚嘉焉……』大德中卒。（元史卷一三五本傳）

野里朮，

『……野里朮（鐵哥朮父）……遂得衆長四環衞之必闍赤……』。（元史卷一三五鐵哥朮傳附傳）

忽必烈時復有鐵哥，

『鐵哥，姓伽乃氏，迦葉彌兒人。……世祖即位，幸香山永安寺，見書畏吾字於壁，問誰所書。僧對曰：「國師兄子鐵哥書也」。帝召見，愛其容儀秀麗，語音清亮，命隸丞相孛羅備宿衞……』。（元史卷一二五鐵哥傳）

阿魯渾薩理，

『阿魯渾薩理，畏兀人，……幼聰慧，受業於國師八哈思巴，旣通其學，且解諸國語。……後事裕宗入宿衞，甚見器重……』（元史卷一三四本傳）。

昔班，

『昔班，畏吾人也。……事世祖潛邸，命長必闍赤……』。（元史卷一三四本傳）

唐仁祖等，

『唐仁祖字壽卿，畏兀人……中統初，詔諸貴胄爲質，帝閱視之。見仁祖，曰：「是唐古直孫耶！聰明無疑也」，俾學國字。至元六年，中書省還充蒙古掾……』。（元史卷一三四本傳）

是忽必烈以前蒙古所用，僅畏兀字也。

蓋蒙語爲連綴語體，合數音始爲一義，故其居地雖密邇遼，金，惟以遼之大字，及金之大小字，皆依漢楷所創，與漢字之不適用同。

遼大字爲遼太祖天顯中依漢字所製，小字則仿回鶻文，金朝所用大字，係太祖天輔中命希尹依漢楷因契丹制度，合本國語而製。字體界漢字與契丹字之間，以字體繁重，故熙宗天眷中復製小字，亦爲依漢楷而創者，特較大字稍簡耳。

回紇唐時已據有今外蒙一帶，與蒙古民族發生長時期關係。迨後，雖在東方失勢，然於天山南北，未幾復爲大邦，統治西域一帶。其所用初爲突厥文，遼時仍行於漠北。

『天贊……三年……九月……甲子，詔礱闕遏可汗故碑，以契丹，突厥，漢字紀其功……』。（遼史太祖紀）

繼創畏兀字，而皆屬粟特系 Sogdian 文字，其淵源皆受敘利亞文影響者。

且唐時之大唐景教流行中國碑，其碑側之敘利亞文僧名，已作直行，契丹小字，爲仿回鶻文製者，亦係直行。則畏兀字中，自亦不免以常夾雜漢字之故，而通行東方一帶者改爲直行。塔塔統阿所教蒙古諸王太子「以畏兀字書國言」，其字體當即本是而創也。

忽必烈汗時，嘗命八思巴創新字，用諸璽書頒降等大典，以之與通行之畏兀字並行。

『帝師八思巴者，土番薩斯迦人。……中統元年，世祖即位。……命製蒙古新字。字成，上之。……至元六年詔頒行於天下（佛祖歷代通載卷廿一，引王磐奉勅撰八思巴行狀謂『時至元七年，詔制大元國字』與正史異）。詔曰：「朕惟字以書言，言以紀事，此古今之通制。我國家肇基朔方，俗尚簡古，未遑制作。凡施用文字，因用漢楷及畏吾字，以達本朝之言。考諸遼金以及遐方諸國，例各有字。今文治寖興，而字書有闕，於一代制度，實爲未備。故特命國師八思巴創爲蒙古新字，譯寫一切文字。期於順事達言而已。自今以往，凡有璽書頒降者，並用蒙古新字，仍各以其國字副之」……』。（元史卷二零二釋老傳）

惟是忽必烈本習識畏兀字之蒙文。

『至元……二十三年……翰林承旨撒里蠻言，國史院纂修太祖累朝實錄，請先以畏吾字繙譯。俟奏讀，然後纂定，從之……』（元史世祖紀）。

『……世祖即位幸香山永安寺，見書畏吾字於壁，問誰所書……』。（元史卷一二五鐵哥傳）

更以畏兀文譯經，廣賜臣下，尤促成畏兀文之推廣。

『迦魯納答思，畏吾兒人，通天竺教及諸國語，翰林學士承旨安藏札牙答思薦於世祖，召入朝，命與國師講法。國師西番人，言語不通，帝因命迦魯納答思從國師習其法及言與字，期年皆通，以畏吾兒字譯西番經論進之，帝命鋟板賜諸王大臣…』。（元史卷一三五迦魯納答思傳）

矧此多角形之新字較繁重，

『……初頗多本梵法，或一毋獨成一字，或二三毋合成一字。……其書右行，其字方古嚴重……』。（新元史卷二四三釋老傳，八思巴傳）

困難與已通行之畏兀字爭一日長，取而代之也。

總之，吾人可得結論爲：

一、漢字爲單音字，體亦繁重，不適於連綴體之蒙古語，遼金字多仿自漢楷而製，故亦不適用。

二、自唐以來，畏兀文化在西域頗高。蒙古初期，畏兀人仕蒙古者頗多。而此後畏兀，色目之通畏兀文者，移居東方亦頗衆（見通制條格殘本卷二戶令）。

三、東方一帶本已有直行之敍利亞文（大唐景敎流行中國碑）及直行之回鶻文（契丹小字）流行。

四、八思巴新字繁重，不若畏兀字之便利。

以是畏兀字得以行諸蒙古，而迄不廢。

黃梨洲的地學著述

趙九成

黃梨洲的學問是多方面的，正因爲大家對于他的某一方面的學問太注意了，所以便忽略了他的另一方面的學問，這眞是一件憾事。黃先生在地理學問方面原也是有相當貢獻的一個人，而大家對之則似乎不甚注意，實則在當時已經有人提及他的地理學了。汪瑞齡在梨洲的易學象數論序中說：『姚江梨洲夫子通天地人以爲學，理學文章之外，凡天官地理以及九流術數之學，無不精究』。全祖望說：『（明史）地志亦多取公（梨洲）今水經爲考證』（鮚埼亭集卷十一梨洲先生神道碑文）。于此見地理學一項在梨洲的學術中，至少也要占一個相當的地位的；不但不應當忽視牠，且應當重視牠研究牠才對的。今將梨洲關于地理學方面的著述，一并錄出，計可分三方面：第一關于山的著述，第二關于水的著述，第三其他雜著，分述如下：

甲　山

（一）台宕紀遊一卷（未見）

這是梨洲三十一歲時（明崇禎十三年，西元一六四〇）遊天台雁宕諸名勝所作成的東西，今不得見，也許是失傳了。全祖望的梨洲先生神道碑文及江藩的漢學師承記中都列有此書，可惜都沒有說明卷數。近人謝國楨著黃梨洲學譜，據誦芬室詩略作一卷。黃炳垕在黃梨洲先生年譜中敍述梨洲作此書的動機說：

公往來台越間，以其暇遊天台雁宕諸名勝，作台宕紀遊。

至其內容如何，那就不得而知了。

（二）匡廬遊錄一卷（謝國楨黃梨洲學譜據誦芬室詩略作二卷）

清張潮昭代叢書合刊已集本　清宣統二年薛鳳昌梨洲遺著彙刊本。

這是梨洲五十一歲時（清順治十七年，西元一六六〇）遊匡廬歸來之作。計他在八月十一日由家出發，至十一月下旬始返至家中，爲時共歷三月有餘。記其行程甚爲詳細，此書用日記的體裁敍述，和徐宏祖的徐霞客遊記實在有同等的價值的。其題辭云：

廬山旣饒水石，而詩如陶韋，文如蘇歐，風流如青山太白，道學如濂溪晦翁，異教如慧遠修靜洪覺範，又復錯落其間，應接不暇，海內寧有兩地？乃粗人之遊記，妄子之改額，要人之劃刻，皆足以銷沈名迹，而流俗之傳聞不與焉。然諸妄皆屬後起，一證之于古，便砉然奏節；故以唐證宋，以宋證元，以元證今。予杖履所及，一二指摘，正不可少。周益公云：『嘗按陳令舉之記，以浹旬搜訪，或可得其四五』。令舉廬山記桑子木已譏之不得。洒其大槩，則益公廬山後錄奏事錄引用粗備。苟得假數月之功，與好事者洗索崩崖怒瀑，收其遺刻，取山中典故白鹿洞志，東林志（本寺僧自暉所集），歸宗寺志續志（僧智端集），圓通事實，廬山記事，一一考正之，後此游者，庶不為糠粃眯目，亦不得志于時者之所為也。雖然，王文成詩：『年來別有閒尋意，不似當時孟浪游』。夫苟不得此意．縱使循予之言，山中水石，一返勞觀，其為孟浪愈多耳。

震澤楊復吉跋云：

匡廬名勝甲海內，唐宋元明紀游之作，代有鉅公，今得梨洲先生所錄，無慚接武耳。錄中辨證古迹，無不典核精詳；而敘次玉川門夜話一則，寄託遙深，別饒神韻，洵非古文大作手不能。

在此部遊錄中，不但是記事實，並在記每個古迹的時候，參以詳審的考證，證明許多前人的錯誤，這的確是很有用的，此楊復吉所以稱其為「辨證古迹」，「典核精詳」也。茲錄其簡短者二則以見一斑：

泊吳城山順濟龍王祠，今呼為令公廟，蘇子瞻有順濟廟石砮記，蓋龍神也。不知後人何為以張睢陽當之。觀子瞻記及周益公廬山錄，言舟人賽廟。文文山詩，知茲廟香火，自昔盛矣。登望湖亭，廬阜蒼翠欲滴，湖波動搖，又似欲捲之以去，宜昔人之流連于此也（九月乙丑）。

觀蓮池，朱子曰：『白蓮池在東林法堂前，登虎溪橋，至西林，慧林道場也』。陸務觀云：『永公蓋遠公之兄』。按歐陽詢李邕碑文：永河內繁氏，遠，樓煩賈氏，不同氏族，務觀蓋因慧持而誤也。務觀所云『塼塔如故』，益公所云『水閣已廢』者，非但不知其處，即紀事亦不載之矣。西行十里過石門澗，石門有三，周景式云：『中有三石相望，並峙如門』。乃益公所未至，錄中石門，則鐵澗橋側之石塔也。又冒雨西行十餘里至圓通寺。米子云：『圓通寺無他奇，但門徑竹木深茂可觀耳』。今竹木既疎，寺以兵馬敗落。有宋碑一二道旻住持牒蔡京所行，一則其行業記也。紀事云：『圓機名道旻，元人』，誤也（九月庚辰）。

不但此也，他每至一處，俱有詩紀之，人亦稱其詩為匡廬行脚詩（黃炳垕黃梨洲先生年譜）。存于今者共得四十五首：計為釣臺，泊江口作家書三首，黃荊埠即事，九日同范吉生瑞洪，泊昌邑山，吳城山望湖亭二首，開先寺青玉峽，與嚴羽儀夜坐，萬杉寺，白鹿洞，白鶴觀，淨妙寺，凌霄巖，棲賢寺三峽橋，五老峯頂萬松坪同閻用卿夜話限韻二首，赤脚塔次韻，天池寺文殊亭，佛手巖，大林寺，香爐峯頂阻雨：白公草堂，東林寺，圓通寺，其二夢壽兒，谷簾泉，溫泉，醉石，歸宗寺，上金輪峯，贈僧智瑞，三壘泉，玉門山與雁山夜話彙寄方密之，黃巖寺，簡寂觀，落星，別鄭貞一，泊五老峯下，雲龍寺雨花洞，石鐘山，小孤山，銅陵。我們由這詩的順序，可以知道他到的是些什麼地方，並且可以知道他先到什麼地方，後到什麼地方，雖不看其遊錄的原文，亦可以看出他的行跡的大概情形了。今舉詩二首爲例，其佛手巖詩云：

> 道人不費買山錢，石室嵌空停井泉。豈有竹林開異境（羅念菴云：「即竹林寺」。），但聞野鹿共安眠（行因住時有鹿臥其側）。掌中天矯松千尺，谷底淒清雪半年。野火原來不擇地，如何焚裂到金仙？（益公云：「巖上峯立如指」，近爲野火焚裂）。

溫泉詩云：

> 廬山地盡尙能奇（朱子詩：「逮茲地勢窮，猶能出奇偉」。），不假炊烟水性移。方幸未經妖女辱，終憐曾爲野僧題。樹頭殘雨纔收滴，山脚奔泉正濺泥。濯足吾來循故事，田夫且道不逢時。

3.四明山志九卷（未見）

全氏梨洲先生神道碑文及江藩漢學師承記中也都列有此書，但是也都沒有說明卷數，四庫全書總目卷七十六史部地理類存目五著錄是書九卷，近人馬太玄所作黃宗義之生平及其著作（中山大學歷史語言研究所週刊二集十五期）及謝國楨所作黃梨洲學譜亦俱作九卷。梨洲在他的四明山九題考中說：

> 余創四明山志，與山君木客爭道于二百八十峯之間（南雷文約卷三）。

可知梨洲的確是作過四明山志一書的。馬太玄在其文中據清沈初浙江採進遺書總錄戊集說：

> 木玄虛存丹山圖咏，丹山即四明也。宗羲因之，采輯藝文，加以考證，中辨皮（襲美）陸（魯望）四明九題之誤甚悉。

3

4.四明山古蹟記五卷（寫本，未見）

這書今亦未見，四庫全書總目卷七十六史部地理類存目五著錄是書作五卷，馬氏亦據沈初書說：

> 卽前書稿本，中多塗乙處，但互有詳略。

5.四明山九題考一卷（收南雷文定前集卷十一及南雷文約卷三）

這是梨洲六十五歲時（清康熙十三年，西元一六七四）的作品。黃炳垕黃梨洲先生年譜中說：

> 唐陸魯望皮襲美有四明山唱和詩，分爲九題，後之言四明名勝者，莫不淵源于是。公作四明山九題考，并各繫之以詩。

所謂四明山的九題，就是石窗，過雲，雲南，雲北，鹿亭，樊榭，潺湲洞，青欞子，鞠侯等九個地方，他並說這些地方都是陸皮所沒有到過的。

6. 黃山行脚草一本（未見）

此書今不見，清徐乾學傳是樓書目著錄。

(二)水

今水經一卷　清張潮昭代叢書本　余蕭鈞明辨齋叢書本　鮑廷博知不足齋叢書本　湖北崇文書局本　光緒二十年湖南章經濟堂刊本　宣統二年梨洲遺書彙刊本

黃炳垕所作年譜中沒有此書，當然更沒有此書著作的年月。今以其自序末有『甲辰（清康熙三年，西元一六六四）除夕雙瀑院長黃宗羲書』字樣，定為此書是甲辰年的作品，是年梨洲五十五歲也。其自序云：

古者儒墨諸家，其所著書，大者以治天下，小者以為民用，蓋未有空言無事實者也。後世流為詞章之學，始脩飾字句，流連光景，高文巨冊，徒充汗牛之聲而已。由是而讀古人之書，亦不究其原委，割裂以為詞章之用。作者之意如彼，讀者之意如是，其傳者非其所以傳者也。先王體國經野，凡封內之山川，其離合向背，延袤道里，莫不講求，水經之作，亦禹貢之遺意也。酈善長注之，補其所未備，可謂有功於是書矣。然開章「河水」二字，注以數千言，援引釋氏無稽，於事實何當，已失作者之意。余讀人也，以越水證之，以曹娥江為浦陽江，以姚江為大江之奇分，玅水出山陰縣，具區在餘姚縣，沔水至餘姚入海，皆錯誤之大者。以是而槩百三十有七水，能必其不似與汝陽原力謂郭璞作經，酈善長作注，璞南人，善長北人，當時南北分裂，故聞見有所不逮？余以為不然，璞既南人而習南水矣，其南水又不應錯誤。至此後之為水經之學者，蔡正甫補正水經，惜不獲見；朱鬱儀水經注箋，毛擧一二傳寫之誤，無所發明；萬開之以經傳相淆，間用朱墨句乙，未嘗卒業；若鍾伯敬水經注鈔，所謂割裂以為詞章之用者也。余讀水經注，參考之以諸圖志，多不相合。是書不異汲冢斷簡，空言而無事實，其所以作者之意豈如是哉？乃不襲前作，條貫諸水，名之曰今水經，窮源按脈，庶免空言。然今世讀書者，大抵鍾伯敬其人，則簡樸之誚，有所不辭爾。

在此書之前列了一個表，有如此書的提要似的，所謂「綱舉目張」，我們看了這個便可以知道他的內容是什麼樣子了。今錄其表于此（據三十三種叢書本）：

北水

河入海

忽闌水入河

亦八思河入河

納鄰哈剌河入河

乞里出河入河

鵝桫河入河

邏水入河

鳳林河入河

滹沱河入河　湟水入滹沱河

洮水入河

金水入河

吃那河入河　奢延水入吃那河

延水入河

汾入河　涑入河

渭入河　漳，淸，汧，涇，沮入渭　馬蓮河入涇　漆入沮

洛入河　澗，瀍，伊入洛

濟入河　汶入濟

沁入河

汴入河　須，鄭入汴　京入鄭　索入京

遼入海

大淸河，小淸河，珠子河，渾河，太子河入遼

鴨綠江入海

大蟲江入鴨綠江

混同江入海

松花江入混同江　黑龍江入松花江

大凌河入海

小凌河入海

膠入海

鹵水，湡奴水入膠

濰入海

丹入海

沽入海

墨入海

淄入海

純(繩)，時入澥(淄)

灤入海

漆入灤

白入海

黃河(花)鎭川河入白　潮河入白

衛入海

淇，漳，汶，滹，桑入衛　淸入淇　沙，易入滹　混義入易

洋入桑

淮入海

汝，穎，肥，渦，潩，池，泗，邗，沭(沐)入淮　瀙入汝

洧入潁　汴，沂，睢入泗

湳水

江入海

芊江入江

大渡河入江　沬水入大渡河
金沙江入江　大姚河，打冲河，瀘水，濱池，牛欄江，馬湖江入金沙江　大保河，渠濫州入瀘
永寧河入江
資江入江　支江入資
南江入江
嘉陵江入江　巴，涪入嘉陵江
烏江入江　翁首河，南明河，湘江，龍底江，思印江，河由江入烏江
開江入江
清江入江
沮江入江
漳江入江
漢江入江　均水，淯水，夷水，白水，涓水入漢
洞庭湖水入江　湘入湖　洣，瀘，盧洪江，耒，瀟，郴，舂陵水，蒸，郴，攸，漉，漣，清，瀏，溈，汨入湘　資入湖
都梁水入資　邵水入資　沅入湖　處洞河，清江，錦江，洪江，溆，酉，辰入沅　澧入湖　漊，渫，涔，澹，蘭江入澧
汚入江
灄河入江
隨水入江
龍開河入江
彭蠡湖水入江　贛入湖　貢水，章水，雲亭江，早禾江，吉水，袁江，豐水，蜀江，牽新江入贛　濂水，寧都水，雩都水，興國水，信豐水入貢　猶水入章　盱入湖　飛猿水，宜黃水，崇仁水入盱　鄱江入湖　洎水，建節水，饒興大溪入鄱　上饒江入湖　永平溪，玉溪，櫧溪，白塔河，宋溪入上饒江　修水入湖
皖水入江
池河入江
大通河入江
荻港入江
漳淮入江
青弋江入江
巢湖入江　肥水，桃溪入湖
秦淮入江
滁河入江　襄水，清流水入滁
北運河入江
南運河入江

太湖入海
苕溪，荊溪入湖

浙入海

軒畦溪，壽昌溪，東陽水，桐江，浦陽江，錢淸江，曹娥江

入浙

姚江入海

靈江入海

永甯江入海

永嘉江入海

安陽江入海

連江入海

建水入海

東溪，西溪，南浦溪，松溪，樵溪，海溪，沙溪，尤溪入建水

洛陽江入海

晉江入海

漳江入海

汀水入海

廣江入海（右江會左江爲廣江）

福祿江，融水，洛青江，牂柯江入右江

白石江，瀟湘江，龍江，西江水，八尺江，淸江，武流江，

秋風江，東班江，寶江，入左江

明江，崇善水、馱排江，歸安水入龍江 7

烏江，白馬江、緒江入廣江

灕江入廣江，陽江，銀江，相思江，荔水入灕江

鬱川，東安水、瀧水，新江，綏江入廣江

湞水入廣江，杜安水，凌江水，朔水，會湞水，黎溪，武

水，翁溪，湟水入湞水

龍川入廣江，西江，增江入龍川

漠陽江入海

鑑汀入海

廉江入海

欽江入海　瓊海潮候

元江入海

瀾滄江入海

㵪備江入瀾滄江　西洱海入㵪備江

大盈江入海

麓川江，潞江入大盈江

梨洲當時著今水經的情形及其書的內容我們既已知道一個大概了，現在我們再看看後人對于此書的批評，及此書的影響。全祖望說明史的地志皆以此書爲考証，是其

書在當時已經發生極大的影響了。後刻此書時，梨洲的玄孫名璋者爲跋以附此書之後，力言此書的好處，今亦錄其文于此：

先高祖遺獻公以理學文章垂名百有餘年，海內皈望瀹若而尊斗杓矣。旁及星緯律術卜筮象數各家言，無不博綜，如肉貫串，篤老支牀，矻矻著述。自康熙雍正間，竹浦故里蕩經水火，遺書僅有存者。壬辰（清乾隆三十七年，西元一七七二）秋，奉檄來省，適遺子京甫舉今水經匡廬遊錄二帙相畀，則續鈔堂故物也。寒家無鈔胥，係學子初提管者所錄，字多魚魯，因先取今水經校閱一過，謀梓以行。友人新安鮑君（廷博）以文，好古士也，一見忻然，即任剞劂，而屬識于後。竊惟地理之學，最易承譌襲謬；而水其輿地之脈絡也，流別燦然，雖間有遷徙，而南條北條之分，或原或委之異，其來踪去跡，固可由今而溯古，亦可沿古以知今。非如郡國建置之名號，紛拏轇轕，彼此互歧；而無如講地理者之承訛襲謬，則水亦幾如郡國建置之名號之不可究詰也已。今水經之作，先之以表，次分疏其節目，一切卮言勦說，汰盡不留。承學之士，省覽卽得，殆用力寡而成功多者矣。近時德淸胡徵士（渭）朏明纂禹貢錐指，人多遺議。天台齊侍郎（召南）次風述水道提綱，侍郎浙人也，其述浙水，卽有誤處。則此書其實的也歟？至此書之緣起，具先高祖自敘中，茲不復贅。

在四庫全書總目卷六十九史部地理類二水道提綱的提要中有這麼幾句話，今亦照錄于此：

國初餘姚黃宗羲作今水經一卷，篇幅寥寥，粗具梗槩。且塞外諸水，頗多舛訛，不足以資考證。

又四庫全書總目卷七十五史部地理類存目四亦著錄今水經，對之則頗肆攻，擊其文云：

是書前列諸水之名，共爲一表，皆以入海者爲主，而來會者以次附之；如汴入河，鄭入汴，京入鄭，索入京之類，自下流記其委也。後各自爲說，分南北二條，皆以發海者爲主，而所受之水以次附之；如『衛河出輝縣蘇門山逕衛輝府北東流，淇水來注之』，又『濬縣內黃，漳水來注之』之類，自上流記其源也。其所說諸水，用今道不用故道，用今地名不用古地名，創例本皆有法，而表不用旁行斜上之體，但直下書之，某入某，某入某，某又入某，頗不便檢尋。又『渭入河，涇，灃，浐，漆，沮入渭』，『淸入淇，沙，易入滹，溫，洋入桑』之類，又合條而排纂之，未善也。其書作于明末，西嘉峪，東山海，北喜峯，古北，居庸，皆不能踰越一步。宗羲生于餘姚，又未能親歷北方，故河源尚剿元史之說，而灤河之類，亦沿用明一統志之舊。松花，黑龍，鴨綠，混同諸江，尤傳聞彷彿，不盡可據。我朝幅員廣博，古所稱絕域皆入版圖，得以驗傳聞之眞妄。欽定西域圖志，河源紀略諸書，勘驗精詳，昭示萬代，儒生一隅之見，付之覆瓿可矣。

是對此書亦有不滿之詞也。後來錢塘的吳承志爲此書作注，著成今水經注四卷，劉承幹爲刊行。近人謝國楨所著黃梨洲學譜對今水經亦有評論，他說：8

（梨洲）于地理之學則有今水經，證酈道元水經注之缺誤，開後人治水經之業。

（三）其他

1. 餘姚至省下路程沿革記（收南雷文定前集卷二）

此係一篇短文，考證餘姚至省下（杭州）路程沿革的情形。

2. 黃山續志序（收南雷文約卷四）

3. 明季災異錄　上海涵芬樓藏鈔本

謝國楨黃梨洲學譜中說：

是書記明季災異事，引宋志五經通義加以注釋。

民國二十五年元月二十日，北大。

9

成都城池沿革

成都古蹟考之第一章

蒙思明 1

一　大城

華陽國志云，『秦惠王二十七年，儀（張儀）與若（張若，蜀守也）城成都，週迴十二里，高七丈，造作下倉，上皆有屋，而置官樓射闌』。段全緯城隍廟記亦云，『秦惠王命張儀與蜀守張若城成都，其環十二里，其高七十尺』，兩說相同。而張詠益州重修公宇記則云，『秦惠王遣張儀陳珍伐蜀，滅開明氏，卜築是城，方廣七里，從周制也』。蜀中名勝記同引張詠之說，又作方廣十里。今城垣早已湮沒，大小無可考。然成都之有城，則自張儀始也。

蜀水經云，『城有大城少城，少城亦名子城，今滿城也；大城亦名龜城，今漢城也』。太平寰宇記云，『初張儀張若城成都，屢壞不能立。忽有大龜出于江，周行旋走；巫言依龜行處築之，城乃得立。所掘處成大池，龜伏其中』，此大城所以亦名龜城也。益州記云，『（張儀）又分築南北二少城，以處商賈』。名勝記云，『張儀又於大城之西墉別築子城』，蜀都賦所謂『亞以少城，接於其西』者也。范成大詩注，直謂『少城，張儀所城築子城也』。蜀故云，『又有小城，在子城西南之三壁，東即大城之西墉。張儀既築大城，後一年，又築小城，樓曰白兔樓』。依是諸說，則儀城共有三：一曰大城，即龜城；二曰少城，即子城；三曰小城，則又後一年所築者也。

張儀所築之諸城，歷晉唐宋其跡猶存。王右軍法帖，羲之與周益書云，『往在都見諸葛禺，曾問蜀事，云成都城屋樓觀，皆是秦時司馬錯所修，令人遠想慨然。具示以廣異聞』。司馬錯與張儀同伐蜀，司馬錯所修者即指張儀所修者也。晉張載登成都白兔樓詩，有『重城結阿曲，飛宇起層樓，累棟出雲表，嶢嶭臨太虛，高軒啓朱扉，迴望暢八隅』等句，而白兔樓者，即小城城樓也。是儀城至晉尚存也。唐岑參登張儀樓詩云，『傳是秦時樓，巍巍至今在，樓南兩江水，千古長不改，曾是昔時人，歲月不相待』，張儀樓，即張儀所築大城之西門樓，是儀城至唐尚有存者也。宋李石禮殿十詠詩自注云，『秦城，張儀司馬錯所築，自秦惠王之乙巳歲，至宋紹興壬午歲，一千四百七十八年。雖頹圮，所存如斷壁峭立，一奇觀也』。范成大詩注亦云，『張儀所築子城，土甚堅，橫木皆朽，有穿眼，土相着不解』，則又儀城之殘存於宋者也。

方輿勝覽云，『桓溫平蜀，夷少城，獨存孔明廟』。益州記云，『隋文帝封次子秀爲蜀王，因附張儀舊城，增築西南二隅，通廣十里』。方輿勝覽亦云，『隋蜀王秀取土築廣子城』，是儀城之一部夷於晉而復築於隋矣。此爲成都城之第二次修築，然其城仍狹小。創築羅城記云，『先是蜀城既卑且隘，象龜形之屈縮，據武擔之形勝』，可以概見也。

唐僖宗時，高駢請築羅城，其表中云，『秦張儀拔蜀之時，已曾版築，隋楊秀守藩之日，亦更增修。堅牢雖壯于一日，周匝不過於八里。自咸通十年以後，兩遭蠻寇攻圍，數萬戶人，嗔咽共處，池泉皆竭，熱氣相蒸，其苦可畏，斯敝可憫。臣今欲與民防患，爲國遠圖，廣築羅城，以示雄圖』。其題注亦云，『公以蜀土自咸通十一年並十五年，兩遭蠻寇攻圍，子城迫窄，逐具聞奏請築羅城』，此成都城之第三次修築也。而城垣之大小，則諸說不一。王徽創築羅城記云，『南北東西凡二十五里，擁門却敵之制復八里。其高下蓋二丈有六尺，其下廣又如是，其上衺丈焉。陴四尺。其上建樓櫓廊廡，凡五千六百八間。其外則繚以長堤，凡二十六里。或因江以爲塹，或鑿池以成濠』。張詠益州重修公宇記云，『唐末政弛，諸蠻內寇，高駢建節，即時驅除，以爲居人閫閉，多縈腫疾，始築羅城，方廣三十六里』。高駢風箏詩題注云，『高駢鎮蜀，以南詔侵暴，築羅城四十里』。而唐僖宗賜高駢築羅城詔云，『每日一十萬夫，分築四十三里。役徒九百六十萬工，計錢一百五十萬貫』。其說雖不知孰是，然即以最小之二十五里論，亦較今城爲大。王徽云，『環以大城，用冠諸夏』。馬可波羅遊記亦謂彼時成都城爲全中國冠，想不誣也。

迄乎後唐，孟知祥爲西川節度使，復築新城，名羊馬城。李昊創築羊馬城記云，『其新城周圍凡四十二里，竦一丈七尺，基闊二丈二尺，其上闊一丈七尺。別築陴四丈，鑿濠一重，其深淺闊狹，隨其地勢。自天成二年十二月一日起工，至三年正月八日畢。共役三百九十八萬工，數凡費一百二十萬』。此成都城之第四次修築也。

自五代迄淸，數百年間，城池之部分修葺，時時有之。宋史程戡傳謂『守益州者以嫌多不治城堞，程戡獨完城浚池自固，不以爲嫌也』。宋史盧知原傳，『盧知原遷梓州轉運使時，承平既久，戎備皆弛。知原招補兵籍，築城垣二十餘里』。宋史李璆傳云，『成都舊城多毀圮，李璆至，首命修築，俄水大至，民賴以安』。而通志謂王剛中范成大等亦有修築，此宋時之修葺也。四川通志云，『明趙淸甃以磚石，陳懷復浚池隍』，又謂『崇正時，劉漢儒巡四川，修城浚池，衛民惜兵』，此明代之修葺也。

崇禎末，流賊張獻忠入蜀，王祥曾英合兵攻之，獻忠走保甯，盡夷成都城垣牆垛，舊城大部毀沒也。

淸初入蜀，成都無官署，建城樓以居。迄康熙初，始事修築。通志謂，『康熙初，巡撫張德地，布政使郎廷相，按察使李翀霄，知府冀應熊，成都知縣張行，華陽知縣張暄，共捐資重修，高三丈，厚一丈八尺，週二十二里三分，計四千零一十四丈，垜口五千五百三十八，東西相距九里三分，南北相距七里七分，外環以池』，其周週比唐代爲小。雍正五年，巡撫憲德，又加修葺。至乾隆時，又復重修。成都縣志云，『乾隆四十八年，總督福康安奏請發帑銀六十萬，撤底重修。周週四千一百二十二丈六尺。計週二十二里八分，垜口八千一百二十二，磚高八十一層，壓脚石條三層』。是即今之城垣也，其大小略同於淸初所築。至同治時又復添築礮台，重加修浚。今則門樓城垜，皆已拆毀，惟城垣尙存耳。

至於成都之城門，初建時爲數極多。周地圖記云，『大城立九門，少城立九門』。故楊雄蜀都賦有都門二九之句，而左思蜀都賦亦有闢二九之通門之語也。今城垣數變，古城門無可考。淸康熙初築成都城時，共有四門：東迎暉，南江橋，西淸遠，北大安。其地若與古門較，則淸遠門當儀城之宣明門，大安門當儀城之咸陽門，迎暉門當儀城之陽城門，而江橋門則仍古名也。今又有通惠門及武成門者，即俗稱新東門新西門者也。劉黎仙先生云，『闢新東門時，於城牆下曾發現大瓦缸，滿盛磚塊，上畫符呪，但無年月』，不知何時所埋云。

至於成都華陽二縣之分，則始于唐。貞觀十年，分成都縣之東偏置蜀縣，在郭下。明皇西幸，駐驛成都，始改蜀縣爲華陽，而成都華陽二縣從此分。其分野由南較場，經包家巷，君平街，三橋南街，西丁字街，青石橋，北上經南北暑襪街，直到喇嘛寺街爲止。東南屬華陽，西北屬成都。其面積成都約居三分之二，華陽僅居其一焉。

二　皇城

方輿勝覽云，『隋蜀王秀取土築廣子城，因爲池。有胡僧見之曰，摩訶宮毗羅。蓋梵語呼摩訶爲大，宮毗羅爲龍，謂此池廣大有龍耳』。又云，『摩訶池亦名汗池，陳人蕭摩訶所開也』。蜀檮杌云，『王建武成元年，改摩訶池爲龍躍池』。而方輿勝覽又云，『龍躍池，相傳隋開皇中伐陳，鑿大池以習水戰』。或卽就摩訶池而擴大之耳。王衍卽位，改龍躍池爲宣化苑。渭南集云，『摩訶池入蜀王宮中，舊時記舟入此池，曲折十餘里。至宋世，蜀宮後門已爲陸，然猶呼爲水門也』。蜀檮杌云，『王衍卽位之日，卽治宣化苑，乾德十年，苑成。延袤十里，有重光，大清，延昌，會眞之殿，清和，迎祥之宮，降眞，蓬萊，丹霞之亭，土木之功，窮極奢巧』。花蕊夫人者，後蜀孟昶之貴妃也，長於文詞，曾作宮詞百首詠宣化苑之景，其中有『三十六宮連內苑，太平天子住昆山』，『龍池九曲遠相通』，『夾城門與內門通』，『離宮別苑遶宮城』，『水車踏水上宮城』等句。所稱龍池九曲，卽今之九龍巷；水門卽今之后紫門，宮城門卽今三洞大城門也。其城在宋代，卽已頹圮。宋祁覽蜀宮故城詩云，『國破山河老，人亡岸谷摧。鷙飛今日瓦，鹿聚向時臺。故苑猶霏雪，荒池但刧灰』，可以概見。歷元代約百年，宣化苑愈益荒廢，明改爲藩王府第。故名勝志云，龍躍池今塡爲蜀藩王府正殿也。其城卽今之皇城基礎也，內有端明照陽等殿。今之紅照壁，東西御街，東西御河沿街，三橋正街等皆屬藩王府。明末毀於張獻忠，後無人居住，時有野獸。淸代改明蜀王府爲貢院，重加培修，卽爲今之皇城。中有至公堂，明遠樓等。又有多數之大倉，以儲米穀。淸末以之改設各種學校。民國初年，改爲都督府。羅戴戰後，折毀一部城垣，仍改爲學校。民七楊森在成都，始將城垣全部折毀，僅留前後二門。民國二十二年田劉之戰又將后紫門等折毀。今存者僅前三洞而已，即川大之校門也。

三 滿城

滿城者，淸康熙五十七年所築所以居滿人也。成都縣志云，『其城在府城西，周四里五分。計八百一十一丈七尺三寸，高一丈三尺八寸。門五，迎祥，即御街小東門，受福即羊市小東門，延康即小北門，安阜即小南門，淸遠即大城西門也。每旗官街一條，披甲兵丁小衚衕三條，八旗官街共八條，兵丁衚衕共三十三條』。其地在今大城之西南，包有今西門大街，東城根街，及少城公園等在內。舊通志謂，『成都城有少城，亦名子城，今滿城也』。其地位或相若，然滿城則決非張儀所築少城之舊也。至民國成立，滿漢無別，其城即開始拆毀。至民國九年，則拆毀已盡，今無存者也。

四 錦城

錦城者，共有二。華陽國志曰，『萬里橋南岸道西有城，故錦官也』。元和志謂，『錦城在縣南十里，故錦官城。錦官，猶合浦之有珠官也』。益州記謂，『錦城在益州南，笮橋東，流江南岸，皆蜀時故錦官處也，號錦里』。依是諸說，錦城者，錦官所居之城也。其地在大城之南，其遺址不可見也。而陳耀文天中記云，『後蜀孟昶，僭擬宮苑，城上種芙蓉。謂左右曰，眞錦城也，後世因亦種芙蓉於上』。趙抃成都記亦云，『孟後主於成都城上徧種芙蓉，秋每至，四十里如錦繡，高下相照，因名錦城，又以花染繒爲芙蓉帳』。依後二說，則錦城即成都大城，因種芙蓉而得名也。乾隆五十年，總督福康安等築城既竣，亦種芙蓉於其上，閒以桃柳。李世傑曾爲文記之，然其跡今無存者。

五 城內河道

成都古本爲湖。上古之世，靈鼈鑿玉壘山以出水，而成都始漸成平陸。然港汊交錯，河流遷徙靡常，百年難尋舊跡。而首鑿河通城中者，固自李冰始。史記，『蜀守李冰鑿離堆，穿二江，成都之中皆可通舟，有餘則用溉田』。是初鑿時，本有二，今則只存一焉。舊通志謂今河爲唐白敏中所開，舊名禁河。所謂白氏開之者，或即疏浚前河之謂也。吳師孟導水記謂，『唐高駢築羅城，堰縻棗分江水爲二，導環城而東。雖餘一脈如帶，潛流於西北隅城下之鐵窗，歲久故道迷漫，遂絕』。是

5

築羅城後，城中即僅有一水，且日後又淤塞也。至宋天禧中，王覿知成都，復導故道。導水記又云，『賓文王公，博訪耆艾，得老僧寶月大師，謂往時水自西北隅入城。行視，果得西門城之鐵窗及石渠故基。於是導之自西門循大逵而東，注於衆小渠，又西南隅至窖務前閘。南流之水，自南鐵窗入城。於是二渠既釃，股引而東，派別爲四大溝脈，散於居民夾街之渠，而幅輳於米市橋之瀆，又東匯於東門而入江』。是宋世王氏之疏浚，復得二渠，惟出口則合一耳。大觀初，席旦復導之。宣和末，旦子益再導之。復修築城西外堤，引江水入城如故，作三斗門節之。席益曾作淘渠記，記其事頗詳。明因宣華苑宮城之基，建蜀藩王府第於河陽，改爲金水河，至今仍沿用是名。當明淸之世，時有疏浚。蓋自開鑿以來，此河即有舟楫之利，虹橋亭有石碑，民初尙存，上刻『此處不准靠船』數字，是其證也。是河今道，仍由西門鐵窗入城，經祠堂街，三橋，玉河沿，至城東南隅出城，匯於府河。然日久淤塞，無航行之利矣。又有御河者，由金水河分出，繞皇城一週，復由原道匯於金水河，傳爲淸代所鑿。成都縣志五，『雍正九年，巡撫憲德於三橋西北開新河，環蜀王城外，以通舟楫』。然繞蜀王城之河，乃蜀藩王府之護城河，淸代不過重淘之且使之與金水河相通耳。項誠濬金水河稟云，『於蜀王城之南三橋之西北，相度地形，開新河一道，直通貢院（即藩王府）河。並修淘貢院週圍河道，通舟便民』，是其證也。是河今亦淤塞，最近之疏濬，亦僅以洩水爲目的，不能再通舟矣。

浙江省地理述略

張兆瑾 1

一　總論

二　地形　（甲）海岸線之概況及島嶼情形　（乙）山脈及地勢　（丙）河流　（丁）湖沼

三　地質

四　氣候

五　土壤

六　交通

七　物產

八　工商業

九　教育

十　政治與民生

十一　風俗與語言

一　總論

浙江以浙水而得名，戰國時稱越，南宋時亦曾經一度建都。地處溫帶，當北緯三十一度與二十七度，東經一百十八度與一百二十度二十分之間，為中國本部十八行省中之最小者。東臨東海，北接江蘇，西北與安徽為鄰，西毘江西，西南隔楓嶺與福建相望，其最北之屬地為長興之楊店。最東之地為定海之中衢山列島，最南為泰順之縣屬，最西為開化之華埠。山水秀麗甲於東南，西子之勝，蘭亭之名，仙霞之美，雁蕩之景，一遊其地，實足令人消魂，人言「上有天堂，下有蘇杭」之稱，詢不誣也。全省昔分四道，即金衢嚴道，寧紹台道，杭嘉湖道，溫處道，共轄七十二縣，現則改為七十五縣矣，道制與府制皆已取消有年，今皆改稱縣制。雨水以春夏秋三季為最多，溫度之差異甚大。商埠有三，一為杭州拱宸橋，二為寧波，三為永嘉。軍港之擬建築者為象山港，四季不凍水深港闊無颶風侵襲之港也。鐵路之已成者有滬杭及杭江兩路，杭甬路則迄今未全告成，惟杭江路為輕軌，與滬杭路車不甚相接，現錢江鐵橋正趕造中，將來一經造成，換改重軌，則滬杭杭江兩路可直接連運通車矣。沿海有舟山羣島中之普陀山，為中國佛教三大靈地之一，當春秋二季，四方香客甚為踴躋。

二　地形

（甲）海岸綫之概況及島嶼情形

本省海岸綫之灣曲，較江蘇爲甚，其長度約五百浬左右，然此種海岸綫究爲上昇抑下降，頗難得一相當之定斷，就地形圖上觀察，有二個可注意的地方，一是島嶼的繁多，二是嶼角港灣的層出不窮，前者自舟山羣島以南，大小島嶼不下數百，其最著者如舟山，六橫山，南田，玉環等，後者亦分佈不少。就地質上觀察，普通皆認浙江海岸綫是屬下沈。錢塘江的杭州灣，或爲淹沒之河谷。然據朱庭祜先生浙江地質一文中，謂「杭州市附近之地可稱爲濱海冲積平原，海水退出，平原始露」，似朱先生以爲浙江之海岸曾有上升之現象。彼又在浙江兩岸得見之梯地甚多，此亦可爲海岸上升之一証。

浙江島嶼爲數甚多，其成因若何？其面積究有若干？實足爲我人所應注意者，據李慶遠君在地理學報二卷四期中之估計，知浙江大小島嶼約一千八百另五，全面積約五九六四五四九平方公里。其中以定海（舟山島）爲最大，約五二三，七二八，方公里，最小者爲搗礁，其面積爲一，二一二方公里；島之最高者爲五二〇公尺，名爲大島山，最低者爲一公尺，如板方礁及泥礁。然此海岸綫之所以如此灣曲，實爲地殼陷落火山作用平行運動之所賜。

（乙）山脈及地勢

浙江山脈以仙霞嶺爲主幹，脈起於浙贛閩之交界處，分三支：北支爲浙贛皖交界之懷玉山，經安徽之黃山山脈而成浙江最北之天目山脈。南支爲浙閩交界之楓嶺山脈，東延而爲浙南之雁蕩山脈。中支爲仙霞山脈之主幹，東北經龍泉，遂昌，宣平等縣，至東陽仙居縉雲，脈復分爲南北二支：南爲括倉山，北爲天台山，前者位甌江以北，靈江以南，後者位錢塘江以南靈江以北。諸山脈之高度在一千公尺以上者，有東西天目山，括蒼山，天台山，北雁蕩山等，其中以西天目山爲最高，達一千五百四十公尺左右，其他山脈在一千公尺以上者，零星散布於東南亦不少。考諸山脈之走向，大致作東北西南，爲南嶺山脈中之較爲整齊者，造成此高之山脈多爲火山岩，足證此種山脈爲火山作用所造成。按圖中約計，全省一千公尺以上之山脈以佔全省面積百分之一而論，則全省三萬六千六百八十方哩中有三百六十六方哩有零。一千公尺以下四百公尺以上之邱陵地，在浙省境內分佈甚廣，尤在浙南甚爲明顯，面積約佔全省之四分之一，當九千一百七十方哩。四百公尺以下二百公尺以上之山丘，大半皆爲邱陵地之邊際，或諸江流域之上游，面積甚小，約當全省百分之零五，即一百八十三方哩有奇。此外二千餘方哩之低地均在二百公尺以下，爲冲積平原及三角洲所佔據。

(丙)河流

浙江河流之面積，按我師翁詠霓先生之約計，有一萬二千三百七十七平方哩。最大之河流爲浙江，一名錢塘江，又名浙江，長約七百餘里，幾佔全省面積二分之一。次爲甌江，爲仙霞山脈中支東南諸水與楓嶺東北流諸水之集合體，長約二百餘里。再次曰靈江爲天台山與括蒼山間東流入海之河流。至若發源於天台山之曹娥江及甬江，雁蕩山之飛雲江與平陽江皆自流注東海。浙江上游可分南北兩支：北支曰徽江，又名新安江，南支曰衢江，又名信安江，新安江源出於安徽黃山，旌德太平祁門之南千一嶺綿亘逾千公尺，嶺北諸水流入青弋江，嶺南爲績溪之揚之水，歙縣之豐樂水，黟縣之南港河，婺源之率水，皆在徽州附近匯集，東南流至街口入浙境，經淳安至建德是爲徽江。兩岸巉岩，水流湍急，古有三百六十灘之名，今人實測猶不及一半，就地文學上而論似爲幼年之地形而成之深切河。其支流東北有進賢溪，西南有遂安江來注。信安江自西南而東北流與贛東之信江流域成分水嶺，其上流復有二源：馬金溪經開化南流至蒙山而東折，江山港自仙霞嶺經江山北流後東至衢州與常山港匯，二源皆出叢山，水流淸淺，衢州以下河東北流即曰衢江。沿江地形除第三紀紅色砂岩所形成之圓形低丘外，均爲寬闊之冲積平原而已。至蘭谿衢江復納南東流入之婺江或金華江，向北東流至四十里之將軍岩，巉岩復起，水流甚急。過大洋灘至建德與徽江會，順流而下經七里灘之烏石灘及灘江灘，長凡四十餘里，河道彎曲，隨地形而異，地勢險要，舟行頗艱。出七里灘，兩岸又復見寬敞，惟土壤磽瘠，不宜農耕。至桐廬，江受海潮影響，水量始富。自桐廬以下北受桐溪曷江，南納壺源浦陽，江面漸廣，至杭州始稱錢塘江。江之每哩低差率自衢至蘭谿爲五六呎，蘭谿至嚴州約一尺半至二呎，嚴州至桐廬約一呎，桐廬至杭州閘口約四吋，江流杭州以下經海寧澉浦乍浦金山衛入東海。 3

甌江發源遂昌曰松陰溪，經松陽至麗水，有大溪自龍泉雲和向東北來會，激灘甚多。至處州又有虎踏溪自宣平來，好溪自縉雲來。自此甌江向東南流，又南受自景寧來之小溪，過青田至永嘉入海。此江僅下流可通汽船，上游多石灘，巨礫壘壘，急湍甚險。

靈江有兩源：北源曰始豐，經天台及天台山，南源曰永安，經仙居近括蒼山，至臨海二源相會，東南流至海門入海，此江除海門至臨海可通小汽船外，餘皆不便舟楫。

浙江所有之河流除主要浙江為走向谷或縱谷所成外餘皆自西而東與山脈之走向成正交，稱後成谷所成之河流。若就其成因而論，似可分為兩時期，主要之浙江或當發生於火山岩噴發之前，復受造山運動之作用，繼因河流之侵蝕再起剝蝕重新而成者。其他各江，似皆在火山岩噴發與造山運動發生之後。

(丁)湖沼

浙省之湖沼分佈亦不少，就成因而論，或可分為四類：一為火山作用所成之火山口湖，如昌化縣北高山頂之千頃塘，西天目北之千畝田，縉雲縣東南鄉古方山頂上之古方塘，皆位一千公尺之火山岩頂部，此外若江山石門之江郎山頂上之沼，亦與上屬三湖為同樣性質，惟面積甚小耳。至於北雁蕩山頂之湖，恐亦為同類。二為海水遺留之湖，均在冲積平原處發見，如江浙毘連之太湖，杭州之西湖，嘉興之南湖及濱海之各湖等。三為撓曲作用而成者，如紹興之東湖，上虞之白馬湖。四為河流冲積而成者，如蕭山之湘湖。以湖之面積而論，首推太湖，次西湖，又次南湖。其他則小之又小者，湖中之水大半為淡水，但其中並無鹽水者，或因雨量大於蒸發歟？

三　地質

浙省地質約略言之，大部為火成岩，而火成岩尤以火山岩為最發育幾普偏全省境內，水成岩則佔其小部份。水成岩自寒武紀以前迄中生代以及第三紀亦均甚發達。以言構造，殊不簡單，蓋因受中生代後造山運動及火成岩之活躍所賜，故摺皺斷層最為普徧，變質岩亦不無少見，其變質程度似亦頗深。以言地文，則似少年期之後壯年期之初期。歷來之調查地質者，均分為三期：一為仙霞期，相當於鄂西期，為白堊紀以後之侵蝕平原。二爲贛東期，爲寬闊之河谷及盆地之造成，當第三紀赤色赭礫岩之停積。三爲衢江期爲現代河流所侵切之幼年地形。以言鑛產，旣無重大之鑛量，又乏經濟之價值。就非金屬鑛產而言，當以長興與禮賢之煤爲最，諸暨東洋長興義烏金華江山之螢石，平陽之礬石亦爲本省特有之鑛產。就金屬鑛產而言，以鐵砂及殘餘鐵核爲最，若黃鐵鑛則在諸暨天台等處亦有所發見，大半皆爲零星散佈，或與石灰岩交換而生，或係接觸之鑛脈。他若諸小東鄉之鉛鋅鑛，產於變質岩中成脈狀；樂淸之錳，產於火山岩中亦成脈；遂昌之錫亦與火成岩有關，惟銅鑛別不見其出路。玆將本省地層自古而今分述於下：

一　寒武紀前之變質岩分佈於浙東西兩處，初發見者爲中央研究院地質研究所孟憲民先生，見浙東地質報告，地質研究所集刊第十號，氏在大成塢見片岩及魯村片麻岩。後朱庭祜先生等調查浙江西北部地質時，亦曾見石英岩，石英片岩，雲母片岩及千枚岩等，本所高平及盛莘夫兩先生亦於調查浙東地質時亦曾目槩以片麻岩爲最古，片岩次之，千枚岩又次之，石英岩及大理岩更次之。此種變質岩大部不整合於火山岩之下，或奧陶紀灰岩之下，惟厚度不詳，究竟與五台系能否相當，至今尙未決云。

二　寒武奧陶紀倒水塢層，卽爲變質岩層，以前調查地質時所取之名，故不能另當他論。

三　奧陶紀灰岩，依劉季辰及趙亞曾兩先生之調查分兩層，下層爲印渚埠系，上層爲硯瓦山系，前者係上下兩層各三百公尺之泥質薄層石灰岩，夾一厚約三百餘公尺之頁岩及砂岩所組成，頁岩中得有下奧陶紀之筆石化石甚多。後高平君在江西玉山廣豐兩縣間調查地質時，復將相當於此系之岩層分爲三層：下層曰交塘系，以泥質石灰岩及細粒砂岩夾石煤爲主。中層爲玉山頁岩，上層爲大南嶺石灰岩，爲薄層石灰岩夾頁岩而成。然玉山頁岩與大南嶺灰岩頗相當於劉趙二君之硯瓦山層。

四　志留紀風竹頁岩，以不整一於奧陶紀岩實塔石岩層之上，在浙西之江山風竹頗發育，故名，在浙東各縣，露頭甚不完全。全部岩石概爲綠色及黃綠色頁岩，在此頁岩之下部，見有保存不甚完美之單筆石及斜筆石等化石，及其他破碎之腕足類化石，全層厚度，約在二百至三百公尺間。

五　千里崗砂岩，直接整覆於志留紀頁岩之上，在浙省全境頗稱發育。岩石之下部以綠色及紫色砂岩爲主，間夾砂質頁岩，上部則以石英砂岩爲主，惟兩者之間常見有石英質礫岩爲之分界，本層頗與江蘇之梧桐山石英岩相當，似代表當時大陸式之沈積而曾經受侵蝕關係，故厚度頗不一致，本岩大致走向爲東北西南，其時代爲下石炭紀。

六　二疊紀飛來峯石灰岩，假整合覆於千里崗砂岩之上，露頭不甚廣闊，厚度又不甚一致，大略言之，自一百五十公尺至二百五十公尺間。就岩石性質及化石種類，盛莘夫君曾分爲三部，而下部依所含化石之不同，復劃分爲上中下三段：即下部之下段爲中石炭紀，下部之中上二段及中部與上部則屬下二疊紀，惟下部岩質最純粹，且含燧石結核甚少，全部厚約八十公尺。其下段之化石以有孔蟲爲主，珊瑚類化石體在杭州玉皇山南麓之下部得見，與江蘇黃龍石灰岩下部所產之珊瑚相類似，海百合莖間亦見之。下部之中段及上段產二疊紀有孔蟲類甚多，中段以橢圓狀之蜓科化石爲發達，而上段則蜓科化石大而圓，或因其構造上有進化之表現。中部岩層較厚而質漸呈不純，含燧石甚多，或結核如拳，或扁圓如紡錘。此層與李仲揆先生之棲霞層頗可相當，化石以蜂窩狀珊瑚爲最多，腕足類腹足類及海百合莖化石間亦見之，全層厚約一百公尺左右，上部以泥質灰岩爲最多，且呈薄層狀，蜂窩珊瑚已絕跡，而繼以四射珊瑚爲最發育。

七　禮賢煤系與長興煤系同爲二疊紀之物，直接位於飛來峯灰岩之上，厚度頗不一致，其岩石層次以黃褐色之粗砂岩爲主，砂岩中常與黃或黑色之頁岩互層，煤層即夾於其中，厚自數公分至數公尺不等，惟在江山禮賢所含之煤層常不若在長興所含者之厚。煤質概屬半無烟煤，不適於製煉冶金之焦炭，近來長興煤田中獨發現含油質之氣體，並傳有油質流出，如確實有此種之油質存在，則不止長興一處有存，而禮賢一帶亦應含同樣之汽油也。在經濟方面言，此種煤田之價值確不小云。

八　三疊紀薄層石灰岩，整合覆於禮賢煤系之上，厚約數十公尺至百餘公尺不等，層甚薄，含砂質甚多，色灰白。

九　烏灶煤田，據浙省建設廳鑛產調查所燕春台君之調查，認爲屬於侏羅紀之煤系，地在義烏城西北三公里，其露頭長約十五公里，寬約十餘公尺至二三公尺不等，傳清中葉曾一度開採，旋以他故停頓。煤系岩層由下而上者，爲石英岩，雲母片岩，灰白，黃灰及黃白色砂岩，煤層及頁岩厚七公尺，暗綠色細緻砂岩，淺紫色巨礫砂岩及淺黃色或淡紅色中等顆粒砂岩，重色或淡紅砂質板岩，細緻綠黃色顆粒中勻之粗砂岩。該煤系之上部有所謂麗水系之覆蓋，在雅畈附近則爲偉晶花崗岩脈所侵入。作者對於燕君之侏羅紀煤系頗有疑義，蓋一地層之成立非有充分之證據不爲功。作者雖爲浙籍，而對於本省之地質經驗頗缺，願他日有機或可領略本省地層之實況也。

十　武彝層，爲王潔秋先生調查京粵鐵路時，合劉楫以前調查浙西所分之流紋岩及建德系而來。王氏以爲建德系遞積之始，即已有火山之開始活動。該層在浙省分佈面積最爲廣闊，岩層之複雜與北平附近之西山九龍山系以上之火山岩層相彷彿。據高平君之調查，自下而上約有下列之層次：屬下武彝層者有安山岩粗面岩，結晶較細之薄層流紋岩。屬中武彝層者有塊集砂岩夾凝灰岩，礫岩，紫色砂岩夾頁岩。屬上武彝層者有石英斑岩與厚層結晶較粗之流紋岩。若果此種層序爲確實，則知中國沿海各省火山之爆發，最初爲中性岩漿之迸流，次繼以酸性岩漿，旋即入於一度靜止之狀態，故有砂岩與頁岩之乘機遞積，其後火山大舉爆發，以致成今日所堆積極厚分佈極廣之流紋岩及石英斑岩。此層之時代約當白堊紀之中，全層厚度約在一千公尺左右，而上部流紋岩僅見其露出一部。本層中上部之流紋岩與石英斑岩不整合覆於中下之凝灰岩及安山岩粗面岩等。高平君在紹與一帶調查時確見之實際接觸。 7

十一　衢江之紅色砂岩，本層分佈於麗水東陽義烏金華蘭谿龍游衢縣成一狹長之盆地，故所成之地形皆爲低山寬谷，底部爲一厚層礫岩，下與流紋岩或古生代地層成不整合之接觸。礫岩中之礫石多半爲石英砂岩石灰岩及火山流紋岩等，礫岩之上概爲紫色疏鬆之粗砂岩，傾斜甚不一致。砂岩中時有白色石灰質包裹物。在義烏附近夾紅色砂岩中之黃綠色砂岩中，曾見有植物化石時代與他省相較或屬第三紀。

十二　第三紀或第四紀之玄武岩流不整合覆於紅色砂岩或白堊紀火山之上，成水平層，岩石作深黑色，氣孔甚多，分佈於嵊縣新昌及天台西北鄉及東南鄉一帶。在東陽義烏更見其侵蝕剩餘之薄層覆於第三紀紅色岩層之侵蝕平原上。在東陽所見者於玄武岩中復有基性輝長岩侵入，含橄欖石巨粒結晶甚多。果爾，則輝長岩之起更後於玄武岩矣。

浙省地質構造，頗爲複雜，大概而論，可分爲東西兩部：西部地層之走向及其褶軸與斷層線均作西南東北向，最顯著者爲自浙贛邊境直達杭垣之千里崗砂岩，舉凡浙江以西之綿亘巨嶺，皆爲其所組成。就大體而論，當爲一複雜之向斜層，於向斜之中心間有飛來峯石灰岩中及其上覆之禮賢煤系。千里崗復向斜之兩側，各有一整齊悠遠之斷層，二斷中夾層之千里崗砂岩成槽狀之陷落。惟其向西北行，則愈走愈古，惟其向東南者多爲火山岩流之武彝層及衢江赭色砂岩所覆。但自常山至江山一帶，奧陶紀硯瓦山系及志留紀風竹頁岩，皺爲種種複雜之摺曲，中復爲二斷層所切武彝層盆地之分佈與現今之河谷顯然無關，即間有相合者，亦屬近代侵蝕之結果。盆地之形狀多向東北偏東，西南偏西延長，略與古生代地層之構造軸相同，故武彝層所受之變動，係緩慢之拗曲作用。衢江砂岩亦爲一狹長之盆地，衢江即流經其中，盆地之南緣，不整合位於火山岩流之上，其北及西爲不整合覆於古生代地層之上。浙東構造亦非簡易，大致山脈走向與火山岩噴出有關，若括倉會稽諸山脊作東北西南之走向最爲明顯。而河谷盆地皆循背斜軸進行，而山脈則依向斜軸而存留，其大體構造可分述之：諸暨背斜層，軸向爲由東北西南者，自諸暨縣城至紹興縣城一帶是。嵊縣新昌背斜盆地，係依背斜軸而成之帶狀盆地，大致作東東北西西南向，長凡百里，寬約二十餘里。天台背斜盆地，其構造及方向大致與嵊新盆地相同，長凡九十餘里，寬達四十里。橫山背斜層，軸向作北北東南南西，背斜軸一帶多爲變質岩，兩翼則爲白堊紀火山岩。袁忝背斜軸與璜山背斜層情形相同。

總括浙東西兩部之構造觀之，在古生代似無顯著之造山運動，而奧陶紀後期及下石炭紀則造陸運動甚爲發達，但在浙西方面爲尤甚，惟造山運動則在浙東爲發達。簡略言之，最初爲侏羅紀末期因造山運動而起之褶

8

曲與斷層，相當於翁文灝氏之燕山運動第一期。繼而有白堊紀中性及酸性火山熔岩之活躍，及拗曲與侵蝕之繼起，頗相似於燕山運動第二期。至白堊紀末造，花崗岩之侵入，拗曲侵蝕相繼以起，相當於燕山運動第三期。至第三紀初，始有衢江紅色砂岩之停積，繼復受南嶺運動發生而成之拗曲與侵蝕，其後爲玄武岩之流溢。故浙江火山岩之噴出非經一次使然，惟其噴發時是否由火山口而出無確實證明，未敢輕易斷定。至最新之玄武岩流或當在喜馬拉亞運動之後，地殼發生裂隙，基性岩漿遂乘機而流溢，亦未可知云。

四　氣候

浙省氣候與江西，湖南，湖北之南部，四川之東部相同。據金陵大學教授朱沛蒙（Chapmen）之研究，劃本省爲東南丘陵區，在此區中有可種早稻與晚稻者，年經一次種植者，每年平均雨量爲一五五〇公釐，春季之雨量每多於夏季，每年三百日無霜，而農作物之生長季亦相同，每年平均温度差在攝氏二十三度與二十四度間，故中國氣候實爲一大陸性氣候。考地球面上氣壓之常例，在赤道附近者常低，南北二十五至三十五度之間者常最高，至六十度左右，又復減低，故三十度以上多西南風，三十度以下多東北風。浙江位北緯二十七度至三十一度間，東面臨海大致可稱爲季候風帶，蓋其盛行於貿易風也，夏季之風多由海入陸，富含濕氣，冬季之風多由陸向海，較爲乾寒。以每季之風向而論，一至三月多爲北或東北風，四至八月多爲東南或南風，九及十月多東北風，十一至十二月又爲西北風。以風暴而論，則夏季及秋初常爲低氣壓中心發生於太平洋之颶風所襲擊，以致每年風雨成災而損及於農作物及航運者頗巨。一月份平均之温度爲攝氏三度，七月份平均之温度爲攝氏二十八度左右。

五　土壤

土壤與氣候地形及當地岩石有關，已爲中外學者所公認。浙省土壤調查，尚未完竣，大致言之，沿江流域多爲冲積土壤；沿海一帶亦不外乎風化之砂土與冲積土壤之混合物；山地當以本地之火山岩及砂岩風化剩餘之土壤爲多。平原則多半爲次生之土壤，包有黏土，腐植土等。總之，因氣候關係，浙省之土壤爲淋餘土，其鈣質成分大致已爲地下水溶化無遺，浙東砂質土壤較多，棉產甚盛。按近年中國土壤調查之分類，均認爲秦嶺山脈及淮河以南爲淋餘土，其鹼度呈酸性反應，此類復按沈積狀況而分爲無石灰性冲積，無石灰性三角洲沈澱等種。浙江地近次熱帶，當以紅壤及灰棕壤爲最主要，而此紅壤中因灰化之強弱分爲灰化紅壤及微灰化紅壤，灰化紅壤與灰棕壤常相疊置混在一處，其確實界線，實難劃分。凡浙省山地區域皆有其分佈，該一區土壤灰化非常顯著，其底土較以南之紅壤稍爲堅韌，然在其較高之山脊上則爲未成熟之灰棕壤。考此紅壤及灰棕壤之成，顯係白堊紀流紋岩及第三紀衢江赭色砂岩風化之結果。故吾人一知浙江之地質地形與氣候，便能明浙省土壤分佈之梗概焉。紅壤及灰棕壤均宜於水稻類之種植，一因自身無空隙，水分易保留而不易蒸發及滲透於他處，二因土質細，地下水易爲紅壤本身之微管作用而營養植物。

10

由京至雲南水陸路程清單

闕名 1

寶德堂書肆送些地圖檔案來，都爲光緒二十年左右之物，說是一個舊家散出來的。其中夾着一個白摺，凡十六番，記由北京到雲南的路程，大約也是那時候寫的。雖詞句俚鄙，文字舛誤，但確是一個老出門的人寫給一個初出門的人作指南用的，由此足見四十年前的行旅情狀。按，我們以前的游記大都留連風景，詠歎古蹟，眞正記道路宿食瑣屑之事的極少。物稀爲貴，這篇文字自有它存在的價值。所以現在就替它加上標點，誤字該改正的注在旁邊，發表在這裏。

又按，寫此文者從北京到天津寫起，可見這次出門的人連天津也未到過，當然是北京的土著，而他一出去就做雲南的知府，摺之末葉有倒蓋憑印長木戳一行，字半模糊，可辨者惟「口口口口口口雲南府口口知府全」數字，宦途這樣便捷，恐怕只有八旗子弟才有這樣的幸運吧？這位指導者稱他爲「叔台」，或者是同族。這人對于雲南的情形和官制都很熟悉，也曾在那邊做過官（跋中云「以上所計係前五年之事」，則爲五年前之游宦者），而文理這樣欠通，證明他是不曾考過科舉的，這又像一個旗人了。

二十五，三，一，頡剛記。

由京至滇水陸路途，並沿程大概情形，製買物件，後附滇垣各府廳州縣地名清單

一，在京收拾行裝，製買物件，僅可擇其外省少有者略買。即如京花，胭脂，粉，茶葉，靴，帽，活計，補子，男履，口蘑，萬應錠，痧藥，梅花丹，午時茶，神麯，京半夏等，均可在京略買；到外送人，外省極爲貴禮。餘者可到上海酌量買帶，而價值不昂，且東西較京中尤覺價廉。其行李箱支等，須粘貼號頭，另載賬簿，以備點察。其裝衣服時，可用扁形衣箱，須單裌皮綿搭配裝收，愈實落愈妙，庶不至磨。每箱一支，不得過百斤方好，否則到鎮遠又須多費川資矣。然要緊衣服亦須用大箱裝載，到鎮遠即用人夫抬，雖較馬馱耗費，而妥當多多矣。此須自行斟酌，假如要緊直毛衣服不多，即可用一二支大箱，亦所費無幾。餘者即用馬馱，只要包裝得法，亦極妥當省事。臨行須將行裝靴帽衣服另用小箱，帽盒，即途中應用物件，酌留收拾在外，以

備取用容易，不至費事矣。

一，路由京坐車，可雇大車裝行李，轎車坐人。四十里到通州住店；或者先差人到彼雇船。小官船一支，可容八九人，價僅三兩有餘；火食在外。到時即可上船，以免住店躭延，而且多費。如不坐船，由京坐車，約二日半可到天津；無非途中稍覺辛苦，多費川資，只可求速耳。

一，路由通州開船，約四日到天津紫竹林，可住佛照樓棧房，每人火食店錢每天合京錢四百八十文；即一切上下行李，雇覓輪船等事，俱有店子的人張落，亦不至多費，而且妥。方到天津時，有各處棧房人，手執本棧門票，在沿河岸上接請上下客商官宦。如自己願住誰家棧房，即可收伊一張門票，將所有行李物件點明交伊，可再派自己妥當家人一二名，視看搬運到棧，如數點收。其家眷上坡，可命伊雇轎子乘坐；官客可雇東洋車坐，或坐轎，步行，均可，聽其自便。其應用之錢，俟由天津起身時，伊連火食船價一并有一清賬，即可照付。此俱有定數，不至多開。其接客之人，由此伊同赴上海，途中有不知者可向伊詢問；然不可十分露出不知，恐伊朦蔽。其接客之人，伊自行食用，不與客人相干。此去輪船上雖有飯食，其菜無非魚腥之類；可在天津自買熟菜并果子，以備過黑水洋取用，可解嘔吐。如不遇風，則快樂易過。然亦須一對時，即可過完黑水洋；再去則平風靜浪，愈走愈好矣。

一，路由天津坐輪船，約四日夜可到上海。船價：房艙每人需銀十一兩五錢，大艙每人需銀十兩零八錢。聞得近日船價較前稍減，每人許帶行李二三百斤，多須另開水脚。一路過煙台停輪；如坐船者要上岸走逛，必須向賬房問明幾點鐘開船，若不問明，伊到時即行開走，并不等候。此雖小節，亦當熟記爲要。沿途關津稅口，有官人或洋人上船察貨；在天津可令棧房代辦免單一張，約花制錢一千文足矣，以免途中察驗，開視行李。如有免單，無論所帶何物，屆時將免單給驗則不看矣。其船上亦有接客之人，如天津係住佛照樓，上海即須住長發棧，由津至漢口均是一市買賣。到時行李一切自有本棧人招呼，不至有失。其地可稱三江名地，繁華無比，一切景物風光以及買賣街市，連宵達旦，熱鬧非常，筆難盡述，到者自知；儼然外洋式樣，不可不到。

2

然行踪匆匆，萬不可多住。其棧房火食與天津一樣，菜蔬尚可食用。上下行李，雇換輪船，一切俱同前詳。

一，路由上海開船，約三日夜到湖北之漢口。船較海船舒暢多矣。其去是長江，名曰「江輪船」。其價：房艙每人合銀五兩二錢，大艙每人合銀四兩八錢；近日不知增減，到時須再斟酌。此係招商局船價；如坐外國之華利萃利等船，亦有房艙，其價與招商局之船稍減，無非須五日可到漢口。此去，上海亦須辦理免單，以免途中察看行李，所用只須一塊洋錢足已。此去小地名不計外，路過焦山，常年彭公駐扎處，金山寺，過鎮江關，九江府出磁器，儀徵縣，南通州，江南省，安徽省，蕪湖關，小姑山常年彭宮保得勝處，彭澤縣，蕪湖縣，大姑山，沿途景物天然可觀。每到鎮市，必要停船，上下貨物，上下客人，開船亦定有時候。其船到口岸，須小心看守行李東西，白錢最多，往往有人遺失零星物件者，切莫大意。如行李衣箱等類，上船時須點明賬房，伊代爲下艙收好，給本客牌子一支收妥；到時牌子爲憑，取行李。如失落牌子，東西歸無有矣，小心爲要。如行李不多，可以自行看照，不交賬房。天津輪船行李亦如此辦法，行路之人處處小心，時時謹愼，是爲妙策。到漢口可住佛照樓，一切搬運行李火食等事俱同前詳。在此可買水烟袋，湖筆，木梳，各樣絲線，湖縐，湖綿。此地僅一江之隔，即湖北省；(城)黃鶴樓即在對岸，若有暇亦可一賞。更有晴川閣伯牙台等處，此係在漢口，不必過江，即可逛矣。如要過江遊走，千萬須雇坐大官渡船，不可坐小船，其地非同兒戲，切記切記！在此僅可住三五日，急速雇妥船，搬在船上，再可製買物件零星，以免多費。

一，路由漢口換坐民船，其船名目太多，有「滿江紅」大官船，可坐二三十人。其價由漢至常德，大約須五六十金之譜。如十數人行路，可雇小廳子船一支，或蘇陽官船一支，到時自行裁酌，大約銀三十兩上下。如大蘇陽官船，須在四十金之譜，飯食在外；自己起火，買米辦菜，則省錢多矣。上船時多買蠟燭，并須製大旗一軸，哨燈一對，或兩對，書官銜。其官銜牌，可用可不用，斟酌辦理。途中過洞庭湖，岳陽樓，君山出茶葉，名「君茶」，即(極)好。湖中水賊最多，泊船要早，須有鎮市處方可，萬勿獨自停泊；開船務要天明。

一路有官設砲船巡察，幷送護往來官船。每砲船一支，兵二十名，官一員。如用伊護送，須賞號兵丁，餽送本官，然亦不必太多，卽送一點土物亦可爲謝矣。雇船時由棧房代雇，自己去看，須新鮮方可用；艙底要緊，不可看外面奢華；幷立有行票，船價不可全行付給，按段付用，到地付清方妥。船上水夫人等，由漢至常德，賞號一二次足已，每次制錢每人一百上下可耳。沿途關津稅口有盤查者，可說明去向，給官片一張；不容伊入艙查驗。再此地船家往往與人代裝私貨，借本船官之名，幸免官稅，伊找外錢，需(須)留神：如貨不多，亦可令伊替帶裝運；如貨多，卽可無容代運矣。如路中有達(搭)船之人，好人實少，斷勿信船家一面之辭，容伊同行，要緊！卽船上水手共有幾人，亦須點明。湖中非同小可，謹愼是行路之本等！此去船可走風，如遇順風，十餘日卽到湖南之常德府；可以不必搬店，在船上住數日，雇船搬船卽可矣。在此可買米以備途中之食。此地出布疋，夏布，絲綫等類，大約與漢口不相上下，到者亦可酌量買用。此地與漢口均用高銀，九八秤紋銀每兩可換老錢一千六七百文不等。在此可多換數金，沿途零用，以免途中換用，虧折秤色矣。

一，路由常德換船，卽可雇小蘇陽船，或沙窩船，或大蓬船，不必用太大船。灘河大船不受走。每支船價大約在二十兩上下，火食等事仍與前同。此去係上水，有走風時，有拔站時，有用人拉時，大半不能求速，必須一月內外方可到貴州之鎭遠府。沿途景物最多，山水幽(悠)然可繪，筆莫能述，歷時自知。路過辰州府，出辰砂；沅州，其地出冬笋，極賤，只須數十文一斤，幷出竹器。紅江等處，其所過灘口無非十餘處，俱平安好過。一切關津稅口，俱同前詳。此去船夫，須每過灘後，必要賞號，然不須多，亦僅數十文一人足耳。如願起漢(旱)由常德十四站到鎭遠府；然費用較多，僅可赶路耳。到鎭遠府可住長順棧，其棧後門通河，搬運行李省事。不知現在可改字號否？然沿河棧房有十餘家通河，擇其善者而從之，不必拘定。在此可買轎子，其價最廉；可自到舖內，看樣議價，三五日卽做得矣。此去漢(旱)路，須多買油布，油紙，蠟燭，轎燈，以備其用。雇夫每名到雲南須銀五兩上下一名，馬每匹須銀亦在五兩上下，均有夫行，馬行，立寫行票，攬約。其銀

4

當時分秤包封，沿途隨時支給，不可全付，要緊！夫子沿途須賞號五六次，馬賞號二三次可也。其馬馱可派人壓馱，伊每日另住馬店，不與人同住，大可放心。只如遇雨，須命伊多備雨氈，庶可無慮。夫子亦有夫頭管帶，沿途有事惟夫頭是問。一切細故，難以備述，俱在隨時斟酌；然亦有店主人穪同參酌，如有未明者可向伊詢問。所有衣箱須用毡包，或用稯(棕)包，外上夾板方妥；即或遇雨，亦無碍矣。

一，路由鎮遠起身，須八站可到貴州省，可住祿榮棧或鴻恩棧均可。到此，夫子必要打住一二日方走。途中景緻最多，山坡最大，須早行早宿，尤須小心。其每日住店，可用一晚餐；早晨可走二三十里打早尖用飯，須自己備帶火食挑子。其食用在鎮遠可買；途中有可食者，亦可買帶。尤須酌派稍熟路徑之人，每日早晨先持大旗一面，由店起身，在二十里或十數里，打尖之地，擇取好店插上旗號，在彼等候。官到打尖時，伊又先行到站打店，買辦菜蔬。如遇同行人多，須早派打店之人，不然好店即被別人佔矣。火食挑子須同隨(隨同)打店之人方好，此即名曰「前站」耳。即店賬一切，此路原因往來人多，並無準價，即在行路者之能省不能省耳。貴州天時雨水最多，出產貴州綢，皮盒，皮箱等類之物，可用者亦可酌帶送人。此亦省會地面，如有相知者亦可往拜。到省日，須用名片在城門投遞，伊晚間還有册申報，每日有幾起官員過境；即別處厘金稅卡亦如行船，每到用官片說明，行李即無阻滯矣。

一，路由貴州十八站到雲南，途中大概與前相同。此去打尖，無甚好地方，即可在店用完早飯再走亦可。如仍在途中用早飯，只可將就而已。路中經過安順府，係貴州提督所駐；到平彝縣，方入雲南交趾(址)。到省時可住南門內沙帽巷一品棧，此棧離總督衙門僅數百步之遙。或住糧道街，此處大棧房最多，隨其擇住；一切買東西拜客等等，極其方便。省中棧房有自己辦菜，有包菜者，其事無定，俱聽官便。如不願久住棧房，可以租公館住；如公館一所，有十數間房，月須銀四五兩足已，在大街者稍覺耗費。省中天氣極其和暖，冬不用大毛衣，夏不用紗羅布；用度極其省減(儉)，比較京中，一月用費，在滇即可敷兩月之用矣。四時羣花不落，景地最多，雖云邊地，亦還不至苦。如外府地方，情形稍有不同，天時亦有不一者。官場局面，不至不好，雖不如三江之繁華，而民風極其純厚。所有飲饌一切，較京中不相上下；所缺者即大尾羊，滇中僅有小尾羊，其味比京中羊肉稍爲減色。此外尙不至有不同處，所有拜客等又詳下行。

一，到滇後歇息一二日；如有相知者，即可命人找請到店，打聽一切，務須將「坐省先生」請妥方好。伊專辦各府廳州縣公私事務，即上任後來往禀件，函信，買賣東西，借貸資斧，交領官項等事，無一不由伊代辦，然非有此人不可。滇中現在有開榮輿省號謝石泉住鉄局巷，開寶鴻省號周寶鴻住西箭道街；此外尙有二十餘家省號，然均不如此二家之好。現在不知可還開否。如請妥，即繳憑禀到，見堂，拜客，送禮等等，均可向伊詢問。或有相知者，託辦亦可。將此數事辦妥，無事時亦可隨便出遊。若到任後，即不得輕易出衙，蓋因有地方之責，一呼百應，豈如省中乎！上任時門上家丁要緊，須派公事熟習之人方好；刑名師爺要緊，須請律條暢達之人。此二人一得用，官則省心，事則易辦；由此得民心，歌善政，頌仁風，庶幾指日高陞，瞻雲日上矣，可以預爲賀耳。

以上所計係前五年之事，無非大概情形；其現在一切細端，難以盡述，在當局者相機而行，隨時斟酌，自無不明。以叔台天資聰敏，閱歷深宏，此次榮任太守，正是高陞之日，大凡事端不難入目會心，一覽即明，豈猶待繁冗相呈。然有此大概，可備其途中觀矣。

滇省文官共三百七十六員

督撫憲 學憲 藩司 臬司 道台五員（新增一員） 知府十四員 直隸州四員 直隸同知四員 同知十員 知州二十六員 州同一員 通判六員 州判五員 知縣二十七員（增至三十一員） 縣丞三員 鹽提擧三員 鹽大使五員 經歷十四員 庫大使二員 司獄五員 知事五員 巡檢二十三員 吏目二十員（增至二十三員） 典史二十九員 教職一百五十員

滇省通共設土司并土目一百八十一員

宣慰司一員 宣安撫司十員 知府四員 知州五員 同知一員 通判三員 州同四員 州判一員 經歷一員 縣丞五員 巡檢十四員 主簿二員 驛丞三員 從九品一員 典史一員 長官司三員 納樓司一員 虧容

7

司一員　知事一員　守備三員　千總二十員　把總五
十四員　土舍九名　長寨十六名　千戶二名　土目十
五名
各種夷人共計一百六十五種
通省廠地
金廠三處　銀廠廿四處　銅廠卅八處　鹽井十六處
滇省額設各官名目
雲貴總督　筆帖式
雲南巡撫
雲南學院
布政司　經歷　庫大使
按察司　經歷　司獄
糧儲道
鹽法道　庫大使
分巡迤南道（駐普洱府）
分巡迤東道（駐尋甸州）
分巡迤西道（駐大理府）
新增設臨安開廣道
雲南府所屬　同知一員　知州四員　通判一員　知縣七
員　其各州縣所屬　經歷一員　吏目四員　典史七員
縣丞一員
大理府所屬　知州四員　通判一員　知縣三員　大使一
員　其各州縣所屬　吏目四員　典史三員
距省八百四十里，計十三站。
昭通府所屬　同知一員　通判一員　知縣二員　縣丞一
員　經歷一員　其各屬所屬　知事一員　典史二員
巡檢一員
距省九百二十里，計十三站。
臨安府所屬　同知一員　知州三員　知縣五員　經歷一
員　其各屬所屬　巡檢一員　吏目三員　典史五員
距省三百九十里，計五站。
澂江府所屬　知州二員　知縣二員　其各屬所屬　吏目
二員　典史二員　鉅省四站（站數此記不真須酌改）
開化府所屬　同知一員　知縣一員　縣丞一員　司獄一
員　其各屬所屬　典史一員
距省七百五十里，計十一站。
普洱府所屬　同知二員　通判一員　知縣一員　經歷二

員　大使二員　其各屬所屬　知事二員　典史一員

巡檢一員

距省九百五十里，計十六站。

麗江府所屬　知州二員　同知一員　通判一員　知縣一員　大使二員　其各屬所屬　吏目二員　典史一員

距省一千二百里，計十九站。（此站數記不眞，須酌改。）

曲靖府所屬　知州六員　知縣二員　巡檢四員　其各屬所屬　吏目六員　典史二員

距省三百里，計五站。

楚雄府所屬　知州二員　提舉三員　知縣二員　其各屬所屬　州判二員　大使四員　吏目一員　典史二員

距省四百二十里，　計六站。

順甯府所屬　知州一員　通判一員　知縣一員　經歷一員　其各屬所屬　巡檢一員　吏目一員　典史一員

距省一千一百廿里，計十九站。須走二十餘日方可到。

永昌府所屬　知縣二員　巡檢一員　又巡檢一員　其各屬所屬　典史二員

距省一千三百四十五里，計十九站。

東川府所屬　同知一員　知縣一員　巡檢一員　其各屬所屬　經歷一員　典史一員

距省五百里，計七站。

廣南府所屬　知縣一員　經歷一員　各屬所屬　典史一員

距省一千五里，計十三站。

滇省共設直隸同知直隸州共八員，各樣雜職二十五員。

以上全係前五年設員數目，近時不知可有遷改否？須再加我酌，庶不至有錯，而且得其詳明矣，爲荷。

8

讀梁園東譯註「西遼史」札記

郭殿章

遼將亡，其遺族有名耶律大石者，因不堪金朝之逼迫，輾轉西走，建國號曰西遼。當時西域諸地，多爲異族所盤據，大石剛柔兼施，先後併吞其國，亙有廣大之土地。其文物制度因史簡有缺，詳情未能盡窺。玆依其編年，僅將西遼事跡之可攷者，臚列於左。

一一一五年（遼天祚帝天慶五年）

耶律大石者，西遼之始祖，契丹太祖阿保機之八代孫也。通遼漢文，善於騎射。是年登進士第，擢翰林（遼謂翰林爲林牙，故又稱大石林牙。）應奉，尋陞承旨。衆進士後，曾歷任泰祥二州刺史，及遼興軍節度使等要職。

一一二二年（天祚帝保大二年）

天祚帝爲金兵所逼，西走天德軍，入夾山（今綏遠薩拉齊縣西北），命令不通。燕京留守宰相李處溫與大石等合謀共立秦晉王淳爲帝，號天錫皇帝，改元建福，降天祚帝爲湘陰王，世號北遼。凡軍旅之事，皆委大石主之。天錫立數月即卒，大石等乃議立其妻蕭德妃爲皇太后稱制，將立淳子秦王定爲帝；不料是年十一月，金兵已進至奉聖州（今察哈爾涿鹿），續向居庸關進逼，大石自古北口亡去。

〔關於大石逃亡事，頗有異說，契丹國志云：大石降女眞，與粘罕爲雙陸戲，爭道，粘罕欲殺之，大石即棄妻攜五子宵遁，粘罕怒，以其妻配部落之最賤者，不屈，射殺之〕。

一一二三年（保大三年）

四月，大石以其衆襲奉聖州，壁龍門東二十五里，遼守兵不支潰走，大石爲金將婁室所獲，并降其衆。初蕭德妃奔天德軍，天祚怒誅之。時宗望（亦金將，即斡離不，金太祖第二子）襲遼主於青塚，以大石爲嚮導。太祖詔曰：「遼趙王習泥烈，林牙大石，北王喝里質……及諸官民，並釋其罪」，復詔斡魯曰：「林牙大石皆非降附，其爲嚮導有勞，可明諭之」。（園東云爲一一二二年事，與遼史不合，且太祖亦未能預知以後之事）。是年九月，耶律大石自金逃歸，天祚責大石曰：「我在汝何敢立淳」？大石對曰：「陛下以全國之勢，不能一拒敵，棄國遠遁，使黎民塗炭，即立十淳，皆太祖子孫，豈不勝乞命於他人耶」？天祚不能荅，然大石不自安，已別圖發展矣。

一一二四年（保大四年）

七月，耶律大石殺北府宰相蕭乙薛及坡里括，自立爲王，率鐵騎二百宵遁，北行三日，過黑水，（錫拉木倫河—見西遼建國始末及其紀年），見白達達詳穩牀古兒（今綏遠北部），獻馬四百，駝二十，羊若干，西至可敦城，駐北庭都護府，大會七州十八部王衆。

其七州是：

1.威武　2.崇德　3.會蕃　4.新　5.大林　6.紫河　7.駞

十八部是：

1.大黃室韋　2.敵剌　3.王紀剌　4.茶赤剌　5.也喜　6.鼻古德　7.尼剌　8.達拉乖　9.達密里　10.密兒紀　11.合主　12.烏古里　13.阻卜　14.普速完　15.唐古　16.忽毋思　17.奚的　18.糺而畢。

旣會集，大石即謂其衆曰：「我祖宗艱難創業，歷世九主，歷年二百，金以臣屬逼我國家，殘我黎庶，屠翦我州邑，使我天祚皇帝，蒙塵於外，日夜痛心疾首。我今仗義而西，欲借力諸蕃，翦我仇敵，復我疆宇。惟爾衆亦有軫我國家，憂我社稷，思共救君主，濟民生於難者乎」？大石演說似甚有效，會畢後，即由各部供給精兵萬餘。乃置官吏，立排甲，具器仗。金史謂是年（金太宗天會二年），西南西北兩路都統斡魯言遼詳穩撻不也。謂大石稱王於北方，置南北面官，有戰馬萬匹，畜產甚衆云云，於是太宗詔曰：「追襲遼主，必酌事宜而行，攻討大石，須俟報下」。可見是時大石尚在北方。

一一二五年（天會三年）

金都統完顏希尹言：聞夏人與大石約曰：「大金旣獲遼主，諸軍皆將歸矣，宜合兵以取山西諸部」。詔荅曰：「大石或與夏人合謀爲釁，不可不察，其嚴備之」。

一一二九年（天會七年）

泰州路都統婆盧火來奏：「大石已得北部二營，恐

2

後難制，且近羣牧，宜列屯戍」，詔答曰：「以二州之故發兵，諸部必擾，當謹斥候而已」。

一一三〇年（西遼延慶元年）

金調遣耶律余睹，石家奴，拔離速，進討大石，徵調北方諸部兵，但諸部不從，石家奴追至兀納水而還。余睹報元帥府曰：「聞耶律大石在和州之域，恐與夏會合，當遣使索之」。及使至西夏，夏國報曰：「小國與和州地壤不相接，且不知大石所在也」（金史，太宗紀，其事見於天會九年，著者似誤）。

二月甲午，大石以青牛白馬祭天地祖宗，始再整旅西行，在行之先，遣使遺書回鶻王畢勒哥要求假道。略謂：「昔我太祖皇帝北征過卜古罕城（即古回鶻城）。即遣使至甘州，詔爾祖烏母主曰：『汝思故國耶？朕即爲汝復之，汝不能返耶？朕即有之，在朕猶在爾也』。爾祖即表謝，以爲建國於此，十有餘世，軍民皆安土重遷不能復返矣，是與爾國非一日之好也。今我將西至大食，假道爾國，其勿致疑」！

畢勒哥得書，頗受感動，遂迎大石至其邸大宴三日。臨行，回鶻王献馬六百，駞百，羊三千，並願質子孫爲附庸，親送大石至境外。 3

大石如是西行，所過國家，敵者勝之，降者安之，兵行萬里，獲駞牛馬羊財物不可勝計，軍勢日盛，銳氣日倍。後至尋思干，西域諸國舉兵十萬，號「忽爾珊」來拒戰，兩軍相望二里許。大石審其軍多無謀，攻之首尾必不能相顧。乃分軍三路，遣六院司大王蕭斡里剌招討副使耶律松山等將兵二千五百攻其右，樞密使蕭剌阿不招討使耶律木薛等將兵二千五百攻其左，自以衆攻其中。三軍俱進，「忽爾珊」大敗，僵屍數十里。大石駐軍尋思干凡九十日，回回國王來降。又西至起兒漫，文武百官共奉大石爲帝，時大石年三十八。

一一三二年（延慶二年）

二月五日，大石即皇帝位於起兒漫號葛兒罕，復上尊號曰天祐皇帝，改元延慶，追諡其祖父爲嗣元皇帝，祖母爲宣義皇后，册后妃蕭氏爲昭德皇后。因謂百官曰：「朕與卿等行三萬里，跋涉沙漠，夙夜艱難，賴祖宗之福，卿等之力，冒登天位，爾祖爾父宜加郵典，共享尊榮」。因錫蕭斡里剌等四十九人祖父封爵有差。

一一三四年（延慶三年）

自起兒漫，班師東歸，馬行廿餘日得善地，遂建都城，號兒思斡耳朵，並改延慶爲康國元年。三月，西遼天祐皇帝耶律大石，大整軍旅，以六院司大王蕭斡里剌爲兵馬都元帥，敵剌部前同知樞密院事蕭查拉阿不副之，茶赤剌部禿魯耶律燕山爲都部署，護衞耶律鉄哥爲都監，率騎七萬東征；以青牛白馬祭天，樹旗以誓於衆曰：「我大遼自太祖太宗艱難而成帝業，其後嗣君耽樂無厭，不恤國政，盜賊蠭起，天下土崩。朕率爾衆，遠至朔漠，期復大業，以光中興，此非朕與爾世居之地」。又申命元帥斡里剌曰：「今汝其往，信賞必罰，與士卒同甘苦，擇水草以立營，量敵而進，毋自取禍敗也」。斡里剌等率軍行萬餘里無所得，牛馬多死，勒兵而還，大石曰：「皇天弗順，數也」！

一一四三年（康國十年）

是年大石卒，在位廿年（一一二四—一一四三），廟號德宗，其子夷列年幼，遺命皇后（名塔不煙）權國事。

一一四四年（感天皇后咸淸元年）

皇后稱制，號感天皇后，改元咸淸，在位七年（一一四四—一一五〇），金史載是年回鶻遣使入金納貢言：大石與其國相隣，大石已死。熙宗乃遣粘割韓奴與回鶻使俱往，因觀其國風俗，加武義將軍，奉使大石。但韓奴去後，久不得其消息。

一一五一年（紹興元年）

子夷列即位，改元紹興，籍民十八歲以上，得八萬四千五百戶。在位十三年（一一五一—一一六三）卒，廟號仁宗，子年幼，遺詔以妹普速完權國事。

一一六四年（崇福元年）

普速完稱制，改元崇福，號承天太后，共在位十四年（一一六四—一一七七）。

一一七七年（崇福十四年）

普速完與都元帥蕭斡里剌子朴古只沙里通，出其兄附馬蕭朵魯不爲東平王，並羅織殺之。於是附馬父斡里剌以兵圍其宮，射殺普速完，及朴古只沙里，而立仁宗之次子直魯古。

金史大定中（一一六〇—一一九〇）有回紇商人移習覽偕同伴三人，至西南招討使貿易，自言本國名鄰括部，所居城名骨斯訛魯朶（即虎思斡耳朶）俗無兵器，以田爲業，所獲十分之一輸官。耆老相傳契丹至不能拒，因臣之。契丹所居屯營，乘馬行自旦至日中始周匝。近歲契丹使其女婿，阿本斯領兵五萬，北攻葉不輦等部族，不克而還，至今相攻未已云云。金世宗聞後詔曰：「此人非隸朝廷蕃部，不須發遣，可於咸平府舊有回紇人中安置，毋令失所」。

是年，又有粘拔恩君長撒里雅寅特斯，率康里部長孛古及戶三萬餘求內附，乞納前大石所降牌印，受朝庭牌印。詔「西南招討使遣人慰問，且覘其意」，遂遣禿里余睹，通事阿魯帶至其國。見撒里雅具言「願歸朝庭，乞降牌印，無他意也」。因曰：「往年大國常遣粘割韓奴自和州往使大石。旣入其境，大石方適野，與韓奴相遇。問『韓奴何人，敢不下

5

馬』！韓奴曰：『我上國使也，奉天子命來詔汝降，汝當下馬聽詔』。大石曰：『汝單使來，欲事口舌耶』？使人捽下，使韓奴跪。韓奴罵曰：『反賊！天子不忍加兵與爾，遣招汝，爾縱不能面縛請罪闕下，亦常盡敬於天子之使，乃敢反加辱乎』？大石怒，乃殺之。此時大石林牙已死，子孫相繼，西方諸部，仍以大石呼之」，余睹阿魯帶還，并奏韓奴事。世宗嘉韓奴忠節，贈昭義大將軍。

一一七八年（天禧元年）

直魯古即位，改元天禧，在位三十四年（一一七八—一二一一）。

一二一一年（元太祖六年）

秋，直魯古出獵，乃蠻王屈出律以兵八千擒之而据其位，遂襲遼衣冠，尊直魯古爲太上皇，皇后爲皇太后，朝夕問起居，以侍終焉。直魯古死，西遼遂絕。

四川月報第八卷第六期

◀民國二十五年六月出版▶

編輯者 重慶中國銀行

每月一冊 每冊三角 全年十二冊定價三元

專載

重慶羊皮業現狀

財政

【田賦】

省府改定廿五年度糧稅征解辦法 省府規定新舊糧款解交辦法 特殊縣份舊欠糧款限六月底掃解 宣漢縣府決定徵糧辦法 南川決定新舊糧稅征收辦法 瀘縣新舊欠糧限期掃解 涪陵儲征十八萬元借墊糧款 大榮隆安四縣預征糧稅年數 岳池欠糧催收困難 遂寧縣黨部等請減免田賦附加

【捐稅】

銀行收據規定應貼印花 川印花菸酒局近訊（四則） 省府明令解釋牙稅與牙行之區別 省府電令制止萬源擅征茶捐 大邑新場小學擅征茶業過道捐 省府電飭各縣訂期舉行油稅標包 郵寄書籍暫免稅放行 陸路米糧業營業稅改期征收 渝市開征棧茶梟營業稅 萬縣開征營業稅 巴縣府令凡屬團體學校速向渝市征收處繳納房捐

【特載】

蔣院長電川當局嚴守預算 省府令各縣局規定歲入歲出辦法 省府規定各縣財政機關等級表 省財廳向渝金融界借款

金融

【銀錢業】

滬浙江興業大陸國貨三行決來渝設分行 川鹽銀行在萬縣設分行 中國農行樂山瀘縣等地辦事處開幕 行營令中國農行租川省合作金庫 慶符擬設農民貸款所

【貨幣】

省府通令各縣取換破舊法幣 中國銀行四川省各縣地名券一律通用 中央銀行在成渝兩地發行鎳質輔幣 中央准四川省銀行發行輔幣券百萬元 中央渝行收兌雜色銀料 行營嚴令禁止奸商操縱錢價 成都市商會請規定銅元價格 重慶錢價暴漲 五月份渝市法幣掉換銅元布價表

【公債】

川善後公債舉行第一次抽籤還本 省府將發行建設公債 省財廳長在渝與金融界商省庫券及清債證歸還辦法

【經濟統計】

重慶市利率及貨幣證券市價表（二十五年六月份） 重慶市銀錢業聯合公庫票據交換統計表（二十五年六月份） 重慶市申匯行市表（二十五年六月份）

商業

【進口業】

行政院訓令川省府嚴稽進口貨物 省府令各地嚴禁包庇走私 渝市府出示防範走私 重慶防制走私辦法（四則） 蓉市私貨日增 蓉市商會組防止傾銷私貨委員會 各縣走私情形（四則）

【出口業】

重慶五月份出口商品檢驗分類統計 自貢鹽場概況 財部准川花鹽銷邊岸 富榮積鹽運銷雜詢（二則） 四川蠶桑改良會成立 川蠶絲業雜訊（三則） 川絲貿易公司近訊（二則） 省建廳提倡養秋蠶

產業

【農村調查】

資陽成立農村合作社七十餘所 興文擬設農村倉庫 樂至成立農村建設促進會 灌縣開辦農村講習會 銅梁嵐峯槽設新場

【土產調查】

簡陽縣黎樹品種調查報告書 資源委員會請省府調查紅署糖蜜

【農業】

省府訂定救濟米荒辦法 各地旱炎情形（二則） 都江堰工近訊（三則） 四區專署整理眉山水利

【鑛業】

省府在各地鑛區設巡回隊 江北等三十二縣鑛業戶數清理完竣 宜賓縣府派員調查境內鑛產 巴縣北碚實驗區煤炭產銷概況 鹽運署硝礦處准購買江北民硝

【製造業】

渝市幼穉工廠正副廠長委定 北平瓦廠將在川設分廠 渝天成滑油廠主任儲都輝發明擦槍油

【度政】

重慶市新舊器物價拆合數目 巴縣民衆度量衡營造廠短期即成立 江北民衆度量衡製造廠加緊製造新器

交通

【公路】

十年來之四川公路 二十四年度之四川公路 川黔公路近訊（二則） 省府轉令綦江等縣迅速修竣川湘公路 甘川公路路線測定 二條川康公路動工修築 行營派隊續測川滇公路 渝內區馬路分三期完竣 敘井公路測量費由宜富兩縣分攤 行營令省府維護公路局統制營業 木灰汽車由澠駛川

【川江】

民生公司行駛渝敘及敘嘉兩航線輪船艘數 瀘鄧航線開闢困難

【鐵路】

運川鐵路材料准予免稅 成渝鐵路近詢（三則） 川湘鐵路即將測竣

【航空】

渝蓉沿江航線即將開航 航空協會川分會理事選定

【郵電】

丹稜郵局在張場高橋設代辦所 刼郵雜訊（五則） 專署以下機關及私人拍電應照章付費 渝市衛要地方安設電話 巴縣電報局辦理廣播無線電收音機登記

社會一瞥

【市縣】

第一行政督察區保甲戶口統計 五月份重慶路斃人數 渝市府組設計委員會 廿四年六月至廿五年五月全川縣長更動調查 簡陽變更分區設署 省府選定五專員區籌設救濟院 省府轉令禁止各報登載侮辱民族宗敎文字 新聞界雜訊（三則）

【教育】

省府指示各職校下期應改進事項 省府調查各中校體育教員赴省受訓 歷屆考試不及格之中學生及師範生仍須補考 省府令各中校嚴格取新生 各縣中等學校招生簡章須呈由市縣府核定 省府規定中等學校學生暑期作業事項 全川師範學校概況 四川十八行政督察區內公立中學概況 省府調各市縣小學校長赴省受訓 小學畢業會考停止舉行

時事

【保安】

省保安處廿五度之中心工作 保安隊縣統一時期延長三月

【匪禍】

第七行政督察區轄縣土匪人槍調查 開縣萬源奉節土匪猖獗 南充捕獲松杉教徒三名 巫山捕獲邪教徒一名 樂至發現邪教

【時事日誌】

六月一日至六月三十日

【省政要聞】

川高法院及其分院重行劃定管轄區域 國民代表大會川各區監督人派定 三期縣訓學員畢業人數

【法規】

四川省政府設計委員會組織條例 四川未設法院各縣縣司法處組織暫行條例 禁煙治罪暫行條例 修正懲治偷漏關稅條例 四川省立中學學生獎學金辦法

清代筆記地理類索引（第一輯）

國立北平圖書館索引組編

1

禹貢

禹貢夾石碣石入于河條 宋翔鳳過庭錄四・一七上

禹貢與職方釋地之優劣 洪亮吉曉讀書齋四錄下・四下

河渠書補禹貢 宋翔鳳過庭錄一一・七下

禹貢九州 王鳴盛蛾術編三七・四下

九州田賦 林春溥開卷偶得二・一〇上

九州田分九等 王鳴盛蛾術編六三・二上

禹貢各州貢道說（禹貢冀州末節水道條） 王鳴盛蛾術編四七・二上

九州末言水道 王鳴盛蛾術編三七・九下

尚書禹貢導山 王鳴盛蛾術編三七・一上

冀州梁岐非呂梁狐岐 王鳴盛蛾術編四〇・一上

太原 宋翔鳳過庭錄四・一二下

衡漳 王鳴盛蛾術編四八・三下

恒衛 王鳴盛蛾術編四八・九下

大陸 王鳴盛蛾術編四二・一三上

島夷 姚範援鶉堂筆記初刻本經甲二・七下 重刻本四・一〇下

島夷皮服 林春溥開卷偶得二・一〇上

島夷皮服 臧琳經義雜記二七・五下

夾石碣石入于河 宋翔鳳過庭錄四・一七上

碣石 王鳴盛蛾術編四八・一上

碣石 林春溥開卷偶得二・一〇下

九河碣石 何琇樵香小記上・一四下

禹貢冀州末節水道 王鳴盛蛾術編四七・一上

九河 王鳴盛蛾術編四八・一〇下

九河 孫志祖讀書脞錄一・八下

雷夏雝沮 王鳴盛蛾術編四八・二一下

兗州末節水道 王鳴盛蛾術編四七・三下

嵎夷既略 林春溥開卷偶得二・一〇下

略 桂馥札樸一・七下

濰淄 王鳴盛蛾術編五〇・一上

怪石 桂馥札樸一・九上

萊夷作牧 趙翼陔餘叢考一・一八下

萊夷作牧 林春溥開卷偶得二・九上

汶 王鳴盛蛾術編五〇・三上

沂 王鳴盛蛾術編五〇・四上

鱶羽 王鳴盛蛾術編五〇・五上

大野 王鳴盛蛾術編五〇・六下

大野既豬 姚範援鶉堂筆記初刻本經甲二・七下 重刻本四・一一上

赤埴墳　桂馥札樸一・七上
赤埴墳　洪頤煊讀書叢錄一・一四上
泗濱浮磬　王鳴盛蛾術編五〇・八上
泗濱浮磬　姚範援鶉堂筆記初刻本經甲二・七下　重刻本四・一一上
浮于淮泗達于河　林春溥開卷偶得二・一〇下
徐州末節水道　王鳴盛蛾術編四七・一〇下
淮海惟揚州　焦循易餘籥錄三・五下
彭蠡　王鳴盛蛾術編四六・九上
三江　顧炎武日知錄二・六下　黃汝成刊誤上・五上
三江　王鳴盛蛾術編五〇・一〇上又一七上
三江　桂馥札樸一・八下
三江　梁玉繩瞥記一・六上
震澤　王鳴盛蛾術編五〇・一八下
書塗泥傳　盧文弨鍾山札記四・三下
三品　孫志祖讀書脞錄一・七下
齒革羽毛　桂馥札樸一・九上
厥篚織貝　姚範援鶉堂筆記重刻本四・一一上
沿于江海　沈濤銅熨斗齋隨筆一・一〇上
揚州末節水道　王鳴盛蛾術編四七・一六上
九江　王鳴盛蛾術編四五・一一下
荊州沱潛　王鳴盛蛾術編四五・一上
雲土夢　桂馥札樸一・八下
雲土夢作乂　林春溥開卷偶得二・九上又一一上
雲夢　王鳴盛蛾術編四五・四下
杶榦栝柏　姚範援鶉堂筆記重刻本四・一一下
江沱潛漢　洪頤煊讀書叢錄一・一四上
荊州末節水道　王鳴盛蛾術編四二・二下
伊洛瀍澗　王鳴盛蛾術編四四・三上
纊　梁玉繩瞥記一・六下
豫州滎波　王鳴盛蛾術編四四・一二下
導菏澤被孟豬　宋翔鳳過庭錄四・一六上
導柯澤被孟豬　姚範援鶉堂筆記重刻本四・一一下
菏澤孟豬　王鳴盛蛾術編四四・一四上
下土墳壚　桂馥札樸一・七上
禹貢豫州末節水道　王鳴盛蛾術編四二・一上
黑水　王鳴盛蛾術編三九・七下
岷山　王鳴盛蛾術編四一・一〇上
沱潛旣道　王鳴盛蛾術編四一・二二上
和夷　王鳴盛蛾術編四一・二五下
織皮西傾因桓是來　王鳴盛蛾術編四一・三〇下
西傾因桓是來　梁玉繩瞥記一・五下
梁州末節水道　王鳴盛蛾術編三九・五上

2

黑水西河惟雍州 姚範援鶉堂筆記重刻本四・一一下
涇屬渭汭 王鳴盛蛾術編四一・五上
汭 梁玉繩瞥記一・五下
漆沮既從 王鳴盛蛾術編四一・六下
終南惇物鳥鼠 王鳴盛蛾術編四一・四下
原隰 王鳴盛蛾術編四一・八上
三危 王鳴盛蛾術編三九・一六下
渠搜 汪中述學蓄疑・五上
禹貢雍州末節水道 王鳴盛蛾術編三九・一下
導岍及岐至於荊山 姚範援鶉堂筆記重刻本四・一二上
岍岐荊 王鳴盛蛾術編四一・二上
太行 王鳴盛蛾術編四二・五上
朱圉 王鳴盛蛾術編四一・一上
華山 王鳴盛蛾術編四一・一下
嶓冢山 王鳴盛蛾術編四一・一四下
敷淺原 王鳴盛蛾術編五〇・一一上
餘波 桂馥札樸一・一六上
河流九曲 林春溥開卷偶得二・一一上
積石龍門 王鳴盛蛾術編三九・二五上
洛（雍州洛水豫州雒水音同字別條） 王鳴盛蛾術編四四・一上
洛 梁玉繩瞥記一・六下
大伾 王鳴盛蛾術編四二・六上
一成曰坏 臧琳經義雜記二八・四下
降水大陸 王鳴盛蛾術編四二・七下
又東爲滄浪之水過三澨至于大別 洪亮吉曉讀書齋初錄下・二二上
導漢東滙澤爲彭蠡 王鳴盛蛾術編四六・一〇上
東爲北江入于海 姚範援鶉堂筆記初刻本經甲二・八上 重刻本四・一二下
江原至夏水 王鳴盛蛾術編四一・一一上
過九江至于東陵（東至于澧條） 王鳴盛蛾術編四六・六下
導沇水東流爲濟入于河溢爲滎 王鳴盛蛾術編四四・七上
東出於陶丘北 桂馥札樸一・八上
導淮自桐柏 王鳴盛蛾術編四四・二〇下
東至于澧諸節 王鳴盛蛾術編四六・一上
錫土姓 顧炎武日知錄二・一一下
二百里蔡 洪頤煊讀書叢錄一・一四下
朔南暨 盧文弨龍城札記二・一二上
朔南暨 林春溥開卷偶得二・一一下
朔南暨聲教 姚範援鶉堂筆記重刻本四・一二下
文選引書句讀（朔南暨） 桂馥札樸一・六上
鄭康成所據地理志伏無忌作 王鳴盛蛾術編四・一二下
禹貢山川地理圖 錢泰吉曝書雜記下・一二下

3

周禮職方氏

職方與禹貢釋地之優劣　洪亮吉曉讀書齋四錄下・四下
〝多於男　林春溥開卷偶得一〇・五上
潩　姚範援鶉堂筆記重刻本七・一二下
雍州洛水豫州雒水音同字別　王鳴盛蛾術編四四・一上
波溠　姚範援鶉堂筆記初刻本經丙一・一九下　重刻本七・一二下
望諸當爲盟諸　沈濤銅熨斗齋隨筆二・一下
明都　姚範援鶉堂筆記初刻本經丙一・二〇上　重刻本七・一三上
釋養　姚範援鶉堂筆記初刻本經丙一・二〇上　重刻本七・一三上
周禮職方氏賈疏非是　王鳴盛蛾術編三七・一九上

爾雅釋地

釋地與禹貢職方之優劣　洪亮吉曉讀書齋四錄下・四下
爾雅釋地九州　王鳴盛蛾術編三七・一〇下
河西曰雍州疏　姚範援鶉堂筆記重刻本一四・一七下
秦有楊陓　梁玉繩瞥記二・二三下
秦有楊紆　臧琳經義雜記二四・七上
燕有昭余祁　姚範援鶉堂筆記初刻本經戊六・二下　重刻本一四・一八上
東陵阠　錢大昕十駕齋養新錄三・一五上
河墳　桂馥札樸七・九上
竹箭　桂馥札樸五・二二上
有霍山之多珠玉焉　洪亮吉曉讀書齋二錄上・一上
郊外謂之牧　洪頤煊讀書叢錄八・一一上
郊外謂之牧　沈濤銅熨斗齋隨筆二・二一上
廣平曰原　姚範援鶉堂筆記初刻本經戊六・二下　重刻本一四・一八上
西至於邠國　姚範援鶉堂筆記初刻本經戊六・二下　重刻本一四・一八上
海晦也（謂之四海）　臧琳經義雜記二六・一六下

爾雅釋丘

崑邱（崑侖邱）　沈濤銅熨斗齋隨筆二・二一下
丘背有丘曰負丘　姚範援鶉堂筆記初刻本經戊六・二下　重刻本一四・一八上
畢堂牆　洪頤煊讀書叢錄八・一一下
重厓岸　洪頤煊讀書叢錄八・一一下

爾雅釋山

誤讀釋山文　臧琳經義雜記四・二上
釋山五嶽有兩條後條爲正　王鳴盛蛾術編三七・一六上
一成曰坏　臧琳經義雜記二八・四下
上正章　姚範援鶉堂筆記重刻本一四・一八上
大山宮小山霍　梁玉繩瞥記二・二三下
小山別大山鮮　洪頤煊讀書叢錄八・一一下
小山別大山鮮一本作嶰　宋翔鳳過庭錄一〇・六上

多草木岵無草木峐（岵兮屺兮條） 臧庸拜經日記五・九下
泰山爲東嶽 姚範援鶉堂筆記重刻本一四・一八上
霍山爲南嶽 洪頤煊讀書叢錄八・一二上

爾雅釋水

汧出不流 洪頤煊讀書叢錄八・一二上
歸異出同流肥 沈濤銅熨斗齋隨筆二・二一下
漢 汪中舊學蓄疑・五下
汝爲濆 桂馥札樸七・九下
瀾漣文同 臧琳經義雜記一九・五下
灉 桂馥札樸七・一二下
鉤股 錢大昕十駕齋養新錄三・一五下

史記河渠書

河渠書（十二種） 姚範援鶉堂筆記重刻本一五・一八上
河渠書補禹貢 宋翔鳳過庭錄一一・七下
橋即檋（山行即橋） 劉寶楠愈愚錄一・一五下
厮（乃厮二渠以其引河） 桂馥札樸四・八下
畝收一種 洪頤煊讀書叢錄一七・一七上
引洛水至商顏下（史記注條） 顧炎武日知錄二七・二三上
萬里沙 洪頤煊讀書叢錄一七・一七上
東萊郡曲成萬里沙祠 洪亮吉曉讀書齋初錄下・八下
東海引鉅定（史記條） 顧炎武日知錄二六・二下

漢書溝洫志

溝洫志（八條） 姚範援鶉堂筆記重刻本二二・一八下
東海引鉅定（史記條） 顧炎武日知錄二六・二下
內史稻田租挈重（漢書注條） 顧炎武日知錄二七・三五上
白渠歌 梁玉繩瞥記三・一九上
河徙（周譜定王五年河徙） 孫志祖讀書脞錄五・二下

漢書地理志

地理志（漢書條） 顧炎武日知錄二六・五下又七上
地理志考釋（八十條） 姚範援鶉堂筆記重刻本二三・一上
漢書地理志（四十一條） 李賡芸炳燭編四・八上
地理志小字（漢書二志小字條） 顧炎武日知錄二六・八上
地理志班注之誤 姚範援鶉堂筆記重刻本一六・四下
地理志譌字 錢大昕十駕齋養新錄六・六上
漢書地理志誤字 孫志祖讀書脞錄三・四下
莽改郡縣名志之失載者（陳留圉，鉅鹿） 梁玉繩瞥記三・一八下
莽縣失注 洪頤煊讀書叢錄二〇・五下
漢書地理志漢末已盛行 洪亮吉曉讀書齋二錄上・八上
鄭康成所據地理志伏無忌作 王鳴盛蛾術編四・一二下
應劭地學之誤 劉寶楠愈愚錄六・一八上
晉地志與漢志異 王鳴盛蛾術編三八・五下
長安（京兆尹） 王鳴盛蛾術編四〇・八下

5

鄭縣新鄉（京兆尹）　王鳴盛蛾術編四〇・九上
南陵沂水（京兆尹）　王鳴盛蛾術編四〇・九下
南陵沂水（京兆尹）　桂馥札樸七・六下
右內史（右扶風）　洪頤煊讀書叢錄二〇・三上
雒（弘農上雒）　王鳴盛蛾術編四〇・一〇下
沇水過郡九（河東垣）　王鳴盛蛾術編四二・一五上
狐讘（漢書注條）（河東）　顧炎武日知錄二七・三二上
水汾過郡五（太原汾陽）　王鳴盛蛾術編四二・一五上
河上（太原廣武『河主』）　洪頤煊讀書叢錄二〇・三下
兩上黨　沈濤銅熨斗齋隨筆四・一二下
清漳過郡五（上黨沾）　王鳴盛蛾術編四二・一五上
漯水過郡三（東郡東武陽）　王鳴盛蛾術編四九・二下
涑廟（東郡臨邑）　洪亮吉曉讀書齋四錄上・九上
睢水過郡五（陳留浚儀）　王鳴盛蛾術編四九・三上
輪氏非建初置（潁川）　王鳴盛蛾術編四三・三上
鮦有紂音（汝南鮦陽）　盧文弨鍾山札記二・六下
慎陽（汝南）　洪頤煊讀書叢錄二〇・四上
淮（南陽平氏）　王鳴盛蛾術編四三・三下
漳（南郡臨沮）　王鳴盛蛾術編四三・四上
九江　王鳴盛蛾術編四三・四上
合肥（九江）　王鳴盛蛾術編四九・一〇上
西陽（山陽）　梁玉繩瞥記三・二七下
泗水過郡六（濟陰乘氏）　王鳴盛蛾術編四九・三上
公丘縣本滕國國當作縣（沛）　洪亮吉曉讀書齋初錄下・一五上
公丘周懿王當作文王（沛）　洪亮吉曉讀書齋二錄上・一八下
敬丘注誤（沛）　洪亮吉曉讀書齋二錄上・一七上
義城當作郚城（沛）　洪亮吉曉讀書齋四錄上・四下
故大河屯氏河（魏郡鄴，館陶）　王鳴盛蛾術編四九・一上
南深澤（涿）　沈濤銅熨斗齋隨筆四・一三上
阿陽（平原）　王鳴盛蛾術編四〇・一〇下
安陵　（平原安）　洪頤煊讀書叢錄二〇・四上
建新（千乘建信）　洪頤煊讀書叢錄二〇・四下
菅（濟南）　洪頤煊讀書叢錄二〇・四下
瓡侯國（漢書注條）（北海）　顧炎武日知錄二七・三二上
探陽（北海益）　梁玉繩瞥記三・二七下
北海平壽壽光斟縣　王鳴盛蛾術編四九・五上
萬里沙祠（東萊曲成）　洪亮吉曉讀書齋初錄下・八下
椑（琅邪）　洪亮吉曉讀書齋二錄上・一九下
海曲係傳西之譌（東海）　洪亮吉曉讀書齋四錄上・一八上
昌慮注侯國（東海）　洪亮吉曉讀書齋四錄上・七下
海陵（臨淮）　洪亮吉曉讀書齋二錄上・一八下
荆吳（會稽注）　劉保楠愈愚錄五・一〇上

春穀（丹陽） 洪亮吉曉讀書齋二錄下・一三下
丹楊（丹陽） 王鳴盛蛾術編五〇・一四下
分江水（丹陽石城） 洪亮吉曉讀書齋二錄上・一七下
歙（丹陽） 洪亮吉曉讀書齋初錄下・一六上
莽曰九江（豫章注） 洪亮吉曉讀書齋二錄上・一六下
領零等陵十縣（零陵） 洪亮吉曉讀書齋二錄下・一二下
江水過郡七（蜀郡湔氐道） 王鳴盛蛾術編四一・一三下
葉榆（益州） 洪亮吉曉讀書齋三錄上・一下
朐忍（巴） 王鳴盛蛾術編四一・一四上
允吾（金城） 桂馥札樸三・六上
允吾注與允街注複（金城） 梁玉繩瞥記三・二七下
河水過郡十六（金城河關） 王鳴盛蛾術編四〇・一二上
樂涫涫當作涫（酒泉） 洪亮吉曉讀書齋二錄上・二〇上
魚澤障（敦煌效穀） 洪頤煊讀書叢錄二〇・五上
涇水過郡三（安定涇陽） 王鳴盛蛾術編四〇・一一下
臯狼（西河） 洪亮吉曉讀書齋二錄上・八上
列口（樂浪） 桂馥札樸三・二二上
安定續志作定安（交阯） 梁玉繩瞥記三・一八上
廣平國 王鳴盛蛾術編四三・一上
槀城（槀城）（眞定國） 沈濤銅熨斗齋隨筆四・一七上
深澤（南深澤條）（中山國） 沈濤銅熨斗齋隨筆四・一三上
廣陽國 王鳴盛蛾術編四九・三下
淮陽郡（淮陽國） 王鳴盛蛾術編四九・八下
東平國 王鳴盛蛾術編四九・六下
魯國 王鳴盛蛾術編四九・七上
魯屬徐州 洪頤煊讀書叢錄二〇・五上
薛縣（魯國） 王鳴盛蛾術編四九・八上
江水祠（廣陵國江都） 洪頤煊讀書叢錄二〇・五下
氏輿是同（秦地『至玄孫氏爲莊公』） 盧文弨鍾山札記四・一一上
河水荓萍（魏地） 盧文弨龍城札記一・五下
河水洋洋（魏地） 梁玉繩瞥記三・一八上
鮑（吳地『鮑木之輪』） 劉寶楠愈愚錄四・二六下

續漢書郡國志

郡國志（漢書二志小字條） 顧炎武日知錄二六・八上 黃汝成刊誤下・一七上
郡國志重複處（史文重出條） 顧炎武日知錄二六・一三上 黃汝成刊誤下・一七下
郡國志奪文（槀條） 沈濤銅熨斗齋隨筆四・一七下
郡國志第十九 姚範援鶉堂筆記初刻本史乙二・三上口重刻本二八・四上（五條）
費澤（河南尹滎陽） 洪頤煊讀書叢錄二三・一七上
廣城（河南尹新城） 洪頤煊讀書叢錄二三・一七下

7

蔡城（河內山陽）　洪頤煊讀書叢錄二三・一七下
殿城（京兆新豐）　洪頤煊讀書叢錄二三・一八上
郡國志第二十　姚範援鶉堂筆記初刻本史乙二・三下　重刻本二八・四下（十三條）
固始（汝南）　洪頤煊讀書叢錄二三・一八上
睢陽本宋國有魚門（後漢書條）（梁國）　顧炎武日知錄二六・一一上
沛國　王鳴盛蛾術編四九・一〇下
沙鹿（魏郡元城）　洪頤煊讀書叢錄二三・一八下
饒陽（安平國）　洪頤煊讀書叢錄二三・一八下
郡國志第二十一　姚範援鶉堂筆記初刻本史乙二・五上　重刻本二八・五下（十八條）
堂陽（東平國東平陸）　洪頤煊讀書叢錄二三・一八下
東海郡　洪頤煊讀書叢錄二三・一九上
鄆亭（琅邪國東垣）　桂馥札樸七・一六下
郡國志第二十二　姚範援鶉堂筆記初刻本史乙二・七下　重刻本二八・八上（二十二條）
平原有西平昌縣　錢大昕十駕齋養新錄六・一一上
攝城（樂安國蓼城）　洪頤煊讀書叢錄二三・一九下
蓼國（南陽郡棘陽注）　洪頤煊讀書叢錄二三・一九下
武陵郡注　洪亮吉曉讀書齋三錄上・八下
東部侯官（會稽）　洪頤煊讀書叢錄二三・一九下
安縣即婁縣之譌（吳）　錢大昕十駕齋養新錄六・一〇下
郡國志第二十三　姚範援鶉堂筆記初刻本史乙二・九下　重刻本二八・一〇上（四十三條）
魚泣津（犍爲南安）　桂馥札樸七・三六下
邛郵置（蜀屬國嚴道邛『刻訛』）　洪頤煊讀書叢錄二三・二〇上
樂涫涫當作涫（酒泉）　洪亮吉曉讀書齋二錄上・二〇上
濁漳（上黨長子注）　王鳴盛蛾術編四三・五下
北新城（涿）　洪頤煊讀書叢錄二三・二〇上
雒縣（廣陽）　王鳴盛蛾術編四〇・一三下
定安疑誤（交阯）　梁玉繩瞥記三・一八上

8

中國地方志綜錄校勘記

朱士嘉

中國地方志綜錄是在去年五月裡出版的，到現在已經快要一年了。在這期間，承蒙五六位先生先後在各雜誌各周刊上給牠介紹批評，也有與我並無一面之雅的幾位直接寫信來指教一切的。歸納起來，他們所提出來討論的不外乎：(一)正誤，(二)補遺，與(三)體例的商榷三方面。我讀了除了表示十二分的感佩以外，還應當盡量接收他們的意見。關于第一點正誤，其實我早就在凡例裡聲明過了，無論那一部志書，將來尚須與原書一一校對，方足徵信。第二點補遺，恐怕也不能在短時期間得到完滿的結果，因爲材料可以說沒有一天能夠搜羅得齊全的，而所補的遺漏也自然沒有一天可以說是完備無缺的。但是我却並不因此而不去搜羅，最近幾個月以內，我又續得了好幾百種志書，其中有不少是任振采，王綬珊，葛詠莪諸先生賜寄給我的，謝謝他們幾位那樣很熱心的給我贊助與鼓勵！將來我打算把新得到的材料編成一部中國地方志綜錄續編。第三點體例的商榷，因爲並不十分重要，所以暫且不提。至於修改本書的計劃，我記得曾在「爲拙作敬答聶崇岐薛澄清二君」的文章裡提到過一次，這一篇校勘記，就是其中的計劃之一。我把原稿與本書完全校對過一遍，發現應該更正的有一百九十五條，其他原稿錯誤的地方正也不少(如江蘇民國清河縣志誤入河北，國學圖書館藏志决不止一千一百多種之類。)，那只有留待再版時修改了。現在只把我校勘所得披載於後，凡是關心拙作的或者都樂于參攷吧？(二十五年四月十一日)

正	誤	省	頁	行
(徐𣶏)嘉慶七年重刊	嘉慶七年重刊	江蘇	一下	一
(故宮)附光緒志後	(故宮)附光緒志後	江蘇	二下	四
現併吳縣	缺	江蘇	四下	三
衍	現併吳縣	江蘇	四下	四
金吳瀾修	金吳瀾 汪 堃修	江蘇	五上	一
燕京藏	缺	江蘇	五下	九
黃炎修	黃 炎 史 彩修	江蘇	七上	十
徐𣶏三	徐𣶏二	江蘇	七下	三
孫鳳鳴	孫鳳銘	江蘇	八上	二
徐永言修	徐永言 嚴繩孫修	江蘇	九上	一

秦緗業纂	秦湘業纂	江蘇	九上	八
鮑天鐘修	鮑天鐘 何 絜修	江蘇	十下	九
天一藏	歷史藏	江蘇	十一下	四
北平8-22	北平22	江蘇	十一下	六
衞哲治修	衞哲治 葉長揚修	江蘇	十一下	八
吳鸕峙 張弘運纂修	吳鸕峙修 張弘運纂	江蘇	十三下	八
北平一	缺	江蘇	十四下	七
(故宮)光緒九年刊	故宮光緒九年刊	江蘇	十四下	十一
北平藏	缺	江蘇	十八上	七
張吉安修	張吉安 朱文藻修	浙江	三上	五
彭循堯修	彭循堯 董運昌修	浙江	三上	九
陝西圖書館書目作任譴修	陝西圖書館書目作任僅修	浙江	四上	十一
張 誠	張 誠	浙江	五下	八
鎮名濮院係嘉與桐鄉二縣錯壤	鎮名濮縣與嘉與桐鄉二縣錯壤	浙江	六上	六
宗源瀚修	宗源翰修	浙江	六下	三
國學藏	歷史藏	浙江	八上	十
北平1-8,21-37葛詞蔚藏	中山文化任氏東方金陵故宮清華藏	浙江	九下	二
衍	北平二			
中山文化任氏東方金陵故宮清華藏	北平1-8,21-37葛詞蔚藏	浙江	九下	三
馮福京 郭 薦纂修	馮福京修 郭 薦纂	浙江	九下	七
十八卷	十卷	浙江	十一下	十
諸自穀修	諸自穀 程 瑜修	浙江	十四上	一
薛鼎銘修	薛鼎銘 胡廷槐修	浙江	十四下	二
乾隆四十四年刊	乾隆四十四年重刊	浙江	十四下	二
地圖一卷	缺	浙江	十五上	一
北平三	北平二	浙江	十五上	二
童 煒修	童 煒 吳文煒修	浙江	十六下	九
衍	圖一卷葛詞蔚藏	浙江	二十上	八
鮑陳錫修	鮑陳錫 曹天祐修	安徽	四上	五
中山藏	缺	安徽	四上	五
(北平)民國八年攝影本	(北平)民國八年攝影	安徽	四上	十
宗能徵纂修	宋能徵纂修	安徽	五上	二
國會藏	缺	安徽	七下	一
陳守仁修	陳守仁 買 彬修	安徽	八下	五
馮 煦修	馮 煦 蔣師轍修	安徽	九上	十一
北平 7-14	北平 1-14	安徽	十二下	八
…志中敍事所止之年	…志中序事所止之年	安徽	十四上	二
王啓聰修	王啓聰 晉倫煒修	安徽	十四下	九
北平1-7 14-29 32-37	北平7-1 14-29 32-37	江西	一上	一
卷180十5	卷18十5	江西	一上	六
國學藏	缺	江西	一下	一

2

燕京南洋藏	缺	江西　一下	四
十卷	十六卷	江西　二下	十
國學藏	缺	江西　三上	七
三十二卷卷首末各一卷	二十二卷卷首末各一卷	江西　三上	八
黃壽祺修	黃壽祺　吳振華修	江西　五上	八
李一培纂	李培一修	江西　六上	九
衍	北平火燬	江西　六下	二
陳惟清修	陳惟清　閔芳言修	江西　六下	九
杜　林修	杜　林　彭斗山纂	江西　六下	十一
達春布修	達春布　黃鳳樓修	江西　七上	四
范安治修	范安治　梅庭對修	江西　八下	一
余履度修	余履度修	江西　九上	三
張　澍纂修	張　澍纂修	江西　九上	六
康熙十一年	康熙十九年	江西　九下	九
楊文灝修	楊文灝　杭世槃修	江西　九下	十一
楊　讓纂	楊　護纂	江西　十上	一
北平14b	北平149	江西　十一上	四
盧山松修	盧山松　朱承煦修	江西　十一下	三
周立瀛	周之瀛	江西　十二下	四
現稱遂川縣	現稱遂州縣	江西　十二下	五
北平藏	缺	江西　十七下	一

劉文爱	劉文友	江西　十七下	九
九卷	二卷	江西　十八下	五
陳　芳	陳　芬	江西　一九上	四
圖攷一卷	缺	湖北　一上	二
國會藏	缺	湖北　二上	二
衍	國會藏	湖北　二上	三
國會藏	缺	湖北　二下	二
光緒三十年	光緒三年	湖北　二下	七
乾隆十三年	乾隆十七年	湖北　三上	九
故宮二	故宮三	湖北　三上	九
蘇良嗣	奚良嗣	湖北　四上	八
（應入乾隆志備攷欄）	附文徵六卷掌故六卷章學誠裁定	湖北　五上	七
光緒廿一年印嘉慶廿一年補刊本	光緒廿二年印嘉慶廿二年增刊	湖北　六上	六
顏木	顏本	湖北　八上	七
卷十	缺	湖北　十下	九
鄭敦祜補修	鄭敦佑補修	湖北　一三上	三
衍	現稱　縣	湖南　一上	二
嘉靖廿三年	嘉靖廿四年	湖南　二下	六
北平1-9	北平9-1	湖南　三上	八
天一存1-?	天一存1-2	湖南　三下	一
四十二卷	廿四卷	湖南　三下	六

原文	校正	省	頁	行
佘餘	佘餘	湖南	三下	十
衍	北京 1	湖南	五下	九
北平 3	缺	湖南	五下	十
彭玉麟	彭玉麐	湖南	六下	二
宗績辰	宋績辰	湖南	七下	四
費柘	費柏	湖南	八下	二
不分卷	缺	湖南	九上	七
潘曙	潘曙	湖南	九下	二
張氏藏	缺	湖南	十下	五
郴州志（五部）	彬州志（五部）	湖南 湖南	一二上 一二下	九至十 一至二
民國十三年重刊	民國十三年重修	湖南	一三上	八
志補一卷	缺	四川	三下	四
國會藏	缺	四川	四下	十
卷廿二	卷二	四川	八上	七
張沆	張沅	四川	一一上	二
北平二1/6-8	缺	四川	一二上	四
抄本	一部抄本	四川	一六上	七
鋻	鈔本	河北	一下	一
書分二十五篇	書分二十五卷	河北	一下	十
衍	國會藏	河北	二下	九
北平4a.6	缺	河北	五上	七
卷十	缺	河北	六下	三
北平4a.6.7	北平a.6.7	河北	八上	九
王珮	王璽	河北	一二上	十一
贊皐縣志（三部）	贊黃縣志（三部）	河北	一三上	三至五
卷十	卷一	河北	二二上	一
杭雲龍	祝雲龍	山東	六下	一
附補遺…李鳳岡纂	附補遺…李鳳崗纂	山東	一三下	十一
杜子楙	杜子懋	山東	二十上	一
徐璽藏	缺	山東	二一上	七
榮陽縣志	滎陽縣志	河南	三上	十，十一
滎澤縣志	滎澤縣志	河南	三下	二，三
寧陵縣志	富陵縣志	河南	四下	八，九
宮內	官內	河南	一四上	三
孫光憲	孫光憲	河南	一八上	三
喬允升	喬宂升	山西	二上	二
林弘化	陳弘化	山西	三上	九
文化藏	缺	山西	四上	七
附勘誤表一册	附勘誤表一卷	山東	四上	十
三十九卷	三十六卷	山西	四下	三
十二卷	廿一卷	山西	六上	十一
武達材	武達才	山西	八上	六
常文遴	常振遴	山西	九下	六

4

誤	正	省	頁	行
王有容	王有蓉	山西	十上	十
張氏藏	缺	山西	十下	二
文化藏	北平藏	山西	十下	十一
雷隸榮	雷隸榮	山西	十一上	二
邢澍田	荊澍田	山西	十二上	九
芮城縣志	芮城縣志	山西	十四上	三至六
…以俟續訪	…以俟續仿	山西	十六下	七
張元際	張元濟	山西	二上	四
焦聯甲	焦聯申	山西	四上	二
（應入光緒志備攷欄）	附道光志後	山西	七上	九
管　旆	管　施	陝西	七上	八
隴州志	瀧州志	陝西	七下	一
栢可用	柏可用	陝西	十上	十一
嘉慶廿三年	嘉靖廿三年	陝西	十下	三
綫坫	綫玷	陝西	十一下	十一
卷十二	卷廿一	陝西	十三上	四
歷史藏	缺	陝西	十四上	四
升允	升允	甘肅	一上	二
冒渠	冒渠	甘肅	一下	二
國學藏	缺	福建	一下	十
江若幹	汪若幹	福建	二下	二
卷廿四	卷四十二	福建	三上	八
天一藏	缺	福建	四下	二
衔	天一藏	福建	十一上	五
劉氏藏	缺	廣東	二上	一
陳　澧	陳　灃	廣東	三上	十一
額哲克	額哲元	廣東	四上	十
羅洪先	羅洪元	廣東	六下	三
事紀止于康熙十一年	紀事止于康熙十一年	廣東	九下	八
强兆統	强兆統	廣東	十一上	六
南洋藏	國學藏	廣東	十一下	九
馮日炳	馮曰炳	廣東	十三下	十一
張氏藏	缺	廣西	三上	九
乾隆二十二年	乾隆卅二年	廣西	三下	九
金陵藏	徐滙藏	廣西	六上	四至八
歸順直隸州志	歸順直隸廳志	廣西	六上	十一
十卷	一卷	廣西	六下	一
鈔本	缺	雲南	四上	一
金陵29a	金陵292	雲南	五下	二
舒鵬翮	舒騰翮	雲南	八上	九
徐滙藏	缺	貴州	一下	十一
謝廷薫	胡廷禦	貴州	二上	二

道光十四年	道光十六年	貴州　三上	一
國會藏	缺	貴州　四上	四
興義府志續編	興義府志續稿	貴州　四下	一
衍	民國抄本	遼寧　五下	一
朱衣點	朱衣默	吉林　一上	三
民國十三年	民國十一年	吉林　一上	六
楊步墀	楊步穉	吉林　一下	一
遼寧省立圖書館刊	遼寧省立圖書館刊	黑龍江一上	一
六十二卷卷首一卷	缺	黑龍江一上	四
金陵藏	缺	黑龍江二上	三
燕京藏	缺	察哈爾二上	六
天一藏	缺	寧夏　一上	一
清雍正三年改置寧夏府	清雍正二年改置寧夏府	寧夏　一上	二
現稱西寧縣	現稱西寧夏	青海　一上	一
衍	徐匯藏	青海　一下	一

通訊一束

九六

頡剛吾師賜鑒：敬肅者，故都拜別，已是數日，想台駕已安抵故里矣。生等此次與李榮芳博士赴西北考查各事，均稱順利，堪以告慰。七月六日晚五時許，自清華園車站開發，及抵脊龍橋已夜色沉沉，沿途風光不可辨識矣。翌晨抵大同，下午五時許抵綏遠。下車後赴客棧稍息，即至新城散步，晚九時始歸。塞外風光，較之內地實屬荒涼；然此僅限荒僻山地，若就綏遠省城設置言，則與內地無大異也。八日，分訪民衆教育館，教育廳，省政府各機關，招待殷殷，備承厚意，且贈予各該機關印刷品若干種；回平時當永存禹貢學會，留作紀念。在省府時，承傅主席親自接見，對該省行政情形陳述頗詳，惟深以不得與吾師會晤爲憾。傅主席英俊奮發，誠摯無僞，略無官僚習氣，殊使人欽佩也。在此又得遇燕大校友郭文元先生，傅主席委其代爲招待一切，均蒙幫助，亦在旅途中幸事之一也。九日上午，由郭文元先生引導參觀蒙古昭四處；至於昭君墓，因雨後路途泥濘，未能前去。趙時長城，在通志館時，與纂修人晤談，彼稱曾往大青山調查數次，未得遺跡，想毀廢已久。生意彼等以長久時間不能訪得舊地，吾等倉促爲之，必徒勞無功，且時間亦不允許，故未前去。綏遠通志稿已由傅增湘先生攜往北平，目錄中長城居一項，或有詳盡之記載，吾師回平時可介紹一觀。下午七時，傅主席在省府設宴招待，在座十餘人均屬省府職員，席間談話頗爲融洽。八時後返寓休息。十日晨七時由綏遠搭車西行，十一時抵包頭。下車後即往王樂愚先生家，擬留住於此，嗣因王先生已去五原，遂移綏西賓館下榻。下午至縣政府，由濮秘書接見。稍後去和碩中公屯墾辦事處，見處長任作田先生。任先生，東北人，曾任哈爾濱青年會幹事；九一八事變後，志於西北屯墾，於去年率內地農民三百人至五原開墾，成績卓著，其功可畧。十一日，由任處長引導，參觀河北新村，此爲河北退伍軍人段繩武先生新辦之屯墾事業，其成績亦極可嘉。生等擬明日西去，先至和碩中公屯墾處，由此西去五原，再由五原去臨河，約旬餘始能返包頭。綜之此次西北一行，所得之實際智識不少，可謂不虛此行也。現同人等均安好，望勿爲念。專此，即候暑安。生張維華頓首。七月十一日。

九七

頡剛我師賜鑒：敬肅者，前自包頭奉上一函，略述燕京出發經過，諒邀鈞鑒。生等與李先生於本月十二日自包頭西行，即日抵耙子曾隆和碩公中墾區辦事處。所乘汽車爲處長任先生所備，上缺蓋頂，同行客旅廿人，露天行駛，頗感風侵日炙之苦。沿途崎嶇多沙阜，黃河經其南，陰山繞其北，雖村落散零，居民稀少，然青草原野，畜牧成羣，亦頗無荒涼之感。及抵和碩公中墾區，已近日暮，由任處長爲備晚餐，設榻就宿。翌日適逢蒙古有賽馬之會，其地距墾區僅十許里，任處長及其他職員願同往觀，遂由該處駕牛車一輛，一同前往。此會約有蒙古喇嘛及男婦三四百人，俱乘馬來者。初舉行講經典禮；十二時舉行賽馬會，幼童騎馬背，無鞍轡之設，瞬息四十里，矯捷爲內地所不及；二時舉行跳神禮。禮畢，生等即與任處長諸先生返墾區，晚與任處長談墾移經過，所獲材料不少。十四日早往觀烏梁素海，其地適在墾區之東，爲烏加河下游水匯貯之地，以盛產魚著名。午間返墾區，參觀該區各部設施。下午三時復由任處長備車送往五原（汽油由吾輩出，共付二十元）。路經耙子普隆，訪瑞典人所創辦之教會。稍留，復西行，晚六時抵五原，下榻王樂愚先生住宅。七時，王先生設宴款待，並請縣長王先生作陪。王縣長女公子現肄業燕京醫預二年級，適於此時來五原；席間王縣長偶談及此，不禁各自喜慰。翌日，王樂愚先生陪往試驗場參觀。下午，縣長女公子王女士玉彬來訪，其父亦與俱來，復設宴款待。十六日午，由綏區屯墾處吳先生等作陪，赴三十里外之貧晴鄉屯墾地，參觀軍士屯墾情形，悉得寓目；午間始返五原。總之，此次西行調查，所蒙地方長官之款待及幫助甚多，生等幾未知如何應付，此爲意料所不及者，容回平後當專函致謝。生等擬於近一二日內與王樂愚先生詳談其令尊開發河套詳情，及抄錄其所存文件，並與屯墾處諸負責人談論其移屯經過。至於西去臨河與否，現尚未定，當以視必要與否以爲定斷。自包頭抵五原之經過略如上述，餘容後陳。專此即請籌安。生張維華頓上。七月十六日。

九八

禹貢學會大鑒：鄙人閱天津甫報七月二十五日各地新聞欄內有『平禹貢學會河套水利調查圖』一則，登載記者與李榮芳博士談話一節，得悉貴會擬於最近期內刊行關於邊疆水利移民專號，藉以喚起國人注意云云。鄙人閱悉之下不勝歡喜，不知貴刊須經何手續，向何方始能定購，望示知，以便匯款定購，是所切盼。敬祝文安！張冷燕，七月，二十九日。

九九

頡剛尊兄先生道鑒：前蔚足邊隅，累誦拭昧啓明之擲作，久思面聆教益。歸承推轂，復紉高誼。庚午道經羊城，本思晉謁拜賜，其奈羇移宜南，殊深悵惘。然感念之情，每縈五內。邇惟起居百遂，符祝爲慰。春間枉顧，暢領儀言，藉慰積愫，并睨偉著，迪恢智肌，欣忭累日。至徵及拙稿，原擬草成寄登大會半月刊，用長聲價。無如杭友陳君叔諒邀爲雲南與國防，須出講藁，而京友鄭君鄂郁倚辛館長疏舍，亦促草雲南土司攷略等文，送登新亞細亞月刊，因之稽遲，未能踐諾。月前回候王君以中，曾託暑假回平晤先生時請代致歉忱，并聲明稍稽時日，定當報命。茲將野人山攷一文起草，大致下月十日前後可以繕寄塵鑒，可否於續輯西南專號將此題編入？仍煩酌定。大會經鼎力籌維，宏規大起，殊績燦然，名溢域中，聲施海外，至爲欽仰。如有可以相助之處，定竭棉力而爲之。因弟旅滇廿載，其精力半爲團體事務所銷磨，特寄上各團體陳舊之刊物五冊，公暇青及，可知梗槩，并乞指正。勿肅不盡，諸惟垂照，敬頌譔安。小弟童振藻謹上。七月廿日。

附寄雲南實業改進會一覽，講演錄，雲南拒毒分會會刊，鴉片與衛生共五冊。

2

新入會員錄

本會前編會員錄止於本年三月，茲將三月以後新增會員列此。

姓名	次章	籍貫	現任職業	通訊處
毛汶	鳳濟	安徽歙縣	安徽大學國文系講師 安徽省圖書館	安徽歙縣南門外漁梁鎮馬巷口毛宅
王明		浙江樂清	北京大學學生中國文學系三年級	浙江樂清錦鐵華興路五號
白寶瑾	子瑜	察哈爾省赤城縣	北京大學史學系肄業（四年級）	察省赤城縣第三科轉交
田洪都	京鎬	山東安邱	燕大圖主任	燕東園卅二號
李榮芳	蔚春	河北灤縣	燕大教授	北平海淀軍機處路南
汪華	叔棣	江蘇江都	北京大學法律系肄業	江蘇六合王順興祥號轉
武鐈	震東	察哈爾懷安縣		北平後門外鼓樓西甘水橋三號
侯金耀	鐵川	山東恩縣甌莊	河北通縣潞河中學史地教員	山東恩縣甌莊
夏丏尊	丏尊	浙江上虞	上海開明書店編譯所主任	上海梧州開明書店編譯所
夏承燾	瞿禪	浙江永嘉	杭州之江文理學院教授	溫州楊柳巷六號
容媛	八愛	廣東東莞縣	燕京大學哈佛燕京學社秘書	廣東東莞旨亭街八巷三號
馬鶴天	鳴鑾	山西芮城	蒙藏委員會委員護送班禪回藏專使行署參贊	山西芮城縣同盛和號收轉古仁村
張胥厲		河北冀縣		山東平度縣政府
章錫琛	雪邨	浙江紹興	上海開明書店經理	上海梧州路開明書店編譯所
費孝通		江蘇吳江		
郭敬輝		河北定縣		定縣城南邢邑鎮
陳中凡	覺元	江蘇鹽城	金陵女子文理學院特別講座	南京陰陽營二十三號
陳志良		上海市	中央儲蓄會職員	上海浦東其昌棧鎮南梅園路一八號
陳其田		福建省龍溪縣	燕京大學	燕京大學燕東園二十一號
陳叔陶		浙江餘姚	杭州國立浙江大學工學院土木系肄業	浙江餘姚周巷
曾憲楷		湖南湘鄉		長沙府後街 六號
楊公毅		湖南湘潭		蘇州醋庫巷南林別墅第一家
程維新		安徽懷寧	北大研究院助理	安徽懷寧三橋鎮
景耀月	太昭	山西芮城	東北大學文學院教授	山西芮城縣陌南鎮景三立堂
董作賓	彥堂	河南南陽	中央研究院歷史語言研究所專任研究員	河南南陽北門大街一一二號
雷海宗	伯倫	河北永清	國立清華大學教授	北平國立清華大學
蒙文通	文通	四川省鹽亭縣	河北女子師範學院教授	四川鹽亭縣郵局
福開森	茂生	美國		北平崇內喜雀胡同三號
劉文興	詩孫	江蘇寶應	輔仁大學編輯	寶應痘神街
劉崇鋐	壽民	福建閩侯	清華大學歷史教授	福州宮巷
劉厚滋	佩韋	江蘇丹徒	北平研究院史學研究會編輯	江蘇淮安地藏寺巷七號
潘承典	景桓	江蘇吳縣		
樓祖詒	孫翼	浙江杭縣	交通部郵政總局秘書	杭縣花市路十九號
戴振輝		安徽祁門	清華大學歷史學系	安徽祁門城外戴恒豐號
魏永清	靜波	河北房山縣		北平西琉璃河吉陽村
籍承緒	統軒	山東省濟光縣		山東昌樂稻田尹家庄
顧敦鍒	雍如	江蘇吳縣	杭州之江文理學院政治系教員	蘇州木瀆下塘
謝家榮				
李鏡池				
羅常	莘田			
顧自明				

機關會員

國立四川大學

二十五年七月　成都

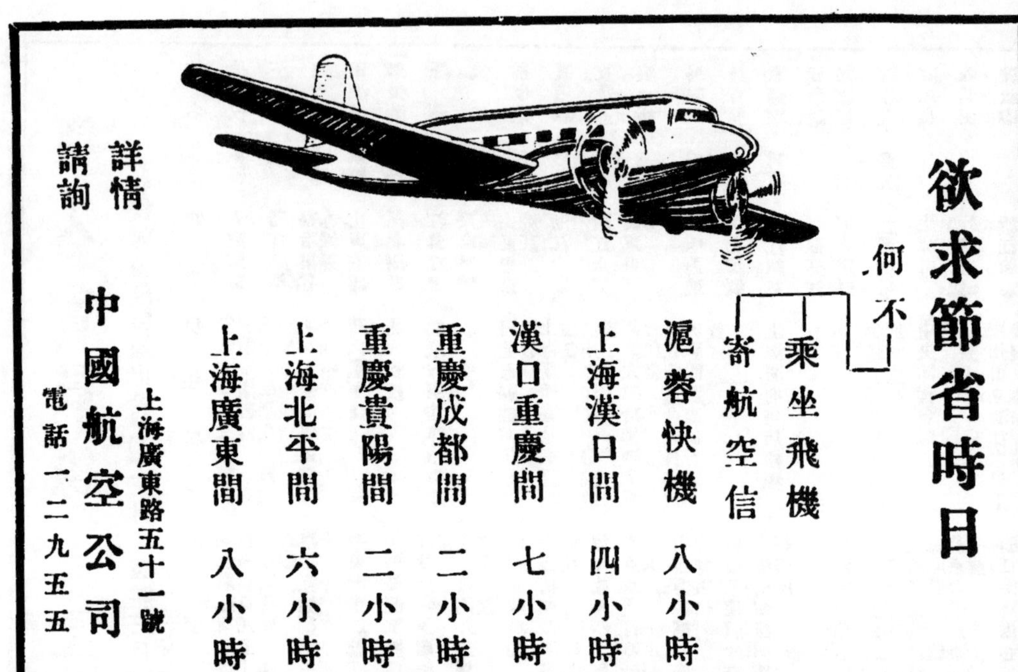

欲求節省時日
何不
乘坐飛機
寄航空信
滬蓉快機 八小時
上海漢口間 四小時
漢口重慶間 七小時
重慶成都間 二小時
重慶貴陽間 二小時
上海北平間 六小時
上海廣東間 八小時
上海廣東路五十一號
中國航空公司
電話一二九五五
詳情請詢

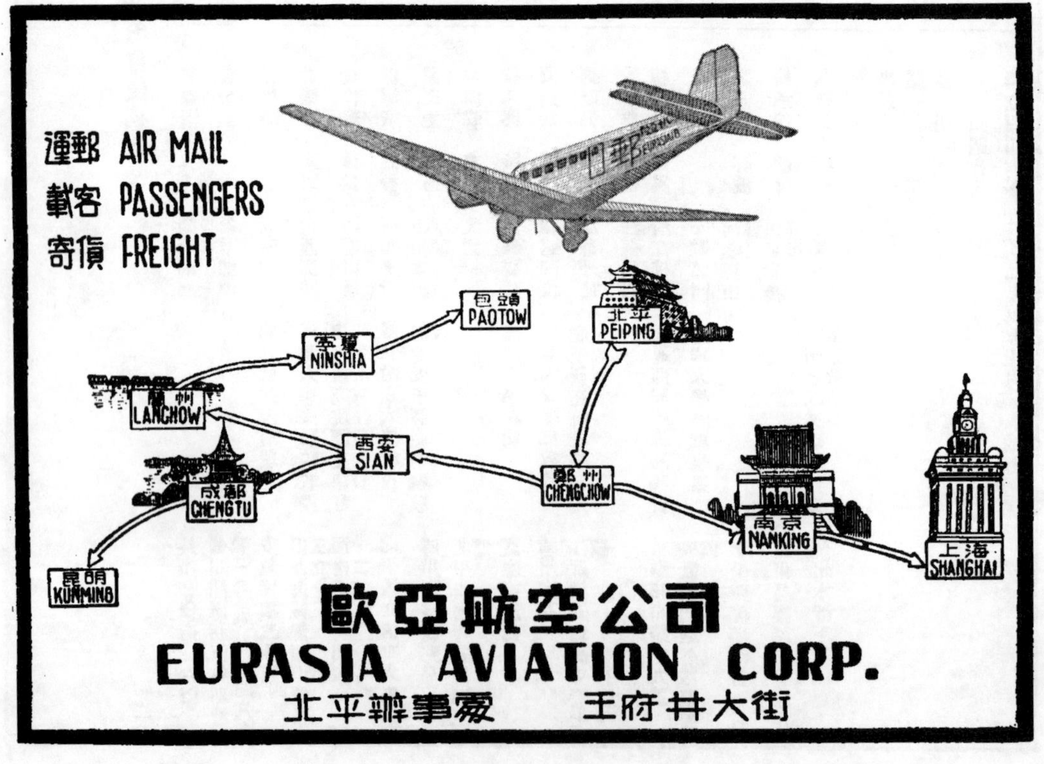

郵運 AIR MAIL
客載 PASSENGERS
貨寄 FREIGHT
包頭 PAOTOW
寧夏 NINSHIA
北平 PEIPING
蘭州 LANCHOW
西安 SIAN
成都 CHENGTU
鄭州 CHENGCHOW
南京 NANKING
上海 SHANGHAI
昆明 KUNMING
歐亞航空公司
EURASIA AVIATION CORP.
北平辦事處 王府井大街

禹貢半月刊第一卷至第五卷著者索引

丁則良

帕米爾遊記（譯楊哈斯班著）　五，八—九．三七—四七

丁稼民

灉縣疆域沿革　五，一．四五—六〇

丁驌

「西文雲南論文書目」選錄　四，八．二九—三七

「西文雲南論文書目」增補　五，六．四九—五〇

乃達庭（譯文）

新疆之吉爾吉斯人（王日蔚譯）　四，六．六三—六八

二十五史刊行會

「二十五史補編提要」選錄

漢書地理志稽疑，後漢郡國令長考，後漢郡國令長考補，三國郡縣表附考証，補陳疆域志　三，七．四五—四八

唐折衝府考，唐折衝府考補，唐折衝府考拾遺，唐折衝府考校補，遼史地理志考，明督撫年表　三，八．四四—四六

八木奘三郎（譯文）

環居渤海灣之古代民族（張傳瑞譯）　四，二．四一—五一

四，一二．二五—四四

于省吾

詩緜篇「來朝走馬」解　四，二．一三—一四

「泗濱浮磬」考　四，八．一—一三

周頌「彼徂矣岐有夷之行」解　五，一．二一—二二

于鶴年

「兩漢郡國縣邑增損表」訂譌　一，九．三五—三七

清代地理沿革討論　三，二．四〇—四一

通訊　三，二．四二

唐宋兩代的道和路　四，五．二九—三〇

纂修「河北通志」聞見錄

（一）　四，一〇．四五—四八

（二）　五，一〇．三七—四八

大谷勝貞（譯文）

安西四鎮之建置及其異同（周一良譯）　一，一一．一五—二二

中村久次郎（譯文）

利瑪竇傳（周一良譯）　五，三—四．七三—九六

中國地理學會

中國地理學會募集基金啓　五，二．七四

仇在廬

「大秦傳」中所見之漢人思想（譯白鳥庫吉著）　三，三．四〇—四三

三，五．四三—四五

內藤虎次郎（譯文）

漢里之實長（譯桑原騭藏著）　四，二．一二

都爾鼻考（周一良譯）　二，三．九—一三

方庭

論狄　二，六．九—一一

王日蔚

新疆之伊蘭民族　三，一一．一—九

伊斯蘭教入新疆考　四，二．一—一一

葱嶺西回鶻考　四，五．一—一〇

新疆之吉爾吉斯人（譯乃達庭著）　四，六．六三—六八

契丹與回鶻關係考 四，八· 五—一三
與陳援庵先生論回紇回回等名稱 四，一〇· 一五—二五
回族回教辯 五，一一· 四一—四八

王以中（互見王庸）
「山海經圖」與「職貢圖」 一，三· 五—一〇
地志與地圖 二，二· 六—一二

王光瑋
禹貢土壤的探討 二，五· 一四—二三

王育伊
歷史地圖製法的幾點建議 二，一二· 四〇—四三
鄭樂三先生「改革歷史地圖的計劃」讀後記 二，一二· 四五—四六
「宋史地理志」燕雲兩路集證 三，七· 二六—三五
石晉割賂契丹地與宋志燕雲兩路範圍不同辨 三，九· 一〇—一二

王重民
清代學者關于禹貢之論文目錄 一，一〇· 二二—二七
清代學者地理論文目錄
通論，總志 三，八· 三四—三八
方志上 三，九· 四二—四八
方志下 三，一二· 四八—六二
河渠水利 四，三· 四五—六一
山川 四，五· 六七—七〇
遊記 四，一一· 三三—四六
古蹟名勝，外紀邊防 四，一二· 四五—五三

王振鐸
「漢書地理志」水道與「說文水部」水道比較表 二，三· 一三—三一

王崇武
明初屯墾政策與井田說 五，五· 二九—三四
明代之漕運（譯清水泰次著） 五，五· 三五—五〇
明代的商屯制度 五，一二· 一—一五
月氏西遷考（譯安島淵一郎著） 五，八—九· 二九—三六

王庸（互見王以中）
桂萼的「輿地指掌圖」和李默的「天下輿地圖」 一，一一· 一〇—一二
「中國地學論文索引」序 一，一一· 二九—三四

王喆
王同春先生軼記 四，七· 二—七

王德甫
後漢戶口統計表 一，三· 一九—二六

王樹民
周書周官「職方篇」校記 一，一· 一〇—一二
「職方」定本附章句芻說 一，一· 一二—一四
古代河域氣候有如今江域說（記蒙文通講） 一，二· 一四—一五
孟津 四，一〇· 二七—二八

王輯五
中倭交通路線考 三，一〇· 二一—二三
日本民族考 四，二· 一—五
徐福入海求仙考 五，六· 一九—二八

王錫昌
「明史佛郎機呂宋和蘭意大利亞四傳註釋」提要 三，一· 二〇—二四

王錫爵（遺著）
「方輿勝略」外夷引 五，三—四· 一九五

史念海
兩漢郡國縣邑增損表 一，八· 一五—二七

關於「兩漢郡國縣邑增損表」　一，一二．三四—三六
兩唐書地理志互勘
關內道，河南道　三，二．一四—二六
河東道，河北道，山南西道　三，三．二三—三二
山南東道，淮南道，江南東道　三，四．一九—二四
江南西道　三，五．三七—四一
隴右道，劍南道　三，六．一七—二九
嶺南道　三，九．二七—三六
西漢侯國考
京兆郡——汝南郡　四，二．二七—三九
南陽郡——沛郡　四，五．一九—二八
魏郡——平原郡　四，九．九—一七

白鳥庫吉（譯文）
大秦傳中所見之漢人思想（仇在廬譯）　三，三．四〇—四三
　三，五．四三—四五

白壽彝
波斯錦（譯 B. Laufer 著）　四，一二．二一—二四
從怛邏斯戰役說到伊斯蘭敎之最早的華文記錄　五，一一．五七—七七

石兆原
「曲錄」內戲劇作家地域統計表　二，一．一三—二二

伊志
明代棄套始末　二，七．七—一八

安文倬
十三世紀前中國海上阿拉伯商人之活動（譯夏德等著）　五，一一．七九—九〇

安島彌一郎
月氏西遷考（王崇武譯）　五，八—九．二九—三六

曲直生
介紹三篇關於王同春的文字—附記二　四，七．八—一二

朱士嘉
方志之名稱與種類　一，二．二六—三〇
「中國地方志綜錄」例目　一，五．二六—三二
「中國地方志綜錄」序　二，四．一四—一七
楊守敬地理著述考　四，一．一〇三—一一九
洸鍊之「中國地方志綜錄正誤」之正誤　五，二．七五—七八
明代四裔書目　五，三—四．一三七—一五八
西北圖籍錄—新疆（陳鴻舜同著）　五，八—九．一五三—一七七
「中國地方志綜錄」校勘記　五，一二．七三—七八

江左文
明武宗三幸宣府大同記　五，六．二九—四一

池內宏（譯文）
關於公孫氏帶方郡之設置與曹魏樂浪帶方兩郡（侯庸譯）　四，三．一三—一八

牟潤孫
記「魏書地形志校異」　四，一．八三—八五
「創建清眞寺碑」（譯桑原騭藏著）　五，一一．四九—五五

羽田亨（釋文）
西遼建國始末及其紀年（馮家昇譯）　五，七．四七—六〇

佘貽澤
明代之土司制度　四，一一．一—九
清代之土司制度　五，五．一—二八

余鋐
宋代儒者地理分佈的統計　一，六．一六—二二

吳文藻
「廣西省象縣東南鄉花籃猺社會組織」導言　五，一〇．六九—七四

吳玉年

明代倭寇史籍誌目　二，四·二九—三六

西藏圖籍錄　二，六·二七—三四

　四，二·五三—六三

跋「西域見聞錄」　五，八—九·四九

吳志順

評「綏遠省分縣圖」　一，一〇·三三—三六

評「奉天全省輿圖」　二，二·三六—三九

「地圖底本」作圖之經過　二，八·三四—三八

「江浙閩沿海圖」校記　三，一一·三一—三七

歷史地圖製法的討論　四，一·一二一—一二三

吳梧軒

南人與北人　五，一·一七—二〇

吳維亞

「山海經」讀後感　一，一·一九—二〇

巫寶三

介紹三篇關於王同春的文字附記一　四，七·七—八

李子魁

「漢書地理志」中所記故國及都邑　一，四·二〇—二四

漢太初以來諸侯年表　二，一一·二六—三四

李丙燾（譯文）

眞番郡考（周一良譯）　二，七·二二—二八

　二，一〇·二八—三九

李春

跋「求實齋邊事叢書」　五，一二·一六

李苑文

威遠營刺石考　二，九·一二—一四

威遠營刺石考補正　三，六·五—一一

李晉華

明代遼東歸附及衛所都司建置沿革　二，二·三〇—三四

「方輿勝略」提要　五，三四·一五九—一六四

李書華

黃山遊記　三，一〇·三二—四七

房山遊記　五，二·四五—六七

李泰棻

陽原縣之沿革　四，一·八七—九四

李素英

「禹貢」的地位　一，一·五—六

大野澤的變遷　一，九·二—九

明成祖北征紀行初編　三，八·一四—二二

　三，九·三六—四二

　三，一二·一八—三五

明成祖北征紀行二編　四，五·四三—五〇

　四，一〇·二九—三八

李詠林

「北使記」讀後　五，一·六一—六四

李漱芳

明代邊牆沿革考略　五，一·一一—一五

李維唐

十六國都邑考（張樹芬同著）　三，二·一〇—一四

李暹（遺著）

西域行程記（陳誠同著）　二，三·三一—四一

　二，四·一八—二八

沈煥章

青海概況　二，一二·一五—二七

沈鍊之

朱士嘉「中國地方志綜錄」正誤　五，一．六五—六九

沙畹（譯文）

「宋雲行紀」箋註（馮承鈞譯）　四，一．四九—六六

　四，六．四一—六二

谷霽光

北魏六鎮的名稱和地域　一，八．五—八

「唐折衝府考」拾補（附唐以前兵府）　三，四．二四—二九

鎮戍與防府　三，一二．一—一二

「唐六典」中地理紀述志疑　四，一．一九—二四

三國鼎峙與南北朝分立　五，二．五—二一

貝琪

辨鄯善國在羅布泊南說（附徐炳昶跋）　四，九．五—八

周一良

安西四鎮之建置及其異同（譯大谷勝眞著）　一，一一．一五—二二

都爾鼻考（譯內藤虎次郎著）　二，三．九—一三

眞番郡考（譯李丙燾著）　二，七．二二—二八

　二，一〇．二八—三九

北魏鎮戍制度考　三，九．一—一〇

北魏鎮戍制度續考　四，五．一一—一八

利瑪竇傳（譯中村久次郎著）　五，三—四．七三—九六

禹貢派的人們（譯森鹿三著）　五，一〇．六五—六八

周信

清初東北士人的生活　三，五．一〇—二六

周振鶴

「青海」前言　一，一〇．二九—三三

孟森

「堯典」著作時代問題之討論　二，九．二九—三〇

拉丁摩（譯文）

蒙古的盟部與旗（侯仁之譯）　三，六．二九—四三

蒙古的王公僧侶與平民階級（侯仁之譯）　三，一〇．二四—三一

林占鰲

濱縣小志　三，二．三八—三九

秦臺與濱縣地理　三，六．三四—三六

林韻濤

蒙古用畏兀字之原因　五，一二．二一—二四

金吉堂

回教民族說　五，一一．二九—三九

金寶祥

漢末至南北朝南方蠻夷的遷徙　五，一二．一七—二〇

青山定男

中國歷史地理研究的變遷（魏建猷譯）　五，一〇．四九—五六

侯仁之

「漢書地理志」中所釋之職方山川澤浸　一，五．一九—二三

黑城探檢記（譯斯文赫定原著）　一，九．二三—二八

新疆公路視察記（記斯文赫定演講）　三，三．四三—四六

蒙古的盟部與旗（譯拉丁摩著）　三，六．二九—三四

蒙古的王公僧侶與平民階級（譯拉丁摩著）　三，一〇．二四—三一

記本年湘鄂贛皖四省水災　四，四．七三—八〇

侯庸

關於公孫氏帶方郡之設置與曹魏樂浪帶方兩郡（譯日本池內宏著）　四，三．一三—一八

俞大綱

北魏六鎮考　一，一二．二一—四

「唐代驛名拾遺」附函　五，二．三一—三二

姚大榮
「禹貢雍州」規制要旨　四，一〇・一——七
姚家積
唐代驛名拾遺　五，二・二三—三二
姚師濂
「山東通志」人物類地域分佈表　二，二・一六—一九
「華陽國志」「晉書地理志」互勘　二，四・九—一三
柳彭齡
東魏戶口統計表　三，一・二四—三八
禹貢學會
「禹貢半月刊」發刊詞　一，一・二——五
「地圖底本」出版豫告　一，四・三〇—三一
本會紀事
一　四，二・封面裏頁
二　四，四・封面裏頁
三　四，六・封面裏頁
四　四，八・封面裏頁
五　四，九・底封面裏頁
六—七　四，一〇・封面裏頁
八　五，一・底封面裏頁
九　五，二・封面裏頁
一〇　五，三—四・封面裏頁
一一—一三　五，五・封面裏頁
一四—一五　五，六・封面裏頁
一六—一七　五，七・七九—八〇
一八—二一　五，八—九・一八三—一八四
二二—二三　五，八—九・底封面裏頁
二四—二五　五，一〇・封面裏頁
二六　五，一二・封面裏頁
本會啓事
一—三　五，一・封面裏頁
四　五，三—四・封面裏頁
五　五，一二・封面裏頁
禹貢學會募集基金啓　四，一〇・附後
洪煨蓮
考利瑪竇的世界地圖　五，三—四・一—五〇
胡傳（遺著）
游歷瓊州黎峒行程日記　二，一・二二—三六
胡傳楷
畬民見聞記　一，一二・一〇—一四
安徽宣城的廣東村和洪楊亂後宣城的人口　二，二・三四—三六
金華志略　三，八・二二—三四
胡德煌
前漢戶口統計表　一，二・一九—二六
紀彬
于闐國考（譯堀謙德著）　四，一・六七—八二
　四，四・二一—三四
唐時升（遺著）
「方輿勝略」外夷卷一　五，三—四・一九五—二〇三
唐蘭
與顧頡剛先生論「九丘」書　一，五・二三—二六
辨冀州之「冀」　一，六・三二
「四國」解　一，一〇・六——九
同殷地理考　三，一二・一二—一四
夏定域

跋萬曆本「山海經釋義」　四，一．二四
「清史稿」四地理家傳校記　四，七．二二
讀錢賓四先生「康熙丙午本方輿紀要」跋（附錢穆跋）　四，九．三九—四一

夏德等（譯文）
十三世紀前中國海上阿拉伯商人之活動（安文倬譯）　五，一一．七九—九〇

夏璧
鄭和七使西洋往返年月及其所經諸國　二，八．一六—二一

孫海波
由甲骨卜辭推測殷周之關係　一，六．二—八
記周公東征　二，一一．二一—二二
「世本居篇」合斠　四，六．二一—三二

孫培（遺著）
秦輶日記　三，八．三九—四四
　三，一一．四〇—五〇
　三，一二．三五—四二

孫媛貞
「禹貢」「職方」「史記貨殖列傳」所記物產比較　一，三．二六—二八
一週間西北旅行記　三，二．二八—三四
貽穀督辦內蒙墾務記　四，三．二九—三二
記民國二十四年蘇北水災　五，二．三三—四二

容肇祖
史地學家楊守敬　三，一．一六—二〇
對於清代學者地理論文目錄的意見　三，一〇．四七—四八

徐文珊
平綏路旅行歸來　三，七．三五—四二
「史記三家注」所引地理書考　四，七．一三—二一

徐炳昶
跋貝琪「辨鄯善國在羅布泊南說」　四，九．六—八

徐家楣
民國二十三年以來所修刻方志簡目　一，三．一〇—一九

桂蕙園
「禹跡圖」說　三，一．四三—四六

桑原騭藏（譯文）
漢里之賓長（仇在廬譯）　四，二．一—二
「創建清真寺碑」（牟潤孫譯）　五，一一．四九—五五

班書閣
東晉僑置州郡釋例　五，七．一—一〇

袁鍾姒
「職方」冀州境界問題　一，一．一四—一五
「漢書地理志」所記掌物產之官　一，一．二二—二三
自「禹貢」至兩漢對于異民族之觀念　一，三．二九—三一
「禹貢」之沇水　一，八．一三—一五

馬松亭
中國回教與成達師範學校　五，一一．一—一四

馬培棠
冀州考原　一，五．二—五
丹朱故墟辨　一，七．二四—二九
巴蜀歸秦考　二，二．二—六
梁惠王與「禹貢」　二，五．二三—二七
大梁學術　二，六．二—九
徐市故事之演化　二，七．一八—二二
「禹貢」與禹都　二，八．二一—二四
「禹貢」與「紀年」　二，一〇．一六—二一
華史徵僾略　三，四．一四—一八

「淮南」九州之前身後影　三，五．一—六

高去尋

「山海經」的新評價　一，一．一五—一八
讀「前漢書西域傳」札記　三，五．二六—二八

國立北平圖書館輿圖部

歷史地理論文索引　五，六．五一—六〇

國立北平圖書館索引組

清代筆記子目地理類索引（第一輯）　五，一二．六五—七二

堀謙德（譯文）

于闐國考（紀彬譯）　四，一．六七—八二
　　四，四．二一—三四

張了且

歷代黃河在豫泛濫紀要　四，六．五一—一九

張公量

「雲土夢」　一，一．九—一〇
略論「禹貢」「職方」「史記貨殖列傳」所記各地特產　一，三．二九
說「禹貢」州數用九之故　一，四．一四—一七
「穆傳」「山經」合證　一，五．六一—一五
古會稽考　一，七．二九—三四
跋「山海經釋義」　一，一〇．二〇—二二
記「舊鈔本穆天子傳」　二，五．三一—三三
「穆傳」之版本及關于「穆傳」之著述　二，六．一八—二七
縉雲小志　二，七．三二—三六
顧實著「穆天子傳西征講疏」評論　三，四．三一—四六
蘇秦說秦辨僞　三，五．六一—一〇
張儀說齊說趙說燕辨僞　三，七．五一—一三
蘇代說燕辨正　三，八．一〇—一四
張儀入秦說秦辨僞　四，二．一五—二六
張儀入秦續辨　四，六．三三—四〇

張兆瑾

浙江省地理述略　五，一二．四一—五〇

張佩蒼

國內地理界消息（葛啓揚楊向奎仝輯）
　六　四，六．六九—八〇
　七　四，七．五一—五八
　八　四，八．三九—五六
　九　四，九．五七—六四
　一〇　四，一〇．五一—五八
　一一（對外貿易，各省生產，各省工商狀況）　五，一．七一—七六
　一二（各省鐵路狀況）　五，二．七九—八〇
編輯「中國山水辭典」緣起　四，一〇．四九—五〇

張宏叔

對於日本靑山定男「中國歷史地理研究的變遷」之辨正　五，一〇．五七—六四

張星烺

大月氏民族最近之研究（譯述衆評斯敦柯諾甫者）　五，八—九．一九—二七

張家駒

宋代分路考（附張家駒與譚其驤往來書）　四，一．二五—四四

張國淦

中國地方志考
　江蘇省二，江寧府　四，三．一九—二八
　江寧府屬縣　四，四．三五—七〇

舊鎮江府　四，五，三三—四二

舊鎮江府屬縣　四，七，二三—四三

舊蘇州府　四，九，一九—三三

舊蘇州府屬縣　五，一，二三—四三

張傳瑞

環居渤海灣之古代民族（譯八木奘三郎著）　四，二，四一—五一
　四，一二，二五—四四

張維華

明遼東衛都衛都司建置年代考略　一，四，一〇—一四

明代遼東衞所建置考略　一，七，六—一九

後漢初省併郡國考　三，一，一二—一九

張樹芬

章實齋之方志學說　二，九，二四—二九

張瑋

十六國都邑考（李維唐同著）　三，二，一〇—一四

香河小志　五，二，六九—七三

清水泰次（譯文）

明代之漕運（王崇武譯）　五，五，三五—五〇

梁隱

雷學淇「紀年義證」論夏邑鄢鄙　三，三，一—六

梅辛白

「寰宇通志」與「明一統志」之比較　二，九，一五—二一

許道齡

論「禹貢」田賦不平均之故　一，一，六—七

從夏禹治水說之不可信談到「禹貢」之著作時代及其目的　一，四，一八—二〇

「沙南蛋民專號」提要　一，九，三一—三五

「客家研究導論」提要　一，一一，一四—二六

連士升

經濟與地理　二，一一，四一—四六

郭敬輝

大清河流域之地理考察　四，一二，一一—二〇

郭殿章

讀梁園東譯註「西遼史」札記　五，一二，五九—六三

郭漢三

「王制」「職方」封國說之不同及後儒之彌縫　一，五，一八—一九

郭豫才

「覃懷」考　三，六，一一—一二

明代河南諸王府之建置及其襲封統系表　三，九，一三—二四

陳家驥

「雲土夢作乂」　一，一，七—八

「梁州沱潛」考　三，一，七—一二

陳雋如

長蘆都轉考　四，一二，七—八

陳槃

「春秋」杞子用夷貶爵辨　四，三，一—七

陳夢家

「隹夷」考　五，一〇，一三—一八

陳誠（遺著）

西域行程記（李暹同著）　二，三，三一—四一
　二，四，一八—二八

陳鴻舜

西北圖籍錄—新疆（朱士嘉同著）　五，八—九，一五三—一七七

陳觀勝

論利瑪竇之「萬國全圖」　一，七，一五—二四

乾隆時學者對利瑪竇諸人之地理學所持的態度　一，八．一〇—一二
利瑪竇對中國地理學之貢獻及其影響　五，三—四．五一—七二
「方輿勝略」中各國度分表之校訂　五，三—四．一六五—一九四

陶元珍
兩漢之際北部漢族南遷考　四，一一．二五—二九

陸衎廬
江蘇海門的農田　五，六．四三—四七

傅成鏞
「西藏圖籍錄」補　四，二．六五—六九

傅述堯
古代蜀國史略述　一，六．一一—一六

傅振倫
方志之性質　一，一〇．二七—二九
評「蔚縣編修縣志綱目初草」　三，一二．四三—四六
編輯「故宮方志考」略例　三，一二．四七—四八

勞榦
由「九丘」推論古代東西二民族　一，六．二八—三〇
論禹治水故事之出發點及其它　一，六．三〇—三二
「堯典」著作時代問題之討論　二，九．三〇—三一
再論「堯典」著作時代　二，一〇．四三—四四

單化普
說陝甘回亂初起時之地理關係　五，一一．九一—九四
陝甘刼餘錄　五，一一．九五—一〇二

斯文赫定（譯文）．
黑城探檢記（侯仁之譯）　一，九．二三—二八

斯敦柯諾甫（譯文）
大月氏民族最近之研究（張星烺述意兼評）

焦尊生（遺著，與程百二等同輯）　五，八—九．一九—二七
「方輿勝略」外夷卷一　五，三—四．一九五—二〇三

森鹿三（譯文）
禹貢派的人們（周一良著）　五，一〇．六五—六八

程百二（遺著）
「方輿勝略」外夷卷一　五，三—四．一九五—二〇三

童書業
四岳考　二，三．八
「蠻夏」考　二，八．二五—二六
說驩兜所放之崇山　四，五．三一—三三
「盟津」補證　五，二．二二
漢代以前中國人的世界觀念與域外交通的故事（顧頡剛同著）　五，三—四．九七—一二〇

童疑
天問「阻窮西征」解　五，五．五一—五五

華綸
明代定都南北兩京的經過　二，一一．三四—四一
明陵營建考略　二，一二．三二—三六

賀次君
「山海經圖」與「職貢圖」的討論　一，八．二八—三四
「山海經」之版本及關於「山海經」之著述　一，一〇．九—二〇
「水經注」經流支流目
河水　二，八．二七—三四
河水　二，一〇．三九—四三
汾水—濟水　三，一．三八—四三
清水—洹水　三，二．三四—三八
濁漳水—易水　三，七．四二—四五

滱水—巨馬水 三，一一．三七—四〇
「史記貨殖列傳新詮地理」正誤 三，四．二九—三一
西晉以下北方宦族地望表 三，五．二八—三七
古地理演化三例 三，六．一二—一七
「唐會要節度使」考釋 五，七．一一—三〇
補「中國古今地名大辭典」
(一) 五，七．六〇
(二) 五，八—九．一五二

賀昌羣
漢以後中國人對於世界地理知識之演進 五，三—四．一二一—一三六

馮承鈞
伯希和撰「鄭和下西洋考」序 二，一．九—二一
「瀛涯勝覽校注」序 二，六．一二—一八
「宋雲行紀」箋註（譯沙畹著） 四，一．四九—六六
四，六．四一—六二

馮家昇
洪水傳說之推測 一，二．八—一四
「遼，金史地理志」互校 一，四．六—一〇
介紹到西北去的兩部書 一，九．二八—三〇
我的研究東北史地的計劃 一，一〇．二—六
再介紹到西北去的一部書 一，一二．二六—二九
東北史中諸名稱之解釋 二，七．二—七
東北史地研究之已有成績 二，一〇．二—八
周秦時代中國經營東北考略 二，一一．二—七
漢魏時代東北之文化 三，三．一三—二三
述肅愼氏之民族 三，七．一—五
述東胡系之民族 三，八．一—七
慕容氏建國始末 三，一一．九—二〇
日人對於我東北的研究近狀 五，六．一—六
西遼建國始末及其紀年（譯羽田亨著） 五，七．四七—六〇
大月氏民族及其研究之結論 五，八—九．一—一八

黃文弼
韓城禹門口記遊 四，四．八一—八四
第二次蒙新考察記 四，五．五一—五八
由考古上所見到的新疆在文化上之地位 四，六．一—四
羅布淖爾水道之變遷 五，二．一—四

黃典誠
龍溪小志 三，一一．二一—三一

黃席羣
晉初郡縣戶數表 一，六．二三—二八
沘瀆異說彙考 三，二．三—一〇

愚公谷
賈耽與摩尼教 二，四．八—九

新亞細亞學會
新亞細亞學會綱領及總章 五，二．四三—四四

楊大鈞
漢書地理志「丹陽郡」考略 二，九．二—一二

楊向奎
自戰國至漢末中國戶籍之增減 一，一．二〇—二二
介紹「史學論叢」中三篇古代地理文字 一，六．三三—三四
豐潤小志 一，一二．二九—三三
「夏本紀」「越王勾踐世家」地理考實 三，一．三—七
夏代地理小記 三，一二．一四—一八
國內地理界消息 一（葛啓揚仝輯） 四，一．補白

二一

二　仝上　四，二．補白
三　仝上　四，三．補白
四　仝上　四，四．八七—九三
五　仝上　四，五．七一—七八
六（葛啓揚張佩蒼仝輯）　四，六．六九—八〇
七　仝上　四，七．五一—五八
八　仝上　四，八．三九—五六
九　仝上　四，九．五七—六四
一〇　仝上　四，一〇．五九—六四
一一　仝上（對外貿易，各省生產，各省工商狀況）　五，一．七一—七六
一二　仝上（各省鐵路狀況）　五，二．七九—八〇

楊成志

我對于雲南羅羅族研究的計畫　一，四．二四—二九

楊哈斯班

帕米爾遊記（丁則良譯）　五，八九．三七—四七

楊效曾

「管子」中的經濟地理思想　一，九．一八—二三
地理與歷史的中心關係　一，一二．八—一〇
漢末至唐戶口變遷的考察　二，一〇．二一—二八
臨清小記　四，五．五九—六五
招遠概況　五，五．五七—六四

楊寔

評傅著「新省區」　四，三．三九—四四
明代察哈爾沿革考　四，四．九—二〇

楊鏞鑫

「禹貢」等五書所記藪澤表　一，二．一六—一七

葉國慶

三國時山越分布之區域　二，八．一〇—一六
「堯典」著作時代問題之討論　二，九．三一—三三

葉景葵

討論「方輿紀要」函札四通（與顧廷龍）　四，九．四三—四六

葛啟揚

國內地理界消息
一（楊向奎仝輯）　四，一．補白
二　仝上　四，二．補白
三　仝上　四，三．補白
四　仝上　四，四．八七—九三
五　仝上　四，五．七一—七八
六（楊向奎張佩蒼仝輯）　四，六．六九—八〇
七　仝上　四，七．五一—五八
八　仝上　四，八．三九—五六
九　仝上　四，九．五七—六四
一〇　仝上　四，一〇．五九—六四
一一　仝上（對外貿易，各省生產，各省工商狀況）　五，一．七一—七六
一二　仝上（各省鐵路狀況）　五，二．七九—八〇
一三（趙惠人仝輯）（各省公路狀況）　五，五．六七—七六
一四（各省鐵路狀況）　五，六．六一—七〇
一五（各省長途電話，各省航空狀況）　五，七．六九—七四

熊會貞

關于「水經注」之通信　三，六．四三—四四

聞宥

評馮承鈞譯「西域南海史地考證譯叢」及「續編」　一，一〇．三六—三七

蒙文通

古代河域氣候有如今江域說（王樹民記） 一，二．一四—一五
論古水道與交通 一，七．二一—二六
二，三．二一—二八
讀「中國史上之南北強弱觀」 四，一．九—一八

蒙思明
成都城池沿革 五，一二．三五—四〇

趙九成
河南林縣沿革考 四，八．一九—二六
黃梨洲的地學著述 五，一二．二五—三三

趙貞信
河南葉縣之長沮桀溺古蹟辨（附顧頡剛跋） 五，七．三一—四二

趙泉澄
清代地理沿革表
順天府，直隸省 二，一〇．八—一五
山東省 三，三．三七—四〇
山西省 三，九．二四—二七
河南省 三，一一．二〇—二二
江蘇省，安徽省 四，一．四五—四八
江西省 四，四．七一—七二
福建省，臺灣省 四，九．三五—三七
浙江省 四，一一．三一—三二
陝西省，甘肅省，新疆省 五，八—九．一四五—一五一
湖廣省，湖北省，湖南省 五，一〇．三三—三六

趙振武
三十年來之中國回教文化概況 五，一一．一五—二八

趙惠人
「宋史地理志」戶口表 二，二．一九—三〇

史漢西域記傳互勘 五，八—九．一一五—一四四
跋「開發西北計畫書」 五，一〇．三二
國內地理界消息（葛啓揚仝輯）
一三 （各省公路狀況） 五，五．六七—七六
一四 （各省鐵路狀況） 五，六．六一—七〇
一五 （各省長途電話，各省航空狀況） 五，七．六九—七四

齊思和
讀「禹貢雍州規制要旨」 四，一〇．九—一四

劉一燦（遺著）
「方輿勝畧」外夷卷一 五，三—四．一九五—二〇三

劉盼遂
齊州即中國解 一，五．五—六
六朝稱揚州爲神州考 一，九．九—一〇
評日本大宮權平著「河南省歷史地圖」 四，四．八五—八六

劉掞藜
晉惠帝時代漢族之大流徙 四，一一．一—一三

劉朝陽
測量山東青島省市新界經緯度簡略報告 五，五．六五—六六

劉節
「周南召南」考 一，一一．二—一〇
古邾國考 四，九．一—四

劉德岑
黎氏族之遷徙 三，八．七—九
秦晉開拓與陸渾東遷 四，八．一五—一八
河南省民權縣設治始末 四，一〇．三九—四四

鄧嗣禹
唐代礦物產地表 一，一一．二二—二九

行省的意義與演變　三，一〇·七—一〇

鄭秉三

改革歷史地圖的計劃　二，一二·四三—四五

黎光明

「中國地方志綜錄」質疑　四，八·二七—二八

錢春齋

清代地理沿革討論　三，二·四〇—四二

錢穆

提議編纂「古史地名索引」　一，八·二—四

西周戎禍考

上　二，四·二—五

下　二，一二·二七—三二

黃帝故事地望考　三，一·一—三

子夏居西河考　三，二·一—三

戰國時宋都彭城考　三，三·七—一三

中國史上之南北強弱觀　三，四·一—八

水利與水害

上篇，論北方河域　四，一·一—八

下篇，論南方江域　四，四·一—七

跋康熙丙午刊本「方輿紀要」　四，三·三三—三七

附跋夏定域「讀錢賓四先生康熙丙午本方輿紀要」　四，九·四〇—四一

薛澄清

「金門志」及「潿州嶼志略」概述　四，二·七一—七二

福建鷺江考略　四，七·四五—四六

明末福建海關情況及其地點變遷考略　五，七·四三—四五

謝剛主

兩粵紀遊　四，九·四七—五五

四，一一·四七—五八

四，一二·五五—六〇

鍾鳳年

戰國疆域沿革考

秦　二，八·二—一〇

魏　二，一一·一七—二六

周，韓　二，七·一三—二六

關于張儀說齊說趙說燕辨僞　四，一·一二五—一二六

論秦舉巴蜀之年代　四，三·九—一一

蕭愚

開封小記　四，一·九五—一〇一

瞿兌之

讀李氏「方志學」　三，六·三六—四二

聶崇岐

「宋史地理」志考異

總敘　一，六·八—一一

京城　一，八·八—一〇

京畿路、京東路、京西路　一，九·一〇—一四

河北路　一，一一·一二—一五

河東路　一，一二·六—八

陝西　二，一·四—九

兩浙路，淮南東路，淮南西路　二，二·一二—一六

江南東路，江南西路　二，四·五—八

荊湖南路，荊湖北路　二，五·二七—三一

福建路　二，六·一一—一二

成都府路　二，七·二八—三二

潼川府路　二，九·二一—二三

利州路，夔州路　二，一二·二七—四〇

廣南東路　三，二·二六—二八

廣南西路　三，三•三二—三七
後記　三，五•四一—四三
介紹「四川郡縣志」　五，七•四六

鄭平樟
「禮記王制」及「周官職方」所言封國說之比較　一，五•一六—一八
唐代都護府之設置及其變遷　五，一〇•一—一一

闕名
由京至雲南水陸路程清單　五，一二•五一—五八

魏建猷
中國歷史地理研究的變遷（譯靑山定男著）五，一〇•四九—五六

魏靑鋩
「隋書地理志」汲郡河內風俗質疑　五，七•六一—六七

譚其驤
「遼史地理志」補正　一，二•六—七
「淸史稿地理志」校正
直隸　一，三•二—五
奉天　一，九•一四—一八
論兩漢西晉戶口　一，七•三四—三六
元福建行省建置沿革考　二，一•二—四
元陝西四川行省沿革考　三，六•一—五
釋明代都司衞所制度　三，一〇•一—七
「補陳疆域志」校補　五，六•七—一八
五，一〇•二三—三一

譚惕吾
新疆之交通　五，八—九•五一—一一三

顧廷龍
綏遠方志鱗爪　二，七•三六—三七

「華夷圖」跋　四，六•二〇
「國史地理志稿本」跋　四，七•四七—五〇
討論「方輿紀要」函札二通（與樂[illegible]）　四，九•四三—四六

顧頡剛
編後　一，一•二三—二四
一，二•三〇—三一
一，一二•三六—三八
古史中地域的擴張　一，二•二—六
寫在「藪澤表」的後面　一，二•一七—一九
校後　一，三•三一
說丘　一，四•二—六
從地理上證今本「堯典」爲漢人作　二，五•二—一四
「堯典」著作時代問題之討論　二，九•三四—三八
王同春開發河套記　二，一二•二—一五
崔邁之禹貢遺說　三，四•八—一四
介紹「中華民國疆域沿革錄」　三，六•四四—四五
介紹三篇關于王同春的文字　四，七•一—一二
漢代以前中國人的世界觀念與域外交通的故事（童書業同著）　五，三—四•九七—一二〇
「十七世紀南洋羣島航海記」序　五，五•五六
跋「河南葉縣之長沮桀溺古蹟辨」　五，七•三八—四二
有仍國考　五，一〇•一九—二二
通訊一束
一—三　四，四•九四
四—一七　四，五•七九—八四
一八—二六　四，六•八〇—八六
二七—三五　四，七•五九—六四
三六—四六　四，八•五七—六三
四七—四九　四，一〇•五九—六四

五〇—五二　四，一一．五九——六四

五三—五六　四，一二．六〇——六四

五七—六一　五，一．七七——八〇

六二—六六　五，五．七七——八〇

六七—七五　五，六．七一——七六

七六—八五　五，七．七五——七八

八六　五，八—九．一七九—一八二

八七—九五　五，一〇．七五——八〇

九六—九九　五，一二．七九——八〇

饒宗頤

廣東潮州舊志考　二，五．三三——三七

B. Laufer（譯文）

波斯錦（白壽彝譯）　四，一二．二一——二四